林榕航 著

知识管理原理

Approach for Knowledge Management

从传统管理迈向知识管理的理论与实践

厦门大学出版社

智慧必入你心，你的灵要以知识为美。

——《旧约》箴言(2:10)

For wisdom will come into your heart, and knowledge will be pleasant to your soul. (Proverbs 2:10)

前言

本书是一本关于知识管理的书。由于知识管理的复杂性,也由于作者本身的认识程度,所以本书充其量只能算作知识管理的纲要。正如管理专家所认为的那样,知识管理10%是技术,20%是流程,而70%则是文化。这三者可以看成知识管理系统的组成部分。在一个具体的企业中,这三者的结合所产生的非线性宏观效应并不是三个部分简单相加的结果,这是知识管理复杂性的深层次的原因。复杂系统理论可以很好地说明这个原因,但笛卡儿的方法论却给我们提供了一种简单明了的认识方法。他认为,无论多么复杂的事物都可以先从每一个单一的成分进行认识,然后再认识单一成分间的彼此关系,从而获得对事物整体的认识。在成书的过程中,作者一直利用这个方法论进行思想上的艰苦探索,但总还是感到不尽人意。所以本书还不能做到对知识管理进行全面的介绍,只能算是提出了一个知识管理的宏观框架,希望读者能对此不断地进行补充和改进。

知识管理并不只是发生在企业中,所有组织都有知识管理的问题,特别是知识密集型的组织,包括机关、学校、医院、研究所等大量知识分子集中的组织,都需要进行知识管理。知识管理与传统管理最大的不同点就是强调了虚拟的概念资源对实体资源进行有效性的管理,这是在传统量化的、线性的科学管理方式之上的一种管理方式。它体现了科学管理与管理艺术的结合。科学的管理是逻辑的、严格的、不可抗拒的,它给组织带来了许多绩效和价值。但是科学管理是远远不够的,因为人心只有用感情才能获得激励,人心需要爱,需要关怀,需要尊敬,这些都是科学管理无法做到的,而只有知识管理才能做到。成功的知识管理产生了人的爱心、员工的忠诚度、客户的满意度等等,使企业获得了科学管理永远也无法获得的价值。这正是为什么在全世界范围内,广大有识的管理者都在实施知识管理的原因。

另外，要注意到知识管理也不同于信息管理，信息管理强调了利用信息技术对数据、信息进行管理。而知识管理则将信息技术作为一个组成部分，将信息管理纳入其范畴，它综合了信息管理的优势，获得了更高层次的优势。

21 世纪企业必须从传统管理、信息管理走向知识管理，只有这样才能获得价值。但是也应该看到，知识管理并不是终极的管理模式。在知识管理中人、流程、IT 技术这三者形成了一个三角形。也许牛顿会告诉您：三角形是最具稳定性的几何形状；可是爱因斯坦也许会说，在没有重力的太空中，这种稳定性不具有任何意义。这种简单的想法告诉我们，一种终极的管理模式是在知识管理基础之上的超越。这种模式有待于人们进行深入的探讨。所以作者只将本教程定名为"知识管理纲要"，而不敢有半点的狂妄。

本教程由 14 章组成，其结构与内容如下。

第一章"知识管理概述"。从传统的管理学基本概念入手，讨论了知识管理的定义。通过本章的讨论，读者可以从现有的、熟悉的管理思维进入到信息、知识的管理思维，明确了"什么是知识管理"，扫除了知识管理的误区。

第二章"知识管理要素"。重点讨论了知识管理过程所涉及的 6 个要素：概念元素、知识类型、知识活动、知识网络、知识源、知识环境。通过对这 6 个要素的详尽讨论，我们明确了知识管理过程涉及的基本要素，以及如何在管理实践中利用这些要素去达到管理的目的。

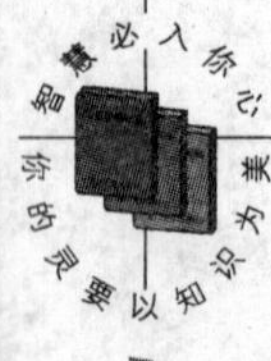

第三章"知识环境"。知识环境是知识管理的要素之一，由于它在知识管理过程中独特的作用，所以将它单独成章进行讨论。通过对知识环境的讨论，我们知道知识管理的特点之一，就是利用环境的力量去影响员工，使员工为企业奉献出心智。

第四章"知识管理技术"。是在以上明确了知识管理定义、要素的基础上，进一步讨论如何利用信息技术对知识管理过程提供有效的支持。本章集中讨论了目前流行的知识管理软件、应用系统软件、知识管理解决方案等。通过本章的讨论，我们了解了目前流行的知识管理的技术，我们可以在实际管理过程中选择这些技术。

第五章"知识管理系统"。采用系统理论来解释和理解知识管理。我们所说的知识管理系统(KMS)不同于目前人们所说的用信息技术检索、查询、收集、存储信息的某些信息系统，而是集成了文化、流程、IT 的实体和概念的系统，体现了真正用系统论的观点对知识管理形成的系统认识。它对具体企业实施个性化的知识管理起了理论指导作用。

第六章"知识共享"。当我们讨论完前面五章的内容，对知识管理就有了

For wisdom will come into your heart,and knowledge will be pleasant to your soul

一个清晰的认识。在以下各章中,就开始讨论知识管理的具体运作。那么,知识管理的运作从何而起?这就是本章要讨论的"知识共享",这是知识管理的基础,如果没有这个基础,知识管理就不可能进行下去。本章的主要内容包括了三个部分:知识获取、沟通、计算机知识获取。

第七章"知识计划"。知识共享是知识管理的基础,在此基础上才可能实施具体的管理行为。管理行为始于计划。本章讨论"知识计划",它与传统的计划有着密切的关系,但是由于知识管理的特点,知识计划有别于传统管理的计划。这包括了软件的应用、计划的方法、企业间协同的计划等。

第八章"知识组织"。组织是一种行为,也是一种结构。在知识组织里强调了采用概念进行组织的行为;在结构上提倡扁平式、非正式组织、虚拟组织等,体现了信息技术在组织行为和组织结构上的作用。正是由于这些新的思想,知识组织区别于传统组织的思想,形成了在知识管理中独特的对组织的认识与理解,为我们打造全新的组织提供了理论的依据。

第九章"知识人事"。在管理过程中,有了一个很好的计划,并有了一个很好的组织作为实现计划的保障,这种保障最终是靠人才来实现。所以,在知识管理中强调人的作用、人的因素。本章除了继承了传统管理学中合理的有关人事的理论外,增加了知识管理中独特人事理论。这包括了知识员工、知识经理、知识主管等一系列内容。

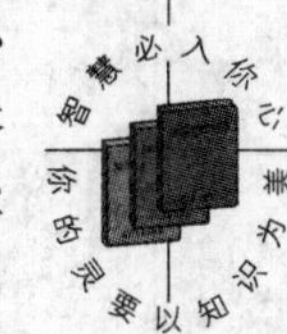

第十章"知识指挥"。这是与传统管理职能有重大区别的一个知识管理职能。它重点讨论了一个领导者如何应用个人的影响力去影响下属或员工去完成工作,强调用非权力的力量而不是用权力的力量。在知识管理中,要执行好这个管理职能,最关键的是管理者自身心灵的修炼,领导者只有进行心灵的修炼,才能具有影响力或领导力。

第十一章"知识控制"。这是管理职能的最后一个职能。在本章中讨论了知识管理过程采用的基本管理标准和技术标准。进行企业绩效的测量,除了传统的绩效测量外,还提出知识绩效测量。本章还讨论了对知识管理系统进行全面系统控制的基本方法和要点,提出了软性控制的基本原则。

从第七章到第十一章是五项管理职能的最新版本,体现了知识管理过程的可操作性。但是要注意,这种可操作性是建立在知识管理要素、知识管理系统、知识共享基础之上的,应用知识管理技术去实现五项管理职能。所以,我们应该理解第一章至第六章的内容,才可以理解第七章至第十一章的内容,从而更好地实施企业的知识管理。

第十二章"个人知识资产"和第十三章"知识资本"要讨论的内容就从管理

进入到经营,主要讨论了知识资产、知识资本的经营。十二章主要从个人角度进行讨论,十三章从企业角度进行探讨。分别讨论了个人、企业的知识资产的积累、运营,提出了完整的理论,列举了大量案列。通过这两章的学习可以使企业管理者从知识管理进入到知识经营,从而为企业获得更大的价值。

第十四章"管理创新"。本章是本教程的大结局,在以上的各章中都提到创新,可以说没有创新就没有知识管理。本章将以上的观点汇总,从管理者的角度出发,讨论管理创新过程的理论与方法。引人注目的是,本章从管理者角度,提出了高维管理的思想,这对管理者开放思想将起着重大的作用。

知识管理是全新的热门话题,一本书决不可能将所有的相关知识都囊括其中,本教程也不例外。为了使广大读者(无论是在教育工作岗位上的教师,还是在企业、事业单位的管理者,无论是在职业岗位上的员工,还是在校学习的学生)能进一步学习、研究、应用知识管理,作者构建了知识管理的专业网站——"七日谈 KMS",作为本书的知识扩展平台,希望广大读者参与进行在线讨论,真正能形成作者与读者间、读者与读者间知识交流、共享的知识网络。

七日谈 KMS: http://www.7kms.com

21 世纪知识在线: http://www.usa21century.com

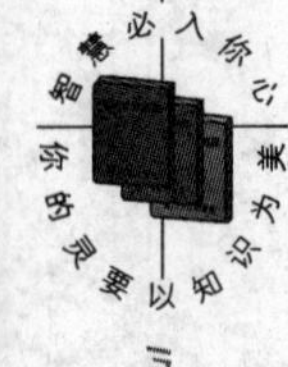

本书得以出版,感谢在美国工作的王冰和陈宏两个杰出的总工程师提供大量相关资料;感谢厦门大学出版社宋文艳副总编辑和责任编辑眭蔚的工作;感谢所有关心、支持和爱护作者的人。

作 者

2004 年 10 月 1 日于榕城

For wisdom will come into your heart,and knowledge will be pleasant to your soul

目录
MU LU

目录
MU LU

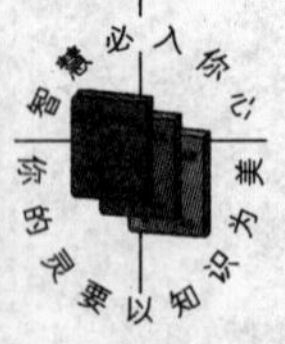

目录
MU LU

目 录
MU LU

For wisdom will come into your heart,and knowledge will be pleasant to your soul

目录 MU LU

目 录

MU LU

For wisdom will come into your heart,and knowledge will be pleasant to your soul

目 录
MU LU

智慧必入你心 你的灵魂以知识为美

For wisdom will come into your heart,and knowledge will be pleasant to your soul

目录

MU LU

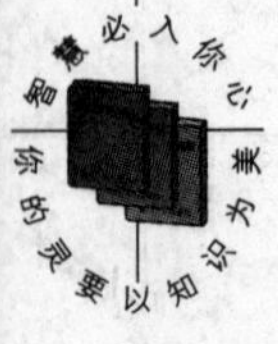

目 录
MU LU

目录
MU LU

目 录
MU LU

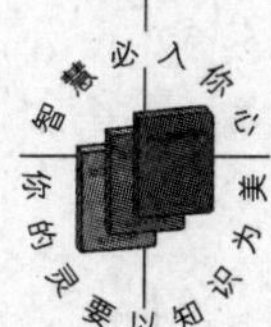

For wisdom will come into your heart,and knowledge will be pleasant to your soul

目录
MU LU

智慧必入你心 你的灵魂要以知识为美

For wisdom will come into your heart,and knowledge will be pleasant to your soul

目 录
MU LU

智慧必入你心 你的灵魂要以知识为美
For wisdom will come into your heart,and knowledge will be pleasant to your soul

目录
MU LU

目 录
MU LU

目 录
MU LU

第一章　知识管理概述

自人类经济史上有了管理的思想后，管理思想就随着经济发展不断地演化。先是科学管理，后是信息管理，到现在又有了知识管理。从历史的角度看，这是一个清晰的发展轨迹。本书所讨论的知识管理是科学管理和信息管理的一种延续，是21世纪初知识经济中的管理思想。它从内容上继承了科学管理和信息管理中合理的部分，同时发展出新的内容。这些新内容是知识经济浮现、知识经济发展过程中必然的产物，我们了解这些内容、熟悉这些内容、掌握这些内容，都将有助于当前的企业管理。

“知识管理”的重点是在“管理”，而不是在“知识”，所以“管理”是我们关注的重点。本章首先回顾管理学上的基本概念，然后从知识管理的角度去理解这些概念，最后使读者能够正确理解什么是知识管理，从而为进一步讨论知识管理过程打下基础。

1.1　什么是管理

在定义“管理”之前，我们先熟悉一下相关的术语。

组织(organization)是人们为完成一定的目标而做的系统性安排。例如，各种企业单位、事业单位、学校、军队等都是组织。

管理者(managers)是指挥别人进行有目的活动的人；被指挥去进行活动或工作的人叫**操作者**(operatives)。

资源、**概念资源**、**实体资源**三个术语是理解管理和知识管理的关键。

资源(resource)一般是指人类行为过程中，为了达到某种目的或目标所需的各种要素的集合。如果某些要素缺乏，或不能很好地配置这些要素，就使行为达不到其目的或目标。对于一个企业来说，为了达到企业的目标，企业一

般需要5种资源：

- **人力资源**（包括企业中所需要的各层次管理者、各种技术员工和非技术员工）；
- **物料资源**（包括制造业中的原材料、零售业中的货物、服务业中的基础材料）；
- **设备资源**（包括企业中的生产设备、支持企业运营的各种非生产性设备）；
- **货币资源**（企业运营所必要的资金）；
- **信息资源**（包括企业内、企业外各种数据、信息、知识）。

人力资源、物料资源、设备资源、货币资源都有其实体性，所以属于**实体资源**（physical resource）；而信息资源没有实体性，它是虚拟的，所以属于**概念资源**（conceptual resource）。这种虚拟的概念资源是由某种符号系统和非符号系统组成的，表达了某种思想、经验、情绪、心态等。企业的概念资源包括了企业要达到目标所需要的各种虚拟的东西，也许是一种创新思想，也许是员工的忠诚度或客户的满意度，也许是公司的伦理道德。谁也不能否认一个成功的企业除了需要实体资源外，还需要这些虚拟的概念资源。美国著名的信息管理学家麦克劳德（Raymond McLeod，Jr.）、谢尔（George Schell）写道："为此我们用概念资源来描述信息和数据资源。管理者使用概念资源来管理物质资源。""商业公司是一个实体系统，由物质资源组成。概念系统是使用概念资源——信息和数据来阐述实体系统的系统。"①参见第5章。

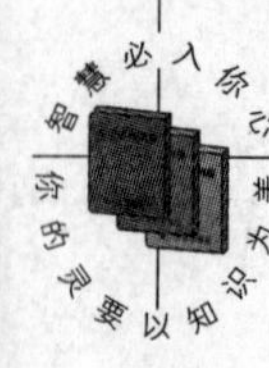

以上术语对于理解管理的定义是十分重要的。尽管许多管理学著作都对"管理"这一术语进行过多种定义，我们还是综合了最为常见的"管理"定义，作为我们对"知识管理"一词中"管理"的理解。

管理的定义：

管理（management）是指管理者设计和保持一种良好的环境，执行基本的管理职能，充分、高效地利用可获得的各种资源（包括概念资源），建立目标，并为达到目标而进行正确的决策的过程。

从以上定义中，可以看出管理的要点：

首先，管理是有意识地对确定目标和达到目标做出决策。决策是管理行为中最关键的部分，管理者是在充分获得必要资源的基础上进行决策的。

---

① ［美］Raymond McLeod，Jr.，George Schell著，张成洪等译.管理信息系统——管理导向的理论与实践（第8版）.北京：电子工业出版社，2002

其次,管理活动是通过管理者进行的。管理者通过执行管理职能获得各种资源。在知识管理中首先注重获得“概念资源”,其次是“实体资源”。通过获得“概念资源”,整合或管理“实体资源”,从而体现“概念系统”管理“实体系统”。

再次,管理者通过具体执行基本的管理职能而达到管理目标。现在公认的基本管理职能有五项:计划、组织、人事、指挥、控制。

最后,环境因素在管理中是十分重要的。

如果从以上的管理定义出发,我们会发现:实际上任何管理行为的出现,都是“概念”活动的结果。管理行为进行之前,管理者头脑中必然有一系列“概念”活动,然后才有管理行为的出现。因此,管理的五项职能中,每一个职能都可以分成两大部分,前半部分是“概念系统”的活动,后半部分是“管理行为”的产生;管理的结果是“实体系统”按一定规则被管理,使之符合企业的目标。由此看来,纯粹的企业管理并不存在,它必然伴随着一系列的概念活动,从这个意义上讲,广义的理解是:所有的企业管理都是“知识管理”。

1.2 管理职能

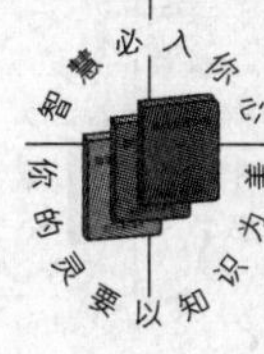

以上从知识管理的角度理解管理定义。我们已经知道,所有的管理者都要通过基本的管理职能进行管理。

在20世纪初,法国的工业家、管理理论家法约尔(Henri Fayol)就提出管理有五项基本**管理职能**(management function),他认为所有的管理者都要进行计划(plan)、组织(organize)、指挥(command)、协调(coordinate)和控制(control)。到了20世纪50年代中期,加利福尼亚大学洛杉矶分校的两位教授Harold Koontz和Cyril O'Donnell采用计划、组织、人事、领导、控制五项职能作为管理教科书的框架,以后一直沿用至今。后来的管理学专家对这五项管理职能的具体内容做了大量的补充,使之更充实。现在基本上归纳管理的五项基本职能为**计划**、**组织**、**人事**、**指挥**、**控制**。在以下的各章中将从知识管理的角度对它们进行详细的讨论。

从传统的企业到知识型企业在管理过程中都有这五项管理职能的存在。只是它的内涵随着企业的性质和企业的类型不同而不同。例如,现在知识型企业中常有**跨职能**(cross function)管理,而传统企业则严格按职能划分来进行管理,这是现代企业与传统企业管理上的不同点。跨职能通常是指打破职

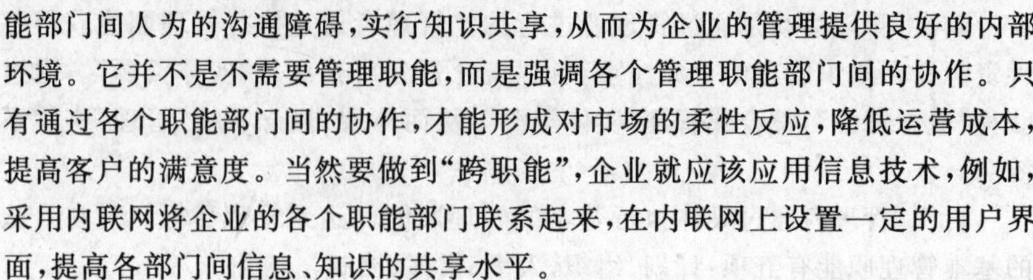

能部门间人为的沟通障碍，实行知识共享，从而为企业的管理提供良好的内部环境。它并不是不需要管理职能，而是强调各个管理职能部门间的协作。只有通过各个职能部门间的协作，才能形成对市场的柔性反应，降低运营成本，提高客户的满意度。当然要做到“跨职能”，企业就应该应用信息技术，例如，采用内联网将企业的各个职能部门联系起来，在内联网上设置一定的用户界面，提高各部门间信息、知识的共享水平。

1.3 管理层次

从以上的讨论中我们了解到，管理是组织为了达到某种目标，应用某些思想、方法去规划、组织、协调、控制、利用各种资源而达到组织的目标。在这个过程中会形成管理的层次。一般来说，组织的**管理层次**(management level)有三个：战略规划层、管理控制层、操作控制层。

战略规划层(strategic planning level)是管理的最高层次，常被称为**领导层**(leadership)或**高层管理**(top management)。

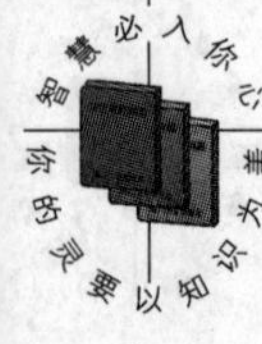

战略规划层是组织中在战略水平上的最高管理层次。它的主要工作包括组织战略目的、目标的确定，战略计划的制定、变更，战略行为的管理等。这个层次的管理者或领导者通常是企业的最高层人物，包括董事长、副董事长、总经理、副总经理等，他们主管企业的全局，对整个企业行为负责。在信息技术高度发展的今天，许多管理专家认为，也应把**信息主管**(CIO)列入高层管理。因为，信息技术对一个组织的战略有巨大的影响，同时也影响着企业中方方面面的工作。

管理控制层(management control level)是组织中的中层管理，常被称为**中层管理**(middle management)。

管理控制层是组织中在战术水平上的管理层次，主要是对团队、职能部门的集体行为的管理。这个水平上的管理，一方面贯彻高层管理的战略意图，另一方面管理与指导下一级的“操作控制层”的活动。这个层次的管理主要体现在企业中各职能部门。例如，高层的战略决策是年度利润应达到10%，那么，管理控制层就要将这一战略决策转化成具体的目标，分解到各项工作中去，以确保各项工作都围绕这个战略目标进行。管理控制层的管理者或领导者一般是各个职能部门的经理。

操作控制层(operational control level)是组织中最基层的管理活动，常被称为**监督管理**(supervisory management)。

操作控制层是组织中最低一级的管理层次。管理者经常是位于生产作业的第一线,对单一操作过程实施管理活动,例如,对某一任务、某项作业的管理。在这个层次上的管理,主要对上一级"管理控制层"所设定的目标负责。无论"战略规划层"的战略规划得多么好,无论"管理控制层"的责任制设定得多么好,如果没有这个层次的管理活动,企业的目标都不能实现。这个层次的管理者一般是班组长、车间主任等。

以上三种管理层次在任何组织中都是存在的。现代企业中提倡扁平化的组织结构,这与管理的层次并没有矛盾。**扁平化**是指组织中信息的传递打破职能部门间的障碍,使信息得以在组织中共享,从而为各级的决策提供良好的内部环境。所以,扁平化的组织结构是指逻辑上、概念上的组织结构,而不是"实体"上的组织结构,它强调的是信息共享对企业内部各个管理者的支持作用,而不是指打破实体的组织结构。实际上,无论是传统企业还是知识型企业,都不可能出现没有任何管理层次的企业。知识管理中强调扁平化的组织结构,也强调组织的管理层次。因为在一个组织中,不同的管理层次所需要的概念资源不同,这导致了各种层次在管理上的区别。

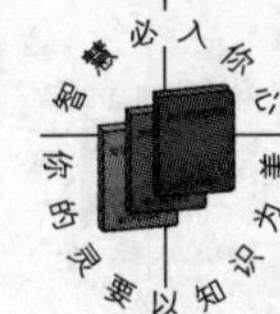

1.4 管理层次与职能关系

在一个组织中,执行"管理"的管理者处处都存在,但是,他们在组织中是按不同的层次执行管理职能的。不同的管理层次,对五种管理职能有不同的管理力度。例如,一些管理学家认为,战略管理层对"计划"做得最多,而"组织"、"指挥"、"控制"、"配置"则依次减少。由此可见,不同的管理层有着不同的管理职能。另一些管理学家认为,这样划分不能说明所有问题,例如,加拿大 McGill 大学 Henry Mintzberg 教授提出了比这更详细的框架,列出了管理者的 10 种管理角色,包括人际的沟通、提供信息、决策等。① 我们将在以下讨论这个问题。另外,要注意到管理层次的变革和管理职能的变革,这种变革都与信息技术在组织中的应用程度相关。我们将在讨论具体的职能时对此加以讨论。

---

① Raymond McLeod,Jr. ,George Schell. *Management Information Systems*, Prentice Hall, Inc. , 2001

组织中管理的各个层次、各种管理人员、管理职位都做不同的工作。他们都在执行各自的管理职能，以求达到组织的管理目标。虽然有时不同的管理者执行同一管理职能，但是在时间上、管理层次上又表现不同，因此，管理的重点也不同(图 1-1)。

高层管理	P	O	D	S	C
中层管理	P	O	D	S	C
基层管理	P	O	D	S	C

P —— 计划
O —— 组织
S —— 人事
D —— 指挥
C —— 控制

图 1-1　管理职能在各管理层中的重点分布示意

图片资料来源：

Plunkett，W. Richard (Warren Richard). *Introduction to management* 3rd ed. PWS-KENT Publishing Company，1989

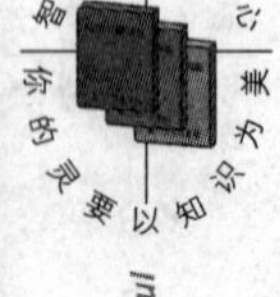

第一，战略规划层主要进行宏观的管理。他们在五项职能上有如下不同点：

在"计划"职能上——组织的战略目标确定，例如企业的发展战略、全球战略、竞争战略等等。组织的政策规定，包括中层管理和基层管理的政策规定，例如职能部门的划分，各职能部门的责、权、利的界定等。

在"组织"职能上——为达到组织目标，形成组织的结构，获得某些资源。

在"人事"职能上——制定有关人员使用的政策、各种人才的使用标准等。

在"指挥"职能上——主要强调企业的管理哲学、伦理、企业文化，形成对人管理的最佳绩效。在知识经济条件下，强调形成知识环境。

在"控制"职能上——强调全公司的绩效，注重企业各方面的绩效管理，强调各种计划所要达到的效果，确保实现战略目标。

第二，管理控制层根据高层领导的战略构想，进行战略具体的执行。他们在五项职能上有如下不同点：

在"计划"的职能上——进行具体内容的决策及范围界定，例如，在新产品、新客户、新领域等所要做的事情。确定如何将事情做好，选择最合适的方法和手段将事情办好，确定好事件的时间进度。对各时段的具体工作进行安排。

在"组织"职能上——根据目标对组织结构进行具体的安排、调整，例如，建立职能部门、组建某个项目小组等。具体安排组织所获得的资源，使之成为达到目标的最佳组合。这包括了人力资源、设备资源、金融资源等。

在"人事"职能上——确定员工招收、培训等相关的政策与规定，形成企业文化环境或知识环境，促进员工的能力发展。

在"指挥"的职能上——领导"运作控制层"的管理活动。例如，规定作业流程的时间、范围等。支持"运作控制层"的管理活动。例如，提供作业环境必要的信息技术支持。

在"控制"的职能上——建立各项工作的标准、绩效测量标准；根据标准监视、评估各项工作的绩效，以及各种计划执行的结果；根据绩效评估的结果进行调整，包括资源上的调整和流程上的调整等，确保能够实现组织的战略目标。

第三，操作层是一线的管理人员。他们在五项职能上有如下不同点：

在"计划"职能上——某项工作的具体操作人员的安排；确定具体工作的先后顺序；开发达到目标的具体程序。

在"组织"职能上——对某项工作或任务进行分解，形成可操作的各个部分；授权某项工作或工作的某个部分由某个人或某个小组进行。

在"人事"的职能上——按组织的招聘政策，根据具体的工作岗位进行招聘新员工的工作；对招聘的新员工进行岗位培训，使之符合岗位工作的要求。

在"指挥"的职能上——建立员工间、各个工作小组或项目小组间具体的沟通网络或通信网络；监督员工的工作状况，并给予具体的指导。

在"控制"的职能上——按"管理控制层"所制定的操作规程、各种标准，监督员工具体的操作行为；监督操作的结果，控制在产品、销售、质量等方面要达到的具体标准和目标。

以上描述了三个"管理层"与"管理职能"间的关系。不同的"管理层"，在五项基本"管理职能"上有不同的表现，见图1-1。在企业信息系统中，也包括知识管理系统中，由于各种管理层次与管理职能的不同，在配置管理信息系统时也采用不同的方式。主要的依据是各个管理层次彼此需要的信息类型不相同，信息系统配置也应该与此相适应，包括硬件、应用软件、人员等的配置。

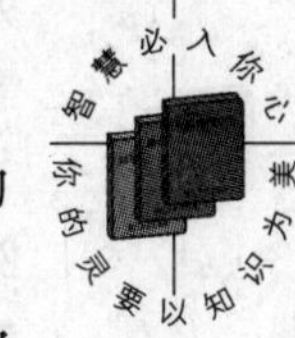

1.5 管理角色

角色是指人在一定环境下的某种表现。一个人在社会中的不同环境里可以扮演不同的角色。在一个组织中也是如此，人可以根据不同的管理职能，以不同的角色出现，这就是**管理角色**(management role)。管理角色表现了管理者的工作性质，也表现了自身对上级、下级、同级的价值与关系。资深的管理专家认为①，一个组织中管理者常扮演如下的管理角色。

司仪者(figurehead role)。组织中各层次的管理者经常扮演这个角色。例如企业进行某种仪式，代表企业向来访的客人或领导介绍本企业或本部门的状况。组织中的管理者经常需要代表这种“门面”，它的效应类似品牌效应。企业与合作者、伙伴、供应链的结盟者、买卖双方交流时，经常需要这种“门面”。它是向领导、伙伴、来访者表达自己的企业或部门的“信用”、“专业”、“能力”等信息的有效工具。所以，管理者必须扮演这种角色。这也是经营管理的需要。

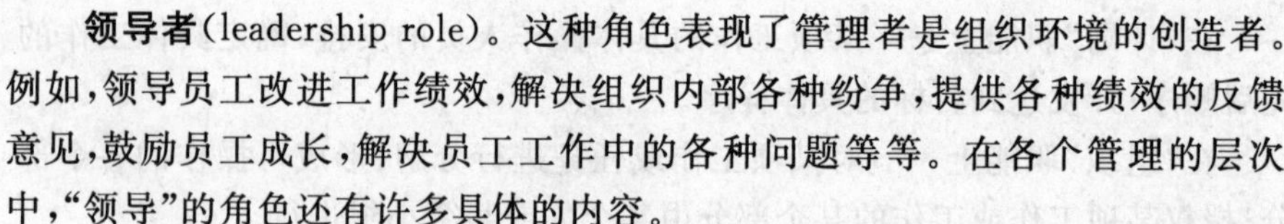

领导者(leadership role)。这种角色表现了管理者是组织环境的创造者。例如，领导员工改进工作绩效，解决组织内部各种纷争，提供各种绩效的反馈意见，鼓励员工成长，解决员工工作中的各种问题等等。在各个管理的层次中，“领导”的角色还有许多具体的内容。

联络者(liaison role)也是管理者的一种角色。管理者在组织中将信息“上传下达”，在同级的管理者间、部门间、专家间等进行联络工作。在组织间与合作伙伴、供应商、客户等进行联络，从而促进组织间的信息共享、交流。这种角色是十分重要的，在知识环境下，企业的发展与企业内外的信息共享和知识共享有着直接的相关性。管理者可以通过先进的信息技术进行各方面的沟通、联络，以促进企业内外的信息、知识沟通，以便更好地进行决策。

监督者(monitor role)。管理者要不断地监控环境的变化，包括组织内部的环境和组织外部的环境，以确定自身工作的变化，从而能使自己的工作适应各种环境变化。监控涉及信息收集、主动提供信息、对变化做出应答、对问题做出回答等等。

① Plunkett, W. Richard (Warren Richard). *Introduction to management* 3rd ed. PWS-KENT Publishing Company, 1989

传播者(disseminator role)。管理者可充当传播者的角色，将所收集到的信息越过不需要这些信息的人，传播给需要这些信息的人。无论是上级还是下级，都可将正确的信息传播给正确的人。

企业家(entrepreneur role)。这种角色表现了管理者的智慧，包括新概念、新思想、新方法。鼓励人们采用新思想、新方法进行工作。

危机的处理者(disturbance handler role)。指管理者经常处理企业内外各种危机。这个角色要处理各种人际、设备、资金等所出现的一系列问题。一些经营不良的企业，管理者常常陷入处理危机的泥潭，整天忙于处理这些危机。

资源分配者(resource allocator role)。这种角色中的管理者要确定如何使用人、财、物、时间等各种资源。要保证合理地使用这些资源，使企业获得使用同等资源的最大效益。

谈判者(negotiator role)。管理者作为这种角色要花去很多的时间。企业高层管理者在大多数工作时间里，为了企业的生存、发展、开拓市场等，都要与合作伙伴、供应商、客户进行谈判。

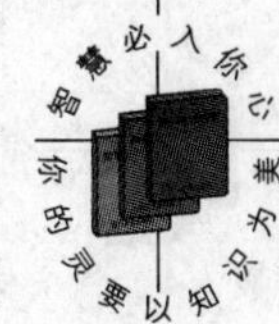

发言者(spoken person)。指管理者代表企业向企业内外公布信息。这些信息将有利于获得各方面的支持。

以上这些管理者的角色在实际的管理过程相互交织，十分复杂。例如，在计划和组织的管理职能中，管理者就要扮演资源分配者和谈判者的角色，对人、财、物进行分配等等。

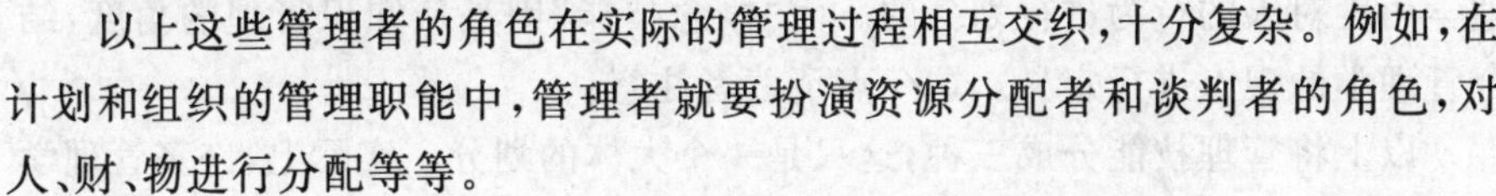

1.6 管理技能与文化

管理者在履行计划、组织、配备、指挥、控制的管理职能时，一般要有三个方面的**管理技能**(management skill，包括技术技能、处世技能、问题求解技能)及两种文化(计算机文化和信息文化)。

1.6.1 三种管理技能

专业技术技能(speciality technical skill)。指管理者应具有被管理行业的专门技术、知识。管理者不一定是这方面的专家，但是必须具有这方面的知识才能管理好。例如，要管理好建筑业，各层管理者必须了解这个行业，要具有建筑方面的技术知识和技能、建筑工程知识等；要管理好财务，管理者就要

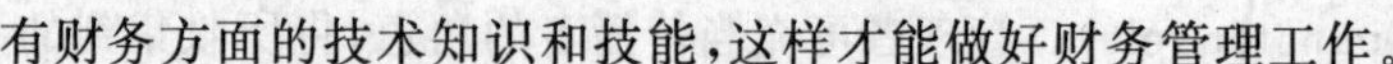

有财务方面的技术知识和技能，这样才能做好财务管理工作。

处世技能(human skill)。指管理者具有与他人进行良好沟通的技能，所以也可称之为沟通技能。这种技能使管理者能够理解员工、团队的能力，并能够建立起信息共享、彼此可以沟通的组织环境。这样就能形成组织内外良好的人际关系，使企业内外形成共同的愿景、共同的目标、共同的语言，彼此信任等。

问题求解技能(problem solving skill)。指管理者解决问题的技能。管理者能够根据企业的目标，识别主要问题和次要问题，并能采用适当的行为解决这些问题。问题求解技能是一种智慧。对于企业来说就是企业智慧。智慧是对知识的实际应用，这体现了管理者的能力，这种能力是一种心智的能力，有的管理专家称之为**概念技能**。

概念技能(conceptual skill)定义：

概念技能是指一种精神的力量，它包括想像力、洞察力、思维能力、抽象能力等一系列“概念系统”的能力。这些能力影响着管理者发现问题、解决问题的过程，也影响着管理者决策的过程，所以是十分重要的一种技能。

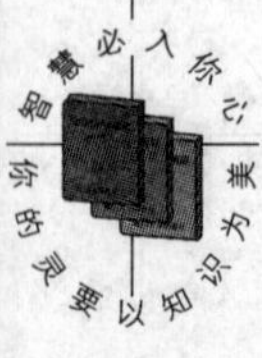

在不同的学科里，对思维能力、观察力、想像力等进行研究的过程中，可能出现不同的术语，强调不同的方面，这是研究角度的问题。“管理技能”是从管理学角度对人的行为进行划分的。而“概念技能”则是从知识管理的角度，结合管理学的观点进行定义。这一点请读者注意。

以上将管理技能分成三种，这只是一个大体的划分。实际上，许多管理学专家都提出过各种各样管理技能的划分。如果综合以上的管理技能和其他专家学者的观点，不外是强调了一种心智的能力、精神的力量。在不同层次中的管理者都需要这三种管理技能，但是不同层次的管理者三种技能的含量可以是不同的。

从图 1-2 中，我们可以看出，各种管理技能在各管理层中的分布状况。越是基层的管理者越接近实体系统操作，所以要求有较高的专业技术技能，这显得十分重要。越往高层，“概念系统”的活动就越显得重要，所需要的“概念技能”就越多。从图中我们可以看出在高层管理者中，对“问题求解技能”要求最高；相对来说，对专业技能的要求就显得小一点。

了解管理技能在各管理层中的分布状态，对实施管理信息系统有重大的意义。不同层次的管理者所需要的信息不同，所要实施的管理系统、经理信息系统、决策支持系统也都不一样。而这些系统在知识管理中是不可缺少的。

在传统企业管理中，管理者有以上所述的三项基本技能就足够管理好自

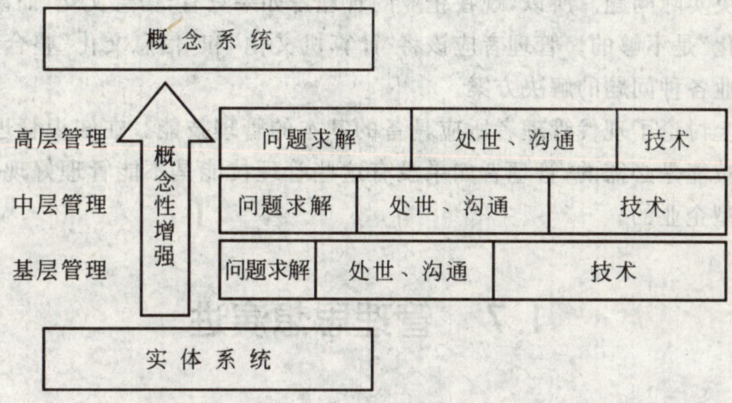

图 1-2　管理技能在各管理层中的分布示意

己的企业和自己的职能部门。但是在信息技术高速发展的今天，企业中大量采用信息技术，一个管理者如果不懂计算机文化、信息文化，不具有这方面的技能，就很难管理好一个企业。特别是一个知识型的企业中，一个管理者没有这方面的知识和技能是不可思议的。

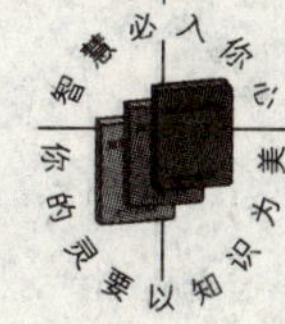

1.6.2　两种管理文化

计算机文化(computer literacy)。指管理者在行使五项管理职能时，能够应用计算机知识和技能来完成管理职能。运用正式的或非正式的技术对计算机进行操作，包括对企业中计算机信息系统的理解，对系统应用软件的理解和认识，具有计算机硬件方面的基本知识等。高层次的计算机文化还包括对计算机语言的掌握、对计算机系统逻辑结构的掌握。

管理者掌握计算机文化在管理学上有着重大的意义。计算机延伸了管理者的大脑神经系统，使管理者在一个更大的范围内进行企业管理。

信息文化(information literacy)。指管理者具有捕获信息、共享信息、利用信息的知识和技能。管理者在问题求解的过程中，要有信息文化的技能和知识，知道如何获得信息、利用信息来解决企业出现的具体问题，并知道如何将信息与他人共享。

传统的企业管理者在没有计算机系统的情况下，可以拥有信息文化，也可以是一个情报专家或信息专家。他只要利用人脑去捕获各种所需的信息，然后利用这些信息去达到自己的目标，就会走向成功。但是，在知识经济浮现的今天，在信息爆炸的情况下，管理者要想在同行业中获得竞争优势，就必须采用最先进的信息技术去获得所需的信息，并通过信息技术进行信息共享，利用信息解决实际问题。所以,现在企业的管理者如果只有"信息文化"而没有"计算机文化"是不够的。管理者应该将"计算机文化"和"信息文化"整合起来去获得企业各种问题的解决方案。

以上讨论了现代管理者所应具备的基本的管理技能。在知识管理中,这些管理技能是必需的,管理者如果没有这些管理技能是不能管理好现代企业或知识型企业的。

1.7 管理思想演进

管理思想演进的历史是复杂的。管理实践早就存在于管理思想出现之前。我国的万里长城、古埃及的金字塔都是人类管理实践的伟大结果,但是当时没有系统的管理思想。管理思想可分为三种:科学管理、信息管理和知识管理思想。

1.7.1 科学管理思想

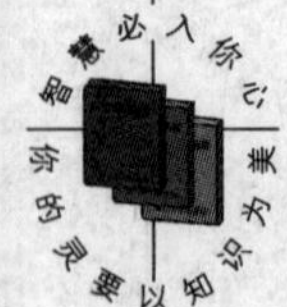

工业经济的科学管理思想,始于18世纪英国的**产业革命**(Industrial Revolution),形成于工业经济时期。管理思想在不断演变中,早期最有代表性的是1776年亚当·斯密(Adam Smith)发表的《国富论》①。其自由经济的管理思想一直影响着整个工业经济时代的管理者;其后大卫·李嘉图进一步发展了斯密的管理思想,形成了工业经济早期基本的管理思想。20世纪初,出现了另一具有代表性的管理思想,就是1911年弗雷里克·温斯洛·泰勒(Frederick Winslow Taylor)出版的《科学管理原理》一书,它提出并阐述了**科学管理**(scientific management)的理论。此后有许多管理学理论家、企业家都对科学管理理论进行了补充、发展、完善,使科学管理的思想一直延续至今,例如,著名的法国学者法约尔(Henri Fayol)著的《工业管理与一般管理》、美国加州大学的管理学教授哈罗德·孔茨(Harold Koontz)和西里尔·奥唐(Cyril O'Donnell)合著的《管理学原理》等等。这些都对科学管理的思想做了很好的补充和发展,从而形成了完整的科学管理的思想体系。

根据美国未来学家阿尔温·托夫勒在《第三次浪潮》一书中对人类历史上三个文明时期的划分,人类的第二个文明时期就是工业经济文明,它的时间大

① 全称为《国民财富的性质和原因的研究》。

约是1650—1955年。这一段时间基本的、主导的管理思想就是科学管理。实际上由于全球经济发展的不平衡，工业经济进程也不平衡，所以工业经济时代的科学管理思想一直延续至今。

1.7.2　信息管理思想

信息经济的信息管理思想现在还没有统一认识。阿尔温·托夫勒在《第三次浪潮》一书将1955年以后称为信息经济文明阶段。实际上，20世纪80年代、90年代随着信息技术的发展，信息经济以极快的速度在发展。直到2001年4月网络泡沫的破灭，信息经济的发展达到了高潮。这个阶段并没有出现真正意义上的信息管理思想，虽然理论界看到了传统的经济学、管理学理论不能解释信息经济中产生出来的现象，也提出了许多新的思想，但是这些思想基本上没有脱离工业化经济思维的模式，因此并没有产生真正意义上的信息管理学。同时，在20世纪90年代发展起来的大型的IT企业如微软、思科、雅虎、美国在线、亚马逊书店等，以及被称为"信息产业"的众多新型企业，也都是根据传统工业经济思维模式发展起来的。所以，整个信息时代的信息管理，仍然没有脱离斯密的自由经济理论、泰勒的科学管理思想，也没脱离马克思所描述的经济收益的基本模式，即商品交换的模式："货币—商品—货币(增值的货币)"(W－G－WD)或资本运营模式"货币—货币(增值的货币)"(W－WD)。这些企业之所以能够在几年内赶上和超过百年的老企业，根本原因不是因为它们的管理思想先进，而在于商品生产要素的转移，即从强调物质和能源转向强调信息，将虚拟的信息作为生产要素。这与资本主义早期"跑马圈地"的原理基本上一样，在别人还没有占有之前，先占为己有。这就是它们成功的秘诀。

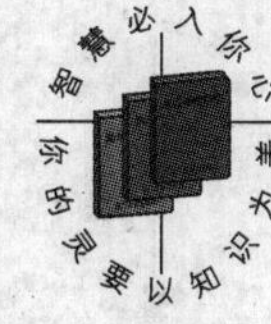

工业经济是为了占有物质和能源，信息经济是为了占有信息。工业经济中以贸易即物质交换获得收益；信息经济中也是如此，而且还以信息传递获得收益，本质上也是一种贸易或交换。工业经济中唯一的价值体现方式和量度是货币，信息经济也是如此。工业经济中的竞争是弱肉强食，适者生存，信息经济中的竞争是巧取豪夺，物竞天择，本质上都是社会达尔文主义。所以，信息经济时代可以说是没有信息管理思想的时代。几乎所有的信息产业、所有的IT企业都采用了工业经济时代的管理思想来管理全新的元素——"信息"。这只要看一下它们的组织结构、经营模式、财务报表、资本运营等方面就不难理解了。也正是由于工业经济的思维模式和工业时代的管理思想作用，使目前许多信息产业、IT产业步入了困境。如果不在思想上变革，进入知识

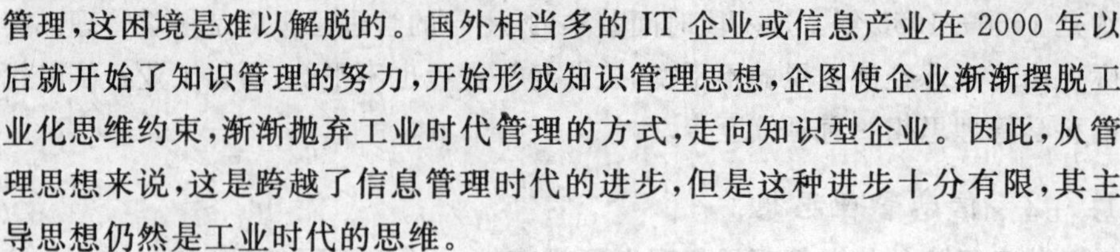

管理，这困境是难以解脱的。国外相当多的 IT 企业或信息产业在 2000 年以后就开始了知识管理的努力，开始形成知识管理思想，企图使企业渐渐摆脱工业化思维约束，渐渐抛弃工业时代管理的方式，走向知识型企业。因此，从管理思想来说，这是跨越了信息管理时代的进步，但是这种进步十分有限，其主导思想仍然是工业时代的思维。

1.7.3 知识管理思想

在知识经济形成过程中，知识管理思想渐渐地浮现出来。信息经济发展不平衡，也没有出现系统的信息经济管理思想；从 2000 年到今天是知识经济的萌芽阶段，知识经济还有一段很长的路要走。这时也伴随着知识管理思想的浮现，这是一个十分缓慢的过程。

知识经济（knowledge-based economy，经济合作与发展组织"OECD"在 1996 年年度报告中这样称）与**信息经济**（information economy）在许多文献、著作中常混用，也常称为知识经济，没有进行区分，其原因是因为知识经济只是浮现，还不是完全出现。现在大多数人认为的知识经济的特征基本上就是以上所说的信息经济。但是，有一点现在已经被大多数人感觉到了，那就是在信息经济中以提供信息服务、信息系统的构建、信息传递通信等获得的收益也十分有限。大量信息收集后无法正确地利用或没有被利用，大量信息通信的基础设施建立起来后也没有被合理地利用。这一切都成了典型的"自动化浪费"和"信息化浪费"。在这个过程中，人们管理信息的思想就和管理物品是一样的，在思想上没有变革。如何产生一种思维的变革？这有赖于对工业经济、信息经济和知识经济本质的认识，也有赖于知识管理思想的发展，以适应知识经济的发展。许多专家、学者在这方面做了许多的工作和努力。

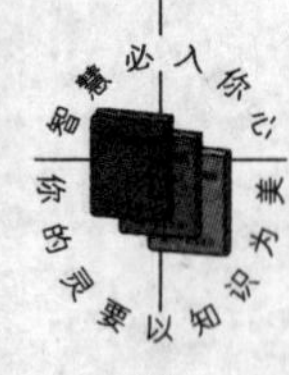

从 20 世纪初到现在不断有经济学家、社会学家、管理学家提出许多理论来描述和说明知识经济的存在。例如，1912 年德国经济学家熊彼特在《经济发展理论》一书就提出，资本主义发展的根本原因是创新，而创新的关键是知识和信息的生产、传播、使用；1962 年，美国经济学家弗里茨·马克卢在《美国的知识生产和分配》一书中分析了知识、信息在经济发展中的作用；1973 年，美国哈佛大学社会学家丹尼尔在《后工业社会的来临》中指出，后工业社会是靠知识组织起来的；1980 年，托勒夫在《第三次浪潮》提出信息化浪潮即将到来；1980 年，弘之伊丹发表了《发动无形资产》，提出无形资产的价值以及管理；1982 年未来学家约翰·奈斯比特在《大趋势》一书中说明：知识是我们经济社会的驱动力；1984 年，美国企业家保罗·霍肯在《下一代经济》中提出"信

息经济”的对立面是“物质经济”；1986年，斯维比出版了关于管理无形资产的《技术诀窍公司》一书，1990年又出版了《知识管理》一书；1990年斯图亚特提出了“智力资本”的术语，又在1991年发表了《脑力》一文，阐述他的知识管理理论，1997年出版了《智力资本》一书；1996年，沙利文和帕尔发表了《许可战略》，1998年沙利文出版了《从智力资本里获取利润》。以上这些学者的著作和理论都从某个侧面来阐述知识经济和知识管理。虽然其中有许多理论还不成熟，但是给管理界吹来了一阵阵清新的风。

从本质上来看，目前所述的知识经济和知识管理都是在工业化思维下获取货币价值的延续，也是商品经济思想的延续。其终极目标都是获取货币。过去是通过物质和能源去获取货币，现在是通过信息和知识去获取货币。这些从亚当·斯密以来的工业经济时代根本的思想基础没有发生任何变化。例如，世界贸易组织（WTO）中与贸易相关的知识产权（TRIPs）协议，已经以法律的方式确定以知识获取货币的合法性。从某种意义上来说，这确定了大国、富国利用人类智慧去获取知识而产生价值的合法性。因此，我们今天所说的知识经济、知识管理，实际上都还是工业经济时代管理思想的延续，只不过将管理的重点从物质移向信息和知识。

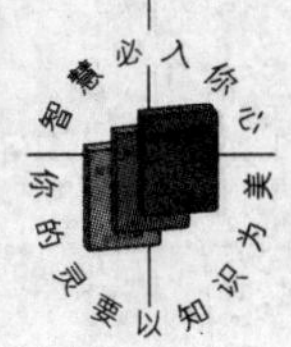

记住一点，我们现在所说的知识经济本质上仍然是商品经济，它是工业经济的延续。因此，知识管理中许多规则要延续工业管理中的许多规则。专家们的观点①是对的，例如美国斯坦福大学经济学教授世界银行前行长约瑟夫·斯蒂格里兹（Joseph Stiglitz）认为：传统的经济学规律仍然正确。但是，新经济的某些特征与工业化时期的有了本质的不同。人们的投资和关注的兴趣正在转移，从传统的机器、设备投资转向知识、概念投资。但是，美国耶鲁大学经济学教授罗伯特·席勒（Robert Schiiller）告诫说：新经济其实依然是商品经济。正因为如此，现在的政治经济还是以工业化的思维方式为主导，虽然许多学者认为人类经济已经走进知识社会，知识经济已经来临。但是实际上情况并非如此，目前人类大多数是将“知识”和“信息”都当成“物质”一样去占有，并通过这种占有获得更大的货币财富。当我们讨论“知识管理”时或进行企业“知识管理”实践时，一方面要迎合“知识经济”，另一方面决不能将双脚离开地面，去追求一种“完全正确，但是毫无用处”的“知识管理”理论或实践。

综上所述，管理思想的演进是人类经济发展的产物，它从工业经济的科学

---

① 姜旭平著．网络营销．北京：清华大学出版社，2003

管理发展到信息经济的信息管理，再从信息管理发展到知识经济的知识管理。由于现阶段是信息经济到知识经济初级阶段，知识管理理论和实践都不成熟，许多企业仍然是用工业经济的思维模式来管理知识密集型的企业。所以，本书所讨论的“知识管理”是在一定的历史背景下对“管理”这个企业界的老话题进行新的探讨。我们要记住：至少从政治经济的角度来看，真正的知识经济并没有到来，真正的知识社会更是在遥远的未来，真正的知识管理思想还远未成熟。我们只能立足现实，展望未来。

1.8 什么是知识管理

知识管理(knowledge management，KM)从字面上来说应该包括有两个方面的含义，其一为“知识管理”，其二为“知识经营”(英文 management 本身就有“经营”和“管理”两方面的意思)。从企业的实际情况来看，“经营”和“管理”是两个相互依赖的概念。我们一方面将 KM 看成 21 世纪“企业管理”过程，另一方面也看成“企业经营”过程。我们在本书中将讨论“知识管理”问题，包括传统管理中的五项基本职能在知识管理中的应用；也讨论宏观上的“知识经营”问题，包括知识管理战略、知识产权、知识商品化、知识资产管理和运管等一系列的内容。这两个部分既有联系又有区别。

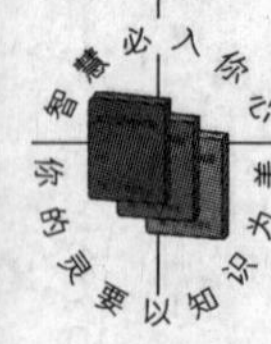

1.8.1 不同角度定义的知识管理

知识管理的定义要回答“什么是知识管理”。对于这个问题，由于管理学专家、企业家、学者们从不同的研究角度，产生了许多关于知识管理的定义。以下是一些具有代表性的知识管理的定义：

比尔·盖茨在《未来时速》①一书中谈到知识管理时，说：“我在这里所用的知识管理一词不是指一个软件产品或一个软件范畴。知识管理甚至并不是从技术开始的。它始于商务目标、过程和对共享信息的需要的认识。知识管理只不过是管理信息流，把正确的信息传送给需要它的人，好让他们迅速地就这种信息采取行动。”

Knowledge Management: Management of business, customer, and

① 比尔·盖茨著. 未来时速——数字神经系统与商务新思维. 北京：北京大学出版社，1999

process knowledge and its application for adding value and competitively differentiating product and service offerings. ①

（知识管理是业务、客户、流程知识的管理，也是对企业所提供的附加值和竞争性的、不同产品和服务的应用程序的管理。）

KM is about how people work, share information and create value; KM is about identifying and mapping out the needs of the organization from an intellectual resource point of view; KM is about the complex interplay between individual, information and context; KM is about figuring out how innovation, depth of expertise, commitment to learning, acceptance and promotion of change and personal ownership can be fostered through everyday practice; KM is about cross-divisional/branches expertise or synergies. ②

（知识管理是关于人们工作、信息共享和价值创造。知识管理是从组织的智力资源中定义和映射出组织的需求。知识管理是关于员工、信息以及它们之间复杂的相互作用。知识管理是指组织如何通过每天的实际工作，进行创新，获取专家知识，进行学习，接受和促进变革，获得个人知识。知识管理是指跨职能部门的专家间协作。）

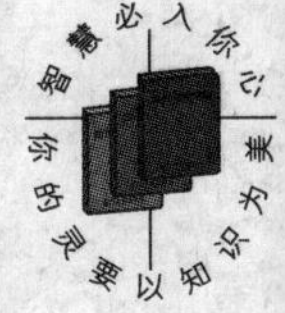

Knowledge management is the systematic process of finding, selecting, organizing, distilling and presenting information in a way that improves an employee's comprehension in a specific area of interest. Knowledge management helps an organization to gain insight and understanding from its own experience. Specific knowledge management activities help focus the organization on acquiring, storing and utilizing knowledge for such things as problem solving, dynamic learning, strategic planning and decision making. It also protects intellectual assets from decay, adds to firm intelligence and provides increased flexibility. —University of Texas knowledge management server③.

（知识管理是发现、选择、组织、提取、呈现信息的系统过程，在这个过程中

---

① Amrit Tiwana. *The Essential Guide to Knowledge Management: e-business and CRM applications*, Prentice Hall PTR Prentice-Hall, Inc. ,2001

② Dirk Rodenburg's article Managing your company's most valuable resource — knowledge, 1998 Cnd HR Reporter

③ http://www.knowinc.com

改进了员工对所从事专业领域的理解。知识管理帮助组织从员工经验中获取组织所需要的知识。特别是实施知识管理过程,可以使组织通过获取、存储、利用知识来解决问题、动态学习、战略规划和决策支持。知识管理保护了智力资产,防止了企业资产的流失,增加了公司的智商;增加了对市场的柔性反应。)

有关知识管理的定义很多,至今还没有一种公认的、权威的定义。许多专家、学者都从各自研究的角度来定义知识管理。本书综合了各专家学者的定义,根据企业管理过程实际需要提出了如下知识管理的定义。

1.8.2 知识管理的定义

首先要清楚地认识到"知识管理"并不是一个项目,只做一次就完了,它如财务管理一样贯穿于企业的始终。知识管理是现代企业、知识型企业的日常管理过程。综合以上专家的各种知识管理的定义,本书对知识管理的定义如下:

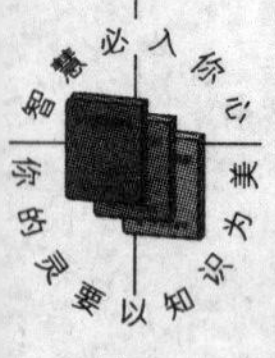

知识管理是指为了达到企业的目标,管理者执行基本的管理职能对"概念资源"进行有效性的管理。这包括了对信息、知识进行收集、整理、储存、新知识产生、显性知识与隐性知识的相互转化、知识资产的形成与运营等一系列过程(知识表达或知识获得—知识传递—知识应用)进行的管理;知识管理要研究如何从人的大脑中提取知识,通过一定的途径传递给另一个人或计算机系统,以及如何从计算机系统中获取知识进入人们的大脑。通过知识管理,帮助组织发现、选择、组织、分布、转化重要的信息和必要的专家知识进入到组织的行为中去,如解决问题、动态学习、战略规划、决策等,从而实现对组织的有效性管理,使组织能够尽快地达到目标;通过知识管理,组织可以进行知识价值链的运营及知识资产的经营,从而获得更大的企业价值。

从以上知识管理定义中,我们可以清楚地知道"知识管理"一词包括了"知识"和"管理"两大部分(正如上所述的还包含"经营"的内涵),在本书的各章中,将对此分别讨论。另外,从定义中还可以知道"知识管理"更多地涉及对人的管理,对人大脑中知识的管理,可见"知识管理"也是一种心智的管理,是软性的管理过程。当然,从以上定义中,我们也可以看到计算机在知识管理中的应用,所以计算机系统在知识管理中的应用是少不了的。但应该注意到计算机技术在知识管理中只起一个支持作用,并不起决定性作用,而起决定性作用的是人的大脑。

知识管理示意如图 1-3 所示。

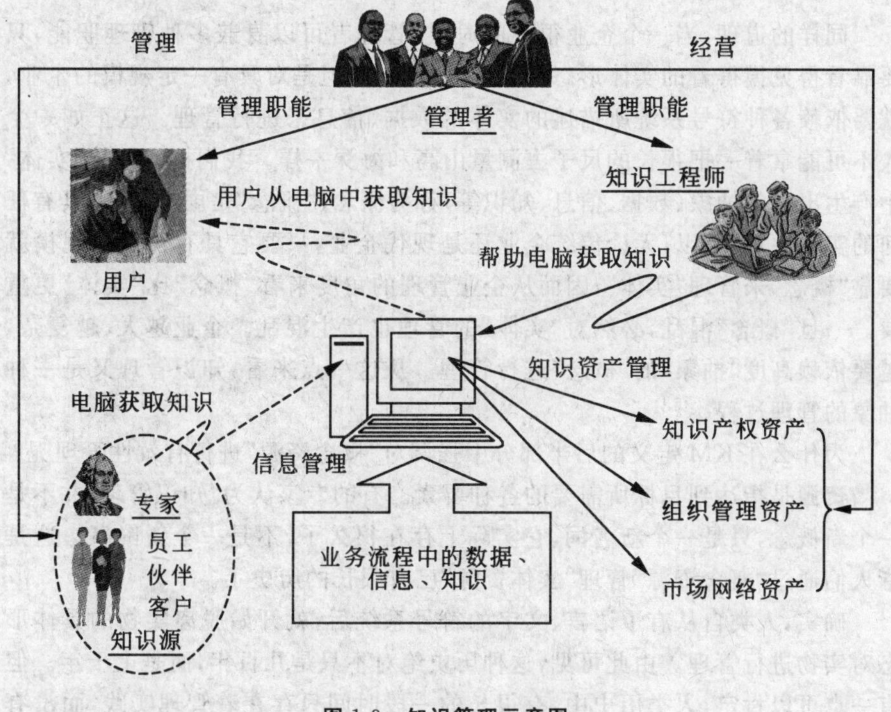

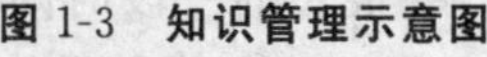
图 1-3 知识管理示意图

1.8.3 对知识管理定义的理解

我们可对知识管理定义进行如下的解析。

解析一

KM 定义的第一句话是：知识管理是指为了达到企业的目标，管理者执行基本的管理职能对"概念资源"进行有效性的管理。

为什么这里只是指出对"概念资源"进行有效性管理，而不是对"实体资源"进行有效性管理呢？

实体是指具有物理形态的物体，看得见摸得着。在人类还没有任何符号系统之前，一旦某件物体离开眼前，好像这个东西就不存在了。动物心理学研究发现，动物就是如此看待世界的。当出现了符号系统之后，如语言、文字，即使某种实物不在眼前，也可以对它进行必要的描述。数学符号系统出现后，人的这种能力得到了进一步发展，例如人可以测量无法到达的高山、大海、宇宙中的星体，通过精确的计算获得这些实体的准确数据、信息和知识。人类可以抛开物质实体的具体形态进行抽象的思维，并可以通过抽象的概念来描述世界。

同样的道理，当一个企业很小的时候，管理者可以身兼多种管理职能，只要靠看得见摸得着的实体形态对企业进行管理；但是对具有一定规模的企业，就要依赖各种符号系统所描述的实体的数据、信息来进行管理。这正如一个人不可能拿着一把很长的尺子去测量山高和海深一样。我们把这种从“实体”中产生出来的抽象（数据、信息、知识等）称为**概念**（“概念”是虚拟的，不具有任何的实体性）。所以，无论传统企业还是现代企业，只要它具有一定的规模就要靠“概念”来管理“实体”，因而从企业管理的角度来看“概念”比“实体”更重要。一旦“概念”混乱，必然对“实体”的管理也产生混乱。企业越大、越复杂，越要依赖高度“抽象”的“概念”进行管理。从这一点来看，知识管理又是一种抽象的管理过程。

为什么在KM定义的后半部分中强调对“概念资源”进行有效性管理呢？

资源是指达到目标所需要的各种要素。有的专家认为“知识管理”并不是一个新概念，只是一个新名词，它实际上存在很久了，不是一个新鲜事。这是指人们通过“概念资源”管理“实体资源”已有很长的历史了。

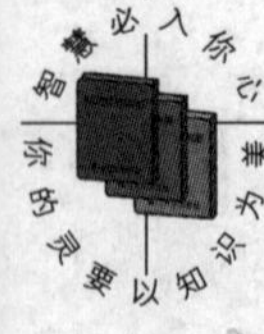

确实，人类自从有了语言、文字的符号系统后，就开始脱离实物的具体形态对实物进行管理。由此可见，这种历史绝对不只是几百年，而是上千年。但有一点可以肯定，人类历史中，有很长的一段时间只存在着管理实践，而没有管理思想。而且，由于符号系统的局限性，人类在早期管理水平较低；到了数学符号出现，通过数学符号的运用，产生了各种量化的管理方式，使人类的管理水平得到很大的提升，这时才有可能出现较为完善的管理思想，例如，泰勒的科学管理理论——科学管理的思想。当各种计算机语言的符号系统出现后，数学与计算机语言结合后的符号系统，产生的各种“算法”，使人类有可能处理更多的“概念资源”。这些都提供了知识管理思想的基础。这样在管理上就有可能做到“有效性”。但是，要让这种“可能”变成现实性，还要通过人类头脑中的隐性知识（这是一种难以表达的知识）。“概念资源”中所表达的“实体资源”是通过各种符号系统表达的，是一种显性的数据、信息、知识。所以，知识管理强调对“概念资源”的“有效性管理”，实际上就是强调：一方面在管理过程中要采用最好的技术应用符号系统来表达各种“显性”的概念；另一方面就是调动“隐性”的概念参与到管理过程中去，形成一种“有效性”的管理。“有效性”可以用企业产生出的各种绩效、成果、带来的收益来表示。

无论人们愿意与否，都是通过“概念”来管理“实体”。但是，一直到工业经济的晚期，人们还是注重“实体资源”，一直把“实体资源”作为获得价值的主要手段;直到近几年,随着信息经济的发展,人们才意识到“概念资源”也是十分重要的产业资源,通过知识管理的方式,可以将“知识”变成生产力。这样看来知识管理的思想也是一种历史的必然。

但是,要注意到这种“管理”是管理者执行基本的管理职能去进行的。也就是说,如果离开了管理职能,就谈不上“管理”。而管理的“有效性”只有通过基本的管理职能才能得以实现。基本的管理职能包括了五项内容:计划、组织、人事、指挥、控制。在传统的管理学中也谈到这五项基本的管理职能,但是在知识管理里所谈到的五项管理职能更深入、更广泛,更注重概念资源,它是在传统科学管理的基础上的一种延续与发展。在本书中,我们通过管理者的五项基本的管理职能,来看知识管理过程的实际操作。这些操作都是以信息、知识为基础的,比起传统的管理职能效率更高。它在现代企业中,在整个知识管理系统中无处不在。知识管理并不是“好说不好做”的纯理论,可以进行具体的操作,那就是通过五项管理职能,来对概念元素进行管理,从而达到管理实体的目的。

综上所述,KM 定义的第一句话是“知识管理”的灵魂,确定了“知识管理”的属性。表达了 KM 与其他形式“管理”具有严格的区别,即:知识管理是管理者执行基本的管理职能对“概念资源”进行有效性的管理。

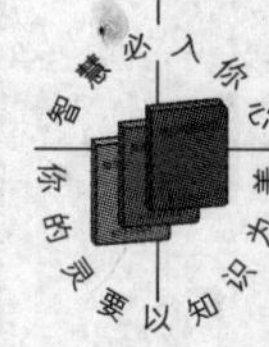

解析二

KM 定义的第二句话是:这包括了对信息、知识进行收集、整理、储存、新知识产生、显性知识与隐性知识的相互转化、知识资产的形成与运营等一系列过程(知识表达或知识获得—知识传递—知识应用)进行的管理;知识管理要研究如何从人的大脑中提取知识,通过一定的途径传播给另一个人或计算机系统,以及如何从计算机系统中获取知识进入人们的大脑。

这句话紧接前一句话,表达了企业的“有效性管理”是对企业整个“过程”的管理。这里的“过程”显然是指应用“概念”管理“过程”,正如以上所说的,从“对信息、知识进行收集……”到“知识资产的形成与运营……”这是一个对“概念”进行管理的过程,它与“实体”的管理“过程”不同。

根据对“KM 定义”的第一句话的理解,任何“实体”都是通过“概念”而被管理的。自然,企业“实体”过程的变化,也反映在“概念”过程的变化上,只要对它进行“有效性的管理”,也就实现了对实体过程的“有效性管理”。另外,企业过程都是为了获得效益、实现价值的,所以,对“过程”的管理,就是实现企业价值过程。那么这个“概念过程”的内容是什么?这里已经明确地指出:对信息、知识进行收集、整理、储存、新知识产生、显性知识与隐性知识的转化、知识资产的形成与运营……这一系列过程简单地概括起来就是:知识表达或知识获得—知识传递—知识应用。这很明确地说明了知识管理的基本内容。另外,在这段“定义”中还表达了知识管理系统实施的有关内容:知识管理要研究如何从人的大脑中提取知识,通过一定的途径传播给另一个人或计算机系统;以及如何从计算机系统中获取知识转入人们的大脑。这句话说明了“知识管理”不只是一个管理思想,还是一项系统实施的研究和开发的过程。例如,实施一个专家系统就是研究和开发过程,它要设法将专家头脑中的知识提取出来,转移到计算机系统中去。同时,这句话还表达了人与人通过沟通进行信息共享、知识共享,以及“人”作为用户向计算机获取知识的过程。这些内容将在本书的相应的章中进行讨论。

综上所述,“KM 定义”中的第二句话,说明了知识管理是对企业“概念”过程的管理。同时指出了知识管理的基本内容。

解析三

KM 定义的第三句话是:通过知识管理,帮助组织发现、选择、组织、分布、转化重要的信息和必要的专家知识进入到组织的行为中去,如解决问题、动态学习、战略规划、决策等,从而实现对组织的有效性管理,使组织能够尽快地达到目标;通过知识管理,组织可以进行知识价值链的运营及知识资产的经营从而获得更大的企业价值。

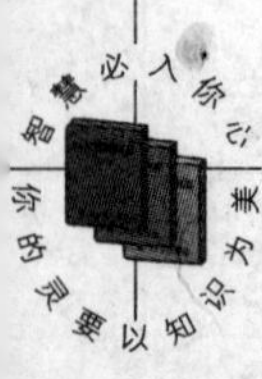

应注意到,这句话隐含了“系统”的观点,它表达了通过知识管理的系统方法,最终达到企业的管理目标。企业一般的管理目标,都是设法成本的最小化,价值的最大化。KM 可以通过合理、系统地配置“概念资源”达到合理地配置“实体资源”,从而获得各种行为的正确性,而达到企业的管理目标。在这里所表达的方法是:发现、选择、组织、分布、转化重要的信息和必要的专家知识进入到组织的行为中去……这些方法相对来说还是比较传统的方法,也是目前国内外知识管理系统中常用的一些方法。当然,这些方法也会为企业管理带来巨大的收益。但是,这里提到的另外一种方法已经引起许多知识管理专家注意,这就是:通过知识管理,组织可以进行知识价值链的运营及知识资产的经营从而获得更大的企业价值。“知识价值链”的运营或“知识资产”的经营,是知识管理中能产生更大价值的方法;它涉及**虚拟价值链**的运畴,是 21 世纪企业进行**知识经营**最重要的手段;它区别于目前流行的“供应链、物流管理”(实体价值链)。

最后,我们从整个知识管理的定义中还可以看到,知识管理过程大多涉及“人”或“大脑”,可以说这是知识管理与信息管理的根本区别。因为正是人的大脑才是知识产生的源泉，大脑是产生知识的主体。知识活动、知识转化、创新过程都发生在大脑中，而不是发生在信息系统中，所以“知识管理”又是一种心智的管理，是比信息管理更高一级的管理模式。知识管理一方面与信息管理有密切的关系，另一方面又与信息管理有差别。知识管理和传统工业化中的企业管理更是有着巨大的差别。在传统的工业化企业中，价值的获得大多需要员工付出体力，这就需要对员工进行科学的管理，管理员工的身体运动方式，从而达到“实体系统”价值的最大化。但是，随着企业获得价值的来源从“体力”转向“脑力”或“智力”，传统的管理方式遇到了极大的挑战，那种皮鞭式的血汗管理再也不能使员工产生价值。企业在新的竞争形势下必须找出新的管理方式来管理员工的“大脑”，这就是“知识管理”。

知识管理的方法可以对目前管理者在科学管理过程中所面临的难题，如员工的“工作态度”、“忠诚度”、“创新能力”、“知识共享”等方面进行管理，所以是传统管理方式很好的补充和发展。

知识管理中获得“价值”的概念通常与传统企业不一样。

在工业经济思维的模式里，价值通常是指货币量，获得价值最大化，就是指在投入同样的资源情况下获得最多的货币量。在这种思维模式下，人们只为追求金钱而生存，人们可以不择手段、不顾道德伦理去获得尽可能多的金钱。所以，工业经济使人类社会充满种种罪恶，这是在此之前的所有社会形态中所没有的；工业经济的大规模生产，带来了大量物质和能量资源的损耗，同时也带来大自然的前所未有的破坏，例如生态平衡的破坏、臭氧层的破坏、大气污染等等。

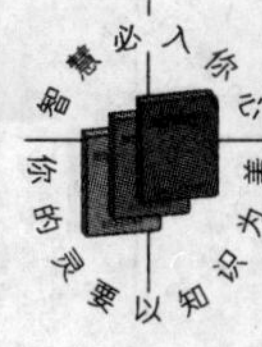

在知识管理中，获得“价值”有更多的含义，它不只是指所获得的货币量，也指那些非货币可以衡量的价值，例如获得更大的市场网络、更大的客户满意度、员工的认同感、成功的满足感、员工的忠诚度等等。这些都需要人“心”的管理，使人在终极道德的感召与关怀下工作和生活，从而避免了为人类社会带来各种罪恶，使人们可以用道德伦理来规范自己的行为方式。另外，知识管理的价值还体现在它的管理元素是虚拟的“概念资源”，通过知识管理获得货币价值的同时，会尽可能少地利用“实体资源”，也就是说，用尽可能少的物质和能源去获得人们所渴望的、尽可能多的财富，从而避免对大自然和人类生存环境的破坏。这些都是用货币量无法衡量的，用传统的工业化思维下实施的管理方式无法做到的。所以，21世纪企业采用知识管理去获得企业的价值是十分重要的。

综上所述，“KM定义”中的第三句话分别表达了知识管理的三个侧面。

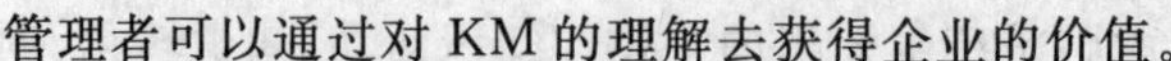

管理者可以通过对 KM 的理解去获得企业的价值。

1.9 知识管理误区

知识管理一词出现以后，各种报刊、媒体都对此进行了大量的宣传。与其他外来名词如 CRM、SCM、ERP 等一样，人们对它产生了种种误区，使一些企业家要么顶礼膜拜，要么不屑一顾。为了对知识管理有更进一步的深刻理解，有必要对一些重大的误区予以澄清。以下归纳几个常见的知识管理的误区。

误区一：知识管理是一种新的 IT 管理方式，许多企业还用不上。

许多企业都认为，知识管理是一种全新的 IT 管理方式，同时很复杂，投资大，现在中小企业根本用不上。

这种认识大多源于媒体上那些对知识管理似懂非懂的新闻报道，部分也由于顾问公司和应用软件厂商的"广告"式的扩大化宣传。真正的管理专家、知识管理专家的声音被这些不正确声音盖住了，使企业管理者不知道"知识管理"就在身边，就在企业里，就在自己的身上。

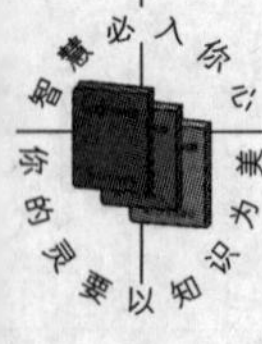

许多企业创始人都有这样的经历，当初"五六个人、七八条枪"的创业阶段，企业里所有人、财、物的管理只要一个人就可以了，该进什么原料，到哪里去购进原料，如何生产，生产什么样的产品，如何寻找客户等等，只要靠一个人的头脑就足够了。可是随着业务的发展，就发现管不过来了，就开始聘请员工，专人负责，建立起各种账本，记录采购、生产、运输、交货、收款等等一系列数据、信息。业务如果进一步扩大，这些账本记录就会越来越复杂，管理者也越来越依赖这些对实物的"记录"来管理。当管理者看到账本中库存原料的数量不足时，就会促发他产生采购的行为，他没有必要自己到仓库中去一一清点后才知道原料不够。

这是企业管理中大家都十分熟悉的情况。只要详细分析一下，就会知道即使是小企业的管理也依赖"概念"来管理"实体"。根据以上 KM 的定义，我们知道日常企业的各种管理活动实际上就是"知识管理"的某个方面，只不过在过去的历史中、在传统管理学中没有人用这个名词罢了。

我们顺着上面的例子想下去。一个企业的规模进一步扩大，各种账本记录的数据、信息就会更多更复杂，这时如果都用人脑、人工来进行数据、信息的管理，所花的时间和精力是可想而知的。据说，古代帝王处罚不忠大臣的方法之一，就是命令他们去修订历史。可想而知，采用人脑、人工的方法整理数据、信息是多么令人烦恼的事。现在由于信息技术的发展,人类有可能利用计算机技术、网络技术对数据、信息进行管理,使人从这种烦恼中解脱出来。所以,现在企业管理要求助于信息技术来提高管理的效率,本质上与人类当初利用账本记录对企业进行管理是一样的,也许将来会有比信息技术更好的技术来支持企业的管理,使企业管理的效率更高。

所以,“知识管理”并不是一个新的 IT 管理方式,而是用了一个新名词来说明 21 世纪的企业管理,即采用计算机信息技术来支持企业管理活动。所有的“管理”本质上都是通过某种“概念”来管理“实体”。现在的管理与传统的管理唯一不同点就是采用信息技术作为管理的支持,同时更注重运用“概念”直接去获得企业的价值(传统企业主要是运用有形的“实体”去获得价值)。

一个知识管理专家讲了一个例子,他到一个伐木场,老板告诉他:“这个伐木场都是体力劳动者,没有知识分子,所以也就没有知识管理。”这个专家指着一群正在日光下劳动的工人说:“你看到他们熟练地将树木砍下,并按不同的规格进行加工,最后堆成一堆堆方形的垛,你能做到吗?”老板说:“这不是所有人都能做好的,只有他们可以做得好。”专家说:“这就是知识。而且他们的工作态度决定了他们如何运用这些知识,最后决定了所产生的工作成果。所以你必须应用知识管理的方式去管理他们。”

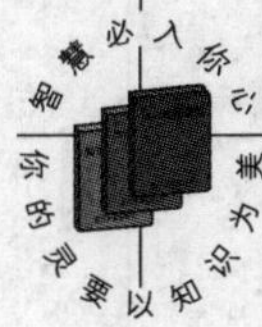

任何企业都需要知识管理。这并不是某些企业的专利,所以知识管理就在你的企业中,就在您的身边,就在您的身上。在劳动密集型企业有知识管理问题,在知识密集型企业里,知识管理显得更重要。

误区二:知识管理就是最新的信息技术、最新软件产品。

有的人认为,知识管理就是最新的信息技术、最新的软件产品。

许多软件厂商将“知识管理”这个词神秘化,把它说成具有某种功能的高技术软件产品,并以推广“知识管理”名义到处游说企业购买。许多传统的企业家对此极为反感,也因此常说,我们的企业现在还不需要知识管理。

实际上,知识管理不是指一项信息技术,不是指一个软件产品或一个软件包。从知识管理实践来看,所有技术都可以支持知识管理,这当然包括了信息技术。现在各种软件厂商所生产的知识管理软件产品,都在某一方面提供了企业管理活动的支持,例如,搜索软件、专家系统软件、群件系统软件、数据库产品、知识库产品等等。不能将这种在某一方面对管理支持的技术或软件产品说成就是“知识管理”。在我国许多的企业中,都对知识管理产生这方面的

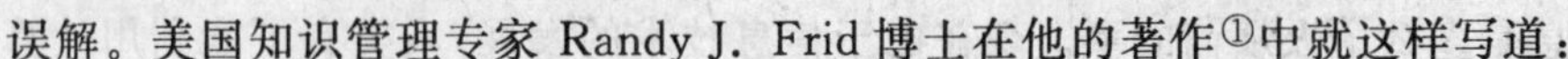

误解。美国知识管理专家 Randy J. Frid 博士在他的著作[1]中就这样写道：

Knowledge management is NOT the following：

Desktop Productivity Software(桌面软件)

Email and PIM Software(电子邮件和个人信息管理软件)

Groupware or Collaborative Software(群件和协作软件)

Data Warehousing & Mining Software(数据仓库和数据挖掘软件)

ERP Software (企业资源规划软件)

Business Process Automation Software(业务流程自动化软件)

E-Commerce Software(电子交易软件)

Search Software(搜索软件)

Technology is currently limited in what aspects of knowledge management it can participate in，at this time.

这位专家的以上论述完全否认了"知识管理是最新的技术、最新软件产品等一系列信息技术"，这样的看法，澄清了我们的误解。但是，这些被专家否定的东西还是被许多 IT 公司作为知识管理来推广，这是值得我们注意的。目前，许多人因"技术"而误解了"知识管理"。例如，一个公司理解了必要的技术对知识管理的重要性，就着手开发一个员工奖励解决方案，开发一个可测量的"知识管理"的系统环境，这样使人们看到了具体的"知识管理程序"和执行过程。因此，许多人就将"知识管理"当成只是一个软件或一个程序。

一些国外专家认为，在"知识管理"中，技术只占 10%，流程 20%，而 70%是由人和企业文化要素构成的。不管这种划分是否合理，至少向我们提示了知识管理中技术、流程、文化的比例。这里说技术只占 10%，不表示技术不重要，只有将这 10%的技术与流程、文化结合起来，才能形成完整的商务策略，才能执行知识管理。

所以知识管理的重点是管理，而不是知识。如果重点是管理那么自然就离不开传统管理学中五项基本的管理职能。但是，应该明确的是，如果没有知识，就没有知识管理，因为知识代表着概念，代表着 21 世纪全新的管理。那么知识管理从何入手？许多人误认为该从技术入手，一谈起知识管理系统就联想到巨额投资，就"谈虎色变"。其实，没有任何信息技术支持的"管理"，本质上也都是"知识管理"，因为任何"管理"的行为都是"概念元素"活动的结果。

① Randy J. Frid. *Infrastructure for Knowledge Management*. Writers Club Press，an imprint of iUniverse. com，Inc. ，2000

没有人否认一个思想可以改变世界。随着信息技术的发展，有可能将原来由管理者大脑处理的信息和知识交给计算机系统进行处理，这就产生了信息系统、知识系统、专家系统之类的技术；这些技术结合人的生物“脑”，产生比先前更好的想像、思考、决策，从而有了知识管理。所以，信息技术在知识管理中实际上只是支持了知识管理活动，除此之外没有别的。

误区三：知识管理太新了，缺乏可操作性。

许多人认为：知识管理太新了，缺乏可操作性。

持这种思想者被“知识管理”这个外来新名词给吓住了，以为这是很新的一种东西。其实一些学者并不这么认为。印度学者就把知识管理看得很古老。“仅就印度而言，知识管理的最初起源，并非在‘公司部门’这个环境之中，而是起源于《奥义书》。在《奥义书》中，知识管理是靠着一代又一代的智者们，将知识传授给他们的弟子以及追随者来进行的。‘知识获取’的方式则是通过观察和讨论来进行的；‘知识保管’则采取存入人们的大脑，或以文字的方式记载下来；‘知识传播’则主要是通过演讲以及辩论的方式进行的。”①“《奥义书》是婆罗门经典《吠陀》的形而上学的释义，这些文献形成的时期是在公元前8世纪到公元4世纪，因而它们比道家的初期理论著作略早一点。”②因此，从这个观点来看，“知识管理”的历史是十分久远的，在中国起码也有五千年的历史。

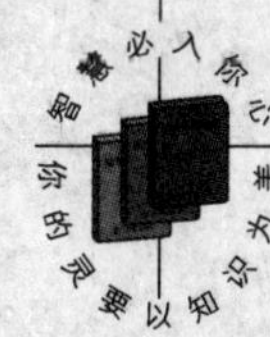

除此之外，知识管理是一种从传统的“管理”的基础上演变出来的一种新的管理思想，是经济发展过程中出现的必然产物，并不是从“学院”中长出的“无本之木”。一个企业家，特别是一个成功的企业家，从某种角度上可以说都是管理的高手，同时也是知识管理中对人“心”管理的高手。只是大多数成功的企业家并不是自觉、有意识、长期、系统地去管理人的“心”，而大多数是出于某项策略的需要，在一时一地实施。在历史上，也不乏有意识获取人心的领袖。无论这些领袖的目的如何，都在一定程度、一定时期获得了人心。因此，传统企业的管理过程中早就充满着“知识管理”的某些元素，只是由于经济发展的局限性，使人们还没有形成完整的知识管理思想。例如，日本企业最早提出了“企业文化”一词，这个词后来也被各国企业所接受，大家都知道“企业文化”在管理上所起的作用。在“知识管理”中，也非常强调企业文化，只不过没

① 加内什·纳塔拉詹，桑德娅·谢卡尔著，赵云飞译．知识管理．北京：中国大百科全书出版社，2002

② [英]李约瑟著．中国科学技术史(第一卷总论第一分册)．北京：科学出版社，1975

有把其内容包括在"企业文化"这个词里面，而用"知识环境"一词来表达和概括。实际上，要进行知识管理，良好的"企业文化"是一个十分关键的因素，良好的"企业文化"可以促使员工的隐性知识向企业的知识资产转化。

总之，几乎所有的企业管理者或多或少、自觉或不自觉地都运用过精神的力量、概念的力量来鼓励过下属，几乎所有管理者都曾经有意或无意地去寻找合适的人为企业服务。这种管理者所熟悉的行为方式，为什么会说成不可操作呢？显而易见这是对自身的认识不足，对系统管理认识不足，也是对"知识管理"的本质认识不足。但是，这里要澄清一种思想，那些有意或无意利用人"心"，并达到自己目的的管理方式，并不都是真正意义上的知识管理。从历史角度看，许多管理者的思想基础大多数是"实用主义"，他们只是在利用人，利用他人的资源达到自己的目的。这是不可取的。因此，具体操作方式是可取的，但其思想基础不可取。知识管理的思想基础是道德。在企业管理中，有系统地利用精神的力量，提高员工的忠诚度、内聚力，只有靠知识管理中的道德文化才能做到。

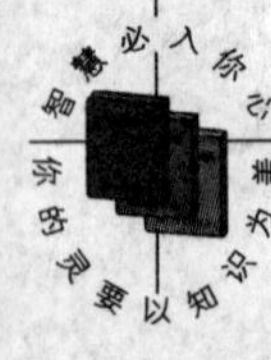

误区四：知识管理只是将正确的信息在正确的时间里传递给正确的人。

在许多有关知识管理的书籍里有这样一句话："知识管理只是将正确的信息在正确的时间里传递给正确的人。"或者说："知识管理是将正确的信息，通过正确的途径传递给正确的员工，使正确的员工为企业做出正确的决策。"

这也是对知识管理的另一种误解，它把知识管理与信息管理混为一谈，使人们梦幻般地看到一个十分美好的愿景。信息技术发展到今天，人们可以通过信息技术来传递数据、信息、显性知识，通过实时的视频、音频等多媒体技术还可以部分地传递隐性知识。不可否认，这些都十分重要。但是，如果只是将"知识管理"看成一种信息"传递"的行为，就与实际相差太远。我们知道"知识"是一种获得性的东西，它与人的认识和人所在的社会环境有着密切的关系。例如，不同的人对同一信息有不同的认识，会对同一信息做出不同的判断。所以"正确的信息"并非对所有人都是"正确"的。另外，除了人的"认识"因素外，对于"正确"这个概念，还受社会因素影响，例如，道德、伦理、价值观、社会意识形态等等。当一个员工接收到正确的信息，是否一定就会为企业做出正确的决策呢？答案是否定的。这涉及这个员工的知识结构、工作态度、道德伦理水平等。所以，"正确"只是一种相对的概念。

应该看到知识管理与人的"认识"、价值观有相当大的关系，而这些又是在一定的社会环境、教育下形成的，所以，企业的知识管理系统除了技术外，还必须考虑到人的认识和社会环境。① 因此，知识管理不仅要考虑电脑如何处理信息，也考虑人脑如何处理信息。知识管理的复杂性比信息管理要大得多。

所以，"知识管理只是将正确的信息在正确的时间里传递给正确的人"这句话并不能概括"知识管理"的全部内容，只是表达了知识管理或信息管理中信息的传递过程。因为"知识管理"还包括了人的心智、态度、精神的力量等，它除了建立信息系统外，还需要管理者建立起一个良好的知识环境、企业文化来激励员工。

1.10 知识管理特点

知识管理与传统管理和信息管理都存在着巨大的区别，这些区别都源于知识管理本身的显著特点。通过以上的讨论我们已经理解了这些特点，现将主要特点归纳如下。

第一，知识管理是从概念开始，而不是从实体开始。

先看以下生活中常见的例子。

从前有两个人，决定分头去寻找宝藏。两个人分别做了准备工作，其中一个人准备了行装、马匹、草料，并准备了足够的钱，这个人很早就出发了，他满怀着希望向东去了，他一边走一边打听哪里有宝藏，他一路上用他的智慧来管理马匹，计划着用草料和所带的钱，以保证有足够的能力找到宝藏。他走了许多年仍没有找到宝藏，他想也许宝藏不在东方，于是就向西方去了。他仍然用他的全部智慧来管理他所带的财、物，为找到宝藏去做最大的努力。几年过去了，他仍然没有找到宝藏。于是又决定调转方向向南走，还是没有找到，最后又向北走。许多年过去了，他终于找到了宝藏，但他身心疲惫不堪，还花费了许多财力。

另一个人他并没有很早就出去，他坐在家里，白天都与来往的能人智士交流，收集各方的信息，晚上就查阅有关的文献资料，最后确定宝藏的地点。于是他只准备了少许粮草就出发寻宝了，他直接向着宝藏存在的方向走去，没有东西南北地尝试。他只花了很少的时间就找到宝藏。当他回到住地时，那个很早就出发的人还没有回来。

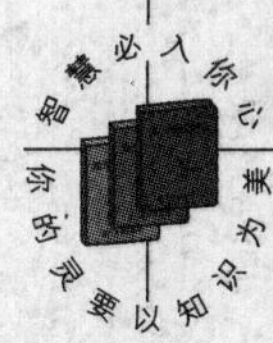

① J. C. Thomas, W. A. Kellogg, T. Erickson. The knowledge management puzzle: Human and social factors in knowledge management. http://www.ibm.com

类似的情况现代版本很多。人们喜欢去尝试错误，从错误中学习；人们喜欢对具体的细节进行认真的准备和操作，而没有宏观确定自己的目标；人们喜欢浪费许多资源去获得价值，而不从节约资源来考虑；人们喜欢从实体出发去寻找财富，而不从思想出发去寻找财富。

知识管理就是这样，它从收集信息起步，将这些信息放在头脑中加工处理，形成知识，最后用知识去指导实践，达到目标。整个过程就是从虚拟的概念开始管理，而没有从实物开始。而传统的管理首先是从"物"开始，从"物的有限性"开始管理，例如，注意节约、合理使用、降低成本等等。真正能够降低成本，产生价值的是从思维的最基本元素"概念"开始的管理。

第二，知识管理注重管理的有效性，即系统产出的效果。

管理活动有两个重要的术语：效率与有效性。**效率**(efficiency)是指一个被管理的系统在一定的时间范围内，各种资源输入系统与系统输出成果的数量关系。在一定的输入条件下，通过管理活动在一定的时间内能获得数量更多的输出结果，这就是效率高，反之就是效率低下。**有效性**(effectiveness)或效果，是指管理活动的系统产出成果是否与组织目标一致。如果通过管理实现了组织的目标，这种成果就是有效的即有效性。所以，有效性强调的是管理活动结果的质量即效果，而不是数量。

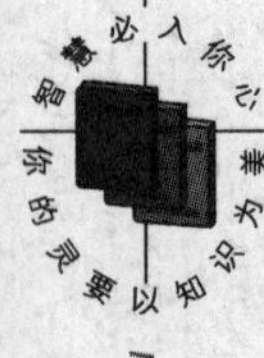

在工业经济时代，企业管理效率大多注重实体资源(资金、人、设备)的输入与输出的数量关系。提高效率的概念是以最少的输入去获得最大的输出。对于体力劳动者来说，只需要他们在给定的条件下，把给定的工作做好，就是有效率的工作。对于他们工作效率的评估，只需要知道他们的工作成果即可，例如，计件工资就是按单位时间内生产多少产品的数量来评定劳动的效率。另外，体力劳动者只需要把工作做好，而不必去断定所做工作的正确性。而工作的正确性或有效性是少数管理者确定的。

而在知识经济时代，知识员工在企业中的数量不断增加，体力劳动的员工数量不断减少。在那些知识型企业里，几乎所有的员工都是知识型员工。在这种情况下，对待体力员工的管理活动所产生的效率在对知识员工的管理活动中很难产生。例如，对知识员工的劳动成果很难用产品的数量来确定。这时管理从"管理效率"移动到"管理有效性"。它不但要求知识员工把事情做好，所产生的成果要有价值；同时还要求他们做正确的事，即在自己的工作范围内为企业做出正确的决策。这就是知识管理与传统管理的区别之一。从这一点也可以看出知识员工也在一定程度上扮演着管理者的角色。

因此，知识管理中提高效率的概念是强调有效性，即强调输出结果的价值。输出结果必须是创新的、高知识含量的、能达到企业目标的高价值的东西;它与输入系统的概念资源的"量"没有直接关系。因为"实体资源"与"概念资源"的成本结构完全不同,概念资源不会像实体资源一样,随着输入系统的"量"的增加而增加成本。因此,传统的管理是追求资源成本的最小化,而知识管理追求的是价值的最大化。这也是两种管理思想的不同点或差别。

效率和有效性是相互关联的概念。效率强调的是管理活动的方式,效果强调的是管理活动的结果。低水平的管理是无效率和无效的;不良的管理可能是有效率而无效的,也可能是无效率而有效的;好的管理是既有效率又具有有效性。

第三,知识管理的必要性是虚拟资源的无限性,而不是实体资源的有限性。

传统管理学认为:管理的必要性在于资源的有限性。由于每个企业能投入生产过程的资源都是有限的,整个社会能用于社会生产的资源也是有限的,所以就要求通过有效的管理来提高资源的使用效率,使有限的资源得到有效的运用,以可用的资源尽可能多地实现某种想要达到的任务或目标。[①]

传统管理致力于管理实体资源,因为实体资源的有限性,所以通过管理来提高资源的使用效率,使有限的资源得到有效的利用,以最少的资源或代价去达到目标。

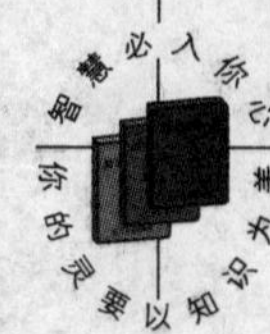

其实,一百多年以来,科学的发展都是围绕使人们摆脱实体资源的有限性的约束,使人类长期增长成为可能。"以农业为例,无论是大卫·李嘉图的土地边际收益递减学说还是马尔萨斯的人口陷阱学说,其基础都是土地资源的有限性,在有限性的土地上投入劳动力,劳动力的边际产出必然在一定时期之后出现下降趋势。但是,一百多年来的事实表明,人类可以通过科学研究发现替代土地的技术,如优良品种、土壤改育、施用化肥、使用杀虫剂等等,从而在有限的土地上保证了人均粮食拥有量的增长。在科学产生之前,这些技术是无法想像的。"[②]科学发展固然可以使有限的实体资源更有效,如利用有限的土地资源养活更多的人口。但是科学发展到了21世纪,却发现使有限资源更有效的科学方法并没有达到整个人类的生存和发展的"有效性",例如,更好地利用了土地资源养活更多的人口,却破坏了大自然的生态平衡;大量使用化肥增加了农业产量,却破坏了土壤结构导致土地沙化。

所以,真正的科学应该是指导"科学"的科学。它并不是简单地提高"利用

---

① 林志杨编著.管理学原理.第三版.厦门:厦门大学出版社,2004

② 姚洋著.制度与效率与诺斯对话.成都:四川人民出版社,2002

有限资源”的效率，而是透过隐藏在有限资源中的虚拟资源的无限性来管理它的有限性，从而达到有效地利用有限资源的目的。

知识管理致力于管理概念资源(虚拟资源)，它之所以要去实施对虚拟资源的“管理”，不是因为这种资源的“有限性”，而是因为这种虚拟的概念资源的无限性，例如信息、知识爆炸，所以要通过有效性的管理，从众多的、无限的虚拟资源中获得最佳的虚拟资源，通过虚拟资源去获得企业的价值：一方面表现为虚拟的价值链，另一方面表现为实体的价值链。“想像这样一种情形：突然，你落入了漫无边际的大海，周围全是咸咸的海水，你挣扎着使头部保持在海面以上。到处都是水，却没有一滴可供饮用。我们中有 75%的人对知识管理的感受就是这样。导致复杂的第四个主要因素是你们的知识管理经历，即你实现有效工作所需要的一切——隐藏在数据海洋中的有用的信息、知识还有智慧。”①

以上所述可说是我们为什么要进行知识管理的理由。也因为这个理由，知识管理可以看成是“管理”的管理，也就是**元管理**(meta management)，也可以把知识管理看成科学的科学。因此，知识管理是高于一切传统管理(科学管理)的管理方式。概括起来有三点特别引人注目：

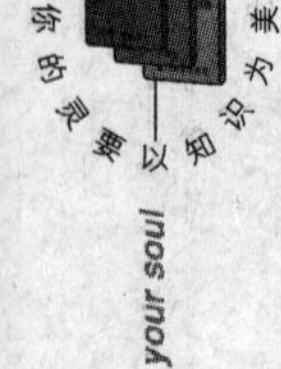

其一，传统管理是因为资源(实体)的有限性，才有必要为了达到目标而实施有效性的管理；而知识管理是因为资源(虚拟)的无限性，才去实施知识管理。

其二，通过管理虚拟的概念资源达到管理实体资源，从而实现企业的目标。这是一个知识物化的过程，是实体价值链形成价值的过程。

其三，通过对概念资源的管理和运营，形成一种全新的虚拟价值链。这是传统管理没有涉及的领域。

随着经济的发展，传统管理将被知识管理所覆盖、所取代。知识管理将成为企业中唯一的管理方式，如果没有知识管理，不但实体的价值链无法形成，虚拟的价值链更谈不上。一个企业如果没有虚拟价值链的存在，就根本谈不上竞争力。

另外，目前许多企业导入了信息化，出现了信息管理或管理信息系统等新的管理概念。应该注意到这里所说的信息管理中的“管理”是指对数据、信息进行具体的管理，它并没有形成一种信息管理理论。

我们要对三种“管理”进行基本区别：

① [美]迈克尔·B·波特，陈桂玲译. 管理就这么简单. 经济日报，2004 年 6 月 17 日

传统管理：注重实体资源的管理；这种管理是理性的、科学的、线性的或量化的管理。

信息管理：注重信息的处理、信息的传递；注重信息系统的构建，以及在信息处理和传递方面的信息技术应用；强调对数据、信息处理过程的具体管理。

知识管理：注重对概念资源的管理，通过对概念资源的管理达到管理实体资源。知识管理中大量利用信息技术，帮助员工的大脑对信息进行分析、综合，从信息系统中提取有价值的知识，然后通过知识活动转化成个人知识，形成人力资产，最后为企业所利用而形成企业的知识资产，还可以将这些知识资产转化成知识资本进行商业运营。知识管理是科学与艺术结合的、灵性的、非线性的管理方式。

三种管理分别有不同点，在学习的过程中应加以区别。

本章术语

组织(organization)
管理者(managers)
操作者(operatives)
资源(resource)
实体资源(physical resource)
概念资源(conceptual resource)
管理(management)
效率(efficiency)
有效性(effectiveness)
跨职能(cross Function)
战略规划层(strategic planning level)
管理控制层(management control level)
运作控制层(operational control level)
概念技能(conceptual skill)
计算机文化(computer literacy)
信息文化(information literacy)
科学管理(scientific management)
信息管理(information management)
知识经济(knowledge-based economy)

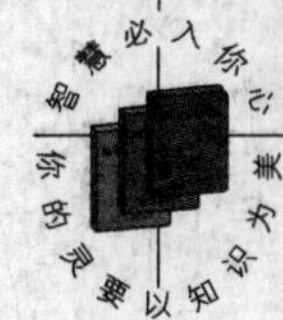

信息经济(information economy)

知识管理(knowledge management,KM)

实体(physical)

思考题

1. 什么是管理、管理职能、管理层次?

2. 传统管理、信息管理、知识管理有什么区别与联系?

3. 为什么要从信息管理走向知识管理?

4. 为什么知识管理是管理的管理?理解它对实际管理有什么意义?

5. 企业为什么要从传统管理、信息管理走向知识管理?

6. 知识管理只发生知识密集型的企业吗?为什么?

7. 21 世纪企业为什么在进行知识管理?难道继续进行传统的管理不行吗?

8. 知识管理是一种可操作的管理方式吗?您认为应该如何开展知识管理?

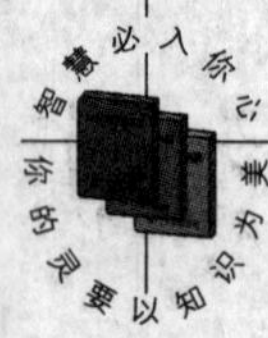

9. 为什么总是有知识管理的误区?是什么因素导致知识管理误区的产生?

10. 在人类历史发展过程中,只有现在才重视知识吗?为什么到现在才提出知识管理?在历史的进程中,是否存在着知识管理的实践呢?举例说明。

第二章 知识管理要素

通过上一章的讨论，我们明确了知识管理的定义，理解了知识管理与传统管理和信息管理的不同，也理解了知识管理是人类经济发展过程中产生出来的新管理思想，它是21世纪企业发展的必由之路。这一章我们将对知识管理中所涉及的基本概念进行讨论。

我们知道人脑是大自然的产物，它与自然界中其他的动物有根本的不同，这就是人脑独特的结构与独特的功能。人脑的独特结构决定了人是地球上唯一有知识的生物。知识是人脑活动的产物，人脑独特的功能之一就是产生知识。那么，知识是什么？它与数据、信息等存在着什么样的关系？知识是如何活动的？知识网络是如何形成的？企业中存在哪些知识？对于这一系列问题，都有赖于我们对本章内容的理解与掌握。

通过本章对知识管理中的基本概念的讨论，读者会在上一章的基础上对知识管理有进一步的理解。因为上一章对知识管理的"定义"向人们展示了知识管理宏观的轮廓，这一章向人们展示了知识管理中涉及的所有内容，称为"知识管理要素"。

2.1 概念

知识管理的第一个要素是"概念"。什么是概念？心理学认为，**概念**(concept)是指认识的主体通过对认识对象的抽象和概括，从而形成对事物的本质属性的理解。概念是思维的成果，一切思维过程最终将形成概念及其联系。"概念是构成判断和推理的要素，是最基本的思维形式。如果将思维比作一个有机体的话，那么概念就是这个有机体上的细胞，它是抽象逻辑

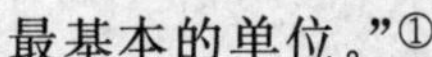

最基本的单位。”①

形式逻辑学认为：“概念”具有如下逻辑特征：②

(1)任何概念都有不同程度的抽象性与概括性。所谓概念的抽象性，就是指概念反映的事物本质属性，事物的本质是内在的，是寓于各种具体事物之中的，是通过各种现象表现出来的。人们无法直接观察和触及事物的本质，而只能通过现象认识事物的本质。因此，对于本质的认识都是抽象的、间接的。……所谓概括性，是指通过抽象获得的概念，一般都可适用于一类事物、一类对象，有一个较大的范围。

(2)任何概念都有多少不同的内涵和大小不等的外延。……所谓概念的内涵，就是指概念所反映的思想内容的总和。……所谓概念的外延，是指概念所反映的那类对象思想的总和，亦即这个概念适用的思想范围。

(3)在同一系列概念中，两个具有属种关系的概念之间的内涵和外延存在着一种反变的关系。……所谓概念的同一系列，指的是一些在外延上具有相互包含关系的概念。……这样一些具有包含关系的概念叫做同一系列概念。其中外延大包含着外延小的那个概念叫做属概念；外延小并被外延大的概念包含的那个概念叫做种概念。……在具有属种关系的系列概念中，外延大的概念内涵少，外延小的概念内涵就多，逻辑学上把内涵与外延间的这种关系叫做反变关系。

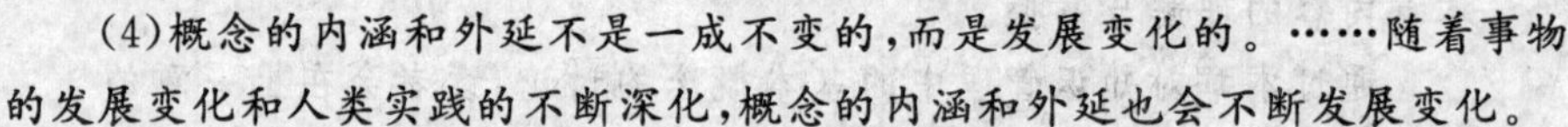

(4)概念的内涵和外延不是一成不变的，而是发展变化的。……随着事物的发展变化和人类实践的不断深化，概念的内涵和外延也会不断发展变化。

从以上心理学和逻辑学对概念的定义或理解，我们知道概念是思维的产物，是一种思想。既然是一种思想，它就没有任何实体性，只有虚拟性。在知识经济发展的过程中，这种虚拟性在管理学上的意义广受重视。

专家认为世界是由物质、能量和信息组成的统一体。这里所说的“信息”实际上是一种泛指，所指就是“概念”。因此**概念**可以看成是隐含着事物**有序性**的信息，这种“有序性”由不同的层次组成，构成概念层次。“能量”和“实体”(物质)的组成与存在方式都是由“有序性”的“信息”所决定的。所以，“信息”(概念)是世界很重要的组成部分。物质、能量、信息三位一体，组成了世界万物。

概念存在于实体中。如果从是否具有生命特征即新陈代谢来看，实体有

① 叶奕乾等编. 图解心理学. 南昌：江西人民出版社，1982

② 苏越著. 应用逻辑学. 太原：山西人民出版社，1984

两大类：其一是非生命实体，其二是生命实体。如果从实体的创造者来看，实体可分为自然实体（自然界）和人工实体（人工自然）。物质、能量、信息是三位一体而存在的，但真正可以从实体中抽象出来的“概念”，只有人类这种高级的、具有自我意识的活体才能获得。所以，再聪明的动物也没有知识。这是因为它们都没有抽象思维的能力。但是，不同的人具有不同的思维能力，所以人的概念有许多差异。

记住：概念是思维的最小单位；概念是最基本的思维；概念也是思维的成果，没有概念也就没有思维。

2.2　概念元素

如果我们深入思考“概念”时就会发现，它包括了数据、信息、知识、智慧、道德五个基本元素。这五个元素构成了不同的概念层次，它们之间存在着不可分割的内在联系。它们都是人脑“神经细胞”活动的结果，都是一些精神的产物。历史上有许多科学家探讨过这些精神的产物，但从活体上观察到的只是生物电波、生物化学的结构与变化等等，并没有在活体中看到这些“概念”的形态和结构。一旦活体在生理上死亡这些“概念”也随之消失。人脑的神经活动只是将这些原有存在的东西表现出来，例如物质通过燃烧产生能量，在没有燃烧之前并没有“表现”出能量，但是我们知道物质中确实含有能量；同样，各种层次的概念元素，包括数据、信息、知识、智慧、道德，也都是通过人脑活动或思维而表现出来。这正如古希腊学者柏拉图（Plato）所认为的那样：真正的认识，对于事物本质的认识，无非是对理念的回忆。

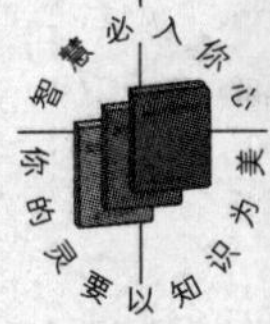

2.2.1　数据

数据表达了原始的、单一的事实。数据是概念中最简单的一种，也是最基础的。“数据”是构成“概念”的最基本的单位，例如，物体的长度、员工的工资额、货物的价格等。如果系统中没有这种元素，也就没有“概念”可言。从生物心理学研究中发现，除了人以外的动物连“数据”的概念都没有。

人类对“数据”的概念也是在长期的生产和生活实践中，通过大脑的活动渐渐形成的，渐渐有了“数”的概念。这与人类“符号”系统——语言、文字等的出现和发展有着直接的关系。只有在“符号”系统的帮助下，人类才有抽象思维的能力，才有“数”的概念。从古人类第一次利用绳子打结的方式开始计数，

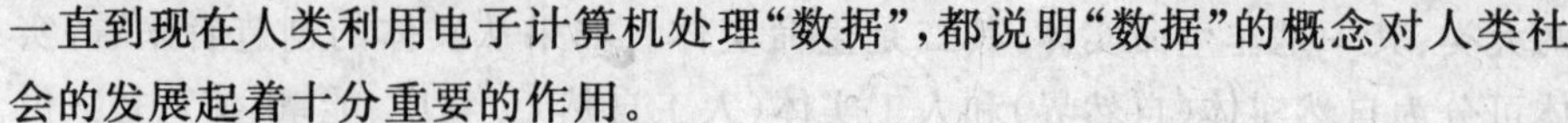

一直到现在人类利用电子计算机处理"数据",都说明"数据"的概念对人类社会的发展起着十分重要的作用。

数据的定义:

数据(data)是说明原始事实的基本单位,它表达了原始的、单一的事实。一般来说,数据的表示方式有数据名称、数据类型、数据长度。常见的数据类型有数值型、字符型、图表型、音频型、视频型。

数据是一切计算的基础。正如数学中所做的那样,有原始的数据,按一定公式,就能得出一定结果。也就是这个特点,才有可能将数学计算工作交给计算机进行。

2.2.2 信息

"信息"在"概念"中的层次比"数据"高一级,它是在系统中经过"数据处理"后产生的结果。这种数据的处理的过程,可以在人脑中即神经信息系统中进行,也可以在计算机信息系统中进行。但是,由于人脑的生理学特性,所以在处理大量数据时,不如计算机信息系统精确和持久。另外,人脑还会接受外界非数据型的元素而产生一些图形的信息。这部分信息是非线性的、半结构化的。这在认识心理学中和人脑形成隐性知识的过程中具有十分重要的意义。许多学者从不同角度对信息进行了各种定义(参见专栏 1),我们还是从信息管理角度提出以下定义。

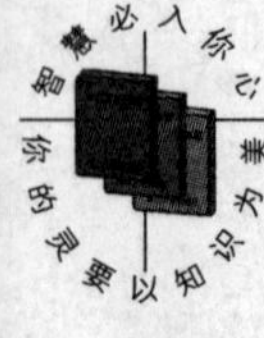

信息的定义:

数据按一定意义、一定的规则组合在一起,形成数据的集合,这种集合体就叫作**信息**(information)。数据形成集合体的过程就叫作数据处理。信息的特点是显性化、结构化或半结构化,有具体的形式,有一定的格式,可以自由表达,可以存在如文件、资料、书报、邮件、数据库中等等。可以用"管理信息系统"来管理这些信息,在人们需要的时候能找到相关的内容,并反复使用它。

在实际应用信息的过程中,人们经常根据不同的需要,从不同角度对信息进行分类,例如,可按重要性分类、按应用领域分类等等。"数据"按什么意义和规则进行定义和组合,完全是由主体的需要决定的。另外,隐性的信息是构成隐性知识的基础,显性的信息是构成显性知识的基础。当然,显性与隐性之间是相互转化的。详见"知识活动"单元。

注意:以上对信息的定义倾向于从信息管理或管理信息系统角度去理解,如果从知识管理、管理学、管理哲学角度去理解,就应该记住"信息"是"概念"的一个层次,而概念是万有的秩序。

专栏 1——关于信息的各种定义

我国学者杨培芳在《网络经济学》①中归纳了不同学者对信息的定义。

学术界对信息的定义不下几十种，站在不同的角度，从不同层面上看，每种定义都有其合理性的一面，但是从最本质的哲学意义上考察，应该只存在一种最接近信息本质的定义。直到目前，人们仍然没有停止对信息哲学本质的探求。

1948 年，美国贝尔电话实验室的仙农第一次用数学方法定义“信息就是不定性的消除量”。认为信息具有使不确定性减少的能力，信息量就是不确定性减少的程度。仙农关于信息的定义至今在概率性通信过程中仍然是有效的。我国一位学者曾撰文指出，现在人们正滥用信息概念，什么信息爆炸、信息膨胀，其实并不存在。因为按照仙农信息论的定义，不被受体所理解的信息并没有使不定性减少，也就不称其为信息，它无异于能量虚掷和感情的空抛。

其实，仙农作为一个通信科学家，所定义的仅仅是进入他的人工通信模型中的信息，也叫做认识论信息。而作为与质量、能量并列的一个哲学本源，人们并不满意仙农的定义。依照仙农的观点，消息如果不被某一受体理解就没有信息，如果被另一受体所理解就有了信息，那么究竟这一消息中包含不包含信息呢？为了找到哲学本质的解释，1956 年阿希贝提出，信息的存在与否取决于消息本身有没有变异度，信息就是被传递的消息中的变异度。

从自然哲学层面上看，前苏联学者格卢什科夫把信息定义为“物质和能量在空间和时间上分布不均匀性的测度”。意大利学者朗格提出，“信息就是事物间的差异”。我国许多学者倾向把信息定义为“事物运动的状态和方式”。我比较赞成朗格的定义，并且认为信息是事物可传递的差异性。它包括自然界和人类社会普遍存在的可传递的差异性。差异越大，信息量就越大，没有差异就没有信息，不可传递的东西也不是信息。

2.2.3 知识

知识常表现为直觉、事实、判断、经历、价值观、假定、信念等，它们分别以隐性知识和显性知识的方式存在。显性的知识是用某种符号系统表达人脑中概念的、虚拟的东西，而隐性的知识是不能用符号系统来表达的东西，有时它可以依附于某些实体或过程而表现出来，例如，手工艺、技术。那些表现出来的知识才显示出“力量”，这种力量也许是生存智慧，也许是个人的能力，或是一种企业的生产力。

“知识”在“概念”中的层次高于“信息”。主体通过对各种“信息”进行整合、定义后，产生出应用的集合体。知识的产生（也可称为知识获取），完全是

① 杨培芳著.网络经济学.北京:经济科学出版社,2000

在人的大脑神经系统中产生。当计算机信息系统发展起来以后，计算机信息系统对人脑产生知识的过程起了极大的支持作用。现在有许多计算机硬件和应用软件如决策支持系统(DSS)、知识管理应用软件支持人脑的工作，使知识创新的速度更快、更好。但是到目前为止，计算机信息系统还不能独立自主地产生知识。这将是计算机科学发展的一个方向，目前正在研究的“脑型计算机”就属于此类。

许多专家学者都曾从不同的角度对知识进行过定义。但是，至今还很难找到适合管理实践的定义。因此，本书从知识管理的角度对知识进行定义，掌握了这个定义后，就可以对知识管理有一定的理解。

知识的定义：

知识(knowledge)是一种获得性的东西，它是各种信息按一定规则组合在一起，表达了某个方面的应用。

知识是人脑活动过程中产生出来的。获得知识实际上是新知识的产生。人类获得知识是一种“识知”(knowing)的过程，是人脑不断与社会环境、自然环境进行信息、知识的交换过程。人类通过感觉器官，从外部环境中获得各种数据、信息，以及他人的知识，然后经过与头脑中存储的各种知识(包括显性知识和隐性知识)进行综合、分析的一系列加工，最后形成某个方面的应用，这就产生了新的个人知识。这些个人知识大多以隐性知识形态存在于个人的大脑中，它部分可以通过显性化过程、通过各种共享媒介，形成人类共同的知识，这就产生了人类知识。同时这些获得性的个人知识也可以成为个人行为的指导，使人产生各种不同的行为。

从以上定义中，我们可以了解到如下要点。

第一，知识是人脑表达某方面的应用。这种“表达应用”的方式一般有两种，其一是采用符号系统来“表达”，其二是采用直接的行为来表达。说动物没有知识，其实就是说动物没有符号系统来“表达某些方面的应用”。而人类创造了各种符号系统，如语言、文字、数学符号、计算机语言等，从而能够表达各种应用，人类也因此使自身得到了高度发展。但是，也应该看到，仍然有一部分知识不能通过符号系统来表达，只能通过行为来表达。

第二，知识是一种“获得性的东西”，它不是人类头脑凭空创造出来的(注：这里“获得知识”与“知识产生”是同义语)，而必须通过感官从外界获得各种构成“知识”的数据和信息，再通过人的大脑对这些材料进行加工，也就是通过思维过程而产生知识。如果不是对所得到的数据或信息进行思维，就无法获得或产生知识。因此，知识的“获得性”表现为如下三种外在形式：

- 通过有意识的活动而获得知识，例如通过教育获得科学知识，通过训练获得某种技能。
- 通过日常生活无意识的活动获得知识，例如个人生活的经验、在某种特定的经历中获得某种经验等。
- 通过对以往所获得的知识、经验进行思维活动，而产生的新知识，例如通过计算、演绎、推理获得对宏观世界和微观世界的知识。

知识的获得性说明了人脑是获得知识的实体基础，提供了一种可能性；要使这种可能性变成现实，人脑必须在人类社会的特定环境下，才能获得“知识”。从这里也可以看出，“概念”所依赖的“实体”只是提供了某种“概念”形成的可能，还要靠主体积极的活动才能获得知识。

第三，人脑可以产生知识，任何动物都不能产生知识。这里的知识是指那些用符号系统表达的知识。由于动物没有符号系统，所以动物没有抽象思维，它们只能对环境产生本能的反应和条件反射，有时通过生活得到某种经验，从而对环境做出积极的反应。而人脑可以利用符号系统中的各种数据、信息刺激大脑，使人脑产生抽象的思维活动，因此只有人类的大脑才能产生知识，只有人类的大脑是产生“知识”的物质基础。

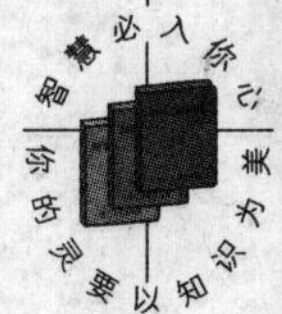

第四，人脑中的知识，无论是有意识获得的知识、无意识获得的知识，还是思维产生的知识，都不是简单地对外界物质世界的“反映”。人脑中的知识与外界环境输入到大脑中的各种数据、信息、他人的知识有根本的不同，它是一种新的个人知识。

第五，人脑中产生的知识的都属于“个人知识”。这些知识的所有者如果通过某种“符号系统”，如报刊、书籍、网络，将知识与他人共享，并且获得社会的认同，那就成了人类共有的“社会知识”。

第六，人是地球上唯一可以应用知识产生生存智慧的动物，其他动物的生存智慧与人的生存智慧不能相比。后者是遗传信息系统中规定的本能反应，前者除了遗传信息系统外，还有大脑神经系统，以及所创造出来的计算机信息系统。这些系统都可以运行各种“符号系统”，整合各种数据、信息、知识，可以根据不同的目的，将知识应用在不同的方面。这不但表现为将同一知识应用在不同的时间和不同的地点，也表现为将不同的知识用在同一时间和同一地点。这一切都体现了人类伟大的生存智慧。

我们可以通过科学史上的许多动人的事实理解以上知识的定义。例如DNA 双螺旋结构的发现过程，就是一个很好的例子。

20 世纪 50 年代初，22 岁的詹姆斯·沃森怀着发现 DNA 结构的雄心来到了英国剑桥大学，他在著名的卡文迪什实验室遇到了弗朗西斯·克里克，两人怀着探索的欲望开始合作。他们并没有像其他人那样通过大量的实验来观察DNA结构，而是研究和分析了当时其他科学家的实验结果，以及他们公开发表的研究论文。沃森和克里克耐心地将各式各样的现有研究成果拼接起来，验证了各种可能的原子结构。通过对这些资料的分析和研究，沃森和克里克得出结论：DNA的结构是双螺旋的。1953年，他们把自己的研究、分析成果刊登在4月2日出版的《自然》杂志上。后来，伦敦国王学院的物理学家弗雷德里克·威尔金斯成功结晶了DNA分子，并用X光衍射照片验证了沃森和克里克的研究成果。他们两人因为解开了遗传的秘密，引发了人类历史上生物医学的革命，因而荣获1962年的诺贝尔医学奖。

从以上例子可以看出，沃森和克里克是在研究他人已有的知识基础上，通过头脑的思索，进行了知识创新，获得了个人知识，又通过发表个人知识，使个人知识成为全人类共同的知识。从中可以看到知识类型在转化的过程中形成的价值。

技术、技能属于知识的范畴，它强调的是技能知识，涉及行业的技巧、诀窍。在应用科学、工程中，在实现**人工实体**，如产品和服务的过程中，人们常将“知识”称为“技术”或“技术知识”。它仍然有“显性”和“隐性”的区别。前者存在企业系统的文档等其他介质中，后者则存在于个人的大脑中。

专栏 2—— 关于知识的各种定义

我国学者夏先良在《知识论》①一书开头就提到各种专家学者对“知识概念的界定”，归纳了有关知识的各种定义。

知识和信息是在文献中经常出现的而又令人模糊不清的两个概念。首先这两个概念既有相同的地方，又有差别。知识是一个大概念，外延和内涵都较大；信息是一个相对较小的概念，它与知识外延具有交叉。在知道什么和被告知什么的意义上讲，知识和信息是近似的。就所传递的内容来说，一切信息都是知识。信息常用于指传递和报告的消息，它是不可分的，信息内容是从他人行为和结果那儿获得的具体知识，而不是抽象一般的知识，信息从来都不是原创的，而是二手的。但是，不是所有知识都可以恰当地称为信息。例如，只能称各种自然科学理论为知识，而一般不能够称之为信息。知识则是掌握知识的人向想学习的人传播的，知识传播方向是从具有知识者发出的。信息则是不了解这个信

① 夏先良著.知识论——知识产权、知识贸易与经济发展.北京：对外经济贸易大学出版社，2000

息的人接受了外界传来的信息,信息传播方向是向着接收者,强调接收者获得信息。

……

在经济学文献中,国内外的学者已经给知识下了许多种定义。国内出版的有关知识经济的几个版本的著作,对知识概念的定义基本上都引自国际经济合作与发展组织的报告《以知识为基础的经济》。按照吴季松(1998年)的解释,知识是6个W、1个Q,其中4个W来自报告中所提的知道是什么(know-what)、知道为什么(know-why)、知道怎么做(know-how)和知道谁(know-who),后面两个W是吴季松自己增添的,分别是知道什么时间(know-when)和知道什么地点(know-where),一个Q是指知道是多少(know-quantity)。此后,国内许多版本关于知识的定义几乎如出一辙……

弗里曼和勃勒斯咯(Freerna and Polasky 1992)认为,知识代表商家对生产理解的部分。积累的知识自愿地以这种方式代代相传可以产生产出的持续增长。可见,这是一个仅仅涉及关于生产和经济增长的知识,这样定义将是一个非常狭窄的概念。格多克(D. Guellec,1996)写道:"知识是人类理解并改变自然的杠杆知识以各种方式运作并可以采取各种形式。它可以转变为蓝图或程序形式。它可以包含于物质工具、机械或中间品(实物资本)。它可以化身于人脑和人身或一批人(人力资本)。"

除此之外,还有各式各样的"知识"定义,都是从不同学科和角度进行的。各位专家学者的研究和定义都有道理。但是,以上定义不一定合适我们对"管理学"和"知识管理"的实践理解。

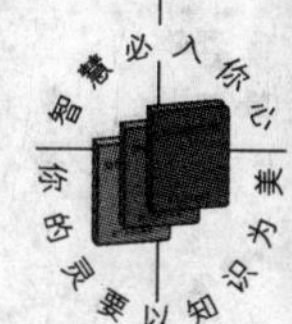

2.2.4 智慧

只有很少的书(知识管理类书籍)将"智慧"看成高于"知识"层次的一种概念。但是,笔者认为是必要的。因为成功的知识管理最终会导致出现企业智慧,这将是企业的一大财富。我们先从心理学角度来理解"智慧"一词。心理学认为:

智慧是指能够迅速、深刻、正确地认识客观事物和解决问题的能力。即一个人的"禀赋",在某种场合也叫智力,在思维活动和实际行动中表现出来。①

智力就是能力或智能。……智能指人们运用知识技能的能力。知识是一个人记忆中所贮存的信息,而智能是有效地使用这些信息的能力。……智力作为一个整体表现在三个方面:概念运用、实物操作和人际关系的协调,这就是所谓的抽象智慧、具体智慧和社会智慧。②

人类是能够应用知识产生"生存智慧"的唯一动物。许多动物表面上看也

① 宋书文主编. 心理学名词解释. 兰州:甘肃人民出版社,1985

② 胡德辉等编. 心理学教学参考资料. 北京:人民教育出版社,1982

有各种“生存智慧”，但是，动物的“生存智慧”大多是一种本能的反应。这种本能是遗传信息(DNA)事先约定的一种对自然环境的反应能力。所以，动物不会产生真正意义上的“生存智慧”，只会通过本能对自然界产生适应性反应，从而获得生存机会。

只有人类会通过应用所掌握的知识，产生“智慧”。人会根据不同的目的，将知识应用在不同的方面。这不但表现为将同一知识应用在不同的时间和不同的地点，也表现为将不同的知识应用在同一时间和同一地点，从而使人类获得在不同时间和空间上的“生存智慧”，更有利于人类的生存。除此之外，当人类的“生存智慧”解决了人类自身的当前生存问题后，还出现了“发展智慧”，探讨人类在未来时空中的生存与发展，例如，人类的科学探索、对外太空的研究等等。人类的“发展智慧”也是所有动物所不具有的。综上所述，我们从知识管理的角度给智慧下一个定义。

智慧的定义：

智慧(wisdom)是指一个人综合了自己“显性”和“隐性”的知识，产生对自身环境、生存环境、未来环境的理解，然后根据这种理解，将不同的个人知识和人类知识应用于一定的目的的过程，在这个过程中表现出了发现问题、解决问题的能力，这种能力就是智慧，它包括了生存智慧和发展智慧。

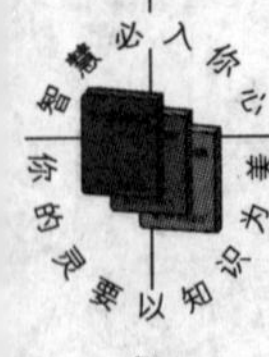

在企业管理中，“智慧”起着十分重要的作用。我们经常看到在同一行业内，利用同样的设备、同样的原料、同样的信息和知识，其他的资源也都一样，但是却出现不同的经营结果。这就是企业“智慧”的差异。成功的知识管理要促进**企业智慧**的形成，使企业可以立足现在，展望未来，不但可以生存，而且可以发展。

企业智慧可表现为三个方面的能力：

第一，概念资源运用的能力，包括技术创新、管理创新、知识资产运营等等；

第二，实物资源运用的能力，包括业务流程、人财物、能源的配置等等；

第三，关系协调的能力，包括发展和维持企业内部外部的各种关系的能力。

企业的智慧也同样是在运用各种数据、信息、知识的基础上产生的。

“智慧”只能产生于人类大脑的神经信息系统中，不能产生于计算机信息系统中(至少目前是如此)。但是，由于计算机信息系统延长了人类的感官，并能进行数据和信息处理，从而对知识的获取、“智慧”的产生起了极大的支持作用。所以，现代企业管理中，计算机信息系统是不可缺少。

有的管理专家认为不必对智慧进行管理，智慧是不可以被管理的。“显然，想要管理智慧是有悖天理的，因此当人们神气活现地谈论对数据、对信息乃至对知识的管理的时候，聪明人会觉得还是不要讨论什么‘智慧管理’，还是老老实实地让智慧处于它初始的状态之下，不要试图去管理它。”①这种观点是有一定的道理的，人类的智慧从古到今并没有什么明显的区别，区别的只是人类知识的发展。例如，古埃及的金字塔、中国许多出土文物等，其中都饱含人类智慧的结晶，都体现了古代人类应用当时科学技术知识的能力。这些古代智慧的结晶，用现代人类的智慧有时都很难达到。例如，科学家很难按一定的配方比例，造出三国时代的青铜剑等。所以，无需对智慧进行管理。但是，一个人的智慧如何运用却受到了道德观念的主导。

2.2.5　道德

道德常被人们看成社会学的范畴。其实“道德”在管理学有十分重要的地位，它应被看成最高境界的管理。正如中国古代先知所说的“无为顺道”。所以我们应该把“概念”元素中的最高层次定为“道德”。人类一切行为最终都受到道德观念影响。如果在知识管理中讨论心智管理中没有涉及“道德”，那么这将是不完整的。一个人可以掌握很丰富的信息资源，具有渊博的知识、很高的智慧，但是只要这个人道德不良，就不会被社会认可。例如，一个计算机博士，可以运用自己的知识、智慧造福于社会，也可以运用自己的知识和智慧制造病毒，进行网络犯罪来危害社会。他的行为方式完全取决于他的道德水平。现在计算机科学中有一个重要的分支——计算机的伦理道德，专门研究计算机使用过程中伦理道德的问题。所以，在知识管理中涉及人类的道德、伦理，也涉及企业如何建立道德伦理的问题。

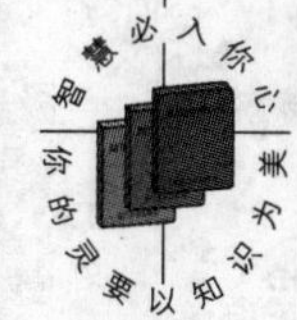

很明显，人的行为与道德有关，因此与管理也有关，那么，什么是道德？

19世纪的思想家弗洛伊德认为，各种道德评价是人在出生以后培养起来的。精神分析理论提出了一个根植于超我的浮现的道德发展观点。

儿童心理学家皮亚杰认为，道德的形成与认知发展是相似的。儿童约在7岁左右从客观的道德过渡到主观的道德。

认知理论家科尔伯格较为系统地研究了道德问题。他在阶段理论的结构中完整地探索了道德评价（判断）的发展。他把道德思想分成三种水平：前习

① ［印］加内什·纳塔拉，桑德娅·谢卡尔著，赵云飞译．知识管理．北京：中国大百科全书出版社，2002

俗的、习俗的和后习俗的水平。每个水平又可以分成两个可分辨阶段，共六个阶段。①

- **前习俗水平**的儿童，只是根据一些结果形成“好”或“坏”的评价，因此没有真正的道德标准。
- **习俗水平**的特点是顺从现有的社会秩序，而且有维护这种秩序的内在愿望。这种水平的道德标准就是现有社会习俗，例如官方的意识形态、公共秩序、地方风俗习惯、群体的潜规则等，大多数人都处于这种道德水平。
- **后习俗水平**是由普遍的道德准则所支配的，因而不依赖于拥护这些准则的集体的权威。它有“社会—契约”的倾向，即认识到个人评价的相对性，以及个人需要或行为要符合社会标准。后习俗水平的第六个阶段，也是最高的阶段，产生了普遍的道德原则的倾向。道德被解释为一种良心的决断。

道德原则是自己选定的，根据抽象概念而不根据具体规则。科尔伯格发现道德发展有快慢，但不会越过阶段；他还发现道德思想发展与其他思想发展一样具有普遍性，发展特点是随着时间进行分化与整合。

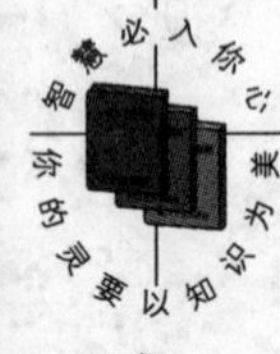

从心理学家们对道德的研究中，我们可以知道，道德是一种思想，是一种概念，是一种对事物的评价。尽管对道德下定义是件很难的事，但我们还是从知识管理的角度给“道德”下一个定义。

道德的定义：

道德(moral)是社会中特定的关于正确和错误行为的评价，是人们在一定范围内必须遵守的行为准则，这些行为准则在人们头脑中形成了一种观念，即道德观念。这种道德观念是人们行为的基础。

在知识管理中，“道德”是要讨论的重点内容之一。在长期工业化思维模式主导下的企业，经常为了金钱收益、利润最大化而偏离了基本的道德准则，出现了许多不道德的行为方式，例如不正当竞争、经济犯罪、破坏生态平衡、社会达尔文主义等等。目前，企业间的合作或协作的障碍往往不在于信息技术、业务流程、资金等方面，而是在于彼此间的信任关系，而“信任”的基础就是彼此的道德水平(诚信)。特别是在建立知识网络、虚拟组织过程中，道德因素甚至比技术因素有更大的作用(参见8.3虚拟组织)。因此，道德是知识经济、知识社会的一个重要因素。

---

① [美]R·M·利伯特等著，刘范等译. 发展心理学. 北京：人民教育出版社，1984

综上所述，我们知道“概念”由五个层次的基本元素组成：数据是原始的事实；信息是按一定规则描述的事实；知识是指导行为的综合信息应用；智慧是一种将不同知识用于何种目的的理解，以及应用这种理解去解决问题的能力；道德则确定了人类应用智慧的行为方式。它们是人类“概念”中的五个元素，代表着五种不同的层面，它们也是“知识管理”中概念活动的基本元素。本书将在以下各章中讨论这些元素的活动。

有关“道德”对管理的作用我们将在相关单元中讨论。

通过以上对概念资源的讨论，我们知道知识管理中管理的基本对象，也明白了知识管理中的基本元素。我们在以下各个章的讨论中都会涉及这些基本元素。除了以上“概念元素”外，我们就要明确与之相关的“知识类型”。

专栏 3——如何评价这些道德难题

心理学家科尔伯格在研究道德时假设了一个难题，从人们对这个道德难题的自由反应，可以看出人的道德水平（三种水平、六种阶段）。

在欧洲，一个妇女患癌症快要死了。有一种药可能救治她，这是本地的一个药剂师最近发明的一种镭锭。药剂师索价二千元，这价格是他制药成本的十倍。病妇的先生海恩茨向他认识的每一个人借钱，可是他只能借到药价的半数。他告诉药剂师他的妻子要死了，恳求廉价卖给他，或者允许他以后偿还。但是药剂师说：“不能。”先生绝望了，于是为了他的妻子到店里去偷药。先生应该这样做吗？为什么？①

我国学者在讨论网络协同时看到了道德问题，他举了一例子，这个例子在当今社会极为普遍，人们常常感叹道德问题，但又不得不去行不道德的事。

一位皮鞋厂的厂主为了防止排污，自觉购置了污水处理设备，但他的皮鞋成本比同类工厂成本增加了一倍。别人卖25元一双，他要卖50元一双。长期卖不掉，工厂就得倒闭。结果是道德高尚者难以生存，留下道德低下者把人类带进一个无异于互相残杀的社会。②

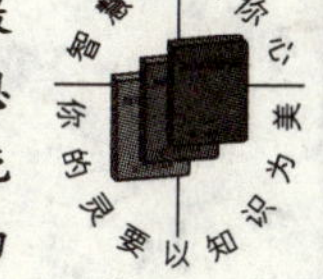

专栏 4——道德影响整个人类的生存

道德不良者是否会有报应？这个问题似乎科学难以解答，但是计算机生态分析却回答了这个问题。

美国密执安大学罗伯特·艾克斯罗德教授深入研究了每个人都在自私动机的情况下产生合作的必要条件。他挑选了在与他人交往中持不同态度的63个接受测试者，他

① ［美］R·M·利伯特等著，刘范等译．发展心理学．北京：人民教育出版社，1984

② 杨培芳著．网络经济学．北京：经济科学出版社，2000

们有心理学、经济学、物理学、政治学、数学、社会学学者,也有普通工人和技术人员。将他们与别人交往中采取的不同做法输入一个事先编好的计算机模型,这完全是一个进化论仿真模型,与生物界进化的唯一不同就是人的记忆和预期。他让这些人的不同做法在计算机中一对一地进行交往,这个程序共运行了1 000遍以上,出现了令人十分感兴趣的结果。

当该程序运行到第五代时,对无论什么样的人都采取善良合作态度的"人数"就减少了一半,运行到第50代,这种"傻大头式"的善良合作者连同专门从背叛中捞取好处的人开始消失,而诡计多端的受试者与持一还一报态度的善良受试者得到几乎同样的繁衍。但是到遗传至200代以后情况发生了戏剧性的转折,随着傻瓜式不成功的受试者人数的逐步减少以至消失,诡计多端的人难以占到什么便宜,人数也急剧减少。到第1 000代以后,靠诡计与人交往者也像被他占过便宜的"傻大头"一样消失了。而持一还一报态度的与人交往者在1 000代以后成为繁衍最成功者。

生态分析表明,"傻大头式"的人物和赤裸裸的恶人在现代社会都难以繁衍和生存,诡计多端地与人交往者也不会总能占到别人的便宜,从长远看也要失去繁衍的基础。只有在与人交往中持平等合作态度者才能获得永久的持续繁衍。[①]

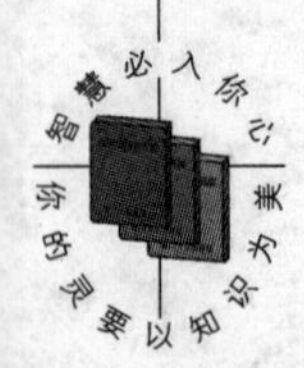

2.3 知识类型

知识管理的第二个要素是知识类型。知识管理的整个过程都与知识类型相关。我们必须对此有清晰的理解。

许多专家学者都对"知识"进行各种各样的不同的分类,各种意见并不统一,至今还没有形成一种权威的分类法。但是几乎所有的专家学者都同意"知识"有两种基本类型,其一是显性知识,其二是隐性知识。

隐性知识和显性知识的概念最早是Polanyi在1950年[②]提出的,后来被农卡(Nonaka)用于表达学习型组织的理论[③],他强调了隐性知识和显性知识

---

① 杨培芳著. 网络经济学. 北京:经济科学出版社,2000

② M. Polanyi. *The Tacit Dimension*. Routledge & Kegan Paul, London, 1996

M. Polanyi. The Tacit Dimension. In: L. Prusak. *Knowledge in Organizations*. Butterworth-Heinemann, Woburn, MA,1997

③ I. Nonaka. The Knowledge Creating Company. *Harvard Business Review*,1991, 69: 96～104

I. Nonaka, H. Takeuchi. *The Knowledge Creating Company*. Oxford University Press, Oxford, UK, 1995

之间的相互转化。这种分类也适合知识管理实践。所以，本书在以下的各单元中对知识管理的描述也主要根据这种分类。实际上，把知识分成隐性和显性是十分合理的，这符合客观实际。因为知识的根本区别就是能否采用某种符号系统来表达知识，一些知识可以用符号来表达，这就是显性的知识；另一些知识无法用符号来表达，这就是隐性的知识。其基本概念讨论如下。

2.3.1 显性知识

显性知识(explicit knowledge)是指可以用某种符号系统来表达的知识。这种知识“一目了然”，看得懂，可表达，可编码。有的书将它译成“显式知识”、“可编码的知识”。显性知识本质上是一种显性的、结构化的“信息”，它通过“符号”存在于各种载体中，如书本、信件、文档、网络上。人们可以通过学习、教育、训练来获得这些“知识”，并储存在大脑中。例如，我们记忆的文字、一些资料、作家的名篇等，这些记忆在大脑中，并随时可以书面表达、讲述、背诵出来的知识都是显性知识。

显性知识之所以可以表达，是因为采用了符号系统，这些符号系统主要有语言、文字、数学符号、计算机语言等等。这些都属于“第二信号系统”。正是由于人类的“第二信号系统”的发展，从而促进了人类社会的发展。

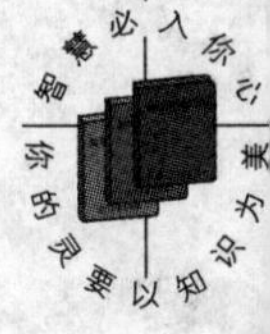

1900 年，前苏联科学家巴甫洛夫(Ivan Petrovich Pavlvo，1849—1936)提出条件反射学说，开辟了高级神经活动生理学研究领域。他于 1904 年获诺贝尔生理学或医学奖。巴甫洛夫的研究揭示了人与其他动物在高级神经系统功能方面的本质区别。他把直接作用于动物各感觉器官的具体条件刺激(如声、光、味、冷、热、痛等)称为第一信号，也叫做现实信号。凡是作为条件刺激而直接作用于有机体的现实事物的属性以及它们所引起的暂时联系，属于一个条件反射系统，叫做第一信号系统。第一信号系统为一般动物和人类都具有的系统。

巴甫洛夫研究认为，人类的语言符号是第一信号的信号，所以把它称为第二信号，并发现了人的大脑皮层特定的部位与语言相关。巴甫洛夫把人类大脑皮层中对语言符号发生反应的部分称为第二信号系统。它是通过言语、词汇以及在此基础上所发生的暂时联系，而构成人类所特有的条件反射系统。第二信号系统是人类大脑皮质中具有处理抽象信号的能力，它可以处理语言、文字等符号，这些符号就是现实中的抽象信号，它代替了第一信号作为刺激的反射对象。第二信号有三个主要特征：其一，代替具体事物信号的第二信号系统刺激物只有同第一信号系统刺激物联系起来才有意义；其二，第二信号系统刺激物反映着现实事物的一定属性，同时又以特殊的形式如语音、书面形式等脱离现实事物而存在；其三，第二信号刺激物都是对于具体事物的抽象和概括的反映。人的抽象思维都是通过人脑的这两个系统协同活动而实现的。

所以，显性知识的本质只是一种第二信号。

显性知识在企业的管理中是很重要的。因为这种知识是用符号来表达的，所以可以“量化”，正是因为它可以“量化”，所以它可以通过企业信息系统储存、转换、传输。在信息技术还没有发展和应用之前，企业对于这些可量化的显性知识，包括数据和信息，只能通过纸介进行语言、文字的处理，这些处理的方式，需要很繁重的脑力劳动，而且对这些显性知识的计算、处理，并不是人脑的长处，所以效率就低下。在计算机信息技术发展起来后，人们就可以将这些可量化的显性知识交给计算信息系统来处理，从而大大提高了效率。因此，在企业中所采用的计算机系统和应用软件，实质上都是对显性知识进行“量化”的管理，当然也包括了对数据、信息的处理。计算机系统对这些显性知识进行处理和管理也被称为“数字化”管理，比尔·盖茨把计算机管理信息系统称为“数字化神经系统”。

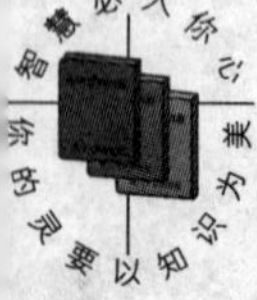

另外，从人类历史来看，只有人类掌握了符号系统后“显性知识”才出现，它大大推动了人类历史的发展。语言的出现，使人类进入了原始社会；文字的出现，使人类进入到了农业文明；数学语言的发展促进了科学进步，使人类进入到工业文明；而计算机语言的发展使人类进入到信息社会。这一系列人类的进步，都离不开“显性知识”的作用。但是，人类在出现显性知识之前，很早就有了隐性知识。

2.3.2 隐性知识

隐性知识(tacit knowledge)是指存在人头脑中的隐性的、非结构化、不可编码的知识，是关于个人的思想、经验等。这种知识是不能用符号系统来表达的，有的书将它译成“隐式知识”或“不可编码的知识”。

隐性知识来自个人学习和实践过程中的直接经验，也来自与有经验的人进行接触和思想交流。这种知识“只能意会不可言传”，是难以表达的知识，如个人经验、个人想法、洞察力、分析能力、价值观、各种判断、思想、创新等都有一部分是难以表达的。正是因为“隐性知识”不能靠符号系统来表达，所以只能存在于人的大脑中，而不能存在于大脑以外的任何媒介中，包括计算机系统。也正是由于这一点，才使人感到“人才难得”，才会使现在的管理界出现“人力资产”、“人力资本”的概念。

隐性知识不能用符号系统进行编码，进行表达，这一点类似动物。但是人类隐性知识的获得与动物完全不同，动物只能通过"第一信号系统"直接活动学习获得；而人类不但可以通过"第一信号系统"直接的活动学习获得，还可以通过各种知识活动的转化而获得隐性知识。参见下一单元"知识活动"。

人类抽象思维活动的结果——创新的知识、创新的思想最初都是以隐性知识的形式存在于大脑中。要通过一定的努力，才能转化成符号系统可表达的显性知识。正是因为这一点，隐性知识有极大的价值，它是新知识的初始形式，也是人才的一种标志。企业知识管理的一个重要的任务，就是引导这种新的个人隐性知识显性化，使它从个人所有转变成组织所有，这是企业知识管理的核心内容。

隐性知识是非结构化的、不可量化的知识，它的产生、引导、转换并不发生在计算机信息系统中，而发生在人脑中，所以对隐性知识的管理不同于对显性知识的管理。在企业知识管理中如果只是强调采用计算机管理信息系统，忽略采用组织文化、知识环境去影响员工的大脑和心智就不能成功。

隐性知识可以通过转化，形成显性知识，但是很难出现100%转化。显性知识容易传播，它可以通过书、报、网络等媒介进行传播；而隐性知识是不容易传播的，它只能通过人与人面对面的沟通过程，经过很长的一段接触过程才可以学习到。因此，隐性知识是个人最重要的资产。

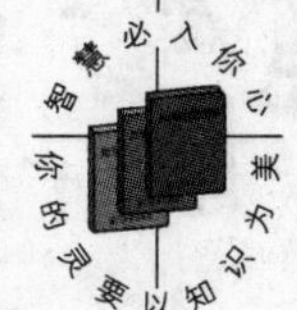

2.3.3　显性知识与隐性知识的区别

在知识管理中，显性知识与隐性知识的管理有不同点，所以应该明确显性知识与隐性知识的区别，参见表2-1。

表2-1　显性知识和隐性知识的比较①

特征	隐性知识	显性知识
性质	个人的、特定的隐含结构	可编辑、可表述的
形式	非结构化，难以记录，难以编码，难以用语言表达	结构化，可以用语言、文字进行口头和书面表达
开发过程	在实践中摸索，在错误中尝试	阐述隐性知识，理解和解释信息

① Amrit Tiwana. *The Essential Guide to Knowledge Management*. Prentice Hall PTR, 2001

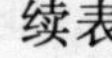

续表

特征	隐性知识	显性知识
存在地点	存在于人的大脑、心灵深处	存在于文件、数据库、网页、电子邮件、书籍、图表等
转换过程	通过比喻和类推的形象化的方法将隐性知识转化成显性知识	通过理解、消化吸收，将显性知识转化成隐性知识
信息技术支持	难以用信息技术进行管理、共享和支持	可以用现有的信息技术支持
需要的媒介	需要丰富的、多媒介的渠道进行沟通和传递	可通过传统的电子渠道传递

显性知识是一种结构化的知识，它是“概念系统”活动的产物，它通过某种符号系统将“知识”固定下来，成为可表达出来的知识。这种通过某种符号系统进行表达知识的过程，可称为**知识表达**(knowledge representation)。在人的大脑神经系统中，知识表达是一个十分复杂的脑生理活动过程。

现在人们可利用现代医学的设备观察到大脑物理、化学变化过程，例如，脑电波、脑血流量等。要注意，“符号系统”是概念性的、虚拟的元素，它不参与脑生理的物理、化学过程。在大脑的解剖学和生理学上找不到“符号系统”的痕迹。但是，“符号系统”却对脑生理活动过程产生影响。例如，人在阅读过程中，会随着书中故事的情节起伏出现脑电波的变化，表现出兴奋、悲伤等情感。另一方面，人脑的解剖学和生理学的病变，也会影响到“符号系统”的学习与表达。例如，神经病学中的失写症、失读症的患者，就是因为大脑结构中某些部分出现病变而引起神经心理学方面的异常表现。所以，知识的表达不但要依赖于“符号系统”，也依赖于一个正常的大脑。

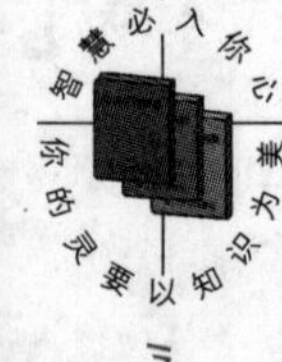

计算机系统也是通过“符号系统”对知识进行储存、传输、表达等活动的实体，这种“符号系统”主要有C、C++、JAVA、PHP、SAP等计算机语言。这些用计算机语言表达出来的知识，以及在计算机系统中活动的各种信息、知识都是显性的、结构化的知识。它们可以通过适当的媒介传送给其他人。所以，人脑所产生的知识有显性、隐性的区别；而电脑中所运行或产生的数据、信息都是显性的。

另外，大脑对显性知识的处理因人而异。例如，我们看到的书籍，其中就包含了前人的知识、智慧。但是写在书上的东西只是一种“显性”的符号而已，它是他人隐性知识向显性知识转化的过程用符号系统所表达的东西；我们读书也是学习“显性”的知识，只有通过理解这些符号所表达的意思，才能将这些“显性”知识中所包含的作者的“隐性知识”转化成自己所有的“隐性知识”。这种转化只是部分的、不完整的转化。所以，不同的人看同一本书，感想和收获都不一样；同一个人在不同的时间看同一本书，感想和收获也不一样，每次看都有新意。这也说明了“显性知识”因人而异，因时而异。除此之外，产生这些差异还涉及两个主要因素。

第一，因为每个人所掌握的“符号系统”不同，所以对同一表达出来的知识反应也不一样。例如，不懂英文的人，一本英文的书对他来说是一些没有意义的符号；不懂计算机语言的人，C 语言对他来说也没有任何意义。

第二，每一个人头脑中所积累的、沉淀的隐性知识包括经验、思想、价值观、文化背景、所处环境因素等等都不一样，对同一显性知识就可能产生不同的理解，产生不同的知识转换。即使人们掌握同样的“符号系统”，面对同一“表达”出来的知识，也因此有不同的理解。所以，表达出来的知识并不一定可以被人所获得。也就是说，信息和知识传递给某一个人，这个人不一定就能理解这些信息和知识，也就不一定能应用这些知识去分析问题和解决问题。因此，知识的表达（知识获得）—知识传递—知识应用是一系列过程，这个过程需要一系列条件才能满足。为了满足这一系列条件，就需要“知识管理”。

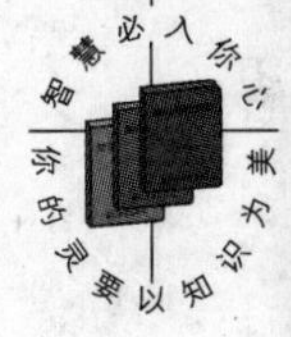

知识专家 Newell 认为“我们不会很容易地看到知识，而是仅仅通过使用符号表达式的解释过程的结果来推想出知识的内容”。①

隐性知识是一种非结构化的知识，它不是以符号系统的方式存在人脑中。这些虚拟的概念元素难以表达，却是一个人真正的价值所在，也是一个人真正的知识存在。所以，在许多企业实践中，衡量一个人的素质、一个人的才能，是以他所掌握的隐性知识为主的，而不是以他掌握的显性知识的数量为主。

作为隐性知识可观察到的例证，就是技术或技能。人的某一方面的技能如驾驶技能、手工技能、与人交往的技能是难以用符号系统来表述的。如果用符号系统来表述这些知识，也很难通过传播载体传递给另一个人。例如，没有人可以通过学习驾驶技术的书，学会如何开车；没有人通过阅读游泳的书籍学会游泳，也没有一个厨师通过学习菜谱而成为一个出色的厨师。

另外，要清楚地看到隐性知识还是工业技术、工艺的重要组成部分。许多技术知识存在于对它掌握的人头脑中，例如工程师、工艺师傅、中医师，他们的徒弟无法通过师傅口头表达或书面表达来获得技术知识或技艺，只能跟随师

① [美]George M. Marakas 著，朱岩，肖勇波译. 21 世纪的决策支持系统. 北京：清华大学出版社，2002

傅一段时间后才能学习到师傅的隐性知识——技艺。英国科学家迈克尔·波兰尼在《个人知识》①一书中有这样的描述：

的确，即使在现代工业的种种行业中，难以确切表达的知识依然是技术的基本组成部分。我本人就曾在匈牙利见到过一台崭新的、吹制电灯泡的进口机器，同样一种机器那时在德国已经成功地运行了，而在匈牙利却运转了一年后仍无法生产出一只无疵的灯泡。

所以，企业中的隐性知识是一种十分重要的"概念资源"，也是企业知识管理的主要对象。

人的隐性知识一部分是通过遗传信息系统遗传获得的，另一部分则是通过后天实践活动、训练获得的。前者常被称为本能、天分，后者常称为技术、能力。但是，无论如何它们都属于隐性知识的范畴。

综上所述，显性知识是通过"符号"系统进行"知识表达"，并且可以通过媒介传递给他人，进行知识共享。而隐性知识不能通过"符号"系统进行知识表达，而只能通过行为进行表达，这种行为可称为"技术"或"技能"等。

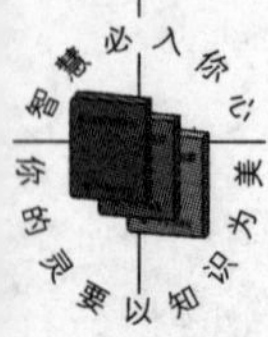

从人类的社会发展历史来看，隐性知识比显性知识出现的早，它是在人类长期生活和生产实践中形成的，它可以被看成是从"本能"演化而来的，是由DNA信息系统——遗传信息系统决定的。而显性知识，只是在人类创造出了完善的"符号"系统后才出现的。所以，隐性知识十分重要，它不但可以单独表现出某种生存智慧，也可以与显性知识结合在一起表现出某种生存智慧。而"显性知识"如不与"隐性知识"相结合，是很难表现出某种生存智慧的。

另外，人类所创造的各种"符号系统"在表达某种知识的时候，这种知识也许是正确的，也许是错误的。它本身不会因为表达的正确性与否，使主体产生"生存"的危机。正是由于这一点，人类社会发展过程中，不但拥有许多正确性的显性知识，同时也拥有了许多的错误的、虚假的显性知识。这在知识爆炸的今天是显而易见的。这些错误的、虚假的知识与社会、自然发展的客观规律、自然法则不相符合。人类掌握这些错误的"显性知识"有一定的风险。这些风险被一些专家称为"获得性风险"，在商业实践中，应该防范这种风险。今天，人们创造出各种各样的显性知识，更要注意去获得正确的显性知识。

在现阶段的知识管理中，管理目标是让"知识"为企业带来价值，并让这个

① [英]迈克尔·波兰尼著，许泽民译．个人知识——迈向后批判哲学．贵阳：贵州人民出版社，2000

"价值"最大化(有时不一定追求最大化)。在企业推行知识管理中,不但要正确地区分显性与隐性的知识,还应该注重隐性知识与显性知识的相互转化。在知识转化的过程中将形成企业的智慧,这种"智慧"就是企业最高的价值;同时在知识的转化过程中也产生创新的知识,形成企业的知识资产,这是企业最为宝贵的东西。

以上我们讨论了知识类型,以及与知识类型相关的问题。这是知识管理中很重要的要素。首先,通过讨论要掌握两种知识的基本定义,然后要对两种知识的产生和区别进行理解,这样我们就可以进一步讨论下一个知识管理要素——知识活动。

2.4　知识活动

知识管理的第三个要素是知识活动。这是在上一个要素——知识类型的基础上来讨论的。正是由于知识有两种类型——隐性知识和显性知识,才有知识的活动。

知识活动(knowledge activity)也称为**知识转化**(knowledge transfer),它是指显性知识和隐性知识相互转换过程。它一方面包括了知识员工头脑中的隐性知识或显性知识转化成显性知识或隐性知识,传递给系统或其他人;另一方面,知识员工从环境中、系统中获得信息、知识,并将这些转化成头脑中新的隐性知识和显性知识。每一方面都是双向的过程,因此产生出四种相互转换的基本形式:**社会化**、**外化**、**组合化**、**内化**。

知识管理是一系列系统的、有规则的管理行为。知识管理的重点之一就是要促成知识的转化,并对此过程进行有效的管理。一个组织通过有效的知识管理,可以从知识中获得巨大的价值。正是由于这个思想,所以我们要了解各种知识间的相互转化。知识转化与组织的学习过程、知识共享、联系和利用、新知识的产生等有关。在知识转化过程中,最重要的结果就是新知识的产生。这是通过人们的主观能动性而产生的结果,也是通过有效知识管理而产生的结果。

对知识转化过程的管理是知识管理的任务之一,因为它是形成企业知识资产的关键。另外,从系统的观点来看,一个知识管理系统中,系统状态的变

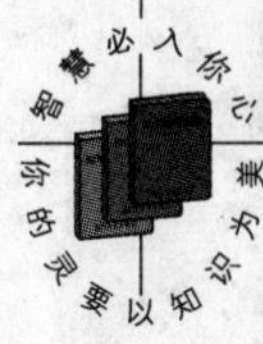

化实际上就是两种知识的相互转化过程,即知识活动过程。以下讨论知识活动①的四种形式。

2.4.1 社会化

社会化(socialization)是指隐性知识向另一隐性知识的转化过程。它包括了人与人之间隐性知识的沟通和共享,使一个人的隐性知识传播到另一个人。人们获得这种传播来的隐性知识,并将它转化成自己的隐性知识,这就是一种知识的"社会化"过程,也是一个人对另一个人产生影响的过程。俗话说:近朱者赤,近墨者黑。一个人在团队中、小组中,或非正式的组织中受到各种影响,学到各种未经正式传授的知识,这实际上就是隐性知识到隐性知识的传播,使接受者可以获得"从隐性知识到隐性知识"的转化。

在人们的相互接触的过程中,可以在没有任何显性知识的情况下,就进行这种隐性知识的共享,完成隐性知识的转化。例如,通过肢体语言、动作、表情等就可进行隐性知识的共享、传播、获得、转化。这种有效的知识共享大部分发生在具有共同的文化背景、知识背景、技术背景的人群之中。隐性知识的共享,使人们因共同的思想而相互协作联系。隐性知识共享经常在团队成员们在一起描述和讨论自己的经验时产生,这样彼此相互影响,形成一种"社会化"的效应。例如,学习厨艺、学习中医、学习工艺技术、学习某项技能,最好的方法就是师傅带徒弟,通过在一起工作一段时间,徒弟自然就从师傅那里学到了这些知识技能。

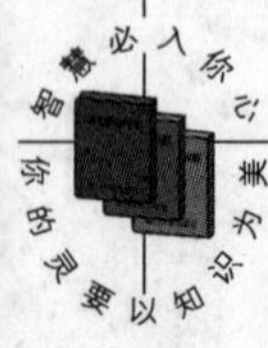

2.4.2 组合化

组合化(combination)是指显性知识向另一显性知识的转化过程。我们看到的大多数知识传播的方式、共享、获得都是以显性知识为主。教育、培训、阅读都是通过显性知识的载体——书籍、文件、电子邮件等实现的,人们在这个过程中可以进行显性知识的共享,使人们获得显性知识,使显性知识从一个人传递到另一个人。由于显性知识的特点,人们可以利用技术来管理、收集、查询这些显性知识,可以通过收集丰富的信息来产生创新的知识,从而导致新机会的出现。例如,重组信息就可以产生很有用的知识。人们获得别人的显性知识后,就可将其转化成自己的显性知识。

计算机技术、信息技术通常都是对显性知识的处理和传递,使不同的人可

---

① J. C. Thomas, W. A. Kellogg, T. Erickson. The knowledge management puzzle: Human and social factors in knowledge management. http://www.ibm.com

以获得各种显性知识。

当一个人将自己的隐性知识转化成显性知识，并将显性知识放在某种媒介中进行传播的时候，例如，写成书、文档，利用网络上超文本文件等，他人接受了这种传播载体中的显性知识，将这种获得的显性知识与自己的显性知识进行组合，完成了知识从"显性知识到显性知识"的转化过程。

个人的知识一旦贡献出来，就可能转化为社会公众知识或转化为企业的知识。这些知识的转移伴随着知识所有权的转移。在知识管理的实践中，企业要构建一个计算机信息系统的知识网络来进行显性知识的传播，从而使企业获得由显性知识带来的价值。

2.4.3　外化

外化(externalization)是指隐性知识向显性知识的转化过程。从本质上来讲，隐性知识是难以完全转变成显性知识的。人们在彼此接触的过程中，通过概念化、启发式、形象化、比喻等方式，使一部分的隐性知识被显性化，转化成显性知识。典型的行为是团队成员中的交谈、对问题的反应或对某个故事形象化。例如，头脑风暴法、讨论会、学习班等，通过语言、图表、模型等来表达隐性知识。

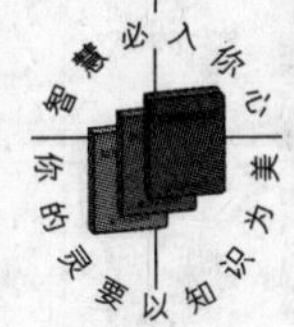

从隐性知识向显性知识转化的"外化"过程也称为**工程**(engine)。所谓"工程"就是将个人的隐性知识转化成显性知识，实现某种"结构化"知识的过程，这个过程也可以看成"知识物化"过程。例如，作家将自己的知识写成书；管理者根据自己的隐性知识进行管理创新形成某一管理模式、业务模式等；技术人员根据自己的经验进行技术创新而形成某种产品；IT 工程师将某个专家头脑中的行业经验用计算机语言表达，构建出专家系统；信息工程师用计算机语言写出创新的应用软件等等。企业获得了这些显性知识后，一方面可形成高科技的实体产品，另一方面形成了企业的知识资产。企业可以将知识资产作为资本进行运营，最后形成企业的知识价值链，达到企业价值的最大化。

进行知识"外化"的主体常被称为**工程师**(engineers)①。他可以表现为某种管理的创新，重新配置各种资源，也可以表现为技术创新，将知识融入"实体"中去，形成高技术、高知识含量的商品，使企业通过这些知识密集型的商品

① 在这里"工程"和"工程师"的术语是美国知识管理专家提出的。参见：Randy J. Frid. *Infrastructure for Knowledge Management*. Writers Club press, an imprint of iUniverse. com, Inc., 2000

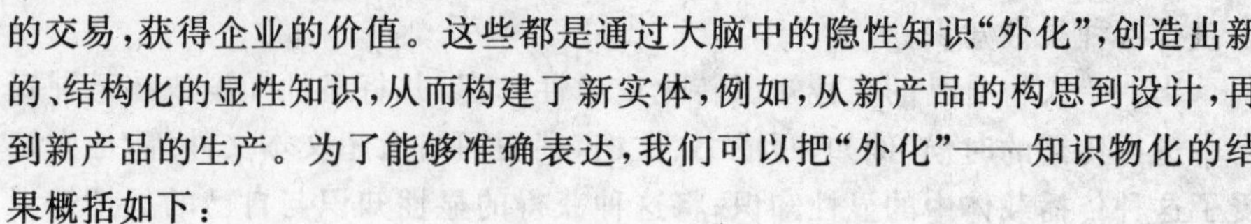

的交易，获得企业的价值。这些都是通过大脑中的隐性知识“外化”，创造出新的、结构化的显性知识，从而构建了新实体，例如，从新产品的构思到设计，再到新产品的生产。为了能够准确表达，我们可以把“外化”——知识物化的结果概括如下：

- 技术：将创新知识植入实体产品中，增加产品的知识含量，从而利用知识密集型的产品交易获得收益。
- 管理：将“外化”出的显性知识应用于管理职能中，重新配置概念资源和实体资源，从而获得收益。
- 知识产品：将外化的知识变成产品，并进入流通渠道形成知识商品，通过知识商品的销售获得企业的价值。
- 知识资产：通过“外化”，体现了知识资产。企业将知识资产作为资本进行经营，从而获得重大的收益。

企业管理者应该构建一个可以进行知识“外化”的知识环境，促进知识的外化，从而为企业获得价值。这是企业知识管理重要的任务之一。而主体的知识“外化”能力正是体现了主体是否是一个具有创新能力的人才。“外化”与“创新”是紧密相关的。

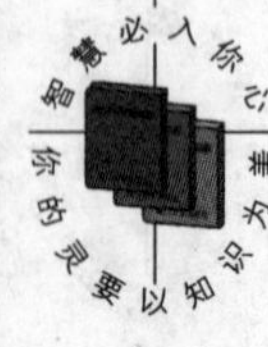

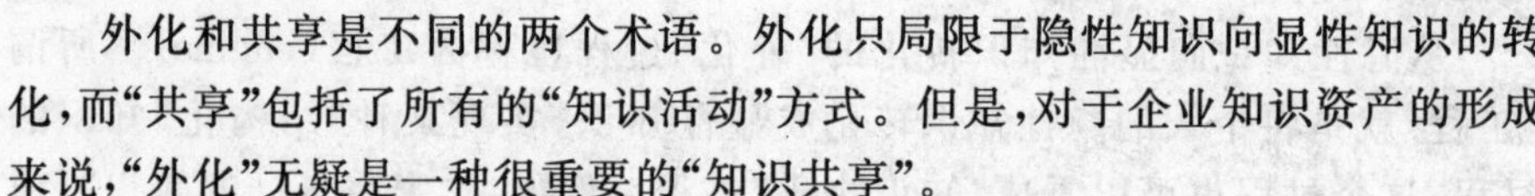

外化和共享是不同的两个术语。外化只局限于隐性知识向显性知识的转化，而“共享”包括了所有的“知识活动”方式。但是，对于企业知识资产的形成来说，“外化”无疑是一种很重要的“知识共享”。

2.4.4 内化

内化(internalization)是指显性知识向隐性知识的转化过程。为了能够根据获得的显性信息和知识来行动，每一个人必须理解显性知识所包含的意义，“理解”的过程就是“内化”的过程。这个过程的结果就是创造出自己的、新的隐性知识。人们通常通过阅读显性的信息、知识，结合自己原有的经验(隐性知识)而产生新的隐性知识。人们阅读信息的途径非常多，有网络、数据库、报刊、书籍等，如何找到有用的显性知识，产生所需要的隐性知识，这是对人们的重大的挑战。

从认识心理学来看，显性知识向隐性知识的转化过程就是一种对知识的**想像**(imagination)过程。人们通过收集、获得和存储显性知识，并对其进行加工、理解、思考、想像等，从而产生出新的、个人所有的隐性知识。它是将系统中的显性知识转化成为人脑中的隐性知识的过程，是形成新知识的过程。这种类型的知识管理者被称为**想像者**(imagineers)①。“想像者”包括学者、学生等学习对象是显性知识的所有人。这是人类获得知识的主要途径,也是人类教育体系的主要根据。人类通过对显性知识的学习,获得个人的隐性知识,当然也包括获得个人的显性知识。

获得隐性知识要通过想像、思维才能达到理解。俗语说:小和尚念经,有口无心。这样即使有大量的显性知识,也难转化成隐性知识。所以,学习显性知识要“理解”,要达到“悟”的境界,才真正将别人的显性知识转化成自己的隐性知识,才达到学习的目的。在学习上常有一句话:要将书从厚读到薄,再从薄读到厚。这就是学习中“悟”的过程,也是人们对“内化”的最早认识。

在企业中,内化过程还涉及人们对计算机信息系统的应用。计算机系统提供了对人们想像、思维、领悟的支持。在这里,计算机信息系统主要是人的神经系统功能的延伸,它支持了大脑进行知识创新活动。但是,创新的主体是人的大脑。“内化”过程表现为:

- 知识创新;
- 思想创新。

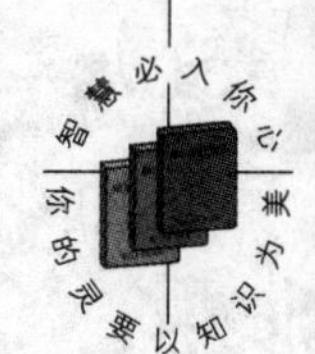

在企业管理中,这两个方面是十分重要的。人们经常会看到,同样的资源(包括人、财、物)可能产生不同的效益。这实际上就是企业管理者不同的“知识想像”、“内化”所形成不同的知识,最终形成不同的智慧。

综上所述,有两点思想要建立起来:

第一,知识管理者在知识管理中的范围和扮演的角色就是如上所述的各类知识活动。不同的知识活动,会达到不同的目的。

第二,在知识活动中,从隐性知识转化到显性知识就会形成实际的结果;知识活动中,从显性知识转化到隐性知识就会刺激人脑“想像”,产生了创新。

知识活动其实并不只是在知识管理中提出来,哲学家们对此很早就有相关的论述,只是并没有被企业管理者所应用。参见专栏5。

① 在这里“想像”和“想像者”术语是美国知识管理专家提出的。参见:Randy J. Frid. *Infrastructure for Knowledge Management*. Writers Club press, an imprint of iUniverse. com, Inc. , 2000

专栏 5——波普尔的自在陈述

著名的英国哲学家卡尔·波普尔在《无穷的探索》①一书中谈到：

自在陈述能够处于相互的逻辑关系中：一个陈述能从另一陈述推出，一些陈述可以在逻辑上相容或不相容。另一方面，主观思维过程只能处于心理学关系中。它们能使我们不平静，或使我们得到安慰，能使我们想起某些经验或使我们联想到某些期望；它们能诱导我们采取某种行动，或留下某种已计划的行动未做。

这两类关系是完全不同的。一方面，一个人的思维过程既不可能与另一个人的思维过程发生矛盾，也不可能与他自己在其他时候的思维过程发生矛盾；但是他的思想的内容——即自在的陈述——当然能够与另一人思想的内容发生矛盾。另一方面，内容或陈述本身不可能处于心理学关系中：在内容或自在陈述意义上的思想和在思维过程意义上的思想属于两个全然不同的“世界”。

如果我们称“事物”——“物理对象”的世界为第一世界，主观经验(例如思维过程)的世界为第二世界，我们可以称自在陈述的世界为第三世界。(现在我宁愿称这三个世界为“世界 1”、“世界 2”、“世界 3”；弗雷格有时称后者为“第三世界”。)

不管人们对这三个世界的地位可能想些什么——我脑子中有这样一些“问题”，如它们是否“实际存在”，在某种意义上世界 3 是否可“还原”为世界 2，以及也许世界 2 是否可“还原”为世界 1——最重要的是首先要尽可能明确地、清楚地区分它们(如果我们的区分过于截然分明，随后的批判可表明这一点)。

……

书籍和杂志可被认为是典型的世界 3 对象，尤其是如果它们提出和讨论某一理论时。当然书籍的物理形状是不重要的，甚至物理上的不存在也不影响世界 3 的存在；想一想所有“失传的”书籍，它们的影响，以及对它们的寻找就行了。往往甚至是提出一个论据就有很大的意义。重要的是逻辑意义上或世界 3 上的内容。

从波普尔的观点中，我们可以看到：波普尔所述的“自在陈述”就是一种“显性”的、可表达的知识，这种“知识”本身不属于心理学范围，是“思维过程”的产物。而“思维过程”则“只能处在心理学的关系中”，这与我们以上所述的观点是一致的。本书在讨论知识、知识管理的过程中都涉及了“思维过程”。“隐性知识”和“显性知识”处于动态的相互转化过程，它涉及人的心理过程、意识过程。这些过程要用语言、文字表达出来，才会被其他人知道，才能被其他人评价、批判。

① 卡尔·波普尔著，邱仁宗，段娟译. 无穷的探索——思想自传. 福州：福建人民出版社，1984

但是，在波普尔看来，表达出来的“自在陈述”对象，这个“世界 3”是不同于“世界 2”的，这里又要加入非“自在陈述”的东西。所以，表达出来的显性知识与人脑内在的隐性知识之间还是有区别的，并不是 100％都能表达出来。在企业知识管理过程中，我们可以很明确地看到了这一点。从某种角度看，知识管理涉及管理员工的心理过程。从这一点也看出传统的管理方式与这种全新的管理方式的不同点。另外，从波普尔的论述中，我们看到他将“物理对象”称为第一世界，即世界 1，把“主观经验”看成第二世界，即世界 2，同时把“自在陈述”看成第三世界，即世界 3。我们可以这样认为，世界 1 就是“实体”（客观世界），世界 2 就是“概念”（精神世界），世界 3 就是“知识产品”。世界 3 显然属于显性知识的范畴。

从以上的论述中，我们可以理解这三个世界是处于一种动态循环的状态中。世界 1 的“实体”中的需求，不断刺激世界 2 的“概念”，使之产生各种创新的思维、思想、知识，再转化成世界 3 的“知识产品”如规划、设计、文件、书籍等，指导人们构建“实体”，形成人工世界。注意，这里所说的“知识产品”本身就包含着巨大的价值，它可以转化成可出售的“知识商品”，直接形成企业的价值，也可以指导“实体”的构建，形成“实体”的价值。属于世界 3 的“知识产品”，其物理的形态并不重要，可以是电子的，也可以是纸介的，关键是它所陈述的内容，即概念部分。

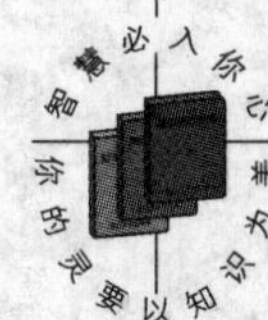

从以上讨论中，我们了解了知识管理的第三个要素——知识活动，还了解了四种活动类型的不同点和它们所产生的结果。最后，我们通过波普尔的哲学观点知道了知识活动很早就被人关注。

知识活动十分重要，那么知识活动的场所在哪里？知识通过何种途径进行交流、沟通？在知识管理中有哪些途径可以进行知识活动？这些问题都涉及对知识网络的理解。可以说知识活动促进了知识网络形成，知识网络反过来又促进了知识活动。

2.5　知识网络

知识管理的第四个要素是知识网络。它既是知识活动的结果又是知识活动的场所。

知识网络（knowledge network）是指通过人们沟通形成“知识活动”的网络。知识网络是一种虚拟的网络，它的实体网络架构是人与人面对面的沟通

（直接的），或采用间接沟通，如采用一般的通信器材（电话等）以及计算机网络系统平台（信息系统）。在这个实体网络架构上进行“沟通”的行为，才可能产生知识网络，而各种“知识活动”就发生在不同层次的知识网络上。个人的知识网络是所有知识网络的基础。无论何种网络都有正式和非正式的两种网络存在。

知识网络的发展是随着组织结构水平发展而发展的。一个组织里通常知识网络的形成与发展会在两个方向上进行，垂直和横向都可以进行知识的转化。所谓垂直方向是指不同层次的沟通所形成的知识网络，横向方向是指同一层次的沟通，形成跨职能、跨组织的知识网络。

2.5.1 个人知识网络

如果我们考察“知识活动”的不同层次，就会发现知识网络的构成。每一个人都在与他人沟通过程中产生知识转化作用，也就是说最初的知识转化作用发生在个体水平上。将知识的主体定位在单个“人”的水平上，这种知识转化就是个人层次上的知识转化。人是知识的主体，人是世界上唯一有知识的生物，所以探讨知识转化问题应首先从个人层次上来理解。

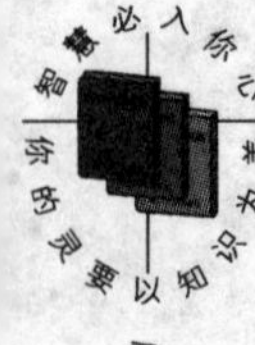

每个人都是知识的主体，知识转化发生在一个主体与另一个主体之间。而对于一个人来说，在环境中有不同的其他人，他们也是知识的主体，在环境中与其他人沟通，从而产生最初的知识网络。这被看成知识活动的最小功能单位。

个人水平上的知识网络有如下特点：

- 知识活动、转化发生在个人主体的大脑中；
- 知识活动、转化发生在一定的知识环境中；
- 知识活动、转化发生在主体与他人知识的沟通中（包括不同主体间的面对面沟通、主体与计算机系统的沟通、主体间通过计算机网络的间接沟通）。

大脑、环境、沟通构成了知识网络的三个要素。这三个要素间是一种动态的关系，缺一不可。表现为：这三种要素本身的状况、质量影响着、决定着个人知识网络的状况和质量。三个要素发生变化，个人知识网络也产生相应的变化。

第一，大脑。这里所说的“大脑”有两个基本含义，其一是指生物学上的大脑。作为知识主体的个人，都应该有一个生物学上健康的大脑。其二是指社会学上的大脑，即头脑中拥有的官方意识形态、伦理道德、宗教信仰等。

作为知识主体的个人，在进行知识活动、知识转化的过程中，大多数是体现了人的社会学特性，而非生物学特性。人在构成个人知识网络时的那些动机、欲望、需求以及道德、伦理都属于社会学的范畴；人大脑中的“概念系统”的概念水平（数据、信息、知识、智慧）、概念能力（获取“概念”的能力）也都是属于社会学的范畴，都是人在社会中学习、活动、实践的结果。所以，我们研究个人知识网络应从人的生物学和社会学的特性着手，特别是要从人的社会学特点进行研究。

第二，环境。这主要是指社会的环境因素。在个人知识网络的形成过程中，环境因素起着重大作用。正如马歇尔在《经济学原理》一书“绪论”中所写的那样：“世界的历史是由宗教和经济的力量所形成的。”因此，从宏观来说，环境的力量主要来自两个方面，其一是宗教的力量，其二是经济的力量。这两种力量对每一个人都有着深刻的影响，它是形成社会大环境的力量。每一个人都生活在特定的社会环境中，每个人都有自己的信仰，无论何种信仰，例如官方的意识形态、科学思想、民俗习惯等本质上都是一种宗教。它影响着人的道德、伦理、价值观等，从而影响个人知识网络的形成与结构。除此之外，社会经济发展的水平、个人经济收入水平也影响着知识网络形成、结构与发展。从微观上来说，个人所处的家庭环境、社区环境、组织环境都影响着个人知识网络的形成、结构与发展。在知识管理中，最关心的就是组织的环境对个人的影响。企业管理者要构建一个良好的组织环境，使知识员工能够将自己的知识转化成企业的知识，使企业获得知识资产，并对此进行经营。

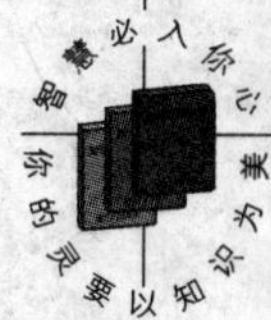

第三，沟通。沟通是一种行为。人与人之间如果没有沟通，就无所谓网络。所以，沟通实际上是一种基于“大脑”与“环境”基础上的“行为”。在一定的大脑水平上，在一定的环境下，人产生了沟通的“行为”，正是有这种“行为”，才形成了个人知识网络。从这一点上看，大脑和环境只是提供了形成网络的可能性，要将这种可能性变成现实，就需要“行为”，这种行为就是“沟通”。

人与人之间的沟通最古老的方式就是面对面的沟通。人类有了语言、文字后就产生了人与人之间沟通的媒体。现在人与人沟通的主要媒体有书本、报刊、计算机网络等。人通过沟通实现了知识转化、知识共享等一系列知识活动。因此，知识管理中，沟通是十分关键的一项管理。

2.5.2 团队知识网络

团队(team)是一种为了达到某一目标而将不同的个体集合起来一起工作的正式群体，有时也称为**工作团队**(work team)。现在越来越多的公司采用团队的方式进行工作设计。在这种情况下就产生了团队知识网络，它是在不同的个人知识网络基础上组成的。由于这是一种正式的组织结构，团队内的各个成员间大多通过正式的个人知识网络进行知识的转化、共享。在此基础上，团队与团队间也通过正式的团队间知识网络进行知识转化、共享等知识活动，使不同的团队间形成团队水平上的知识网络——团队知识网络。在团队水平上进行知识活动有两个要素最为重要，其一是环境，其二是沟通。

2.5.3 跨职能知识网络

职能知识网络实际上就是组织（企业）内的知识网络。在传统组织结构中，经常以职能来划分部门，形成组织的**职能部门**(function department)。组织的职能部门内通常也是由一个以上的个人知识网络或团队知识网络组成的。大多数团队是跨职能进行工作的，所以常被排除在职能知识网络以外，主要以团队知识网络出现。但是，目前大多数企业还是将团队作为一种临时的组织结构，所以职能部门的内部知识网络常常由个人知识网络和团队知识网络组织（视职能部门的大小而定）交织在一起。组织中的不同职能部门间进行信息、知识的交流、转化、共享形成一定的网络——**跨职能知识网络**。这种"跨职能"的知识网络产生在单一的组织内或企业内，需要企业有较强的信息系统平台作为"跨职能"知识网络沟通的技术支持，例如，内部网、系统应用软件等。这样，企业内部可以通过内部网进行职能部门间的信息和知识共享。

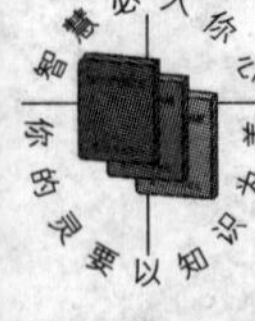

今天许多企业在投资信息系统过程中，由于忽视了知识网络的重要性，对企业内部网和应用软件的配置都显得不合理。他们大多数在内部网上配置了单项软件包，例如财务部购买了财务软件，业务部又购买了进、销、存软件。这些不同的软件并不能进行彼此的信息交流，形成了企业内部的一个个信息岛，这等于利用信息技术重新进行了企业内部新的职能部门划分，整个管理还是工业时代的职能式。由此也可以看出，在信息技术市场可以提供企业信息化建设足够的技术选择的情况下，管理者的思想变革是多么重要。如果管理者没有足够的知识管理思想，企业中很难形成内部的跨职能知识网络。信息技术提供了形成知识网络的可能性，但是这种可能性要变成现实性，就需要管理者对知识管理的认识。

2.5.4 跨组织知识网络

跨组织知识网络是最高一级的知识网络。每一个组织内部由各种职能知识网络构成，各职能部门间进行知识转化、共享等知识活动。不同的组织为了各自组织的利益，通过合同、伙伴、结盟等形式组成组织间的网络，在他们彼此的沟通过程中共享信息、知识，进行技术、知识的转化等，从而形成了**跨组织知识网络**。供应链成员中的伙伴关系网络是最典型的跨组织知识网络，常被视为横向一体化的网络。

当组织间形成了成熟的跨组织知识网络，也就意味着组织间有良好的信任关系，彼此可共享许多的信息和知识，彼此进行业务上的协作，这时虚拟组织或虚拟企业就开始形成了。

跨组织知识网络是各种组织结合在一起形成的网络，它的基础是组织结构。在这个组织水平上的知识网络中也发生知识的转化作用。但是，要看到组织是由“人”、团队、职能部门组成的，要在不同水平上都可以产生沟通，所以跨组织知识网络是一种十分复杂的、各层次水平上的沟通网络。

知识网络有垂直变化的过程，这种变化完全是基于单个“人”的基础上(注意以上所述的个人知识网络的特点和要素)。对于一个组织来说，这种垂直的关系是必然的，因为形成垂直的网络关系是组织的目标所要求的，是组织为了自己的目标形成一定的组织结构，否则一个组织就很难达到自己的目标。

跨组织知识网络有如下一些特点，这些特点也是知识管理的重点。

- 组织是最大的知识活动的功能单位，两个以上的组织间进行知识活动的网络可称为“跨组织知识网络”。知识网络可理解成两个部分，其一是组织内部，包括个人、团队、职能各种水平的知识网络；其二是组织外部，包括与其他组织链接构成组织间的网络。

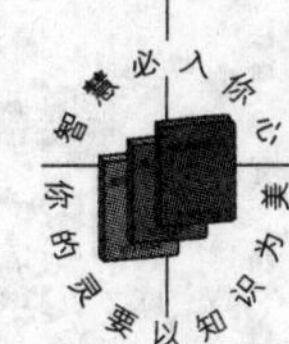

- 不同层次的知识活动都需要知识环境支持，但是不同层次所需要的知识环境在微观上是不同的。个人的生存环境、教育水平、企业文化、社会制度、全球的政治经济形势等等都可以构成知识环境。但是，在知识管理中，我们注重研究和讨论企业内的知识环境。
- “知识活动”与“知识网络”是不能分开的。其中网络上的行为就是“沟通”，没有“沟通”什么也不会发生。在不同层次的知识网络上都存在着不同层次的“沟通”，但是，这种沟通都是基于“人”基础上的沟通(无论他是否利用了计算机网络)。
- 组织内的知识网络产生于组织结构中，管理者可通过五项管理职能对其进行有效的管理，从而达到组织的目标。
- 组织内和组织间的“知识活动”是一种系统活动，它贯穿于整个企业知识管理系统的始终。

跨组织知识网络需要更强大的信息技术的支持。许多企业建立了企业间计算机通信网络，称为“企业间信息系统”(Inter-Organizational Information System ,IOIS)，也称为跨组织系统(IOS)。IOIS 是基于信息技术之上的跨企业的信息系统，它使企业间不断地相互提供实时的信息和知识成为可能。因此，IOIS是企业间信息共享能力的基础，也使企业间能有效地利用信息技术开展经营活动。IOIS中配置适当的应用软件，可以使企业的成员在任何地点及时地传递所需要的信息，提供企业必要的决策支持。一些学者认为[①]：IOIS是两个或多个企业间形成的一个整合的数据处理和数据通信系统。参见第4章知识管理技术。

在复杂的商业环境中，知识转化过程通常并不是以单一形式出现的，而是在不同的网络中相互作用地表现出来。企业在实施知识管理中要对此进行有效的管理，使员工头脑中的知识不断转变成组织或企业的知识，从而一方面形成富含知识的实体产品，表现实体商品的价值，例如，高科技含量的实体产品（实际上每一种产品都包含一定的知识含量，都是知识转化的一种结果）；另一方面，企业还可以将知识作为资本，通过组织知识网络进行经营，从而表现一种虚拟的知识价值链的运营，最大限度体现"知识资产"的价值。这是在知识经济环境下知识型公司获得价值的主要途径。因此，无论是经营"实体"产品的公司，还是经营"虚拟"知识链的公司，不但要注重产生"实体"价值，也要注重产生"知识"的价值。

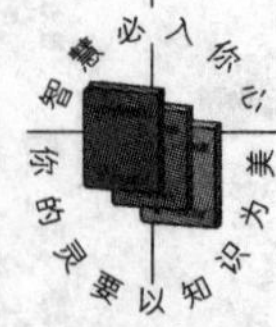

另外，知识活动过程（即"显性知识"和"隐性知识"在不同的知识网络中不断循环）创造了企业的价值。这个过程不只是传统企业的管理和控制过程，更多的是一种软性的管理，这种"软性管理"是管理员工的"心理过程"，例如工作态度、对企业的忠诚度、责任心等等。这些都影响知识活动和知识网络。采用传统的管理方式成功地管理，将是企业知识管理中很重要的一个内容。

2.5.5 知识网络与知识活动的关系

许多知识管理专家对知识网络与知识活动的关系进行了深入的研究，认为知识网络的形成与知识活动是不可分割的关系。在这方面研究领先的学者有农卡（Nonaka）和塔克基（Takeuchi）。特别是农卡在《知识创造企业》一书中提出了著名的**知识螺旋**的概念，它很好地说明了显性知识与隐性知识相互转化的过程，以及这种转化过程使知识网络从个人网络发展到组织网络。这个知识活动过程与知识网络发展过程交织在一起，形成了一个螺旋，这就是知识螺旋。我国学者在此基础上发展了知识螺旋的概念，参见专栏6。

---

① Phillip W. Balsmeier, Wendell J. Voisin. Supply Chain Management: A Time Based Strategy. *Industrial Management*, 1996

专栏 6——知识网络与知识活动

我国著名的知识管理专家游源淳教授根据农卡的“知识螺旋”原理，提出了协同商务中可视化知识管理的概念性架构。这个架构很好地说明了知识网络形成中知识活动的过程，不但具有理论意义，也有实际意义。以下摘自其论文。①

Nonaka et al. 在 1995 年推出的著作“知识创造企业”，可谓知识管理经典之作，其理念非常有助于协同企业中之知识管理，Nonaka 在推出知识螺旋（图 2-1）之后，仍百思不解螺旋是如何产生的，终于有一天清晨在圣地亚哥的滨海公园观海时，悟出“Ba”的道理，可用于说明螺旋之产生。

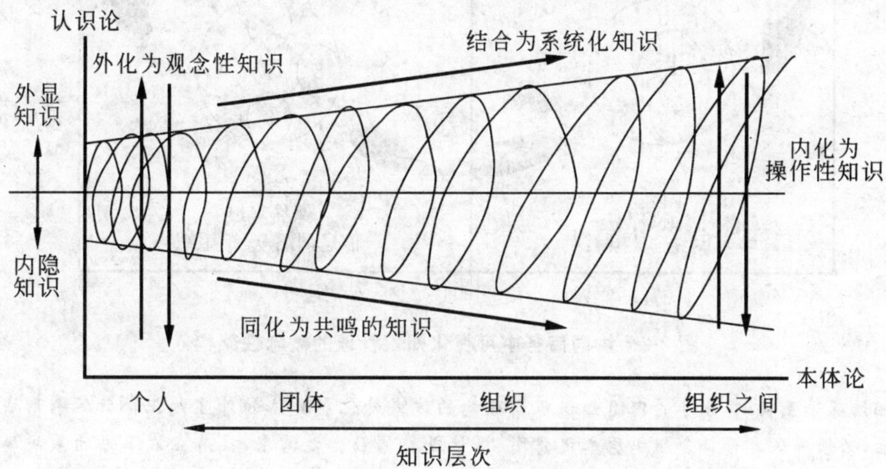

图 2-1 Nonaka 的知识螺旋

Source：Nonaka et al. *Knowledge-Creating Company*，1995.

唯 Nonaka 较侧重组织内之知识管理，为强化协同企业间之知识管理，本文乃将 Nonaka 的知识螺旋及 Ba 与知识网络及知识地图整合，提出协同商务中可视化知识管理的概念性架构（图 2-2）。

此架构图中左上方的创始场域，乃由虚拟社群中的伙伴所形成之社会网络，彼此间必须能摒除心中的藩篱，互相关怀，设法了解彼此的感受，进而分享内隐知识，经过同化达成共识，最终要能取得彼此信任，才能同心协力，合作无间。再由合作伙伴自我组织（self-organized）成虚拟团队，在右上方互动场域中，透过知识网络，经由沟通、对话、脑力激荡、互

① 游源淳. 协同商务中视觉化知识管理的概念性架构. 见：2004 中国（福州）国际电子商务学术交流大会论文集，2004 年 5 月

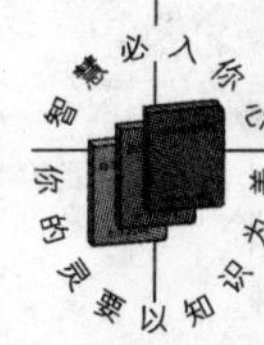

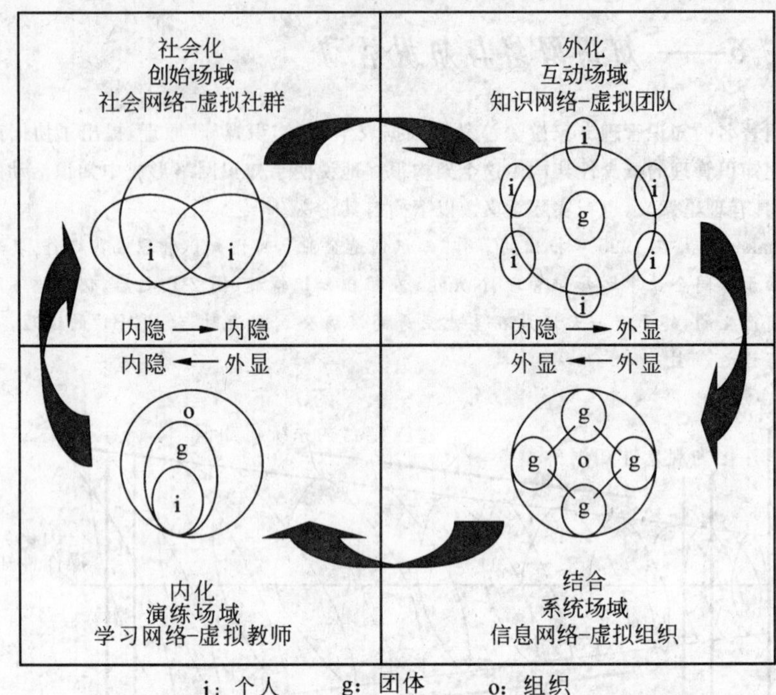

图 2-2　协同商务中可视化知识管理的概念性架构

相切磋等互动，将分享的内隐知识以新观念的方式外化成具体的外显知识。新观念形成后，必须确认是否符合组织原本之意图、愿景或整体社会之需求，接着在右下方的系统场域内，透过 IOS(包括整合性的信息系统、协作技术平台、知识管理、关系管理、知识地图等解决方案)，利用此 IOS 的资源及信息网络，可结合内部或虚拟组织的团队之信息及外显知识(不论是现有的或新创的)，使成为一致性的信息及模式化与系统化之外显知识，以发挥团队力量，达成共同目标。另在左下方的演练场域中培养"工作中学习"之能力，亦可在学习网络上之虚拟教室透过远距教学，将外显知识内化成可操作性内隐知识。再从创始场域开始重复上述过程，不断地循环形成知识螺旋，持续创新知识。

2.6　企业知识源

知识管理的第五个要素是企业知识源。它说明了企业中知识存在的地方。

企业**知识源**(knowledge source)是指企业内外的知识存在。在知识管理

实践中，管理者有必要了解一个企业的知识存在，这对于实施成功的知识管理有巨大的作用。企业的知识存在，实际上也表达了前面所述的思想，即"概念"只能是依附于某些"实体"而存在。那么作为"概念层次"的"知识"，主要"存在"企业的哪些实体中呢？这是实施知识管理前必须明确的问题。

2.6.1　企业信息和知识

信息和知识是两种不同的概念，两者存在着重大的区别。在企业中，人们已了解到了"信息"的重要性，并采用信息系统对"信息"进行管理；但是人们对"知识"还没有引起真正重视，企业中很少有"知识系统"对"知识"进行有效的管理。这是知识管理的一项任务。表 2-2 描述了企业中的信息与知识的区别。

表 2-2　企业中信息和知识的比较①

信息	知识
按一定规则定义过的数据	按一定规则组合过的信息
简单地给出事实	可凭借知识进行预测、联想、决策
清晰的、简单的、结构化的、易变的	有显性和隐性知识之分
可方便地书写表达	隐性知识难以表达、书写、传递
通过对数据的处理获得	通过学习获得
没有独立的所有者	有所有者
可通过信息系统进行管理	不能全部通过信息系统管理，要通过其他各种渠道进行管理
信息是识别大量数据的主要资源	知识是进行智能决策、预测、设计、规划、企业诊断、直觉判断的主要资源
从数据演化而来，可形成数据库、书籍、手册、文件等	个人知识通过共享形成集体知识，通过学习、经历、成败经验慢慢形成
结构化的、获得性的、显性的、可重复使用的	通过人的大脑思维、想像而产生新知识

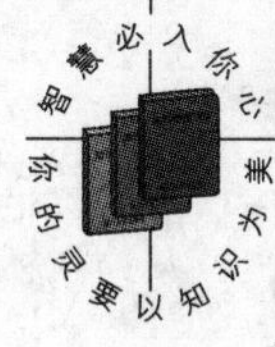

通过对"信息"和"知识"区别和比较，可以看出，"知识管理"并不是建立一个信息系统，并不只是对信息进行管理，而是对企业中的"知识"进行有效的管理。为了能对企业中的知识进行有效的管理，识别企业中存在的知识有着重大的意义。我们应该十分了解企业中的知识在哪里。

2.6.2　企业内外知识源

知识源是企业的知识存在，是"知识活动"的源头与基础。**企业内知识源**

① 摘译自：Amrit Tiwana. *The Essential Guide to Knowledge Management*, Prentice Hall PTR, 2001(做部分修改)

向我们描述了企业中知识存在的地方。企业中的"知识"无处不在,例如,组织的流程中、操作实践中、技术诀窍中、管理信息系统中、企业文化中等等都存在着各种知识。**企业外知识源**是指企业外部的知识来源,它包括与企业相关的供应商、客户、合作伙伴、竞争者、金融部门、政府机构等。各式各样的知识分布在企业内外,大多数不为企业管理者所重视。虽然非自觉性地应用这些知识也导致了成功的企业管理,但是,如果能够自觉地进行"知识管理",就会充分利用这些"知识"产生更大的价值,从而将知识的潜力挖掘出来。这也是知识管理的理由之一。存在于企业内外最重要的"知识"可以归纳如下:

1. 员工头脑中的知识

员工头脑中的知识主要有以下几个来源:

- 人们在自身的生产实践中,在商业活动中获得了经验,积累了对某一行业、某一商务方面的知识。
- 人们在实践中通过向他人学习,直接或间接获得知识,获得他人实践过程中的经验。
- 人们对一些数据、记录等各方面的信息进行分析、综合、推理与研究的过程中产生了"知识"。

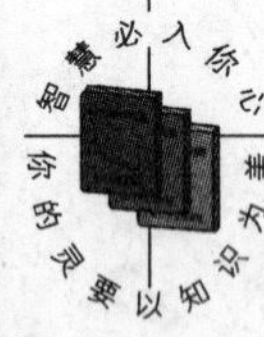

员工中的知识是最具有潜在价值的知识。这些知识大多以"隐性知识"为主,这些丰富的隐性知识包括了经验、诀窍、创新能力等等,是企业的知识资产的一部分。但是它是一种流动的资产,随着员工离开企业而流失。所以,企业中知识管理的任务之一,就是将员工中的隐性知识转变成企业的显性知识,成为企业的知识资产。同时要注意留住人才。

注重员工的知识应从招收员工开始,然后通过培训、实践不断完善员工的知识结构,最终从员工的实际工作中提取员工知识的价值。

知识管理者无论是"想像者"还是"工程师",理解员工所拥有的知识都十分重要。只有深刻地理解,才能做到选拔人才、用好人才。

另外,员工的认识过程也是不断进步的。人们通过分析和综合的思维过程,从感性的认识上升到理性认识,产生出了新的知识。这些新的知识就可能形成各种创新和商业机会。有效的"知识管理策略"就是要管理和培育这些新的知识源。企业在开发一种"知识管理解决方案"时,必须将"知识源"都考虑进去。

"知识"的特点决定了每个企业的知识资产并不存在企业中,而存在于企业知识员工的大脑中。对企业的知识资产进行管理,实际上就是对知识员工的管理。通过对员工的管理,将信息、经验、知识转化为生产力,只有这种转化才能达到企业的市场目标。但是,要将信息、经验、知识转化为生产力,需要将

IT 技术、企业文化、商务流程结合起来，使知识在员工中得到共享，以激发创新知识，从而推动企业发展。

所以，员工头脑中的知识是最重要的。在企业和知识管理实践中，要特别注重员工头脑中的知识，这是企业知识的重要源泉。

2. 流程中的知识

企业的各种流程中包含着各种知识，这些知识除了普通知识外，还有一部分是属于流程专业特殊的知识，例如排程、资源配置等等。在信息技术整合到企业的流程中去以后，流程的知识更加引人注目。例如，SCM 中就包含着大量的流程知识。这部分知识对形成正确的流程，提高流程的绩效是十分重要的。流程中的知识常常被许多细节层层掩盖，所以必须发现这些知识，并对此进行有效的管理，从而提高企业的绩效。

由于企业的知识存在于各式各样的流程中，所以实际上并不存在纯粹的“知识管理”或抽象的“知识管理”。“知识管理”成为各项流程管理的基础。阅读《供应链管理(SCM)教程》①，就可以知道“知识”在“供应链管理”中的地位是多么重要。此外，知识管理还是 ERP、CRM、STP 等管理信息系统的基础，如果在构建这些管理信息系统时忽视了知识管理，是注定要失败的，这也是为什么目前大多数企业信息系统不成功的根本原因之一。

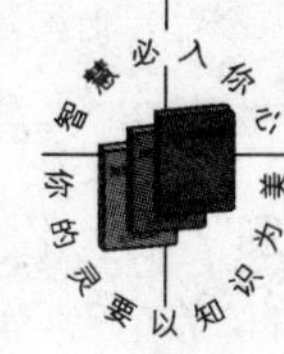

3. 产品中的知识

产品中的知识是科学技术研究的重要内容，也是工业化进程中企业的一种驱动力。不断提高产品的性能，以满足人们更高的需求，这些都促使人们对产品知识进行研究，从而不断增加产品的知识含量。将知识应用在产品中，可以使产品成为“智能”型的产品，如数控机床、机器人、智能卡等等，甚至一些日用品也向智能化转变，如智能冰箱、洗衣机等等。这些智能化的产品都能使企业的价值得以较大地实现，从而可以获得重大的收益。虽然这是“实体”的价值，但却是由“概念系统”形成的创新知识融入到产品中去的结果。

虽然知识管理不研究具体的专业知识、科学技术知识，但是要理解这些知识对企业价值的影响，这些知识在企业中的配置，以及如何减少配置过程的负面影响，增加积极的影响等一系列管理学上的问题。从这一点也可以看出，“知识管理”是重在“管理”而不是“知识”。当然，“知识”是不可缺少的。

4. 信息系统中的知识

随着信息技术的发展，企业中大量采用信息系统。企业的信息系统中，数

① 林榕航著. 供应链管理(SCM)教程. 厦门:厦门大学出版社,2003

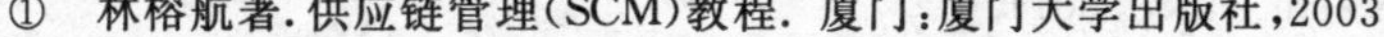

据库常收集了大量的信息，但是经常是收集来的信息没有很好地利用，没有采用一定的规则来分析和定义这些信息，因此使许多潜在的、有用的知识不能被发现。这样收集信息是一回事，运用信息、产生知识是另一回事，这对增加企业的价值毫无用处。所以，在知识管理中，知识管理者要注意利用信息系统中所收集到的信息，让这些信息产生有价值的知识，从而利用这些知识去增加企业的收益。

全球各种信息系统中有各种丰富的信息，例如美国数据资源公司(DRI)拥有全球各国的经济信息 1 000 多万件；邓白氏公司的数据中心存有全球近 2 000万家的企业数据资料。企业要注意获取这些公开信息资源的信息，并对信息进行分析和利用，为企业产生实用的知识。

企业要重视从内部的信息系统中提取知识，也要重视从企业外部的信息系统中提取知识。只注重企业收集的信息，而不注重挖掘其中隐含的知识，这是目前企业信息化的误区之一，也是信息管理与知识管理的区别之一。

5. 客户中的知识

客户中的知识也常被称为市场知识和客户知识。这些知识通常可以通过信息系统收集到的信息而了解到。但是，信息系统不会告诉管理者具体的客户知识，而应该通过管理者的思维去分析、提取信息中隐含的客户知识。例如，POS 系统收集到大量的客户采购信息，但是它并没有直接告诉管理者某个时段、某种商品销售量最大，管理者应该进行这种商品的采购。这不是"信息"，而是一种"知识"，属于客户知识的范畴。它不会直接提供给管理者，而需要管理者对系统中的信息进行分析后才能获得。

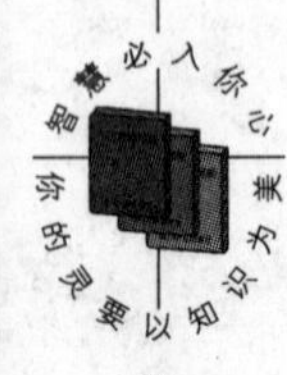

现在一些知识管理的软件产品会帮助管理者进行有效的分析。例如，沃尔玛公司的分析人员曾经通过分析系统中的信息发现，每周末都有一批顾客，他们先到商店二楼拿了一包尿布，再下到一楼提一打啤酒。为什么尿布和啤酒的销售具有相关性呢？通过商场的观察，发现这个客户群都是一些年轻的初为人父者。于是，他们就将尿布和啤酒放在一起进行促销，获得了巨大的成功。

客户中有许多的知识存在，需要管理者通过现代化的技术手段去发现这些客户知识。客户知识管理(KCRM)[①]已成了知识管理的一个很重要的分支。通过信息技术进行客户关系管理，实质上就是对客户知识的管理。这是

---

① 全称是"knowledge-enabled customer relationship management"，该术语来自：*The Essential Guide to Knowledge Management：e-business and CRM applications*（by Amrit Tiwana. Prentice Hall PTR，2001）。

企业增值的重要途径之一。

在企业中，大体上各种“知识”的存在场所如上所述。当然，根据不同的划分法，可能还有各种类型的知识存在场所。但是应该注意，如何划分并不重要，关键是去发现知识的存在，并进行有效的管理。在这个过程中一定要分清信息和知识的不同点，要清楚地知道，拥有信息和拥有知识完全是两个不同的概念，拥有知识比拥有信息更重要、更有价值。

2.7 知识环境

知识管理的第六个要素是知识环境。知识管理是一种高级的、新型的企业管理，之所以如此，是因为它对员工是**激励**(stimulate)而不是**控制**(control)。它的任务是提供战略上的指导，鼓励学习和确定传递什么知识给什么人。这样使员工有能力达到应达到的目标，使他们永不满足现状，并不断努力。知识的个人属性，使任何企业都不可能控制知识员工，或用传统的方法来管理他们。但是这并不等于说知识员工是不可管理的。任何组织都可以构建一个知识环境来管理自己的知识员工，让他们为企业做出贡献，让他们进行创新活动，让他们将自己的隐性知识即个人知识资产转化成组织的智力资产。所以，管理者要有这样的信念：你不可以控制你的知识员工，但是你可以控制企业的环境。通过对环境的控制，让知识员工自愿来到企业，并在企业中乐意为企业做出贡献。所以，在这个过程中一个良好的“知识环境”是不可缺少的，它属于“组织”职能的范畴。参见第 3 章知识环境。

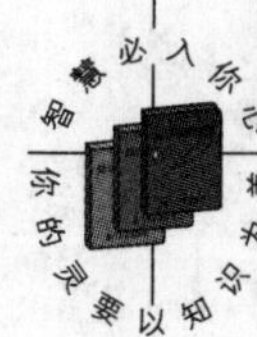

2.8 知识管理各要素间的关系

通过以上讨论，我们可总结知识管理中涉及的各种概念间的关系：

第一，“概念元素”表达了数据、信息、知识、智慧、道德的关系，也确立了企业要从数据管理、信息管理，走向知识管理的基本方向。知识管理不同于数据管理和信息管理，它涉及概念中的所有元素，涉及数据和信息，也涉及智慧和道德。

第二，“知识类型”说明了显性知识和隐性知识的区别，以及两者作用和在管理上的不同点。

第三,“知识活动”说明了知识管理中如何促进显性知识和隐性知识的相互转化,并在知识转化中创新,从而获得企业的价值,这是企业知识管理最根本的任务。

第四,“知识网络”是知识活动的场所,它在不同层次上发生不同水平的知识转化。同时知识网络也是“信息共享”、“知识共享”、人际间“沟通”的产物。要正确地对不同层次的知识活动进行有效管理,同时产生和扩展企业的知识网络,这是知识管理的基本方法。

第五,“企业知识源”说明了企业的知识存在,它是知识管理所需要的知识源。企业在知识管理中应尽可能地从各类知识源中获取知识。

第六,“知识环境”是知识管理系统运行过程中需要的环境要素。

以上所讨论的各种知识管理基本要素是相互依存、相互作用的。如果我们用系统的观点来看待知识管理,那么这些基本要素就可以组成知识管理系统。

图 2-3 表示了本单元所述的各种知识管理中基本要素的相互关系。这样,我们了解了知识管理的基本框架,这个框架就是一个“系统”,知识管理的

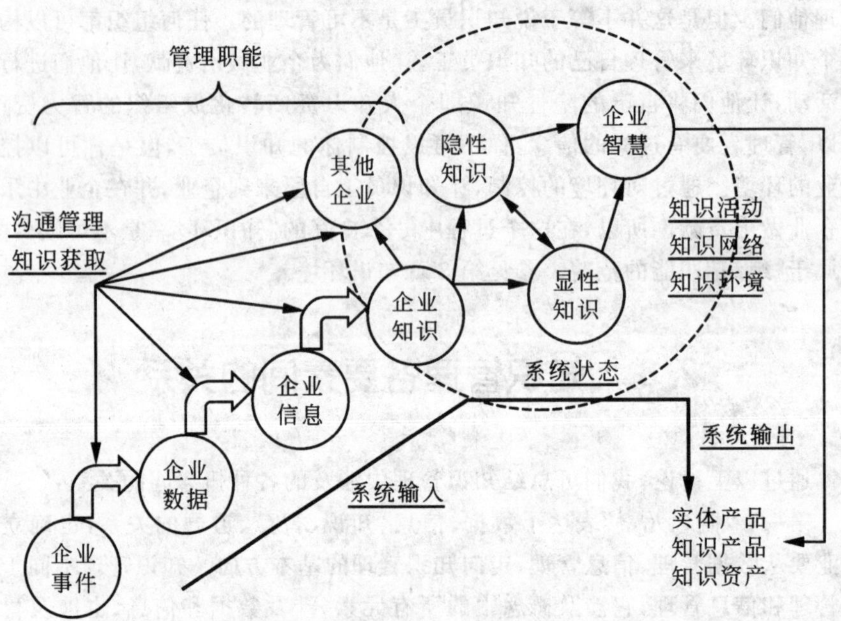

图 2-3 知识管理各要素间的关系示意

各要素就在其中活动,系统也执行着各种管理职能。但也有一部分内容在本章中还未展开讨论,这将在以下的各章中进行讨论。

本章术语

概念(concept)
数据(data)
信息(information)
知识(knowledge)
智慧(wisdom)
道德(moral)
显性知识(explicit knowledge)
隐性知识(tacit knowledge)
知识活动(knowledge activity)
社会化(socialization)
组合化(combination)
外化(externalization)
内化(internalization)
知识网络(knowledge network)
知识源(knowledge sourse)

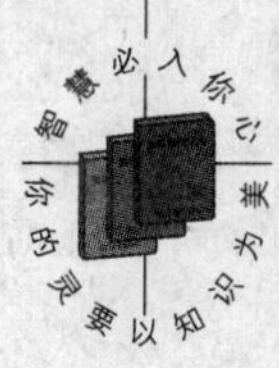

思考题

1. 概念的逻辑特征对理解知识管理中的概念元素有何帮助?
2. 概念资源与实体资源有何区别与联系?
3. 如何识别概念元素间的区别与联系?
4. 显性知识与隐性知识有何区别? 对它们的管理方式有何不同?
5. 知识活动有哪些类型? 它们之间是如何相互转化的?
6. 知识网络的形成与知识活动有什么关系?
7. 为什么说知识网络是一种虚拟的网络? 它与实体有什么关系?
8. 企业中有哪些知识源? 它们在知识管理中有什么意义?

第三章　知识环境

本章是上一章的延续。知识环境在知识管理中是一个不可缺少的要素。如果没有知识环境，就没有知识管理。在知识管理过程，管理者要花费许多的时间和精力在知识环境的构建上。因为环境因素以一种无法精确测量或无法精确表达的方式影响人们的大脑和心灵，所以管理者应当精心设计或认真构造知识环境，使其能达到管理的目的。可以说，构建一个良好的知识环境，知识管理就成功了一半。本章将详细讨论知识环境的问题。

在知识管理中扮演重要角色的是“人”，而“人”是一种具有生物学特性和社会学特性的动物。“人”的生物学特性决定了“人”必须与自然环境进行物质、能量、信息的交流；但是人的社会学特性，还决定了“人”必须与社会环境进行各种知识交流。人的行为是人的心理表现的结果，而人的心理是受社会环境影响的。这可以看出环境是多么重要的一种因素。知识管理系统的目标是创造企业的价值，使企业价值最大化。所以，知识管理系统包括一系列的过程。例如，知识管理系统不但要管理信息和知识的传递，还要实现个人“隐性知识”的“共享”，而要实现“共享”就需要有良好的知识环境。这种知识环境是一种“激励”员工创新的环境，它把许多人的价值组成一个实体(小组、团队、组织)。在这种实体文化的影响下，个人对企业就能产生出更大的贡献，这种贡献的价值就在于通过员工之间的“知识共享”创造出富有商业价值的新知识。所以，知识环境除了“企业文化”外还有实体环境、外部环境、技术环境。这些环境影响管理者与员工间的人际关系、员工的思想工作、企业文化等。只有在良好的环境下，才能做好知识管理工作。

3.1 什么是知识环境

环境(environment)是影响组织绩效、生存、发展的各种因素的总称。它包括组织内环境和组织外环境。组织内环境一般是指以组织文化为主导的概念环境和以实体资源为基础的实体环境。组织外环境则包括了影响组织的各种外部因素。**知识环境**(knowledge environment)是指组织构建一个易于知识网络形成,便于知识活动、创新活动进行的组织环境。它包括文化环境、实体环境、外部环境、技术环境。

历史上第一个注意到环境对企业中员工的影响,以及员工的工作态度对企业生产力的影响的人是哈佛大学教授 Elton Mayo。1927 年他在美国伊利诺斯州的西部电子公司(Western Electric Company)的照明对工人生产率影响试验的基础上进行了深入的研究,当时这个试验被称为**霍桑实验**(Hawthorne experiment)。Mayo 研究发现,工人的行为和情绪是密切相关的;群体对个人行为的影响也是密切相关的;群体情绪直接影响个人情绪,从而影响工人的生产率;情绪对生产率的影响甚至比金钱还要大。人们把这种现象称为**霍桑效应**(Hawthorne effect),它是指个人受到环境(群体)影响,而提高工作效率的现象。

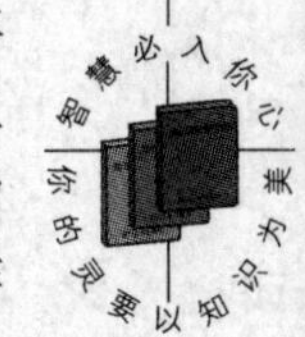

霍桑效应改变了当时流行的人与机器一样的管理学观点,但是在后来的数十年中,大多数管理者并没有在管理实践中很好地加以应用,仍然只注重"实体"管理。这与工业经济时代生产要素有直接的关系。尽管如此,管理学家们还是注意到了管理与环境有着十分紧密的关系,例如,美国管理学家孔茨 1993 年在《管理学》一书中就谈到:"管理就是设计并保持一种良好的环境,使人在群体里高效率地完成既定目标的过程。"①到知识经济时代,生产要素从实体资源转到信息和知识这些虚拟资源上,同时"知识管理"的思想提出来,才真正使企业管理者注意到,在未来的竞争中,企业的优势来自心智的管理即知识管理,而知识管理最强调的就是构建一种良好的知识环境。

知识管理涉及企业中的每一个人,知识管理将引起他们真正的变化。这种变化是心理上的变化,它使员工在工作中形成一个新的工作态度。这种工

① [美]哈罗德·孔茨,海因茨·韦里克著,张晓君等译.管理学.北京:经济科学出版社,1998

作态度的变化创造了生产力的增长。所以，我们应该致力于长期的知识管理活动，使员工产生积极的工作心态，从而提高企业的生产力。只要企业管理者提供给员工一个良好的“环境”，就会产生心理上积极的变化，就可能提高生产力。从这个观点出发，知识管理就是在组织中产生、创造一种使员工产生积极变化的环境（这种积极变化的根本是员工心态的变化），从而提高企业的生产力。

从管理学角度来看，企业的内外环境的形成，都是由于管理者实施五项管理职能过程中形成的宏观现象，这种宏观现象又反过来影响管理职能实施和企业管理的成功。

3.2 知识环境的意义

对知识环境的认识有两个方面值得注意：第一，知识环境是知识管理活动的基础，任何有效的知识管理都有赖于一个良好的知识环境，没有良好的知识环境就谈不上知识管理；第二，知识环境是创新的基础。任何知识资产都产生于创新活动，如果没有创新活动，也就没有任何知识资产，知识管理也就是一句空话。因此，知识环境也是一种创新的环境，所以必须构建好组织的知识环境。

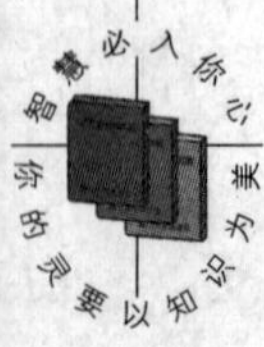

组织通过有效性的管理，就会形成一个良好的组织内外的知识环境，所以知识环境实际上是有效性管理的结果。这个结果也是一项组织的资产，即组织管理资产，它可以转化成一种资本为企业获得收益。

从系统的观点来看，知识环境是 KMS 的系统环境，对系统的输出集有直接影响。另外，各种管理职能也都与知识环境有关，例如计划职能就应该根据企业目标对组成环境的各种要素进行规划，组织职能中要形成一个良好的内部组织环境，人事、控制、指挥职能都要考虑知识员工的特点等。

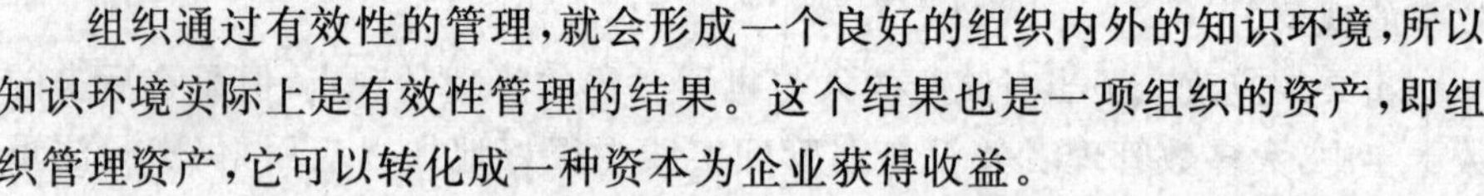

专栏 1——微软公司的知识环境

构建一个良好的知识环境是一项很具体的工作，以下摘自我国学者的论述，从中可以知道微软公司是如何构建知识环境的。

对于企业而言，有价值知识的生产及其商品化，是企业最关键的经营活动，因此组织中其他活动，如人事招聘、办公室的设计与布置、信息沟通网络的建设、合作并购等等，都是围绕着这一关键性经营活动来展开的。如在微软公司，由于软件开发人员的主要工作是"静坐冥想"，是一种纯粹的脑力劳动，因此，微软坚持让它的软件开发员工在绿色园区的宜人环境中封闭的办公室里静坐冥想，与外界疏离，同时绿色园区内所有的设计都从公司员工的特殊需要出发。为了弥补单人办公室在促进沟通方面的不足，公司在园区内配备了各种娱乐设施，并在20世纪80年代就采用了电子邮件系统。尽管有人提出可以利用现代电子通信手段让雇员在家上班，但公司坚称，"其雇员整天呆在园区里会最大限度地为公司做贡献"，公司里坚持着"打零工或兼职"的禁令。比尔·盖茨认为"我们正在努力做许多事，使其迅速完成实在很重要"，而打零工或兼职，"对于我们正在尝试的这种工作似乎不太有效"。从公司地址的选择到办公室的安排，从员工福利计划到办公室免费可乐的供应，从员工股权选择到每天的食品补贴，微软公司努力使其高素质、高潜力的软件开发人员心情愉快地工作。而公司的这些努力实质上是要保证员工个人最大限度地奉献出有价值的思想。正如兰德尔·E·施特劳斯所说："许多外界批评家已经发现，微软公司暗藏着一种恶魔似的企图，即尽可能促使雇员呆在自己的办公室里夜以继日地工作，为实现盖茨的思想而拼命。"在微软这样的公司里，组织结构、设施、各项保障、各种规章制度都被要求能够满足知识的有效运行。从这一意义上说，知识管理是微软这样的知识企业战略管理的核心内容，知识管理是处于战略管理的地位被计划和实施的。①

正如以上所描述的，在企业的知识管理中，知识环境是一个十分重要的元素。前面我们讨论过知识员工是不可控制的，但是，企业环境可以控制。用良好的知识环境吸引人才、留住人才。在今天许多成功的知识型公司里，我们看到的公司环境正如以上所描述的那样。虽然工业资本家与知识资本家都是为了价值，但是在对待、管理员工方面显然有着巨大的差别。前者用的是皮鞭，后者用的是蜂蜜。

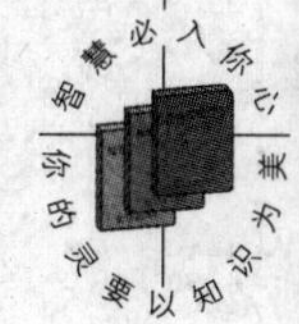

现在，我们看到一些企业的"知识管理"系统，只是局限在对信息技术的投资上，整个投资的绩效不明显，或者失败。这个失败的根源是对整个"知识管理"缺乏真正的理解，看不到工业管理、信息管理与知识管理的根本区别；不知道构建一个良好的"知识环境"，去促进"知识活动"和"知识网络"的形成；不知道让各种知识在这个网络中不断转化，使企业获得重大的价值；不知道用系统的观点来看待知识管理；不知道用全新管理思想、管理理念去对"知识管理系统"实施有效的管理。这些都是从工业经济走过来的管理者思想上的障碍，也是知识经济给这些管理者的挑战。21世纪的管理者，如何跨越障碍，如何适应知识经济的要求以及如何对企业实施有效的管理，都有赖于对"知识管理"的真正理解。

一个资深的管理学专家说过："在企业的成功与失败的原因中，心智的态

① 赵曙明，沈群红著．知识企业与知识管理．南京：南京大学出版社，2000

度大于心智的能力。”[①]这句话是至理名言。从这一句话，我们就可以体会到知识管理与传统的企业管理以及信息管理的巨大差别。“态度”是什么？这完全是一种隐性的概念，它是不可表述的。一个知识员工，如果有十分强的个人心智能力，聪明，能干，掌握着许多的知识，但是工作态度有问题，不愿意为企业奉献自己的知识和才能，那么企业能因此得到效益吗？所以，企业应该构建一种良好的企业文化、知识环境来改变员工的“心智态度”，只有当员工的工作态度发生了改变，才会对企业产生巨大的价值。这就是“知识管理”在21世纪企业管理中的意义。以下讨论内部知识环境和外部知识环境。

3.3 内部知识环境

公司的内部知识环境十分重要，没有好的内部环境就没有知识管理的有效性。参见专栏2。

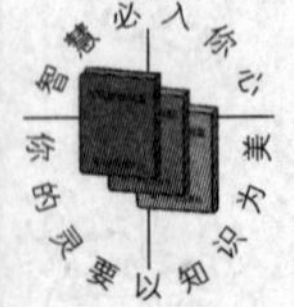

专栏 2——英特尔公司的内部环境

《奔腾时代》一书中有如下一段描述，体现了英特尔公司铁的纪律和自由、民主、信息共享的内部环境气氛。[②]

只要愿意，任何职员都可以跟他们的最高老板聊上几句。老总们没有任何特权。如果格罗夫上班迟到了，那么他就得跟新来的工程师们一样满楼里找空余的隔间。而英特尔副总裁，58岁的克雷格·巴雷从日本或者马来西亚谈业务回国后，经常会穿着一双松散的牛仔靴出现在蒙大拿的农场上。1995年冬天，英特尔公司宣布了惊人的决定：只要愿意的话，英特尔公司的雇员可以选择公司的股票作为其薪水。光是这个决定就使英特尔公司出现了几千个百万富翁。

不过，千万不要以为这些表面现象就是英特尔公司管理的全部。

英特尔公司倡导公开、自由、民主、双向交流的企业氛围。但这种自由是在纪律约束下的自由。格罗夫管理英特尔公司最大的特点就是外松内紧。整个英特尔公司由此而既有极大的创造性又服从一个最高的战略目标，稳步前进。

格罗夫在企业文化中既提倡自由又提倡纪律。他的严格管理在全美国都是出了名的。1984年美国《财富》杂志就把他评为“美国最严厉的老板”之一。然而正是这种外松内

---

① Bradford B. Boyd. *Management-minded Supervision*. McGraw-Hill, Inc., 1968

② 胡延平主编. 奔腾时代. 北京：企业管理出版社，1998

紧的管理风格帮助英特尔公司闯过了一道又一道的难关。许多研究人士也指出，在支撑英特尔发展的企业文化中，纪律是一个最重要的因素。

无论是微软还是英特尔，只要在知识经济中成功的企业，必然有着独特的内部环境，这些内部环境可归纳为三个方面：组织文化、实体环境、技术环境。

3.3.1　组织文化

组织文化(organizational culture)是指一个组织内人们所具有的共同价值体系，包括价值观、信条、道德、伦理等，它决定了员工对问题的看法和行为的方式。管理专家认为，可以通过10个特征来识别一个组织的文化。①

- 员工与组织所保持的一致性程度——员工在组织中只是关注自己的团队或专业领域，还是关注组织的目标。
- 员工对集体利益的关注程度——员工的行为是从集体利益出发，还是从个人利益出发。
- 组织对员工的关注程度——组织中的管理决策是否考虑到"人"的因素。
- 职能部门的一体化程度——组织中各职能部门是否有很好的协作、沟通，共同以组织的目标作为部门行为的准则，而不是以自己职能部门的小团体利益作为行为准则。
- 对员工的控制程度——组织的规章、制度是对员工严格的直接控制，还是较为宽松的间接控制。
- 风险承受程度——是否鼓励员工冒风险进行创新活动。
- 报酬标准制定——是按员工的绩效给予相应报酬和晋升，还是按非绩效因素给予报酬和晋升，如根据资历等。
- 冲突的宽容程度——是否鼓励员工自由发表意见和公开批评。
- 注重过程还是注重结果——管理是注重管理的结果或成果，还是注重管理的手段或过程。
- 组织系统的开放性——组织是否能对组织外部的环境变化及时反应。

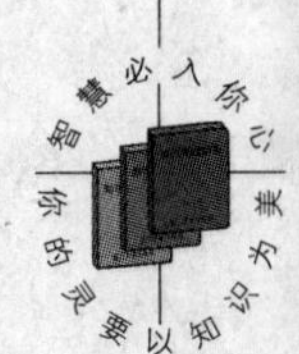

可以根据以上10个特征识别出一个组织的文化是好的组织文化还是不良的组织文化。一个具有良好组织文化的企业，能够产生出极好的绩效。因而组织文化是管理者关注的重点。

组织文化常反映了组织创始人的管理思想和战略远见，表现了这种管理思想和远见对一个组织的影响。例如，IBM公司的托马斯·沃森(Thomas

① Stephen P. Robbins. *Management* (4th ed). Prentice Hall Inc., 1994

Watson)所制定的关于研究开发、产品质量、雇员着装、报酬政策等，至今还体现在 IMB 公司的日常运作中，影响着公司的发展。

组织文化的基础是道德、伦理和法律。如果脱离了这个基础，任何组织文化都不能适应社会和人类的发展。例如，一些非法组织也有很强的组织文化，但是这些文化并不是构建在人类的道德、伦理和法律基础上，而是构建在罪恶、贪欲的基础上。

道德(moral)是指一个人所认定的正确和错误行为的准则。它包含了一系列社会制度的规范。不同的社会就有不同的道德观念。参见第 2 章。

伦理(ethic)也是指一个人的正确和错误的行为准则，但它不包含社会制度所规定的行为规范，而注重团队、集体的信仰、标准或行为规范。

法律(law)是指政府强加于公民的行为准则。各国政府根据本国的利益，制定法律以规范公民的行为，使之符合国家利益。

道德、伦理、法律是组织文化的基础。组织文化对企业的五项管理职能有着深刻的影响。在企业中执行五项管理职能过程，都会体现出组织文化。

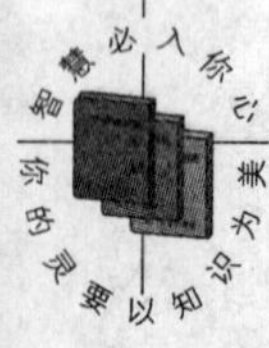

一个具有诚信经营道德的企业，一个具有完善公司伦理的企业，必然使员工感到一种安全、正直、良善、诚实的气氛。在这种气氛中工作的员工，会有一种“贡献”的冲动或驱动力，会愿意为企业奉献自己。所以，这也是员工对企业忠诚度的基础。

形成一个良好的企业道德、伦理，首先涉及企业领导人个人的修养和魅力。一个好的领导，应该整合自己的心、脑和灵魂。心是管理情感，脑是管理逻辑，而灵魂则是正确的信仰。正确的信仰是管理好“心”和“脑”的关键。

其次，就是要形成企业的伦理，即要制定好企业的规章制度。这个规章制度应该是员工在企业的行为规范。这些行为规范要有利于员工的创新活动，使员工愿意加入到创新的队伍中去，奉献自己的知识。这些行为规范还要有激励机制，对员工的行为可进行正确的评价，同时给予正确的赏罚，鼓励创新的行为、奉献的行为。

价值观是指人们对客观事物的价值所进行的主观判断。企业提倡完美的道德、伦理目的是要形成员工正确的价值观。一旦员工形成了为企业奉献的价值观，企业就可以提取员工个人的知识资产并进而形成企业的知识资产。个人的知识资产大多是以隐性形式存在于员工的头脑中，要让这种隐性的知识资产转变成企业的显性的知识资产，靠工业经济时代那种“管理”和“控制”显然是行不通的，还是要靠软性管理。首先获得员工的“心”，然后才能获得员工的“脑”。当然，这是十分不容易的，但是企业要成功，就必须付出这样的努力。所以，形成员工的价值观是十分重要的。

一些企业在形成员工正确的价值观时出现了障碍。这些障碍表现在两个方面：在未执行知识管理的企业中，员工们常常花大量的时间来获得知识、发展个人能力，以此把自己在企业中突出表现出来。这种个人奋斗的信念产生了不良的作用，企业对个人奋斗的奖励，培育出了一种员工间互不信任的环境。所以，企业知识管理中对员工的奖励应该以“知识共享”为要点，应该形成一种风尚，鼓励知识共享。要提倡知识共享，而不是提倡个人奋斗。

另外，企业要对付不断变化着的市场并适应这些市场，就需要创新的思想和行动。但是“创新”常常被认为是一种冒险。人们倾向于一些稳妥的做法，如经过试验的事和实践做过的事，然后顺着这条稳妥之路走下去。可是市场是变化不定的，而这样求稳的心理常常是错过了市场的变化。企业文化中应鼓励“创新”。

组织文化是一种人“心”的环境，一个良好的组织文化，可让员工人心所向，为企业贡献自己的心智、知识。良好的组织文化也是企业诱导出员工个人的知识资产，使之成为企业的知识资产的一种软性环境。组织文化是十分重要的，大多数成功的公司都有一个激励人的组织文化环境，它使员工的发展和激励都达到最大化，也形成了企业“知识资产”的最大化。形成良好组织文化的方法如下：

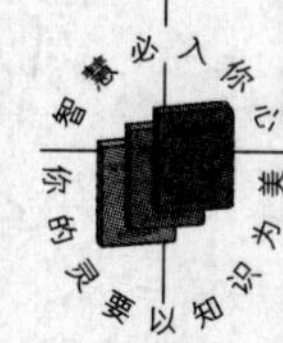

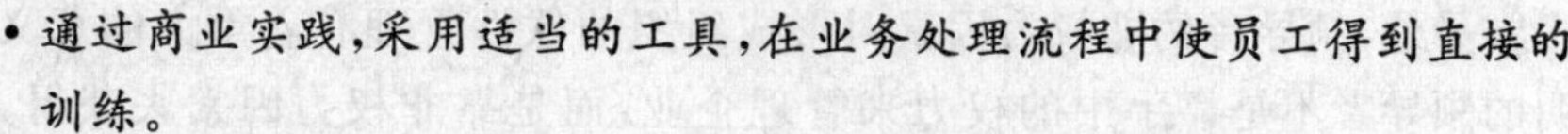

- 通过商业实践，采用适当的工具，在业务处理流程中使员工得到直接的训练。
- 允许员工通过试验来学习，组织应提供学习和使用新方法的时间。
- 要发展超出工作范围的思维。
- 要鼓励员工对公司运作提出意见与建议。
- 培养学习的环境，允许员工有时间改进工作技能，形成一个创造与创新的思维环境。把知识管理集中在“人”上，而不是集中在“系统”上。员工们都应该相信他们能够通过工作改变环境，而不是等着领导者来“管理”。
- 接受失败和教训，对好的经验进行交流、推广。
- 员工中有着产生新思想和创新的能力，激励和自由探讨是很关键的。这些新思想也许是明天的产品和服务，一些可能被用上，另一些可能不被用上，一些可能使我们有一个飞跃，产生竞争力。
- 应该用整体的方法来解决问题，不要只是集中在一个窄小和短期的范围。
- 不要在企业中形成等级隔阂，鼓励开放企业中的各种层次的上下交流，培养一种“不责备文化”，共同承担义务，形成共同语言，这些都是一个学习型企业生存的要点。

- 员工工作在一个彼此信任的、合作的、责任明确的企业构架内，他们都是工作小组内的一个重要成员，自我控制。小组的领导是“指导者”和“服务者”，而不是一个“控制者”。
- 知识和学习两者是相互关联的。知识导致学习和评价，通过学习而获得新知识。
- 允许“变化”的产生，不要只是强调“标准”，应广泛听取各方的意见，包括员工、小组、企业、合作伙伴等。大多数人正确的意见才是正确的“标准”。

从以上可以看出，知识管理是一个复杂的过程，是一种“软性”的问题。这种软性问题也许很难执行。企业从“知识”中获得明显效益之前，也许要花一定的时间来构筑一个良好的组织文化。

企业领导人的思想与行为对企业内的知识环境起着重大的影响作用，通过知识环境对知识员工产生很大的影响。所以一个知识密集型的、开放型的、具有进行知识管理能力的、好的领导层对于造就优秀的知识员工至关重要，对于知识员工的隐性知识转化成为企业集体的知识资产至关重要，有时会成为关键的因素。

正如以上所讨论的，领导者的道德、伦理、价值观都对企业产生深远的影响，也构成了一个组织内部环境的重要因素。

另外，领导者的**非权力因素**对形成组织的软性管理有着重大的意义。高明的领导者不是靠手中的权力来管理企业，而是靠非权力因素去获得人心。著名的在线电脑零售商DELL公司，在短短的数年内就成为在线电脑零售巨头。这与DELL公司的领导风格、公司制度等有密切的关系。

专栏3——戴尔公司的内部环境

郑雅心著《死去活来——我与世界级企业巨头的对话》一书中，有以下精彩的描述。

在管理上，“我平日很随和，但看到员工总是犯同样错误时，我就会忍不住发火。我愿意重用并愿意提拔那些愿意自己找事做，而不是等在那里让人告诉他该怎么去做事情的人。我喜欢那些热情，爱不断学习，对工作充满兴趣，善于自我挑战的人。我也非常重用那些不仅自己能得到发展，同时也能发展其他员工的人，这是我们公司的一个重要的话题。”

在戴尔公司，每位员工都有200股的股票，这种规定不仅适用于美国本土的员工，也包括英国、澳大利亚、日本、中国等各国员工。比如，1999年8月份，在厦门的戴尔员工每个人都得到了200股股票，其成交价格约为每股60美元，而3个月后，戴尔股票猛涨到每股110美元，从而使每一位雇员获得了大约一万美元的账面收益。

“除了在物质上善待员工外，要把员工潜能发挥出来。为此，你就要创造出允许员工成功的一个环境，并给他们提供不断成功的工具，让他们不断学习、成长、犯错误，并关心他们的兴奋点是什么。”

“我们对非常性的挑战非常感兴趣，变化很快、竞争激烈等都是我们的挑战，其中的一个关键性的挑战是保持建立结构组织的成长。去年我们的营收是180亿美元，今年我们的营收猛增到240亿美元，一年当中我们就增长了60亿美元的营收。这是我们自己把公司变成非常了不起的公司。今年我们还要招收很多新员工进来，明年我们也要这样做，所以，这是我们一个非常非常大的挑战。”

五项管理职能为什么重要？因为它不单是组织的知识资产，也是组织的内部环境。当企业内部管理完好时，组织内部就会相互理解，进行系统管理，按计划行事，企业利用一切可用的信息进行改进，这包括利用各方面的因素，这样企业就会更有效率。在一个不断变化的商业环境里，企业每时每刻都面临着挑战。长远的计划往往不能指导企业对新情况做出反应，这就要求企业不断地修正计划，补充完善计划，以求对多变的环境做出正确的反应。要做到这一点，企业必须收集来自企业内外的各种信息，并让这些信息为各个层次的员工共享，使员工都能为企业做出正确的决策。员工们要想系统地访问那些支持决策过程的商业数据、竞争信息以及市场人口统计学资料等，知识管理系统就能为企业做到这一点。

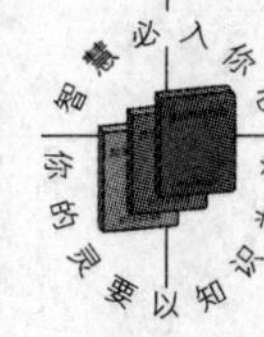

企业提供的产品和服务要最大限度地满足客户的需要，企业内各个部门之间的合作是很关键的。将企业中的销售、市场、生产、设计以及其他各作业小组的信息收集起来，并把这些信息作为产生知识的源泉。所以，知识管理解决方案要既能提供共享各种想法的方法，又能收集到企业各种商务运作过程中产生出的各种最好的做法。把每个小组的想法和信息综合起来，进行有效的管理。这样企业的各个部门都能知道其他部门的工作进展，从而减少了工作的重复性，增强了各部门之间分析问题和解决问题的能力。企业中各部门的协作关系也是企业内部环境的重要因素。

发挥企业中员工潜能的最好方法，就是通过信息、知识、价值的共享激发知识员工对企业文化的向往，这样会鼓励每一个知识员工去创新。一个公司最宝贵的单项资产是它的人力资产。在新经济时代，企业的劳动力有很大一部分是“知识员工”。有效的知识管理系统可以跟踪员工的技能和竞争力，可以公正和客观地考察员工的业绩，并给予适当的培训，可以提供给他们最新的公司信息、管理收益，并提高员工的知识和士气。如果一个公司的员工中没有一套宝贵的技能，那么动态的、竞争激烈的市场就可能让这个公司止步不前。

知识管理系统能够识别员工技能的差距，并能提供一种机制，用新的技能来培训员工。当某个员工或作业小组的业绩明显地优于他人时，这就是一个信号，表明可能有一种让大家共享的最好的方法。这种状况是知识管理的重点。

形成继续学习、创新、改进的企业文化氛围，对企业的“知识共享”和管理起着极大的作用力，它可以产生企业运作效能的最大化。

3.3.2 实体环境

实体环境（physical environment）是指组织内以实体资源组成的内部环境，包括了资金、设备、办公环境等硬件。

要构成一个企业的知识环境，如果没有必要的硬件设施也是一种空话。这些硬件设施保证了企业员工的正常学习、生活、工作，使企业员工能够全身心地投入到企业的发展中去，使员工的个人发展与企业的发展密切地结合在一起。

生活设施。企业员工的基本生活设施是员工积极工作的基本保证。如果一个员工没有良好的生活环境，很难形成一种企业的归属感。员工有健康的生活环境，就会为形成良好的精神状态打下生理基础。

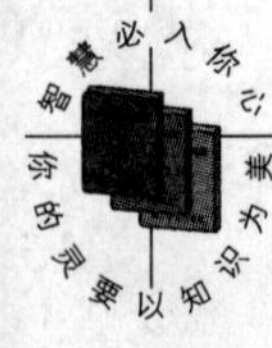

学习设施。企业中学习设施也是十分关键的一种硬件设施。例如，企业中建立图书馆、阅览室，在内联网中创建学习与培训的板块，供员工自学。企业进行员工定期的培训，建立培训中心，安装必要的培训设备，提供员工学习的基本保证。

工作设施。良好的工作设施、办公环境对发挥员工的潜力是十分重要的。在一个安静、宽松、美观的办公环境里，员工会感到心旷神怡，员工会出现知识共享的欲望、创新的欲望。这是十分重要的。工作设施包括了办公室的布局，办公设备、办公环境的美化，以及办公后勤保障等。

工业经济条件下，对人的管理是集中对人个体的管理，如出勤率、工作量等等。但是，知识经济环境下，对人的管理却给了我们一个全新的感觉，它以成果为导向。这样，软性管理的环境就显得十分重要。其中实体环境对此产生巨大影响。

专栏4—— 公司的实体环境

一个著名学者讲了一个案例，对我们很有启发。

1992年我陪同一个代表团参观瑞典的一家公司，一进大楼我们没有意识到这是一家大公司的总部：两边是楼，中间用蓝色玻璃作顶棚，太阳光柔和地照进来，地上是很长的长廊，用鹅卵石铺的路，路边种有花草树木，还有台球室、健身房、咖啡馆、酒吧、餐厅、舞厅、游泳池。我们当时都很奇怪,公司介绍说这是我们总经理提倡的。我们问一个在游泳池边的男士:您现在是上班么?他说是呀,我说:想问一下,你上班时间来游泳,有人来批评你吗?没想到他说:为什么要批评我,上班时间在哪是我的事,只要我在这个大楼里,我毕竟是在干我的工作。我说那你的工作是什么呢?他说我是搞计划的,上个星期公司由于市场的变化,突然要进行一个大的调整,要求我五天之内拿出一个完整的计划。我在办公室里坐了三天想不出思路来,这一游泳放松了,思路出来了,一个完整的计划在脑子里形成了。他的椅子边放了一个皮包,从皮包里拿出纸笔来开始工作。从这个例子可以看出你要给予部下一些自由,他们就可以释放出身上更多的潜能,只要你对他进行的是目标管理。①

综上所述,实体环境是不可忽视的一个环境因素。如果没有良好的实体环境,很难出现创新的局面。但是,这不是绝对的。在实体环境很差的情况下,如果一个人或组织中的员工有强大的精神力量,仍然可以出现创新的成果,但要付出比正常环境高的代价。所以,精神仍是第一位的东西。

3.3.3 技术环境

一个有效的“知识管理系统”要在信息技术的支持下运行。在知识管理中,无论是知识表达、知识工程,还是在知识链运营过程中,都需要信息技术的支持。通常我们把技术看成一种工具、手段,其实它也是一种企业的“技术环境”。

正如前面所述,计算机信息系统是人脑神经系统的延伸,它是体外产生概念系统的实体系统。通过人机结合,整合了概念系统中的诸元素——数据、信息、知识,从而产生出企业的智慧,使之在知识链运营过程中获得巨大的价值。知识管理系统中采用信息技术,可以使员工获得最好的人员流、物流、资金流的信息,使员工可以外联知识源,获得各种创新所必要的知识。信息技术在知识管理系统中扮演着重要的角色,在知识管理的每一个过程都需要相应的信息技术。现在许多的厂商都有完整的知识管理应用软件产品线,这些信息技术的产品,提供了知识管理良好的支持。但是,不要误认为知识管理系统就是某种信息系统,或者是某种知识管理软件。

知识管理的传递程序是与其他的电子商务系统、管理信息系统通用的,包括 CRM、SCM、ERP 等,企业不要重新投资。而且如果这些业务系统没有知识管理程序,就难以进行正常的运作。KM 程序也是标准的程序,符合企业的

---

① 摘自我国著名学者魏志勇先生的演讲。http://www.chinatraining.net/online/online_1/teacher_intro.htm

商务模式和质量系统。例如,一个银行的"知识管理程序"可以在系统中设定一个"问题解决程序",这是一个集群的问题解决程序,适用于各种各样的目的和各式各样的企业,不必重新投资。

在实施企业KM系统的过程中,企业面临一个普遍性的问题就是,大家都开发了"数据仓库"和"数字神经网络",采用最新的技术,这些新的程序和新的技术都使企业获益,这样人们会错误地认为KM系统就是一种程序或技术组成的系统。我们应该明白,技术或应用软件是不会提供给我们任何价值的,只有通过管理者用智慧去运用它们,才会产生知识的价值。

从知识管理系统中,我们可以看到,为了使系统运作良好,使系统产生更大的价值,企业必须规划一个知识链,这将有助于确定所需要的程序,使工作流程、技术程序的元素都能够被自动操作。如果程序的设计和执行有较大的灵活性,这样整个知识链成本就低。知识链中信息流通的障碍,常常是来自定制的应用软件和系统故障。

每一个管理者都应该注意到,技术虽然重要,但是技术只能帮助人们捕获和传递信息,提供人们之间知识共享途径。技术不能完成人脑中最高级的"知识活动",这种高级"知识活动"就是人脑产生创新的想像力。从这里可以看出,知识流是经过人脑与电脑的环流不断运动的。它有两个主要部分:在电脑系统的部分,帮助人们获得知识、存储知识、处理信息等;另外,当信息流、知识流通过大脑,在大脑中进行思维、想像,从而产生创新的思想。所以,企业KMS可以与具有最熟练技能的专家共同构建最有效益的商务项目,从而使各种"文档"变成最有价值的东西,促进知识资产的形成和发展。

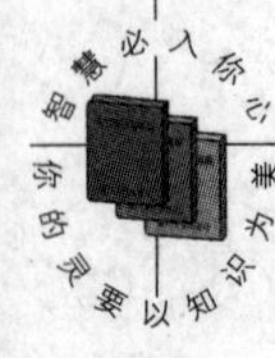

知识管理系统状态也是一个动态的过程,它在一种"知识环境"中不断变化,形成具有知识价值的系统输出。所以,系统状态与环境因素是相互作用的。

3.4 外部知识环境

外部知识环境有两个方面,宏观环境和微观环境。

3.4.1 宏观环境

宏观环境是指组织外部的一般环境,包括了政治因素、经济因素、社会因素、科学技术因素。

政治因素是指组织所在国家政府的方针、政策对组织的影响。例如在提倡计划经济的时代，组织只能按上级下达的生产指标生产，就不可产生组织间的竞争状态、创新成果等等。再如在一个政治局势动荡不安的国家里，战争、政治运动等都影响组织的发展。

经济因素是指一个国家的经济状态，例如利率、通胀率、股票市场的走势等等。这些因素也影响着组织的发展。例如，亚洲金融风暴使很多的企业产生了生存危机。在全球经济不断一体化的过程中，全球经济环境对几乎每一个企业都会产生影响。

社会因素是指社会的风俗、习惯、民俗、潮流等。例如跨国公司到其他国家办公司，就不能照搬在国内成功的经验，而要根据当地社会因素，合理地配置资源。

科学技术因素是指组织生存时代的科学技术发展状态。19 世纪、20 世纪和 21 世纪的科学技术发展完全不一样。现在企业生存在一个科学技术高度发展的时代，这些高科技的背景深深地影响着每一个企业。例如，现在企业大多用电子计算机和 EDI 进行交易，而在上一个世纪这是难以想像的。

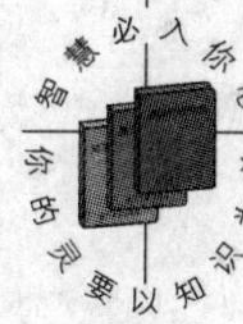

3.4.2 微观环境

微观环境是指组织外部的具体环境，包括了供应链上的成员、伙伴、供应商、客户，也包括了竞争者、政府部门、金融部门等。他们对组织的经营管理起着影响作用。“知识管理”给企业带来的好处，应该平衡各方面的“需求”和“满意度”。这里所指的“各方面”是指雇员、客户、供应商、社会等。知识管理的评价标准就是看实施的效果——是否给企业带来真正效益。

客户。客户决定了企业的一切。客户是产品和服务质量的最终评定者，客户的忠诚度、保持力，是获得市场份额的关键因素之一。所以，现有的和潜在的客户决定了企业的一切。企业与客户的关系是公司经营的基础。提供客户需求和满意的产品及服务，对企业的发展至关重要。在发展和改善客户关系方面，重要的是要跟踪联系客户，了解他们的问题、购买情况以及期望等。有效的知识管理解决方案可以大大地促进 CRM 的过程，可以建立一支更有效的销售力量和创造一个更有响应力的 CRM 支持系统。

在企业中执行知识管理成功的关键指标是良好的财务收入。但是，其他方面也可作为成功的指标，如市场份额的扩大。所以，公司除了在财务方面应具有可测量的指标外，在其他方面也应该有可测量的指标。

企业的知识管理中心通常都采用详细的客户信息，这是通过客户关系管理系统收集来的客户信息。为了开发客户需求的产品和服务，信息收集是很重要的，它在确定商务策略上起着关键的作用。企业间的合作与战略联盟也是收集信息的最常用的方法。现在许多企业都开始明白客户关系是企业的收益来源。

企业在提供实物产品的同时，也从客户那里获得“知识”。例如，原先的客户关系成为了伙伴关系，产品的递送成了与客户共同创造“解决方案”，这在CRM系统中是常见的。

另外，在与客户交往中，企业从客户那里学到了知识流动的方法。客户给企业带来了财务收益，也带来了无形的“知识”收益，如产品思想、智能竞争、意见、推荐等。当然，这些都为广大企业所熟悉，但是并不是所有企业都知道如何去测量“知识”带来的无形收益。所以，企业要运用“知识管理”的方法，有意识地去测量由客户和其他方面带来的“知识”的价值，并把这种“价值”置于商务的战略计划中。

如果这样做了，企业就会收集到很多的“知识”。从客户的知识源中获取知识，这是“知识管理”中十分重要的一步。这时企业看上去好像没有获得什么，实际上是获得了无形的“知识资产”，这种“资产”在企业中不断地流动，训练了员工，促进了员工，在员工中彼此交流形成知识与思想，从而促进了产品的开发、企业的发展。客户关系管理就是一个在服务、产品方面的例子，它打破了企业的界线，实现了本企业与合作企业间的知识共享和客户信息共享。

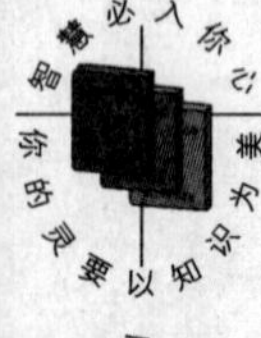

伙伴。企业要在“互利”的基础上与供应链上的伙伴合作，建立起“信任”、“知识共享”和“商务整合”的关系，这样企业的效益就会更大。要通过网络将公司的边界无限地扩大化，将知识链延伸到企业外，与外部企业通过IOIS进行知识共享，争取从企业间的合作中获得价值。

企业的伙伴关系是企业的重要环境因素之一，合作伙伴提供了一种企业外部的成功因素。良好的合作伙伴，会促进企业达到目标。

形成合作的伙伴关系是知识经济中最明显的特征。有关合作进行市场运作的例子很多，如：银行与汽车公司合作向公众出售汽车，电信和IT公司开展WAP服务和管理顾问公司服务，IT服务公司提供客户全面的咨询服务，有线电视休闲行业提供交互式的电视服务等。

什么是伙伴企业关系？就是企业利用自己所拥有的知识资产与其他企业合作，提供本企业业务以后的额外的业务。很明显，这样的合伙人对双方来说都是很成功的。在这种合作中，只有知识的传递才使合作各方成为可能，双方的知识管理系统的开发和系统整合是关键的因素，它是知识传递的基础。

供应商。每一个企业都有自己的供应商，企业与供应商的关系也是企业外部的一个重要环境因素。供应商所带来的实体资源与概念资源也将对企业产生影响。

竞争者。当多种产品和服务满足同一需求的时候，竞争者就出现了。几乎每一个企业都面临着竞争者的威胁。企业管理者不能忽视竞争者的存在。由于企业面临着竞争，所以在产品、服务、定价等方面都要考虑到竞争的因素，所以竞争者成了企业重要的环境因素之一。

政府。政府的政策、法规影响着企业，使企业要不断关注政策的变化。一些政策的改变可使企业获益，也可使企业受损。所以，各级政府的法规都是企业的外部环境因素。在中国，改革开放初期国家利用政策因素，使特区的经济飞速发展，现在又利用政策的因素来开发中西部。

金融部门。金融部门如银行、投资公司也是企业的外部环境因素之一。企业的发展、研究与开发常要求助于金融部门的帮助。与金融部门形成良好的关系是企业发展的重要环境因素。

综上所述，这 6 个要素是企业的外部环境中的微观因素，直接作用于每一个企业。另外，要看到“知识环境”，无论是内部环境还是外部环境，都是企业的知识资产，因为它影响着知识转化和知识资本的经营过程。

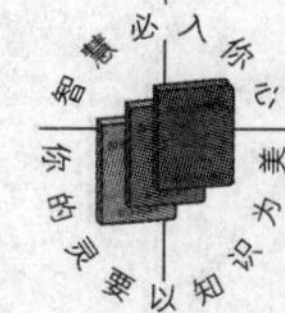

3.5　知识环境要点

构建一个良好的知识环境，要注意三个要点：良好的组织结构、良好的制度结构、良好的人力配置。

3.5.1　良好的组织结构

在组织结构形成过程和组织日常运营过程中，经常会形成一种与实际组织管理层次相对应的**等级**(hierarchy)观念。这种观念对管理有负面的影响。人们错误地认为“等级”是一种“自然现象”，是不可避免的。实际上，“等级”的观念不适合人类的发展，也是现代企业管理的一种障碍。

“等级”观念的形成，是因为人们把社会组织结构看成一个机械装置或机器，因此把管理企业当成管理机器。这种哲学观点最初产生于工业革命(industrial revolution)时代的工程师和经济学家。这个观点的前提是对机械的“控制”与“命令”。他们也把“人”想像成“机械”。但是，人毕竟不是“机器”，机器只有在外部控制之下才能进行运作。人则不必如此，人是一个有完整组织系统的生物体，可以进行自我控制。人可以在与外界各种信息的交流中，在“自我控制”下进行活动。这是“人”与“机械”的区别。

在信息经济时代、知识经济时代，管理者应该看到企业内员工的大脑中有着企业的无形资产——知识资产，这种资产大多以隐性知识的状态存在。所以，现代企业管理强调对人的知识管理。要做到这一点就需要有一个良好的知识环境。这种环境中最重要的是必须打破等级的观念，建立一个平等共享的企业文化环境。要达到这一点，就必须对管理职能进行创新，从而提供一个组织上的保证。

组织职能的任务之一就是形成管理的层次。前面所说的组织结构中一般有三个管理层次，这是正式组织中的一般结构方式。但是，正是由于这种结构方式，使人产生了一种概念上的等级观念。这种观念影响了员工在组织中的积极性，也影响了组织的绩效。在现代，企业面临着比以往任何时候都激烈的竞争，企业要在这种竞争环境中胜出，就必须进行创新。而组织结构影响着组织的职能、绩效等其他方面，因此组织职能创新就显得特别重要。

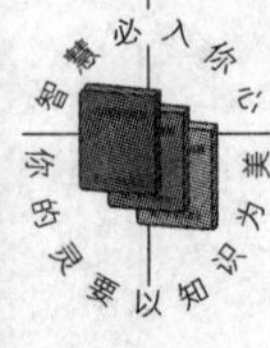

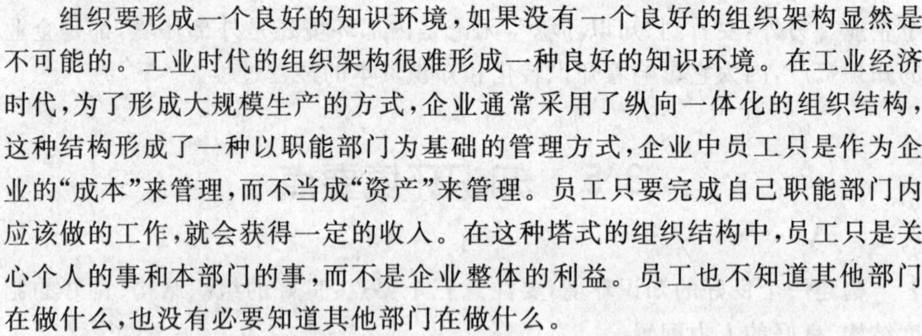

组织要形成一个良好的知识环境，如果没有一个良好的组织架构显然是不可能的。工业时代的组织架构很难形成一种良好的知识环境。在工业经济时代，为了形成大规模生产的方式，企业通常采用了纵向一体化的组织结构，这种结构形成了一种以职能部门为基础的管理方式，企业中员工只是作为企业的“成本”来管理，而不当成“资产”来管理。员工只要完成自己职能部门内应该做的工作，就会获得一定的收入。在这种塔式的组织结构中，员工只是关心个人的事和本部门的事，而不是企业整体的利益。员工也不知道其他部门在做什么，也没有必要知道其他部门在做什么。

要创建一个良好的知识环境，以上所述的工业时代的组织结构显然不能满足要求。所以，组织结构应进行变革，使之为形成企业内部一个良好的知识环境，提供一个组织保证。可形成良好的知识环境的组织结构有如下要点。

1. 从纵向一体化到横向一体化

在纵向一体化的经营模式中，企业内部是以职能部门为基本的运作单位，部门经理掌管着一切事宜。员工只要根据命令行事就可以完成运作，没有必要进行创新。而在横向一体化的经营模式中，企业要对市场产生柔性的、快速的反应，客观上要求每一个员工都为企业做出最好的决策，只有每一个员工都为企业做出最好的决策，企业才能在市场上获得成功。而在这种组织结构中的员工就必须进行较多的创新，而不只是根据命令简单地行事。而且，员工如果不具有创新能力，不进行较多创新行为，就可能被组织淘汰。

所以，在横向一体化的经营模式的组织结构中，实际上是一种促进创新的客观环境因素。它客观地要求员工去进行创新的活动，而创新的活动又必然导致企业内的知识共享，促进了扁平化组织的形成和发展。

2. 从金字塔式到扁平网络式

在金字塔式的组织结构里，员工是组织的最底层，组织高层的信息是通过各级部门一级一级向下传递的。在工业经济时代，"命令"、"控制"及纵向一体化的经营模式中，起了积极的作用，曾经推动了工业经济的发展。但是随着知识经济的兴起，在市场竞争更趋激烈的今天，这种工业经济的组织结构不能适应经济的发展和竞争的环境，所以必须变革成为扁平式的组织结构。在扁平式的组织结构中，信息和知识呈现出网络状的传递，最重要的特征就是进行跨职能部门的、快速的知识、信息的共享，形成各种知识网络。只有这种积极的共享环境，才有利于员工的创新活动。员工有了一种积极的创新的活动，就有可能为企业做出正确的决策。

形成信息、知识快速传递的扁平的组织结构需要信息技术的支持。组织内采用信息技术，是形成扁平式组织结构的关键因素。

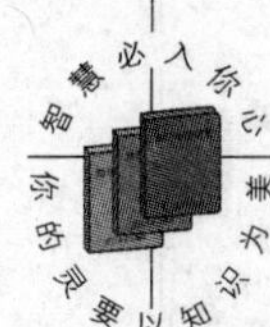

3. 采用信息技术

信息技术在组织内的应用是多方面的，但就构成一个良好的知识环境来说，最重要的就是企业内联网的应用。企业内联网是企业的内部网络，通过内部网络给员工一个共享信息、知识的环境。内联网基本上要具有如下几个内容。

- 员工的个人电子邮箱——员工个人邮箱的设置有利于企业内部员工间、员工与各级领导间、各职能部门间的沟通。
- 企业内部论坛——员工可以通过论坛发表各种意见，讨论各种问题，形成企业内部积极的群体思维的环境，有利于创新的活动。
- 群体决策支持系统——通过群体决策支持系统，使企业员工能够参与到企业重大的决策中去，形成企业集体的智慧，这对企业的技术创新、知识创新、管理创新起着十分重要的作用。
- 员工绩效展示与评价——在内联网上，每一个员工都应该看到自己为企业所做的贡献，即绩效的可视化；同时也让员工看到自己的不足之处。企业根据员工的绩效，按企业规定的标准对员工进行赏罚。这样公开的评价环境，有利于企业内部的竞争，促进员工的创新形成。
- 内部学习与培训——在内联网上还要有内部员工能力发展的板块。在

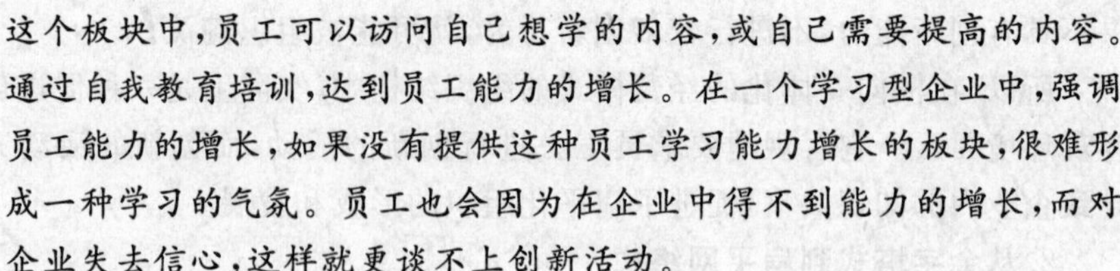

这个板块中，员工可以访问自己想学的内容，或自己需要提高的内容。通过自我教育培训，达到员工能力的增长。在一个学习型企业中，强调员工能力的增长，如果没有提供这种员工学习能力增长的板块，很难形成一种学习的气氛。员工也会因为在企业中得不到能力的增长，而对企业失去信心，这样就更谈不上创新活动。

组织结构对于形成一个良好的知识环境是十分重要的。如果没有进行组织结构的变革，仍然采用工业经济时代的组织结构，就难以形成一个促进创新的知识环境。

4. **采用合适规模**

组织职能要尽可能地发挥员工的积极性，除了以上组织层次的创新外，还可以进行组织环境的创新。这种创新也是形成组织知识环境的一部分，即合适的组织规模，它被一些专家称为**智力资产法则**(intellectual assets principles)。

专家们发现：现在有许多证据表明，根据人类的生理特点，发展和维持一个合适大小的企业是十分重要的。因此，一些专家提议，小企业维持 150 人左右的组织结构较为合适；不超过 1 500 人的大中型企业是最合适的，特别是知识型企业最好不要超过 1 500 名员工。大型企业可建立分公司或子系统来使业务围绕企业核心商务进行。例如，由两位斯坦福大学毕业生创办的惠普公司，从创建初始就坚持权力分散的原则，公司员工一超过 1 500 人就进行组织重组，分成小单位。

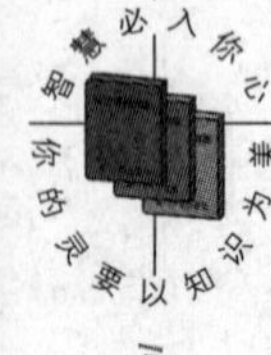

职能部门最佳的人员数目可以控制在 15 名左右，如果是由各种团队组成的部门，最好不要超过 7 个团队。一线工作团队可以将人数控制在每一个团队 3～6 人，不要超过 7 人。这些都是根据人的心理特点与非正式组织的某些特点所确定的一些原则，这些原则使正式组织在管理过程中可以利用人的心理特点。

在发展知识密集型企业(knowledge-intensive enterprises)的过程中，要注意知识组织的规模，在这个适当大小的团体中，员工们更具有自愿的、互利的、合作的行为，这就是“创新”的环境。如果在一个太大的集体中，员工之间的关系会成为一种“碎片状”的东西，这种集体很难维持一个共同的兴趣，而且会形成一种等级的区分。因此从人类的天性来看，企业中“团队”的小规模可以产生出高水平的**智力资本**(intellectual capital)。

综上所述，组织结构实际上也是一种企业的环境要素，它对构建一个良好的知识环境是十分重要的。现在有许多企业也意识到了这一点。参见专栏 5。

专栏 5—— 组织结构变革

组织结构也是组织环境的一个要素。组织结构的重要性早就引起一些公司的注意，这就自然成了变革的一个重要对象。

对这种外部市场与大型公司内在特点相脱节的一个战略性的应对办法，是把组织结构从金字塔型转移到网络型结构。

这种应对方式的例证之一是维珍集团，它由200多个由总裁理德·布兰森私人拥有的企业组成。维珍使用网络模式尽可能地使每单位都暴露在外部信息和外部压力下，以使公司在各种运作中保持积极进取的精神，并保证它具有迅速而准确地应对顾客变化的能力。

布兰森引用了维珍唱片公司来作为“小就是美”哲学上的最好例证。认识到庞大的组织结构给企业设计所造成的懈怠拖沓的沉重负担，布兰森利用了从金字塔向网络的转移来加以改善。当维珍唱片公司单位达到一定人数(大约50人)，布兰森就成立一个新公司。副经理成了新自治单位的负责人，能够一心一意地致力于使新公司取得成功。“好处是每位经理掌握自己和自己手下五十多位员工的命运。”布兰森说，“他是主管负责人，而不是代表的代表的代表。如果你是负责人，就会千方百计地争取领先”。这种组织战略产生了25～30家小型的联系不很密切的公司，而从整体来看，这是世界上最大的独立唱片公司。

整体而言，维珍网络代表了一种单独运作而彼此有利益关系的公司体系，他们共享一个品牌、一种理念和一种强大的积极进取精神。水平的沟通和创造性是这个模式的关键点，战胜了其他处于传统金字塔结构中的同行：垂直的汇报和命令执行关系。

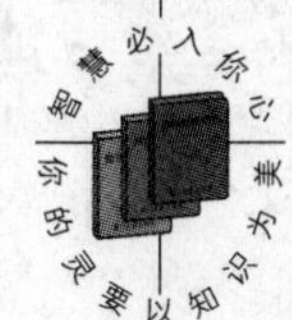

秩序和协调在整个复杂的信息系统中得以保持。由强大的无所不在的公司文化潜移默化形成的共同价值观为成功和利润增长注入了活力。

从金字塔结构向网络组织的转移奇迹般地提高了维珍识别市场变化并迅速做出反应的能力。因为越来越多的员工了解市场发展的动态，他们能够迅速收集和处理外部信号。员工对他们在整个公司价值中的作用也有了更清晰的认识，公司的价值和他们的收益是紧密联系的。他们努力希望达到更高的业绩水平，因为他们知道什么对维珍最重要，以及每个人为公司投入的时间和精力将如何影响到他们的回报。

因为组织内部自治程度很高，所有级别的员工都有权自主地收集和处理信息。结果是内部事务的处理效率急剧提高。①

从专栏5的案例中可以看到，它涉及了组织结构变革的所有要点：横向一体化、扁平式网状结构、信息技术应用、组织规模。因此可以看出变革组织结构实际上就是变革了组织的环境，它对员工的积极性起了巨大的促进作用，从而增加了企业的效益。

① [美]斯莱沃斯基著，张星译. 利润模式. 北京：中信出版社，2001

3.5.2　良好的制度结构

制度结构包括了正式制度如法律，以及非正式约束力如习俗、规范、潜规则、道德等。无论在正式组织中还是在非正式组织中，制度都是一种重要影响力，所以制度结构在知识环境中显得十分重要。它是一种游戏规则，是人与人交往的一种约束。以下专栏6是关于3M公司如何通过制度来保证组织创新的。对创新及知识生产率方面的财务衡量标准体现了3M公司在创新领域中的制度化，即通过制度化管理保证公司的创新活动。

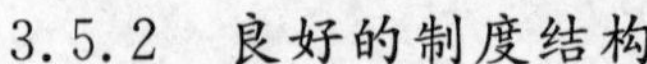

专栏6——制度结构变革

公司制度也是内部知识环境的一个要素。

3M公司有许多著名的法则和命令。如3M公司规定允许所有雇员留出15%的工作时间根据个人兴趣进行研究工作。3M公司的Apex，一种从微缩应用中研制出的摩擦物质，是一位开发人员在15%的“自由研究”时间中逐渐研制出来的，后来在公司“填补”项目机制的推动下，被选为潜力大的项目而得到基金支持，并被视为很有潜力的业务。被公司称为第11条命令的则是“你不能扼杀任何能产生新产品的思想”，公司通过培训，将公司这些鼓励创新、鼓励创造的新的思想价值观传递给新员工。第11条命令以及与之相关的许多创新故事，则强化了人们挑战权威的动机。

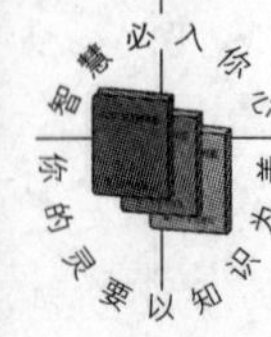

对于3M公司的领导者来说，他们的职责就是维护公司的价值观。总裁利伟奥·蒂斯蒙说“高层管理者的主要角色是营造一种内部环境使其间的人们都能理解和尊重我们的运作方式”，“我们的工作是建设和摧毁的统一——在支持员工个人积极性的同时摧毁官僚主义和消极态度”。而这种平衡的实现依赖于高层和基层人员之间的相互信任关系。

维护与遵守公司所倡导的价值观是将鼓励创新、支持创新所需的价值制度化的具体体现，或者说3M公司已经寻找到将流动性制度化的一种有效途径，即将这些鼓励创造的因素植入企业文化、企业核心价值及日常管理中，从而逐步建立起流动性与制度化之间的平衡。事实上，如果一个组织以僵化、呆板的组织形式，以保守的组织文化及价值观来对待员工的创意，那么这个组织是没有生机和活力的，也不可能源源不断地产生出有价值的思想，最终它会失去发展的源泉——有价值的知识，而逐渐衰落。因此，组织应该具有足够的灵活性、弹性，应有非正式的网络来激励知识的产生与分享，这样才能在复杂的环境中生存与发展。但是，“如果环境过于多变，创造性工作就会缺乏与经营目标的明确联系，责任也模糊不清。结果，很多好主意无法市场化”。①

英国经济学家诺斯区分了制度和组织的概念。“制度是规则，而组织是规

① 赵曙明，沈群红著. 知识企业与知识管理. 南京：南京大学出版社，2000

则之下受约束的行动者，但同时通过反向作用又是规则的制定者。”①所以，在构建知识环境时要注意到“制度”与“组织”两者的关系，构建一个适合知识运行、新知识产生的良好环境。

3.5.3 良好的人力配置

如果从知识管理的角度来看“知识环境”，我们就十分清楚，构建一个良好的知识环境是知识管理的一个重要的内容。原因是员工个人的隐性知识资产是在一个良好的知识环境中转化成企业的知识资产的，同时企业有可能进一步将其转化为“智力资本”。

所以，高品质的人力资源是十分关键的一种元素，它是整个知识经济时代知识价值链的起点。在知识经济时代，企业要获得价值，要获得大价值，关键是起始点要是人力资产，这就需要企业能够找到很好的人力资源。企业的创新与人力资源有着重要的关系。

专栏7——硅谷生态

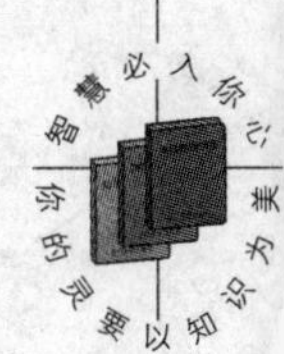

在知识环境中配置优秀的人才，这本身会形成一个良好的环境，使之产生出一种独特的、很会创新的“物种”，以下摘要说明了这一点。

今天，无论是在规模上、在财富的创造上，还是在向世界其他地区推广技术方面，硅谷所取得的成就都大大超过了从前。今天的硅谷不是哪一个人，甚至也不是哪一些人创造的，而是由人、创意和资本以无限多样的组合形式结合在一起的这样一种惯常状态造成的。英特尔公司总裁安德鲁·格罗夫把硅谷比作一个丰富的生态系统或许更恰当一些。在那个生态系统内生长着一些硅谷特有的物种：快速奔跑赶去开会的青年电子专家；边喝酒边交流创意，借以形成新产品概念的幻想家；投资建立新企业的风险资本家；变成百万富翁的秘书。这样的人你在其他地方是看不到的——至少不能在同一地点全都看到。这种生态环境是独特的，只要创意和资本——这些宝贵的营养要素不断地注入，这些物种看来就会茁壮成长。在这里，最重要的是大脑而不是肌肉；在这里，知识是衡量人的价值的主要标准。你毕业于哪所大学无关紧要，尽管不少人曾就读于斯坦福大学或加州大学伯克利分校，你来自于哪个国家和地区，也没有什么差别。在硅谷，等级被拉平了，辛勤劳动会得到丰厚的报酬，那便是购股选择权和额外的奖励。②

关于如何正确地配置好人力资源，请参见第9章“知识人事”。

从以上的描述中，我们也可以看到组织职能、组织环境对创新来说是多么重要。在知识管理中，组织职能是形成良好的环境的关键。制定组织的制度，

---

① 姚洋著. 制度与效率与诺斯对话. 成都：四川人民出版社

② 李富强等编著. 知识经济与知识产品. 北京：社会科学文献出版社，1998

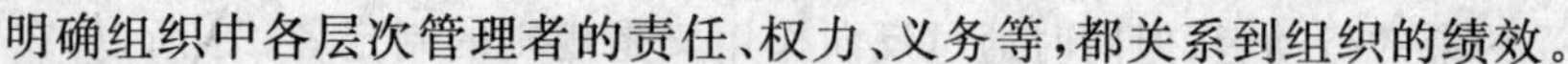

明确组织中各层次管理者的责任、权力、义务等，都关系到组织的绩效。

本章术语

知识环境(knowledge environment)
霍桑效应(Hawthorne effect)
组织文化(organizational culture)
实体环境(physical environment)
知识密集型企业(knowledge-intensive enterprises)

思考题

1. 知识环境在知识管理中所起的作用是什么？
2. 组织内部知识环境包括哪些主要内容？
3. 如何识别一个组织的企业文化？
4. 形成良好的企业文化的基本方法有哪些？
5. 为什么要重视实体环境与技术环境？

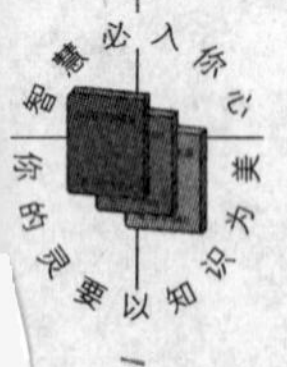

第四章 知识管理技术

以往许多公司在执行"知识管理"时失败了,最主要的原因是他们把"知识管理"作为单纯的技术问题来执行,而不是在整体的企业管理上来执行。例如,一个公司建立一个内联网,原希望通过内联网,企业内就可以进行知识共享,这样有利于获得商业利润,但是结果表明收益很少。为什么?内联网是执行知识管理的一个很好的基础构架,但是它并不能自动将人的思想、知识链接在一起,而要建立起人与人之间的各级知识网络;只有人与流程之间的关系才能建立起这种"链接",这不只是技术问题,它涉及企业内的文化和知识环境的问题——管理问题。这一点很重要,但并不是说我们应该忽视技术作用,实际上对于知识管理来说,技术应用是很重要的。信息技术可以使知识网络跨越时间、空间的障碍,使知识活动更快、更容易。

信息技术、应用软件在进行"知识管理"的实践中很重要,但它不是"知识管理"的全部,只是对"知识管理"起一个支持的作用。

根据目前的信息技术发展水平,实施支持知识管理的技术系统并不存在很大的难度。本章将讨论知识管理中基本的应用技术,这些技术形成知识管理的基础技术架构。

4.1 信息技术作用

如果我们将企业中的知识管理看成一个系统,那么我们就可用知识管理系统(KMS)一词来讨论(系统的概念参见第5章)。一个知识管理系统除了前面讨论的各种要素外,还有信息技术(IT)。IT的作用是对KMS起支持作用,而不是决定作用。

知识管理系统并不只是一个具有独立实体结构的系统，它还是一种抽象的、概念的、逻辑的系统，是一种不能在组织中独立存在的系统。它没有独立的物理或实体的结构。例如，供应链管理系统是一种具有独立结构的系统，系统不但有自己的逻辑结构，也有自己的实体结构，这种系统是通过管理供应链上的信息流，达到管理供应链上的物流的目的。但是，知识管理系统就不如此，它必须依附某个具有实体结构、具体内容的系统，才能表现出"逻辑"上系统结构。例如，在《供应链管理(SCM)教程》①中，我们就大量讨论了供应商知识、客户知识，以及如何将各种信息转变成知识，使供应链运行更有效。实际上这其中就包含了知识管理。所以，我们在讨论知识管理时不能脱离具体的管理职能，在讨论知识管理系统技术时，也不能脱离起着支持作用的信息技术。

企业应用系统、信息技术与 KMS 的关系见图 4-1。目前，企业都有许多应用系统，如客户关系管理系统(CRM)、供应商关系管理系统(SRM)、决策支持系统(DSS)、经理人信息系统(EIS)等等。这些系统中都包括了先进的信息技术，如数据库管理技术、群件系统、企业内部网、外部网、人工智能、知识发现等等。这些应用系统、信息技术都为知识管理提供了支持。因为知识不是产生于信息系统中，而是产生于人的大脑中，所以，我们应该从"管理信息系统"走向"知识管理系统"；最重要的就是信息系统与人脑系统的整合，将技术、流程、文化整合、统一起来，形成一个系统。

那么，企业应用系统中或信息技术中哪些对人的知识产生、知识活动、知识管理过程有重大的影响呢？从广义上来讲，从 PC 机到各种网络技术都对此产生影响；从狭义来讲，如下一些技术和应用系统可对知识产生、知识活动、知识管理过程等产生重大影响。

现代企业的沟通机制不仅仅是面对面的沟通，为了获得竞争优势，企业必须进行跨职能部门、跨企业的沟通。这种沟通只有利用现代的信息技术、网络技术才能得以实现。所以，信息管理和知识管理在硬件和一些应用软件上是一样的，两种管理的差别只是在于知识管理还需要人脑、文化等参与其中。

IBM 全球服务咨询公司实施的一项调查显示，大多数 CKO (知识主管)认为早期知识管理的重点主要是通过信息技术进行显性知识的获取、编制、储存、保护和共享等。现在要注重隐性知识的管理，从员工中提取有价值的隐性

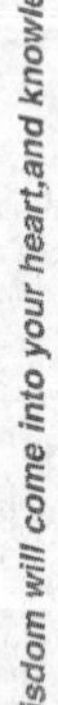

① 林榕航著. 供应链管理(SCM)教程. 厦门:厦门大学出版社,2003

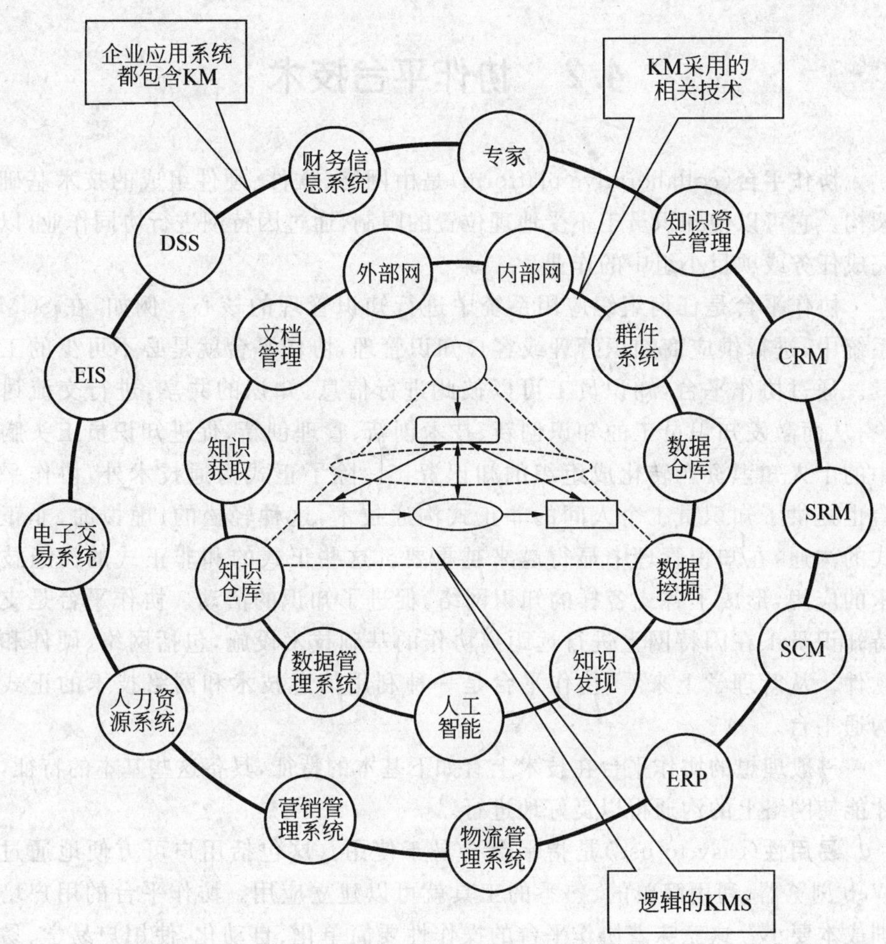

图 4-1 技术、企业应用系统与 KMS 关系

知识对企业来说更有价值。因此他们更关心隐性知识的管理。要进行隐性知识的管理,就要创造可以使员工进行自由沟通的条件,同时鼓励和创造各种便利条件,使员工可以进行各种非正式的交流。非正式的沟通更有助于隐性知识的共享。这些都可以通过信息技术提供支持。

现在许多企业都有企业内部网、电视会议、群件系统等。这些基础设施可以进行企业跨职能部门的交流和跨企业间的交流。

以下我们讨论知识管理中主要采用的信息技术。可以应用这些信息技术进行信息管理,也可以应用这些信息技术支持知识管理。

4.2 协作平台技术

协作平台(collaborative platform)是由网络、软件、硬件组成的技术基础架构。它可以使知识员工不受地理位置的限制,通过因特网进行协同作业,以完成任务或项目小组中的作业。

协作平台是任何组织应用系统中进行知识管理的核心。例如,在SCM系统中,进行供应商知识管理或客户知识管理,协作平台就是必不可少的工具。通过协作平台,知识员工可以彼此进行信息、知识的共享,进行交流讨论,从而激发知识员工的知识创新、技术创新、管理创新,促进知识员工头脑中的个人知识资产转化成组织的知识资产。除了正式沟通技术外,协作平台也提供了知识员工个人间的非正式沟通技术,这种轻松的、虚拟的、非正式的沟通,在知识管理中显得越来越重要。这些正式的和非正式的沟通技术的应用,形成了各式各样的知识网络,促进了知识的活动。协作平台是支持知识员工在因特网上进行远距离协作的基础技术设施,包括网络、硬件和软件。从管理学上来看,协作平台是一种利用信息技术和网络技术的正式沟通平台。

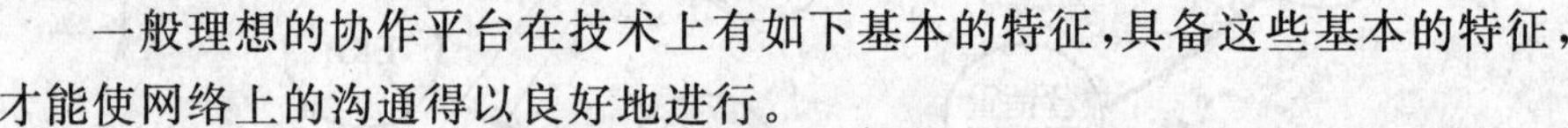

一般理想的协作平台在技术上有如下基本的特征,具备这些基本的特征,才能使网络上的沟通得以良好地进行。

易用性(easy-to-use)是指平台要易于使用。这包括用户可方便地通过Web浏览器,利用简单的、熟悉的工具就可以建立应用。协作平台的用户培训成本要小。这意味着协作平台的操作性要简单化、自动化,使用户易学、易操作。

易于管理(easy-to-management)是指它不仅具有易于使用的备份功能,还具有恢复功能。它是自动化的,而且可以通过编程加以控制。平台不能停机,报告系统和实用数据应该是随时可获得的。

可移动性(portability)是指协作平台可以与不同的平台进行链接,平台可以接入多种终端设备,例如PC机、Unix工作站、WAP无线手持设备等(如掌上电脑、手机、呼机、双向呼机、智能电话等)。协作平台可通过与各种不同平台链接,处理各种平台的数据,以增加沟通的范围。

安全性(security)是指平台具有高度的安全性。它能很好地解决网络安全和访问安全的问题。可采用一些可靠的安全解决方案,保证平台的安全

性。

支持公开的标准(support public standard)是指平台支持各种公开的标准,如 HTTP、XML、HTML、FTP,使数据可以通过各种渠道流动。

个性化(customizability)是指平台可被终端用户个性化,可以灵活地处理各种需求。用户可以对协作平台进行个性化的配置,以增加平台的易用性和方便性。

可升级(scalability)是指必须保证平台中所采用的软件和硬件的可升级性。当数据量增加后可保证系统正常运行,同时也要满足用户数量的增长需要。

灵活性(flexibility)是指平台系统应有离线访问功能,一部分数据库可以先在线下载,离线使用;而当在线时,又可实现同步功能。可以访问结构化数据(数据库中的数据)和非结构化数据(如视频等)。

集成性(integration)是指平台必须能够将现有的应用软件和遗产系统及数据集成起来,使用户可以利用原有系统中的数据。

使用成熟的技术是指协作平台要采用成熟的技术,以保证协作平台的可用性。

用户界面(user interface)是指基于 Web 上的一种用户应用软件,用户可以通过所提供的界面进行必要的操作。用户是指计算机的使用者、操作者。知识管理的 IT 系统中,每一个知识员工都需要 PC,都需要有一个友好的、易于操作的用户界面。一个好的用户界面应该提供高效的交互手段,可以不断地升级更新,具有多种远程访问功能,可与多种类型的 PC 机连接,具有可视化的图形界面等等。用户界面是计算机用户面对 Web 浏览器时的操作界面。协作平台应该有一个友好的用户界面,这样可以方便用户进行各种操作,提高知识员工的工作效率。

4.3 群件系统

群件(groupware)是指一种多人参与的沟通和决策的支持技术。它是关于人与人之间进行沟通的一种技术。如果能正确地采用这种技术,将对人的沟通和决策产生很大的影响。

群件的概念其实是采用计算机对传统工具的一种扩充。在管理学上,一个企业的成功,与它的组织存储有关系,在业务过程中获得知识,并将知识存储起来，以便现在和将来决策时使用。传统的工具有企业的政策指南、报告、文件、计划书等等，这些都储存了各种知识。而采用计算机，实际上就是扩充这些功能，将知识储存在计算机里。**群件系统**(groupware system)在这里承担着重要的角色，它通过支持人们的沟通，获得各式各样的知识，并将这些知识储存在计算机系统里，因而群件系统是协作平台的重要组成部分。群件系统提供**信息共享**(share information)、**集体聊天**(handle group chats)、**电子白板**(electronic white board)以及**电子公告板**(electronic bulletin board)等功能，支持人与人、团队与团队、组织与组织间的沟通、信息共享、集体讨论、协作解决问题等。各级知识网络、沟通网络都可以采用群件系统的技术作为沟通支持。

4.3.1 群件产品的主要厂商

现有的群件产品线十分丰富，许多厂商生产群件产品。少数一些产品所占的市场份额较大，现在在市场领先的有：

Lotus Notes and Domino——Lotus 公司

Microsoft Exchange——微软公司

Oracle Office ——Oracle 公司

Team Office ——ILC 公司

Collabra——Netscape 公司

Workgroup——IBM 公司

GroupWise——Novell 公司

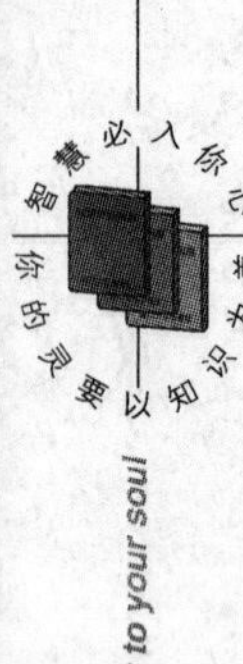

各个厂商的群件产品在不断地变化和发展之中，市场上的群件产品的特征和组件也不断变化。这些变化都是为了适应各种企业对快速变化的市场的需求，以帮助各种企业获得竞争上的优势。

4.3.2 群件产品的主要功能

群件产品一般有如下几种功能，它们有标准属性、可选属性、第三方提供的属性。主要功能有电子邮件、传真、音频传播、访问因特网、BBS、个人日历、群体日历、桌面视频会议、事务管理、数据库访问、工作流跟踪、电子表格、群体文件。

4.3.3 群件产品的主要类型

从现有的产品来看，群件产品一般有以下几种类型：通信系统、会议系统、

协同工作系统、群体决策系统、协调系统、智能主体系统。[①]

通讯系统。这个层次的群件只支持异步通信，以电子邮件为主，促进信息的流动。

会议系统。这个层次的群件产品将传统的面对面会议电子化，从而克服了通信系统中的异步局限性。会议系统可以通过音频、视频将地理上不同位置的人，通过计算机上的桌面会议技术进行实时的沟通，同时沟通双方还能够用计算机展示图表，运用各种分析工具相互传递数据。

协同工作系统。这个层次的群件系统可以让所有决策参与者以同步或异步的方式协同工作，共同创作或修订一些公共文档。像文档章节的修改、注释、排版以及图表的设计都可以由一个小组管理完成，而其他的所有参与者都可以看到结果。另外，系统会把每个人的工作都记录下来以便以后回顾。

群体决策支持系统。这种层次的群件技术的最关键的特征就是，它是以帮助多人参与决策为目标的。群体决策支持系统能够帮助思考、注释、分析以及最终达成一致意见。

协调系统。这个层次上的群件系统主要功能就是协调综合个人的工作以利于集体目标的达成。如，系统会告诉某个参与者其他人的工作完成情况，并且告诉他这项工作的完成对下一阶段工作产生的影响。系统还可以告诉某个人他的工作是否及时完成。这种系统有个常用的功能称为"业务流程管理"，其中包括文件的发送和批准、多层次的数据收集以及信息的传递。

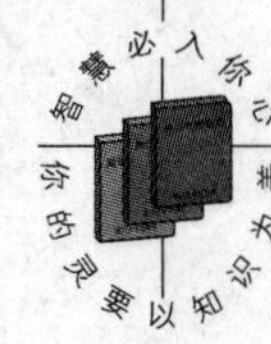

智能主体系统。这个层次的群件技术引入了一些人工智能的技术来处理特定的任务。这套系统的功能，简单的可以管理电子邮件信息，复杂的可以成为个人的助手，帮助安排会议时间，转发消息，或者执行一些和决策有关的后台任务。

文件管理系统技术。文件管理系统包括文件存储、文件恢复，文件正文、关键字搜索，信息获取以及浏览。文件管理系统的出现使大量的纸介信息转变成了电子信息。它具有可扩展的文件管埋功能，在文件被编程时，可以含有META信息。这种系统还有一个良好的文件跟踪功能，而且考虑到了自动版本控制(automatic version control)。文件管理系统使用户可以通过计算机获得大量文件，如产品档案、电子报表、备忘录、信件等等。

---

① George M. Marakas 著，朱岩，肖勇波译. 21世纪的决策支持系统. 北京：清华大学出版社，2002

4.4 非正式技术

非正式知识网络(informal knowledge networks)是指来自非正式组织的成员利用非正式的技术进行交流、沟通形成的个人知识网络。许多管理者、专家发现,知识员工在正式组织中,往往是通过非正式的交流获得创新的灵感的,这种非正式的交流已经并不只是面对面的交流,而且是利用信息技术带来的便利进行跨组织、跨地区、跨国的交流。

一些非正式的技术往往支持人们非正式的沟通。人们可以利用这些技术进行沟通,从而改善人们的行为,获取知识。有如下一些非正式技术。

1.万维网

万维网(World Wide Web, WWW)是因特网的一部分。万维网工具首先表现为网络技术与通信技术结合,例如,可以通过网站上的在线表单与他人的手机、传呼机联系;其次,网络技术可以利用网页与网站读者进行实时沟通,如动态网页;最后,一些应用软件可以使人们通过网络进行沟通,如FTP等。

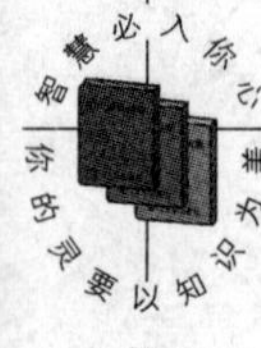

万维网已经发展成一个公众交流的网络,人们可以利用各种浏览器,如微软的Internet Explorer来方便地查找和阅读网上的各种文件。这种Web浏览器是一种客户机应用软件,它使得客户机能够接入到在因特网上运行的Web服务器或其他的服务器(如FTP服务器)中去。Web浏览器能够显示文本文件、各种图形文件和多媒体格式文件。

Web浏览器常用的功能之一就是查找信息,利用Web浏览器来查找信息有以下两种方法:一是利用搜索引擎来查找在Web上的信息,二是利用门户网站查找信息。

搜索引擎。为了节约在网站上查找信息的时间,许多网站提供了搜索引擎。大部分网站允许使用搜索引擎里的高级功能来执行搜索。

门户网站。门户网站是提供各种信息资源和服务的网站,如电子邮件信息、论坛、搜索功能和在线购物网站。利用门户网站来查找信息要比利用搜索引擎来得容易,因为信息已事先进行了分类和组织。

2.在线交互聊天

人们通过在线实时交互式聊天,可以获得各种信息。这是个非正式的渠道,通过非正式的沟通,人们得到的也是非正式的信息。这些信息虽然不是正式的，但对人们的情感、行为有很大的影响。人们可以通过在线聊天获得许多知识，主要表现为：

- 系统可以自动存储全部的聊天记录，这些记录可以作为参考资料，从这些资料中可以发现客户和新市场；
- 系统可以根据系统记录帮助用户找到原来访问过的页面；
- 使用户在浏览网站时发现问题，不必打电话就可以直接交流；
- 可以分析在线交流中的记录，发现用户感兴趣的问题，这对企业业务很有帮助；
- 可以通过聊天程序发展用户自助网络，减少企业经营的费用。

3. **电子社区**

电子社区在任何组织内都存在。随着网络向人们传递越来越多的信息，人们趋向于访问较为固定的站点，从而形成了电子社区。在线的电子社区增加了人们沟通的机会，人们可以通过各式各样的在线社区，获得各式各样的信息，彼此进行沟通与交流。电子社区与传统社区的区别在于它可以促进实时的、双向的交流，有时也许这种交流是异步进行的，但也没有什么妨碍。NetMeeting, Caucus, Web Crossing, Notes discussion databases, RE-MAP, Optimus, Microsoft Messenger, AOL Messenger 等就是这类电子社区的工具。

4. **多媒体**

多媒体可以清楚地表达用文字无法表达的事件。这些文字无法表达的事件可以用声音文件，如 Real Audio、MP3 等格式，也可以用图片和视频来进行描述。这些音频和视频文件可以在人们沟通过程使用，例如，交易谈判、讨论等，它们可以克服语言和文化的障碍，清楚地表达沟通者的意思，促进问题的解决。基于网络上的、实时的、分布式的多媒体沟通，可以保证沟通各方的信息交流和共享。

利用非正式的技术，人们通过这些技术支持的非正式网络，讨论广泛的话题，这种网络使分布在各地的人可以进行沟通交流、共享信息。许多公司因此获得各种收益。更重要的是，通过非正式的技术，人们可以获得大量的信息与知识，从而成为知识管理系统中获取知识的重要途径。

通过以上的讨论，我们知道沟通在知识获取中有着十分重要的地位，没有人与人的沟通，没有利用现代技术进行的沟通，实现知识的获取是不可能的。

4.5 商务智能技术

商务智能(business intelligence,BI)是指计算机系统在广泛的范围内搜集、存储、传播信息的能力。一般来说有五项基本的智能任务。一些组织建立专门的**商务智能系统**(business intelligence system)来完成这些任务,另一些组织可能将智能任务集成到应用系统中去,让应用系统中的商务智能模块去完成这些智能任务。

4.5.1 商务智能的任务

搜集数据:组织可以从各种渠道如 POS 系统中、客户调查中收集**原始数据**(primary data),也可以通过其他公司如调查公司或者供应链上合作伙伴的数据库系统中获得**二手数据**(secondary data)。这些数据包括了正式的和非正式的,也包括了结构化和半结构化的。

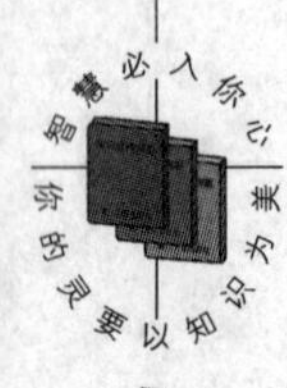

评估数据:对收集到的各种数据进行评估,以保证准确无误。消除数据冗余,保证重要的数据、信息不被遗漏。

分析数据:对数据进行分析、提取、转化、精炼、加载、配置,使之成为可用的信息;对信息进一步分析、提炼使之转化为某个方面的专门知识。

存储智能:将收集的数据、分析后产生的信息和知识进行存储。可存储在数据库、数据仓库、知识库中。这些被整理后存储的信息、知识具有高度可用性,可为用户直接查阅和利用。

传播智能:存储在计算机上的各种数据、信息、知识可以被用户查询到,可以被用户方便地使用,使组织的员工、供应链上的合作伙伴、客户等可以进行信息或知识共享,为知识活动或知识转化提供良好的条件。

知识专家[①]认为,商务智能所存储的知识有四种类型:

清晰(declarative)的知识:被存储的知识对组织来说应该是重要的知识、有意义的概念、分类和定义过的知识、重要的假设性知识。

程序(procedural)上的知识:被存储的知识应该是组织的各种流程知识、各种事件发生的顺序知识、组织中的行为知识、各种行为的效果知识。

---

① Amrit Tiwana. *The Essential Guide to Knowledge Management: e-business and CRM applications*. Prentice Hall PTR, 2001

因果(causal)**性的知识**：被存储的知识应该是原理性的、表示因果方面的知识，如被选择的理由、被拒绝的理由、非正式知识被使用的理由等等。

相关(context)**性的知识**：被存储的知识应该是与某项应用相关的知识，包括决策环境的相关性知识、某项假设相关性的知识、某假设产生的结果相关性的知识、与非正式知识相关的知识等等，例如，视频片段、注释、记录、谈话录音等。

4.5.2　商务智能的应用技术

企业中许多应用系统和应用技术都包括了商务智能，例如决策支持系统(DSS)①、专家系统(ES)等；商务智能还应用许多技术工具，例如，人工智能中基于案例的推理(CBR)、基于规则的推理，以及模式识别、智能数据仓库、遗传算法、神经网络等。这些都为知识管理提供了良好的商务智能，使管理者能够更好地进行管理实践。

人工智能(artificial intelligence，AI)就是使计算机具有人类大脑的推理能力。它代表了最复杂的计算机应用软件。AI 主要研究如何让计算机进行思考、推理和学习。开发一个 AI 要进行跨学科的研究，包括计算机科学、认知科学、神经生理学、心理学等学科。所以到目前为止，AI 还是不算很成功，人们将 AI 的研究转向了一些更容易达到的目标，如 MIS 或 DSS 应用软件，最流行的就是基于知识上的信息系统——"专家系统"。但是，这些只是被认为是 AI 的初级阶段，AI 应该包括神经网络、认知系统、机器人学、AI 硬件、自然语言处理等。

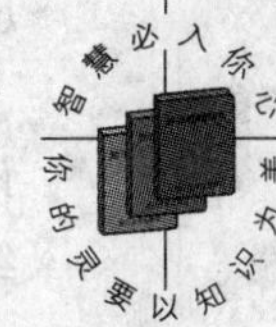

目前，AI 能够在商业上获得应用的也只有 MIS、DSS 和专家系统。专家系统是计算机通过知识工程师的努力，从专家头脑中获得有关的知识，并将这些知识保存在计算机的存储器中，这样计算机的用户就可以在需要的时候，从计算机中获得专家知识。在知识管理系统中，人工智能的作用也在不断增加，它与决策支持系统、专家系统等应用系统共同完成五项商务智能的任务，实现商务智能。

人工智能在实现商务智能中有以下几种形式：

基于案例的推理(case-based reasoning，CBR)是人工智能中的推理机制之一，它模仿了人脑的一种推理过程。这种推理机制是参照以前的案例分析

① 林榕航著. 供应链管理(SCM)教程(上册). 厦门：厦门大学出版社，2003，189～193

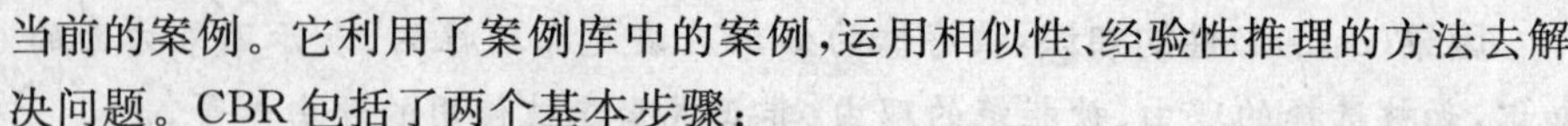

当前的案例。它利用了案例库中的案例，运用相似性、经验性推理的方法去解决问题。CBR 包括了两个基本步骤：

第一，通过搜索引擎在案例库中找到与现有问题相似的、最接近的案例；

第二，根据当前情况修改所找到的案例，形成解决当前问题的方案。

随着案例库中的案例数量增加，推理的准确性也不断提高，形成的当前问题的解决方案也更有效。

基于规则的推理(rule-based reasoning)也是人工智能中的推理机制之一，它广泛应用于专家系统中。基于规则的推理中，计算机以输入值的形式获知问题的域的特征，然后运用一些规则改变问题域的状态，直到所期望的状态出现。

模式识别(pattern recognition)也是人工智能的主要机制之一，它通过计算机模式识别系统，可以识别图像、语音，并能够模仿人的某些智能行为。

模糊逻辑系统(fuzzy logic systems)也是人工智能中的一种推理机制之一，它允许不完全或模糊地描述一条规则。这个逻辑推理过程将产生计算机应用程序，从而可以从自己的错误中学习，并理解人脑的思想。

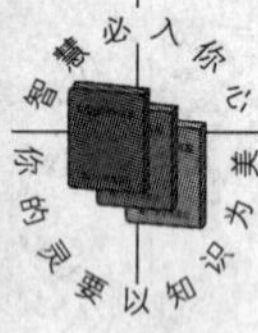

机器学习(machine learning)也称为**学习机**，是人工智能机制之一，它让计算机通过实例和模拟去学习他人的经验。它包括两个分支，其一是**人工神经网络**(artificial neural networks, ANN)，其二是**遗传算法**(genetic algorithm, GA)。

神经网络是让计算机模拟人脑学习过程。它将计算机中各种处理器，以模仿人类神经系统中神经元(神经细胞)链接的方式链接起来，形成一个网络计算系统，让计算机像人类大脑一样可以从尝试、错误中学习。这种网络在信息较少或缺少确定数据的情况下是很有用的。

遗传算法将达尔文自然选择"适者生存"的思想移植到计算机系统中去，它可以同时尝试数个问题的解决方案，能够很好地解决问题的方案就保留下来，不好的方案被淘汰掉，最后会选择出最好的解决方案。这种方法在面对大量不连贯的数据情况下，是十分有效的。

4.6 数据仓库技术

数据、信息、知识是概念系统的层次，从这个意义上讲，如果没有数据也就没有信息和知识，也就无所谓知识管理。所以，在知识管理和知识管理系统中广泛应用了数据库技术。

4.6.1　数据库

在了解数据仓库之前首先要了解有关数据、数据库的术语与概念。

数据字段(data field)是数据表达的最小意义的单位；**记录**(record)是表达一定意义的相关数据字段的集合；相关记录集合起来形成**文件**(file)，表达更大的意义，文件可以集合各种形式的记录，如电子表格、文字、图表等；相关的文件集合在一起形成**文件夹**(folder)。一般来说，各层管理者都根据自己的工作需要，按职能、项目、业务等来组织管理数据，许多管理者都将数据保存成文件，以文件夹进行分类管理。它们与数据库的关系是：

字段→记录→文件→文件夹→数据库

数据库(database)是指存储在组织计算机中的数据资源的集合。组织中的数据库一般用管理数据的软件来管理，称为**数据库管理系统**(database management system，DBMS)，它对数据库结构、数据、数据库中数据间的关系、数据报表和报告等进行管理。数据库管理很重要的两点是：减少**数据冗余**(data redundancy)，它是指重复的数据；保持**数据独立性**(data independence)，它是指在对数据结构进行修改时，不要修改处理数据的应用程序。

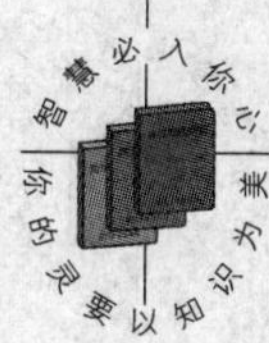

数据库管理系统(DBMS)是一种软件，它存储数据库结构、数据、数据库中数据之间的关系和与数据库相关的报表和报告。它把数据的物理存储和操纵从使用它的程序中分离出来，大大方便了开发人员。DBMS有三个类型：

层次数据库按树型结构存储数据，数据分成组，每组再分成小组，每小组再分成小小组。这些数据具有父子联系。这种结构很适合于处理订单录入、应收账款等。在处理数据时可以很快地将全部数据处理好。但是，如果只是要访问其中的部分数据，效率就不会高，因为要从父记录开始。

网状数据库被认为是层次数据库的增强版，它克服了层次数据库的一些缺点。它的一个记录可以预定义与若干个记录相联系，而不只与一个父记录。网状数据库要比关系数据库编程更加复杂。凡是能用网状数据库表示的任何东西都可以用关系数据库来实现。

关系数据库已经广泛使用在商业上。它包括了数据结构表(table)，在其上管理数据的操作(SQL)和规则，从而保证数据符合定义在系统中的业务规则。

现在主流的关系数据库有Oracle、DB2、SQLserver、Ingres、Informix、Sybase。

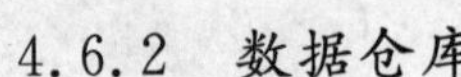

4.6.2 数据仓库

数据仓库(data warehouse,DW)是数据库集合。它的特点是:根据用户的需要来组织数据;数据的单位、名称都是统一的;数据以只读方式存储,不随时间变化;数据以时间为序列作为时间变量;数据是以可以使用的格式保存的;数据量大;具有元数据;具有数据源。所以,数据仓库并不是简单的数据库集合,而是经过选择、精炼、整理的数据库集合。

数据库→数据挖掘(精炼、整理)→数据仓库(形成数据库环境)

操作型数据存储(operational data store,ODS)是数据仓库环境的一个部分,主要功能是存储各种应用程序的数据,为数据仓库提供各种必需的原始数据。

数据集市(data mart)是一种小型的、低成本的数据仓库。它可以根据每一个业务单元的实际需要进行构建,可以避免构建复杂的、统一的数据仓库带来的高成本、高投入。

元数据(metadata)是一种数据的抽象,是"数据的数据"。它是一种高层次的数据,提供了对低层次数据的抽象的、简明的说明。在数据仓库中,它是关于所存储的数据的数据,如元数据中包括了数据存储的位置、使用规则、数据来源等。相关的一个概念是元信息,它是"信息的信息",也是一种信息的抽象,能够帮助定义、寻找、分类其他信息。

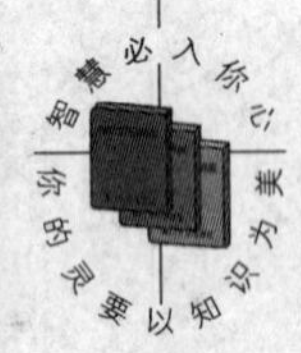

在大多数的案例中,一个数据仓库是一个固定的数据库,它独立于组织生产系统的数据库之外。数据仓库在设计上不同于这些数据库。生产数据库是围绕着商业功能或过程而设计的,例如订单处理流程等。大多数组织都有各种数据库,通常还包含数据备份。而数据仓库是围绕特定商业流程的信息而设计的,各种生产数据库以一种格式存储在数据仓库中,以供终端客户快速采用。在数据仓库中,信息以整合的形式储存,可以使用户快速找到所需要的数据。

数据仓库要在大型计算机上运行,数据可以储存在关系数据库中。它通过对数据库中的数据进行整理,提高了数据的质量,使用户可以方便、直观地获得改进后的数据资源。所以,数据仓库的特点是:数据量大;数据质量高;数据可检索。检索的方法各式各样,主要的方法是人工智能和统计分析法。

4.6.3 数据挖掘、知识发现

数据挖掘(data mining)是帮助用户发现数据库中未知关系的应用软件。它可以发现用户存储在数据仓库中的数据间的未知关系,并以用户可理解的形式提供给用户。数据挖掘一般有三种方式,其一是**验证驱动数据挖掘**(verification-driven data mining)，这种方法是假设用户知道数据的相连性，在数据库中找到合适的数据。其二是**发现驱动数据挖掘**(discovery-driven data mining)，它是由系统分析数据库，寻找具有共同特征的集合体。其三是这两种方法的结合，发挥人和计算机的各自优势。

在线分析处理技术(on-line analytical processing，OLAP)是通过对数据的分析而发现所需要的数据的一种技术。它是在某种假设的前提下通过对数据查询和分析来验证或否定这个假设，因此这是一种验证型的分析，有一定的局限性。由于是用户驱动的，所以用户的水平影响了分析的水平。

数据仓库、数据挖掘、在线分析处理技术三项技术是分别出现的。数据仓库用于数据的存储，在线分析处理技术侧重于对数据的分析，数据挖掘侧重于知识的自动发现。它们可以分别地使用于企业信息系统中，也可以结合起来使用。大多 OLAP 产品现已融入了数据挖掘的方式，两者间的界限已开始模糊。

数据库知识发现(knowledge discovery in database，KDD)针对数据库中的数据进行分析处理，找出所需要的信息，发现新知识。通过 KDD，可以找到特定的知识。KDD 的主要功能如下：

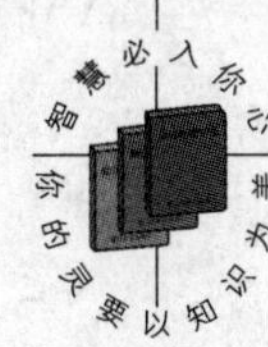

- 它可以找出商业过程中需求什么样的数据才能对决策起支持作用。
- 获取新数据，并且储存在数据库系统中。
- 根据一定的规则整理和清理所获得的数据，将需要的数据编成一定的格式。
- 避免同一数据采用不同的格式表达，造成数据的重复；根据商业需求提出假设，根据假设定义要检索的数据特征，最后再设立数学模型帮助检索数据。
- 用模型对假设进行验证，确定检索出来的数据是否满足商业的需求，是否挖掘出了商业需求的数据、信息、知识。
- 根据正确的数据、信息、知识进行商业决策。

4.7 搜索、获取技术

搜索和获取信息的技术在知识管理中的作用显而易见。没有这方面的技术，知识管理系统就不能获得大量的数据和信息的输入，所以搜索和获取的技术一直受到专家、管理者的重视。但是传统的关键字搜索存在着严重的缺陷，

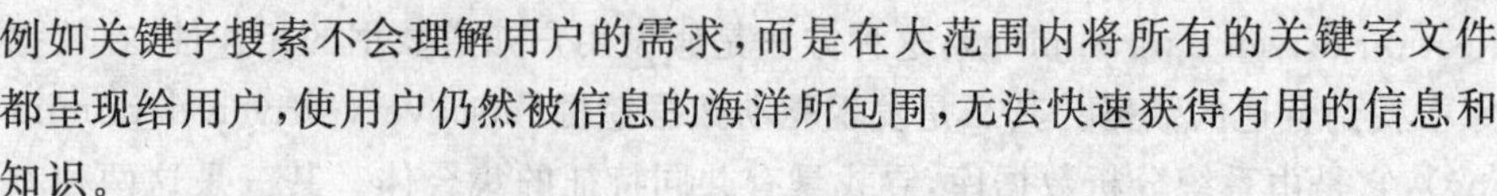

例如关键字搜索不会理解用户的需求，而是在大范围内将所有的关键字文件都呈现给用户，使用户仍然被信息的海洋所包围，无法快速获得有用的信息和知识。

4.7.1 智能元信息自动搜索

信息封装(information packaging)是指对信息碎片进行搜索、过滤、编辑、组织等一系列行为的总称。信息封装保证了所收集的信息对于用户来说是有价值的、有用的，可以应用在商业决策过程中。信息封装产生了高一层次的信息——**元信息**(meta information)。它是“信息的信息”，向用户指明了进行“信息封装”后的信息的定义、分类、功能、所在位置等等。元信息使用户可能很快找到所需要的信息源、知识源。现在可利用智能元信息自动搜索工具快速找到所需要的信息。

智能元信息自动搜索工具是一种系列软件工具，现在许多厂商有这方面的产品线，它能增强显性知识的自动搜索。其主要功能如下：

收集(clustering)。自动找出相关的文档和知识元素。例如搜索功能自动找到技术报告、新闻要点，专利、新闻稿等，然后通过智能机制对原文和非原文信息进行分析，最后产生出关键的概念即知识元素。

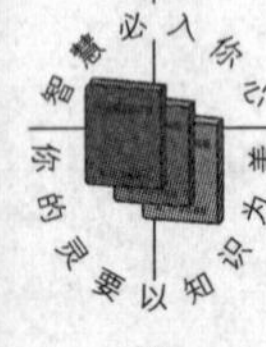

分类(categorization)。用户对所产生的新知识元素按用户所定义的分类方法分成一个或数个类别。

类型产生(taxonomy generation)。用户对新知识元素进行自定义的分类后，产生出了新的分类法，即新知识元素归类后产生出文档名称、关键字等。

翻译(translation)。将新知识翻译成另一种文字。当用户需要时，可通过该软件中的翻译功能将新知识翻译成另一种文字。

词典(thesaurus)。该软件工具附带有词典功能，可供用户对疑难问题进行查找。

4.7.2 自动搜索策略

自动搜索可采用如下所述的一些策略，这些策略是目前知识管理中主要的搜索信息和知识的策略，大多数应用软件厂商在知识管理软件系列中，也都努力集成这些功能，以提高收集信息、知识的能力。主要策略如下：

通过**元**(meta)标记自动搜索。在设定元标记时尽可能采用关键字或特定的符号标识，这样就可以根据用户意图搜索到有价值的文档。

通过**层次**(hierarchical)进行自动搜索。可采用**超链接**(hyperlink)将知识组织成一个层级式的结构，用户就可以通过链接自动搜索到所需要的知识。

通过标识属性(tagged attribute)进行自动搜索。可设置标识属性来提高自动搜索的能力,根据用户输入的属性就可以找到与属性匹配的文档、知识。

通过**内容**(content)自动搜索。根据相关的内容、条目、关键字、字符等进行搜索是较传统的搜索方式,可以对此进行改进。

组合(combinatorial)搜索。结合上述两种以上的方式进行自动搜索,这样可以快速搜索到相关内容。

一般来说自动搜索技术或策略只对显性知识而言,但是实际上通过对显性知识的搜索也能搜索到隐性知识,这正如我们读书、看报可以透过字里行间的意思理解作者的真正意思、观点、看法、经验。显性知识与隐性知识间也存在着相关性。根据这种相关性,我们也可以搜索到隐性知识,例如透过技术文件、说明书、员工黄页等这些相关的资源,可以找到或理解到隐性的技术或技能。

根据以上所述的搜索策略,大多搜索隐性知识时采用了标识属性的策略。通过对知识属性进行标识或定义,可以提高搜索能力。一般来说,可在活动、域、形式、类型、时间、位置、产品或服务等方面对知识进行标识属性,这样使用户可以方便地搜索到相关的知识。

活动(activities)是指获得知识元素的相关组织活动。对这个"活动"的属性进行标识,就定义了基于业务流程以及业务中发生的各种活动,这样,用户通过搜索"活动"的属性,就可以找到或获得这个知识元素。

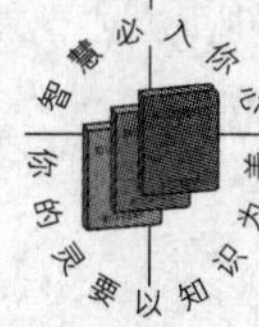

域(domain)是指知识元素的主题、条目、范围、技能领域。通过对"域"属性的标识,可以使用户搜索到相关的知识元素。

形式(form)是指知识元素的物理表达形式,例如,纸面的、电子的、多媒体、正式的、非正式的、隐性的、启发式的等等。每一个知识元素都可有多样的、交叉的表达方式和属性,可以对此进行标识,从而可以使用户快速搜索到该知识元素。

类型(type)是指知识元素存在的文档类型,例如显性知识文档类型属性有程序、手册、指南、备忘录、新闻稿、年度报告等等。对这些类型的属性进行标识,可以使用户很快搜索到相关的知识元素。

时间(time)是指项目创建的时间。对项目创建的时间进行标识,与实际产生知识元素的时间在价值方面显得十分不同。这个标识属性可以使用户在较小的时间范围内搜索到有用的知识。但是,并不是所有的知识元素都可以用时间标识属性。

位置(location)是指知识元素存在的大概物理位置或逻辑位置。对知识元素存在的位置进行标识属性,也可使用户快速搜索到相关的信息。

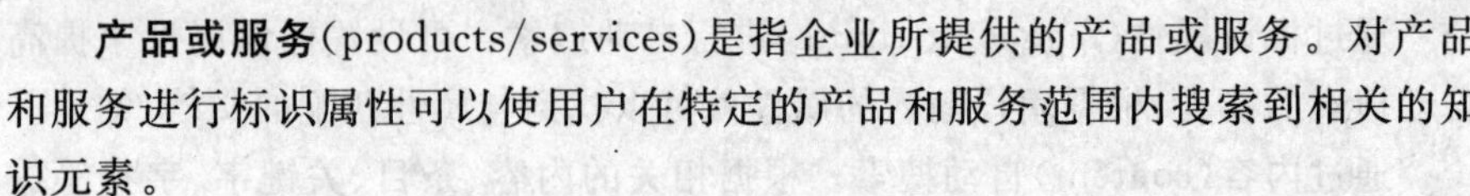

产品或服务(products/services)是指企业所提供的产品或服务。对产品和服务进行标识属性可以使用户在特定的产品和服务范围内搜索到相关的知识元素。

4.8 网络技术

企业内联网和外联网技术也支持了人们的沟通,内联网主要支持了企业内部人员的沟通,外联网则支持了企业与企业间的沟通。

内联网(intranet)是企业内部的网络。组织利用网络技术改善内部的通信、交流、共享。它可以与因特网连接,可以授权外部人员有限地访问内部各种数据,这样就从内部网络扩展到外部网络,成为外联网。

内联网利用了因特网技术来改善组织内部通信,使组织内部员工可以自由地沟通、发布信息或者开发各种应用。在内联网中使用因特网应用程序,使企业内部形成一个共享的网络,它可以在需要的时候与因特网进行连接。

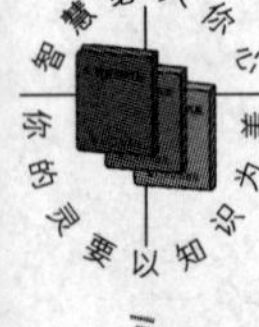

在内联网中,可以根据企业内各种用户的需求,开发不同的用户界面,可以设立 BBS,可以设立培训课程,可以建立电子邮件程序等。通过内联网,企业内的员工可以有更好的沟通环境。例如,有的企业为了鼓励员工创新,在内联网上开辟了"创新"版块,任何员工有创新的构想,都可以点击"创新"的超链接进入创新版块,将自己的创意发表在上面,与其他员工共同讨论。

外联网(extranet)是企业外部的网络。外联网可以链接供应链的合作伙伴、经销商、供应商等,也可以与客户网络链接。它是属于企业间的网络。企业通过外联网与外界的各种组织进行信息共享、知识交流,这种网络也称为**组织间信息系统**(IOIS)。有的外联网是与特定组织进行交流的,可称为**虚拟专用网络**(VPN),它利用特定的协议与对方进行数据交换。

企业可以授权外部人员,如客户、经销商、供应商或者其他的合作伙伴访问企业内联网,通过有限的授权使他们可以访问企业信息,可允许企业的经销商和客户共享一些商业信息。企业通过因特网或其他的途径来使企业外的用户对其内联网进行访问,并向他们开放部分数据库。同样,企业也可以通过外联网进入其他企业的内联网和数据库获得一些必要的数据,共享一些信息。特别在供应链管理(SCM)的研究中,它引起人们的广泛注意。[①]

① 林榕航著.供应链管理(SCM)教程(上册). 厦门:厦门大学出版社,2003

4.9 技术对知识活动的支持

“知识活动”的基本概念参见 2.4 单元。

许多“显性知识”和“隐性知识”都在各种企业中存在着。企业如果不重视这些知识的存在，没有认识到这些知识的交流与共享对企业效益的作用，那么这种企业就注定要失败，所以“知识活动”是十分重要的。以往“知识活动”主要始于面对面的沟通等，现今信息技术的应用改变沟通方式，对“知识活动”产生了巨大的影响。

“知识活动”中所表现出来的“知识转化”是一种复杂的过程，它包括整个概念系统的运动。“知识转化”有四种基本模式：隐性知识到隐性知识的转化、隐性知识到显性知识的转化、显性知识到显性知识的转化、显性知识到隐性知识的转化。在这四种知识转化过程中，表现出了“创新”，而创新包括思想创新、知识创新、技术创新、管理创新等等。也就是说，创新就是知识活动的结果。由于在沟通中采用了大量的信息技术①，信息技术对知识活动产生了深刻的影响。

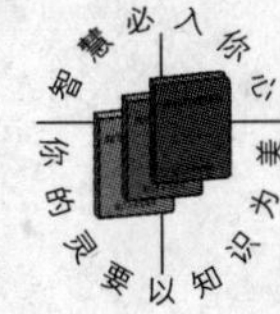

4.9.1 “社会化”技术

大多数从隐性知识到隐性知识的转化发生在面对面的沟通过程中。通过沟通，人们分享了隐性的信息和知识，从中交流了经验。除了正式的沟通外，这种从隐性知识到隐性知识的转化过程还发生在非正式的沟通交流中。

人们通过面对面的沟通，利用双方的语言表达、肢体语言表达等方式，交流了各自的隐性知识，使人通过这种交流获得了难以表达出来的隐性知识、经验。另外，通过这种沟通交流，在获得他人的隐性知识基础上，产生出了自己的、新的隐性知识。这一切都发生在大脑中。

在这种沟通、交流过程中，信息技术的作用很小。但是，目前也开始越来越多地利用群件系统进行在线面对面交流，这些技术不但用于支持传统的会议，也用于取代传统的会议。这些技术虽然可以方便地进行隐性知识的表达和传递，但比起面对面沟通来说还有很大的局限性，整个知识转化的效果也不如面对面的沟通。所以可以说，利用信息技术进行沟通永远也代替不了面对面的沟通。目前，有两种信息技术得到广泛应用。

① 资料来源：http://www.ibm.com

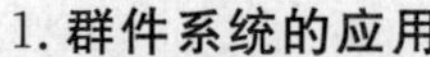

1. **群件系统的应用**

在知识管理中，群件系统是一组应用范围很广的应用软件(参见4.3单元)，它帮助员工在团体中或与其他团队的人一起协作工作。群件系统可以全面支持各种知识的转换。在从“隐性知识到隐性知识的转化”中，群件系统所扮演的角色有两个方面值得特别关注，其一是共享经验，其二是共享信任。这两者在面对面的沟通中可以做得很好，但通过群件系统也可以做到。

共享经验是人分享隐性知识和隐性知识结构的基础。群件系统提供了一种人造的环境(常称为**虚拟空间**)。在这个虚拟空间里，参与者可以分享某种经验，例如，人们可以进行集会，听取别人的陈述，进行讨论，共享一些任务的文件。地理上分散的团队，假若彼此间从未见过面，也可以通过在虚拟空间里分享经验，从而使能力得到提高。在这种虚拟空间里的沟通，使各种知识网络成为可能。例如，目前流行的群件系统 Lotus Notes 可以使人方便地共享文件，进行讨论，允许各种应用程序运行，以支持信息共享和行为指导以及隐性知识的共享等。但是，通过群件系统共享文件和讨论只是分享隐性知识、经验的某一个层次，并不能传递全部的隐性知识。

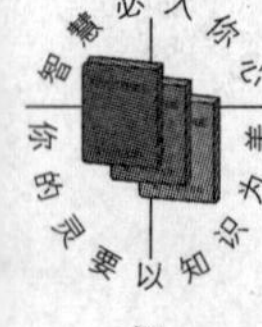

要更进一步地共享隐性知识和经验，需依靠群件系统的另一个重要的部分，即**实时在线会议系统**。实时在线会议包括视频、音频、文本的会议，可以使跨地理的人们在一起讨论、交流，共享经验。目前主要的产品有 Lotus Sametime、Microsoft NetMeeting 等，这些产品集成了即时消息(instant messaging)和在线会议的即时通信能力。例如，用 Instant messaging、Exchange2000 的用户能发送显示在另一个用户屏幕上的即时、紧急的消息，为小组协作和企业快速反应提供了有效的途径。另外，它还有个人会议和电话的属性，在沟通中不会因人的提问而打断对话，在广泛传播中比电话更有效率，对沟通者所提的一些问题可以随后回答。

目前，许多企业用在线会议代替面对面的会议，代替现有的协作系统、电话会议等。但是，应该看到，显性知识比隐性知识更能够通过这些系统进行沟通交流。

在线会议可以通过视频看到所有会议的参与者，另外还提供了白板功能。这些都使在线会议的参与者如身临其境。目前，有一些研究如 IBM-Boeing TeamSpace project 正是集成一流的群件应用软件，通过在线会议共享文件和进行异步讨论，以增加知识转化的效果。

群件系统对隐性知识的转化和分享的局限性，已成为当前信息技术研究的热点。另外，研究者也在关注通过群件系统来增加参与者之间的信任等级，使之尽可能地接近面对面交流的效果。研究发现,尽管音频效果较差,交谈内容较少,视频会议(高级的解决方案不只是因特网视频)的效果与面对面的会议同样好。这个结果向人们提示了视频会议有助于人们的知识"从隐性知识向隐性知识"进行转化,进行隐性知识共享,也能够方便地建立起人们之间的信任。

隐性知识分享的另一个方法是,让系统发现人们的共同兴趣,使他们能加入一个社区。例如在 Foner's Yenta System 中人们就可以使用类似的文件,这样系统就会推断出人们共同的兴趣。相同兴趣的人所处的区域可作为一个功能加入到个性化的系统中去,它的目的是路由导入信息使其进入到个人兴趣中去,这使得个人问题得到解决。

2. **专家系统应用**

专家系统也支持知识的转化。假如一个目标不是找出人们共同的兴趣,而是通过专家给予忠告,这就是专家在分享他的信息。**专家定位系统**(expertise location system)拥有各种专家的名录,人们只要提出某个专家的名字就可以查询到某个专家所提出的意见,这些意见就是专家们拥有的专业领域的知识。

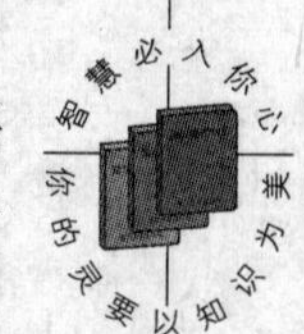

专家系统可以通过三种资源来进行:从隐性知识的形态得知,从现有数据库中提取,从相关人员和文件中推断出来。隐性知识系统 KnowledgeMail ** 产品可分析人们写作电子邮件,从而知道他的经验。给在线讨论设定一个属性,在这个系统中就可以根据人们提出的问题进行讨论,这样人们就可以通过讨论获得专家的意见。

4.9.2 "外化"技术

从隐性知识向显性知识转化,是构建新的显性知识的过程。这时,管理者或知识员工扮演着"工程师"的角色,将头脑中的隐性知识转化成企业需要的显性知识,从而对企业进行正确的决策、管理、运营、操作等。

企业中的显性知识随处可见。在知识价值浮现的今天,企业获取价值的重点已转到企业内外的"知识"上,企业中显性知识的要素如下①:

- 内部流程的开发;
- 内部流程的自动化;
- 质量保障;

---

① Randy J. Frid. *Infrastructure for Knowledge Management*. Writers Club Press, 2000

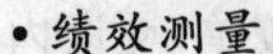

- 绩效测量；
- 过程再造；
- 项目管理框架；
- 管理控制；
- 信息技术应用；
- 标准化和策略；
- 产品创新；
- 知识程序。

从本质上来看，企业中的这些显性知识都是从人脑中的隐性知识转化来的。从隐性知识到显性知识的转化同样是通过沟通实现的。但是，由于显性知识的特点，隐性知识可以通过各种途径转化而形成显性知识。以上所说的群件系统对这种知识的转化起了很大的支持作用。

从隐性知识到显性知识的转化是一个“外化”的过程，包括形成共享的精神模式，通过对话来表白。协作系统和其他的群件系统可以在某种程度上支持这种类型的知识转化，例如，专业头脑风暴应用软件（specialized brainstorming applications）

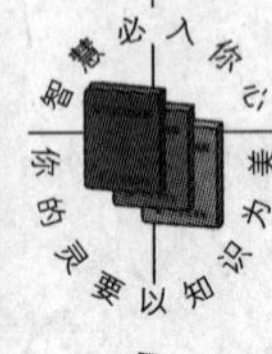

在线讨论的数据库是另一种潜在的工具——获得隐性知识和应用它来直接面对问题。目前许多的团队成员都利用群件应用软件来共享知识。大多数“外化”的表达是比喻和类推，这种情况发生在大多数非正式的环境和自由的状态下。这种状态在团队成员中自由交谈和实时交互中产生。

新闻组和论坛是自由交流的场所，它们不像团队小组那样正式地讨论。它们在共享信息过程中可获得问题的答案。参与者彼此间都是陌生人。然而，参加新闻组的人都愿意进行彼此的交流，提供信息、建议等。这也许是利他主义的动机在起驱动作用，把自己当作专家来指导别人，能够对别人的请求提供无私的帮助。

在组织内部，很少发现在因特网上新闻组中出现的问题，如个人滥用、不相关的问题等。论坛中的文档存在着十分有用的知识，因为这些问题的答案都是一些具有利他主义思想的专家提供的，是一种奉献。尽管这些交流有时是一些零碎的显性知识，但是专家们可以根据这些知识的问题性质做出推断。在这种自由在线交流的情况下，人们都带着自己的隐性知识进行交流，一旦这些知识转变成显性的知识，人们就可以从论坛文档中发现一些问题的解决方案。一项对论坛的定量研究表明，大量的问题是由论坛中少数人解答的，平均每一个人会解答1～2个问题。

4.9.3 “组合”技术

信息技术完全支持从显性知识到显性知识的转化过程。我们区别知识管理和信息管理的不同点时，应该看到最关键的不同点就是知识管理中包括了显性知识和隐性知识之间的相互转化，而信息管理中没有这种转化问题。所以，信息技术可以对信息进行良好的管理，而对知识管理就形成了巨大的挑战。但是，我们还是可以看到信息技术对知识管理的支持，对知识转化的支持，特别是在显性知识的转化过程中。

1. 知识捕获技术

一旦隐性知识被概念化和清楚地表达出来，就转变成了显性知识。显性知识的获得可以从报告、电子邮件、一个表述、网页等组织的其他部分中获得。技术对显性知识的获得起了重大的作用。改善**知识捕获**(capturing knowledge)技术是大多数知识管理项目的主要内容和目标。改善知识捕获的最大的问题，是个人不能利用动机的力量，使用可用的工具去捕获他们的知识。但是技术却可以帮助人们改善动机或减少产生共享电子文件的障碍。

激发人们去获得知识的动机是获得知识可以获得做某些事的报酬。如果这些报酬的质量大于数量，测量输出质量的一些方法就是必需的。抽象的质量是难以被评估的，因为它有赖于潜在的应用。例如，一个十分清楚地解释基础概念的文档被新手所用，而一个专家水平的人通常就不必用这个文档。

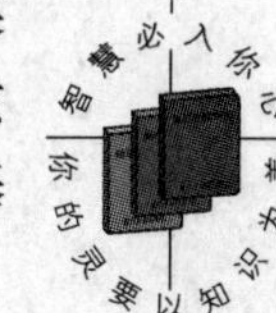

如果我们因文档的有用性而使用文档，那么这些文档都可以通过信息系统的某些技术进行测量。实际上作为基础构架的入口媒介都能方便地访问这些文档，因此也能够测量出文档的有用性和质量。

另一个测量质量的方法是测量文档被引用的次数。这可以根据在线超链接的指向和点击率而获知文档的质量。大多数有价值的在线文档可以被应用软件查询到，这样就会出现一个价值的积累效果。

另外，**引用**(citation)分析可发现有价值的文档。进行质量判断是专家们捕获知识的一种渠道。技术手段有助于有价值文档的鉴别和获得。所以，对文档进行质量的鉴别，有助于获得好的知识。在这方面，技术提供了很大的支持。

虽然目前人们大多数获得显性知识的途径主要是书写的文档，但是技术也创造出了其他媒体形式，例如，用数字音频和视频制作的文档已经成为一件十分容易的事。一个专家可以通过摄影机和麦克风方便地记录，并与人交流，也可以制作成商业培训课程，方便地通过音频和视频在网络上传播。但是，数字媒体不容易搜索到和浏览到文本文件，这是其缺点，所以这种方式很少作为存储知识用。浏览视频已被**摘要技术**(summarization techniques)所改良，它

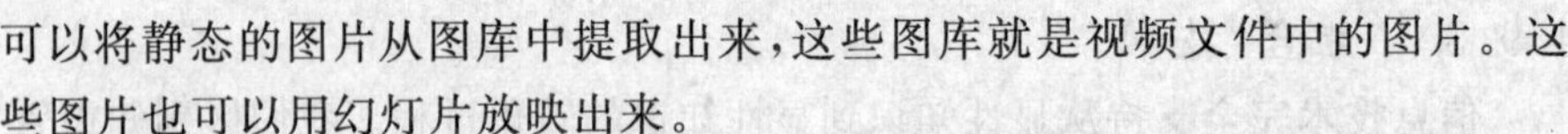

可以将静态的图片从图库中提取出来，这些图库就是视频文件中的图片。这些图片也可以用幻灯片放映出来。

虽然视频搜索系统已经建立起来，并用于搜索图片，但是还是有许多的障碍需要克服。

2. **音频识别技术**

自动音频识别(automatic speech recognition, ASR)也可以帮助显性知识的转化。目前，自动音频识别的精确性得到了改进，使演讲者可以不受约束地进行各种词汇的识别。同时，精确性改变也随任务的难度改变。

3. **搜索技术**

这是帮助人们进行显性知识处理的最重要的技术。通过搜索(search)技术，人们可以找到大部分需要的资料，因为现在大部分的文档都可以在线表达。最大的挑战就是如何找到与当前任务相关的在线资料。另外，因特网和内联网上的资料更新速度很快，如何找到最新的资料也是一个巨大的挑战。

使用在线显性知识的另一个驱动因素是多样资源的可用性，这对于用户来说并不难，只要访问数据库或网站上的相关信息即可。但是，搜索也存在一些问题，例如标准问题、不同语言问题、不同格式问题，等等。参见上一单元。

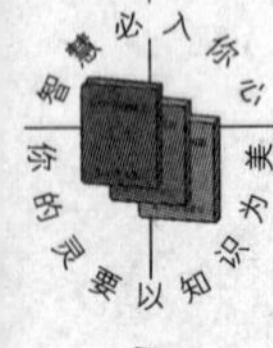

4. **分类技术**

专业知识可以编成**知识地图**(knowledge map)和**分类**(taxonomy)等，**分类法**(taxonomies and document classification)可按层级式对知识进行分类。层级间可以形成不同的关系，这要视具体应用和所采用的分类法而定。

分类法的价值有两个方面，其一，它可以使用户不通过搜索就可以看到感兴趣的文档。其二，知识地图可以使相关文档放在一起，形成上下文的关联，帮助用户访问与手头任务相适应的文档。最熟悉的例子就是 YAHOO。但是，在其他网站我们可以看到各种特别的分类法，在一些公司的内部网也常用特殊的分类法。

用手工方式进行文档的分类，要花许多的时间、精力、成本。近年来，自动化的文档分类技术已经发展起来。目前产生的自动分类最引人注目的特点是它们包括了**学习机**(machine learning)运算法则。

分类法提供了用户建立专业领域文档的普通方法，帮助了用户搜索和导航。这样，用户完全可以根据自己或小组的需要，建立自己的分类法。这种分类法可以在线使用，因为无论是个人还是小组，都需要相互了解信息。这种按实际需要建立的分类法，可以建立自己的术语。这样在知识管理中，分类法在应用的推广中进一步发展，把重点放在知识地图上。在组织或团体中可以根据实际需要，将两种类型的知识联系起来。

5. **门户和元数据技术**

门户(portals)提供了文档的**元数据**(meta-data)储存的便利。有两种元数据——**索引**(indexes)和知识地图或分类。将来在门户中增加使用**自然语言处理**(natural language processing，NLP)将产生新的元数据。一般的趋势是在门户的索引服务中会有较多的结构化信息——数据元素自动产生。元数据的价值就在于它是文档的压缩信息，这可用于建立选择信息空间的可视性，例如，在给定项目类别中的文件列表、提到的地理位置，及通过数据库查找以回复用户的点击。这将提供给用户新的隐性经验，使显性知识转化成隐性知识。参见上一单元。

6. **摘要技术**

文档摘要(summarization)是这类元数据的例子。摘要的价值就是使用户不必读与自己当前任务无关的文档。用户在寻找信息时，只要阅读题目或一点信息，就可以知道信息是否是自己需要的。系统会自动产生摘要或文档题目。自动产生摘要是目前研究的热门领域。

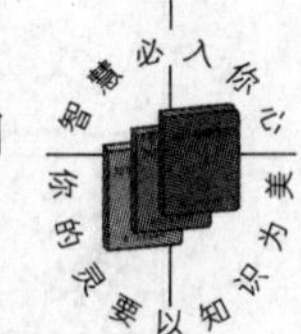

以上这些技术都对从显性知识到显性知识的转化起着重要的作用。人们应用技术使显性知识得到转化，产生了极大的效益。

4.9.4　"内化"技术

"内化"是从显性知识向隐性知识转化的过程，是人们将收集和存储的显性知识进行加工、理解、想像、思考等，从而将显性知识变成自己头脑中新的隐性知识。这是一个学习的过程、获得的过程。企业管理者通过对显性知识的学习，例如，对书本、文档、网络上的知识以及实践过程的学习，而获得个人的知识。这些获得的知识融入到管理者头脑中的思想、价值观、经验等概念系统中去，形成个人的、独一无二的思想、价值观、经验等。这是企业知识管理的一部分，表现对个人隐性知识的管理。通过这个过程，企业中知识管理者、知识员工形成企业经营、操作的隐性知识，最终知道如何利用知识去获得企业的价值，这就形成了企业的智慧。

一般说来企业中的知识管理者进行这种知识转化时，他所关注的管理要素如下①：

---

① Randy J. Frid. *Infrastructure for Knowledge Management*. Writers Club Press, 2000

- 客户感觉的价值,包括企业价值、企业产品和服务的价值;
- 非客户感觉的价值,包括企业价值、企业产品和服务的价值;
- 市场变化,包括市场知识、客户知识;
- 人口统计学;
- 政治环境问题;
- 经济环境问题;
- 现阶段与将来的竞争;
- 行业外的新技术;
- 培训程序;
- 通信;
- 知识地图。

企业知识管理者通过对收集到的显性信息、知识进行学习、思考,将显性知识转化为自己的隐性知识。

技术同样可以帮助人们进行这种类型的知识转化形成新的隐性知识,例如通过技术可以更好地"**识知**"(knowing)和理解显性知识。这是知识管理中特别重要的领域,是一个重大的挑战。因为获得隐性知识需要建设性的行为作先导。知识管理系统应该能方便地理解和使用信息。例如,系统应该通过文档分析和分类,产生元数据以支持快速地浏览和查阅相关的信息。将来信息的基础结构要做更多这方面的信息处理,使技术帮助人们更快更方便地处理显性知识,形成新的隐性知识。如上所述的其他的处理显性知识的方式也支持"理解"。例如,将文档放在分类目录中或业务流程的一个步骤中,采用文档分类法就可以帮助人们理解信息适用性和潜在的价值。通过发现文档之间关联和概念,使人们在查询信息的过程中得到学习。

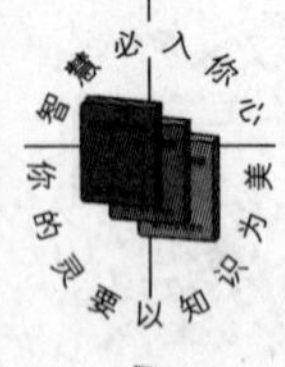

有许多不同的技术可以应用于学习,特别是在线教育和远程学习。在组织内部,在线学习可以随时随地进行,而不需要员工外出,这提供给员工一个良好的学习环境。许多工具和应用软件支持着这种远程学习。

企业培训市场的需求,强调的是自学,而不在教师指导下学习。这就需要在网上建立课件,学习者可方便地下载。将来,自我培训的模型将通过其他材料建立门户。

大量的信息促使人们采用新技术去帮助理解显性知识。现代企业中有大量的信息,但是这些信息经常是多余的信息,这就需要从多种信息源中整合有用的信息,提供决策支持。对知识员工和其他人来说,这是一个挑战,因为现代组织中有大量的可用的知识,如何整合这些信息源、知识源是一个难题。因此，过量的信息会影响决策的质量，使决策的质量下降，因为在决策之前要花大量的时间和精力去浏览这些信息。有许多方法可以减少信息冗余和重复，如排除法或覆盖法。

另外，可视化技术也可以帮助人们方便地理解相关的信息。大量收集可视化的文档，可以使人们在制定计划时方便地浏览和使用。这些方法包括了文本建立分类树、例证等。

综上所述，沟通中采用信息技术对“知识活动”产生重大影响，通过这种影响，也对整个知识管理系统产生影响。

4.10 知识管理应用软件

在企业中，知识的采集、管理、组织、分析、综合和分布的系统，就是知识管理的技术系统，知识管理软件在系统中完成这些功能。它支持企业的商业目标，支持企业的微观管理过程，可以将员工需要的信息和知识及时地传递给员工。

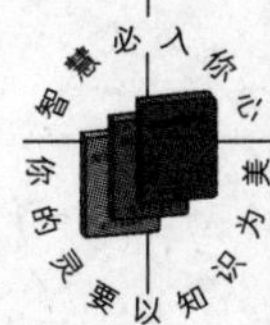

知识管理软件在研究上可分为五大类：**采集**(gathering)、**存储**(storage)、**通信**(communication)、**分发**(dissemination)、**综合**(synthesis)。

在目前软件市场上主要有六大类：**文件管理**(document management)、**信息管理**(information management)、**搜索和索引**(searching and indexing)、**通信和协作**(communications and collaboration)、**专家系统**(expert systems)、**知识资产**(intellectual assets)。

4.10.1 文件管理软件

最初的知识管理软件在企业中应用，主要是在知识采集、贮存、传递方面，许多系统功能模仿了图书馆的功能。现在的文件管理软件中的先进功能还包括了版本控制、检索和翻译等功能。

在文件管理系统领域，主流的产品有EDMS(Documentum)、Datware Ⅱ Publisher(Dataware)以及Panagon(JetForm)等，这些产品有助于各公司更好地组织信息，通常在这些产品中都包括了结构化的索引方法。

4.10.2 信息管理软件

随着企业信息化进程，企业内对信息的管理需求也日益增多。硬件、软件、资产、本地化、用户需求分析、自动报警系统、数据仓库等提供了企业基础的网络架构，同时也推动了企业对高级软件的需求。信息管理工具软件为企业开拓网络业务起了重要的作用。一些市面上热销的软件已发展成单独的类别,如 RS(SAP)、SCS(Baan) 以及 Echo(Information)等。这些工具大多数都是定位在企业内部的信息管理上,有时也包括了知识资产跟踪等功能。

4.10.3 搜索和索引软件

在信息数量如指数般增长的今天,因特网的发展使更多的各种独立的系统之间可以相互链接,这样"搜索和索引"功能就变得比存储更重要。这方面的产品有 SearchServer(Fulcrum)、RetreivalWare(Excalibur Technologies)以及 SearchServer(Verity)等。在这方面软件发展非常快。

4.10.4 专家系统软件

智能信息分析(intelligent analysis of information)软件、在线信息处理(online processing)软件以及过滤(filtering)软件的专家系统已成为另外一个迅速增长的领域。在某种程度上,专家系统是要解决人类决策以及综合信息的人工智能(artificial intelligence)问题,它有助于使大量的数据和信息变成有价值的东西。有些产品可提供智能分析(intelligent analysis)和在线分析处理(online analytical processing,OLAP)。

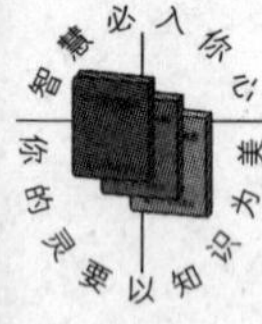

这方面的产品有 dbProphet(Trajecta)、PowerPlay(Cognos)和 Extract(Evolutionary Technologies)等。这些产品广泛应用于商务中,特别是企业的大型数据库上。

4.10.5 通信与协作软件

通信与协作软件使"知识管理"中的信息得以传递,特别对"隐性信息"的传递起着重要作用。但是,"隐性知识"如何变成可传递的"隐性信息"可能是一个意义重大的问题。因为,"信息"和"知识"的管理系统是有重大区别的。在这个领域中,还有许多问题值得研究。

在企业中,有大量的"知识"贮存在员工的大脑中,在商务处理过程中,这些"知识"要被转化成电子格式。"通信与协作软件"就要设法建立员工之间的沟通关系,达到知识共享。同时这种软件也帮助建立了企业文化。这个领域曾一度被电子邮件系统所支配,但现在已经出现了许多这方面的优秀软件。现在的电子邮件也具备了更加强大的沟通功能。这方面的知名老产品有 Notes(IBM/Lotus)、Exchange(Microsoft)和 Eudora (Qualcomm) 等。

4.10.6 知识资产软件

这些软件帮助跟踪和管理企业中的知识资产,包括法律系统的维护,如商标、专利权、其他的知识产权。企业知识和价值包含在这些企业资产内。大多数的知识管理系统都开发有这个类别的应用。

如果调查一下所有应用软件是否都支持商务策略，包括是否支持“知识管理”策略，是否可将原始信息转变成知识，我们就会发现许多的应用软件可以做到这些，如企业资源规划(ERP)工具软件、制造业计算机系统软件等等。许多软件从具体的功能，到系统的集成都被设计成适用于传统企业的电子化转型。通过使用这些软件，企业的组织架构就会形成整体性。

4.11　知识管理解决方案

知识管理要形成市场价值，必须依赖技术支持。除了以上所述之外，**知识管理解决方案**(knowledge management solution)是必不可少的。在企业信息化中，实施“知识管理”是一个很重要的战略选择。知识管理对每个企业来说都是独一无二的，如同人的指纹一样，是一对一的关系。一个“知识管理解决方案”也是如此，它只适合于一个企业。即使两个企业生产同样的产品，提供同样的服务，企业规模也相同，也不能用同一个解决方案。尽管“知识管理解决方案”只能对一个企业而言，但与其他电子化的问题一样，仍然具有“统一性”。所以，在说明知识管理模式或企业经营模式时，必然就向人们展示一些“共同性”、“统一性”。

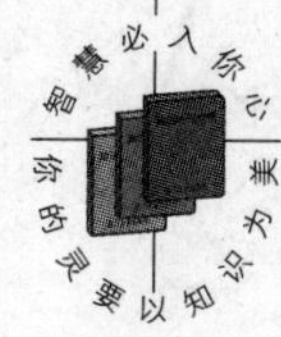

在知识型企业中，员工必须在多变的商业环境中快速反应，这是企业产品和服务竞争成功的关键因素。例如，企业在实施知识管理中可以开发一个“知识共享报酬系统”来解决这个问题，凭着员工对“隐性知识”、“显性知识”的共享，就可以获得相应报酬。这种共享的知识也传递到需要它的各方。当然，“知识共享报酬系统”中应该有一个评价知识共享的测量系统，以量化的方式表现“知识共享”。员工获得的报酬可以用各种方式来体现，如度假等。这种解决方案必然提高员工的反应速度。这就是一些“共同性”的东西，也是目前应用软件生产商争相销售的产品线或解决方案。但是，对一个具体的企业而言这远远不够。

在企业投资知识管理系统中的技术部分时，要特别注意一些软件的销售商，他们提供的所谓的“全套解决方案”并不能解决企业知识管理方面的全部问题。“知识管理”中的问题并不是一个软件销售商或IT提供商所能解决的。“知识管理”包含了许多非技术性的问题。明智的做法是：找一个适当的解决方案，理解**知识/信息链**(knowledge/information chain)的问题,考察这个应用软件是否满足了企业的业务流程、合作伙伴、企业内部运作、文化等需求。

考察一个"知识管理解决方案"是否可用,最初的步骤就是理解这种解决方案涉及的知识类型,然后了解企业中的知识源、知识环境等。这个考察结果应该被做成一个完整长度的**信息链**(information chain)、**知识链**(knowledge chain),这些链的长度不要因企业经营范围而停止。通过以上各个方面的"理解",企业与合作伙伴间的信息需求、信息处理过程就可以根据实际情况进行修正,这样企业就可以获得一个有效的知识管理解决方案。

专栏 1——Autonomy 公司知识管理技术

美国 Autonomy 公司是全球著名的知识管理应用技术厂商。专业的应用技术、应用软件、解决方案提供了对知识管理的全面支持。①

Autonomy 的核心技术是两种尖端数学理论的独特结合——贝叶斯概率理论和香农信息论。贝叶斯概率理论是一项数学模型技术,通过一个概念出现频率的多少和与其他概念之间的关系来决定其成分的重要性。信息论则提供一种方法来提取一篇文章诸多概念之中最有意义的部分。信息论最基本的理论是:一个词重复的频率越多,其内容越不具有概括性,反之一个词重复的频率越少,其包含的内容越丰富。

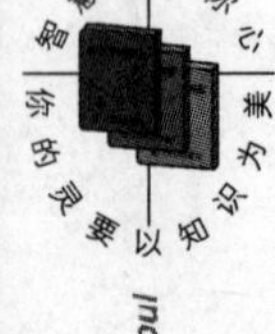

我们举一个企鹅的例子。比如我们希望了解污染对企鹅造成的影响,使用陈旧的信息搜寻方法,用户会在关键词搜索引擎里输入"企鹅"这个词。这可能会带来一些有用的信息,但同时有大量的不相关的文章,比如关于"企鹅出版公司"、"企鹅牌巧克力"、"企鹅冰箱"等等。

Autonomy 的技术则不同,我们关心的是那些内容与企鹅相关几率高的文章。一篇文章里如果有"大海"这个词,这篇文章有可能和企鹅有关,但是"大海"这个词用在很多不同的地方,所以更有可能讲的是别的东西。可是如果一篇文章里有"大海"、"南极"、"黑色"、"白色"、"不会飞"、"羽毛"、"下蛋"、"石油"、"泄漏"这些词,那么这篇文章谈论污染与企鹅的概率就会很高。虽然整篇文章里没有"企鹅"这个词,但是很多相关度较低的词出现在一起就会带来很高的相关度,并且其中某一个词的空缺都不会大幅度影响到其高概率。

Autonomy 技术的框架如下。

1.信息智能操作层(IDOL)

Autonomy 为企业创建了一个新的信息层,"信息智能操作层"自动地把各个信息源和各种文件格式统在一个智能的信息操作系统之下,这个智能信息操作系统可以提供多

① 本文由 Autonomy 公司提供,节选并经部分修改。

种信息操作的功能，比如自动链接、文章分类、内容概括、信息聚类等等。

2.技术部件

动态推理引擎服务器 Dynamic Reasoning Engine™缩写为 DRE™——动态推理引擎是 Autonomy 最核心的服务器产品部件，DRE™是一个扩展性极强、多线程的核心引擎。概念分析、内容提取、概念模式识别、相关度计算等关键工作都是由动态推理引擎来完成的。当配置设定好以后，动态推理引擎将自动地运行、接收和处理新的信息，并通过 HTTP(XML)向其他软件部件提供功能服务。DRE™是一个多操作系统的引擎，可以在多种硬件和操作系统环境下最佳化地运行，支持从 Intel PC 使用 Windows NT 到多处理器终端运行 UNIX 操作系统。DRE™使用 HTTP（HTTP-Text/XML 架在 TCP/IP 之上）来与所有其他软件部件沟通联系。这样允许在局域网和因特网上大量分布式地安放实施动态推理引擎。

分类服务器(Classification Server™)：在提供 DRE™强大的概念理解功能外，Autonomy“信息智能操作层”中第二个核心部件是 Autonomy 分类服务器。分类服务器负责提供诸如自动分类、自动信息群识别等功能。

用户管理服务器(User Agent Server™缩写为 UA Server™)：用户管理服务器是 Autonomy“信息智能操作层”中的第三个核心部件。用户管理服务器提供用户自动建档、档案搜寻、档案分析、档案实时自动更新等功能。

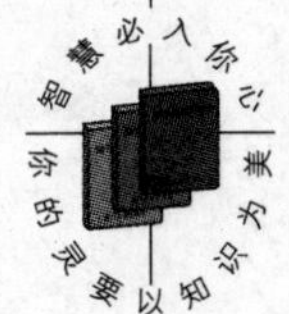

连接器(Connectors/Fetch)：当今的企业与政府机关需要处理来自各种不同信息源的数据和文件格式，包括像 HTML 网页、Word 文件、报表、电子邮件这样的不规整的信息，也有像 XML 这样的半规整的信息，还有像 RDBMS、Lotus Notes、Oracle 数据库这样的规整信息。Autonomy 的连接器是这些信息源与 Autonomy“信息智能操作层”之间的桥梁。Autonomy 为各种不同的信息源备有不同的连接器。

3.应用软件

在“信息智能操作层”之上 Autonomy 提供了各种应用软件，比如企业电子门户、用户关系管理系统、知识管理系统、电子商务系统。这些应用软件与“信息智能操作层”的关系也是构架在 HTTP 和 XML 网络服务标准之上的。Autonomy 还提供简单易用并且功能强大的建设开发工具(API/SDK)。合作伙伴可以选择自己的开发环境(C/C＋＋，JAVA，VB，ACTIVEX，COM，DCOM，HTTP，JSP，ASP 等等)，通过 XML 网路服务来迅速地开发设计出最符合用户需求的应用软件和用户界面。

专栏 2——微软公司知识管理技术

微软公司排在 2003 年全球公司市值的第二位。该公司提供了大量的知识管理方面的解决方案。以下我们简要介绍。①

① 摘自：http://www.microsoft.com

1. **桌面系统**

微软公司及其工业伙伴们提供了知识管理方面的产品和解决方案的完整平台,使企业能够实行知识管理。设计这个平台的属性,是要保证IT技术能够推动企业的发展。

Microsoft ® Office 提供了进入企业所有知识资产的一道门户,它与微软的各种服务器产品如Exchange Server或者SQL Server紧密地集成在一起并利用了最新的Internet技术,从而可以把文档直接发送到企业内部网上,并可以与他人协同修改企业内部网上的文档。Microsoft Office 2000具有动态和直接链接到数据仓库的能力,因而可以用作数据仓库前端的技术支持。

2. **知识服务**

对一个公司的核心知识资产,知识服务提供了管理中心,并且支持这些知识资产的无缝发送和跟踪。

协作、跟踪、工作流工具可以跨越时间和距离共享隐性知识。Microsoft Office和Microsoft Exchange Server里集成了合作的能力,这种能力可以让用户在他们所熟悉的生产性工具之内一起来创新。Exchange和Office则包含了以下一些能力,如共享的日历和任务、在线讨论、容易创建应用软件以及用主页文件夹来帮助小组之间的合作等等。另外,Microsoft NetMeeting™会议软件还包含了WhiteBoard、视频、交谈以及共享应用软件等工具,不仅能让用户相互通信,而且在他们合作时可以在知识资产上共同工作。跟踪服务能让公司通过对成功的准确量度而甄别出最好的实践来,而工作流工具则能够创建基于过程的应用软件,来保证跟随那些实践并测量它们。Exchange Folder Agents和Routing Objects联合起来提供一个强大和灵活的系统来建立工作流的应用。

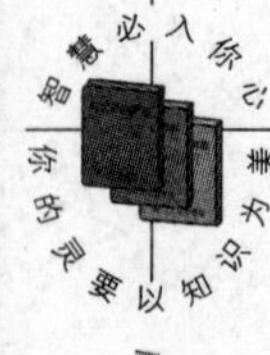

内容管理、捕捉、搜索和发送可以把知识带给各个团队和社区。内容管理技术让人们去捕捉、整理并组织那些存在中心仓库里的经验和想法,该仓库能够无缝、直接地进入整个组织。Exchange、Microsoft Site Server和Office结合在一起提供了分类、发表以及管理文件和内容的能力。微软的知识管理平台也支持围绕内容的工作流动,像确定版本、准许、路由以及锁定等。要在一个分散的组织内来建立团队和社区,使用这样一种通道就有可能,这种通道是建立在个性化,遍布企业的搜索和发送技术上的。Site Server 3.0可以在各个数据库、公共文件夹、Web站点以及文档共享库中搜索。另外,它也能把个性化了的信息发送给社区的入口,或者直接发送到用户的桌面系统。

商业智能特性可以把商业数据转化成知识。金融和商业的数据快速地流动,可以让决策者很好地确定商业策略。数据仓库以及Office和Microsoft SQL Server™里的商业智能,可以使得企业里的各个层次上的知识工作者都能更好地了解他们的市场。数据传输服务把来自财务部门、制造部门以及处理系统的信息都集合在一起,提供了整个企业的一个透明的视野。Microsoft OLAP Services、PivotTable ®的动态视图,以及Office Web Components则允许用户容易地在他们熟悉的Office或浏览器的环境里来分析大量的数据。

捕捉信息的最好工具。系统Microsoft Windows NT ® Server提供一套可伸缩的服务，用来管理任何解决方案的所有核心元素，从而为数字神经系统提供了基础。Microsoft Windows NT Directory 服务则提供一套中心化的标准的目录，用于管理员工的技能和竞争力的信息，而这些是与标准的安全应用软件集成在一起的。Windows NT 还提供了一种管理应用软件的标准方法，它是通过 Microsoft Management Console 来管理的。这就保证企业以十分低廉的价格获得整个微软服务器产品系列。

新通信设备。通过与通信公司的合作关系，通过 Microsoft Windows CE 操作系统，以及在自然界面方面的先进性等优势，微软正在向知识工作者们提供无限的通道，使他们在任何时候和任何地点都能访问到他们企业的全部资源。例如，掌上电脑、Venus 产品等就是典型的设备。

3. 合作伙伴的解决方案

由于每家厂商都有不同的特点，所以微软在技术工业中培育了最早的合作伙伴网络，向各个厂商提供合作伙伴的选择，选择那些最了解他们的具体业务要求的合作伙伴。通过提供大范围的合格的合作伙伴，微软保证了各种企业都能为它们的商业运作找到最好的解决方案。

综上所述，开发一种知识管理实践需要一条多方面都平衡得很好的途径。要管理知识资产并把分散在企业里的人集合到一起来，技术是一个必要的基础。同时，对于共享知识以及把注意力集中在商业目标上的那些行为，要建立奖励制度，这会有助于避免知识管理方面可能遇到的许多共同的陷阱。尽管知识管理能节省商务运作开支，但它真正的价值在于那些看得更长远和更有适应性的企业里面。

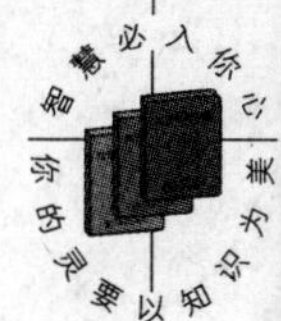

进一步有关解决方案的信息可参见微软公司网站。

专栏 3——IBM 公司知识管理技术

IBM 公司也提供了一些重要的技术对知识管理提供支持。其中最有特色的是：利用 IBM 公司的“文本知识服务”来收集商务智能和知识管理方案中的文本资料。①

如何与你的客户打交道，是采用商务智能方案，抑或是实施知识管理工程？不管选择哪一种，IBM 公司（美国国际商用机器公司）的**文本知识服务**（text knowledge services）都应该成为企业客户关系策略中的一个组成部分。

那么何为商务智能呢？IBM 认为，商务智能就是收集、管理和分析大量已转化成信息的数据，进而广泛散发，以助于战略性决策的制定。商务智能是信息电子商务的一种重要的启动器。知识管理则是一种培训方法，它的目的是使隐性知识能够源源不断地转化为显性知识，并使之能够在组织范围内实现共享和改进，以达到利用隐性知识潜能的目的。知识管理不仅有助于改善决策过程，也有助于提高组织的效率。

为世界上各种组织提供广泛的服务，支持它们的文本收集（text mining）和知识管理方

① 摘自：http://www.ibm.com

案，这是 IBM 公司“文本知识服务”小组的目标。

文本收集的任务是从非结构化的文本数据中摘录信息和知识，旨在从中发现趋势，获取洞察，并对摘录的信息和知识进行分类和组织。在知识管理中，文本收集技术对文本数据的收集、组织和分类具有决定性的作用。因为世界上有 80%的数据是非结构化的，所以这也给文本收集技术提供了无限的运用空间。

作为一种快速成熟的技术，文本收集技术不仅弥补，同时也改进了各种数据收集商务智能方案。IBM 公司的顾问具备这方面的各种知识和技术。

对商务完整的认识不仅需要处理数字数据，还需要处理文本数据。如果只处理了数字数据，那对自己的商务只能说是有部分的认识。而文本收集技术则可以突破客户单从统计分析、销售报表和其他数字数据中了解商务的局限。对于数字数据来说，它也应该有一个有效期，因为只有这样才能使之与现实中其他的信息进行分析对照。现实世界中的信息包括：

- 企业中的隐性知识，即企业中最好也是最难收集到的实践知识；
- 从电话中心收集来的客户信息；
- 从调查、信件中获得的信息；
- 从电话中心营销技巧中总结出的成功知识；
- 对竞争者行为动向的反应等等。

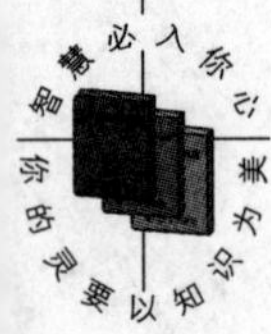

IBM 公司不仅提供广泛的文本知识咨询和服务，还提供大量的文本知识方案和工具。它的文本知识服务顾问不仅可对公司的客户状况进行评估，还可根据这种评估推荐相应的方案。IBM 公司的咨询和服务包括：

- 制定 BI/KM 的战略和规划；
- 文本收集应用软件的开发；
- 对 BI/KM 设想的论证；
- 网络托管的文本收集应用。

进一步有关解决方案的信息可参见 IBM 公司网站。

4.12 技术的局限性

一些企业虽然有大型的企业信息系统、程序和技术，但是并不能产生好的知识管理效益，重要原因是企业中没有“知识环境”。信息技术或“解决方案”要与企业的文化即“知识环境”相结合，才能发挥企业的潜能。所以，信息技术用于知识管理过程中有其局限性。

我们在本书的讨论中一直强调技术在知识管理中只是起着支持作用，知识管理的问题并不被技术解决方案所解决。应该说明的是，“知识管理”应该从企业的"管理"入手，而不是就"知识"或信息技术入手。"知识管理"应看成是商业的一个"概念"，是与企业商务需求紧密联系在一起的管理学"概念"，并不是单纯的 IT 技术系统的"概念"。

调查发现①，知识管理的最大困难就是改变人们的行为方式和知识转化，而知识转化的最大的障碍是"文化"。克服技术上的局限性并不是最重要的，技术的作用只是克服了时间和空间的障碍，也就是说，时空上的障碍可以用技术的手段来克服。例如，两个国家的科学家可以通过网络技术克服时间和空间上的局限性，进行交流，在交流过程中，显性的信息、知识可以在系统中进行交流，但是那些带有文化色彩的东西如相互尊敬、敬业精神、工作态度、道德观、价值观却无法进行交流。这些精神的、隐性的东西是难以通过信息技术的沟通网络进行交流和相互影响的。

在知识管理技术方面有两点值得提出：

其一，技术不能传播文化、艺术、社会、精神方面的东西，从本质上来讲，这些东西是非线性的、隐性的，不能用符号系统表达的，因此也就无法用计算机系统、技术方法来处理。

其二，人和技术的结合有两条途径，一是技术的引进和使用可以影响人的"行为"和工作；另外人们也通过自己的"行为"，主观能动地去选择适当的技术。

在采用信息技术支持知识管理时，要注意如下要点：

首先，人们在商业活动中通过各种途径获得各种信息。在已经信息化的企业里，通常有各种数据库来记录各种商务活动，如客户资料数据、供应商数据、财务来往数据等，这些都存在于企业的数据库中。即使一些企业未进入信息化，它们的各种信息、数据存在于账本、企业记录、备忘录和各种报表中。这些数据提供了企业商务活动的情况，包括了统计学信息、行业信息以及其他方面的信息。通过对这些信息的分析，会产生出新的信息和知识，这是指导我们进一步进行商业活动必不可少的。

其次，"知识管理"也不是为企业提供"质量管理系统"，或企业中一个"信息系统"。"知识管理"的模式要能帮助企业以明智的方式达到商务目标。它所做的就是在企业中发展一种"思想"。这种思想促进企业展开不同的思考方式、工作方式，成为企业中团队达到商务发展目标的驱动力。

---

① R. Ruggles. The State of the Notion: Knowledge Management in Practice. *California Management Review*, 1998, 40(3):80～89

最后，企业在开发商业策略时应确保“人力资本”被充分利用。这些要列入公司的商业政策和策略的条文中去。另外，商业策略要保持弹性。当公司的信息文档、数据库等技术给员工带来新的思想、新的知识时，商业策略要能够改变和采用这些新的思想和知识。

所以，有的专家认为，知识管理涉及文化、流程和技术问题，并不是只集中在其中一个元素上。就一个具体的企业、具体行业来说，都有其独特的知识资产的集合，各企业的知识管理系统有所不同。在设计知识管理解决方案时，各企业也是很不一样的。但是，事物的任何特殊性是与事物的普通性相对应的。就知识管理系统来说，也有普通规律的东西。我们在建立任何企业知识管理解决方案时，要考虑这些普遍性的要素。知识管理解决方案要处理企业文化、商务决策、管理流程以及技术等问题，因此，很重要的一点是向企业员工提供一种适当的激励因素和工具来共享知识。知识管理解决方案的设计人员要带着具体的业务问题来设计解决方案。

以下三个方面是极为重要的。它们保证了通过知识管理实践，满足企业商务策略的需要。

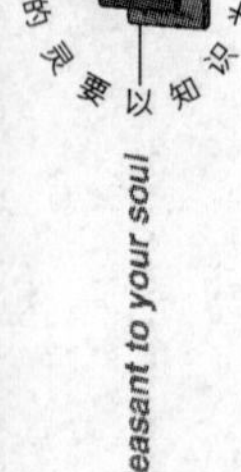

第一，企业流程：应该使知识管理与具体的商业流程相结合。

第二，企业文化：克服共享知识时所产生的障碍，培育员工创新精神。

第三，技术支持：员工可以用熟悉的信息技术工具进行知识活动。

综上所述，技术对知识管理起着重大的作用。读者在学习本章时，应不断回顾其他各章的内容，要将本章的信息技术与以上所讨论的各项内容结合起来，形成对知识管理的完整理解。

本章术语

协作平台(collaborative platform)

文件管理系统(document management system)

群件系统(groupware system)

非正式知识网络(informal knowledge networks)

商务智能(business intelligence，BI)

商务智能系统(business intelligence system)

数据字段(data field)

记录(record)

文件(file)

文件夹(folder)
数据库(database)
数据库管理系统(database management system,DBMS)
数据冗余(data redundancy)
数据独立性(data independence)
数据仓库(data warehouse,DW)
操作型数据存储(operational data store,ODS)
数据集市(data mart)
元数据(metadata)
数据挖掘(data mining)
验证驱动数据挖掘(verification-driven data mining)
发现驱动数据挖掘(discovery-driven data mining)
在线分析处理技术(on-line analytical processing,OLAP)
数据库知识发现(knowledge discovery in database,KDD)
自动音频识别(automatic speech recognition,ASR)
搜索(search)
知识地图(knowledge map)
分类(taxonomy)
元信息(meta information)
知识捕获(capturing knowledge)
搜索(search)
知识管理软件(knowledge management software)
知识管理解决方案(knowledge management solution)

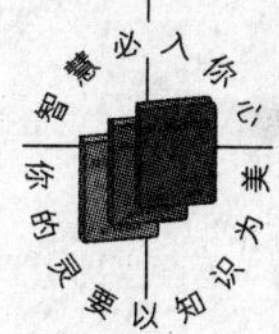

思考题

1. 信息技术与知识管理有什么关系?
2. 信息管理和知识管理过程在技术上有什么区别与联系?
3. 信息技术如何影响知识活动?
4. 您认为现有企业中知识管理系统最大的问题是什么?
5. 企业在知识管理过程中如何搭建技术架构?
6. 为什么说知识管理中信息技术的应用是有局限性的? 如果不采用任何技术,可以进行知识管理吗? 为什么?

第五章　知识管理系统

一般系统论(general system theory)是由美籍奥地利人、理论生物学家L·V·贝塔朗菲(L. Von Berta-lanffy)创立的。他在1925年发表的《抗体系统论》,提出了系统论的思想。1937年提出了一般系统论原理,1968年贝塔朗菲出版了专著《一般系统理论——基础、发展和应用》(*General System Theory*:*Foundations*,*Development*,*Applications*),从而确定了这门学科的学术地位。随着自然科学和社会科学的发展,一般系统论也不断得到补充和发展,例如,大组合系统理论(theories of large composite systems)、复杂系统理论(complex system theories)等,这些理论在不断探讨系统的方法、结构和结果方面做出了巨大的贡献。美国复杂系统理论专家欧阳莹之认为,大多数学科都可以用数理的方法,这些方法都采用线性的单轨思维的模式,例如微观还原论(microreductionism)。这些方法可以处理简单系统的问题,却不能解决复杂系统问题。而综合微观分析方法(synthetic microanalytic approach)就可以用来解决复杂系统的组合问题。这种方法包括了几个重要内容:单层次实体(组分)、不同层次实体的概念关联、跨层次的关系等,从而形成一个综合的、微观分析和认识复杂系统的框架。正是基于这样的认识,在知识管理中我们用系统的概念,从系统的层面上来认识知识管理,采用系统的思想、方法去认识知识管理过程,从而能在知识管理实践中进行应用。

5.1　系统基本概念

系统(system)是由相互联系、相互制约、相互依赖的组分或部分集合在一起形成的可完成系统目标的有机整体。系统中不同组分间的相互关系,形成了系统结构，并具有整体的功能从而形成了系统的作用。系统活动过程可分为一些相关的系统元素。

系统元素(elements)，也称为系统要素，是指系统活动的相关参与者。但不是组成系统的个体或部分。主要的系统元素有系统环境、系统输入、系统状态、系统输出、系统管理等。

系统组分(constituents)，是指系统的组成部分，是组成系统的微观个体，是系统中的单个部分。

系统结构(system structures)，系统组分按一定的关系形成一定的系统结构。系统中组分越多，组分间的关系越复杂，系统结构也越复杂。组分间的关系可分为隐性关系(implicit relations)和显性关系(explicit relations)。这是复杂系统之所以复杂的原因之一。在系统中这种组合关系不仅包括组分的集总，还包括了因果相互关系、自组织关系以及系统结构的形成。

系统功能(system function)，是指整个系统所产生的宏观效应，它不是每一个组分功能的集合，而是各个组分关系中所产生的整体的功能。

系统类型(system style)：简单的系统是没有控制机制和系统目标的系统，这种系统称为**开环系统**(open-loop system)；复杂的系统一般都有控制机制和系统目标，这种系统称为**闭环系统**(closed-loop system)；一些系统与外界环境进行各种交流，这种系统称为**开放式系统**(open system)；一些系统没有与外界进行任何交流，这些系统称为**封闭式系统**(closed system)。

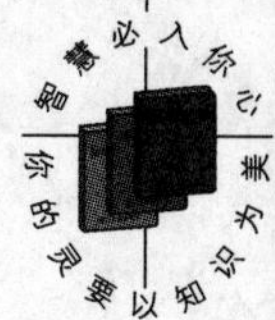

由于一些大型系统有不同层次的系统，所以还有**子系统**(subsystem)的概念。所谓子系统就是系统内的系统，这在大型复杂系统中是常见的。一般来说，常见的大型复杂系统可以分成三大类九等：**物理系统**(框架、时钟、控制机械)、**生物系统**(细胞、植物、动物)、**人类社会宇宙系统**(人类、社会、宇宙)。我们所关心的企业系统是属于人类社会系统。

所有**企业系统**(enterprise system)都属于**闭环—开放式系统**。它有自己的系统目标，有控制机制，要进行系统内外交流。企业系统中还有许多子系统。

系统模型(system model)是为了学习与研究的方便，将系统元素组合起来形成的模型(图 5-1)。一般系统由三个系统元素组成一个简单的系统模型：系统输入(system input)、系统状态(system state)、系统输出(system output)。这个系统模型在系统活动过程中又分别映射出两个状态，所以在数学上可以将系统定义成为“五维空间模型”。

输入集：系统输入部分将各种输入材料(不只一个)输入系统，形成输入

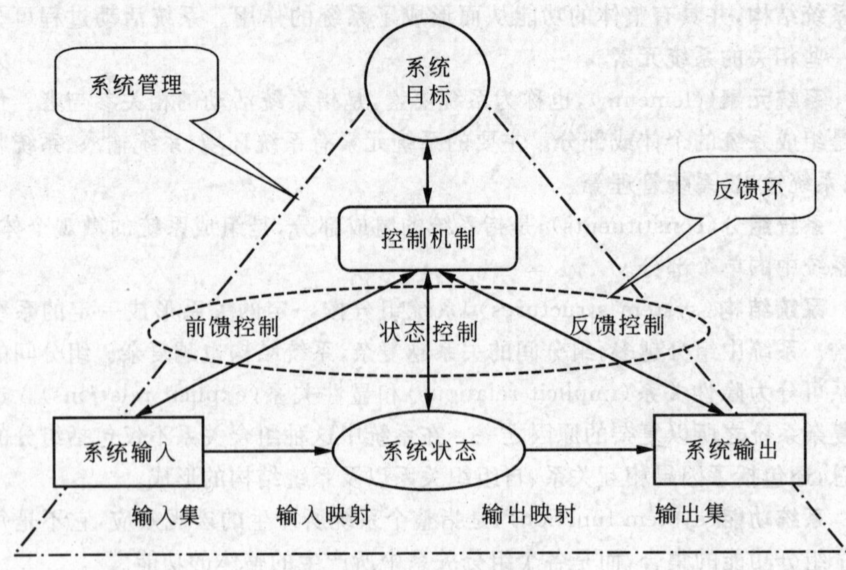

图 5-1 一般系统模型

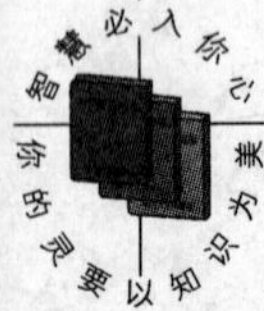

集。

输入映射:原先的系统状态,在接受系统输入的各种材料后,就产生输入后系统状态的变化,产生了新的系统状态,这时的系统状态就是输入映射。

系统状态:在产生了输入映射后,输入到系统内的各种材料进行转化,称之为系统转化。

输出映射:通过系统内的各种材料转化后,系统就会产生了另一种新的状态,在这种状态下系统产生了将转化后的新材料输出到系统外的需求状态,这时系统状态就是输出映射。

输出集:系统输出部分将各种输出材料(不只一个)输出系统,形成输出集。

从以上可以看到系统活动过程三个基本的系统元素:**输入元素**(input element)、**状态元素**(state element)、**输出元素**(output element);为了达到系统目标,许多系统还有**控制机制**(control mechanism),这也是系统元素之一。控制机制一般属于系统管理的范畴,所以系统与管理的五项职能有十分密切的关系,因而也可将控制元素包含在系统**管理元素**(management element)中。还有,系统目标元素是在系统计划过程中必须确定的,所以它也应包含在管理元素中。系统总是在一定的内部和外部环境中活动的,因而系统还有一个重要的元素——**环境元素**(environment element)。因此,一般系统都有五个元素。

5.2　实体与概念系统

实体是由物质组成的个体,大多数学科研究的对象是以实体为主。在企业管理中,实体资源也是主要的管理对象。对于那些非实体的、理念的、思想的事物大都被归类到文学、艺术、社会学、人文科学等领域进行研究。在企业管理领域,人们把它归到企业文化类别,并没有将其作为一个系统来进行管理。随着知识经济的兴起,非实体的概念资源包括信息、知识等开始对企业产生重大的影响,已经不是只用企业文化就可以概括了,因而要用系统的思想来看待,并把这些概念资源的运动看成系统的运动,这就是我们企业都需要的一种全新的管理系统即知识管理系统。在讨论知识管理系统前,我们先来讨论一下与其相关的两个重要的概念——实体系统与概念系统。

5.2.1　实体系统

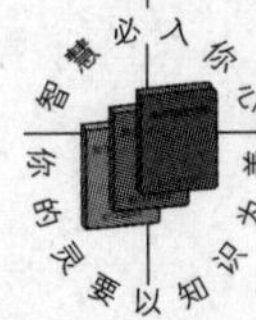

宇宙中稳定的物质都由三种基本粒子(电子和两种轻夸克)通过四种基本作用力(引力、电磁力、强核力和弱核力)结合而成。宇宙中以物质形态表现的物体有两大类,其一是生命物体,其二是非生命物体。无论是否具有生命,它们都表现出了一定的物理结构,所以可以将这些具有物质形态,具有一定物理结构的物体称为"实体"。实体又可分为自然实体和人工实体。自然实体非人工所能创造。当人类社会发展到一定的阶段的时候,就有能力进行创造性活动,于是出现了新的、人工创造的实体——人工自然或人工实体。

人们在科学技术的研究中,用系统的观点来看待某些实体、研究某些实体,形成了不同的学科体系和不同的系统,例如,天文学研究宇宙大系统,生命科学研究动物系统、植物系统、生态系统,企业研究制造系统、营销系统、计算机系统等等。所以,我们可用系统的观点,将某些实体看成系统,可以给实体下一个系统的定义。

实体系统(physical system)是指具有一定物理结构的"实体"部分(组分)组合在一起,执行某种功能,共同实现系统目标,这种实体组分的集合体称为实体系统。

无论是生命世界还是非生命世界,用系统的观点来看待它,只要系统组分是“物质”的便都是实体系统。例如，宇宙是一个实体系统，一个生物体是一个实体系统，一个企业是一个实体系统等等。

“人工自然”是人类活动的产物。这些产物是大自然中原本没有的“实体”，是人类利用了大自然所赐的各种原材料进行加工、重组而形成的，人们称这些“实体”为产品、建筑物、物品等。一些科学家还制造出了大自然所没有的原材料，例如，人工纤维等。尽管如此，这些物质仍然间接地来自于大自然所赐的原料。如果将这些“实体”归纳起来，它们都属于非生命的、人工的“实体系统”。

人工“实体系统”往往是人类财富的象征，也是人类活动的结果。其系统目标是获得价值，是为了满足人们某种心理需求或欲望。人们通过创造人工实体来创造财富、占有财富，它一方面希望使自己的生存环境更好，另一方面是为了获得心理上的满足。人类在整个工业经济的进程中，比人类历史上任何时期都创造了更多人工实体，例如，大规模生产的工业产品、大片土地的城市化等。这些都创造了大量财富，给人类空前的满足感和自豪感。但是，人类也开始发现，过度地创造人工自然并未给人类带来更好的生存环境，反而造成生态环境破坏、自然资源枯竭、环境污染等。

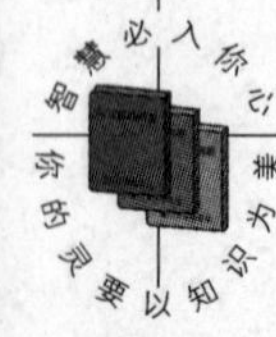

除此之外，随着生物科学的进步，人们已经不只限于在非生命领域创造“人工自然”，也在生命领域创造“人工自然”。例如，生物克隆技术创造了新的、变异的物种及新的生物体，甚至已经到了人类可以克隆自己的水平。同样，在这个过程中人们也发现创造新生命将对人类自身造成重大的危害。所以，近年各国政府都出现了禁止克隆人的法律。要注意，这里所说人类创造有生命的物体，只限于克隆或转基因，也就是说充其量只是改变 DNA 的序列。人类永远不能创造一个活细胞。

科学告诉我们，自然界是根据自然界的法则，形成具有一定结构，含有物质、能量、信息的自然实体，这种“实体系统”结构精密，功能完善，是任何人工所不能做到的；而人类所创造的“人工自然”，则是按照人类自己的欲望、自己的法则、自己当前的科学水平进行的。

5.2.2 概念系统

概念是对事物认识的抽象。如果我们将概念看成一个系统，那么这就是概念系统。概念系统实际上是一种**有序量度**的系统。决定着事物(实体系统)的有序程度，从而维持事物的生存和发展。与人类最直接相关的自然概念系统有三类：遗传系统、体液系统、神经系统。从物质实体角度来看，它们都是实体系统，但是它们所产生的有序量度的遗传信息、化学信息、神经信息（思想、知识、意识等）是概念系统。因此，实体系统与概念系统相互依赖而存在。

- 遗传系统→DNA 表达的遗传信息（有序度）→新一代生物实体；
- 体液系统→体内化学变化，化学信息传递（有序度）→有机体的活动；
- 神经系统→大脑神经系统产生的意识、知识、思想等，并进行神经信息传递（有序度）→有机体活动，如创造了人工实体。

因此，我们可以给概念系统下一个定义：

概念系统（conceptual system）是由实体系统某一部分产生的。它没有特定的形态和结构，代表着事物有序的量度，具有虚拟性。概念系统的系统目标就是根据主体的需求，决定新的“实体”以及新“实体系统”的形态、结构和功能，即决定实体系统的有序性。它是管理控制实体系统的系统。它的系统组分是由虚拟的概念元素组成的。

以上我们清楚了什么是概念系统。下面我们讨论实体系统与概念系统本质。

5.2.3　实体和概念系统的本质

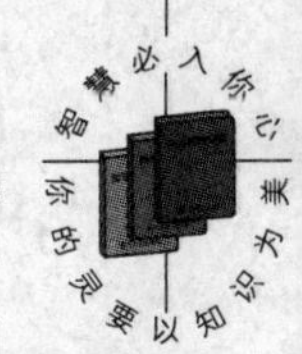

在薛定谔所著的《生命是什么》一书中这样写道：“熵是什么？我首先要强调指出，这不是一个模糊的概念或思想，而是一个可以计算的物理学的量……在温度处于绝对零度时（大约在－273℃），任何一种物体的熵等于零。……因此，‘负熵’的笨拙的表达可以换成一种更好一些的说法：取负号的熵，它本身是有序的一个量度。这样，一个有机体使它本身稳定在一个相当高的有序水平上（等于熵的相当低的水平上）的办法，确实是在于从它的环境中不断地吸取秩序。”[①]薛定谔的这个论述是根据热力学三定律的原理，这三个定律支配着宇宙间所有事物的生存、发展、死亡。因此，宇宙间的任何事物**无序度**（disordered）总是在不断增大，也就是说熵都在增大，最后达到熵寂，事物消亡。所以任何事物要生存，就必须不断吸收**负熵**，不断增加**有序度**（orderliness）。宇宙中万物都按这个规则出生、生长、成熟、死亡。这个规则是非人类理性所能达到的。

那么宇宙万物中最初的“有序度”是从何而来？就单个生命发生来说，它的最初的“有序度”即负熵是来自 DNA 序列中隐含的遗传密码。随着生命的成长过程，熵就不断增加。生命过程表现出生命周期，有序度和无序度彼此消

① ［奥地利］埃尔温·薛定谔著. 生命是什么. 上海：上海人民出版社，1973

长(或者说是负熵和熵力量)。当有序度占上风时表现了成长的力量,当有序度与无序度平衡时表现成熟;当有序度力量减少而无序度占上风时,表现衰老至死亡的过程。所以,著名学者伊利亚·普里戈金将宇宙中大自然创造的各种系统结构称作"耗散结构"。这种结构必须靠有序度、负熵来维持其结构的存在。所以,大自然中所有系统都是耗散的复杂系统,所有被看成实体系统的事物都隐含着与概念系统的深刻关系。而这关系是看不见的。

负熵和熵都有内生来源,无论是一个生命个体或一个系统,凡是宇宙中大自然创造的万物都是如此。另外,每一个生命或一个系统,在生命周期中都与外界环境发生关系,所以它又有负熵或熵的外生来源。只有在这两种来源的负熵与熵的力量的彼此消长中,生命周期才得以运行。俗话说:种瓜得瓜,种豆得豆。这些事实使我们知道**内生负熵**(可称之为"内生有序度")的存在性。另外,在生命过程中,无序度会不断增加,这就是熵的增加,这是**内生熵**(可称之为"内生无序度")的存在性。这种系统内、外的有序度变化,可以看成系统环境的参量变化。系统内可看成内环境,可称之为**内生变量**(endogenous variables);系统外可看成外环境,可称之为**外生变量**(exogenous parameters)。由于生命个体的成长过程中,生物体内熵不断增加,内生负熵不够用,所以应该吸收环境的负熵来消除内部熵的增长,使生命得以生长、发育、成熟、死亡。

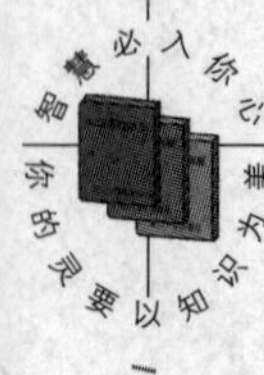

在我们熟悉的三维空间中,熵和负熵都是看不见的东西。同样,"能量"也是看不见的东西,我们只看到"物质"的存在。这是因为我们在三维空间中,只能理解或知道"物质"中包含着"能量",例如一个炸弹,我们知道它含有能量。为什么可以知道?是因为我们可以从炸弹爆炸的结果知道它的能量的存在性。同样,我们也可以从某些结果中知道负熵和熵的存在性,例如生物的生长、成熟、繁殖、死亡的过程,这个过程是在内生负熵或DNA的遗传密码指挥下完成的,当然这个过程也要不断吸取外部环境的负熵。总之,这些看不见的东西我们可以通过它们所产生的结果知道它们的存在性。

如果我们不能理解事物有序和无序的相互作用过程,也就不能理解它们的存在性,这是因为我们只是站在三维的空间里来理解事物。如果站在高维时空来理解事物,可能就不一样了。例如,在量子力学中把"物质"看成是浓缩的能量,将宇宙间的有序度看成由四种"力"主导的结果。在三维时空中,我们只看到物质(实体),而看不到能量和信息(负熵和熵),只能通过某些结果知道它的存在。

另外,要明确自然实体包含的有序度、无序度、负熵、熵都是非理性的、大自然的产物,例如宇宙万物、生物体、星球等。它们包含着自然中永恒的规律,这些自然规律非人类心智所能创造和完全理解，但是人类可以透过自然赐给人类大脑的灵性，去“悟”到这些自然规律的存在，并在一定范围内利用这些自然规律；而“人工实体”所包含的有序度、无序度、负熵、熵都是人类理性的产物，是科学的产物，例如建筑物、机械设备、企业组织、工业产品等。这是人类向大自然学习的结果，它不但包含着自然规律，也包含人类社会所特有的科学规律，这些科学规律是人类可创造、可理解、可穷尽的。所以，科学是有限的，自然是永恒的。如果人工系统中没有自然创造物的组分，再复杂的系统也属于简单的系统，是可理解的、可穷尽的科学知识组成的系统。例如，航天飞机系统是人类知识、智慧的结晶，它结构上十分复杂，但是所有系统组分都是人工创造物，科学家对系统中每一个微观细节都十分了解，都可以进行有效的控制。所以，相对于自然系统来说，它仍然是一个简单系统，它的复杂程度甚至不如一个有生命的单细胞。因此，在认识系统复杂性时，要注意区分人工系统和大自然系统。这是认识论的一个重点。人工系统和有关人工系统的知识都是可以穷尽、可以认识的；而自然系统和有关自然的知识是不可穷尽和不可完全认识的。

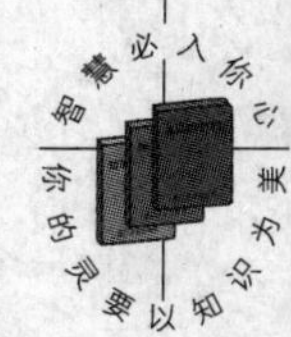

5.2.4　实体与概念系统的关系

概念系统有其多样性。从生物科学的角度来看，细胞核中染色体上的DNA是实体系统(遗传系统)，它所携带和产生的遗传信息就属于概念系统；大脑神经系统是一种实体系统，它所产生活动的概念诸要素就属于概念系统。现代神经科学的研究成果向我们很好地说明概念系统的虚拟性。

当人们研究遗传信息的时候，看不到这些遗传信息所决定相应的生物性状，所看到的只是四种碱基的排列顺序；当人们研究爱因斯坦死后留下的大脑时，并没有发现这个伟大的脑在结构上与普通人的大脑有显著的差异。尽管这个大脑产生过人类最伟大的知识之一——相对论。科学家无论用什么样的方法，也无法从这个大脑中提取出有关“相对论”的知识结构，而所看到的“相对论”知识，是爱因斯坦生前发表的论文。

现代科学已经证明，在大脑中的信息、知识没有实体性的结构，是虚拟的。目前认知心理学、神经心理学、生理学、医学对大脑的研究已经证明了“知识”是大脑活动的结果，证明了大脑是人的语言、思维的器官。大脑的活动，从生理学上看人与人之间并没有存在什么差别。借助先进的脑成像技术，现代神经科学研究揭示了人的认识心理的奥秘。其原理是：大脑在内外的信息刺激下，就会处于功能活动状态，神经细胞就处在兴奋状态，这时脑组织局部就会出现血流量、血容积、血氧消耗量的增加等生理现象。采用电子发射断层扫描术(positron emission tomography, PET)、功能性磁共振成像(functional magnetic resonance imaging, fMRI)可以了解到一个正常人的认知过程的生理反应,也可诊断出脑损伤导致的认知障碍。虽然这些先进的技术可以从脑生理的功能正常与否推断出人的心理是否正常,智商是否正常,以及脑活动的状态,但是,却无法推断出一个正常人的知识多少、智慧高低、道德水平如何等等一系列非实体性的、虚拟的东西。

虽然,先进的科学技术不能使我们了解"概念"的深层次的奥秘,但是它却揭示了正常人心理的生理基础。知识、知识获取、知识存储等都是心理过程,是在大脑神经系统活动下形成的心理过程。从这个意义上看,我们可以把人脑看成是一个产生"概念"的主要器官;而其生理过程却是实体的、真实的、可测量的——血流量的增加、耗氧量的增加等。但是,无论采用什么样的科学仪器都无法在人脑中看到、测量到"知识"等各种概念元素以及有序度的存在性。一旦人脑死亡,这些知识等概念元素也随之消失。这证明了"概念系统"是真实存在的事物。这些没有实体性的、虚拟性的东西,才是人类最有价值的东西。例如,没有人怀疑伟人的思想可以影响和改变整个世界;也没有人怀疑管理者的思想会影响企业运作和改变企业的命运。

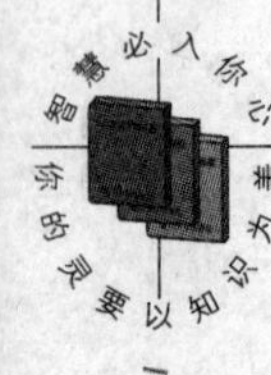

DNA双螺旋结构的发现者之一,诺贝尔医学奖获得者弗朗西斯·克里克1962年在医学杂志《自然神经学》上发表论文,称他和他的研究小组通过大量实验已经发现人类的"灵魂细胞"。克里克称,人类的灵魂或意识根本不是先天就有的,而是由人体大脑中的一小组神经元细胞产生和控制的。研究显示,人类意识仅仅只由大脑中一小组神经元细胞来产生和控制,说得更精确一点,这组神经元细胞位于大脑皮层后部到前沿的一小块地区。克里克的发现可以说从科学上证明了实体与概念之间的关系。弗朗西斯·克里克在《惊人的假说——灵魂的科学探索》一书的第一章"引言"中的第一句话就这样说:

> 惊人的假说是说,"你",你的喜悦、悲伤、记忆和抱负,你的本体感觉和自由意志,实际上都只不过是一大群神经细胞及其相关分子的集体行为,正如刘易斯·卡罗尔(Dewis Carroll)书中的爱丽丝(Alice)所说:"你只不过是一大群神经元而已。"这一假说和当今大多数人的想法是如此不相容,因此,它可以真正被认为是惊人的。

克里克的"惊人的假说"实际上证明了"概念系统"与"实体系统"的关系。"喜悦、悲伤、记忆和抱负,你的本体感觉和自由意志"是无形的、没有物理形态和结构的、虚拟的"概念"。当然,我们可利用科学的方法与工具观察到这些神经细胞的生物电波、化学结构等有形的变化。我们有什么理由怀疑这些没有实体结构的喜悦、悲伤、记忆、思想、灵魂对我们工作、生活的影响呢?

人脑可以根据研究者所研究的目的不同,从"实体"和"概念"两个方面进行研究。例如,生物学、生理学、医学、神经病学等就从"实体"角度来研究人脑的功能,而教育学、心理学、哲学、神学从大脑功能所产生的"概念"方面来研究大脑。

一些专家也认为,"实体系统"和"概念系统"实际上是人们对同一事物两个方面的认识,为了学习和研究的方便,分别进行了分类。这种分类可以看成是一种逻辑的分类。例如,解剖学、生理学、神经病学、神经心理学等学科从大脑的功能与大脑实体结构的变化来阐述大脑生理与心理的变化,揭示了大脑结构与功能间的关系,但是并没有阐述大脑活动所产生的"东西"即"概念"与人类创造"价值"间的关系。

一些学科如哲学、认知心理学、创造心理学等则从虚拟的、概念的、隐性的角度来研究大脑的功能,例如,视觉、记忆、语言、思维、创新等,但是它们都没有从产生企业"价值"的角度来进行探讨。而知识管理从管理学的角度出发,综合了所有学科的成就来探讨人的大脑功能,以及大脑为企业带来的价值。

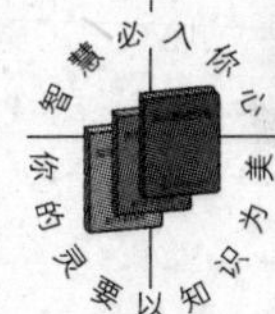

另外,所有"实体"的东西都是由"概念"而产生的,这一点并没有改变。前面说过,生物体是由它的DNA遗传信息决定的。如果不是DNA中所含的遗传信息,也不可能形成某种特定的生物体。所以,整个过程是:实体→概念→实体→概念。这绝不是"蛋生鸡,鸡生蛋"的问题。如果用现代生物学方法,将"鸡蛋"的基因改变了,也就改变了遗传信息或有序度,那么这个"鸡蛋"就决不会生出鸡来。由此看来,"概念"是第一性的,它决定了"实体"的一切。这是自然界、宇宙的规则,是任何人无法改变的。

5.2.5 遗传信息系统的启示

遗传信息系统是大自然的产物。自然界规定了人类的遗传密码,人类双亲传给后代的不是一个躯体(即含有物质、能量的实体),而是提供形成下一代躯体的"信息",由这个**遗传信息**(genetic information)指导新生命系统的诞生,并构成新一代的具有物质、能量、信息的实体。所以这被看成第一位的信息系统。

从分子生物学的观点来看,遗传信息系统位于细胞核内的**染色体**(chromosome)上的**脱氧核糖核酸**(DNA)中。DNA是由四种核苷酸按不同的排列顺序组成的双螺旋结构长链。DNA上的四种碱基排列顺序携带了不同遗传

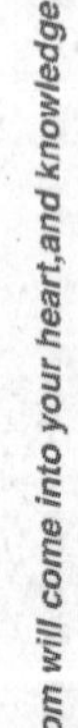

信息。DNA上可分成许多片段,这些片段就是**基因**(gene),每一个基因都有相应的遗传信息,称为**遗传密码**(genetic code)。基因是携带遗传信息的基本单位。人类遗传基因有别于其他生物。人与人之间的个体的差别也是由于基因的差别所致。所以"差别"的根源就在于"基因"的差别,不同的基因所携带的遗传密码或遗传信息决定了各种生物间的差别(种间差异),也决定了同种生物内不同个体间的差异(种内差异)。

根据人类基因所携带的信息,以后就必然会发育成"人",就会有人类的各种特征,如语言、思维等;而其他生物的基因只能发育成其他生物,就不可能有人类的特征。所以,基因上的遗传信息实际上是规定了生物生长发育的"可能性",要使这种"可能性"变成现实,还需要外界环境的作用。例如,被狼群收养的小孩,虽然本身有人类的基因,但是由于后天不在人类社会中学习、生活,就不能获得人类的基本特征如语言能力等,只能是一个具有狼性特征的"狼孩"。这就是基因与环境的关系。从这里可以看出,内部的信息要与环境的信息相互交流,才能形成健康的个体。(这对我们理解"知识管理系统"是很有启发的,这是为什么在知识管理中强调良好的环境,而只有良好的环境,才可以使概念系统中隐含的有序性得以很好地发挥。)

基因的本质就是携带遗传信息。

生物体是由细胞组成的。每一个细胞在生长过程都需要物质和能量。这些物质和能量进入细胞,构成细胞的组成部分,但是,生物体物质和能量的交流过程都是在DNA信息系统的指挥和控制下进行的,是为了增加生命系统的负熵,使生命系统维持在一个有序的状态。例如,DNA主要通过指挥合成遗传密码所规定的蛋白质,使生物体按遗传信息规定的方向生长发育,新陈代谢。现代生物科学已发现,DNA自己并不参与细胞的构建,而是通过指导合成特定的蛋白质——酶来调节和控制机体的活动。每一种基因都会按所携带的信息,制造蛋白质,而蛋白质是构成生物体最基本的单位。20世纪60年代初期,分子生物学上提出了所谓"中心法则"来说明遗传信息的流动方向。[①]按照中心法则,遗传信息可以从DNA流入DNA,这是DNA分子的复制。另外,遗传信息也可以从DNA流入RNA(核糖核酸),这是转录;再从RNA流入蛋白质,这是翻译。"翻译"是指DNA中的遗传信息控制蛋白质的合成过程。遗传信息不能从蛋白质流入其他的蛋白质,也不能流回核酸。也就是说,遗传物质控制着蛋白质的合成,而蛋白质不能控制合成蛋白质,蛋白质也不能

① 方宗熙著.普通遗传学.北京:科学出版社,1979

控制 DNA。由此可见,生命系统中有序度是多么重要。

以上从分子生物学的角度讨论了 DNA 信息系统,它至少给我们如下的启示:

- 实体系统中的某些部分会产生概念系统,如 DNA(实体系统)携带遗传信息(概念系统)。
- 概念系统管理实体系统,如遗传信息(概念系统)控制蛋白质(实体系统)合成。
- 实体都由物质、能量、信息(概念元素)组成,如 DNA、蛋白质(物质)、分子化学键(能量)、遗传密码(信息)。但是概念元素具有虚拟性,它不参加实体构建,即在实体中找不到它的形态与结构。(有序性是隐含而不可见的。)
- 概念元素必须在一定的外部环境中才能得以表现,如人的基因决定了要生长发育成人的个体,但是要形成一个健康的人,必须有良好的人类社会环境。

以上这几点,可以看成是大自然所规定的概念系统的活动规则,既有看不见的秩序,又有可见的秩序。这些大自然的法则也可适用于知识管理系统中的概念系统。

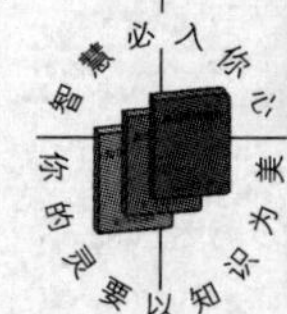

5.3　知识管理系统组成

如果我们用系统的思想来看知识管理,那么就是**知识管理系统**(Knowledge Management System, KMS)。企业的知识管理系统有三个实体系统组分,其一是"人"的神经系统(心智系统),其二是计算机系统,其三是商业系统(业务流程)。这三个系统分别是单个系统,它们被看成知识管理系统的组分,共同组成知识管理系统的实体部分即 KMS 的实体系统。这三个实体组分在相互作用中产生了(涌现出)概念系统。所以,可以将组成知识管理系统的实体系统和概念系统看成知识管理系统的子系统。

图 5-2 示出了知识管理系统的组成。

值得注意,KMS 是由自然系统与人工系统作为组分,所以它是一种相当复杂的系统。如果我们只是考虑计算机和业务流程两个组分组合的系统,这就是企业信息系统,在该系统中两个组分所涌现的概念系统的本质与知识管理系统有明显的区别;如果我们只是考虑"人"与业务流程系统两个组分间的

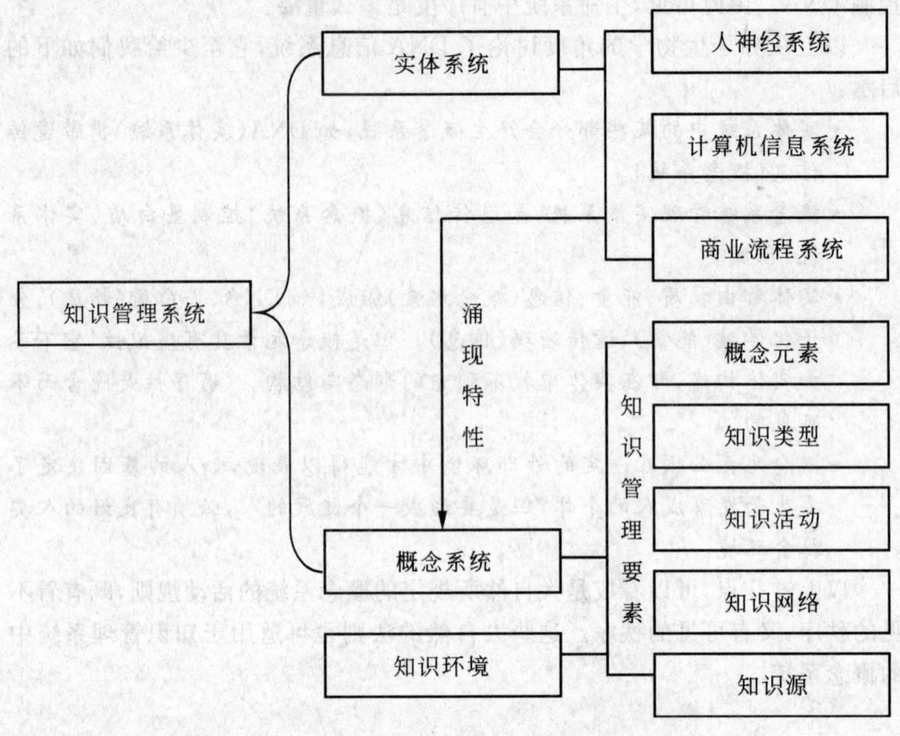

图 5-2　知识管理系统组成示意图

关系，这与知识管理系统也有明显的区别，这就属于传统管理学的管理系统。因此，我们在实践中要注意区分企业管理信息系统、传统的科学管理系统与知识管理系统。它们在组分上的不同，构成了涌现出的概念系统的宏观现象的不同，从而形成了巨大的差别。

5.3.1　知识管理系统元素

系统论的基本概念指出，系统元素是指与系统活动相关的参与者。但是它不是组成系统的个体或部分。主要的系统元素有系统环境、系统输入、系统状态、系统输出、系统管理五个元素。知识管理系统元素如下：

环境元素：表达了知识管理系统运行所需要的实体与概念的环境状态，包括实体系统环境和概念系统环境，以及组成它们的实体与概念的组分和各个组分间组合的关系。

输入元素：知识管理系统中的系统输入集有三个主要部分：其一，概念元素；其二，人力资源；其三，知识管理应用技术，如计算机硬件、软件、知识管理解决方案等。

状态元素:知识管理系统的系统状态包括概念系统中各组分之间的关系。

输出元素:知识管理系统的输出主要有三个方面:其一,知识的物化,使知识价值体现在实体产品中,进入实体价值链的运作或商品市场,例如创新的产品;其二,知识产品,使知识价值直接变成虚拟的产品进入交易市场,如软件产品;其三,知识资产,知识价值变成知识资产,进入交易领域或资本市场。

管理元素:知识管理系统的管理元素是五项管理职能,即计划、组织、人事、指挥、控制。如果没有管理元素,就没有管理系统。因此,管理元素是知识管理系统中不可缺少的元素。

以上知识管理系统元素虽然不是系统的组成成分,但是组成了系统的宏观结构或系统模式,在系统活动中是不可缺少的。

5.3.2 知识管理系统的组分

系统论的基本概念指出:组分是指系统的组成部分,是组成系统的微观个体,是系统中的单个部分。在知识管理系统中有两大组分,其一是实体系统,其二是概念系统。概念系统是从实体系统中涌现或产生出来的。任何组织或企业的知识管理系统,由于其实体系统中的各个组分和各个组分间的关系不同,所以涌现出来的概念系统及其组成概念系统的组分也不同。从某种意义来说,概念系统的组分之间的微观状态是难以知晓的。

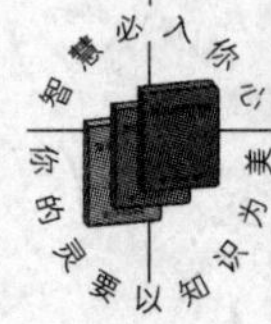

知识管理系统中的概念系统的组分在本书的第2章“知识管理要素”中就做过详细的讨论,这里不再重述。总而言之,组成知识管理系统中的概念系统的组分有六个:概念元素、知识类型、知识活动、知识网络、知识源、知识环境。它们是从知识管理系统中的实体系统中涌现出来的,因实体系统特点不同而不同。

知识管理系统中的实体系统有三大组分:

第一,人的神经系统(包括了单数和复数的人),包括企业领导者(CEO)、管理者(CIO、CKO等)、知识员工。

第二,计算机系统,管理信息系统中各种设施、设备、通信基础架构。

第三,商业流程系统,由人、财、物组成的各种业务流程,包括生产、销售、供应。

以上三个实体系统组成了知识管理系统的实体部分。这三个组分相互间组合关系涌现出了知识管理系统的概念部分,就是概念系统。组成知识管理系统的每一个部分都有个体特点,因而含有个体特定的功能。三个部分彼此按一定关系联结起来,形成了系统的新功能,表现出了单一部分所没有的复杂性宏观现象，即知识管理系统功能(KM system function)，它具有复杂系统所有的特征。

以上三种实体系统中相对独立的组分或部分，它们之间形成何种关系，涌现出何种概念系统是知识管理的要点。建立良好的组分间的关系，必然会形成一种良好的系统结构，这对知识管理是非常重要的。大多数企业知识管理失败的原因是对知识管理系统结构缺乏理解(包括了对显关系和隐关系的理解)，因此导致 KMS 构建不良，系统运作不佳。

目前大多数企业都实施了“管理信息系统”，这是计算机系统与商业流程系统组合后的系统，所以它是管理信息系统而不是知识管理系统。目前企业中的管理信息系统主要有三种：供应链管理(SCM)系统、客户关系管理(CRM)系统、企业资源规划(ERP)系统。这些信息系统整合了“人、财、物”的实体资源，形成了生产、供应、销售等各种计算机管理下的业务流程。它们是基于业务流程上通过计算机系统处理数据和信息的管理过程，所以本质上只是一种管理信息系统。因为这些信息系统中并没有“人”与计算机系统形成组分间的关系，所以难以进行高级概念层次的活动(大多数人把这种高级概念层次的活动看成“文化”)。从这个意义上说，信息系统是没有“文化”的系统，它属于 IT 系统的范畴；信息管理也是一种没有“文化”的管理，只是对数据、信息进行处理或管理。所以，企业要从信息管理走向知识管理，从管理信息系统转变成知识管理系统，这就要组织好“人”、计算机系统、商业流程系统三个组分间的关系，使之涌现出良好的概念结构，形成良好的概念系统。

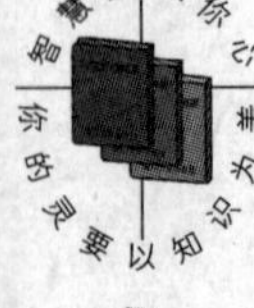

1. 人与文化

人的神经系统是知识管理系统中的第一个实体组分，也是最重要的实体组分。它的活动结果产生出了各种概念系统的组分，同时也涌现出了宏观现象：“文化”。所以，在知识管理系统中谈到“人”，实际上也谈到了“文化”，它是一个组织中各种人的不同神经系统活动所产生的宏观现象，它也是系统中一种不可忽视的力量。

人类的神经系统被称为“后天信息系统”，它是动物中最高级的类型。这是由人类的遗传密码所规定的。在遗传信息系统的指挥和控制下，形成了人的神经系统。人类的神经由 100 万亿个神经细胞组成。大脑是神经系统的中枢，大脑处理信息的能力来自神经细胞。神经细胞有 3 个基本部分：树突、细胞体、轴突。树突可以接收生物电和生化信号，细胞体处理这些信号，轴突将处理过的信号输出。大脑皮质是处理各种信息的中枢。人脑与其他的动物的脑根本的区别就在于大脑皮层。人脑的大脑皮层有处理语言、文字的中枢(第二信号系统)，而动物没有。这些都是根据人类的遗传信息，在细胞中合成相应的蛋白，然后形成特定的人类神经系统的结构，才有人类特定的功能。

人类的神经系统是所有生物中最复杂、最有效的神经系统。它具有良好的神经系统结构方式，有复杂的大脑皮层，有控制各种行为的中枢。这一切都使信息在传输、控制、反应上更有效。人类独有"语言"和"抽象思维"的能力，使人的神经系统有收集外界信息、传导信息、分析信息、产生知识的功能，并通过大脑的思维，指挥机体对环境做出适应性的反应。

人的大脑神经系统在外界信息的刺激下产生行为，人的行为结果是人工产物，这些产物就是人的大脑中各种概念组分活动的结果。请注意如下过程：

外界信息通过感觉器官→大脑→大脑内信息处理→协调全身器官→对外界做出适当的反应→人工产物。

在这个过程中，是信息起主导作用，使人产生生存智慧和发展智慧。这些智慧使人产生正确的行为方式(有序性)，这些行为对自己的生存和发展有重大的作用。其中有一些行为方式要靠反复练习而形成，这就是技术或技能。

外界信息进入人的大脑，通过复杂的信息处理过程，最后都会产生对信息处理的结果，这些结果可以称为思想或知识等。如果这种思想不付出行动，就是停留在概念的阶段；如果它付出行动(思想物化或知识物化)，且实现这种思想的行为是十分复杂的，那么，知识就开始转化技术或技能，只有这样才能实现行为。

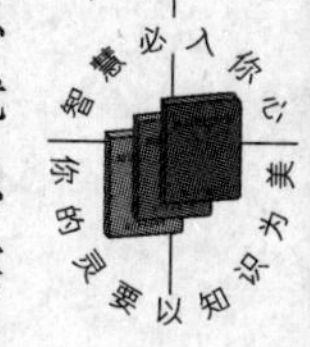

知识或思想是属于一个概念层次，它在人的大脑信息系统作用下通过对信息的处理而产生。要实现某种思想，只有通过行为，而实现行为的过程需要技术或技能，例如简单的有阅读技能，复杂的有实验技能。人天生的技术或技能叫"本能"，这是一种遗传下来的天生的对环境反应的能力，它对外界反应是非常迅速的，信息处理过程是约定俗成的。但是，大多数对环境的反应都是要通过后天的学习和训练，形成某种技能才能对环境做出正确的反应。人类是唯一具有经济行为的动物，这与人类独特的神经系统构造是分不开的。企业作为人类经济活动的产物，与人脑的关系是十分密切的。在整个企业的经营管理过程中，如何通过提供适当的激励环境，使员工的大脑为企业做出贡献，创造出新知识、新技术、新的管理模式，是知识管理的重大课题。所以，我们必须对人类的神经系统有一定的理解，从而理解人类的经济行为，达到管理好企业的目的。请注意，在这里所说的大脑神经系统处理信息、传递信息的方式并没有违反大自然规定的"概念系统"的法则。神经系统活动的结果就是概念系统，同时产生的宏观现象就是"文化"。计算机系统能产生数据和信息，但是绝

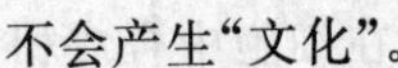

不会产生"文化"。

2.计算机系统与数据、信息的管理

知识管理系统中第二个实体组分是计算机系统。

随着人类创造性活动的发展，不断创造出了各种各样的实体世界。其中信息技术的发展使人类模仿自身的神经系统，创造出了新的、可以产生"概念"的实体，这包括了目前广泛应用的"计算机信息系统"，以及目前正在研究的"基于知识基础上的信息系统"如神经网络技术、人工智能等等。

人类创造了计算机信息系统，主要是为了延长了人类神经系统的功能，使人类可以更好地获得环境中的各种信息。它帮助人的大脑进行思维活动，帮助人类进行信息分析，使人类能够做出更好的决策。它有如下两种：

- 基于计算机的信息系统(CBIS)；
- 基于知识的信息系统(KBS)。

计算机信息系统是人类创造的，能产生"概念"的"实体"。在人类的发展过程中，科学技术的进步延长了人类的感觉器官和思维器官，形成了人类神经系统以外的、处理信息的结构。在21世纪的经济环境下，计算机信息系统扮演着十分重要的角色，它与人类的神经系统相结合，处理着各式各样的信息，使人类可以在知识爆炸的年代里，把握正确的信息，传输正确的信息，使人做出正确的商业决策。

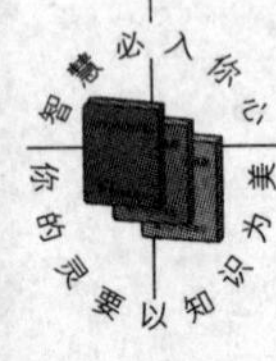

计算机系统作为人神经系统的延伸，一般来说，它有如下几个方面。

- 感测技术，包括传感技术和测量技术，它能扩展延长感觉器官的功能，帮助人们从外界收集各种各样的信息。
- 通信技术，包括时空传递技术，扩展传导神经网络的功能，帮助人们更好地传递信息。
- 计算机技术，包括计算机硬件和软件、人工智能、专家系统和人工神经网络技术等，扩展思维器官的功能，帮助人们更好地加工和处理信息。
- 控制技术，包括伺服调节和自动控制技术等，其作用是扩展和延长效应器官，帮助人们更好地使用信息。

计算机信息系统使人的神经系统的功能得到了扩展，主要表现在处理信息的范围、速度上。由于感测(collection)、通信(communication)、计算机(computer)、控制(control)四个词的首个字母都是C，因此有人把信息技术概括为4C技术。4C技术又被称为信息技术的主体技术。

1967年，Neisser出版了《认知心理学》，他用信息加工的原理来说明人的认知过程。它认为人脑的工作原理与电脑是一样的，在信息接受、编码、存储、操作、应用等方面,人脑与电脑是一样的。他把人脑与电脑进行类比,创立了认知心理学。这里应该说明的是,尽管电脑与人脑有许多方面是可以类比的,但是本质上是不一样的。

目前,企业中的信息系统称为**基于计算机基础的信息系统**(computer base information system, CBIS)。CBIS大体上可以分为六大类:

- 会计信息系统(accounting information system, AIS)
- 管理信息系统(management information system, MIS)
- 决策支持系统(decision support system, DSS)
- 办公自动化系统(office automation, OA)
- 人工智能(artifical intelligence, AI)
- 基于知识的系统(knowledge based system)

随着计算机、网络技术的不断发展,CBIS应用系统也不断演化发展。

第一阶段,计算机在商业领域上的应用是源于对企业数据的处理,称之为**电子数据处理**(electronic data processing, EDP)或**数据处理**(data processing, DP),以后称之为**会计信息系统**(AIS)。

第二阶段,计算机在商业领域的应用扩大,把重点从数据处理转到信息和决策支持。大约到了20世纪60年代中期,形成了管理信息系统(MIS)。后来美国麻省理工学院(MIT)的信息专家提出了决策支持系统(DSS),这就进一步使计算机在商业上的应用更加广泛。

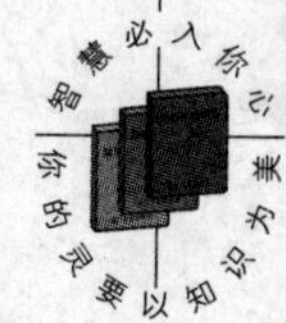

第三阶段,计算机在商业通信、信息共享中的应用,出现了**办公自动化系统**(OA),它利用了视频会议、电子邮件、电子日历、多媒体应用等技术,使商业办公环境中除了实体办公室外还有**虚拟办公室**(virtual office)。这些都增进了商业效率。

第四阶段,随着计算机技术的发展,对计算机进行编程可以使计算机进行逻辑性推理,因而出现了**人工智能**(artificial intelligence, AI)。人工智能在商业应用中极为广泛,例如,**专家系统**(expert system, ES)。这些引起了信息专家、商业界极大的重视,一些组织将计算机模拟人类神经系统的功能,提出了**数字化神经系统**(digital neural system),这些都是**基于知识的系统**(knowledge based system, KBS)。

基于知识的系统是从计算机信息系统发展而来,具有人类智慧的概念系统。它有两个基本特点,其一是根据人类的神经系统构造而建造,另一个特点是能独立进行自组织的运行。

目前,计算机技术还不能做到如人类神经系统那样运行,但是通过人类的不断努力，将来也许会研究出真正具有人脑功能的电脑。这将是人类史上的一个重大的突破。但是，有一点可以肯定，人的努力只能接近这个目标，可能永远也不能达到这个目标。目前基于知识的信息系统主要有专家系统、人工智能、机器人、初级脑型计算机等。

3. 商业流程系统确定了知识管理系统的性质

企业知识管理系统中第三重要的实体组分是商业流程系统。

商业流程系统中包括了生产、供应、销售等业务流程。业务流程的行业性十分明显，不同的行业其业务流程也不同；相同行业由于商业行为不同，流程也不同。例如，制造业、零售业等在流程中的区别是十分明显的。

由于业务流程因行业和商业行为不同而不同，所以知识管理系统也不一样。例如，在制造业中目前流行的企业资源规划(ERP)，就是制造流程与计算机信息系统整合的产物。ERP 系统整合了企业物料、制造、财务、分销等一系列的数据和信息，使管理者能够对制造过程进行有效的管理和控制。一般来说，企业的 ERP 系统都没有对“人”进行组合。如果将现有的 ERP 系统与“人”组合起来就会涌现出系统的新特性，包括了高层次的概念系统组分，这时就会形成制造业的知识管理系统。所以，知识管理系统是具体的，不是抽象的，必须与实体的业务流程组合起来才有真实的意义。因此，商业业务流程也必然是知识管理系统的一个重要的组分或部分，因为它确定了知识管理系统的本质。

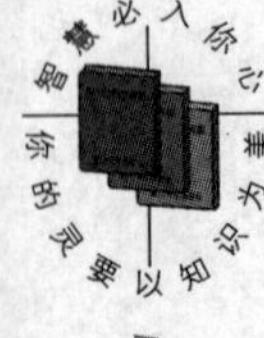

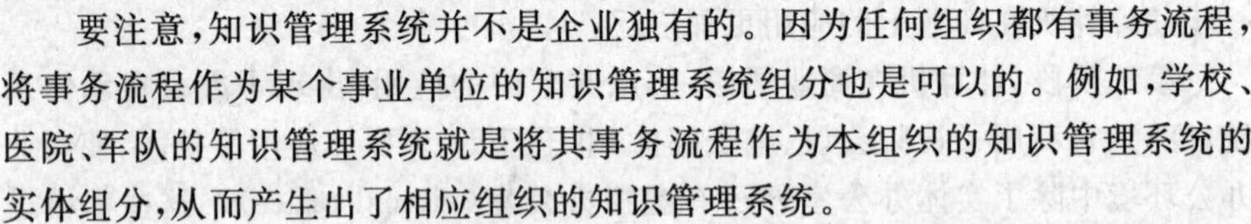

要注意，知识管理系统并不是企业独有的。因为任何组织都有事务流程，将事务流程作为某个事业单位的知识管理系统组分也是可以的。例如，学校、医院、军队的知识管理系统就是将其事务流程作为本组织的知识管理系统的实体组分，从而产生出了相应组织的知识管理系统。

综上所述，任何知识管理系统都是人、计算机系统、流程的组合系统，它们的组合产生了独特的概念系统，这种概念系统不是单一组分所产生的，而是综合的结果。不同组织的知识管理系统都是不一样的，它们所产生的宏观效应也是不同的。

5.4 知识管理系统复杂性

在认识和理解知识管理系统的复杂性时，要注意到构成其系统的组分或部分。认识单个实体的知识和规律是重要而不可缺少的。但是它们只是知识管理系统知识的一小部分，因为在一个系统中，各个部分只是系统中各组分间关系网络的一个节点、一个细节。如果只是注意到"人"的管理,或只注意到计算机系统对数据、信息的管理与业务流程的关系,这显然不是知识管理,属于传统企业管理和管理信息系统的范畴。所以,对于复杂系统专家建议应该注意到系统中各种组分形成关系网络的突出结构(salient structures),要注意采用整体的观点认识系统结构与功能。所以不但要注意系统各个单一组分的知识,更要注意到综合的、系统的,由涌现特性所产生的系统新知识。在这里就是指知识管理系统的知识。

另外,对系统的认识可以从宏观和微观来进行。宏观认识代表系统整体的宏观概念,而不涉及组分。微观认识跨越了组分层次和系统层次。在对知识管理系统的认识可以从宏观上,也可以从微观上进行。同时也要注意到系统环境与系统复杂性的关系。系统环境包括了内环境和外环境两个部分。在系统中组分的更替不影响系统的存在,例如企业系统中,员工的更替不影响企业系统的存在。但这只是一种数量在一定范围内变化的系统同一性(identities)。量变导致质变,这就是无常性(transience)。

由于知识管理系统中每一个组成部分都有自己的特性,它们之间形成某种关系后又有了新的特性,同时系统组分与内外环境有十分密切的关系,所以知识管理系统是复杂系统,综合起来导致复杂性的有如下三个主要原因:

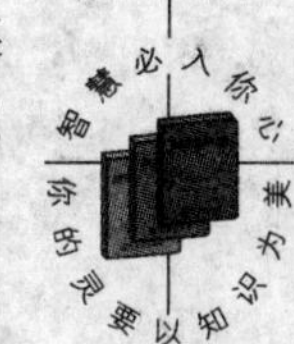

1. 组合的层次性

在复杂系统理论中,系统的每一个组分或部分都有自己的属性、个体特征。系统在最基本的层次上表现为同质性(homogeneity)和简单性(simplicity),例如考察同一组分时,就会使人感到这两个特性;但是世界上大多数事物都表现了无限的多样性(infinite diversity)和复杂性(complexity)。这种多样性和复杂性是组合的结果。组合系统中的各种组分不但表现出了各种其成分的特性,也表现出了一些由关系引起的全新的特性。因此,世界就是一个复杂的组合系统。那么,知识管理系统也是一个复杂的组合系统。除了在大的层次上有三个组分外,每一个组分内又有许多层次的组分,这些组分与系统元素间又会产生某种关系,从而又多了一层的复杂性。因此,在理解 KMS 时,可以用大组合系统理论和复杂系统理论来理解,从中找出规律性的东西。多层次是系统复杂的原因之一。

2. 组合物的涌现性

组合物的涌现性(emergent properties)显示了物质是如何被组织起来的。系统专家指出:"生命是从无机物中涌现出来的,意识是从一些动物中涌现的,社会组织从个体行为中涌现出来。……而刚性和湍流却与基本粒子毫不相干，就像信念和欲望与神经元无关一样。”①涌现特性使我们知道系统的结构（概念结构，conceptual structures），看清系统中的各个组分是如何组织起来的。这种“涌现特性”在前面所述的概念系统理论中就是从“实体”中抽象出来的“概念”。涌现特性使组分间形成关系后产生的结果多样，令人难以预测。在KMS中，知识员工与计算机系统某一部分组合，涌现出来的现象也是千差万别。所以，涌现特性也是构成系统复杂性的原因之一。

3. **非线性**

自然界本身就是非线性（nonlinearity）的。这种非线性的特性往往被忽视。人们根据自己的认识，将世界按线性划分认识，产生了线性思维的观点。“线性的思维方式以及把整体仅仅看作其部分之和的观点，显然已经过时了。……在系统理论中，复杂性不仅仅意味着非线性，还意味着大量的具有许多自由度的元素。所有的宏观系统，如石头或行星、云彩或流体、植物或动物、动物群体或人类社会，都是由诸如原子、分子、细胞或有机体这样的组元构成的。具有大量自由度的复杂系统中的单个元素的行为，既无法被人预见，又无法被人追踪。对单个元素的确定论描述，必须代之以概率分布的演化。”②因此，在认识理解知识管理系统过程中，采用非线性思维方式是十分重要的。事物非线性结构的本性是系统复杂的原因之一，所有复杂系统都是非线性系统。与此相对应的就是线性系统。这种线性系统是人类认识过程中线性思维的结果。它把系统按人类现有知识分析成不同的部分，从而获得对这些个别部分的认识，然后再将这些不同部分综合起来，形成整体的认识。在这个过程中他们采用了叠加原理（superposition principle），这是线性系统的基本特性。非线性系统不服从叠加原理，而是服从涌现性（emergence）原理，认为系统的涌现行为（emergent behaviors）产生了系统的非线性宏观效应。例如，在知识管理系统中，计算机与“人”的关系所产生的结果并不是简单地叠加，而是一种很复杂的人机关系，它所产生的结果服从涌现性原理，产生出了许多知识管理系统的宏观效应。这种宏观效应有时被看成系统的输出集、系统的运作结果；它既不是单一“计算机系统”所产生的东西，又不是单一“人”所产生的东西，也不是两个系统组分的叠加所产生的结果，而是特定知识管理系统所产生的结果。

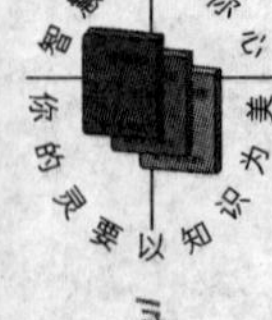

① 欧阳莹之著，田宝国，周亚译. 复杂系统理论基础. 上海：上海科技教育出版社，2002

② （德）克劳斯·迈因策尔（Klaus Mainzer）著，曾国屏译. 复杂性中的思维：物质、精神和人类的复杂动力学. 北京：中央编译出版社，2000

以上三点是构成复杂性的主要原因。当然根据复杂系统理论还有许多其他的原因,对于复杂性原因的探讨是认识系统的关键。由于这超过了本书的讨论范围,不在此做进一步的探讨。

5.5 知识管理系统结构

综上所述,我们知道知识管理系统是一个复杂的组合系统。由三大实体组分构成概念系统的基础,从而形成了知识管理系统的两大部分:物质性的实体系统和虚拟性的概念系统。这两个系统可以看成是知识管理的子系统,它们在知识管理系统中是相互依赖而存在的。

- KMS 实体部分:人的大脑神经系统、计算机信息系统(硬件、应用软件、计算机网络等)、商业系统中的业务流程。
- KMS 概念部分:由人脑所产生的概念要素:知识、智慧、道德(文化范畴),由计算机信息系统产生的概念要素:数据、信息(IT 范畴),及由商业系统产生的特定的、基于业务流程基础上的数据、信息、知识。

这是对知识管理系统宏观的认识。我们通过相关的几张图来说明知识管理系统的微观结构与功能。

在图 5-3 中可以看出,企业中的 KMS 系统像一个三角形的结构:底边是"人"的"文化",这是整个系统的主角;两腰分别是"业务流程"和"信息技术"。三条边共同形成的概念诸要素,是 KMS 活动的主角。该图的其他外围部分是系统元素和彼此关系的涌现结果,如"文化"通过"知识管理战略",将信息技术(企业管理信息系统)所进行的信息管理导入知识管理;通过人与计算机系统的结合实施管理的五项职能,对业务流程实施管理过程。通过五项职能的管理会产生 KMS 的系统输出,这是具有价值的部分。这些输出有三个部分:实体产品(被物化的知识)、知识产品(虚拟产品)、知识资产。同时,业务流程向"人"反馈信息,从而使"人"能够根据实际情况调整自己的行为,调节系统输入和系统状态,使之达到系统目标。这些系统中涌现出来的结果将在各章中详细讨论。

图 5-4 中表达了知识管理中运用的系统观点。其中有知识管理的元素分布,以及知识管理系统组分的组分间的关系。

将图 5-3 和图 5-4 结合起来看,可以更清晰地了解"系统"观点在这里所起的作用,从中体会到知识管理系统的运行。如果我们把"知识管理系统"看成是企业的价值形成过程,那么这个系统就是"知识价值系统"。但是,这个

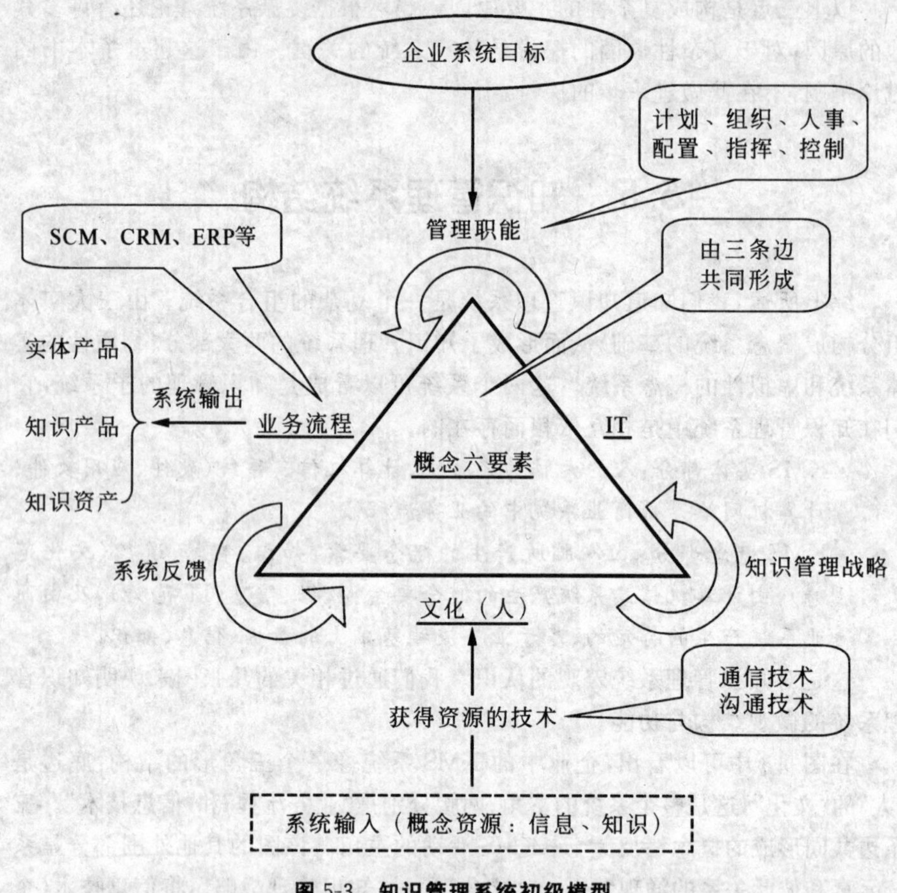

图 5-3 知识管理系统初级模型

“知识价值系统”能产生多少价值，是要靠“管理”来实现的，所以，没有必要去描述一个“知识价值系统”在没有实施有效的“管理”下的状态，相反，一个企业管理者更注重如何通过有效的“管理”，去实现这个系统的价值，这就是知识管理系统的目标所在，知识管理系统要通过有效的管理才能达到系统目标。因此其中管理元素是十分重要的元素。

如果我们用系统的观点，同时参照一般系统的模型，就可看出知识管理系统特点。它也强调系统的输入与系统的输出，并根据系统目标进行反馈调节。在图 5-4 中可以看到知识管理系统的全部内容，通过对这些内容的理解，我们就可以理解和把握知识管理的核心。

• 系统目标：通过知识管理，形成企业价值（通常每一个企业都有自己的

系统管理
管理职能
系统目标
系统环境（知识环境）代表了高层次的概念要素（知识、智慧、道德）活动
反馈环
系统控制机制
前馈控制
反馈控制
系统输入
系统状态
系统输出
输入映射
输出映射
输入集
输出集
数据
信息
知识
实体产品
知识产品
知识资产

图 5-4　知识管理中的系统观点

具体的目标，KMS 的系统目标与企业的目标是一致的）。

- 系统输入：系统从环境中获得各种概念资源：数据、信息、知识，包括从企业内环境和企业外环境中获得概念资源（这是企业实体包括人、财、物、流程等所产生的概念）。
- 系统状态：系统中数据、信息的收集、整理、提炼；知识活动中各种知识的转化；产生输入映射（创新思想、创新知识）；输出映射（将创新转化为成果）；知识网络的知识传递、共享、沟通（包括了企业内外的知识网络）；系统状态表现了知识活动；企业知识的"新陈代谢"。系统状态由系统环境（知识环境）而产生，反过来又形成了系统环境的一部分。系统环境是由于高层次的概念要素即知识、智慧、道德组成的，对整个 KMS 产生重大的影响。
- 系统输出：KMS 的系统输出：其一，富含知识的实体产品（具有物理结构的知识密集型产品）；其二，知识产品（没有物理结构的虚拟产品如软件）；其三，知识资产（无形资产、市场网络、组织管理）。

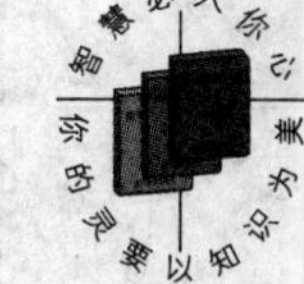

- 系统管理:KMS 的正常运行要靠有效的管理,只有通过五项管理职能,才能对系统进行有效的管理,以保证系统目标的实现。但是,这五项管理职能与传统的五项管理职能有本质的区别,在 KMS 中所说的五项管理职能,强调的是软性管理、对概念资源的管理。

知识管理系统在细节上是复杂的,甚至微观组分间的个体关系是不可知的。但是,如果我们从宏观上把握知识管理系统的结构,对于理解其涌现出来的特性就会有十分深的理解。下面我们进一步在以上图 5-3,图 5-4 的基础上通过图 5-5 进一步认识其结构。

我们将“图 5-4”进一步细化,用“图 5-5”来表达细部。我们看到了 KMS 中各个部分,以及它们之间的相互关系。图 5-5 的上方表示了系统的输入部分、系统的状态。其中有“知识活动”,表达了知识间在系统中发生转化。图的中部表示了系统的输出部分。这两个部分(输入集、输出集)用虚线来表示。从输出部分我们可以看到三个结果,分别是实体产品、知识产品、知识资产。企业的价值主要来自这三个方面。图的最下端表示了系统的目标,以及达到目标的三条途径。在整个系统的过程中,我们可以看到三种创新——知识创新、管理创新、技术创新,这些知识活动的结果,反映在系统的输出部分,形成企业的价值。

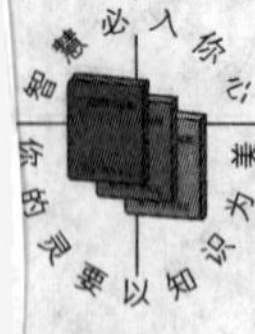

另外,图 5-5 的左上方标出了企业知识资产的范围。它包括了人力资产和智力结构资产。前者在图上方,后者在图下右中部表示。以下按系统的观点简要讨论 KMS 的各个部分。

5.6 知识管理系统活动

知识管理系统活动主要集中在它的概念系统组分上,除了在第 2 章中所述的每一个概念系统的组分有其本身的特性外,另外在系统的活动中、彼此的关系中也涌现出了新的特性,对此可以从以下的讨论中获得进一步了解。

5.6.1 KMS 中输入

KMS 中概念输入可以称为“知识获取”,它是指 KMS 获得各种“概念资源”(数据、信息、知识)。它有两个主要方式,其一是直接输入,其二是间接输入(图 5-6)。

直接输入是指“主体”直接从另一“主体”获得概念资源。这就需要“主体”

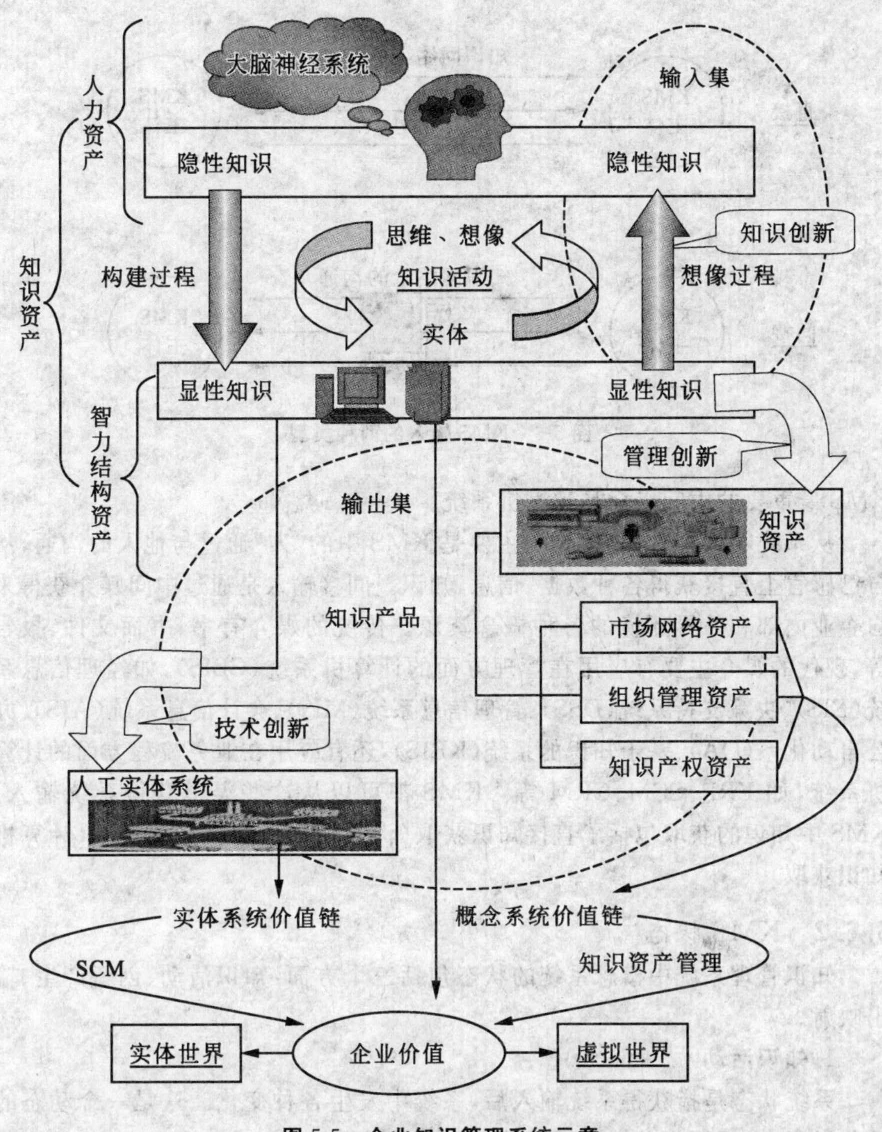

图 5-5 企业知识管理系统示意

间的沟通，这种沟通不但包括了人与人之间的沟通，也包括了组织内和组织间的沟通。这些沟通都发生在各种类型的知识网络中。

间接输入是指“主体”间接从另一“主体”获得概念资源。所谓“间接”，就是通过中间媒介而获得概念资源，包括书籍、报刊、文档、计算机系统等。企业

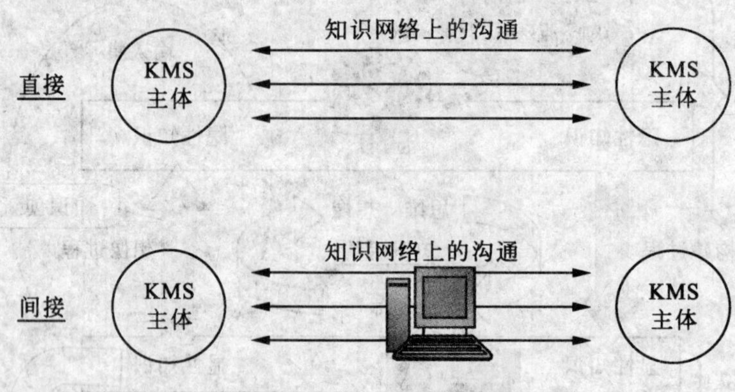

图 5-6 KMS输入的两种类型

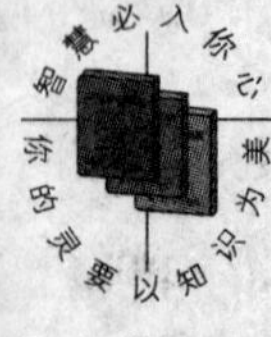

KMS最重要的中间媒介是计算机系统。

从系统输入来看,直接输入主要是KMS中的"人"通过与他人的沟通,从自已感官上直接获得各种数据、信息、知识。间接输入是通过中间媒介获得来自企业内部和外界环境的各种概念资源。传统的媒介有书、书面文件、报告等,现代的媒介主要有应用在管理方面的计算机系统(CBIS),如经理信息系统(EIS)、决策支持系统(DSS)、管理信息系统(MIS)、会计信息系统(AIS)、办公自动化系(OA)、基于知识的系统(KBIS),还有应用在业务流程方面的计算机系统,如ERP、SCM、CRM等。KMS都可以从这些渠道获得系统输入。KMS中知识的获取包括了直接知识获取(沟通管理)、间接知识获取(计算机知识获取)。

5.6.2 KMS状态

知识管理系统中概念系统的状态包括三个方面:知识活动、创新产生、输出映射。

1. 知识活动

系统状态是指获得系统输入后,系统中发生各种变化。这是一个动态的变化过程,表现了各种知识的活动过程。参见第2章。

- 从"隐性知识"到"隐性知识"的转化——社会化;
- 从"隐性知识"到"显性知识"的转化——外化;
- 从"显性知识"到"隐性知识"的转化——内化;
- 从"显性知识"到"显性知识"的转化——组合。

知识管理系统中这些变化是不断进行的,伴随着企业生命周期。这些变化将产生哪些输出的结果有赖于系统管理与系统内环境与外环境的状况。就企业的知识管理而言，管理者要促进KMS中知识网络的形成与发展，促进知识获取、显性知识和隐性知识之间的相互转化。一方面将知识员工头脑中的知识提取出来，传递给企业中的系统和其他的员工；另一方面也要从企业的系统中获取知识，传递给知识员工的大脑。在这个知识活动的互动过程中，形成新的显性知识和新的隐性知识，体现了企业绩效和创新。

对显性的知识管理能获得企业绩效，对隐性知识的管理能获得创新。前者容易感觉到和测量到，后者则难以感觉和测量。这是知识管理两个重要的方面。

2. 创新产生

KMS中知识活动的结果是创新产生。要注意到，系统中知识活动的四种变化在实际过程中常交织在一起，相互作用。有三种基本的创新：技术创新、知识创新、管理创新。这三种创新产生不同的结果。

知识创新：头脑中新知识的产生（主要是隐性知识），这是一个“内化”过程。人脑中原有的显性知识和隐性知识在获得大量外部信息和知识后，各种知识间相互转化，产生了新的知识。新知识的产生要在良好的知识环境下进行，同时也要利用技术方法。知识并不产生于计算机信息系统，而是产生于人脑；计算机信息系统对知识管理只起支持作用，使人能够更快、更好地收集数据、信息、知识。通过人机结合可以整合概念系统中的各组分关系，从而促进新知识的产生。新知识产生，也是人力资产或智力资产的增加。

技术创新：人头脑中的知识通过“外化”过程，被提取出来，知识（主要是显性知识）融入到实体产品，产生各种有知识含量的实体产品。这是产生“人工实体世界”的过程，见图5-5的左边。在管理上，它可以归于实体价值链的管理，也就是“供应链管理”（SCM）的范畴。它最后为企业产生价值。要注意，这是通过实体运营过程而产生的价值。传统的工业生产过程注重通过这条途径实现企业的价值。

管理创新：这也是人头脑中的知识通过“外化”过程，被提取出来，但是和以上技术创新不同，并不是融入到实体产品中去，而是融入到虚拟的领域中去，见图5-5的右边。这时产生“知识产品”和企业的“智力结构资产”。

3. 输出映射形成

这是KMS经过创新过程而产生的结果。KMS系统状态中知识流是系统中最活跃的一个概念元素。“知识”从系统输入开始，形成“知识流”，经过系统的每一个环节，一直到系统输出，最后产生价值。这是知识管理系统的动态

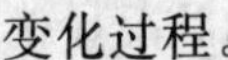

变化过程。

在KMS系统过程中，为了保持“知识流”的持续性，企业都要不断收集、组织、共享和分析知识，将知识运用于企业的商务流程中以达到某个商务目标，帮助企业中员工交流和分享信息，从而改善企业内每个员工的工作速度、效率和能力，使知识管理成为一个不间断的持续过程。以下几点就是系统中不间断的基本行为：

- 收集信息：收集与企业业务相关的信息；
- 知识产生：在掌握信息的基础上获得专门知识；
- 知识分析：对知识进行分析与综合的思考过程；
- 新知识共享：创新的知识产生，并在企业中共享创新知识，形成企业的知识资产；
- 知识资产管理和经营：对知识资产进行管理和经营，使之产生更大的经济效益。

系统状态中表现了KMS中知识的活动，当这种活动有了一定结果，达到了一定的状态时，就会产生系统输出需求，这就是系统输出映射。如果要获得良好的KMS输出，就要有良好的输出映射，这有赖于一个良好的系统环境——知识环境，在这个良好的环境中让员工进行良好的知识活动，产生创新成果。

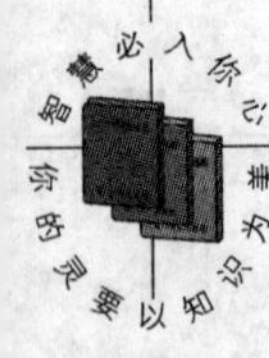

5.6.3 KMS环境

KMS系统环境包括了企业内部环境和企业外部环境。内环境通常是指企业的内部环境或知识环境；外环境是指企业的外部环境，包括社会、文化、地理等。这些环境因素都影响着系统状态的变化和系统产生的输出结果。可见在知识管理中环境因素是不可忽视的。

知识环境是构成KMS系统状态变化的主要系统环境因素。它主要是由高层次的概念元素知识、智慧、道德组成。这些概念元素可以看成企业文化要素即企业文化的构成要素。KMS系统输入、系统状态变化受知识环境影响，反过来系统输入结果和状态变化的结果也影响知识环境。

构建一个良好的知识环境对企业实施知识管理和KMS系统运营会产生重大的影响，对此我们将进一步讨论。

5.6.4 KMS输出

在一定的知识环境的下，系统状态不断变化而出现了输出的需求，这时输出映射出现了，也就是说系统产生了输出内容，系统就会输出系统内部的变化

结果,以便形成新的动态平衡。在良好的内部环境和外部环境的作用下,企业的 KMS 将输出如下几个部分的内容:

- 实体产品:包括了所有高知识含量的实体产品,例如,信息技术中的硬件、生物科学中生物制品、新材料技术中的新材料、自动化技术的自动化设备、航天技术中的航天器等设备。这些高科技的实体产品富含知识,但是它们仍然有其实体性,即具有物理特性。我们可将它们看成是一种物化的知识,或知识的物化。
- 知识产品:包括各种信息产品、软件产品等。这些产品的特点是虚拟性,没有物理的结构实体。
- 知识资产:包括组织结构资产、市场网络资产、知识产权资产等无形资产。

以上这三种系统输出的内容分别是系统状态变化过程中的产物,这些变化过程可称为技术创新、知识创新、管理创新。三种创新分别产生实体产品、知识产品和知识资产。

技术创新发生在企业业务流程中,这些业务流程主要生产实体的产品,通过技术创新,使产品的知识含量增加,更适合人们的使用,满足人们的各种需求。技术创新过程需要大量的技术工具,依赖流程管理的计算机系统,如 ERP、CRM、SCM 等。

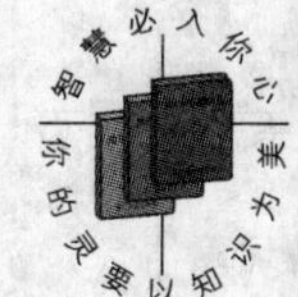

知识创新发生在人的大脑中,它是将个人的隐性知识外化的过程,利用计算机技术产生出各种非实体的产品。这些产品与传统的实体产品不一样,它不能直接满足人对“实体”的需求。

管理创新发生在人与实体的交互过程中,它利用了人的概念资源,重新排列和组织实体资源,使之在管理中产生新的变化,形成企业的无形资产。

系统输出是一种价值输出,它使知识管理达到一定价值的目标,完成 KMS 系统目标。

5.6.5　KMS 目标

从图 5-4 中可以看出,系统输入、系统状态变化、系统输出都是围绕系统目标进行的。知识管理的系统目标是与企业目标一致的。为了达到 KMS 系统目标,系统要对这三个部分进行管理。“五项管理职能”就是管理者对系统行使管理的基本职能(包括计划、组织、人事、指挥、控制),从而保证整个系统过程与系统目标一致。但是这与传统的管理职能不同,要注意区别。

在图中我们可看到系统的“控制机制”,它是保证系统目标实现的管理过

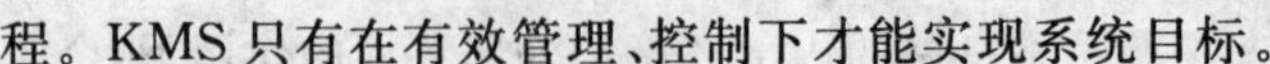

程。KMS只有在有效管理、控制下才能实现系统目标。

企业KMS系统状态是一种动态的过程。这些动态的过程表现为人脑中知识的动态变化及知识环境变化(包括文化环境变化和技术环境变化)。这些方面的变化构成KMS系统动态,也影响到系统目标是否可以达到。

5.7 知识管理系统类型

如果不考虑知识管理系统的实体组分,只从概念组分来划分,我们可以把KMS分成两种类型:完全基于个人大脑的个人KMS、基于群体员工大脑和企业计算机系统的组织KMS。前者可以称为"个人知识管理系统",后者称为"企业知识管理系统"。

5.7.1 个人知识管理系统

如果从个人角度来看,无论是否是管理者,知识管理都可称为"个人知识管理",也可以将"个人KMS"看成是"企业KMS"的子系统。从一个企业的角度来看,它要帮助员工或管理者发展个人价值,其目的是为了积聚企业的"人力资本",达到企业持续发展的目的。它有两方面的意义,对个人来说通过在组织中学习和工作提高了个人的价值或人力资产;对组织来说,就可以从丰厚的人力资产中,提取组织所需的组织智力结构资产,从而积累和增加组织的知识资产,为知识资本的经营打下基础。

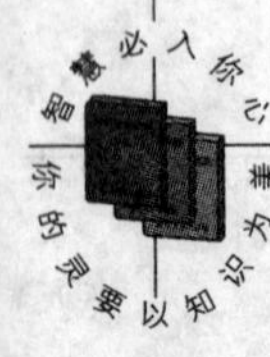

组织中的每一个人都必须进行个人的知识管理,包括领导者、各级管理者、知识员工。企业中有如下几种"人"在企业KMS中扮演着重要角色。

- 知识经理;
- 知识主管;
- 知识员工;
- 各个管理层次中的管理者——CIO、CEO、部门经理、基层管理者;
- 员工。

"人"是知识管理的主角。这有两方面的意思,其一,"人"对自己头脑中的知识进行管理;其二,"人"运用自己头脑中的知识,去管理企业中的其他"人"。前者属于"个人知识管理"的范畴,后者则属于"组织知识管理"的范畴。现在一般所说的"知识管理"常指后者,可以将前者看成后者的子系统。

每一个人在企业中都从事不同的工作,都有不同的责任、权力、义务。每一个人都应该管理好自己，提高自己的能力，使自己能够胜任企业中的角色，所以“个人知识管理”是十分重要的。主要讨论的内容如下：

- 个人生涯计划；
- 生涯计划的实施与改进；
- 个人知识资本的形成与发展。

企业的人才来自个人知识管理的成果，所以，它是企业知识管理的基础。“企业知识管理”也要促进企业中“人”的“个人知识管理”，从而使企业能够产生人才、留住人才、用好人才。参见第 12 章。

5.7.2　企业知识管理系统

企业知识管理被认为是一种管理，它是企业中不同管理层次的“人”行使管理职能，对企业中的人、财、物、产、供、销进行管理。但是，知识管理系统与传统管理系统的重要区别之一体现在：价值观、价值获取方式及价值形成方式。知识管理注重组织价值的发展，它通过各种软性管理的方法从知识员工中提取价值，将其转化成组织的价值（实体产品、知识产品、知识资产三个部分）。KMS 就是以系统的方法来组织和实施知识管理实践。

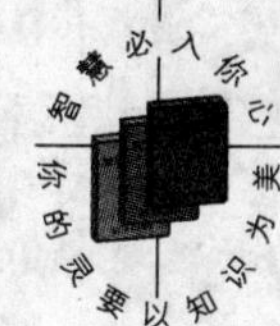

应该注意到知识管理并不为企业所独有。在任何组织中都需要知识管理，例如学校、军队、政府机关等等，特别是那些知识密集型的组织，更需要知识管理。知识管理几乎涉及人类社会所有的组织。

企业 KMS 的基本内容可归纳如下：

- 管理者的管理职能；
- 流程中的知识管理；
- 知识资本经营。

企业的知识管理要讨论以上三个方面的内容。每一个部分都有很丰富的内涵，只有对这三个方面有深刻的理解，才能真正理解知识管理。

5.8　知识管理战略

知识管理在 21 世纪被许多企业看成企业的基本战略，这是十分重要的趋势。实际上，无论企业管理者是否意识到，企业中客观地存在着大量的知识。这些知识存在于流程、实际操作、诀窍、客户信任、管理信息系统、企业文化中。这些知识虽然存在，但在传统工业经济环境中往往不被人认识和重视。这些

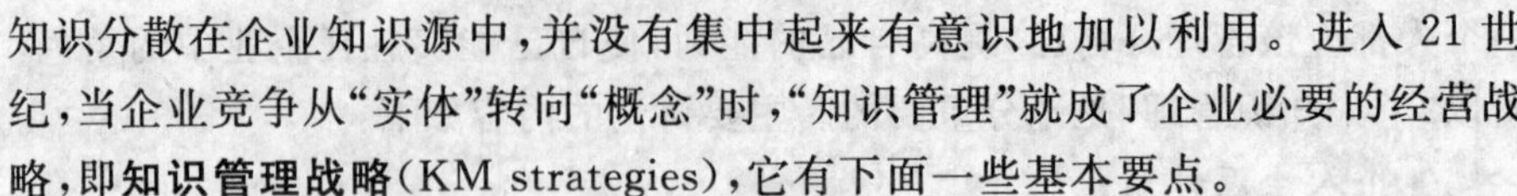

知识分散在企业知识源中，并没有集中起来有意识地加以利用。进入21世纪，当企业竞争从“实体”转向“概念”时，“知识管理”就成了企业必要的经营战略，即**知识管理战略**(KM strategies)，它有下面一些基本要点。

5.8.1 发展基于知识的企业战略

知识管理战略是基于“知识”的企业战略。知识经济中，产品知识、市场知识、客户知识等对企业的价值产生巨大的影响。人们已经看到这些知识给企业带来的价值，大大超过传统产品交易过程所产生的价值。所以，企业必须确立以知识为基础的企业战略，推动企业中知识管理的进行，争取企业价值的最大化。一些专家认为，在一个不断信息化的企业中或在一个知识型的企业中，纯粹的企业战略已经不存在了，取而代之的是**知识管理企业战略**(KM business strategies)。它与传统企业战略最大的不同点就是，它是基于“知识”上的企业战略。这种战略的本质就是发展概念系统的各个要素(参见第2章)，表现为：

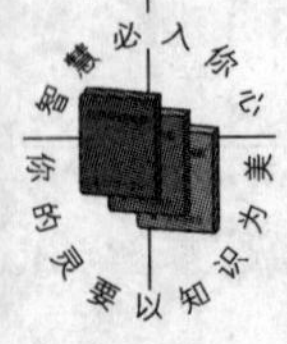

- 以知识为中心管理好概念中的五大元素；
- 注重企业中的隐性知识的发展、管理与保存；
- 推动知识活动，促进创新成果的产生；
- 发展企业内外的各种知识网络，形成良好的知识活动的网络结构；
- 开发企业内外的各种知识源，保证管理系统可获得优质的概念资源；
- 发展一个良好的知识环境，促进知识管理系统的活动。

以上六点都是知识管理系统中概念系统的组分。应从战略角度来考虑将企业战略从实体移到虚拟的概念上，这是企业管理在思想上、认识上的飞跃。

5.8.2 发展基于知识的实体基础

基于知识的实体基础，就是知识管理系统中的实体部分，它包括了人、计算机系统、业务流程。这三个方面是产生概念的基础，如果没有打好这个基础，真正的知识管理是谈不上的。

1. 发展良好的企业文化

一个良好的企业文化，是形成一个良好的知识环境的基础。有了这个基础，知识才可以在企业内共享。通过知识共享，才有知识活动，企业才可以从知识员工中提取知识，从而形成企业的知识资产。同时，也提高了知识员工为企业做出正确决策的效率，从而大大增加企业的商业机会。另外，良好的企业文化提高了知识员工的忠诚，保护了企业的知识资产不被流失。基于知识共享的企业文化提供了诸多的好处，它对企业价值的形成是十分重要的，也是知识管理的重点。

基于知识共享的企业文化是知识管理的核心，如果没有这个核心，知识管理系统就没有一个必要的、可运行的“知识环境”，那么知识管理就只是一句空话。要实施企业的知识管理，就要搭建一个良好的基于知识共享的企业文化，从而形成一个良好的“知识环境”。

要看到企业文化是影响员工心灵的力量。管理者要善于利用这个力量去影响、感召员工的心灵，使员工的心灵结构能符合企业发展的需要。这是在战略高度上要考虑的问题。

2.发展良好的计算机系统框架

为了对知识管理支持，企业应该在信息技术方面进行投资，形成一个以信息技术为主的硬件和软件的基础框架。这个框架可以提供给知识管理过程足够的支持，使企业知识管理系统得以顺利地运行。

这些支持知识管理的信息技术包括企业内联网、外联网、决策支持系统、管理信息系统、电子数据传输、文件管理系统、数据仓储、万维网应用、项目管理等。这些技术可以对数据、信息、知识的收集、整理，新知识的产生、创新知识形成、商业决策、企业知识资产的形成等过程进行有效的管理，从而提高了企业的价值。

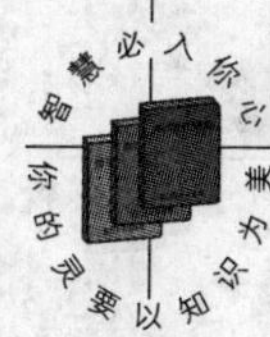

目前，应用软件生产商提供了丰富的知识管理产品线，这为企业的知识管理提供了重大的支持，企业可以根据自身的需求，对这些软件产品线进行选择，与自己原有的系统进行集成，将“人”或“文化”集成到现有企业的信息系统中去，搭建一个易于知识管理的实体平台，为使企业从信息管理到知识管理、从管理信息系统(MIS)到知识管理系统(KMS)的飞跃确定一个良好的实体基础。

因此，企业要在现有的信息技术基础上、信息技术战略上，进一步考虑如何发展成企业的知识管理战略。

3.发展基于知识的业务流程

企业的各种业务流程应该进行基于知识的管理。无论是制造流程、作业流程、服务流程、订单处理流程、库存流程、运输流程等，都应进行基于知识基础之上的管理，从而不但可以做到将正确的信息传递给正确的员工，使员工能够在业务流程中做出正确的操作和决策，而且可以通过知识共享、知识活动、知识网络形成企业的知识资产。要看到知识管理是依附这些“实体”的流程才能产生价值。同时，所有基于知识的企业流程都可以通过知识管理系统来实现，在整个“知识管理系统”中，只要进行有效的管理，企业的所有流程都会为

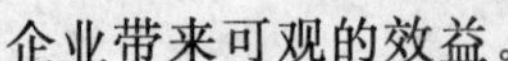

企业带来可观的效益。

在信息管理中强调了业务流程的信息化。如果从企业发展来考虑，应该将流程的信息化发展到流程的知识化。这是一个重大的飞跃，它将导致企业智慧的出现。所以，应从战略高度来看待这个问题。

综上所述，企业知识管理战略由两个方面组成的，包括了实体和概念的部分。应从战略高度来看待其中的各个组成部分，同时，又要看到各组成部分之间的复杂关系。通过全面考虑实体组分以及它们间的复杂的关系，拟定出具体企业的知识管理战略。如果企业中已有信息系统，那么考虑的重点就是人与流程，然后再考虑三者结合后涌现出来的概念各要素，最后拟定出整个企业战略管理的方案。思考战略的宏观框架见图 5-7。

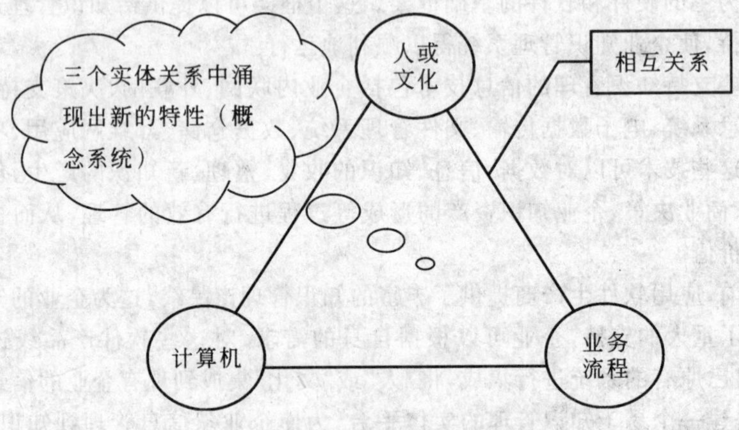

图 5-7　知识管理战略思考框架

IBM 公司的高层领导在谈到 IBM 公司的变革时说了他们所做的三件事[①]：第一，改变流程，整合供应链。第二，构建 IT 基础设施。第三，修订企业文化。这就是 IBM 企业的知识战略。事实证明，通过这种战略的变革，IBM 公司从 1994 年一个濒临破产的公司，成长为今天利润数百亿美元的公司。

以上对知识管理系统做了宏观的讨论。在以下的各章中我们进入对系统中微观部分的讨论，这些讨论始终都围绕本章所述的系统框架。因此，读者请注意本章的承上启下的作用。

---

① 周伟焜. IBM 中国"随需应变". 东南快报，2004 年 9 月 22 日

本章术语

系统论(system theory)
开环系统(open-loop system)
闭环系统(closed-loop system)
开放式系统(open system)
封闭式系统(closed system)
子系统(subsystem)
企业系统(enterprise system)
系统输入(system input)
系统状态(system state)
系统输出(system output)
实体系统(physical system)
概念系统(conceptual system)
知识管理系统(knowledge management system,KMS)
知识管理战略(knowledge management strategies)

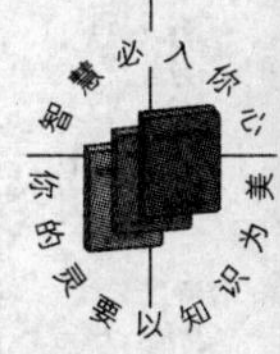

思考题

1. 为什么要将知识管理看成一个系统?
2. 知识管理系统是如何构成的? 它有哪些主要部分?
3. 知识管理系统元素是如何进行活动的?
4. 什么是知识管理战略?
5. 如何在企业中发展知识管理战略?

第六章　知识共享

斯坦福大学的教授认为，知识共享(knowledge sharing)是电子化企业的基础①，在此基础上才可以进行协同计划、预测、补货，以及企业间的协同作业和新商业模式的创新。因此没有人与人或企业与企业间的知识共享，现代企业就无法运作。而知识共享属于知识管理的范畴，因为它是知识管理系统的输入集，要向系统输入各种概念元素。本章将讨论知识获取、沟通、计算机知识获取三项知识共享的要点，它涉及人的心理、企业策略以及计算机的应用等方面。

6.1　知识获取

从系统的观点来看，知识获取是 KMS 系统输入集。通过 KMS 输入，系统获得所需要的概念资源。

前面讨论过，KMS 是由人脑和电脑这两种实体产生的概念系统。这个系统活动的开端就是知识获取。本节的"知识获取"与下面两节的内容直接相关。因为，现代社会，知识获取必然涉及人与人的沟通问题，也涉及人如何通过电脑系统获取知识。正是由于要通过电脑去获得知识，又要了解电脑系统中的知识是如何来的，我们将知识获取的问题也分成三个部分讨论：

其一，人脑的直接知识获取的途径，包括了个人知识获取、企业知识获取、人脑知识获取等。

其二，获取知识必须通过必要的沟通技巧，由此我们可了解到人脑获取知

---

① Hau L. Lee, Seungjin Whang. Stanford University"E-Business and Supply Chain Integration", Stanford Global Supply Chain Management Forum, SGSCMF-W2-2001 November 2001

识的原理。

其三，人们要通过计算机系统获得知识，但是计算机系统中首先要有可让人查阅的信息、知识才行。计算机系统不像人一样可以主动地获取知识，而必须靠人的帮助，这就是电脑的知识获取（工程师帮助电脑获得知识，然后用户再利用这些电脑系统中的知识）。电脑中的知识获取的质量与水平常与IT工程师与知识主体如专家等的沟通水平直接相关。

6.1.1 知识获取概述

知识获取（knowledge acquisition, KA）是知识管理系统中首要的问题，因为它是系统输入集，因而是整个企业系统活动的驱动力。一旦系统输入停止了，就没有知识获取，也就没有知识活动、知识网络的形成，知识管理系统也就不会存在，整个企业系统也将崩溃。所以，为了维持企业系统的运行，并达到系统目标，企业系统要不断地获得各种“概念资源”（数据、信息、知识）作为企业系统的输入，这样也就有了基于企业实体系统之上的知识管理系统的存在，从而可以开始管理的第一个职能——计划。

知识获取有直接和间接之分。直接获得知识而产生系统输入是指“人”通过与其他“人”面对面沟通，直接获得来自企业内部和外界环境的各种概念资源。知识获取要注意三方面的问题：

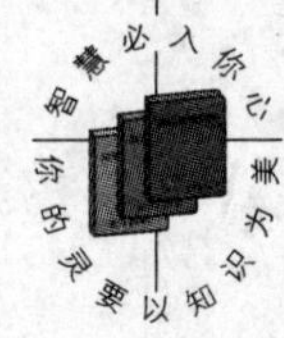

- 知识获取过程有概念各层次的要素参与。
- 从内部或外部获得现成可用的知识机会很少，大多数获得的是数据、信息、显性知识。这些概念诸要素必须通过人脑的分析、综合、加工才能成为人脑中的知识，才使主体真正获得知识。所以，知识获取不是指获取现成的知识。
- 获取知识的主体（人）原有的文化素质（高层次的概念要素）——知识、智慧、道德在知识获取中起着重大作用。这种作用是无形的、难以表达的，常被人称为“认知模式”或“识知模式”。通过知识获取，反过来又会使“认知模式”得到改变。

在大多情况下，获得知识是间接的过程，就是指“人”通过中间媒介获得来自企业内部和外界环境的各种概念资源。一个信息化企业里，现代的媒介主要有应用在管理方面的基于计算机信息系统（CBIS），如经理信息系统（EIS）、决策支持系统（DSS）、管理信息系统（MIS）、会计信息系统（AIS）、办公自动化（OA）、基于知识的系统（KBIS），及应用在业务流程方面的计算机系统，如ERP、SCM、CRM等。

从系统输入来看，直接输入主要是人利用自己的感官直接获得各种数据、信息、知识；而间接输入就要利用现代技术去获得各种“概念资源”。无论哪一种系统输入的方法，本质上都一样，都是使“人”获得概念资源，进入“系统状态”。

我们知道知识管理系统是基于企业实体系统之上的概念系统，它输入的是“概念元素”，这一点区别于其他的系统，其他系统输入大多数是“实体元素”，例如各种物质、原材料等。正是由于这个独特性，因而使获得这些概念元素的技术和途径也不相同。

从广义上讲，知识获取涉及生理学、心理学、神经心理学、认知科学等一系列学科。但是，我们在这里所讨论的“知识获取”只注重从企业知识获取的商业角度出发，从企业的业务实践来讨论这个问题。

获取知识的主体是“人”，是每一个具体的“人”去获取知识。应该看到，大多数人并不是被动地去获取知识，而是主动地获取知识，在这获取知识的过程中，系统并没有停止运动，它也在产生知识。所以，在讨论知识获取时，应该记住这是整个系统的输入部分。一个企业可以看成是许多“人”的集合体，所以企业的知识获取离不开个人的知识获取，企业的知识获取是在个人的知识获取基础上进行的。大体上知识获取的途径有如下几个方面：

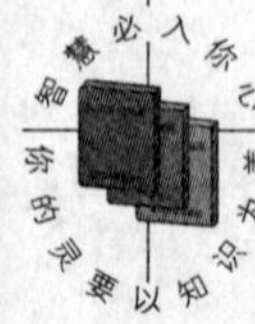

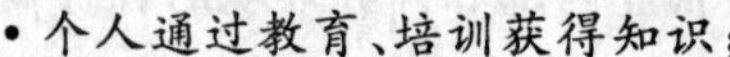

- 个人通过教育、培训获得知识；
- 个人通过实践，从个人行为中获得知识；
- 个人通过主动地阅读，查询书籍、数据库等获得知识；
- 个人非主动地获得知识；
- 企业通过提取知识员工的个人知识资产获得知识；
- 企业通过研究开发(R&D)获得知识；
- 企业通过兼并与收购获得知识；
- 企业通过购买、技术贸易获得知识；
- 企业通过与他人合作或其他企业合作获得知识。

“知识获取”是财富的开端，它对个人或企业的价值形成都有十分重要的意义。对于“知识管理系统”来说，这是系统输入的部分，如果没有这个最基本的系统输入，知识管理系统就无从谈起。为了学习的方便，可以将以上分成两个部分，其一是个人的知识获取，其二是企业的知识获取。阅读本单元时可以参阅 7.2.1“一般计划思考”单元，一些重复的内容本单元就不再讨论。

6.1.2 个人知识获取

在现代社会里，教育是获得前人知识和经验最基本的途径。在各级学校中从最基本的显性知识——符号系统开始，一直到各种专业的设置，使人有可能尽快地获得各式各样的知识。因此，教育对人类社会的发展起着巨大的推动作用。

教育是一种具有非常浓厚的政治经济色彩的事物，它不但带有浓厚的时代色彩，还带有强烈意识形态方面的色彩。

在我国封建社会里，学校不会把传授科学知识、自然知识放在第一位，而只是把科举考试的内容放在第一位。这时教育是为了保证封建帝王的统治地位。在资本主义社会里，特别是工业革命以后，学校把科学知识作为教学的主要内容，从而大大推动工业化的发展，促进了人类社会的文明与进步。但是，这时的教育带有浓厚的自由经济、功利主义、个人化的工业经济思维模式。

在现代的社会里，各国的教育发展不平衡，这与各国的政治、经济发展不平衡直接相关。另外，同一国家里的不同地区（学校），教育水平也存在着很大的差异。这些差异造成了知识的不平衡，从而造成了人力资本分布的不平衡。

在知识管理中，我们应该注意到教育是人力资本形成的重要途径（但不是唯一的途径）。教育水平不平衡则是人力资本分布不平衡的原因之一。重视教育将给一个国家、一个企业、一个人带来巨大的收益。

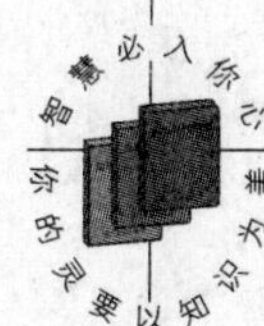

从本质来讲，通过教育获得的知识是一种显性的知识，如果这种显性知识没有通过转化形成创新的隐性知识，那么这种获得的显性知识很难发挥作用。所以，从教育途径获取的知识应该与实践相结合，通过知识转化，形成创新的知识，发挥出价值。

人类在生产、生活实践中，通过不断地“尝试”，学习到了大量的知识。人类的生产、生活实践活动是获取知识的第一源泉。这种学习方法一直伴随着人类社会的发展。即使在当今教育事业十分发达的时代，也不能忽视人类的这种学习方式。

可以肯定，人类目前所有文字所记载的知识，最初都是来自实践。由于不同的人的生存环境不一样，因此不同的实践活动就产生出各式各样的知识。但是，人类产生出来的大量知识不可能要求一个人在有限的生命中都从实践中获得。所以，人的一生有许多的知识都来自教育。也要看到，实践是人类获取重要的隐性知识、经验的源泉，这是人力资本的重要构成元素。因为人力资本并不是以显性知识的“质”和“量”来确定的，而是以隐性知识的“质”和“量”来确定的。通过教育而获得的显性知识要转化成个人隐性的知识，这大多要经过实践和理解的过程，只有这样才能形成个人的人力资本。

人一生下来，每时每刻都在不断地学习。如果把人的隐性知识与人的显性知识对比，就会发现人的隐性知识比显性知识要多得多。如果将人的所有生活技能、生产技能与学校中获得的知识去对比，就会发现在学校里学的知识比在生活中、实践中所学到的知识要少得多。可见人的生产、生活实践是非常重要的。如果说教育是获得人力资本的最快的途径，那么生产、生活实践则是获得人力资本的源泉。

在知识经济发展的今天，人类知识成几何级数不断出现，形成知识爆炸的局面。在这种情况下，学校不可能教授所有人类的知识。因此，人在学校中所学的知识是非常有限的，再加上知识老化的速度加快，这样实际上从教育途径所获得的知识是非常少的。现在提出终生学习的概念，正是为了弥补这方面的不足。

从实践中学习有两种基本类型。

1. 主动学习

人们在实践过程中可以通过主动的学习过程获得知识，这包括主动地进行阅读、检索、查阅等。人们可以通过书籍、文档、专业报告、因特网等途径去获得知识。这是人的一种主动学习过程。之所以把这个过程说成是"主动"的，是因为在这个过程中，不但获得了来自外部的知识，更重要的是，在这种外部知识的驱动下，大脑中产生了新的知识，使人们获得了由自己大脑产生的新知识。这是科学家、艺术家、政治家、企业家、工程师等各类知识专家获得知识的主要途径。在这个过程中，充满着他们创造性的思维劳动，充满着饱含汗水的知识创新活动。因此，主动的学习过程是知识获取的过程，也是知识创新过程。它不只是获得了外部的知识，也获得了自己创新的新知识。

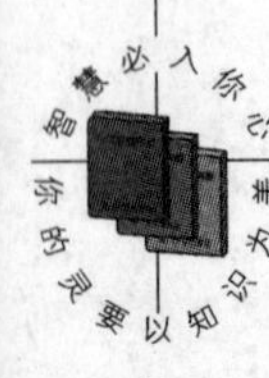

从脑生理方面来说，主动的学习过程是头脑进行积极思维的过程，是人脑对客观世界的各种现象提出问题，并进行分析、归纳、综合、逻辑推理与判断等思维的过程。在这个过程中，人脑对信息或知识进行存储、加工，显性与隐性知识转化，最后制造、创新出全新的个人知识。所以，人脑是产生知识的主体。所有知识都产生于个人的大脑中，如果将个人的知识进行共享，并被社会认可，就会转化成社会的、人类的共同知识。所以，主动学习是"知识活动"的过程。

2. 非主动学习

人在日常生活中，有时并没有特别地注意，就获得大量的知识。这虽然不是主要的获得知识的方式，但也是十分重要的。这与一个人的生活、工作的环境相关。一个良好的生活环境和工作环境，可以使人潜移默化地学到许多知识。在认知心理学中，这是一种非主动的学习过程。

前面讨论的隐性知识“社会化”的问题，实际上就是人在特定的环境中，不断获得他人的隐性知识，从而得到学习的结果。

如果人们经常将自己处于一个良好的、富有挑战性的环境中，必然会不知不觉地学到许多知识。这也告诉管理者，构建一个良好的企业工作环境对培养和教育员工是多么重要。

专栏 1——管理者知识获取

管理者获取个人知识是企业管理的基础。如果不能持续地获得个人知识，就不能管理好一个企业。IBM公司的例子如下：

现代创新更加依赖于深刻的思想和广泛的学识支持。IBM的老沃森(Thomas John waston,1874—1956)读书不多，没有上过大学，18岁就当了一个缝纫机、钢琴和手风琴推销员。但是沃森明白需要用更高的学问来增强自己的判断力，需要掌握比陈旧的格言和庸俗的真理更好的知识。20世纪30年代初，沃森认识了哥伦比亚大学的本杰明·伍德。伍德向沃森讲解了一个重要的思想：世界上任何事物都存在于一定的数量之中，星体、地球、科学、自然界、生命、病毒、智力都可以用数量衡量。伍德认为，要在教育与灾难的竞赛中保持文明领先，唯一的途径就是认识所有现象的数量基础。伍德还预言计算速度将会达到光的速度，并建议IBM在这个领域中有所作为。沃森眼界大开，深信不疑，他聘请伍德为顾问，年薪5 000美元，还不断给伍德和哥伦比亚大学赠送仪器设备，提供大量经费资助他们的科学研究，帮助这些科学家在事业上获得成功。后来他又出钱在哥伦比亚大学建立研究所和实验室，高薪聘请科学家为IBM公司进行研究工作。这些科学家大大提高了IBM机器和IBM公司的能力，帮助IBM成功地进入了高科技领域。沃森本人从科学家那里汲取营养，增长见识，变革思想，终于成为开创计算机产业的领袖人物。①

6.1.3 企业知识获取

企业获取知识是“知识资产”经营的最基本的步骤。企业知识获取可能产生在“知识管理系统”的“状态集”中，例如，个人的隐性知识向企业的显性知识转化过程，表现为企业通过提取知识员工的个人知识资产，企业通过研究与开发(R&D)获得知识。企业获取知识也可能通过知识管理系统的“输入集”，例如，企业通过兼并与收购(mergers and acquisitions)获得知识，企业通过购买、技术贸易获得知识，企业通过与他人或其他企业合作获得知识。这两种企业的知识获取有着根本的区别，前者是通过企业内部知识转化过程而形成，后者则是从外界环境直接获得知识。

① Gary Hamel著，曲昭光，赖溟溟译. 领导企业变革. 北京：人民邮电出版社，2002

总之,企业知识管理系统的目标之一就是形成企业的知识资产。要达到这种目标,可以从企业内部获取知识,也可以从企业的外部获取知识。

在第2章中我们讨论了企业内部的知识源。企业可以从企业内部的知识源获取所需要的知识。内部知识获取的过程是与生产活动、市场紧密相关的。企业获取知识往往是为了市场竞争的需求。通过获取知识,企业可以生产独特的知识产品,产生独特的知识资产。现代大型企业就是利用知识的可学习性、可复制性和可共消费性,利用学习经济、规模经济、范围经济及其成本节约优势,扩张和发展经济实力的。

企业从内部获取知识是十分重要的工作,从员工大脑中提取知识并将其转变为企业的知识资产,这体现了企业价值;另外,企业内部的研究和开发也可以获得大量知识创新,从而获得企业的价值。

在企业的研究和开发中,要注重核心技术知识的研究和开发。核心技术是决定技术发展方向的关键性技术。开发出核心技术有利于企业的竞争力的发展,形成企业长期优势。

据对全国15个工业行业调查显示,我国企业高科技和关键技术的掌握和应用比国际先进水平落后5～10年,有的行业甚至落后20～30年。从长期来看,掌握核心技术,避免在技术上受制于人是企业发展的基础。①

核心技术还是企业的知识资产的组成部分,是企业的无形资产。掌握核心技术有利于企业从制造中心向服务中心转化。

企业通过内部知识转化获取知识,必须具备人力资源、资金、设备、时间等要素。特别是企业在研究与开发中,需要利用一定的工具和设备,花费一定的资金、时间和精力进行创造性的活动。

从企业内部获取知识,企业的人才队伍的素质有着决定性的作用。具备良好素质的知识员工的人力资源,是企业从内部获取知识最根本和最必要的条件。

从企业内部获取知识要注意企业中的知识源。从内部的知识源获取知识有两个主要的方式:

第一,通过人与人之间的沟通获取知识;

第二,通过计算机系统去获得知识源的知识。

这两点都是与以上所讨论的知识管理基本元素分不开的,包括知识类型、知识网络、知识活动等。

---

① 于玉林主编. WTO与无形资产. 北京:经济科学出版社,2003

为了适应快速变化的市场，企业经常通过各种渠道从外部获取知识。企业获得外部知识的途径有通过技术贸易、通过吸引投资、通过外脑、通过合作与兼并、通过合作研究、通过人力资源管理、通过公开的媒体、通过合资等途径。这些途径使企业可以在最短的时间内获得所需要的知识。

1.通过技术贸易

通过与国内外的其他企业进行技术交易，引进国内外新技术、新知识。利用技术许可证制度，通过该制度引进新技术和专利。根据世界知识产权组织的研究，全世界90%以上的最新科学成果和技术动态，都是通过专利等技术文献反映出来的。所以，无论企业是进行研究开发还是进行技术改造，都要首先检索有关技术情报文献。这样可以确定是通过自己研发还是进行技术贸易获得相关技术知识。这不但节约了研发经费也节约了成果进入市场的时间，从而避免了开发风险和错过市场机会。

日本在第二次世界大战后的20年间先后引进20 000项专利技术，在此基础上进行开发创新，改变了技术落后的面貌，成为仅次于美国的技术经济强国。据测算，日本引进技术的成本是5亿美元，仅为研制这些技术必需的成本的1/56，而且大大争取了时间。引进开发可以节省成本，缩短开发时间，为企业经营赢得宝贵的时间，还能降低开发风险，提高无形资产回报率。①

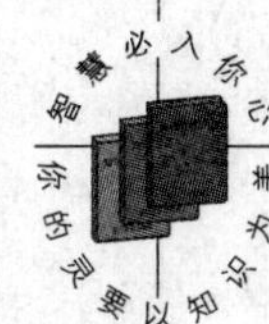

中国加入了WTO，中国企业有可能利用技术贸易的渠道获得大量的先进技术知识，从而使我国企业能够在最短的时间内进行技术改造。这要求企业尽快掌握WTO有关知识产权贸易的规则。

2.通过吸引投资

吸引国外直接投资(FDI)，最好是吸引跨国公司(MNC)的投资。跨国公司是跨产品、跨国家、跨市场、跨文化的全球性经营企业。有资料显示，跨国公司在知识创新和技术创新方面占了世界生产总值的1/3，占世界贸易总额的2/3，占世界FDI的70%，占世界R&D支出的80%。当公司采用跨国战略的时候，它通过国际应用标准和通用体系结构，使其信息系统整合起来；同时，跨国公司的跨国经营、跨国生产也将知识和技术扩散出去，进入被投资国。

跨国公司以世界为工厂，以各国为车间，充分利用世界各地的技术、资本、劳动力和市场优势进行生产和经营。例如美国福特公司生产的一种轿车，27%的部件是别国生产的。日本本田公司在美国生产的一种轿车，25%的零件是在美国以外生产的。甚至在美国拥有绝对领先地位的飞机制造企业——

① 于玉林主编. WTO与无形资产. 北京：经济科学出版社，2003

麦道公司和波音公司也大量使用海外生产的部件，如波音飞机的发动机，往往采用英国罗尔斯·罗伊斯公司的产品。为了降低劳动成本，波音和麦道还把飞机的生产和整机的组装，分包给了中国的飞机制造业。……据联合国统计，目前世界共有4万家跨国公司，其子公司有25万家，占世界国内生产总值的40%。1995年，它们对全球投资的累计总额高达2.6万亿美元，每年海外直接投资占当年国际直接投资的90%。①

企业可以利用跨国公司进入本国的大趋势，获得直接投资、外包订单等，从而获得最新的技术知识。

3.通过外脑

企业可以邀请留学人员、教授、管理人才、专家等不定期到企业传播知识、转让技术、交流信息。企业可以利用他们的知识和关系建立海外或各地区人才与知识、信息网络，从而通过这种非正式的网络获得所需要的知识。

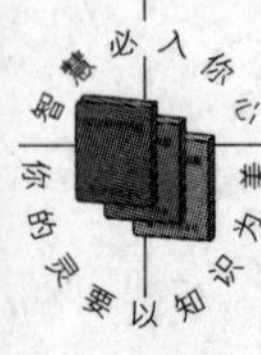

在硅谷，一个有阅历的半导体工程师会这样说："我认识某人，我朋友认识另外某人，通过我跟我的朋友这层关系，我们这四个人都可以彼此相识了。这个网络的力量就在于，它的每一个参加者都意识到它的存在。我们都知道我们认识硅谷中很多人。"在硅谷，有许多信息是通过非正式渠道向外扩散或从外部获得的，如来自英国伦敦的半导体芯片开发小组的成员，因为他们的一个朋友在英特尔公司工作，便可利用他窃取到了所需的新的半导体芯片样品，于是迫使英特尔公司提早将此上市出售，并获得了一批买主。某种意义上"美国半导体工业独一无二的力量，正是来源于它的公司之间能够迅速地相互仿制出不断创新的半导体芯片"。在中国的一些高技术企业中，由于企业高层管理者毕业于中国的一些著名高校，于是，在企业的外部合作中，往往会优先选择与他们母校之间的合作。②

一些企业已形成了一种非正式的人际网络，通过这个网络进行非正式的沟通，这样也会获得有价值的知识。要有意识地利用这种外脑为企业获得效益。

4.通过兼并与收购

兼并与收购是企业获得知识和技术的重要途径之一。微软公司、思科公司都是兼并与收购的高手。它们通过兼并与收购的方式，获得了大量知识。

① 赖观荣，叶青著. WTO：中国加盟——入世后的应对策略. 厦门：厦门大学出版社，1999

② 赵曙明、沈群红著. 知识企业与知识管理. 南京：南京大学出版社，2000

不用自己去研发，这样节省了时间，获得了巨大的商业效益。思科公司还建立A&D事业部，专门进行兼并与收购活动。

在这个不断变化的市场中，收购使我们具有了很大的灵活性，因为我们不必再玩“将需要怎样的产品”这种猜谜游戏。我们不必再提前18个月来决定加入某一市场领域，然后开始产品开发，然后乞求猜中了答案。现在，我们只需要在三周之内决定加入某一市场领域。

这样，思科公司能够很容易地利用硅谷丰富的新创企业市场，将其中最好的收至旗下。公司并不关心创新来自于何处。“思科公司没有‘不是这里发明的’综合征”，贝克托尔舍姆说，“如果他们想涉足某一领域，就买个公司”。①

企业间的合作、兼并或收购的目的是平衡两公司的力量，优势互补，以获得更大的利益，这是当代经济发展的一大趋势。为了获得更广阔的市场，获得强有力的竞争优势，企业之间常常需要这样做。企业间的合作、兼并或收购无论是企业资产，还是企业文化、IT系统都要进一步的融合和巩固，从而使双方都都获得了新知识、新技术。

5. **通过研究合作**

企业间进行研究合作是指企业间共同建立合资研究机构，进行合作研究并分享研究成果。单个企业往往在人、财、物方面有各种局限性，为了获得竞争的优势，进行这种企业间的合作可以快速获得所需要的知识。

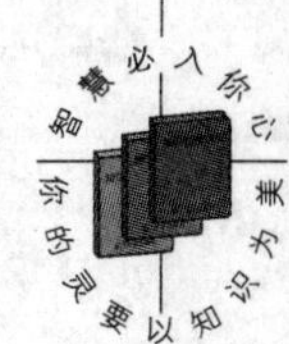

微软公司视窗平台的成功很大程度上要归功于微软对于软件开发合伙人的慷慨支持。对于独立软件开发商(ISV)而言，开发视窗增加了靠视窗运行的软件数量，进而再扩大市场份额就很容易了。微软的支持包括向ISV提供开发工具，使他们编写适用视窗O/S的软件相对容易；帮助新兴公司获取资本，并为他们提供共同销售的机会；多次热情资助全世界开发者的聚会；设立一个专门的网站，为开发者提供大量的在线支持。1999年，微软开发者网(MDN)拥有的ISV超过10 000人。②

知识经济被称为合作的经济，只有通过合作，企业才能获得成功。同样，通过合作，企业可以获取大量的知识。中国每年有许多访问学者到国外去学习和进行研究工作，这也是通过研究合作获得知识的途径。

6. **通过人力资源管理**

吸引海外人才、外地人才、其他企业的人才到本企业工作，这样他们就会

① Gary Hamel著，曲昭光，赖溟溟译. 领导企业变革. 北京：人民邮电出版社，2002

② 同①

为企业带来十分重要的人力资本。通过招收、吸引人才到企业中工作的人力资源管理，企业获得了外部知识。另外，引入人力资本制度也是十分重要的。

要建立人力资本投资制度，包括人力资本的引入制度和开发制度。就引入制度而言，一是国有企业应打破地区和部门的条条框框，打破户籍甚至国籍的限制，依托人才市场不拘一格地引入人力资本。国家作为国有企业的最大股东，当然有权力选择企业的经营者，但选择的对象应该是市场中形成的企业家，而不应该是政府的行政人员。二是以人力资本股制度的建立为龙头，确立人力资本在企业中的特殊地位和权利，创造吸引人力资本的企业制度环境。三是为人力资本充分发挥其功能创造宽松的环境和广阔的舞台。四是与引入制度相配合，建立相应退出制度，保证人力资本能进能出，能上能下。①

人力资源的管理、人力资本的引入都为企业最快获得知识资源提供了智力的保障。企业应建立相应的招聘与引入机制，把选用人才、引进人才变成日常的一项工作。

7. 通过公开的媒体资源

企业通过公开的各种媒体，可以收集各式各样的信息，通过对这些公开信息的分析，可以获得大量有用的知识。

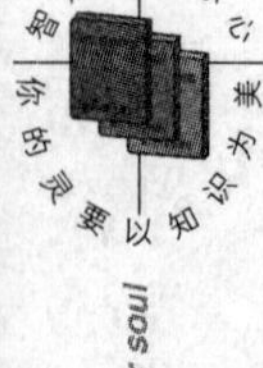

因特网是所有公开媒体中最强大的，可以通过网络获得各种信息。

8. 通过合资

通过合资，企业能获得合资方的技术知识，特别是隐性知识。这种获得知识的方式称为“零边际成本”的知识转移。企业间的知识有时很难透过企业边界进行，当两个企业一起建成合资企业后，双方实际上都获得了对方的知识。在知识经济时代，企业的合资成了一种较为普遍的现象。

英特尔公司联合了另外的九家公司，重新组建 Data Initiative Next Generation（下一代移动数据公司）集团公司，旨在加速对无线数据技术的开发和应用。微软公司也联合爱立信公司共同组建爱立信微软移动合资公司。此外，康柏公司也和诺基亚公司联姻，共同开发移动网络产品。

下一代移动数据集团公司由电信、计算机硬件和网络等行业的十家公司组成，包括戴尔公司、BT Cellnet 公司、法国电信、西门子移动公司、富士通西门子公司、英特尔公司、Hewlett－Packard 公司、摩托罗拉公司、Sonera 公司和 Toshiba 公司等世界上知名的企业。这个新组建的公司最首要的任务就是开发在欧洲使用的 GSM 和 GPRS 标准，但据英特尔公司发言人说：下一代移

① 于玉林主编. WTO 与无形资产. 北京：经济科学出版社，2003

动数据集团公司也正在与美国的几个公司进行积极的接触。

而在1996年刚刚成立的时候，下一代移动数据集团公司还只是把精力放在开发蜂窝电话技术方面。据英特尔官员说：新近组建的下一代移动数据集团公司将把主要精力放在第三代无线网络产品的开发上，特别是将把精力集中在无线分组交换数据的开发上。①

改革开放初期，中国的许多企业与外商合资，例如电视、冰箱、空调、洗衣机等行业，最初企业都缺乏制造这些产品的各种技术知识，通过一段时间的合资，掌握了技术。现在许多企业从外商手中重新购回合资的股份，成为生产这些产品的龙头企业，还向海外出口这些产品。这证明了合资是获得技术知识的很好的途径。目前在全球经济一体的进程中，许多企业为了市场份额仍然进行大规模的合资，从而达到技术互补，加快进入市场的速度。

"合资"给企业带来相当多有价值的知识。从"组织学习理论"中我们可看到这种获取知识方式的意义。

对合资的另一个解释是将合资作为企业学习或寻求保持其能力的一种手段。从这一角度出发，企业由一个知识基础(knowledge base)构成，McKelvey(1983)称之为"comps"。知识基础是不易跨越企业边界而扩散的。合资因此是一艘转移"缄默知识"(tacit knowledge)之船(Polanyi,1976)。之所以采取这种形式，主要原因在于这些知识是和组织一体化的。但这一观点常被认为与交易成本学说如出一辙，这一混淆的想法认为，在交易成本理论下，合资企业转移的知识在市场上受道德风险之害而无法定价，因而，据称知识可以以零边际成本转移，由此，市场失效。但市场被合资替代并非是由于源于机会主义的成本，而是由于重复经验知识的必要性个人专门资本和组织的专用资本之间有一个根本的区别，这在Nelson/Winter(1982)被相应地称为个人特定技能和(组织)程式(routine)。除非组织是可以自我复制的，否则，技术诀窍的转移是会受到阻碍的。从这一观点来看，如果每一方都不具备对方的技术或具有其知识基础，也不了解对方的程式，则合资就是有意义的。按照Nelson/Winter (1982)理论，企业合资是为了保存组织特定的能力的同时，从合作伙伴的优势生产技术中获益，即使供应协议能以更低的生产成本获得，合资也可以在开拓未来能力上发挥优势，这时，未来市场机会的价值就是合资选择的标准。②

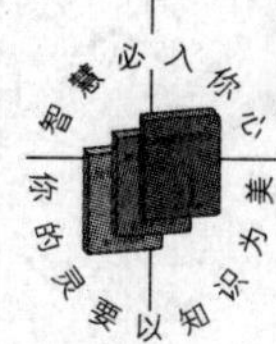

① 林榕航编著. 商务整合. 北京：中国工人出版社，2001

② 李新春著. 企业联盟与网络. 广州：广东人民出版社，2000

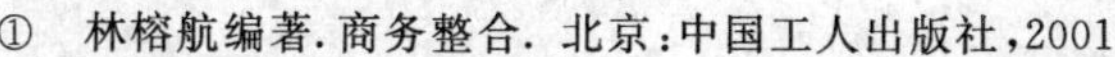

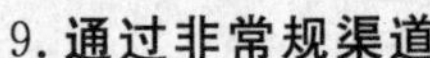

9. **通过非常规渠道**

所有企业都在以各种手段获取知识，因为企业外部的知识被看成是企业发展的动力。在非常规获取知识方面，“技术知识获取——硅谷的工业间谍”的案例给我们留下了深刻的印象。

专栏 2—— 非常规知识获取

题为：“技术知识获取——硅谷的工业间谍”。

技术开发在早期阶段的保密性使那些跟踪技术环境的企业面临严峻的挑战。然而，知识对许多企业非常重要，致使它们不得不采取非常规手段收集这些知识。我们列举了许多企业为获取技术而进行的工业间谍活动。

FBI 发言人声称，世界上一半以上的国家有专门针对美国企业的工业间谍。它们的目标都在于高技术企业的技术和商业机密。美国的盟国与美国的对手一样，都试图窃取关键的空间技术例如雷达、导航、通信加密技术和电子作战系统。下面是一些例子：

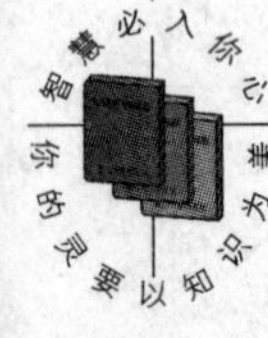

1. 法国政府机构的工程师试图从若干公司包括 Dow Corning 窃取反雷达航空器的秘密化学涂料。

2. 美国与日本签订协议，限制其在开发自己的战斗机时可获得的美国技术。但协议签订之后，这些技术却成为中国内地、韩国、中国台湾甚至日本人的主要目标。

3. 根据 FBI 的调查，超过 125 家由中国居民拥有的企业，其设立的专门目的就是搜集特定技术的资料。中国内地学生编制了在美国企业工作的中国人名册，其中一些人被免费邀请到中国，只要求他们与其在核物理或微电子领域的同行见见面。

4. 法国知识机构 Direction Generale de la security extereure(DGSE)也被卷入了技术方面的工业间谍事件。他们为法国毕业学生偷来的资料支付报酬。DGSE 认为从在法国为 IBM 工作的法国人那里获取个人计算机技术，然后把它传给 IBM 的法国竞争对手，是一笔很平常的生意。

特别是公司在国外和合资形式下运作时，其技术秘密更难保守。美国企业有时需要雇佣当地政府安置的人来传递资料。由于个人计算机的发展，以前只能通过主机得到的保密资料现在散布在由桌面用户组成的网络之中。有时一些关键资料可能通过一张软盘被带离公司。

虽然已经发现了许多间谍，但只有一小部分与其他国家的政府有明确的联系。当盟国也被卷入的时候，事件就被转到国家部门进行秘密外交解决。一些企业虽然声称是间谍事件的受害者，但却不愿发表任何评论。它们不愿触犯那些间谍公司，尤其是当那些公司本身就是大客户时。①

综上所述，企业从外部获取知识，实际上就是企业通过与其他企业的某种正式与非正式的沟通渠道、知识网络而获得知识。从以上获得知识的方式中可以看出，它们实质上就是企业间的网络沟通，通过企业间的网络而获得企业发展所需要的知识。因此，企业间的知识获取，很重要的就是企业间的网络建设，这不但包括了正式网络，也包括非正式网络、知识网络、关系网络等，还包括企业间信息系统(IOIS)的网络。

6.1.4 获取知识要点

1.获取知识的原则

在一个动态的商业环境中，企业获取信息、知识要遵循一定的原则。除了以上所讨论的一些内容外，以下的几个原则要引起重视。参见专栏 3。

专栏 3——管理者知识获取重要原则

专家们总结了发展资料收集战略所要注意的四条重要原则。②

1.资料收集必须以收集技术知识的决策为指导。对于宏观决策，总体局势很有用。对行业/企业战略，当前和未来的特定技术资料可能会有用；对特定项目，关于特定技术的明确技术知识可能会有用。

2.对技术的跟踪应当包括调查成分。必须识别资料来源，向主要的来源进行咨询。主要来源非常关键，因为技术进步的出现通常发生在创新和扩散阶段，此时企业会丧失采取战略行动的领先时间。

3.因为技术环境包括技术开发者和促进者，分析者不仅要关注参与技术开发的人员，还要关注技术开发的促进者。这些能够获得技术开发信息的促进者，常常会提供技术开发者本身严守秘密的关键的信息来源。

4.一系列组织机制对收集技术相关资料很有帮助。机制的选择依赖于技术知识对特定企业的重要性。

2.获取知识的战略

企业要有获得知识的战略。要知道获得信息是需要投入大量的时间、人力、物力，所以企业要发展一种收集信息、获得知识的战略。这个战略要点是：

- 要利用多种机制和途径来收集资料；

① V.K.Narayanan 著. 技术战略与创新. 北京：电子工业出版社，2002

② 同①

• 要注意收集信息的时间结构，即要在某项事件之前还是在事件之后收集信息；

• 要审视企业的对收集信息的重视程度，以积极的态度去收集信息。

要将信息收集或获取知识的战略整合到企业的总体战略中去，将其作为企业发展的根本保证。

3. 获取知识的战术

要深入到管理职能中去获取知识。在管理者执行五项基本的管理职能时，在每一项职能中都应该把收集信息、获取知识放在管理的首位。特别是"计划职能"，这是企业管理的最重要的一个步骤，要在充分的信息、知识基础上，对所收集的信息、知识进行认真的分析，做出计划，以确保其他各个管理职能的执行。在知识收集和分析过程中，管理者要注意三个管理过程的核心任务，即管理设计过程、内部过程、管理联系。

以上知识获取的概述是宏观上的讨论；如果从微观上来看，就是以下所要讨论的"沟通"问题。只有通过人与人的沟通，信息或知识才能共享，人们才可以获取知识。

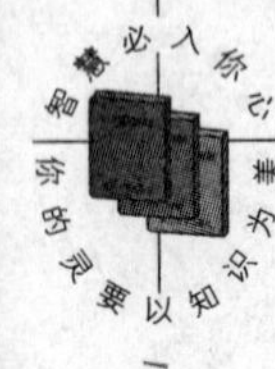

6.1.5 获取知识相关问题

在获取知识的过程中，管理专家建议要注意如下几个相关问题。

1. 注意获取知识的有效性

在管理学上"效果"或"有效性"的概念仍在知识获取中有作用。要做到高效地获取知识应注意如下几点。

(1)要认识到获取知识是需要成本的，这包括了时间、精力、费用。知识的获取、加工、储存和使用都需要我们付出成本。

(2)由于各人或各企业所处的具体环境不一样，获取知识的成本和收益也不同。影响这种成本和收益的最大因素是时间。因为信息、知识都有一定的时效性。追求快速地获得知识，可能要付出较大的成本；同时可能因为快速获得了知识而产生了巨大的效益。但是，这需要具体地平衡两方面的因素。

(3)企业获得实用的、能产生的收益的知识比什么都重要。不要追求学术上完美的知识，那样会错过市场机会。

(4)获取知识、信息要与整理和提取同步，只有经过整理的知识才是可应用的知识。如果利用数据库、知识库等信息技术来存储知识，就要做到能方便地提取与应用这些所获得的知识。否则，获取知识就失去了本来的意义。

(5)获取知识的目的就是增加企业的收益、企业的价值,除此之外在经济学上就没有任何意义。

2.注意获取隐性知识

知识的交流、知识的传递完全与信息的交流与传递不同。所以,知识管理中并不能完全只注意显性知识的获取,还应注意隐性知识的获取。

为了获得航空技术,日本与美国互相交换工程师和工人。在战后日本的经济复兴中大量的日本工程师、科学家被日本企业和日本政府派往美国,通过他们的模仿与观察,通过他们在美国企业与美国同事的紧密合作与深度交流,他们带回了美国公司的诀窍、经验、管理技术甚至是美国企业文化中的精华部分,这些日后都成为日本企业成功利用欧美先进技术的基础与前提。而众多美国专家被派遣到日本、韩国及中国台湾地区,教会当地企业采用现代流水生产线及其管理技术,将美国企业所积累的丰富经验传授给当地企业和政府。这种个体成员和团队之间的相互接触和知识的互动是隐性知识传递与获得的最佳方式。①

3.掌握获取知识的技术

获取知识需要掌握一定的技术和技能。《自由秩序原理》作者F·A·哈耶克在第二十四章"教育与研究"中对此做了描述:

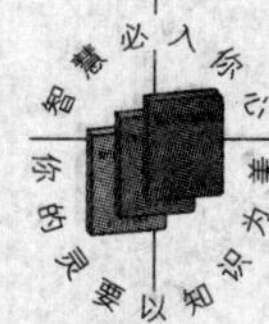

大凡能以极高的代价获得之财富,知识可能是其间的最为重要者,然而那些并不拥有知识的人却时常不能认识到知识的用途。更为重要的是,现代社会的有效运作,须依赖于知识资源的获得,然而知识的获得,又首先须以掌握一定的技术(其中首要的乃是"阅读"的技术)为前提条件;换言之,人们在能恰当地做出对自己有益的判断之前,就必须获得这些技术。尽管我们赞成自由的理由在很大程度上基于这样一种观点,即对于知识传播来说,竞争乃是最强有力的工具之一,而且竞争这种工具通常也能向那些并不拥有知识的人表明知识的价值,但是,毋庸置疑,对知识的运用也可以经由刻意的努力而得到极大的增进。人们的努力之所以常常未被导向有益于他们的同胞,其主要原因之一就是无知(ignorance);当然,我们还有种种其他理由认为,把知识传授给那些没有多大兴趣去寻求知识的人或没有多大兴趣去为获得知识而做出一定牺牲的人,乃是整个社会的利益所在。

现在获得知识的技术只是简单地阅读就可以了吗?这显然是不够的。现在获得知识更多地需要计算机方面的技能。如果没有这个基本技能,获得知

① 赵曙明,沈群红著.知识企业与知识管理.南京:南京大学出版社,2000

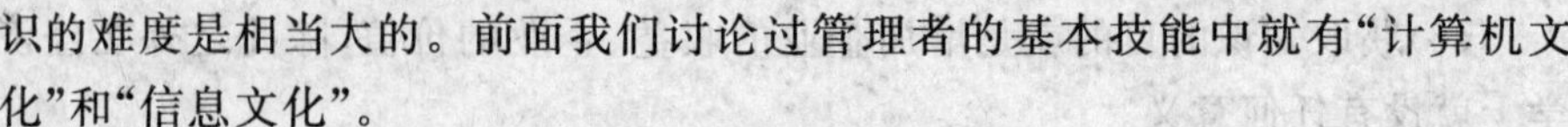

识的难度是相当大的。前面我们讨论过管理者的基本技能中就有“计算机文化”和“信息文化”。

6.2 知识沟通

上一单元我们讨论了知识获取的问题，并重点讨论了企业从外界环境中获取知识。这些都是理解 KMS 输入十分重要的问题。以上讨论还是较为宏观，如果进一步深入讨论，就会发现 KMS 输入的关键与另一方面的问题直接相关。虽然我们能够从以上讨论的途径中获取知识，包括各种信息等，但是如果我们并没有理解所获得知识，这些知识在我们头脑中并没有产生“知识活动”，那么，从本质上讲我们并没有获得知识。所以，另一个很重要的问题需要我们去认识，这就是人与人之间的沟通。我们把沟通看成是“人脑知识获取”，通过沟通使 KMS 真正获取所需要的概念资源，真正做到 KMS 的系统输入。另外，值得注意的是电脑中的知识获取的质量与水平常与 IT 工程师和知识主体如专家等之间的沟通水平直接相关。在管理中的计划职能，如果没有沟通也就谈不上计划性，特别是信息系统的构建（电脑知识获取）如 ERP，常要以“需求”为导向。真正了解或理解“需求”，就需要沟通。

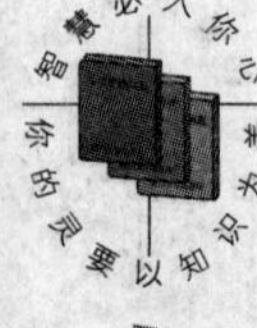

人与人之间的沟通是每一个商业行为的中心，是知识管理系统获得数据、信息、知识的唯一方式。如果没有沟通就谈不上知识获取，任何知识获取都来自沟通。因此，管理者应当把沟通看成是一种科学与艺术的结合，只有两者结合在一起才能进行有效的沟通。

良好的沟通使个人或组织与他或它所希望达到的目标联系在一起。良好的沟通除了共享知识外，也是我们人类很好地分享感情、思想、需求的方式。如果一个人或一个企业没有成功地达到目标，那就可以断定：某个部分的沟通出现了问题。KMS 也是如此，如果企业不能达到 KMS 的目标，那么我们也可以断定，是沟通出现了问题，所以，对知识管理系统来说有效的沟通是十分重要的。

回顾一下“知识网络”的内容。在这个部分我们还讨论了“知识活动”，它是在“知识网络”中进行的。那么这些“知识活动”如何在“知识网络”上进行呢？这就需要我们对“沟通”进行详细的阐析，从而对“知识活动”有一个深刻的理解。

6.2.1 沟通的概念

为了能获得系统需要的知识，获取知识的技术是非常重要的。这种技术有两个方面的含义，其一是沟通技巧，其二是利用信息技术的手段来延长人的感官，使人能够更快更好地获得知识。

沟通通常是指人与人之间的信息交流及人与人之间的信息传递。现在信息技术是人与人之间很重要的沟通手段。但要注意到，尽管现代技术在人与人的沟通之间“插入”了计算机，但是沟通的两个终端仍然是人。即：

人←＜信息沟通＞→人(农业经济、工业经济时代的沟通方式)

人←＜信息沟通＞→计算机←＜信息沟通＞→人(后工业经济、知识经济时代的沟通方式)

从以上可以看出无论现代技术如何发达，无论是通过何种计算机，沟通本质上是人与人之间的交流。信息技术、计算机只是对人的沟通起了支持作用。但是，也应该看到，信息技术在沟通上起着极大的作用，例如它突破了地理环境上的障碍，使人与人的沟通成为无限的可能。

沟通的定义：

沟通(communication)是指信息和知识从一个人(团队、组织等)传递到另一个人(团队、组织等)，让另一个人(团队、组织等)理解所传递来的信息和知识的过程。

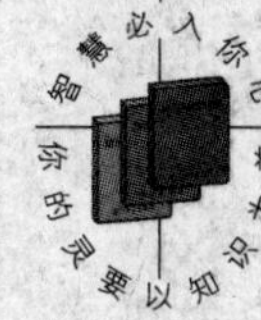

沟通的目的就是使沟通的双方都能理解或获得知识。发出信息或知识的一方要让对方能够理解，接受信息或知识的一方要通过理解去获得传递来的信息和知识。

测量沟通有效性的关键因素就是双方是否达成共识。如果沟通后，双方获得共识，那么这就是**有效的沟通**。一般来说，如果沟通的目的很简单，就比较容易达成共识。反之就不容易达成共识。

实际上在人们沟通过程中会不断出现各种问题。原因是沟通涉及各种各样的因素，受到环境的各式各样的影响。另外，理解对方传递来的信息，不只是看懂或听懂信息表达的内容；除了看懂文字外，还要理解包含在信息或知识中深层次的意思。所以，人们可以通过沟通学习到正确的知识，获得知识。但是，这与人的理解能力、原有的知识水平、认识模式有重大的相关性。

回顾一下我们在第一章中讨论的“知识活动”和“知识网络”两部分内容，可以说如果没有“沟通”就没有这两部分。“沟通”是一种行为，没有“行为”哪里来的结果呢？换句话说，只有通过有效的“沟通”才能形成“知识活动”和“知识网络”。

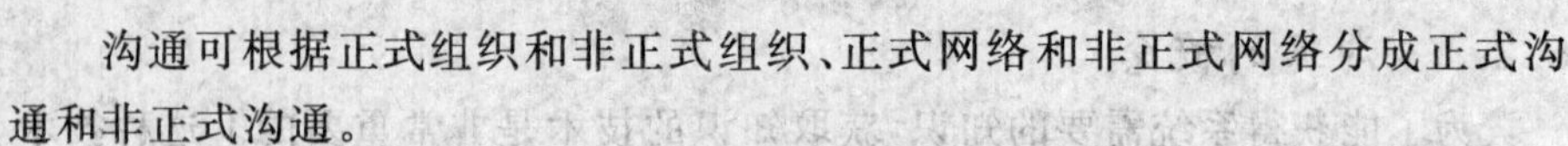

沟通可根据正式组织和非正式组织、正式网络和非正式网络分成正式沟通和非正式沟通。

6.2.2 沟通过程

最常用的沟通形式就是对话，说话者通过自己语言表达，向听者表达自己认为正确的知识，听者通过倾听获得了有关知识，从而影响他的行为方式。如果是面对面的沟通，听者学习到的不只是显性的知识，还有隐性的知识。因为面对面的沟通并不只提供给听者音频信息，还提供给听者全方位的环境信息包括许多非语言信息。这是非常重要的。

在企业的知识管理中，知识员工要认真设计沟通的模式。

面对面的沟通，信息的流动是双向的，它不仅仅是信息和知识的表达和接受，而且是双方的"学习"过程。比如，说者在表达的时候，各种知识在大脑中处于激活的状态，会产生各种新的组合，从而使说者在表达的过程中产生了某些思想。听者除了听到说话者的语言外，还看到了说话者的表情、肢体语言，从而加深了对知识的理解，加快了自己隐性知识的形成(知识获取)。

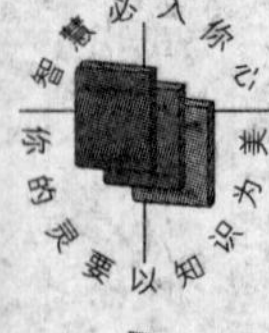

人们要传递信息给另一个人，那么他就是信息发送者。另一边要接收信息的人就是信息接收者。信息从发送者到接收者这种信息传播的渠道或媒介可以是口头的或书面的，还可以是电子的。接收者也可通过各种渠道向发送者反馈信息已被收到。这就是沟通的过程。看起来这个过程很简单，但是这个过程实际上是很复杂的。至少包括了如下心理过程：

首先，发送信息者在发送信息前有各种想法。例如，要与谁沟通呢？选择什么样的沟通内容、沟通渠道、沟通时间？什么人是信息的接收者？他收到信息后会怎么想呢？与这个人沟通的最好的渠道是什么呢？是书面、口头，还是其他的方式呢？如果发送信息者在与人沟通前没有认真地想清楚，可能就会出现无效性沟通。

其次，当信息的接收者收到信息后，也开始想得很多。这信息是什么意思呢？字里行间的意思是什么呢？接收者开始理解，不但从字面信息来理解，还从其深层次的意义、从言外之意来理解。对于其中不理解的部分就会反馈给发送者，发送者对此进行解释，直到双方都理解这些信息。但是这种理解并不等于达成共识，完全同意对方的意见。

沟通的心理复杂程度与沟通的层次相关，例如在国与国之间的沟通，政治家的心理活动是十分复杂的，他们要考虑到以上所说的沟通过程中的所有问题。一般人的沟通相对来说就比较简单，但也有一定的心理活动。一些知心朋友间的沟通可能是最简单的，彼此不需设防，不需掩饰，有话就说，说错了彼此谅解。虽然各种沟通的心理复杂程度不同，但有一点是共同的，沟通都需要达到一定的目的。

所以，要注意根据不同的层次、不同目的进行沟通过程的设计，越是高层次的沟通过程设计越需要花时间。

在企业实施知识管理过程中，特别是一些大型企业，正式沟通一定要进行认真的设计，使这种正式的沟通成为组织内有效的沟通。

应该看到，沟通过程贯穿着知识管理系统的全过程，系统要不断输入从沟通中获得的各种概念元素数据、信息、知识，以支持系统的各种活动、变化。同时，系统的输入集不是输入一次就完了，而是根据系统的动态变化，不断地需要各式各样的信息和知识的输入。因此，沟通过程也是持续的过程，伴随整个系统，贯穿整个系统。

6.2.3 沟通技巧

沟通是双方的、双向的。在正式的沟通过程中，双方的责任、权利、义务是随沟通者在组织中的地位、社会环境等不同而不同的。沟通的技巧影响着沟通的效果。以下是沟通过程中应该注意的技巧。①

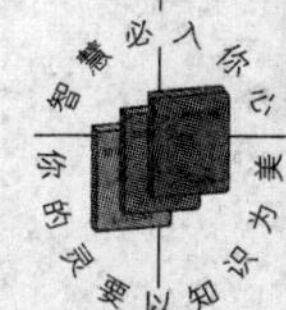

主动发起沟通的一方要注意按如下步骤进行沟通，以便获得良好的沟通效果。

1.确定沟通的目的

最初的沟通发起者或信息发送者必须在进行沟通前考虑到两个基本问题，并且对它们要十分明确：

其一，此次沟通是需要的吗？

其二，通过沟通要达到什么目的？

实际上两个问题是同一个问题，就是为达到某种目的才需要进行沟通。

但是，有时人们产生出与他人沟通的需要并没有眼前的具体目的，而是为长期目标而做的铺垫。这在商业中、政治上是常有的一种手段，常被称为感情交流或感情投资。另外，从获得情报信息的角度来看，有时沟通也没有具体的目的，只是希望通过沟通获得某些有价值的情报。

从一般商业上的沟通角度来看，为了能达到成功、有效的沟通。沟通前，

① Source from: Warren R. plunkett and Raymond F. Attner. *Introduction to Management*. PWS-KENT publishing Company, Boston, 1998

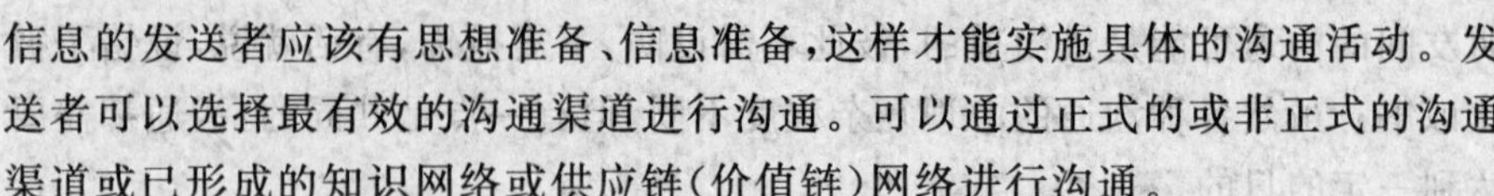

信息的发送者应该有思想准备、信息准备，这样才能实施具体的沟通活动。发送者可以选择最有效的沟通渠道进行沟通。可以通过正式的或非正式的沟通渠道或已形成的知识网络或供应链(价值链)网络进行沟通。

一般来说在正式的沟通中存在着三种类型的沟通方式:上行沟通、平行沟通、下行沟通。各种沟通类型的目的都不一样。

(1)上行沟通——与上级沟通的目的

- 对上级的要求做出反应;
- 保持非正式的关系;
- 请求帮助解决问题;
- 提出自己的建议和想法;
- 确认上级的指示和命令。

(2)平行沟通——与平级沟通的目的

- 为了改进或进步进行信息、知识共享;
- 调整自己的行为与他人一致;
- 帮助他人;
- 了解他人的状况。

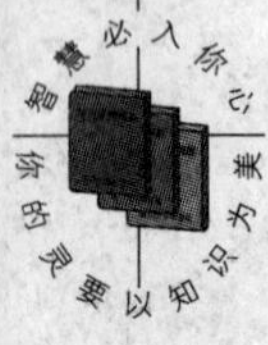

(3)下行沟通——与下级沟通的目的

- 发出命令或指示;
- 说服下级改变思想或行为;
- 评价下级的绩效;
- 赞扬、奖励和约束下级;
- 解释自己的意思、命令和指示;
- 了解下级的状况。

2.明确要沟通的对象

一旦信息发送者认为有必要进行沟通，并期望通过沟通获得某种结果，就要明确信息的接收者或沟通的对象。这实际上是对沟通对象的了解，要了解沟通对象的背景、社会地位、文化程度、价值观等，还要了解和预测沟通对象对将要接收到的信息内容的态度、观点等。另外，在与沟通对象沟通之前，还要了解与所要发送的信息内容相关的背景，例如其他的事件、其他的沟通方式等等。只有这样从多方面来思考，才能真正明确要沟通的对象。

当明确了要沟通的对象后，就要开始建立适当的将要发送的信息，以适合特定的接收者需要。

3.创建适合接收者的信息内容

一旦确定了信息的接收者，发送者就应该思考合适的信息内容和表达方式，包括文字表达的方式、语气等等。发送者可以站在接收者的角度来考虑这些问题。要记住“己所不欲，勿施于人”。这就是避免发送的信息产生不良、消极结果的最好方法。

创建信息内容过程中要在心中想着沟通的目的，要记住是为了达到目的而去进行沟通，要用能够达到目的的表达方式创建沟通内容。

4. 选择适当的沟通媒介

确定了以上事宜后，沟通之前发送者还要精心选择最合适的沟通媒介。选择沟通媒介与沟通的信息内容有关，与接收者及接收者所在的环境和接收时间有关。特别是接收者的所处的环境对接收信息会产生重大的影响，所以沟通时一定要考虑到接收者所处的环境因素而对沟通媒介进行选择。

因此，不要忽视对媒介的选择，选择时要将相关因素都考虑在内，选择出一个适当的沟通媒介，例如，可以选择面谈、电话、商业信件、备忘录、报告、电子邮件、电子会议等。哪一种可以最容易达到沟通目的，就采用哪一种，以最合适的为准。

一般来说，我们有四种基本的沟通能力：听、说、读、写。可以根据实际需要选择最佳的一种方式进行沟通。由这四种沟通能力，也分别派生出两类主要媒介。

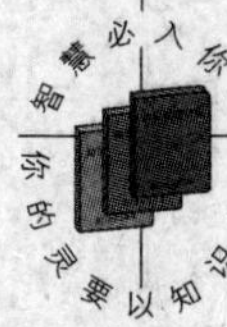

(1)听、说媒介

最古老的沟通方式就是面对面交谈，双方交换“听”和“说”的角色。在这种沟通交流过程中，双方交流着各自的信息和知识，这种信息和知识并不只是通过语言交流，还通过非语言沟通(nonverbal communication)进行交流，包括了体态语言(body language)如手势、面部表情、身体动作等，以及语调(verbal intonation)如对某些词的重复或强调，使双方都心领神会。直到现代社会，人们在各种的沟通交流工具很多的情况下，仍然采用这一最古老的沟通形式，因为这是许多隐性知识交流的唯一方式，其他形式根本无法完全替代。

随着科学技术的发展，人们可以在没有见面的情况下，通过听、说媒介进行语言交谈，例如，电话、视频电话、视频会议、多媒体等。例如，在电话交谈中，人们可以根据所谈的语言交流信息，也可以从讲话的语气、语调中获得相关信息，除此之外，很难获得面对面交流的其他信息了。视频电话、视频会议等虽然能获得交谈中面部表情等信息，相比电话获得的信息量和信息范围都广，但是仍然无法获得交谈双方的进一步信息，如交谈者所处的环境情况等。所以，要根据实际情况选择沟通的媒介。选择时还要考虑到各种媒介的特点，

以便进行有效沟通。

(2)读、写媒介

读、写媒介包括信件、报告、传真、电子邮件、备忘录、数据库、知识库等。随着技术的不断进步,读、写媒介也不断地增加。但是这种媒介传递的信息和知识大多是显性的、静态的。对于动态的、隐性的信息和知识很少能够传递。当然也有一些技术手段在改变这种状态,但是都不能像听、说那样获得信息。尽管如此,读、写媒介在沟通中的地位还是十分重要的。读、写媒介的特点是可以跨越时间和空间进行沟通,这是听、说媒介所不具有的。例如,我们可以通过阅读古代书籍获得古人传递来的信息,在时间上跨越了时代。随着科学进步,我们也可以通过音频和视频看到和听到过去时代的信息,但是都没有像书籍那样年代久远。

发送信息者选择读、写媒介时,要考虑到读、写媒介单向性的特点,即只能单向传递信息,所以在表达上要十分细致。另外,还要考虑到接收信息者的阅读和理解水平。例如,接收信息者不懂英文,就不能用英文写作信息;如果接收信息者不熟悉某个专业,就不用或少用专业术语。

5. 传递信息的时间也影响着发送信息的效果

在沟通的时间选择上对沟通的效果有很大的影响。例如,晚上 12 点打电话给他人是不合适的;开会议时间过长往往导致人们的厌倦。这些都是沟通的时间把握不好。要想获得成功沟通的效果,选择时间是关键的成功因素。

另外,当接受信息的人心情好的时候,就容易接受所传递来的信息。如果心情不好,就不要进行沟通。发送信息者应该选择接收者"好心情"的时间段进行沟通,这样才能取得良好的沟通效果。进行语言沟通时,无论是面对面交谈,还是电话交谈,不要占着过长的说话时间,要留给对方发言的时间。

如果要获得双方的共同理解,达到沟通的目的,成为有效的沟通,信息的接收者也有一定的责任。在接受别人发起的沟通中,信息接收者应按如下的步骤正确地接受。

(1)倾听

接收信息者要认真倾听来自发送者的信息。首先,要注意听,不要三心二意;其次,要提炼所接收的信息,避免误解信息。接收者要学会"倾听",即认真听别人发出的信息。

可以说"听"是管理者的一项基本技能。如果不会"听"就很难获得必要的信息,也很难获得信息传递者的认同。我们经常看到一些管理者不善于听对方的陈述,只顾自己发表各种言论、思想、观点等。这使接收信息者感到厌烦,对沟通产生不良的影响。所以，作为信息接收者，一定要注意耐心地听对方的陈述，要理解对方的真正意思，这样才能获得尽可能多的信息。

(2)理解

接收者要思考信息发送者的目的——对方为什么要发送这些信息呢？但是不要对信息反应过度，或对信息太敏感。直到完全理解了接收到的信息后，再选择对信息做出何种反应，以及反应的途径。

接收者要评价所获得的信息的重要性。同时信息接收者还要考虑发送信息者的感情因素，这样就会形成良好的沟通气氛。

所以，对信息发送者表示理解，表示认同(至少在表面态度上应如此)，这些都有助于沟通。

(3)确定媒介

信息接收者可以根据需要，帮助发送者选择传递信息的媒介。例如，告诉对方是打电话，还是用传真或电子邮件，这样能更好地收到信息。通过这样主动告诉对方选择传递信息的媒介，能加快沟通过程，避免发送者在传递信息的过程中多次尝试或发生错误，使得双方能够用满意的方式进行沟通。

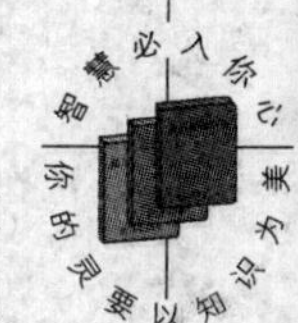

(4)即时反馈

当接收者收到信息后，无论是否理解都应该即时反馈信息。如果所接收的信息、知识可以理解就要付出行动；如果不可理解，可进一步与发送者沟通直至理解。例如，我们收到电子邮件后，发现有些字符是乱码，可以告诉对方重发邮件。

另外，即时反馈很重要，反馈的时间长短或不予以反馈，实际上表达了对所收到信息的态度。如果不想让对方产生误会，最好的方法就是即时反馈。从商业目的出发，无论在接收到信息时有什么想法，对于客户的信息都应该即时反馈，特别是在线营销的过程中更是应该如此。

在沟通中，通过明确双方的责任，无论接收信息一方还是发出信息一方，都按自己的责任进行沟通，这样就会使沟通双方能够达到共识。但是沟通过程还可能有障碍，这就需要双方打破障碍，促进沟通。

6.2.4 沟通障碍

沟通障碍是指影响沟通有效性的障碍。只有打破沟通障碍，才能使双方产生共识。一些障碍是人为因素，另一些障碍是由于组织结构形成的障碍。管理者在组织环境下执行管理职能时都会遇到这两种障碍。

1.人为的障碍

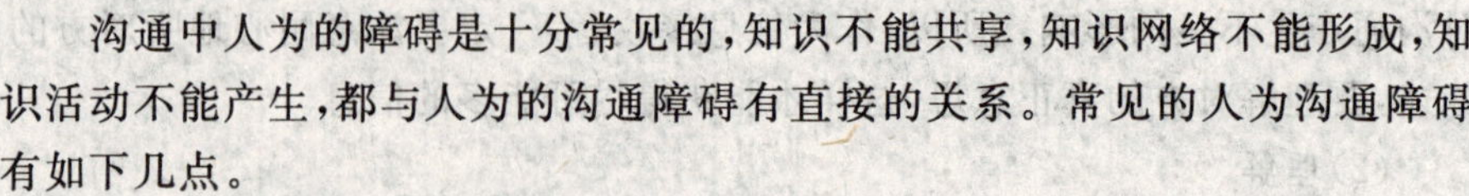

沟通中人为的障碍是十分常见的，知识不能共享，知识网络不能形成，知识活动不能产生，都与人为的沟通障碍有直接的关系。常见的人为沟通障碍有如下几点。

(1)爱听好话

如果一个管理者只爱听期望听到的话，那么这种居高临下的心理必然就产生人与人之间的沟通障碍。因为人们知道管理者的这个特点后，就会专门选择管理者爱听的好话。这时管理者就不会获得真实的信息或知识，没有真实的信息或知识就难以做出正确的决策。爱听好话是心理的弱点，是一种骄傲的心理，需要管理者克服。

(2)听不进不同的意见

听不进不同的意见实际上与“爱听好话”一样是一种骄傲心理。凡事都认为自己知道，听不进相反的意见，总认为自己正确，不接受别人的意见和建议。当人们知道管理者这个特点后，就会产生“你什么都知道了，我就不必告诉你了”的心理。以后就不发表意见，或者只说赞成的意见。这显然形成了一种沟通障碍。

所以，人“只要存心谦卑，各人看别人比自己强。各人不要单顾自己的事，也要顾别人的事”①，只有这样才能克服障碍进行良好的沟通。

(3)对信息源的主观评价

对传递来的信息意思和重要性，往往受到信息接收者主观评价影响。如果发送者可信度高，接收者就乐意接受。如果沟通来自一个证明有前科的人、没有信用的人或一个没有经验的新手，所发来的信息将会引起接收者更多的怀疑。例如，一个新工人告诉工程师有关工程建设中可能出现的问题，显然，这位工程师就会对这个工人所说的话感到怀疑。所以，在接收到信息时，要尽可能避免主观评价，客观地看待所收到的信息，实事求是地评价。不要因为提出意见的人是新手或专家，就进行主观的评价和处理。

(4)对信息理解的差异

每一个人有不同的社会文化背景，有不同的经验、价值观、信仰，这样就产生对世界不同的理解，这在很大程度上影响沟通过程，它使接收信息者对信息发送者所说的、所写的信息产生不同的理解，有时甚至产生相反的理解。这构成沟通的障碍。

实际上归纳起来有几个因素影响人们对信息的理解：经济水平、意识形

① 《新约圣经》腓力比书 2:3～4

态、宗教信仰、教育水平、时间。

(5)对不同知识结构的同一文字表达的意思有不同理解

文字是一种符号系统，常用在沟通中。但是发送者和接收者常对同一文字产生不同的理解，而产生沟通障碍。某些文字是属于专业术语或行业术语，如果没有专业背景就很难理解这些文字的真正的意思。例如，ERP这个词，它是英文的缩写。对于企业管理者来说是“企业资源规划”的意思，表达了制造业电子化的一种方式；而对一个医生或心理学家来说就是“事件相关电位”①的意思，表达了心理活动时脑的实时信息。所以，沟通双方有相同的专业背景是很重要的。

(6)非语言的沟通因素

在沟通中，人们经常采用身体语言和面部表情来表达自己的意思。有时尽管说同一句话，语言的内容不变，但是如果面部表情、语气和身体语言不同，会产生不同的意思。例如，“您好”这句话，可以根据说话时的非语言因素，理解为尊敬、毫无意义、出于礼貌、真心实意、虚情假意等等。

(7)双方情绪

无论是发送信息者还是接收信息者，沟通时的情绪都对沟通产生很大的影响。心情不好可能成为沟通的障碍，影响双方的沟通。例如，一个员工在领导生气的时候提出合理化建议，显然，相比平时领导较难接受这个合理化建议。

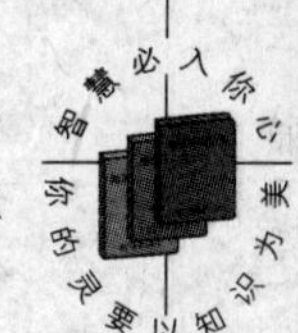

(8)物理环境

双方会谈、谈心、交换意见时，物理环境因素也对沟通产生很大的影响，如机器噪音、交通、不相关的环境信息等都对沟通产生不良的影响，都会影响双方的沟通效果，例如，在大马路旁边谈心，就很难引起心灵的共鸣。

以上的人为障碍常常影响知识管理，这是值得我们注意的。为了增加知识管理的有效性，克服人为的障碍是十分必要的。

2.组织的障碍

除了人为因素引起沟通障碍外，组织的性质也引起沟通的障碍。这种由组织性质引起的障碍成了组织发展的巨大障碍，也是知识管理中的巨大的障碍。它们有如下几种。

(1)管理层次

企业中的层级式的管理层次往往会对沟通形成障碍。各种信息有意或无意地按管理层次一级一级地传递。在传统金字塔型的组织结构里，信息从操

① 汤慈美主编：神经心理学. 北京：人民军医出版社，2001

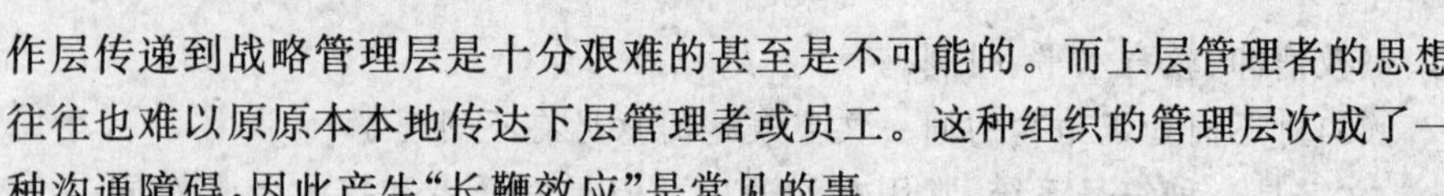

作层传递到战略管理层是十分艰难的甚至是不可能的。而上层管理者的思想往往也难以原原本本地传达下层管理者或员工。这种组织的管理层次成了一种沟通障碍，因此产生“长鞭效应”是常见的事。

现代信息技术例如企业内部网、电子邮件、BBS等可以打破这种由管理层次而导致的沟通障碍，可以将信息从企业基层直接传递到企业的战略管理层，形成一种扁平式的信息传递构架。

(2)管理跨度

如果一个管理者管理的人数太多，就不能与所有的人沟通。因此，传统企业的管理跨度一般较小，正是为了有效沟通。管理跨度一大就会出现沟通障碍。同样，利用现代信息技术，可以克服这种障碍，可以增加企业管理的跨度。例如，公司总裁可以通过电子邮件与所有的员工进行沟通，可以通过论坛与所有的员工进行交流，可以通过视频会议与全公司在各地的职能部门管理者进行沟通。信息技术可以打破由管理人数而引起的沟通障碍。

(3)组织等级或位置

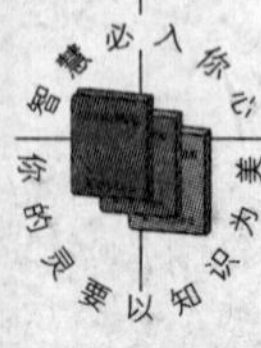

组织中员工的等级差别、所处的工作位置也造成了人与人之间自然的沟通障碍。这种障碍实际上是一种心理障碍，是由不良的企业文化造成的。要建立一种良好的企业文化，克服企业内等级观念所造成的沟通障碍。在知识管理中，强调知识环境，实际上就是强调企业要有一个良好的文化环境，只有这样才能促进知识共享、创新等。

(4)管理者更换

当新的管理者刚来时，就会与员工形成自然的沟通障碍。这种障碍也许来自管理者个人沟通的风格。有的管理者喜欢面谈沟通，有的管理者喜欢书面沟通。有的喜欢一对一地沟通，有的则喜欢团体沟通。除了新的管理者的沟通风格外，还有一些其他因素会构成沟通的障碍，例如，新管理者与员工间缺乏了解、缺乏信任等都可能引起沟通的障碍。

(5)管理者的地位

管理者往往根据他在组织中的位置来选择对某件事的解释或说法。他是从他所扮演的角色出发，而不是从内心出发来行事的。无论是资源的给予者，还是为资源相争者，管理者与他人沟通的方法都受管理者所处地位的影响。例如，最为典型的就是政治家，他对某件事的解释在公开场合、小规模场合、在家中，可能都不一样。

综上所述，组织的沟通障碍也是十分常见的，但可以通过企业文化、知识环境、信息技术等方法打破这种障碍，使知识管理得以顺利进行。

3.克服障碍技巧

组织中都有沟通网络存在，在识别了组织中的沟通障碍后，就要去克服这些障碍，促进沟通。沟通网络有两种：正式的沟通网络和非正式的沟通网络。现代信息技术可以打破人们的各种沟通障碍，所以，组织应采用信息技术促进组织内的沟通网络，让组织内的人都可以自由、方便地沟通，共享信息。

另外，要看到管理者的主要职责之一，就是引导员工为企业做出贡献，从而达到企业的目标。因此，管理者的思想、决策都需要通过员工的工作变成现实。沟通在企业中显得十分重要。在实际工作中，沟通不只是用语言、文字，还要用表情、态度、行为，因为沟通是围绕着人类所有的行为而产生的。要记住，有好的沟通就有好的管理。以下一些要点有助于改善沟通技能。

(1)沟通前要理清自己的思想

系统地分析所要沟通的问题，理清自己的思想，这是进行有效沟通的第一步。许多沟通失败是因为没有充分的计划。好的计划必须考虑沟通的目的、接收者的态度、沟通环境等与沟通相关的各种因素。

(2)检查每次沟通的真正目的

当要与人进行沟通时，问一下自己：传递的信息要达到什么样的目的？是否可以影响对方的行为？改变对方的态度？确定最重要的目标，然后采用最合适的语言、语调、方法去进行沟通。将沟通的内容集中在要点上，取得最大的成功。

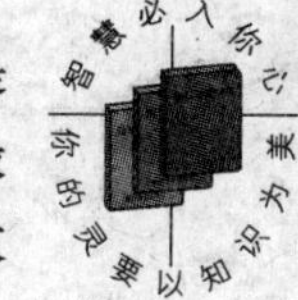

(3)考虑到环境因素和人性特点

无论什么时候进行沟通都要考虑到环境的因素和人性的特点，这些包括沟通的时间因素，是个人沟通还是其他的沟通，以及传统习惯与经验等。管理者应该洞察一切环境和人性的因素，必须清楚整个沟通的框架，使沟通完全适应当时当地的实际情况。这些都影响着沟通的意图或目的。

(4)听取他人意见

与他人商量有关沟通的时间、计划。这样可以吸收别人的意见，将有益的意见加入到沟通中去。同时也可以获得其他人对沟通的支持。例如，有的人常犹豫是否将有关信息告诉人，心里拿不定主意，这时就要与他人商量。

(5)留心暗示

要注意在沟通过程中信息内容所隐藏的暗示，这就是“言外之意”。另外，语气、表达方式、外表上接受的态度等都影响意思的表达，都有可能成为一种暗示。例如，在表达时频繁地发出某一种语音，对听众的影响力可能比所说的正文还要大。同样在选择表达的语言时，要选择一些美好的片段，不断地重

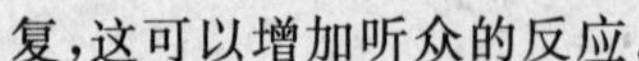

复，这可以增加听众的反应。

暗示是一种心理的作用，可通过内在语言或神经语言得到加强。

(6)把握机会

进行沟通的时候，要提供一些对接收信息者有用的、有价值的东西，要考虑到别人的兴趣爱好和需要。应考虑到别人的习惯和观点，提供一些短期效益或长期效益给接收信息者。这样人们在工作中会更听从管理者，因为沟通的信息中考虑到了他们的兴趣。

(7)跟踪沟通

我们尽最大的努力去沟通，但是我们可能不知道这种沟通的结果，以及这种沟通是否表达了自己真正的目的和意图，为此，我们需跟踪沟通。这可以通过询问有关问题，鼓励信息接收者表达。通过这样跟踪联系，就可以知道沟通的效果。所以，管理要跟踪每一个重要的沟通，掌握反馈信息，完全了解沟通行动的结果。

(8)留有余地

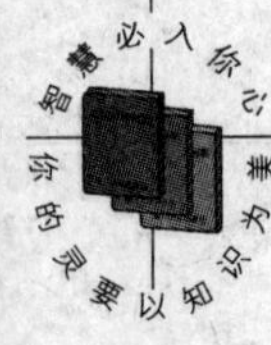

有时沟通的目的是为了解决目前的一些问题，这要考虑信息接收者的观点，如果出现观点不一致的情况，就要根据情况推迟不愉快的沟通，以免为将来进一步沟通设下障碍。

(9)言行一致

管理者的行为常支持着沟通。如果管理者要在沟通中说服对方做出某些行为，但是自己的实际行动又违背了这些行为，这样的沟通就是无效的。当行为与发布的信息相矛盾时，人们就不会相信所接收到的信息。所以，管理者在沟通过程中要言行一致。

(10)做一个好听众

作为信息的接收者要寻求理解，这不只是过去的理解，更重要的是现在的理解。在我们谈话、沟通时，我们经常不注意听，老想着自己如何表达，这会妨碍说话者的表达，影响他的态度。实际上，“听”是十分重要的表达。说话者可以从你“听”的态度中与你沟通，这时所表现出来的是一种心灵上的沟通，这比语言上的沟通更具有效力。所以，管理者要学会“听”。

6.2.5 沟通的意义

“信息”是产生“知识”的基础。但是，“知识管理系统”并不只有管理信息的功能，更重要的是为实现“共享”个人“隐性知识”提供企业文化。这种企业文化是一个“激励”员工创新的文化环境，它把许多人的价值组合为一个实体。

在这种实体文化的影响下，个人对企业就能做出更大的贡献。这种贡献的价值就在于，通过员工之间的“沟通”，产生“知识共享”，从而促进“知识活动”，创造出富有商业价值的新知识。这一点从**未来知识方程**中可以清楚地了解到。参见专栏4。

专栏4——未来知识方程

未来知识方程表述如下：

$K=(P+I)^S$，

K——知识；

P——人们；

$+$——利用技术；

I——信息交换；

S——共享能力。

以上知识方程中把知识(K)看作是由人们(P)借助技术($+$)进行信息交换(I)的能力获得的，而共享能力(S)则可以使之以指数倍扩大。共享能力指的就是沟通能力。知识方程很简单，但是它很能说明问题。使我们看到了知识是多么宝贵，也看到了知识管理与沟通关系是多么重要。①

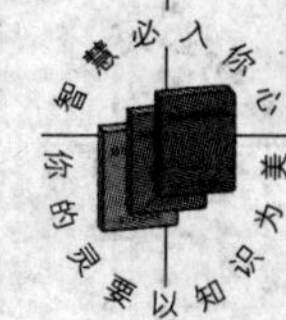

以下案例描述了阿瑟·安达信公司(AA)的注重知识方程，重视知识共享的思想。

阿瑟·安达信公司(AA)是安达信全球服务公司的一个业务单位，主要提供审计、经营、纳税咨询及其他专业咨询服务。

在全球范围内严密的组织和沟通知识的能力，被认为是AA公司从事审计与咨询活动的关键竞争因素。人们已经认识到，全球的知识总量每5年就会增加一倍，而到了2020年，这一周期预计会缩短到72天，这实在是巨大的挑战。AA公司很早就先于其他公司认识到在瞬息万变、竞争激烈的信息时代对组织的知识进行有效管理的重要性。公司的一份内部文件曾如此描述这个问题：

我们的目标就是要开发和维持我们的知识资本，这样，作为一个公司，我们就能够在未来的知识社会里控制最多的、最具有条理的、最有价值的知识资本……借助于高度的知识共享来进行工作，这是我们独有的优势。从1913年阿瑟·安达信公司创立以来，我们就有了集中化的数据库，遍布全世界的雇员为之提供了最佳行事方式(best practice)的例子……在信息社会和知识社会的概念还远未出现时，阿瑟·安达信公司就一直在运用着知识社会的科学。

---

① 苏米特拉·杜塔，让·弗朗索·曼佐尼著．过程再造、组织变革与绩效改进．北京：中国人民大学出版社，2001

阿瑟·安达信的丹麦事务所在知识管理方面积累了独特的能力，这种能力被作为知识管理的典范在全公司中得到引用和推广。但是，尽管人们在知识共享方面的经验正在扩展，但对于信息时代知识管理的复杂性才刚刚开始认识到。杰斯珀·尔比克说：我们以为自己理解了知识方程，但当我们进一步深入时，我们会在这个等式中发现新的事物、新的解释和新的问题。我们逐渐发现，知识管理不只是构建技术系统或收集信息。我们必须重新认识整个组织以及人们之间的相互联系。我们的旅程才刚刚开始！①

丹佛大学 Stephen Erbschloe 所作的一项研究表明，他所研究的 46 家公司之所以面对互联网带来的商业机会行动迟缓，最主要的原因就是：沟通的贫乏，从而导致行政上的混乱。

管理者应该让员工愿意与他进行沟通，把企业变成一个精干、平衡、适应性强的组织。一些人力资源专家和人际交流专家总结出了以下三个提高沟通水平的必要条件：

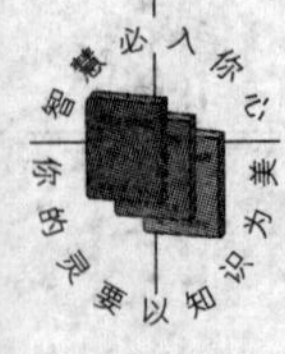

- 使沟通成为企业里的最重要的事项，并且让每个员工都知道企业的管理者重视沟通；
- 企业要为员工提供与管理层沟通的机会；
- 企业要建立信任的氛围，如果没有信任，员工很可能不愿意同其他人分享自己的想法和意见。

沟通在企业的管理中占有重要的地位。在管理的五项职能中，实施每一项职能都必须通过大量的沟通。没有沟通就没有管理。

另外，在现代利用计算机建立起来的信息系统中，沟通与信息共享、知识共享有着紧密的关系，如果没有沟通，就不可能建立起共享的机制，企业或个人就不可能获取知识，知识管理系统就不能运行，也就不能产生价值。

综上所述，沟通是一种行为过程，要注重避免沟通障碍，获得有效沟通。

6.3 计算机知识获取

以上讨论 KMS 的知识获取问题，讨论了企业获取知识的途径，讨论了人脑是如何获取知识的。通过讨论我们知道，人脑之所以能获得知识、产生知识活动、形成知识网络，都是因为人采用"沟通"的行为方式。如果没有"行为"也

① 苏米特拉·杜塔，让·弗朗索·曼佐尼著. 过程再造、组织变革与绩效改进. 北京：中国人民大学出版社，2001

就必然没有行为的结果。所以，“沟通”在 KMS 管理中的地位是十分重要的。

在 21 世纪人的沟通常常采用计算机作为中间的媒介。人可以通过计算机获得大量信息、知识。如果我们在 KMS 中采用大量的计算机信息技术，那么在理解 KMS 系统输入时，就要理解计算机是如何获取知识的。这就是本单元要讨论的内容。

要注意本单元讨论的意义并不只是在 KMS 系统输入，还在于对整个 KMS 系统的贡献。计算机中能够有各种概念资源（包括数据、信息、知识），都是由于 IT 技术人员或知识工程师将知识源中的数据、信息、知识导入到了计算机系统中，使计算机系统成为人类体外能产生概念的系统。它对于 KMS 的意义主要有三个方面：

第一，在管理学上有重大意义；

第二，它是产生知识资产的基础；

第三，它是进行知识共享的前提。

另外，通过本单元讨论还可以清晰地认识到人在 KMS 中所扮演的几种角色，这从另一个方面也说明了人是 KMS 中最活跃的要素。

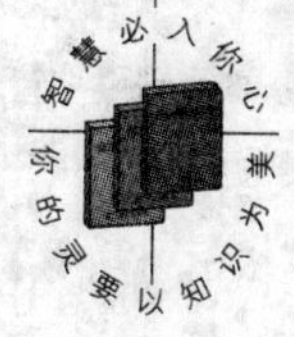

6.3.1 基本概念

在知识管理系统中，人可以通过沟通获得知识，形成沟通的网络，沟通网络又反过来进一步推动了知识的获取。在 21 世纪，人与人的沟通经常是通过中间媒体——计算机来实现的。因此，在人们向计算机索取数据、信息、知识之前，计算机本身就应该从其他人那里获取数据、信息、知识，并储存起来，这样才可以供人们使用。这些从计算机系统中获取信息和知识的人被称为用户。

计算机不会像人一样可以主动获取知识，这就需要一些懂计算机技术的人帮助计算机去获取知识。图 6-1 表达了 KMS 中计算机获取知识的地位。

从图 6-1 中可看到，计算机系统获得知识的行为并不会自动地发生，它必须在计算机工作人员的操作下完成，这些知识是从“知识源”来的。为了建立特别的商业应用，需要将“知识源”中的知识传递到计算机系统中去，这个过程就是“计算机系统的知识获取”。

计算机获取专家或“知识源”头脑中知识的目的，就是让更多的人能够通过计算机系统，获得储存在其中的人类各种知识。通过本节学习，我们要注意区分各种“人”，包括“知识源”中的各种人（员工、伙伴、客户、供应商等等）、提取知识的人（知识工程师、IT 人员）、用户（从计算机中获得知识、使用知识的人）；除此之外还要明确人与计算机之间的关系，明确两者是如何产生概念元素的。

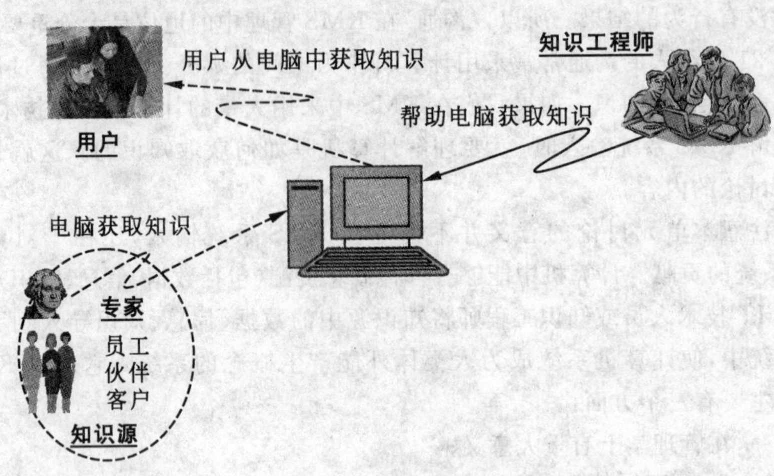

图 6-1 计算机获取知识

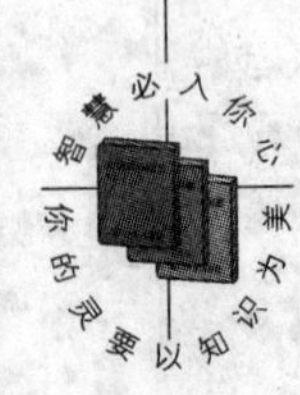

从广义上讲，所有使用计算机的人都在帮助它获取知识，例如，我们通过因特网从服务器上下载资料；我们将企业的生产、经营的每日情况键入计算机；在自己的计算机上建立数据库；通过电子邮件程序获得其他人发来的信息。我们之所以能够方便地让计算机获得知识，是因为计算机工程师们已经采用计算机语言，创建了让计算机获取知识的各种程序，例如微软的 Office 等。这些通用软件可以帮助计算机获得各种概念资源，并且可以根据人的意愿对这些资源进行存储、改编、修改等。

要注意，人们帮助计算机获取知识是为了日后能够使用这些知识。除了普通的使用外，人们也希望计算机能够在商业上进行广泛的应用。但是，采用普通软件让计算机获得的知识很难满足企业在专业领域的应用，这就需要计算机工程师为企业定制专业的程序去获得所需要的知识，并将所需要的知识按一定的规则存储在计算机里，以便人们使用。这些负责定制专业程序去获取知识的工程师，就是狭义上帮助计算机获得知识的人，他们被称为**知识工程师**(knowledge engineer, KE)。这一新的职称是美国斯坦福大学的 Feigenbaum 和他的同事在发明第一个专家系统时创造的系统分析中的一个新角色。他们对 KE 的定义①如下：

知识工程师训练规则的产生技巧以及 AI 研究的工具，用来解决需要专

① George M. Marakas 著，朱岩，肖勇波译. 21 世纪的决策支持系统. 北京：清华大学出版社，2002

家知识的、困难的应用问题。如何获取、表示这些知识，以及正确应用这些知识来建立或解释因果链，是基于知识的系统设计中的重要问题……建立智能主体的技术既是编程技术的一部分，又是它的扩展部分。正是这种建立复杂的计算机程序的技术，才能表示、解释世界知识。

从以上的讨论中，我们知道了“知识工程师”是帮助计算机获得知识的专业人士。他们的职能就是从专家的头脑中提取知识，将这些知识转移到计算机系统中去，以便其他人需要专家帮助解决问题时，只要查阅电脑中的专家知识就可以了，不必去找真正的专家。这就是专家系统。

回顾目前的商业软件厂商，他们的商业行为实际上就是建立在 KE 的工作基础上的。商业软件的产品线已经涉及企业的方方面面，从订单处理到生产流程，从最普通的管理行为到高级的知识管理，都有各种各样的软件产品。这些软件产品称为**知识产品**（knowledge product）。KE 帮助计算机从人类（知识源）的头脑中获得知识，然后将获得的知识分门别类变成知识产品，最后进入流通领域就成为知识商品，以满足另外一些人对这些知识的需求。

在知识管理系统中，输出元素之一就是知识产品。当一个生产知识产品的企业有了各种产品线，实际上就具有了保证这些产品生产的组织结构、市场网络、品牌，这时知识资产就出现了。当然，还有一部分获得的知识通过转化，融入到实体产品中去了。

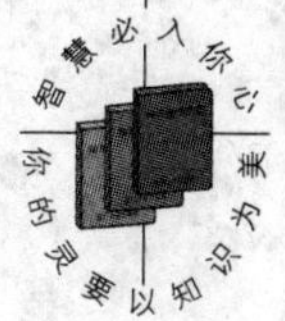

从以上的讨论中我们可以看出，知识获取是企业产生价值的根本保证。电脑知识获取与人脑知识获取不同，前者可以在人的帮助下转化成知识产品、知识资产，后者则不能（但两者有着密切的关系）。所以，利用知识工程师帮助电脑获得人类头脑中的知识意义巨大。

从图 6-2 中可以看出人与计算机的关系。在人与计算机的关系中，人扮演着四种角色。第一种是知识的提供者，这是知识源，包括了专家、员工、合作伙伴、客户、供应商等。第二种是 IT 技术人员，这些人对计算机、信息技术极为了解，是帮助计算机提取知识的人。第三种人是用户，这些人从电脑系统中获得各种知识，方便自己的工作与学习，包括了各种使用电脑获得知识的人。但是，从图 6-2 中我们还可以看到第四种人——管理者，体现了管理者在整个知识获取过程中的地位。这些管理者在企业的各个管理层次中，执行着五项管理职能，对企业的各种人和电脑系统进行管理。从这个层次上来看，电脑获取知识有益于管理者的管理过程。另外，计算机系统获取知识是产生企业知识资产的一个重要步骤，也是利用计算机进行信息共享的一个重要前提。

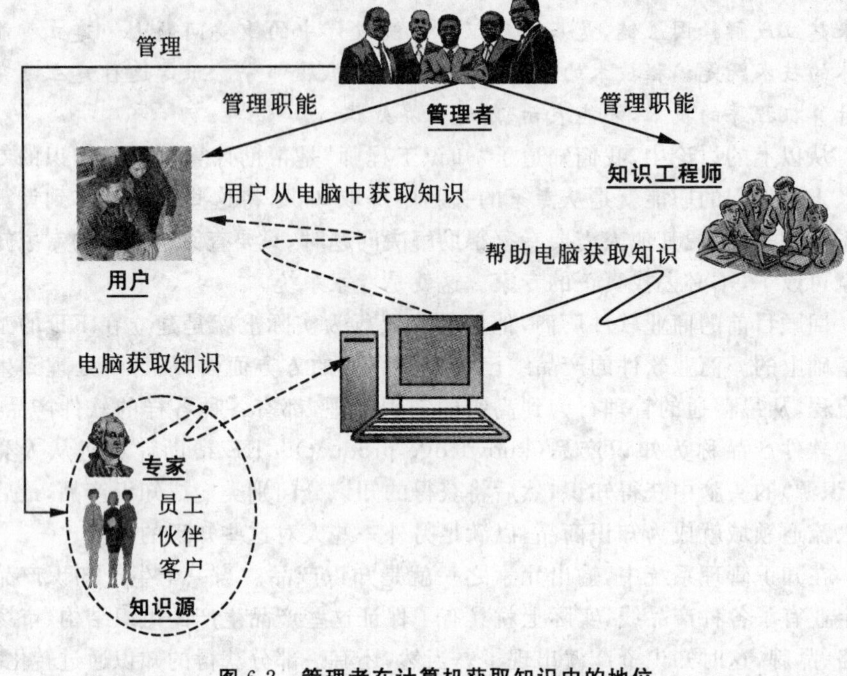

图 6-2　管理者在计算机获取知识中的地位

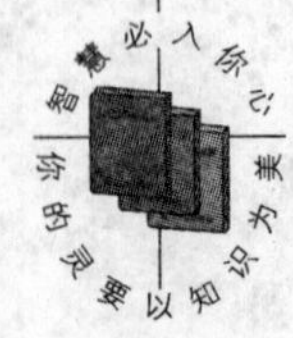

综上所述，计算机获取知识的意义有三种：第一，在管理学上有重大意义；第二，它是产生知识资产的基础；第三，它是进行知识共享的前提。

6.3.2　基本过程

知识工程师、IT 人员所描述的知识工程、软件工程、系统工程，本质上都是计算机系统的**知识获取**(KA)过程。这个过程从专业领域的专家或特定的知识源那里获得、组织、整理、编码、整合有关知识，将他们头脑中的知识转化成计算机可识别的、可表达的形式。所以，计算机系统 KA 是一个十分复杂的过程，它涉及人类的心理学、计算机科学等各方面的技术与技能，需要 KE 对专家知识、计算能力和方法等有足够的理解。到目前为止，还没有一个完全的、概括性的方法来描述这种知识获取的过程。但是大体上有如下的过程。

步骤 1：确定知识。

知识工程师(KE)帮助计算机系统获取知识的第一个步骤就是确定知识。这是指确定获取知识的目的以及获取对象——概念资源的属性(实际上包括数据、信息、知识三个方面)。

一般来说，这需要 KE 与知识源接触，相互作用、沟通，从而理解和掌握知识源的知识，确定其属性，并确定自己获取知识的目的。在这个过程中最重要的，就是 KE 与知识源中的专家、员工、供应链伙伴或客户等（视获取知识的类别而定，如果是为了获取专家头脑中的知识，那么就与知识源中的专家）进行有效的沟通。这个过程是 KE 的大脑获得知识源如专家大脑中的知识。

沟通大多采用面对面的方式，这样 KE 除了可以获得大量的专家表达的显性知识外，还可以获得许多隐性知识。在这种面对面的沟通过程中要注意沟通技巧的应用，以及克服沟通过程中的各种障碍。这些障碍大多是人为的，要应用克服障碍的技巧促使沟通成功，使 KE 获得知识源头脑中的知识。除此之外，还可以应用一些基本的 KA 技术，如访谈技术、协议分析技术等。

步骤 2：建立模型。

在完成了第一个步骤后，KE 明确了知识源的知识类型、属性，也确定了自己获取知识的目的；同时对知识源中的知识有一定的理解。这时，就要设法将从知识源中获得的知识模型化，这就是建模。一般要建立如下模型：

任务建模（task modeling）是 KE 首先要做的工作。就是要建立一个任务模型（task model），这个模型要反映出专家（如果我们确定要从知识源中的专家头脑中获取知识）在执行他们专业领域的任务和解决专业问题时的一般能力。任务建模一般要包括定义获得专家知识的具体任务、确定专家知识领域、设置系统功能、确定系统的用户，实现从专家知识转化成计算机可识别的知识的翻译框架。

任务建模首先要把任务和问题分解一些小单元，定义这些任务小单元的控制和信息流动的说明。

除此之外，还要建立一个概括性的专业知识的描述，包括专业词汇、相关理论和方法。这个描述中还要包括专业知识的用户基本特征、基本要求，必须规范用户使用系统中专家知识的基本能力。

最后要对任务模型进行成本效益评估。

性能建模（performance modeling）是利用分析技术从专家头脑中提取知识，这些分析技术包括了建模、假设、感知等。KE 从专家那里获得知识一般通过语言表达，通过访谈技术和高度结构化的协议安排，使专家知识表达出来，这样 KE 可以获得知识，并且产生知识模型。这些知识模型由专家来测定其准确性，由 KE 进行必要的修改，重复这个过程，直至模型完整为止。

知识建模（knowledge modeling）是从数据建模引申出来的建模方式。它是利用**知识关系图**（knowledge-relationship diagram，KRD）来确定实体与数

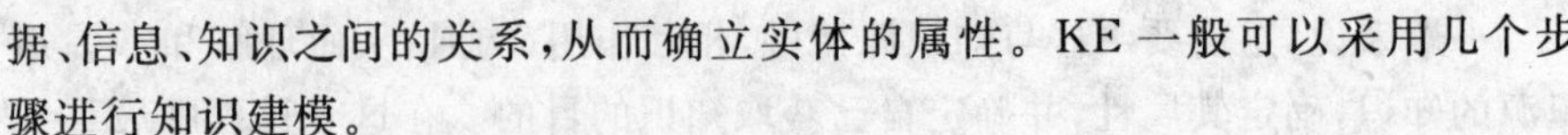

据、信息、知识之间的关系,从而确立实体的属性。KE一般可以采用几个步骤进行知识建模。

第一,确定知识。确定所获知识(数据、信息)是对哪些实体的描述。

第二,确定关系。这包括确定所获得的各种知识间的相互关系,即概念系统各要素间的关系。

第三,完成知识关系图。通过图形表达各种知识间的关系,以及它们所代表的实体系统的关系。

第四,进行知识分析。进行知识分析是为了使**知识库**(knowledge base)更有效,消除知识冗余(也包括了数据和信息的冗余)。

第五,建立知识词典。这是对知识库中的知识进行必要的描述。

过程建模(process modeling)表达了知识获取的过程。用流程图表示从专家头脑提取知识到知识编码输入计算机(计算机知识获取),以及计算机用户从计算机中查询使用知识的整个过程。

可视化建模(visualization modeling)可视化建模被看成建立某个知识领域模型的基本技术。它将知识源中的知识可视化,通过图化来表达各个要素。

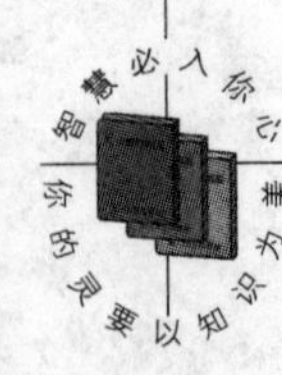

KE可采用各种建模方式进行知识建模。以上介绍的是几种常用的建模技术。

步骤3:获取知识。

KE利用自己的专业技术在以上两个步骤后对知识进行编码,将知识输入到计算机中去。这个步骤中要进行程序设计、系统开发的工作。程序设计的原则一般是可靠性、规范性、可读性、可维护性;系统开发的方法一般有传统的程序设计语言、面向对象的程序设计语言等等。通过知识获取,在计算机系统内形成了一个用规则、框架等表达知识的结构。

步骤4:测试。

对计算机系统所获得的知识进行测试。测试一般是指对计算机系统中软件计划、设计、编码进行差错检查和纠正错误的活动。在知识系统中,主要是测试验证知识组织、框架、结构、规则等是否正确。对于不正确的应给予纠正。

测试的方法有人工测试,它是指依靠人而不是计算机来对程序进行检测。可采用人工运行和代码审查的方式。另外,也可采用计算机静态分析方法进行测试。一般可利用三种工具进行:静态确认工具、符号执行工具、程序检验工具。参见管理信息系统的有关书籍。

综上所述,通过几个步骤,计算机就可获得所需要的知识,这时计算机系统就可以投入使用,在KMS中形成一个类似知识源的作用。因为计算机中存储着知识，所以在不与知识源面对面沟通的情况下，用户也可获得所需要的知识。这是间接沟通，用户可跨时间和空间获取知识。

6.3.3　基本技术

开发任何信息系统，实际上都是将人头脑中的知识转移到计算机系统中，如何使计算机能够获取人脑的知识？这需要知识工程师采用一定的技术。

访谈技术(interviewing techniques)是最常见的一种技术。但是，准确地讲，访谈不仅是一项技术，而且也是一项艺术。目前有各种各样的访谈技术，一般来说人们大多采用组合的访谈程序，即**联合应用程序设计**(joint application design，JAD)。这个组合可以集中专家对知识的记忆，使这些知识在同一空间和同一时间内表现出来。如果单独访谈，可能就难以达到这种效果。没有用JAD方法来确定专家知识，建立一个有效信息系统实际上是不可能。

JAD使用了几种**结构化访谈技术**(structured interviewing techniques)，包括"企业系统规划法"、"关键成功因素法"、"E/M分析法"。

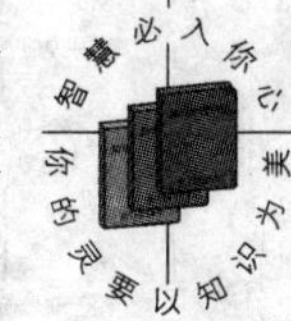

企业系统规划法(business systems planning，BSP)是一种对企业管理信息系统进行规划的结构化方法，是IBM公司在20世纪70年代开发的组织交流技术。它先是自上而下识别系统，识别企业流程，识别信息，然后自下而上地设计系统，以支持系统目标的实现。BSP摆脱了对原组织系统结构的依赖，从基本的作业流程出发进行数据分析，找出决策所需要的数据，然后自下而上设计系统，支持系统目标的实现。

关键成功因素法(critical success factors，CSF)是由哈佛大学William Zani教授和麻省理工学院的John Bockart教授提出的，它是指对企业成功起关键作用的因素。每一个企业必须在每一个作业执行区域有效地运行CSF才能成功。CSF通过分析找出企业成功的关键因素，然后围绕这些成功的关键因素确定系统需求，进行系统规划。基本步骤是：理解企业的战略目标→识别关键成功因素→识别评价标准→识别测量性能的数据。

E/M分析法(ends/means analysis)将重点集中在企业的有效性(做正确的事)和效率(做好这些事)上，并用"需求的信息"管理它。这个技术包括如下两阶段：

第一，分析鉴别对KMS的结果是什么，然后考虑如何有效地达到这个结果，也就是说，要达到这个结果就要找出关键性的概念要素，找到这些要素，才能提高系统的有效性。

第二,要分析采用什么方法找出关键的概念要素。如果采用这些方法是否可以达到系统的目标?

结构化访谈需要提前进行访谈的计划、组织、顺序安排、设计问题等准备工作。通过正确地进行结构化的访谈,可以提取专家的各种知识,然后经过必要的过滤、选择,输入到电脑系统的专家知识库中,转化成计算机可识别的形式。结构化访谈实际上是一种形式的询问,而不是一般的交流,它要事先设计好问题,将这个问题集中在一个特殊方向和推理路线上。

另外,也可以采用非结构化访谈,这种访谈是正常的交流方式,没有设定一定的问题,只是不断地询问、访谈、找出方案。访谈的话题可以很广,也可以很深入。

原型法(prototype)是 20 世纪 80 年代随计算机技术发展起来的。它是在关系数据库系统(relational data base system, RDBS)和第四代程序语言(4th generation language, 4GL),以及各种系统环境的基础上产生的一种系统开发方法。它放弃了对现有系统的全面、系统的详细分析,而根据系统开发人员对用户需求的理解,在各种软件工具的支持下,开发出原型系统,然后再与用户反复商量修改,直到满足客户的需求为止。

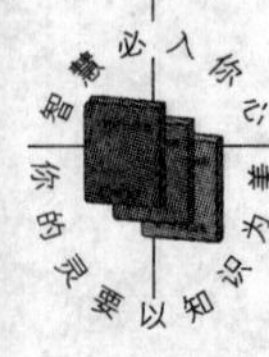

Kelly(1955)提出了**仓库网格方法**,为 KE 的知识收集提供了另一个强大的技术。Kelly 把人类想像成为"个人科学家",每个人都有关于世界的个人模型。科学家进行知识的分类,然后把知识和感知进行归类,希望能够通过形成理论和检验假设来预测并控制事件。Kelly 把人类的思维定义为一种个人构造的理论(personal construct theory)。每位个人科学家的世界模型由单独的个人构造组成。

专家系统(expert system,ES)是指一些计算机软件程序,这些程序是根据专家解决问题的经验,模仿专家解决问题的过程,采用了一系列的规则编写而成的。这样,计算机能够解决特定领域的问题。用户虽然不是某个方面的专家,但是也可以通过计算机的专家系统解决这个领域的复杂问题。用户只要通过用户界面,与计算机进行交互式的对话就可以解决问题。

专家被定义为"能解决狭小的领域出现的所有错误的人"。① 专家系统中的专家功能应用了人工智能的一系列技术。

专家系统在知识管理中的作用如下:

① George M. Marakas 著,朱岩,肖勇波译. 21 世纪的决策支持系统. 北京:清华大学出版社,2002

第一，专家头脑中的隐性知识显性化（外化），成为计算机系统中的显性知识，使企业获得知识资产。

第二，用户可通过计算机专家系统获得专家知识，所获得的专家知识可以实际应用，也可以获得启发式教育（heuristic），产生知识创新，从而获得新的隐性知识（内化、社会化），增加个人的知识资产。

专家系统一般由四个部分组成：

用户界面。这是用户与计算机交流的界面，包括输入、控制、询问等机制，用户可以根据自己的需要进行人机交流。一般都是图形用户界面（graphical user interface，GUI），其中的图标对应实际对象，是基于图形符号而不是文本。通常一个桌面、视窗环境和 Macintosh 环境都是 GUI。一个强大的图形用户界面是创建在线客制化的方便性所必需的，包括用户视窗、对话框、下拉菜单，图形表示，超链接帮助等。这些性能可以在几天内建立起新的应用软件和用户界面，使用户可以快速地掌握和方便地使用。

知识库。知识库（knowledge base）包含了特殊领域的知识、对象描述和关联、解决问题操作、约束问题、启发性知识和不确定性问题。知识库容纳了规则、框架、语义网、案例、模式等抽象的、概括的信息。知识库里存储的不是数据和信息，而是经过一定规则定义后的知识。

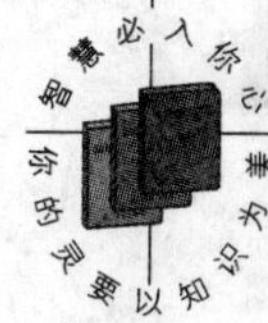

推理引擎。也称为**推理机**（inference engine，IE），它采用特定的顺序并使用知识库中的知识进行推理。推理机是基于规则和事实来执行演绎和推理的，通过推理而得出结论。

开发引擎。知识工程师使用开发引擎来建立专家系统。

综上所述，这些技术也是计算机获取数据、信息、知识的基本技术。这些技术经常被用于开发信息系统。实际上，计算机获取知识也就是开发一个知识系统。在这个知识系统中，只有显性知识、信息和数据。所以，这个知识系统与信息系统没有本质的区别，它只能算是 KMS 中实体的一部分。

专栏 5—— 专家系统

利用专家的知识，通过计算机将这些专家知识储存起来，供其他人使用，这不但促进了专家知识的传播，也使商业上获益。以下案例①做了很好的说明。

① George M. Marakas 著，朱岩，肖勇波译. 21 世纪的决策支持系统. 北京：清华大学出版社，2002

Christine Downton 作为一名经验丰富的分析家，曾经研究了过去 20 年的贸易市场，她于 1993 年加入了位于加利福尼亚州 Malibu 的 Hughes 研究实验室，并将她有关世界债券市场的知识上传到了计算机中。Charles Dolan 是一名毕业于 UCLA 的计算机专业的博士，由 Hughes 公司派遣，负责获取 Downton 的经验。

Dolan 研究 AI 的方法是传统的符号逻辑与较新的联系理论的混合方法，这种方法产生于一个设想：智能行为产生于一种人工"神经网络"。Dolan 的观点是，这两者都是很重要的——人脑的神经元网络中存在着一定的结构，这个结构就是符号的具体化。他试图在计算机上创造这样一个"知识空间"，主要基于一个符号化的结构。经过艰苦的努力，这个结构已经建立在他反应灵敏的"湿件"(wetware，即人脑)中了。

为了完成这件工作，Dolan 建立了一个 Hughes 称为"Modular Knowledge Acquisition Toolkit"(MKAT)的系统，用来进行人类专业技术的提取和编码。MKAT 以前被用作"知识工程师"的军事技术。因为知识工程意味着交叉检验专家的思维过程，所以常常会揭露出一些名不副实的专家。

结果，生成了具有 2 000 条规则的"全球债券分配战略"。应用这些电子市场数据的反馈，系统吸收了大约 800 条的经济信息，例如国家的公共部门与通货赤字、通货膨胀率、货币供应量等等。经过大量的复杂转化后，系统得出了一系列的建设性结论。例如卖掉丹麦乌克而购买德国债券。这些信息被送到 Pareto 的真正的交易员手中，进行实际交易。

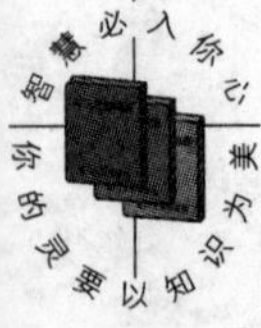

通过本单元的讨论，我们明确了计算机是在人的帮助下获取知识的，这与人主动地获取知识有本质的区别。而且计算机获取知识是为了供人使用。所以，在本单元中读者应该注意到计算机获取知识过程中，几种人的不同角色，这包括知识工程师、知识源(专家、客户、合作伙伴、供应商、员工等)、用户，见图 6-1。最重要的是管理者控制着这一切。

通过计算机获取知识的意义如下：

(1)将人类的知识用计算机语言来表达，从而使更多的人获得知识，使知识共享成为可能。

(2)知识工程师将专家大脑中的隐性知识显性化，存储在计算机内，这除了满足人们信息共享的需求外，还可能形成了知识产品、知识资产等无形资产。

(3)促进了计算机技术的进步，使计算机有可能像人类大脑一样进行思维。在实现这个过程中，人类必须投入大量的精力来研究人的认识过程、思维过程、神经系统功能等，这也促进了人对自身的认识。

但是，我们应该看到，如果从人类获取知识的角度来看，计算机获取知识只是人类获取知识的一种手段而已，并不是一种目的，人的真正目的是通过获取知识而获取价值。所以，知识的获取总是和人的商业目的相联系的。

注意:这是KMS的输入集。如果没有知识获取,KMS就不能获得输入的基本元素。本章包括了三个部分的内容:企业从外界获得知识的方法、人与人之间的沟通管理、计算机获取知识的方法。这三部分是相互联系的。到此为止我们讨论了KMS系统输入的主要问题。

本章术语

知识共享(knowledge sharing)
知识获取(knowledge acquisition, KA)
沟通(communication)
非语言沟通(nonverbal communication)
知识工程师(knowledge engineer,KE)
知识产品(knowledge product)

思考题

1. 知识共享包括哪些内容?它们之间存在着何种关系?
2. 个人知识获取与企业知识获取间存在着什么内在关系?
3. 人的知识获取与计算机知识获取各有什么特点?两者间的关系如何?
4. 沟通与知识获取有什么关系?
5. 为什么要注意沟通过程的心理活动?

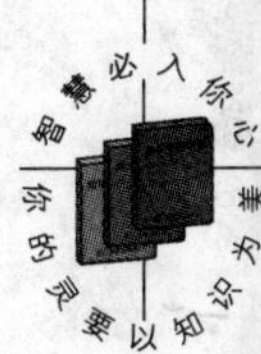

第七章　知识计划

在管理中，计划是第一个职能。精心的计划产生许多成功的公司。无论什么样的公司，只要它是成功的公司就离不开成功的计划。同样，知识管理的具体实施也是从计划入手。将知识管理理念与传统管理学结合，使知识管理成为一种可操作的管理方式。管理行为始于计划。由于知识管理的特点，知识计划有别于传统管理的计划。但是要注意到"知识计划"与传统的计划职能仍然有着密切的关系。本章从传统管理中的计划职能入手，探讨知识管理中计划的方法、工具，以及跨企业的协同计划。知识计划之所以与传统企业的计划有本质上的不同，就是因为将信息技术与计划过程整合起来了。

7.1　计划概述

任何管理都是从计划开始的。如果一个企业没有计划的职能，就无所谓管理，或者说只是一种没有计划的"管理"。我们看到一些不成功的企业，其共同点就是对计划职能不重视，没有计划或没做好计划，从而使管理陷入混乱。企业需要进行计划的事很多，包括了人、财、物，产、供、销各方面。现在还包括了信息系统的计划，如企业资源规划(ERP)、物流规划等，都属于"计划职能"管理的范畴。

通过本章的讨论，我们应该清楚地看到知识管理中的计划职能与传统企业的计划既有相同之处，又有重大的区别。有如下数点应注意到：

第一，注重概念资源的获取。计划过程本身就是一个概念活动的过程，它需要大量的数据、信息、知识等资源。这些资源都同属概念资源，需要采用最新的技术去获得这些资源。

第二，计划过程采用软件工具。从本章的讨论中，我们可以知道，在实施计划职能过程中，可以利用一些软件工具帮助我们进行规划。目前，大多数软件厂商都有“计划”的产品线可供选择。但是对于大多数的中小型企业的管理者来说，如果能够用好 Excel 软件进行经营分析，对计划职能会起一个良好的支持作用。大多数昂贵的“计划”软件工具也基本上是从企业的经营分析开始的。如果管理者能够熟练地利用这些“非正式的技术”，效果也不会比应用昂贵的软件工具差。当然，如果管理者所在的企业是大型企业，而且技术投入的资金充沛，利用专业的“计划”工具软件是一个最好的选择。

第三，从单一企业内的计划扩展到企业间的协同规划。随着信息技术、网络技术的应用，企业可以通过企业间信息系统在供应链上进行协同计划，从而提高企业效益。

第四，任何企业的应用软件，无论是单项软件还是系统软件，本质上都是一种规划，如 ERP(企业资源规划)。企业信息化或电子化包括了三项基本内容：规划、执行、绩效测量，首当其冲的就是规划。所以，了解和掌握计划的概念过程是十分重要的。

7.1.1　什么是计划

计划(planning)是管理中所要执行的第一个职能，也是其他管理职能的基础。计划包括设定组织目标，制定战略以达到这些目标，还要计划达到这些目标的方式。小企业有许多非正式的计划，这些计划大多在管理者的头脑中，没有写出来，也没有或很少与组织中的其他人共享。而大企业中都有许多正式的计划，也有少量非正式的计划。我们在此讨论的是正式的计划，这些计划要写成文档，与企业各个管理层的管理者进行共享，甚至与员工共享(视计划的类型而定)。这些是企业发展的基本保证。计划首先要确定目标，以及要达到目标的行动安排。它根据计划类型，要确定个人、部门、组织每一天、每一周、每一个月和每年所要做的事。计划的时间和范围应根据组织中各种管理层次而定。例如，战略管理层的计划时间和范围都较大，内容也趋向宏观；而操作管理层计划的时间和范围就相对比较小，内容也较具体。我们可以给计划下一个定义。

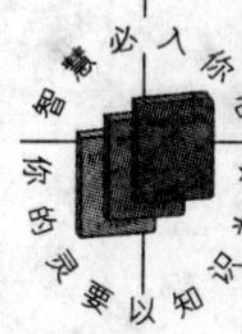

计划的定义：

计划是设定目标，确定达到目标所需要的资源、方法、途径的思考过程，以及这个思考过程的结果。

组织中有各种不同的计划，每一个计划与其他的计划都有相关性，都会相互影响。一般来说，高层次的计划指导着低层次的计划，而低层次的战术计划的实现与否，也影响着高层次的战略计划，这是计划中的垂直的影响。另外，组织中计划还有横向的影响，这是部门间或部门内不同计划的相互影响，一个部门的计划不能完成，也可能影响到另外一个部门的计划；部门内一个计划不能完成，可能也影响着另一个计划的实现。

所以，一个计划要考虑到垂直和横向的两种因素。除此之外，还要考虑到政府的法律、法规。制定一个计划，无论是高层次的计划还是低层次的计划，都要考虑到多种因素。一个好的计划，是有效管理的基础。

另外，要注意到任何计划都是建立在可获得的各种数据、信息、知识的基础上的。这样使计划更接近企业实际，形成一种预测准确、可操作的计划，使管理者避免管理过程的盲目性。一些管理者不重视计划，常有如下一些误解：

第一，计划与实际结果没有百分百的准确无误，所以计划会浪费时间；

第二，商业过程、市场总是变化的，而计划是不变的；

第三，正式计划使操作过程的灵活性降低了。

消除这些误解的方法如下：

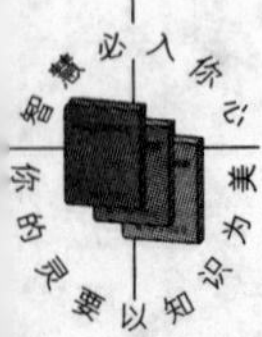

第一，要看到计划过程比计划结果更重要，计划过程提供了思维过程的价值；

第二，要看到计划的目的就是预测变化、应对变化；

第三，要看到计划是持续的活动，需要根据情况不断改进。

从今天企业发展的水平来看，我们这里讨论的“计划”职能已经超越了传统管理学所讨论的“计划”，因为，在知识管理中，任何应用软件和企业的信息化系统，例如ERP、SCM、CRM都是一种规划系统，都是设定企业的目标，确定达到这些目标所做的各种思考的结果。传统管理学的“计划”结果写在纸介文档上，而在信息化企业里，“计划”写在电子文档上。这种“计划”是管理者和IT工程师共同完成的，形成某个应用软件或信息化系统。然后，企业的一切管理过程都由这些规划系统按所设定的“计划”实施。由此我们可以看到传统的管理学“计划”与知识管理中“计划”的区别与联系。

7.1.2 计划的内容

这里所讨论的“计划”内容与传统的管理有许多相似性，但是在细节上有许多不同点，最主要的不同点就是信息技术的应用，以及注重概念资源的规划。

首先，计划的过程和方式大量使用了信息技术的手段，通过信息技术，获得大量的数据、信息，从而使计划建立在有效的预测基础上，避免了主观的计划工作；

其次，传统管理注重的是实体资源的计划，随着实体资源在企业中的重要性下降，知识管理使企业更注重对概念资源的计划(具体表现在信息系统的规划上)。

无论是传统的管理还是知识管理，其计划职能内容都反映在图 7-1 中。

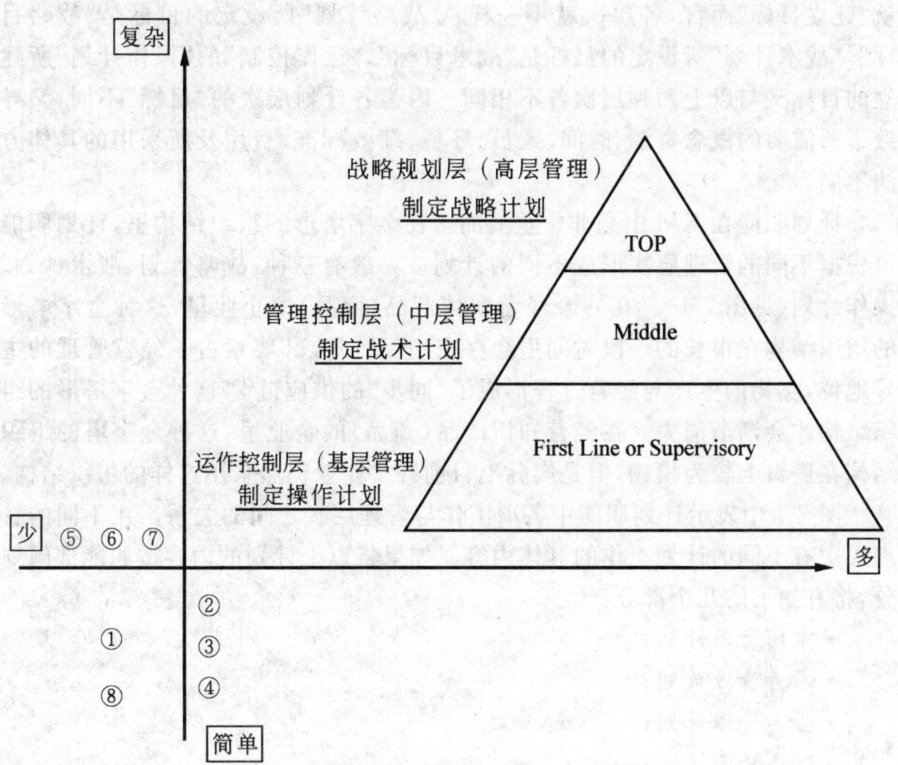

图 7-1　计划职能

从图 7-1 中可以看出，无论是何种管理层次的计划，一般都包含以下基本内容框架。

- 建立目标；(图中编号①)
- 确定达到目标所需要的“概念资源”；(图中编号②)
- 确定达到目标所需要的时间；(图中编号③)
- 确定达到目标所需要的人员；(图中编号④)
- 确定达到目标所需要的组织环境；(图中编号⑤)

• 确定目标的绩效审计标准；（图中编号⑥）

• 确定达到目标的具体方法；（图中编号⑦）

• 确定达到目标所需的费用。（图中编号⑧）

在管理的三个层次中，计划职能分别是战略计划、战术计划和操作计划。这三个层次的基本内容框架都一样，但是在细节水平上每个层次不同。例如，就"建立目标"而言，各层次就不一样："战略计划"所设定的目标是"战略目标"，"战术计划"所设定的目标是"战术目标"，"运作控制"的"操作计划"所建立的目标又与以上两种层次各不相同。因为各计划层次的"目标"不同，又导致了所需要的概念资源、时间、人员、环境、绩效标准、费用及所采用的具体方法不同。

计划职能在 KM 中是非常重要的。在金字塔形的组织结构里，计划职能可根据不同的管理层次形成不同的计划。一般有三种：战略计划、战术计划、操作计划（见图 7-1）。在一个经营实体产品（商品）的企业里，这种金字塔形的组织结构在很长的一段时间里会存在，直到"概念"要素占了经营管理的主导地位，实物的生产与经营过程形成了"同步"的供应链[①]，这种金字塔形的组织结构才会渐渐消失。在经营知识产品（商品）的企业里，这种金字塔的组织结构在逻辑上较为模糊，但是实际上目前许多企业仍然采用这样的组织结构。

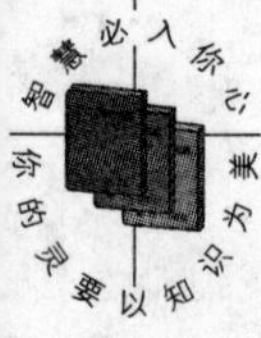

图 7-1 中表示计划职能中各项工作与管理层次之间的关系。在不同的管理层次有不同的计划工作的具体内容。如果将以上计划的内容按职能部门划分，将有如下的几个部分：

• 市场资源计划；

• 人力资源计划；

• 生产资源计划；

• 财务资源计划；

• 供应资源计划；

• 信息资源计划。

这些计划的基本内容可以体现在具体的部门计划中，也可以体现在企业的战略计划中。从计划的形式来看，这些内容可以包括在各种应用软件和应用系统中，如企业的总体计划可以包含在企业资源规划（ERP），战略层的规划内容可以包含在决策支持系统（DSS）、经理信息系统（EIS）等，战术计划可包含在人力资源信息系统（HRIS）、财务信息系统（AIS）等，操作计划可包含在

① "同步"供应链的概念参见本系列教程《供应链管理（SCM）教程》。

分售需求规划(DRP)、生产执行系统(PES)等。

信息产业、软件业的发展,几乎使所有企业的计划都形成了应用软件和应用系统。一个好的软件或系统就是一个好的计划,只要实施这些信息化系统就可以达到企业预期的目标。

知识管理是管理的管理,所以在讨论计划职能时并不是在细节上讨论某一个信息系统或应用软件如何构建,而是提供了一个高层次的、全面的方法论。

7.1.3 计划的类型

第一,按管理层分类——根据三种不同的管理层次,计划也分成三种类型:战略计划、战术计划、操作计划。三种计划相互联系,又各有不同点。

战略计划(strategic plans)是指企业"战略管理层"所制定的计划,一般被认为是组织的战略计划,它应用于整个组织,是组织设立总体目标和确立组织在环境中地位的计划。

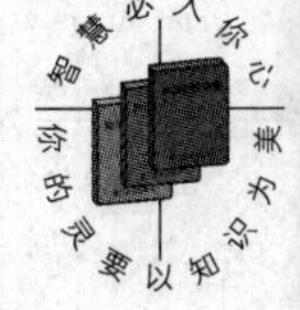

目前,有的专家认为,知识管理战略就是企业的战略。在不断信息化的企业里,传统的企业战略(business strategies)已不存在,知识管理战略已代替了传统的企业战略。在一些文献中为了强调这一点,将知识管理战略写成 KM business strategies,以示与传统企业战略的区别与联系。因此,知识管理战略计划(KM strategic plans)就是企业的战略计划。

企业的战略计划通常是长期的计划,一般是两年、三年或五年,有的甚至是十年的计划。在以往企业的战略中通常是以"实体资源"出发,通过对实体的经营获得价值。在 KM 的战略中,最重要的一个特点不是从"实体资源"出发,而是从"概念资源"出发,通过对"概念资源"的经营管理,获得企业的价值。

战术计划(tactics plans)是指企业中的"管理控制层"(中层)所要进行的计划。这些计划是各个职能部门要进行的事。战术计划要根据战略计划的目标,确定出如何达到这个战略目标的具体战术目标。例如,企业计划要达到年收入 1 000 万的战略目标,战术目标也许就是每个月要达到 100 万收入的目标。除此之外,战术计划还要确定"如何做"及"谁来做"。

战术计划是战略计划的一个局部,一般由企业中各个职能部门进行。所要做的事就是如上所述的计划职能的 8 件事,这与战略计划一样。但是,在计划的时间和计划的范围上要小得多。

操作计划(operational plans)也称为作业计划,是指"基层管理层"所做的计划。这是每一个战术计划之下的操作计划，是基层管理者所要具体进行的工作和所承担的责任。这些工作有的是一次性(single-use)的工作，有的是持续(on-going)要做的工作。例如，对于某个软件工程项目，它的工作是从项目团队的组建到项目的收尾，这是一次性的工作，而对于某一部门的知识环境的构建就是持续的工作。所以，这个层次的计划也分为两种，一种是“一次性操作”计划，一种是“持续操作”计划。

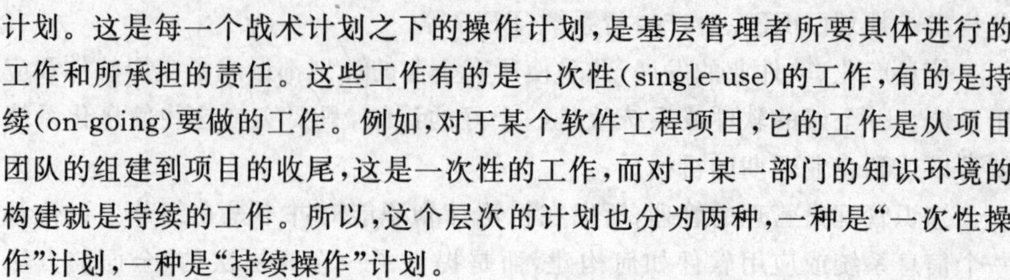

第二，按信息技术应用分类——信息技术的应用，使人可以将事先的计划以一定的电子化格式呈现和使用。它一般有三种类型。

普通商业软件：这种软件是按IT工程师对某个商业行为的理解，用计算机语言以一定的格式编写程序，以供单项的商业行为应用。这种软件的特点是普遍性、单项性。它是IT工程师为商业人员编写的一种规划，商业人员不可更改，只能按软件程序进行操作，例如，用友公司的财务软件。

应用软件：这种软件是根据企业实际需要，由IT工程师编程的。它的特点也是单项性、可集成性。它可以根据企业的需求进行集成，这一点比普通商业软件要进步得多。

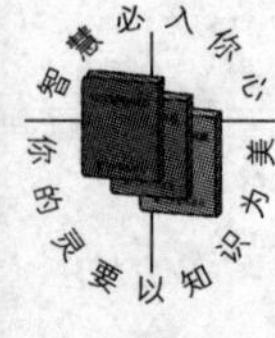

应用系统软件：这是由许多应用软件集成起来的系统。它将企业所有的运作计划都集中在系统中，使企业可以按计划进行运作。目前主要有三大类：企业资源规划(enterprise resource plans, ERP)、供应链管理(supply chain management, SCM)、客户关系管理(customer relationship management, CRM)。企业的信息化系统一般由三个部分组成：规划、执行、绩效测量，所以任何信息化系统都可以看作一种规划系统，附带执行和绩效测量模块。

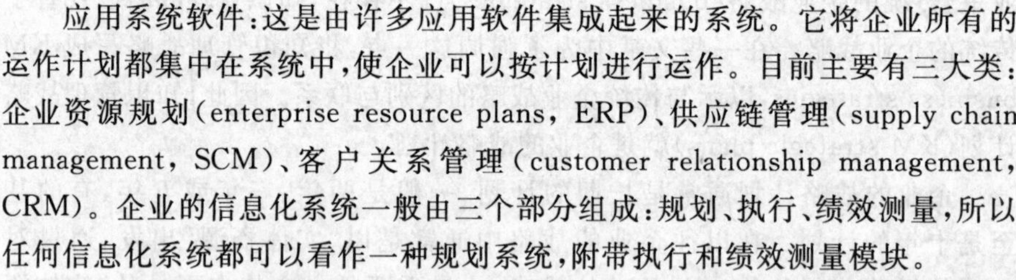

第三，按其他方式分类——按时间分类的计划有：**短期计划**(short-term plans)，它是指一年内的计划；**长期计划**(long-term plans)，它是指5年以上的计划；中期计划，它是指介于短期和长期时间内的计划。

按计划的明确程度可分为：**具体计划**(specific plans)，它是指有明确目标的计划，计划中规定得详尽具体；**指导性计划**(directional plans)，它是指目标不明确的计划，计划中并没有具体的规定，只规定一般性的指导原则。

7.2 计划过程

计划的步骤、方法、工具都与各种不同的管理层次的管理者参与有关。无论何种层次的管理者，虽然在计划的开发过程中是不同的，但一般都按基本的计划过程来进行。

计划过程反映了管理者思维过程、预则的过程。正确的思维、正确的预测对于正确的计划有十分重要的意义。

7.2.1　一般计划思考

计划本身就是“概念”活动的过程，在管理者行动之前，一般都要对自己的行动进行必要的思考。无论是思考何种行动计划，也无论管理者处于何种管理层次，只要自问自答如下问题，就可以理解自己并确定自己的需求。

- 我们要做些什么？——确定目标
- 有哪些资源与此目标相关？——确定与目标的相关资源
- 达到目标的障碍是什么？——确定自身的约束资源
- 哪些资源可以获得？——确定积极的资源
- 达到目标的方式是什么？——确定获得资源、利用资源的手段

有时确定需求并不是件容易的事，并不是凭空想像就可以。确定需求要实事求是，从自身条件出发，从现有环境因素出发，尽可能收集各种数据、信息、知识，并对此进行认真的分析。

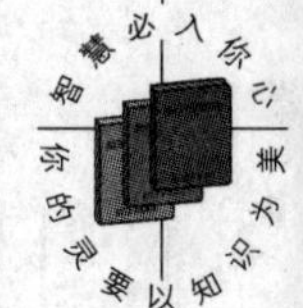

大多数所需的资源都可以从企业知识源中获取，这些知识源中存在着大量资源，可供我们制定计划时采用。例如，以下是一些常见的资源信息获得地点：

- 企业内的信息系统：企业信息系统中的数据库、数据仓库、知识库、模型库等都是获得相关资源信息的良好途径。
- 企业间的信息系统：可以通过IOIS获得合作伙伴、客户、供应商的相关资源信息。
- 咨询机构：可以通过咨询机构购买相关的资源信息。
- 公共信息媒体：可以通过公开发表的论文、因特网上的信息获得相关资源信息。

在实际计划过程中，经常是多种渠道协作去获得必要的资源信息。

确定知识源也不是件轻而易举的事，需要采用一些基本方法才可以确定。

如果确定了获得资源的地点，还要考虑获得资源的方法。这与管理者的知识水平、技能水平，能够动用的人力、财力、物力有关。获得资源信息的方法之前，有如下几点是值得考虑的：

- 获得信息、知识的时间是什么时候？
- 获得信息、知识的费用是多少？

• 获得信息、知识需要哪些技术?

• 获得信息、知识需要哪些设备?

• 获得信息、知识能够独立完成吗? 是否需要别人帮助?

思考了以上内容后,基本上可以确定采用什么样的方法去获取资源信息。获得资源信息的地点不同,方法也不一样。例如,大企业的长期战略规划,要花一定的时间和费用,请专门的咨询机构和专家协作来完成;而中小企业,只要采用普通的信息技术,靠企业内的专家、工程师、技术人员、知识员工就可以完成;一些小型计划或非正式的计划靠自己就可独立完成。

计划(包括如前所述的信息化中的规划系统)的思考过程往往依赖信息、知识的获取。一个好的计划是对自身的理解、对环境的理解,以及对资源信息、知识获取的综合体现。

7.2.2　一般计划步骤

从以上的讨论以及计划的基本概念中,我们已经说明了计划的步骤,归纳起来一般有如下几个步骤:

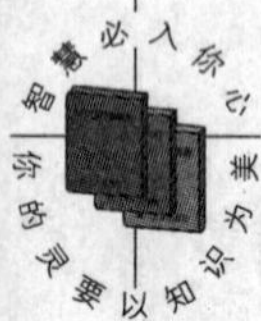

步骤 1:确定目标。目标(objectives)是指人们期望的结果。各种组织的不同管理者、各种不同的管理层次中的管理者都有不同目标。从组织中的目标层次来看,各种层次的目标都服从组织中总的战略目标。因此,目标要根据组织的行业特点以及各行业不同的管理层次来确定。例如:

• 公司在未来五年里要有 20%的投资回报。(战略层的目标)

• 要以较低的成本获得高品质的产品质量。(战术层的目标)

• 要减少原材料 10%的消耗。(操作层的目标)

在确立目标的阶段,管理者一般要考虑目标的可行性和特殊性,以及这个目标与其他目标的兼容性。同时,确定一个目标,需要时间、能力、资源,如果组织中缺乏这些,就难以确定正确的目标。

步骤 2:分析和评估环境。当目标确定后,管理者就要评估现有的状况、组织的内部环境、组织的外部环境,从而对现状有深刻的理解,清楚地知道自己所处的位置,知道环境的约束,知道达到目标缺什么资源。可采用计算机帮助进行分析和评估。参见下一单元"计划工具"。

对于内部环境来说,管理者应注意几个资源要素:实体资源、概念资源。

(1)实体资源

• 资本——组织是否有足够的货币资本达到目标;

• 人力——组织是否有足够的人力资源达到目标;

- 设备——组织是否有足够的设备资源达到目标。

(2)概念资源

- 伦理和道德——组织的各种政策、规章制度、激励机制是否支持达到目标;
- 企业文化——组织的文化是否支持达到目标,是否有良好的知识环境支持组织达到目标;
- 员工工作态度与忠诚度——组织中员工的工作态度、动机、忠诚度是否支持企业组织达到目标。

对于外部环境来说,管理者应注意几个资源要素:

- 经济条件——国内外经济条件是否有利于组织达到目标;
- 技术条件——市场所提供的技术是否可用于实现目标的过程;
- 人才条件——是否可以从人才市场上招收到可用的人才;
- 实体资源条件——是否可以从市场上获得达到目标所需的实体资源,如原材料、半成品、货物等;
- 政府因素——政府的各项政策对实现目标是有利还是障碍。

步骤 3:正确地选择。进行了分析与评估后,就可以进行选择,根据实际情况、实际资源,实事求是地选择出最佳的达到目标的资源。当然,不同层次的目标不同,选择的资源也有所不同。但是,一条重要的原则是"实事求是"。

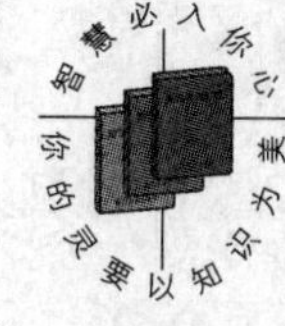

步骤 4:评估选择。可能存在各种因素影响选择的结果。这时最重要的就是对选择结果进行评估,通过一定的评估程序,确定选择结果是否是最好的、是否是可行的、是否是低成本的等等。在此阶段要考虑到几个要素:

- 需要知道所需资源的数量;如果可能,用现金价值来表示这些资源,以确定达到目标行为的成本;用现金价值来表示目标的价值。
- 要考虑到财务的影响;考虑选择的结果对管理者、企业各职能部门、企业员工,以及企业的相关单位的财务影响。
- 要考虑到资源的可用性;如果一个资源正在为其他的目标所用,这个资源的可用性就是一个问题。

步骤 5:选择最佳的计划方案。通过以上步骤,最后可以确定出最佳的计划方案。所谓最佳的计划就是在效益、成本、效率等方面是最优的计划。

步骤 6:执行计划。选择好最佳计划后,就要开始执行计划。管理者通过计划中的各种资源,实施配置与管理。在实际实施过程中,不断根据实际情况修正与补充计划,以求得能够达到目标。

步骤 7:控制与评估结果。一旦计划开始实施,管理者就必须监控实施的过程,评估实施的结果,做出必要的修正。环境不断变化,管理者要根据环境

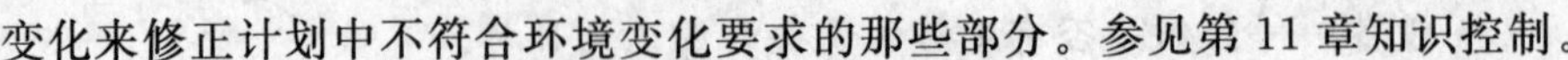

变化来修正计划中不符合环境变化要求的那些部分。参见第11章知识控制。

7.3 计划方法

以上是对管理职能中的"计划职能"的阐述,另外要注意到,计划职能是管理的开始,是最重要的一个环节。一般来说,计划是从预测开始的,只有对未来做出详细的预测,才有可能做出好的计划。所以,无论何种管理层次,在做一项计划时都要从预测开始,通过预测可收集到大量的信息和知识,使计划更合乎实际情况,避免了盲目主观的计划。任何盲目的、建立在主观愿望上的计划都是不太可能实现的。

目前有大量的软件工具可用于预测和计划,几乎在所有的软件生产商那里都可以找到计划的产品线。最普通的计划软件是微软公司 Office 软件中的 Excel 及微软公司的项目管理软件 Project2000。

另外,在本单元中还介绍了其他的计划方法,如 TOC 思考、ABC 法、研究构图法、知识审计法。实际上,在实施计划职能中往往采用了多种方法。

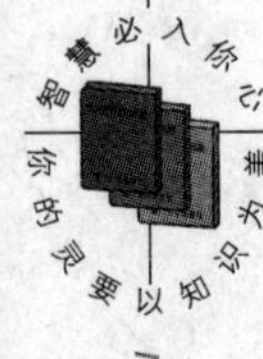

7.3.1 基本预测方法

在计划过程中,要采用必要的预测基本方法,从而增加计划的可行性,基本的预测方法如下:①

定性法(qualitative method)。定性法是利用判断、直觉、调查或比较分析对未来做出定性估计的方法。影响预测的相关信息通常是非量化的、模糊的、主观的。历史数据或者没有,或者与当前的预测相关程度很低。

历史映射法(historical projection method)。如果拥有相当数量的历史数据,时间序列的趋势和季节性变化稳定、明确,那么将这些数据映射到未来将是有效的短期预测方法。该方法的基本前提就是未来的时间模式将会重复过去,至少大部分重复过去的模式。

因果法(casual method)。因果预测模型的基本前提就是预测变量的水平取决于其他相关变量的水平。因果模型有很多不同形式:统计形式,如回归和计量经济模型;描述形式,如投入—产出模型、生命周期模型和计算机模拟模型。每种模型都从历史数据模式中建立预测变量的联系,从而有效地进行

① [美]Ronald H. Ballou 著. 企业物流管理. 北京:机械工业出版社,2002

预测。

德尔菲法(delphi method)。又称为“专家调查法”,是一种最常见的定性方法。这种方法采用了匿名征询意见,预测专家组成一个小组背靠背考虑某个问题,考察各个专家对问题的看法,从而知道新的解决方案何时会得到广泛接受,或者在一个特定的研究领域里,各个专家有什么最新见解。

类比预测法(analogy method)。又称为比较类推法。它可分为横向类比和纵向类比预测两种方法。横向类比预测法是指在同一时间段内,对某一地区的某种商品的市场状况与其他地区市场状况比较,从而预测出未来本地区的市场前景。纵向类比预测法是指在不同时间段里的预测,将现在的市场状况与历史上的市场状况进行比较,从而预测出市场的未来状况。类比法也是一种定性的预测方法。

定量预测法。定量预测法是建立在大量的数据分析基础上的预测,它应用数学模型和统计方法对预测指标的变化趋势和未来进行计算,从而得到预测结果。常用的定量预测法有时间序列预测法和回归预测法。

时间序列预测法(time series method)。它将某变量的数据按时间排成序列,根据时间序列中的数值变化的基本类型,选用数学模型来描述它们的变化,利用这个数学模型,根据过去的需求变化规律向未来延伸,进行未来状况的预测。有两种基本类型,其一是移动平均法(moving average method),另一种是指数平滑法(exponential smoothing)。

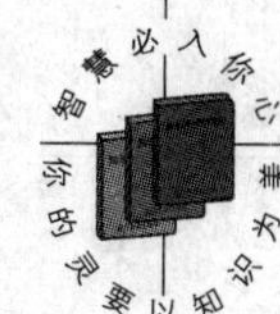

回归预测法。它是采用找出因变量与自变量之间的关系,建立回归方程式,而后代入自变量的数值,最后求得因变量的方法。这是一种十分有用的定量预测的方法,可用于长期预测。

7.3.2　应用软件方法

目前各应用软件生产厂商都有不同的计划产品线,企业在进行计划时可以采用这些软件作为工具进行计划。最常用的有 Excel 软件和项目管理软件。

1. Excel **软件**①

Excel 是微软公司 Office 软件中的一个部件。它是专门为管理人员设计的,是用于经营分析的有力工具。在进行计划之前,可以采用这个软件对企业经营进行分析,从而获得计划所需要的概念资源——信息和知识。

在企业的一般计划过程中对经营的分析,都可以用这个通过软件进行,对

① 姜旭平著.经营分析方法与 IT 工具.北京:清华大学出版社,2003

于专业性很强的企业可以用一些专业分析软件。

图形分析工具:图形定量化分析工具主要有三类:比例分析图、曲线分析图、多维分析图。利用这些图形分析工具对经营进行分析,可以在各种分析图形之间相互转换,在图形和数据之间进行对应分析,也可以在图形和数据之间进行互动分析。

直接读取有关数据:可以利用 Excel 读取企业信息系统的各种数据,也可以通过因特网获得远程的各种数据,从而为计划获得必要的数据和信息,使管理者通过对这些数据和信息的分析,产生计划所需要的知识。

对于大型公司的管理者来说,可以通过因特网来获得数据。获取数据的方法有两种,一是通过访问各分公司或总公司在因特网上建立的网站,二是通过电子邮件。

获得网上公开财务数据:通过 Excel 可以获得网上股票和金融市场的实时数据。速度很快,只比实际市场变化数据滞后 10～15 分钟。可以直接获取道·琼斯 30 种工业股票的详细统计数据,也可以直接获取某个公司股票交易参数。可以通过财经门户网站获取外部股票和金融市场数据。这些网站提供了丰富的实时在线信息服务,可以通过访问这些网站直接获取所需要的数据。例如,yahoo、excite、inforseek、lycos 网站上都有财经频道,点击进入即可。

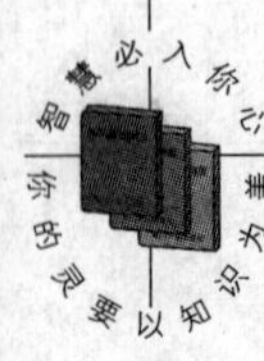

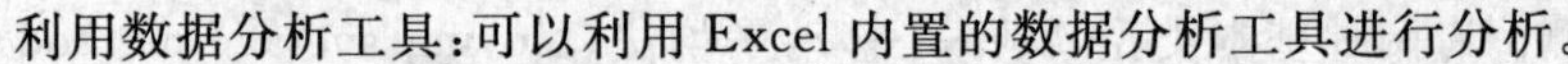

利用数据分析工具:可以利用 Excel 内置的数据分析工具进行分析。

- 统计分析法,包括可进行各类生产、经营、管理和市场状况的统计,分类统计,函数统计,自定义函数统计。
- 类比法,包括待分析数据范围的指定、比例分析、计划完成状况分析、纵向/横向对比分析。
- 指标分析法,包括财务类指标,经营、生产类指标,销售、市场类指标,技术、设备类指标。
- 指标分析方法的综合应用,包括企业赢利能力分析、企业偿债能力分析、企业运营能力分析。
- 特定经营分析法,包括量—本—利分析、盈亏平衡分析、多维综合经营分析、均值与方差分析。

利用高级数据分析工具:高级数据分析功能是 Excel 的一个外挂的高级函数功能模块。这在其菜单中不会出现,需要使用者加载宏功能才能使用。通过它可进行如下功能:

- 进行定量预测分析。常用的预测分析方法是时间序列类预测方法(time series method),包括移动平均法、指数平滑法。

- 多元线性回归法。在经营分析和管理学中，回归分析常用于分析各种生产或经营要素之间相互影响和发展变化的规律。
- 线性规划求解。线性规划也常用于经营和管理活动中定量分析。它可以帮助管理者找到在确定目标下的最佳资源配置。

2. 项目管理软件

项目管理软件也是一个很好的计划工具或方法。

项目管理是指“在项目活动中运用专门的知识、技能、工具和方法，使项目能够实现或超过项目干系人的需要和期望。”①这个定义强调了专门知识、技能、工具、方法，同时也强调了满足项目的干系人的需要和期望。我们可以把项目管理划分为9个知识领域，即范围管理、时间管理、成本管理、质量管理、人力资源管理、沟通管理、采购管理、风险管理和集成管理。其中四大核心知识领域是范围、时间、成本和质量。项目干系人是指那些与项目相关的、有影响的人，包括项目的发起人、项目团队、客户、供应商、投资人、伙伴等等。成功的项目经理会协调好这些干系人与项目的关系。项目管理的工具和技术是指用来帮助项目经理进行项目管理的工具和技术。例如，常用的时间管理工具和技术有甘特图、网络图示法和关键路径法等。

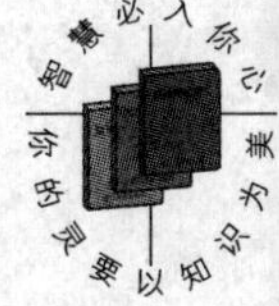

项目管理的软件是一种很好的计划和管理工具。目前 Microsoft Project 2000 是通用的项目管理工具软件，它占有75%的国际市场份额，适合各个行业进行项目管理。该软件集成了现代项目管理的理论和方法，能够用于管理各种类型的大、中型项目。同样，也可以应用企业知识管理系统构建的项目管理。其管理技术如下：

- 时间管理：横道图、里程碑、关键路径法（CPM）、计划评审技术（PERT）；
- 成本管理：自下向上参数估算技术、成本累计曲线（S曲线）、挣得值评价技术；
- 人力资源管理：目标管理、责任矩阵、资源需求直方图；
- 风险管理：蒙托卡罗模拟法、基础统计技术；
- 沟通管理：基于电子邮件和 Web 的项目协调技术 。

Microsoft Project 2000 可以快速、准确地创建项目计划，从而使项目管理者从大量计算作业和绘图作业中解脱出来。它还可以帮助项目经理实现项目进度、成本分析、预测、控制等靠人工根本无法实现的功能，从而使项目工期大

① 美国项目管理学会（PMI）标准委员会. 项目管理知识体系（PMBOK）指南. 1996

大缩短，资源得到有效利用，降低项目成本，提高经济效益。

Project 2000 的主要操作功能有：

- 项目计划制定。包括：项目目标确定；项目日历、任务日历；工作分解结构 WBS；估计任务工期；建立资源库、资源分配；建立任务之间的关系；识别关键路径、压缩工期的策略和方法；任务信息汇总。
- 理解项目视图和报表。包括：网络图、横道图、日历图、任务使用图、双代号网络图；查看项目的各类信息；调整和定制视图；筛选器和分组技术的应用；报表的组织体系。
- 资源管理。包括：资源的分类；资源库详细信息；资源分配策略和方法；资源图、资源使用状况视图；解决资源分配冲突的策略和方法。
- 成本管理方法。包括：资源成本管理体系与资源成本计算；任务成本管理体系与任务成本计算；现金流量；任务和项目成本评价。
- 项目控制和动态跟踪。项目控制机制；设置项目比较基准；采集任务完成的实际数据；项目执行状况分析；项目计划调整；项目的风险分析。

Project 2000 主要技术有：

- 提取技术：筛选器和分组技术的定制和应用；
- 共享技术：管理器的使用；
- 定制技术：视图、表、报告、自定义数据域。

Project 2000 沟通管理有：

- 实现项目沟通管理的各种途径；
- 与其他应用软件系统之间的数据交流；
- 利用 Project Central 通过 Web 方式进行项目沟通管理：工作分配、更新、状态报告等；
- 项目间共享资源及群体项目管理。

除了微软 Project2000 外，还有其他一些行业专用的项目管理软件可用在计划职能中。

7.3.3 TOC 思考法

约束理论（theory of constraints，TOC）是在以色列物理学家戈德拉特（Eliyahu M. Goldratt）与科克斯合著 *The Goal* 一书中提出的。他大胆地借助小说的手法，说明如何以逻辑推理的方法，解决企业复杂的管理问题，反映了一位科学家对管理问题的种种思考。戈德拉特原本设计了一套昂贵的软件来帮助企业提高经营绩效，为了说明软件的功能，他写了这本书来解释他独创的理论。TOC 理论是在他的最优生产技术(optimized production technology, OPT)的基础上发展起来的。TOC 理论是关于企业过程再造、绩效改进,以及如何实施这些改进的一套管理理念和管理原则。它可以帮助企业识别出在实现目标的过程中,存在着哪些制约因素(TOC 理论称之为“约束”),企业必须找出流程中的约束点,然后突破这些约束,改进了企业的绩效。TOC 理论主要有两个方面的内容:

第一,TOC 思维过程(the thinking processes,TP):解决战略问题的思维过程,解决战术问题的思维过程,解决营销问题的思维过程。

第二,后勤应用(the logistical applications):运作管理——DBR、分销管理——补货、项目管理——供应链关键部分、财务管理——产销率会计。

对于计划职能来说,可以采用 TOC 的思维过程对企业中潜在的约束点进行思考。TP 严格按照因果逻辑,来回答以下三个问题:

- 改进什么?(What to change?)
- 改成什么样子?(What to change to?)
- 怎样使改进得以实现?(How to cause the change?)

在 TOC 的五个步骤中要不断按因果逻辑来回答这三个问题,最终找到约束点,提出解决问题的方案或计划。其步骤如下:

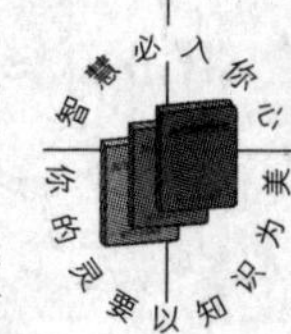

第一,识别系统的约束所在。企业可以从以下几个方面寻找约束,以求改进企业绩效。在供应链结构中、企业自身、上游资源、下游资源中都有可能存在着各种约束。可以从以下几个方面来识别。

原料(materials)。如果是原料方面存在约束,就要找出原料的约束所在,并从相应的部分解决约束问题。

能力(capacity)。如果是由于某种生产环节的瓶颈资源而导致市场需求无法满足,约束就存在于本企业的生产过程中,企业就要考虑对这种瓶颈资源进行改进。

市场(market)。如果由于市场需求不足,导致企业生产能力过剩,造成产品积压,约束就在市场方面,企业就要开拓市场,解决约束。

政策(policy)。政策造成的约束是常见的,它可以来自企业内部和企业外部约束。企业内部的政策约束包括规章制度等,企业外部政策约束包括了国家政府的法律法规。

第二,寻找解决约束的方法。如果企业要改进绩效,就要解决以上第一个步骤所找出的约束。这些解决约束的方法要具体、可操作。在供应链中各部分的约束都有不同的解决方法。

第三，其他资源的活动服从解决约束的方法。企业通过提出解决约束的具体方法，来解决约束，同时使其他资源服从这个约束的部分，使系统与这个约束资源同步。因此，TOC 不只是一个制造理念，也是管理理念，可以应用于营销、采购、生产、财务等企业经营各方面的协调。

第四，按第二步中提出的解决方案，解决企业的约束。用第二个步骤中找出的解决约束的方法，解决供应链中的约束，从而优化流程，优化供应链操作。

第五，预防人为的因素成为系统的约束。约束是会不断出现的，也是在多处存在的。一个约束解决后可能产生新的约束，所以在对约束的识别、解决的过程中都要发挥人的因素。人的错误认识也可能成为一种约束，这种人为的约束往往被一些假象所遮盖，应注意识别。

7.3.4 ABC 法

ABC 法(activity based costing)是一种管理技术，也称为“作业成本法”。它认为企业的任何活动都与其产品和服务有关，由产品和服务产生了企业的各种活动，成为企业活动的原因，这就是动因。构成产品的成本动因是可以量化的，只要将管理的活动成本分配到每一个产品的动因要素中去，企业的管理者就可以在产品的生产过程中，通过分析动因要素来控制产品的成本。因此，管理者控制企业的管理费用，就好像控制产品的材料费用一样直观、可操作。采用 ABC 法，企业的活动的成本可以动态地进行调整和控制，从而提高效率。

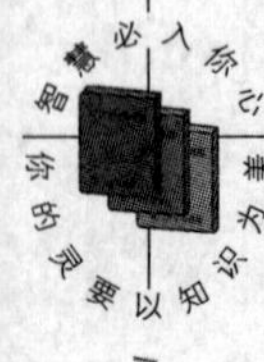

在 TOC 的思维过程中对约束进行思考。主要是在三个问题上进行思考，即“改进什么”、“改成什么样子”、“怎样使改进得以实现”。这三个问题主要强调变革的流程，而没有考虑到变革的成本。如果我们要考虑绩效，就不得不考虑到“为什么要改变”或“为什么要这样做”，这就是“动因”(activity)。如果思考“动因的意义何在”，就是“动因分析”。在各式各样的业务流程中，每一个业务流程都有特定的目的和明确的任务，以及与此相对应的组织形式，在每一个业务流程中又有一种或多种活动。例如，采购业务，它的目的是依据采购单要求，按时、按量地采购物料，再送到检验部门进行质量检验，并将检验合格的原材料送到仓库保管。在这个采购业务流程中有采购、送检、入库等一系列活动。在业务流程中，这些“活动”的原因是什么？为了增加企业效益，优化供应链，降低成本，就必须分析这些“动因”。

动因性质可分为三种类型：有效动因——直接增值活动、辅助动因——辅助增值活动、无效动因——非增值的活动。

成本与动因的关系十分密切。“有效动因”如加工产品等，是直接的增值活动，动因成本就包括时间成本和人工成本等。“辅助动因”如质量检验等，是辅助增值活动，这种活动不能分配到某个产品上，而是部分地分配到产品上去，其成本动因是与这项活动相关的成本支出。“无效动因”如企业的日常各项管理活动等，是非增值的活动，这种“非增值”是指此类活动所花费的资源很难摊到产品成本上去，企业因此常常忽略了这项动因成本。

在计划中考虑绩效或成本问题可以采用 ABC 法。

7.3.5 研究构图法

研究构图法(the research map)是知识管理专家 Frid 在他的著作①中提出来的。作者认为，企业从信息管理转向知识管理过程中，为了确保知识管理成功，在形成企业知识管理**愿景**(vision)之前必须按一定的步骤进行思考，这样就可以找到大量计划所需要的概念资源，从而保证企业知识管理的成功。

步骤 1:建立知识管理定义。从本公司实际出发，定义本公司的知识管理，即本公司的知识管理要做些什么。这是首先要思考的问题。公司领导可以提供一个实际的讨论框架，让公司各层管理者、员工，以及公司的每一个人都来讨论和定义公司的知识管理，这当然包括公司高层的领导在内。这实际上是整个公司的思考。

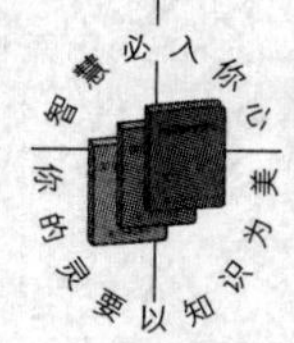

步骤 2:明确公司的实体框架与逻辑框架。其一，绘出公司实体组织结构图，包括绘出公司跨地理的合作伙伴以及跨地理知识传递的状况，哪些地理因素影响显性和隐性知识的传递，哪些地理因素影响知识源的发现，哪些地理因素影响知识的访问，以及公司提供哪些通信(沟通)的基础架构。其二，绘出公司逻辑架构图。以显性知识和隐性知识作为分类基础，将组织中的事务进行分类，构成一个现有企业知识存在的逻辑模型。这个模型完全是根据意向形成的理想逻辑模型，它可以表达再造愿望，显示再造的努力，显示要去除现有组织结构中无效率的一面。

步骤 3:识别现有组织报告结构。层级式的组织中都有一定的报告结构，这是组织内信息传递的渠道与方式。从识别现有组织的报告架构开始，包括现有的沟通方式、联系方式，到弄清楚哪些因素影响知识流在企业中传递，如知识存储、知识识别。

步骤 4:组织的高层识别知识管理问题。从组织高层到各层的管理者，都

---

① Dr. Randy J. Frid. *Infrastructure for Knowledge Management*. Writers Club Press, 2000

必须寻找在知识管理中无效率的管理问题。这些问题可在“愿景”中做成简洁的陈述。无论从财务角度还是从整个组织角度来看,这些问题就是建立知识项目(再造)管理的动机。通过知识项目实施,再回到“愿景”陈述,可以检验知识项目是否达到目标。任何背离“愿景”中目标情况,都应该向负责项目的管理者——“知识管理项目委员会”报告,并在知识项目实施中被纠正。

步骤 5:定义出被认为是最理想化的公司知识管理模式。在思考的过程中,从高层管理者开始到各层管理者,都要为确定一个公司最理想化的知识管理环境而思考。不要局限于最初的知识管理特殊范围,应该超越公司的长期目标,构思出一个与长期“愿景”同步的知识管理,而且要不断地定出知识管理中具体项目详细的范围、时间、预算。这包括组织现在和将来要做的一系列项目,如内部、外部、跨组织的知识传递。同时也要确定与这个阶段相关的事务,如在组织内部是否有特殊的业务,近期内是否与外部组织合并,是否进行拆分、出售、收购等行动。

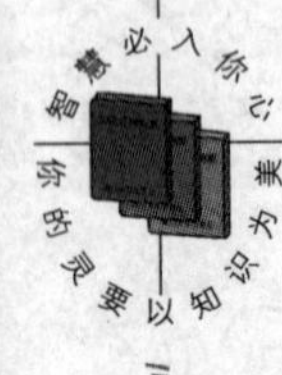

步骤 6:识别现有的项目管理框架。如果企业中有项目管理模式,这个步骤是十分重要的。知识项目管理框架为组织提供了一个企业级的知识传递机制。这是一项可“资本化”的知识资产,它体现了企业独特的知识管理方法、知识源的财富、知识流的模式。在知识管理中建立知识项目管理框架时,要根据企业的知识结构、报告机制的结构进行设计,这些设计要考虑到企业的风险、机会、问题和变革管理。知识项目管理的主要功能有两项,其一是建立知识库(repositories),其二是处理隐性知识。项目管理的文档存储是极好的显性知识的知识库。企业如果有项目管理框架那最好,如果没有就要为知识管理而构建一个“知识项目管理”框架。

步骤 7:定义采用何种技术支持知识管理。要明确在知识管理中采用什么技术,是临时用的技术,还是在知识项目中用的。一些常见的管理工具经常用在企业知识管理中,因为它们被广泛宣传过。如果企业已经进行了知识管理,但是效果不好或失败了,要检查是否还在使用原有的工具与方法。面对知识项目的失败,也应该明智地分析失败的原因,分析为何达不到预期的效果。这些分析所得到的信息,对现有知识项目管理是很有价值的。

步骤 8:识别现有的沟通基础架构。在信息管理中,企业现有的沟通构架基本上是基于局域网和广域网协议(指计算机数据通信中的协议)与技术的。知识管理最重要的内容之一是隐性知识的传递。所有的信息管理中的沟通或通信技术都有一定的局限性,不能满足知识管理的需要。正如前面所说,隐性知识的传递最好是面对面的,这样可以不通过中间环节直达沟通的双方。知识管理技术就要解决跨地理的障碍，进行面对面的沟通。隐性知识管理解决方案中，视频会议和协作系统提供了主要技术角色。这就需要网络有很好的带宽和结构，以及细心的带宽计划。这涉及选用的IT技术、通信技术等。

步骤 9：识别现有工作环境中的应用软件、各种电脑的配置。识别现有使用的桌面系统的工具软件、软件类型、版本等，以及工作站和各种电脑的基本配置（多少内存、芯片速度、硬盘空间）情况。桌面系统（特别是桌面视频会议系统）的知识管理技术是很重要的。由于软件种类和软件版本的多样性，企业的桌面系统也许会安装各种不同的操作系统和应用软件，这在企业信息化中是常见的现象，但是，标准化的桌面系统对于知识管理来说也许是最好的。在知识项目中，如果围绕特定的应用需求进行电脑的配置时，可能会超过预算、时间限制或可行性，这就要求管理者掌握与电脑配置真实成本相关的信息，特别是这种配置类型十分昂贵时一定要注意。在知识项目中修改用户工作站的应用软件和配置也会给用户的电子社区带来影响，这可以通过增加终端用户的培训来解决。对于特定的知识项目中的应用软件和配置要计算风险和资金模式。

步骤 10：识别现有的消息平台。要确定现有的消息平台的性质和范围。消息平台包括了传统的电子邮件系统，也包括了消息应用软件系统，如微软的消息队列（MSMQ）。消息平台在知识管理中扮演着十分重要的角色，它为双方进行同步的沟通提供了有效的形式，这对工作流知识管理是十分重要的。电子邮件在当今的信息沟通中起着强大的作用，是沟通的基础，但是电子邮件在知识管理中存在着两个重大的障碍。其一，电子邮件对知识所有者不会提供机会或很少提供机会。某人证明一条有价值的知识，一旦被传播出去，很快就成为公众的知识。这种传播使人感到减低了知识创新者的价值，从而形成一种心理障碍。其二，电子邮件的广泛传播性为许多人所了解，但对其传播风险估计不足。当显性知识被传播出去后，就形成了一种挑战，降低了其价值。因此，许多人不愿意将心中的隐性知识和创新知识加入到传播中去。

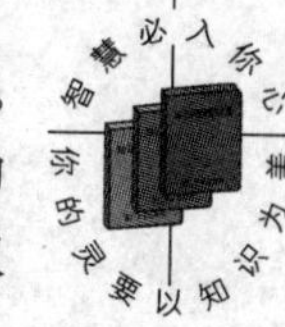

步骤 11：识别目前数据仓储的类型，以及内部网、因特网、外部网。要理解现有的数据仓储和应用软件架构和工具。数据仓储主要包括数据库、数据仓库、财库系统、群件与协和软件、消息平台、万维网软件、ERP 软件、EIS 软件、业务流程自动化软件、电子交易软件、搜索软件、PIM 软件等。

步骤 12：确定现有知识库的位置（内部、外部、结构化、非结构化和作业流）。在确定了数据仓储后，我们还要识别知识库的位置。这个过程包括识别计算机，如文件服务器、应用服务器的主要结构的物理位置、制造厂商、模式和配置等。如果能够进一步识别网络上的网段、带宽、外围设备等则更好，这些作为知识管理的基本负载和服务架构是十分重要的。可以在知识管理中对这些潜在的需求进行评估，使之可以根据知识管理的进程进行网络的升级与更新。

步骤 13：确定现有的安全模式。安全模式普遍涉及信息系统和沟通网络，因此在知识管理中也要注意到安全模式。可以认真地回顾现有的安全策略、安全流程和方法，不把有争议的安全模式作为知识管理中的安全模式。

步骤 14：确定个人和成员的需要。知识管理涉及的面很广，所以组织要确定个性化和成员化的需求。在一些案例中，知识的管理过程中要对客户或用户信息进行管理，从而能更好地为他们提供服务。例如每一次用户进入系统或 KMS，就要恢复个人信息或提供通用的系统接口，以减少企业数据冗余。这些都使知识的传递与收集变得简单，从而可以吸引用户参与。个性化或成员化在知识管理中是十分重要的组件。

步骤 15：确定目录服务(directory services)。大多数企业都有许多的目录结构，如电子邮件目录、网络登录目录、企业电话目录等。问题不是有没有目录，而是需要多少目录，是什么类型的目录，以及目录的结构。固定的目录结构是十分重要而有效的，它提供了跨企业通用数据的点，为用户或程序员提供了一个通用数据的中心知识库。企业要努力使目录结构固定化，使每一个人与企业中的应用软件都十分容易地进行数据交流。

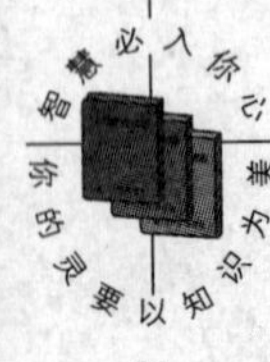

步骤 16：总结以上的发现。一旦研究和思考了以上的企业中的各方面，一些方法就会自然浮出来。这些方法是达到企业愿景所必需的。所以，在形成企业愿景前要认真按以上步骤思考。

以上 16 个步骤是从企业内部知识源获得信息和知识的重要步骤，也可以看成是企业内部的知识获取的方法。思考过程实际上就是知识活动过程，也是知识获取过程。但是为了讨论的方便，我们还是将获取知识放在一个单元里来讨论。参见 6.1 知识获取。

7.3.6 知识审计法

许多知识管理专家都提出要对企业中的知识进行审计。**知识审计**(knowledge audit)是指对企业知识源中存在的知识进行分析，包括对显性知识和隐性知识的分析，以及对知识管理效果的分析。它可以为企业的知识管理提供一个方向的指导，在计划职能和知识管理的其他职能中都可以使用。参见 11.6 软性控制。

知识管理专家 Amrit 在他的著作[1]中提出了知识审计的基本步骤和方法。他认为知识审计可分为 3 个阶段 7 个步骤。3 个阶段是起步(initiation)阶段、参考标准和方法的选择(reference measure and method selection)阶段、审计的实施(execution of audit)阶段。这 3 个阶段包含了 7 个连续的步骤。

步骤 1:确定审计目标。负责企业进行知识管理的管理者、团队或小组决定要进行知识审计的项目,并确定知识审计的目标。这个目标对企业绩效应是有改善的,应该是清晰的、可量化、可测量的。

步骤 2:配备审计人员。配备和选择进行知识审计工作的人员,建立一个审计团队。人员应包括信息技术工程师、了解企业各职能部门知识状况的职能部门的管理人员。

步骤 3:识别知识约束点。这个步骤必须识别知识约束点在哪里。知识约束点是指一些还没有获取的知识,这些知识会影响企业的业务过程,形成约束力。所以要识别知识约束点是在财务、技术、资源、时间方面,还是在企业战略上。

步骤 4:确定知识的优先级。通过识别知识约束点,知道哪些关键知识是必须要掌握和获取的。这个步骤要进行应该获取的知识优先级排列,即确定哪些是重要的,哪些是次重要的、不重要的。

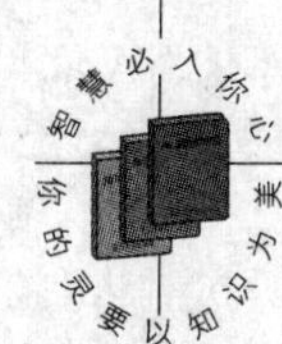

步骤 5:建立标准。建立用于测量知识绩效的一系列标准。这些标准是衡量知识绩效用的水准基点,使管理者可以通过类似量化的方式,了解知识所产生的作用或绩效。

步骤 6:选择审计的方法。这个步骤是要根据本企业的具体情况,提出审计的具体进行的方法,从而使审计得以实施。例如,在客户知识的审计方面,可以进行客户的调查、销售数据分析、销售成本分析、竞争对手数据分析、现金流分析等。根据企业具体情况对具体方法进行选择后,就进入下一步骤。

步骤 7:审计进行。通过以上步骤后,就可以对知识开始进行分析,将有用知识审计结果做成文档,这是企业的知识资产。形成的知识资产包括专利、商标、设计、商业秘密、专有技术、业务能力、创新能力、员工能力、市场网络等等。

以上步骤 1 至步骤 3 是审计的启动阶段,步骤 4 至步骤 6 是审计前期,步骤 7 进入审计具体实施阶段。

---

① Amrit Tiwana. *The Essential Guide to Knowledge Management: e－business and CRM applications*. Prentice Hall PTR, 2001

7.4 协同计划

企业的传统计划总是局限于企业内部。在跨企业的协作过程中，特别是在虚拟经营和虚拟组织的业务过程中，强调企业间的协同计划。

7.4.1 什么是协同计划

协同计划(collaborative planning)是指企业在与合作伙伴进行信息共享、知识共享的基础上，以及在形成企业**协同商务**(collaborative business)的过程中产生的一种计划机制。参见8.3虚拟组织。

供应链成员之间一旦形成了广泛的信息共享，在业务上自然就会产生合作的愿望，共同协作完成某项业务，就是协同商务。这时，协同计划就会浮现出来。协同计划是一种双方共同业务的计划，其关键点就是合作双方在信息共享的基础上形成的知识交流或知识共享。最常见的协同计划就是**同步补货计划**(synchronized replenishment plans)。这里所谓的“同步”是指业务流程上的同步，它是建立在双方协同或协作基础上的。协同计划一般包括了如下一些内容：

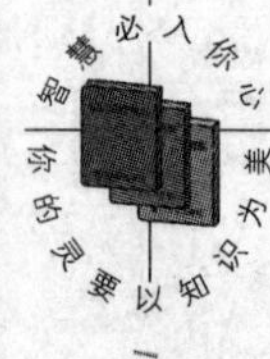

(1)建立双方共享信息、知识的规则，包括开放数据库的权限、知识交流的内容等。

(2)在交流市场知识和客户知识的基础上共同预测市场状况、销售状况等。

(3)建立协作双方的共同日历。它是一种厂商日历，确定协作双方进行某种商业活动的具体时间、同步进行作业流程的时间安排，例如，同步协作完成订单周期。

(4)确定避免问题出现的程序，例如避免“长鞭效应”的方法。

(5)确定生产和物流的共同运作计划，包括生产计划、产能计划、原料计划、库存计划、运输计划、采购计划等等。

实施协作计划整个过程都通过计算机、网络系统进行操作，所以要求企业有良好的信息系统基础架构。今天在全球实施协同计划的企业都是信息水平高的企业。

目前，流行在供应链成员间协作商务中的协作方式被称为CPFR(collaborative planning, forecasting and replenishment)方式，即**协同计划、预测和补**

货。这里将协同计划与预测、补货联系起来，双方共同操作一项业务。买卖双方可以通过协同计划，共享信息，交流知识，识别问题，解决分歧，统一思想，增进共同了解，进行同步的业务作业，这样节约了双方的业务成本，增加企业的柔性，加快企业反应速度，减少了订单周期，从而增加企业的效益，提高企业市场竞争力。现在，一些国际组织正在制定有关 CPFR 的正式行业标准，包括了 CPFR 的运作模式、技术框架等。

7.4.2 协同计划的意义

协同计划是一种动态的计划。它的优势就在于产生了一种适合市场变化的动态效率。传统的计划职能在促进静态效率方面有着不可缺少的贡献，但在形成动态效率方面显得不足。这是值得管理者注意的。典型的例子是中国和前苏联计划经济时代的状况。

20 世纪 60 年代后期之后，苏联的经济计划达到了炉火纯青的地步，它的经济学家开发了完备而精巧的数理计划模型，并大量地使用计算机来对这些模型进行演算，导致了无所不包的详细的计划。可以说，苏联已经穷尽了计划经济的全部潜能，达到了它的生产可能性的边界。但是，僵硬的计划扼杀了微观行为主体的创新动机，使得苏联长期停留在同一个生产可能性边界上，整个经济陷入长期停滞的状态。①

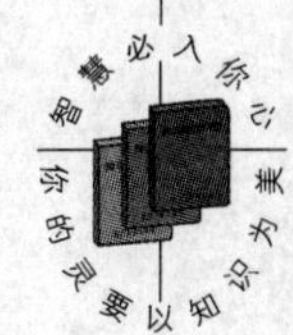

从本质上来看，今天的商业软件或应用系统（如前所述大多是规划系统）仍然是“计划”的产物。同样它们有一定的效率，但是这种效率也属于“静态的效率”，如果不将这种“计划”变成“协同计划”，可能导致计划经济时代的类似悲剧。我们看到许多信息系统失败的案例，如 ERP 失败，其根源就在于此。所以，协同计划不但是宏观上的一种计划，同时注意到微观行为个体的作用与影响。这只有在强大的信息技术背景下才得以实现，只有在超过三维空间、四维空间的概念中才能得以实现。

协同计划的意义可以归纳如下：

(1)有效性。概念资源的共享导致了合作双方在利用实体资源方面的有效性。根据美国斯坦福大学的研究②：信息共享与企业的效益是正比的关系。

(2)知识获取。通过供应链成员间的协作，产生了信息共享和知识交流，

① 姚洋著．制度与效率——与诺斯对话．成都：四川人民出版社，2002

② Hau L. Lee and Seungjin Whang. E-Business and Supply Chain Integration. Stanford University, Stanford Global Supply Chain Management Forum, SGSCMF－W2－2001, November, 2001

从而使合作双方都可以直接获取相关的知识，如客户知识、市场知识等。而这种知识都是实时的，可以直接反映当前企业和市场状况。

(3)竞争力。由于协作双方信息和知识共享或交流，从而加快了市场反应速度，形成了企业柔性，从而提高了企业竞争力。

(4)核心能力。协作计划中通过知识共享，企业可以形成核心能力，这种核心能力是一种配置资源的能力，包括配置实体资源和概念资源的能力。这种能力有可能成为除核心技术、核心知识以外的一种企业核心竞争力。

(5)网络地位。通过协作计划，可以确立企业在供应链网络中的关键地位，增加其他企业对本企业的依赖程度，使本企业成为这个供需网络中的关键节点。

(6)知识资产。与多个企业进行协作计划、同步作业，将会形成全新的业务模式、全新的知识网络架构、全新的供应商或客户的伙伴关系，这都为企业知识资产的形成提供了良好的基础。

综上所述，协同计划在现代企业计划中有十分重大的意义，这也是企业进行知识管理的理由之一。实施协同计划的组织并非单一的组织，而是虚拟组织。参见 8.3 虚拟组织。

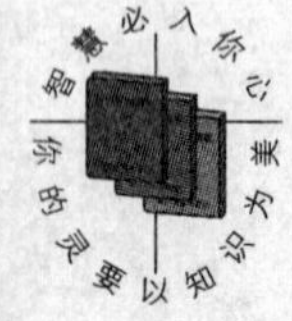

本章术语

战略计划(strategic plans)
知识管理战略计划(knowledge management strategic plans)
战术计划(tactics plans)
操作计划(operational plans)
目标(objectives)
协同计划(collaborative planning)

思考题

1. 计划在知识管理中的意义是什么？
2. 计划的基本工具有哪些？
3. 什么是协同计划？它与传统的计划有什么不同？

第八章 知识组织

组织是一种行为，也是一种结构。在知识组织里强调了采用概念实施组织的行为；在结构上提倡扁平式、非正式组织、虚拟组织等，体现了信息技术在组织行为和组织结构上的作用。正是由于这些新的思想，使知识组织区别于传统组织的思想，形成了在知识管理中独特的对组织的认识与理解，为我们打造全新的组织提供了理论的依据。本章的要点是：强调组织结构的扁平化，重视非正式组织的作用，支持跨职能和跨组织的业务运营，倡导虚拟组织的方式。这些都是信息技术应用在企业中以后才产生出的新现象。

8.1 组织概述

有了一个良好的商业计划，就要对所计划的事采取行动。这时无论愿意与否都要形成一个组织来实施这个计划，否则计划就会落空。在经典的管理学中详细地介绍了有关"组织"理论。虽然今天的商业环境有了巨大的变化，特别是知识经济的浮现，使"组织"理论很大一部分上需要修改，但是，也应该看到，其大部分的内容还是有价值的。所以，我们在讨论"知识管理"的时候，就一定会涉及传统的管理学理论，以及最新的"组织"理论。知识管理中"组织职能"的内涵与传统管理学有明显的差别。在本单元的讨论中，我们将从传统的管理职能入手，然后进入到组织的变革，从而体现出知识管理中组织职能的新特点。

8.1.1 定义

在知识经济条件下，组织有了许多新的特点，这是由于大多数组织都采用了信息技术。信息技术改变了传统的商业模式，提供给商业以新的经营方式、新的经营渠道，从而也影响组织的设计和组织的结构。另外，全球经济一体化，产品生命周期不断缩短，客户的要求不断提高，市场竞争更加激烈，这些都使传统的组织结构面临着巨大的挑战。在这种经济形势下，管理者就要重新思考在新形势下组织变革，进行组织再造与创新，这就有赖于对新经济条件下"组织"知识的了解与掌握。对于实施知识管理的知识型企业，更应该对此有深刻的理解。

组织(organizing)是管理的另一个重要的职能。[①] 组织是一种企业达到目标所需的必要的管理活动。它要将各种资源进行组织、安排，形成一定的结构。在这个结构里，组织的目标被分解到各个员工、各部门或其他的各种单元，形成各种单元间的关系，使各单元都明白为实现企业的目标，自己所应该负的责任、义务，以及行使的权力，从而确保管理活动的正常进行。在管理的过程中，组织工作表现为如下几个要点：

- 整合必要的资源去完成组织的目标；
- 建立组织内个人完成目标的责任制；
- 规划组织内各层次的目标；
- 规划如何达到目标；
- 开发达到目标的组织结构。

应该注意，目标的改变通常影响组织内的管理结构，以及其中各单元之间的关系，同时也会影响组织间的结构与关系。

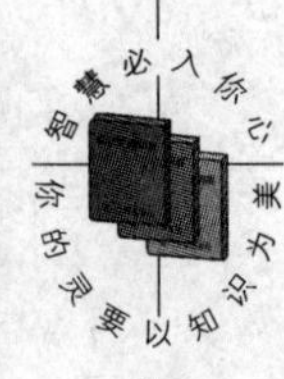

在管理学中组织职能的作用有如下几点。

明确工作环境：通过组织活动，使每一个员工、每一个职能部门、每一个组织中的单位都明确知道自己的责任、权力、义务，这样使每一个人和每一个部门都知道自己在做什么，自己在什么工作岗位上，自己在工作过程中应该承担的责任和义务，以及自己所应得的报酬。通过明确工作环境，使企业形成一种完整的组织构架，从而为企业达到目标打下了基础。

协调作用：组织的第二项重要作用是协调工作环境中的各种元素，使企业内部各部门形成有条理的工作秩序，减少各种障碍和混乱的局面。管理者在组织过程中要指导下属员工，让他们按规定的责任、权力、义务进行必要的沟通，使员工能够按公司的政策进行工作，使企业的方针、政策得以实现，最后达到企业的目标。

形成决策架构：管理者通过组织职能，使企业形成了一个正式的决策层次或架构。每一个层次的决策者都十分明确自己的权限，各层次的决策都根据

① 注：本单元中"管理职能"都是动词结构。这里"组织"一词也是动词，与名词的"组织"是不同的两个概念，前者是表示动作，后者是"单位"的意思，例如，一个机关、工厂、学校都可以称为"组织"。

上一层次的决策做出，从而保证了企业的目标实现。

正式的组织构架是决策架构的基础。管理者通过组织职能，形成了一定的组织结构。一般来说，组织结构是由三个层次组成的，它们分别是战略管理层、战术管理层、操作层。这样就形成了三个主要的决策层次：战略决策层、职能部门决策层、基层操作决策层。三个层次的决策内容都不一样，每一级决策都是以上一级的目标为根据，最终都与企业的目标一致。

8.1.2　组织结构

如果没有通过人的主观意志去“组织”，就不会形成人类社会中任何**组织结构**(organization structure)。任何一个组织中形成的“组织结构”方式，都是为了实现“计划”职能的目标而设立的。良好的组织结构，可以使组织尽快达到目标，反之则影响目标的实现。

从组织的定义中我们知道，“组织”的管理职能实际上就是建立起行为与权力间的关系。形成组织结构过程中有以下几个方面的工作要进行。

- 确定采取哪些行动去完成组织的目标；
- 对各项工作进行分类、分组以便形成可管理的作业单元；
- 向下属分配任务，并授予一定的权限；
- 设计决策关系的层次。

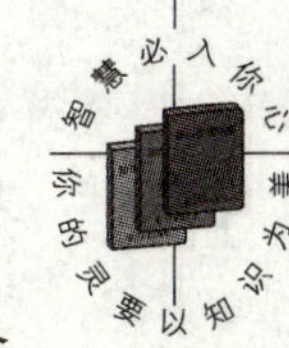

通过以上活动，就形成了一定的组织结构，一个组织结构可以看成是一个系统，它是由各个部分组成的，各个组成部分协调运作，为了共同的目标完成各自的任务，从而实现组织(系统)的目标。因此，组织结构也是管理结构。

1. 组织结构特点

组织结构表现为复杂性、正式性和集权性的特点。

复杂性(complexity)是指组织分化的程度。在传统工业经济的企业中，通常进行了细致的劳动分工，这样就必然有较多的纵向层次。如果是一个大企业，分支机构又在地理上分布广泛，加上通信技术的落后，使企业管理较为困难。所以，传统企业的复杂性方面是随着组织分化程度而加深的。

在现代企业中采用信息技术后，通信能力、沟通能力大大加强，组织不需要有许多的纵向层次，地理分布也不会成为沟通、协调和管理的障碍，所以组织结构的复杂性相对来说较小。

正式性(formalization)是指组织用规章制度来规范员工的行为。组织中的规章制度约束着组织内人的行为规范。一个正式的组织都有自己的各种规章制度。规章制度越细化，组织的正式性就越强。要注意到这种正式性对于那些劳动密集型的企业最为有效;对于知识密集型的企业来说,这种“正式性”不能规范知识员工的心智,以及他们的行为,而要靠那些“非正式组织”和知识环境来影响和规范他们的行为。

集权性(centralization)是指组织中决策权的分布。组织结构中决策权分布一般是自上而下的分布。越是落后的组织结构,决策权越高度集中。在工业经济时代的企业决策权和企业的组织结构一致,也是一种自上而下的决策权分布。在知识经济时代,企业中有大量的知识员工,每一个知识员工都可以利用他们的专家知识为企业做出正确性的决策,原来的决策权分布难以适应新的经济环境。这成了管理创新、组织变革中的一个要点。

综上所述,从组织结构的特点来说,传统工业经济的企业与知识经济的企业就有明显的区别。但是在大多数传统企业向知识型企业过渡的“中间地带”的企业,往往具有“两面性”。

计划职能与组织职能的关系十分密切。组织必须根据计划进行,必须按计划的目的形成组织结构;组织职能要整合必要的资源按计划实现企业的目标。

2. 知识组织特点

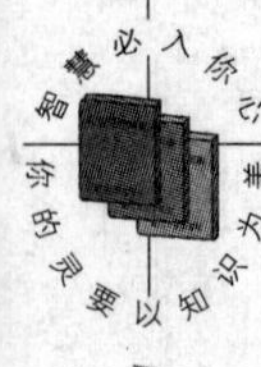

拥有大量知识员工的组织或公司称为知识组织或知识型企业。知识组织大多是扁平型的组织结构。但是现阶段,这种组织结构只是层级式的宝塔型组织结构中的逻辑结构。知识管理专家认为①,知识组织的结构特点可分为三种层次——团队、部门、组织。

团队(team)通常是由 2~6 个人组成的跨职能的正式团体。不同的人为完成某一任务或职能结合在一起,形成一种松散的团队结构。一旦任务完成,团队也就解散,如项目小组。因为团队不是永久的组织结构,所以可以根据市场变化、任务要求等迅速地组建一个团队,从而增强企业应变的能力。一般来说,团队中没有典型意义上的领导,虽然团队成员中的某个人可能浮现出来当领导,进行工作的决策,但是,这种领导是没有任何正式头衔或行政级别的领导,只是团队成员在心中认可。团队领导也不是固定的,常根据当前的任务需要、个人技能水平随时更换。团队的环境是典型的民主化,任何成员都可以发言。团队成员彼此间都非常喜欢沟通。团队的每一个成功都是全体成员共同努力的结果。

在个人知识网络的基础上形成了团队知识网络,这是知识组织结构中在

---

① Randy J. Frid. *Infrastructure for Knowledge Management*. Writer Club Press, 2000

团队水平上很重要的一个特点。

部门(department)通常是由几个团队或小组组成的。研究发现,部门中团队或小组的数量最多不要超过6个。部门通常有一个人扮演“领导”的角色,但是他和所有的团队成员都是平等的、民主的。不同的团队间也没有谁支配谁的争论。部门中无论是民主选举,还是正式设计一个职位,都要有一个人扮演领导的角色进行决策工作。

这个部门的领导人如果工作出色,富有知识和才能,其他部门成员也就会尊敬他,他就可以升到组织的高层。任何人担任领导角色都不是被某种权势所逼的,领导人一般会采用榜样的力量维持部门中成员间的同一性。部门成员通常也有非正式的,他们进入部门也是出于他们的愿望。每一个部门的成员都应该有极大的热情去达到部门的目标,使部门成为一个整体和同步协作的单位。

如果部门成长到大于6个团队,通常就要分解成两个独立的部门。过大的社会性和行政机构都不能维持统一的意志。这时在各团队间形成了职能知识网络,这是团队间信息共享的结构基础。

组织(organization)是一个正式的、管理多个部门的行政机构。它的运营基础与团队和部门都不一样。它应该有一个正式直线职权(formal line of authority),否则很难使组织中所有的人都能达到意见一致。组织中有一个决策层,决策层的决策并不是组织中所有人在任何时候都同意或满意的。这些不能使所有人都满意的决策就要提交到组织的最高层进行表决。

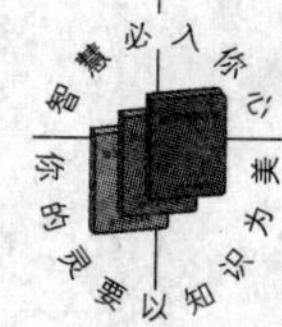

这种正式的组织构架还要有一个沟通的基础架构,以保证组织内和组织间的沟通,这就需要信息技术的支持。

知识管理专家还认为,跨职能的团队和部门的结构,最好不要超过7个数目。因为心理学研究发现,人不能够很好地同时管理超过7个数目的事情。现在许多公司为了市场竞争优势,实现组织的目标,都采用了这种跨职能的团队项目小组的结构方式,如福特公司、波音公司、数据设备公司等等。事实证明,在知识经济时代不能按传统的组织设计方式进行组织设计。

知识组织水平上的跨组织信息系统的完善,将形成组织间的知识网络。

8.1.3　组织设计

任何组织的建立与变革都要经过**组织设计**(organization design)。组织设计有强烈的时代色彩。工业经济时代的组织设计强调五条基本的组织设计原则:劳动分工、统一指挥、职权与职责、管理跨度、部门化。在知识经济浮现的今天,这些古典的组织设计原则大多需要补充和修正,更需要创新。

从以上的讨论中我们知道，组织结构可以看成是完成计划的工具；什么样的计划就应当有什么样的组织结构，当“计划”变化的时候，组织结构也应产生相应的变化，因此组织设计过程中创新是十分重要的。

专栏 1——丰田组织设计创新

丰田组织创新例子使我们看到创新组织结构会给传统企业带来活力。

日本战后经济复兴的一个惊人之处在于，在一些资本密集型产业如汽车及其相关产业钢铁、玻璃、轮胎等领域迅速进入世界寡占市场，而这每一个产业都存在着巨大的资本需求和最小有效经济规模等进入壁垒。对日本汽车厂商来说，最大的困难还在于获取现代化的生产与分配技术。在这一意义上，最大的进入障碍就是知识、学习和经验积累。但到 1980 年时，日本已成为世界上最大的汽车生产国。日本获取这一地位不是靠别的，主要的力量来自于企业组织上的创新。从企业内部的生产和人事管理到外部的企业间长期网络关系的建立，企业正是依靠这不断的创新而走上全球竞争的舞台。丰田为此花了约 50 年时间而成为全球领先的汽车生产和出口商，这充分显示了建立和管理企业网络的能力和竞争优势。丰田在相当的程度上代表了日本制造业层级式企业网络而具有典型意义。

如果说，在美国，通用和福特汽车生产组织代表了典型的高度垂直集中化层级组织和严格的、科学的内部分工管理制度，“福特主义”和科学管理代表了当代标准化、大批量生产的效率原则，也直接推动了战后大众消费经济和全球化经济的发展，那么，日本的丰田企业集团近半个世纪形成的层级式供应商网络体系则代表了 20 世纪下半叶新型经济组织形式的崛起，在国际市场上的竞争力表现为低成本、高质量和迅速地适应市场变化，这无疑从根本上改变层级组织“福特制”生产的竞争模式和全球贸易格局。①

丰田组织创新是从层级的金字塔型走向扁平式网络型，这种组织结构的变革正是知识经济特点，也是知识经济与传统经济在组织结构上的不同点。以下就知识管理中涉及“组织设计”的相关因素进行讨论。

有如下数点值得在组织设计过程中注意：

首先，要注意组织结构中的概念资源来源，管理者所处的组织结构层次与管理者利用信息和知识是相关的。

其次，是管理跨度的设计，在组织应用信息技术过程中必然影响管理跨度，从而影响组织结构。

第三，是组织的团队与部门化交织在一起，形成一种新的跨职能、跨组织的结构。这种结构是扁平网状的结构。

---

① 李新春著. 企业联盟与网络. 广州：广东人民出版社，2000

第四,信息技术的应用。组织中采用信息技术的广度和深度都影响到组织结构,所以在设计过程中应考虑信息技术的硬件和软件。

第五,组织结构设计要注意组织内部知识环境诸要素,设计出一个催人奋进、催人创新的内部环境。

1.资源要点

组织设计中要考虑到的资源要点有三个方面:资源来源、资源呈现方式、资源类型。

(1)资源来源

组织中的管理层一般可分为战略规划层、管理控制层、运作控制层,各层分别形成自己的决策权力。决策的信息是从哪里来的?这些问题在注重"实体资源"的工业经济时代不太为人重视。但是在知识管理中,因为系统输入是"概念资源",所以要特别强调这个问题。管理者所在的层次与他们所需要的概念资源有着重要关系。反之,概念资源的来源也影响着管理者在组织结构中的位置。

其实在工业经济中或在此之前的经济时期中,管理者对信息、知识的来源都随着管理层次的不同而不同,这并不是知识经济中的新鲜事。管理层次越高就越需要较多的外部的概念资源(数据、信息、知识)作为决策的支持。管理层次越低就越需要较多的内部的概念资源作为决策的支持。各个管理层虽然对内部和外部的概念资源都有需求,但是需求的程度依管理者所在的管理层不同而不同。

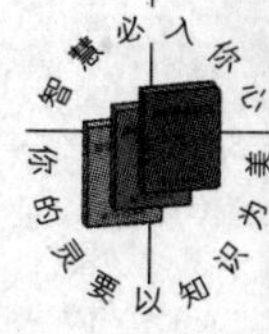

但是,应该看到工业经济注重的是"实体资源",而知识经济客观上需要"概念资源"作为组织发展的基础。在信息技术大量采用的组织里,有大量的知识员工,因而在信息系统和知识管理系统的设计过程中都需要考虑这个因素,都应该根据这个因素设计应用软件、用户界面、数据仓储等技术。

组织设计中,要知道如何获得尽可能多的概念资源,要知道知识源、信息源、数据源在哪里。

高层管理者主要是进行战略规划工作,所以需要组织外部的信息、知识比需要组织内部的信息和知识要多得多。中层管理一般是各种职能部门的经理、地区经理、生产指挥等,他们的职位和职责规定了他们对于外部和内部的各种信息、知识都应该有所掌握,但是在掌握的数量上、程度上与高层管理者和基层管理者都不一样。基层管理者一般是科室负责人、监理人、项目组长、工作小组长等,他们工作在第一线,职位和职责要求他们较多地掌握内部的信息和知识,从而有效地管理一线员工的作业。

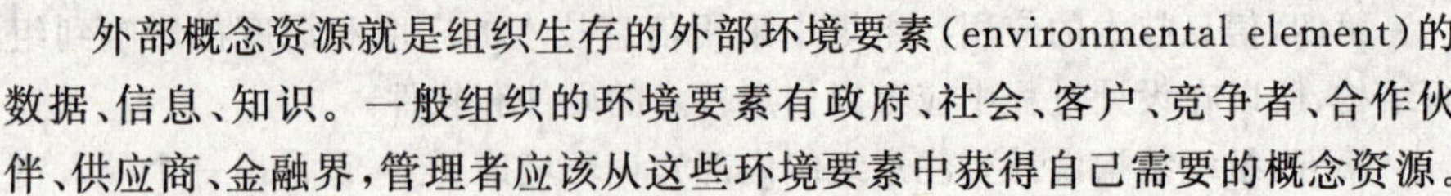

外部概念资源就是组织生存的外部环境要素(environmental element)的数据、信息、知识。一般组织的环境要素有政府、社会、客户、竞争者、合作伙伴、供应商、金融界,管理者应该从这些环境要素中获得自己需要的概念资源。

(2)资源呈现方式

管理者在组织结构中的职位与职责,使他们在需要的概念资源上有所不同,这只是一方面;另一方面,管理者在组织结构中的位置也影响到概念资源的呈现方式。

呈现方式是指各层管理者对所获得的概念资源详细程度的要求。这在应用信息技术时也是一个重大的参考对象,无论是管理信息系统还是知识管理系统,都要根据管理者对信息、知识呈现方式的要求进行设置。

呈现方式与管理者所处的管理层次相关,不同管理层次的管理者需要的概念资源的呈现方式往往有极大的差异,也由于存在着这种差异,在知识管理系统构建中要特别注意。在设置用户界面、数据仓储、知识超市、知识库等都需要考虑概念资源的呈现方式,否则会带来许多问题。

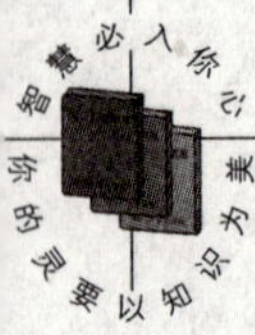

在一个高度信息化的企业里,例如实施了 ERP 的企业里,数字、信息、知识的呈现方式的设计,直接影响到组织结构的设计,这在传统管理中是不存在的问题。信息化企业里的组织结构的设计要考虑信息技术的特点。

从图 8-1 中可以看到管理层对概念资源的呈现要求。图中同时表示了信息、知识的概括性程度和管理层所要求的数量。高层的管理者只需要概括性

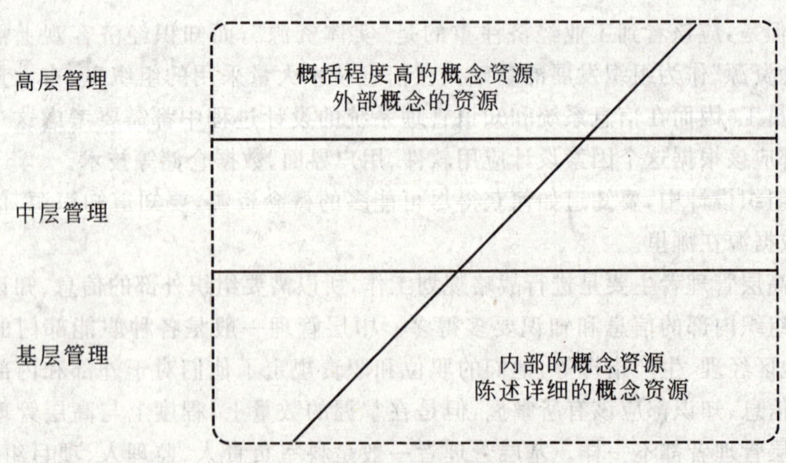

图 8-1 管理层对概念资源的要求

的信息和知识就可以满足工作的要求;基层管理者则需要陈述详细的信息、知识;中层管理者需要的呈现方式正好位于两者的中间。管理者对概念资源的呈现要求也是由他们的职位与职责所规定的。

在知识管理系统中,知识活动、知识网络的构成都与各个管理层对概念资源的需求和呈现方式有关。

(3)资源类型

组织结构与概念资源的类型有着重要的联系。

在知识管理系统中,概念元素在系统中的活动是受管理过程约束的,其中管理者在组织结构中的位置对此有很大的影响。除此之外组织结构对此也有重大的影响。图 8-2 表示了管理层对概念资源类型的要求。位于高层的管理

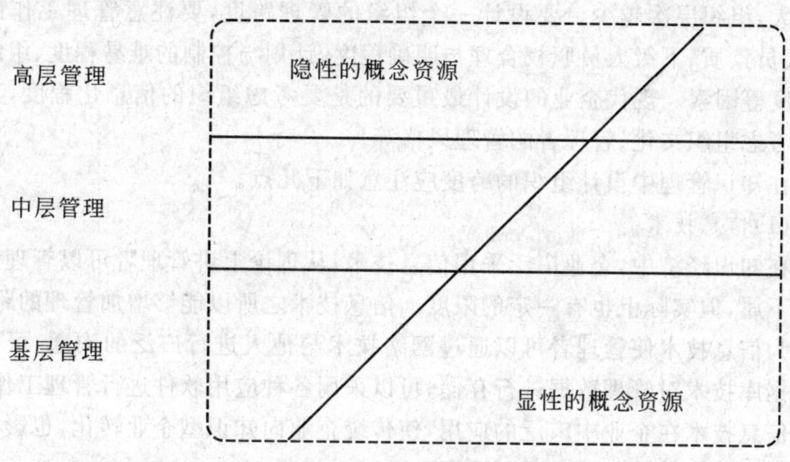

图 8-2 管理层对概念资源类型的要求

者需要更多的隐性知识,而基层的管理者则需要更多的显性知识,中层管理者所需信息的类型位于两者中间。古语说:劳心者治人,劳力者治于人。越高层的管理者越是"劳心",越需要"隐性知识",而越是低层的管理者"劳心"相对减少,就更需要"显性知识";到了具体操作者即工人,往往只需要很少的显性知识,完全靠实体资源即体力进行工作。但是,从另一种角度来看,企业的知识员工不断增加,使企业中纯粹的体力劳动几乎不存在了,企业的生产劳动中所包含的知识含量不断增加,无论是显性知识还是隐性知识在各种生产活动中都起着重要的作用,根本不存在没知识的生产劳动。这样在知识型企业里的知识员工,完全依赖脑力劳动进行创造价值的活动,这时从某种意义上来说,每一个知识员工都是管理者,都需要显性知识和隐性知识。因此,组织结构与

资源类型的关系实际上与企业的类型直接相关。

在传统的工业化企业中，这种状况是非常明显的。随着信息社会的到来、知识经济的浮现，组织结构的变化、知识员工数量的增加，这种情况也在发生变化。在一个知识型的公司里，管理的层次较少，知识员工的数量占企业员工的绝大多数，在这种情况下，隐性和显性的概念资源在组织里的分布就成为扁平化。知识员工有大量的隐性知识为企业做出正确的决策。

综上所述，我们应该理清与组织结构变化相关的元素。

2. **管理跨度**

管理跨度(span of control)是指一个管理者可以管理多少个下属。早期的学者和管理学家都关注这个问题。管理跨度与组织层次有相关性，管理跨度越大，组织层次越少。要设计一个组织的管理跨度，要注意管理工作的性质、人员素质、下级人员职权合理与明确程度、计划与控制的难易程度、组织变革速度等因素。现代企业的设计最重要的是要考虑组织的信息化程度，其次还要考虑组织文化、管理者的管理风格等。

在知识管理中设计组织的跨度应注意如下几点。

(1)信息技术

在知识经济中，企业广泛采用信息技术，从理论上讲管理者可以管理无限多的下属，但实际上也有一定的限度。信息技术之所以能够增加管理的跨度，是因为信息技术使管理者可以通过网络技术与他人进行广泛的沟通，可以采用数据库技术对管理数据进行存储，可以采用各种应用软件进行管理工作。

信息技术在企业中广泛的应用，使传统企业向知识型企业转化，也影响了设计管理跨度的另外几个重要因素。

(2)知识员工

组织内知识员工数量的增加或高比例的知识员工，使组织中具有专家权力的人增加。**专家权力**(expert power)是指来自专长、特殊技能或知识的一种影响力。这有助于增加企业的管理跨度和减少企业的管理层次。

(3)组织文化

在一个信息化程度高或知识型的企业里，知识员工的管理与控制更依赖于企业文化、知识环境。良好的组织文化可以使管理跨度增加。

1992年，沃尔玛超过西尔斯公司成为美国第一号零售商。管理大师汤姆·彼特斯(Tom Peters)早在几年前就预见道："西尔斯不会有机会的，一个12

个层次的公司无法与一个只有3个层次的公司抗争。"①

沃尔玛公司是全球唯一有能力发射自己人造地球卫星的公司,其公司的信息化程度是全球一流的。在这种情况下组织的宽度比其他公司宽,管理层次比其他公司少,形成了一种扁平化的组织结构。这种组织结构能够对市场变化快速反应,在市场需求快速多变的情况下,能够满足市场的需求,从而赢得行业竞争的优势。

现在越来越多的企业都在努力地扩大管理跨度,减少管理层次,力求形成扁平化的组织结构。例如,美国通用电气公司,其管理跨度比15年前扩大了一倍,拓宽到了10~12个下属。

以上讨论了企业知识管理中设计管理跨度要注意的一些问题。在知识型企业里,信息化、知识化管理水平可以体现在管理的跨度上。其中增加三种因素的力度,即信息技术、知识员工、组织文化,就会增加管理跨度,从而体现企业管理的高水平。

3.跨职能

传统的组织设计中一般要根据工作的职能分工来划分部门,这就是**职能部门化**(functional departmentalization)。这种分工的方法一直延续至今,目前还为许多企业所采用。为了企业能够对市场进行快速反应,更好地提供客户服务,知识管理中支持**跨职能**(cross function)的组织结构,因为它对原来固定的、按职能划分部门的组织结构起了很好的补充作用。但是知识管理中更强调的是跨职能的知识共享。

跨职能的组织结构使员工可以进行信息共享,形成一致的看法、思想,使组织内部更加团结,使每一个员工都关心组织的目标,并为实现组织的目标协同工作。

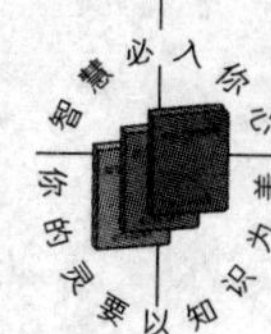

专栏2——跨职能

如下克莱斯勒公司的例子很好地说明了跨职能的作用。

在汽车生产和营销中,克莱斯勒(Chrysler)公司使用全功能开发小组(platform teams)来协调汽车生产和销售中各种职能规定,从中获得显著的优势。大部分轿车公司的组织架构是按职能来划分的,如设计、工程、制造、营销以及销售。员工们各司其责,主要对自己的职责尽忠职守,而非对某一具体的汽车计划负责。结果产生了大量的摩擦、次优替换

① Stephen P. Robbins. *Management*(4th ed). Prentice Hall Inc,1994

以及开发滞后。克莱斯勒公司围绕汽车的全功能开发，采用新的体制将各个专门的职能部门联合起来，率先在令人心动的 Viper 跑车开发中使用小组制度。每一个全功能开发小组都具有所有的职能。他们在一个体育场大小的房间里一起工作，彼此可以看见。在这种新的配置下，员工首先要对他的计划的成功尽职尽责（这是最重要的），而不是对某些孤立的职责尽忠。克莱斯勒公司的美国对手拥有大致相似的技术知识、战略资产和程序，但是克莱斯勒公司是将这些因素配置成为打破职能界限的全功能开发小组的第一人。这就是克莱斯勒公司被视为 20 世纪 90 年代世界上最具创新性的汽车公司的理由。①

跨职能的一个特点就是企业内各职能部门间的信息共享、知识共享，使信息、知识或创意在组织内自由地流动，从而进一步促进了创新。

知识管理中与传统组织高度职能化所不同的是强调跨职能，打破传统的职能障碍，提倡职能部门间的信息传递与共享，从而提高企业的效益。

可以利用信息技术构建组织内部的跨职能网络。现在各种硬件和软件都可以支持跨职能的网络应用。在知识管理系统中，设计这种应用是一项基础的工作，它的关键是形成一个系统平台。

4. **跨组织**

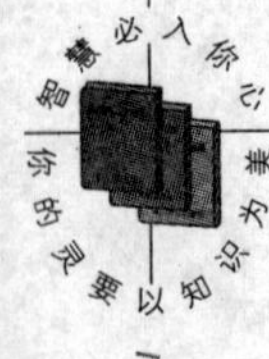

一些行业为了对市场进行快速反应，获得行业竞争的优势，利用信息技术发展出了**跨组织**(cross organization)的结构方式，一些管理学家们也称之为**网络结构**(network stucture)。这种跨组织的结构以关系、信任、合同为基础。采用这种组织结构的公司边界较为模糊，他们将公司的边界扩展到供应链上的伙伴组织中去，采用横向一体化(horizontal integration)来代替纵向一体化(vertical intetration)的经营模式，利用信息技术、网络技术建立起组织间信息系统(Inter-Organizational Information System, IOIS)，并且使组织间最终形成同步供应链(synchronal supply chain)网络，达到虚拟经营(virtual management)的境界。

采用跨组织的网络结构，成功的关键点就是采用有效的"关系管理"。这种组织结构的经营特点就是**外包**(outsourcing)。它将核心的业务留下，其余的都外包给供应链上的伙伴。这样增加了组织的柔性(flexible)，使之可以在快速多变的市场上得心应手。

现在许多公司都采用这种组织结构，例如，美国的耐克公司、马吉公司、国民钢铁公司等；在知识型公司里它更是一种十分普遍的组织结构，例如，思科公司、太阳公司等。企业跨组织的程度体现了一个企业的信息化水平以及信

① Gary Hamel 著，曲昭光，赖溟溟译. 领导企业变革. 北京：人民邮电出版社，2002

息化管理水平。采取这种跨组织的结构，公司的边界变得模糊，全球企业都可能成为该公司的加工厂、仓库、运输部门等，公司具有了无限的发展潜力，可认为是下一代的跨国公司运营模式。

另外，正是由于这种组织结构方式，使组织的市场网络成为一个重要的知识资产(无形资产)，为知识资本经营提供了一个重要的基础。参见第13章。

在跨组织的应用中，知识管理强调信息技术的作用，没有信息技术的应用也就没有跨组织在流程细节水平上的运作。

另外，组织结构的设计还要考虑到知识环境的因素。因为在知识型企业里，管理者只能靠对环境的控制来达到对知识员工的管理，所以，知识环境应作为一个十分重要的因素加以考虑。

综上所述，在知识经济中，在实施知识管理的组织中，要注意以上几个组织设计过程与传统管理学中所述的组织设计的不同点。传统管理学中没有提到这些因素，是由于当时的信息技术还没有整合到企业中去。现在，企业中大量采用信息技术，这改变了传统组织设计的一些原则。但是要注意到，知识管理中的组织设计是基于传统管理实践与信息技术整合的基础上，所以目前还不能完全抛开一些相关的组织设计原则。根据目前我国的企业信息化水平、管理水平，在实际设计组织的实践中，还要参考有关的管理学内容，在此我们不再重复，请读者参考有关管理学的书籍。

8.1.4 组织设计步骤

一个组织是根据计划中的组织目标而形成的具有一定结构的事物。在形成一个可运作的组织过程中，要进行组织的设计，上一单元中我们讨论了组织设计过程中的一些要点，本单元进一步讨论组织的设计步骤。一般来说，组织设计有如下几个步骤。

步骤一，思考计划和目标。

企业的计划与目标影响着组织职能的具体实施，也影响着最后形成的组织结构。当形成某种组织结构后，一些业务就会使某些行为存在下去。例如，人力资源部门就会根据企业的计划与目标以及业务需要招收具有相应技能的人才。一旦计划改变，一些基本的行为就可能产生变化，如果这种变化不大，可以根据实际需要变革组织结构；如果这种变化太大，现有的组织结构不能适应新计划和新目标的要求，就要进行组织结构的重建。这种变革或重建的实质就是决策架构的变化，从而产生新的决策关系层次。

步骤一的目的就是考察组织职能实施过程是否与企业的计划和目标

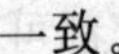

一致。

步骤二，界定行为。

根据计划所定的目标，确定哪些事是必须做的。可创建一张表格先注明是持续的计划还是单一的计划，然后在表中一一列出在做的工作。一些工作是持续要做的，而另一些工作是要确定哪些是达到目标的必要的行为。管理者确定和识别了所要做的工作后，就要把这些工作进行分类，将其归入一定的管理单元里，这样为形成正式的、永久或暂时的组织结构打下基础。

步骤三，将行为分类。

这个步骤紧接着上一个步骤进行。对各种行为进行分类和分组，这体现了管理的条理性。可以照此进行：

- 确定各种行为的性质，例如这些行为是行销、制造、财务、仓储还是员工个人行为；
- 将这些行为归入相关的领域或单元；
- 根据归类的各单元设计组织架构中的各个部门。

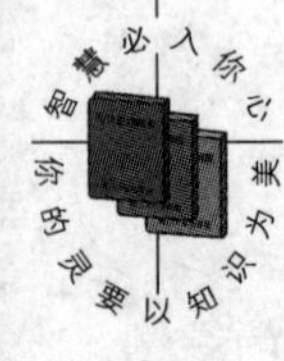

在实践中，以上几个步骤是一个连续的过程。对各种行为的识别确认过程，实际上也就是一个划分的过程。例如，识别采购、促销、广告、销售等行为性质，可以将它们归于与市场相关的组别；招收员工、培训、报酬等行为与员工有关，就可以归类于人力资源。根据类似的工作性质、流程情况、对象、技能等分类，可以使组织的效率更高。

步骤四，分配工作和指定权限。

经过以上步骤，管理者就可以根据目标进行下属的职能划分或**职能界定**(functional definition)。所谓职能界定，就是确定下级的工作，并将工作进行分类、分组。如果管理者是位于战略管理层，这时就要划分下属的工作，形成各个职能部门的架构；如果管理者是位于中层管理，这时也要划分下属的工作，形成不同的工作单元或团队。另外，管理可以向已确定的各个职能部门或工作单元或团队分配任务和指定权限。

这个步骤可以被看成组织职能中一个关键的部分，因为这是职能部门或工作单元、团队的起点，它影响着未来持续性的行为。所以，这里所说的职能的界定的概念是十分关键的。职能部门或工作单元、团队的性质、作用、任务、绩效等都与这种最初的职能界定有关，而且也影响到权限的指定和后续的组织活动。

在信息系统中，要根据不同管理者所承担的责任和义务进行接入系统、访问数据的权限分配，在可共享的背景下设定共享限制。同样，这种访问的权限分配也应在全体知识员工中进行，使每一个知识员工都可以根据一定的权限共享到相关的信息。

步骤五，设计关系层次。

这个步骤要确定整个组织的垂直与横向的各种关系。

组织中垂直的关系体现了决策的层次。在这个步骤中，设计决策的层次就要在组织中明确各人所在的区域、所负的责任、所进行的任务等，这表示了权力的隶属关系。这实际上就是自下而上建立管理的层次。管理层次的形成，明确了各种信息的传递方向，明确了决策的层次。

组织中横向的关系体现了组织中各部门间的关系。在这个步骤中，要设计各部门间的工作关系、各部门的工作范围和权限。

到此为止，组织的结构已形成了。在设计的每一个步骤上都应该考虑到信息技术应用。企业的内部网的设计也应在组织设计中进行考虑。

8.2 非正式组织

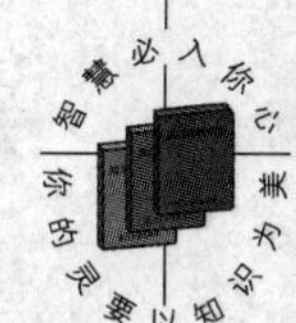

以上所述的是**正式组织结构**(the formal organization)，它是行使管理职能的主要结构；另外，还有**非正式组织结构**(the informal organization)，这种组织结构在知识管理中也起着十分重要的作用。特别是在创新管理中，它是形成良好的创新环境重要因素。所以除了要了解正式的组织结构外，还要了解非正式的组织，管理者要设法通过非正式的组织达到正式组织的目标。

专栏 3—— 非正式组织的力量

可致一所著《松下幸之助——用人之道》描述了非正式组织的力量。

在一个集体内部，除了正式的组织机构，往往存在着长期共同协作中所产生的另一套习惯性的人际关系。比如，一个技术优异、德高望重的老工人尽管不担任职务却能得到人们的尊重，班长、主任乃至厂长也要经常主动去征求他的意见和建议，以他为中心会形成一个人际关系的系统。又比如，在军队中一个明智的班长除非万不得已是不会招惹那些军龄比自己长得多的老兵的；一个有名望的教授的助手的言论，有时会比大学校长的命令起作用；派性往往使上级的指示落空，而正式组织又经常与派性存在矛盾甚至冲突。总之由于各种不同的思想、趣味，人们会逐渐形成一套超越组织的非正式组织，我们称此为“非正式组合”。

行为科学学派非常重视“非正式组合”，认为对“非正式组合”的了解与管理是协调群

体行为的最重要的内容。

在知识管理中,非正式组织的管理成了一个十分重要的内容,如果不研究非正式组织的问题,知识管理就是不完整的。

8.2.1 什么是非正式组织

非正式组织是指在工作环境中人与人之间自发地形成的社会关系和个人网络。

在正式组织内,这种非正式组织的结构是通过非正式的自然划分而组成的。大多数非正式组织的成员随时间变化而变化。这些成员因工作需要而被分配在一起,为了共同的利益和兴趣、爱好产生个人关系。因为这种非正式的组织结构并不反映在公司的正式组织结构图中,它可以是跨职能部门的,甚至是跨组织的,所以,对非正式组织的管理是管理者面临的一种挑战。

非正式的组织的参与方式各种各样,例如,在上下班的途中、在员工食堂用餐、在咖啡馆中、在公司的文艺团体中等等。在这种组织中没有自己的管理者,没有各种管理职能,是一种松散的组织结构。但是,近年来就发现,许多重要的创新思想就发生在这种非正式的组织结构中。所以,这个领域是知识管理的重点领域。为了更好地理解组织中的创新机制,请读者注意理解本单元讨论的内容。

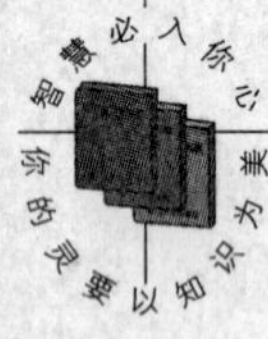

8.2.2 非正式组织类型

非正式的组织结构看起来就是一群志趣相投的人,他们组成非正式的小组。如果对这些小组进行划分,大体上可分为横向、垂直和混合三种。

横向型的小组(horizontal groups)是由组织中同一层次的人组成的。这些人可以是同一工种、同一部门或不同工种、不同的部门的人组成的。由于成员都来自同一层次,所以彼此间没有什么障碍。他们彼此间相互交流,分享信息,彼此相互帮助。在这种团体中甚至产生自己小团体的秘密,例如,某个人的外号或对某个人的评价及小团体内特殊的语言(行话)等,这些都不会与其他层次的人进行交流。

兴趣爱好、经验、特长等等都会成为划分这种横向型的非正式组织的原因。

垂直型小组(vertical groups)包括正式组织中不同层次的人。这些人往往来自同一工作领域。在一个生产部门中垂直型小组可能包括一个管理者和他的部下,或一群各部门的管理者与他们的上司。垂直型小组构成了一个超越组织层次的关系,上层的可与基层的形成关系,中层的也可以与上层或基层的形成关系。

这种垂直的非正式的关系有好的一面，也有不利的一面。有益的一面是增进了上下级之间的感情上的交流，可以增进员工的忠诚度，也有助于上级了解下级的各种问题。不利的一面是，过多的接触导致不必向下传达的信息泄露出去，影响正常的管理活动。同时也使领导的缺陷直接暴露给下级，对正常的管理形成负面影响。

这种非正式组织经常成了下级为达到个人的某种目的，向上级献媚的场所，有时甚至成了一种腐败关系形成的场所。一个正直的管理者要注意识别，要公私分明地处理这种非正式的关系，尽力通过对这种非正式组织的影响力，达到组织的目的。

混合型的小组(mixed groups)是由正式组织结构中的各种层次的人和各种工作领域的人组成的。混合型小组形成的原因有多种，大多数都由外部的某些活动引起的，例如可以根据共同的爱好组成某种俱乐部，可以是网球俱乐部、足球俱乐部、钓鱼俱乐部等等。这种混合型小组成员可以来自同一个组织内部的各个部门，也可以是跨组织的，例如文学沙龙、作家笔会、网友会、同学会等等。

管理者要注意到公司内部是否有这种混合型的非正式组织的存在，以及员工是否参加跨组织的混合型的小组如沙龙、俱乐部之类。虽然这些活动都是短期的，但对员工有很大的影响力。

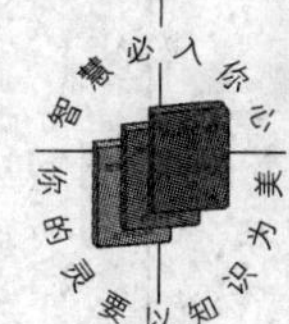

以上阐述了非正式组织的结构和类型。

8.2.3 非正式组织成因

通过以上的讨论，我们大体上已经知道非正式组织形成的原因，归纳起来大体上有如下三种。①

满足需求。在一些情况下，人的某些需求在正式的组织里不能得到满足。这些需求包括安全、联络、尊敬、自我实现等。这些需求驱使着人们在非正式的组织里获得满足感。例如约人吃一餐饭是为了满足联络的需求，参加某项体育运动队是为了满足自我实现和友谊的需求。

亲近和沟通。人们参加非正式组织的一个普遍的理由，就是彼此之间相互接近和沟通。横向的非正式组织大多是这样产生的。例如，企业家联谊会，管理者们参加这种联谊常常是为了能够在商业上找到更多的伙伴，从而产生沟通需求。

---

① Richard Hodgetts, Steven Altman. *Organizational Behavior*. Philadelphia: W. B. Saunders Co., 1979

类似。人们有时参加非正式的组织是因为他们有共同的、类似的东西相互吸引。一些人是出于同样的态度和信仰参加这种组织，其他类似的个人的因素还有种族、性别、经济地位、能力等。一般人能够走到一起，常因为同样的信仰、兴趣和个性。

为什么非正式组织能够长期存在？

第一，在非正式组织中成员维持共同的社会与文化的价值。每一个人在非正式的组织中都喜欢与成员分享自己的信仰和价值观，例如，背景、教育、文化传统等。在这种非正式的组织的环境里，人们的信仰和价值观得到了维持和加强。这些信仰和价值观包括道德伦理、宗教信仰、传统文化等。通过这些可以反映出人们的工作环境、受到激励的状况、雇员心态等等。

第二，在这种非正式的组织里提供给成员显示身份的机会、社会交流的机会和履行社会的责任的机会。每一个人都可以获得在正式的组织里得不到的各种机会。同时也可以减轻员工的工作压力，在分享经历和经验的同时获得友谊。

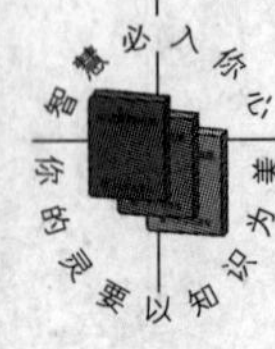

第三，在这种非正式的组织里，成员间可以进行信息分享，使成员获得在正式组织里得不到的信息和知识。这是一个良好的沟通渠道，可形成自己的信息来源系统，对正式组织信息渠道起到了一个补充作用。

第四，非正式组织对正式的组织的工作环境起着重大的影响作用。这种影响有积极的一面，也有消极的一面。非正式组织的成员往往通过工作态度、道德伦理、服装、语言、行为等等影响正式组织的工作环境。一个优秀的管理者，应该注重发挥非正式组织对正式组织产生的积极影响，消除消极影响，利用非正式组织为正式组织增加企业的价值。

8.2.4 非正式组织影响力根源

非正式组织是如何对成员起作用的？如何影响成员的行为？这些成为了许多管理学专家关注的问题。大体有两点值得注意。

1. 潜规则

这里所说的潜规则是指整个非正式组织的小团体成员所接受的行为准则。这种标准是一种行为指南。它告诉所有成员在某一环境下该做些什么，不该做些什么。一旦这种标准建立起来，成员的行为就会受此标准约束，否则就会被排斥在小团体外。例如，在公司里，员工刚上班就会聚在一起自由交谈一会儿，然后才开始工作，这成了一种不成文的规定。一个刚到公司的新员工，他一上班就开始工作，这马上被办公室里的同事视为异类，新员工为了搞好同事的关系，也开始加入到上班后的自由交谈中。道理很简单，旧的员工认为，你一上班就这么积极工作，在老板的心目中旧员工的表现就不好了，所以新员工要融入老员工，就要遵守这种非正式的行为准则，否则就会被排除在外。这种内部的行为准则是自然形成的，被所有非正式成员默认的。各种类型的非正式组织中都有一些被默认的行为规范，每当成员们聚集在一起，大家就自觉按这些规则行事，否则就会被视为异类。

潜规则的力量是巨大的，它可以演化风俗，让一个地区或一个民族的人都遵守。

2. **内部亲和力**

内部亲和力是非正式组织的内聚力。它是非正式组织的一个十分重要的特点。每一个非正式组织成员聚集在一起时，会共同地、协作地去完成一个目标。实际上，这种内聚力对非正式小组成员产生了一种默认的控制力。虽然成员们都没有直接言明，但都默认这种控制。所以，非正式组织中内聚力越强就意味着更多的控制。

非正式组织中稳固的成员间的关系、开放的通信沟通、较小的群体规模、与其他成员的物理隔离等都会导致较高的内聚力。

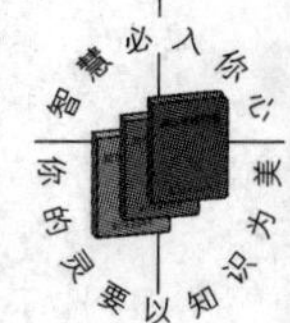

一般来说，有较强内聚力的非正式组织能尽快达到他们的目标和控制周围的环境。这种非正式组织的内聚力对外部会产生巨大的影响力，如对其他的非正式组织以及正式组织都产生巨大影响。如果非正式组织的内聚力与正式组织的管理有矛盾时，就会因此出现许多的问题，会令管理者感到头痛。反之，如果这种内聚力是积极的，有益于正式组织的管理，这也会使管理者感到轻松。所以，知识管理所倡导的管理艺术、软性管理、心智管理也都可以体现在对非正式组织的管理上。在知识管理中，如何发挥员工在非正式组织中产生的内聚力对正式组织管理的积极影响，是一个重要的问题。

中国有句话：上有政策，下有对策。这就反映了非正式组织中行为与正式组织行为的一种冲突。国外经常出现劳资纠纷，也反映了非正式组织——工会与正式组织——企业间的一种冲突。因此，管理艺术、软性管理、心智管理是极为重要的。

8.2.5 非正式组织对正式组织的影响

非正式组织对正式组织的影响基本上可分成两种类型，其一是消极的影响，其二是积极的影响。在知识管理中，强调利用知识环境对员工进行软性的管理，就要将非正式组织对正式组织产生的影响纳入管理范畴，使它对正式组

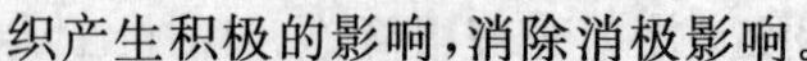

织产生积极的影响，消除消极影响。

1. **消极影响**

企业中经常有四种类型的问题与非正式组织有关。这些问题反映了非正式组织对正式组织构成的消极的影响。主要有如下四种：

(1)变革的障碍

非正式组织可以反对任何正式组织的变革，从而维护这些非正式团体的利益。它们经常成为工作环境变革的障碍。他们会因为既得利益受到影响而成为企业变革的障碍，这种情况轻则导致怠工，重则产生集体罢工。

(2)产生冲突

企业规章制度常导致非正式组织与正式组织产生冲突。例如，公司规定午饭时间是半个小时，可是这影响了雇员们利用午饭期间进行非正式的交流，使他们不可以聚集在一起边吃边交流，也影响他们利用中午时间处理私下的事情。因此他们就会与公司的规定产生冲突，希望尽可能延长午饭时间，或进行各种抵制。

(3)产生谣言

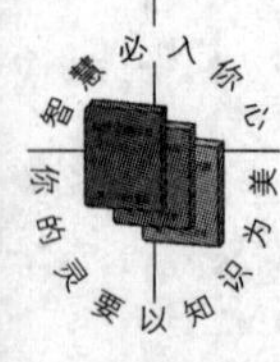

非正式组织是产生谣言(非正式信息)和传播谣言的地方。这影响和破坏了工作环境的平衡，伤害正式组织中人与人之间的关系。

(4)违规行为

非正式组织的行为规则常导致正式组织的员工产生不良的行为。因为这些非正式组织内部的内聚力和行为规范，非正式组织内的成员要遵守这些规定，从而违反了公司的规定，这样对企业产生损害。

2. **积极影响**

除了非正式组织内产生的对管理的消极影响外，非正式组织对正式组织管理也会产生积极的影响。知识管理的一个重要任务就是发挥非正式组织的积极作用、积极影响，促进组织目标的形成。这需要管理者有足够的智慧与爱心，并付出最大的努力。积极的影响有如下几种：

(1)形成系统的力量

如果非正式组织与正式组织协调得很好，将会成为一种系统的力量，促进管理的进行，使管理更有效率。非正式组织内部的灵活性，以及快速反应都对正式组织的执行计划等产生重大的影响。

(2)对管理者提供支持

非正式组织能提供给个别管理者支持。当管理者的知识有某些缺陷时，非正式组织的成员在工作中积极的表现和建议，对管理者都是一种积极的支持，这有助于建立一种和谐的、协作的工作环境、知识环境。这种环境的建立使管理者不必为员工的行为产生过多的控制，使员工能自觉地完成工作。

(3)提供了稳定的环境

非正式组织会使员工对正式组织认可并产生归属感，这可以增进员工对组织环境的信任。另外，非正式组织还提供了员工发泄情绪的场所，这有助于员工在组织中正常地工作。同时非正式组织提供了轻松的管理环境，这有助于减轻员工的精神压力。

(4)提供了有用的沟通渠道

非正式组织提供了沟通和信息共享的环境，使员工可以在这种非正式的组织内相互探讨工作问题，共享社会信息，发现各种机会等等。员工通过沟通、信息共享会产生创新的思想。

(5)鼓励较好的管理

管理者通过非正式组织了解这种组织的力量，从中体会到有助于正式组织管理的方法，从而促进管理者进行管理创新。

8.2.6 非正式沟通

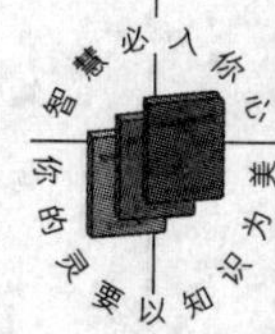

在正式的组织中，非正式的沟通系统对组织起着十分大的影响，无论这种影响是积极的还是消极的，它都是构成组织内环境的重要部分。这种沟通也促进了彼此间的显性知识和隐性知识的交流，所以也可以视这种非正式的沟通是知识环境的一个组成部分。非正式的沟通的产物就是非正式的信息，它常被称为“小道消息”。在正式组织中的非正式沟通一般采用非正式网络、个人知识网络、个人间面对面交流或非正式的信息技术(电子邮件、在线交流)。在正式组织中的非正式沟通常常产生大量非正式信息。其原因和特点如下。

1.非正式信息产生的原因

在组织中，非正式的信息往往来自于非正式组织成员正式或非正式的各种交流。人们通过各种途径相互交谈，谈自己的工作、自己的经验、自己的成功等，这通常就是一种非正式的沟通。由于人们有不同的兴趣、不同的经历，只要有适当的时间，就会在工作的环境里相互交流。另外，一些不安的情绪、对某件事的熟悉、拥有新信息等都可以产生这种非正式的交流。在管理宽松的工作环境中，自由的环境气氛促使人们参与到非正式信息交流与彼此的沟通中去。

非正式的信息也有积极和消极的两面性，积极的一面是成员们通过交流，可能会产生创新的火花；消极的一面是造成正式组织中谣言出现，影响正式组

织中的人际关系。

2. **非正式信息的特点**

非正式信息的最重要的特点有三个，其一是传播快；其二就是可以穿过各种障碍进行传播；其三，很容易被接受。

这些特点对正式组织来说同样有不利和有利两个方面。

不利的一方面是，由于这个性质，有时最重要的商业信息被泄露出去，有时组织中充满各种谣言影响员工正常工作。

有利的一方面是，组织可以利用这个特点向员工传递组织健康的信息。这个过程中可以将正式组织的语言（指正式组织的表达方式）译成员工的语言（指非正式团体内的表达方式），将信息传递给他们，形成积极的影响。这种利用“小道消息”的方法也可能产生消极的影响，即传递的信息可能失真，这对个人和组织来说都是有害的。

8.2.7　如何利用非正式组织

每一个管理者都有被非正式组织影响的经历，例如为公司中的小团体感到烦恼。其实一个成功的管理者应该知道如何利用非正式组织的作用为组织服务，使组织获得效益，而不是简单地在组织内取缔这些非正式组织。这就需要管理艺术。

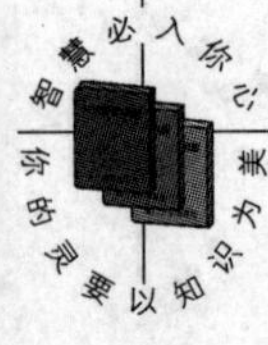

1. **同化机制**

为了能利用非正式组织为正式组织服务，管理者需要开发一个评估、识别、利用非正式组织的战略，从而引导非正式组织的目标与正式组织的目标一致，将非正式组织同化到正式组织中去。

（1）评估

首先，管理者要开发一个在正式组织结构内的对非正式组织的影响的评估机制，来评价它们潜在的积极影响和消极影响，从而使管理者在这种非正式组织在组织内存在之前就知道它的影响。这类似于预防控制机制。

（2）识别

其次，要识别这种非正式组织以及他们的头目，包括要了解这种非正式组织的领导是谁，他的姓名、内聚力是什么，内部成员结构如何等等。有两种基本的方法可以使管理者获得这些信息：“社会关系图”、“非正式组织结构图”。这两种方法可以帮助管理者了解更多有关非正式组织的情况。另外，管理者可以通过某些争端调停者了解到非正式组织的领导的情况。因为组织内的争端正显示了非正式组织的力量所在。

(3)善于利用

一旦研究了非正式组织的相关问题和信息,这时需要管理者开发一个战略,引导非正式组织的目标,使之与企业的目标一致。这样就可以在正式组织内培养起符合正式组织目标的非正式组织,利用非正式组织的优势来促进正式组织的绩效。这种利用机制的要点如下。

- 寻求与非正式组织的支持与合作。
- 提供正式组织和非正式组织的开放的、自由的沟通渠道。
- 鼓励通过非正式组织进行创新活动。
- 控制谣言——去除产生谣言的原因,制止谣言的传播,提供尽可能多的信息使谣言不攻自破。
- 提供可信的、正确性的资源支持事实;采用面对面的沟通方式,避免小道消息的传播。
- 保持对非正式组织产生的危险采取行动的可能性,并保持对非正式组织存在的警觉。

以上同化机制的要点是将非正式组织同化到正式组织中来,使非正式组织为实现正式组织的目标而努力。

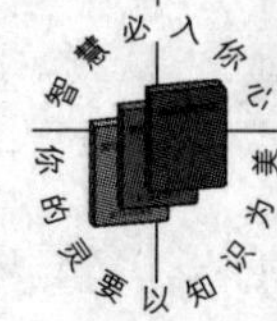

2.倡导机制

在具体业务流程执行的过程中,为了节约成本、提高绩效,正式组织的管理者可以倡导某些非正式组织。例如为了鼓励员工对某项技术进行创新,可以倡导他们自愿组织成"兴趣小组",共同研究这个项目。正式组织可以提供必要的资源支持,并对结果给予一定的回报。

在一些具体的业务中也可以倡导非正式组织的存在。例如,成本互相冲突的各部门将各自节约的费用集中在一起,按预先确定计算表制作一个清单,对节约成本重新分配。这种方法也是在鼓励合作,因为成本互相冲突的部门利益达到均衡时,可节约的成本最大(如林肯机电公司"Lincoln Electric")。

协调委员会也是一种非正式的物流管理组织形式。委员会的成员来自各个重要的物流管理部门。委员会通过提供借以交流的方法来协调管理。对于那些历史上有内部协调委员会的公司来讲,这种方式非常令人满意。杜邦公司(DOPONT)就以其委员会的有效管理而闻名,成为这方面的典范。尽管利用委员会进行协调似乎是比较简单、直接的解决方法,但它也有缺点,如委员会无权实施议案。①

① [美]Ronald H. Ballou 著,王晓东,胡瑞娟译.企业物流管理.北京:机械工业出版社,2002

这种倡导和鼓励某种非正式组织存在，形成对正式组织的积极作用，是管理者应常常有意识地加以利用的管理手段。

综上所述，通过对正式组织和非正式组织行使管理职能，企业能够有一个健全的组织结构，从而为实现企业目标打下组织基础。但是要使组织能够健康地发展，真正实现企业的目标，还要对组织进行创新的管理，利用非正式组织进行创新活动。

专栏 4—— 非正式的正式组织

比尔·盖茨在《未来时速》一书中讲了如下的故事，给我们管理者在实施人力配置上以极大的启示，它利用了非正式组织和正式组织的特点，形成了跨职能的团队。

通用汽车公司在 1985 年推出了萨杜恩公司，目的不仅仅是从零开始创造一款崭新的汽车，而且是要建立一种新的制造汽车和赋予工人能力的办法。它们的目的就是要建立一种公司，在公司里管理人员和工人会齐心协力地迈向共同目标，而每个人都会如此关心质量，以至于连一个专门的质量保障部门都没有必要存在。这个梦想产生了结果。萨杜恩公司连续 8 年赢得了 J·D·包尔质量和顾客满意奖，而且吸引着一群崇拜它的汽车拥有者。

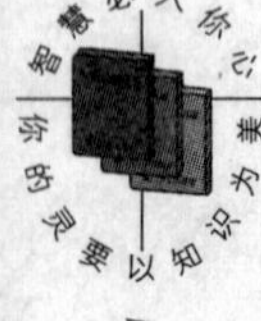

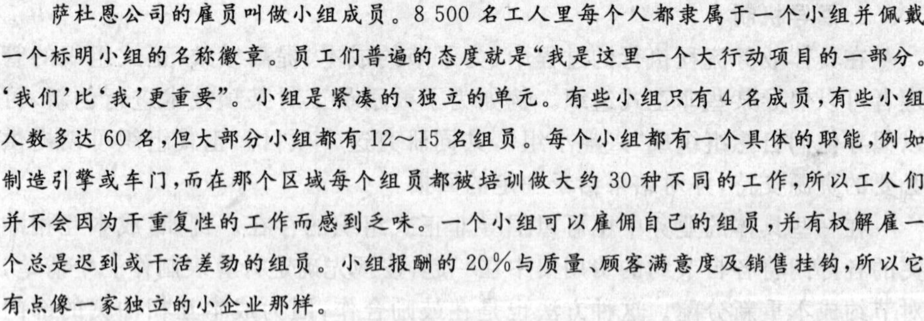

萨杜恩公司的雇员叫做小组成员。8 500 名工人里每个人都隶属于一个小组并佩戴一个标明小组的名称徽章。员工们普遍的态度就是“我是这里一个大行动项目的一部分。‘我们’比‘我’更重要”。小组是紧凑的、独立的单元。有些小组只有 4 名成员，有些小组人数多达 60 名，但大部分小组都有 12～15 名组员。每个小组都有一个具体的职能，例如制造引擎或车门，而在那个区域每个组员都被培训做大约 30 种不同的工作，所以工人们并不会因为干重复性的工作而感到乏味。一个小组可以雇佣自己的组员，并有权解雇一个总是迟到或干活差劲的组员。小组报酬的 20%与质量、顾客满意度及销售挂钩，所以它有点像一家独立的小企业那样。

请注意，我说的关于萨杜恩公司的事没有一件牵涉到技术。如果您不相信所有工人都有潜能给您公司的成功做贡献，那么世界上所有的技术都不会给他们力量。您一旦设想每个雇员都应该是知识型工人，那么技术就会帮助雇员发挥他的全部能力。

8.3 虚拟组织

在企业信息高度发展的情形下，虚拟组织是一种必然的趋势。形成虚拟组织的前提是在彼此信任的基础上进行信息、知识共享，然后进行业务操作，最后达到一种动态的、相对稳定的跨组织架构。

8.3.1　什么是虚拟组织

虚拟组织(virtual organization)是指一些公司为完成一定的市场目标，组织起来形成一个企业群体。它们都是供应链上的伙伴关系或结盟关系。每一个成员企业仍然是独立法人、独立核算的公司，它在整个业务流程中只扮演某一个角色，只做它本身最专业、最擅长的部分，每一个公司的边界都十分模糊，都相互依赖而生存、发展。

知识管理专家也把虚拟组织视为协同企业的一种形式。“协同企业通常以延伸企业(extended enterprise)或虚拟组织(virtual organization,VO)的形式组成，临时性的虚拟组织企业经过市场区隔的稳定性进入成熟市场后，常可发展成延伸企业。”①

虚拟组织一般有如下特点：

第一，有强大的信息化系统。在跨组织的信息系统(IOIS)作用下，企业可以形成基于计算机网络的供应链伙伴间的协作网络，从而为实时地传递伙伴间的信息与知识提供了可能性。在实际业务过程中，供应链伙伴间通过信息共享、知识共享，每一个供应链成员都只做自己最专业的部分。当每一个公司从外部(供应链协作成员间的外部)获得订单，就可以通过计算机网络实时地传递给协作的伙伴企业，使伙伴能参与到完成订单的业务流程中来，实现企业间“同步”的业务操作。

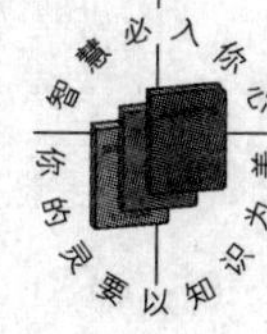

第二，虚拟组织中各成员企业都有良好信任关系，真正可以做到信息共享、知识共享、资源共享，不会因共享的原因而引起伤害。

第三，虚拟组织中各成员企业在协作业务流程中有共同的市场目标，能够如同一家企业一样对市场做出快速反应。

虚拟企业是横向一体化经营模式的进一步深化。当一个企业总是以横向一体化的经营管理理念进行业务管理时，在成熟地应用信息技术进行业务流程的情况下，以及在长期与一些企业的业务来往中，彼此产生了可靠的信任，就会自然催生出虚拟组织的形式。这种虚拟组织有着强大的生命力，它有大公司的市场竞争力，又有小公司的灵活性，具有很好的柔性力量。参见专栏5、6。

虚拟组织最大的约束点是彼此间的信任度，所以在信息化程度不高或没有信息化的情况下，如果彼此间的信任度很高，也可能形成企业群体。但是由于没有信息技术，就有了地理上的限制，例如，我国有许多以家族关系形成的

① 游源淳.协同商务中视觉化知识管理的概念性架构. 2004中国(福州)国际电子商务学术交流大会《论文集》,2004

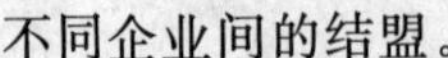

不同企业间的结盟。

虚拟组织第二个约束点就是信息技术应用的程度。信息技术应用程度越高，就越能够跨越地理限制传递更多的信息和知识。例如，应用群件系统进行信息、知识共享，使在地理上有一定距离的企业间能够如同一个企业一样完成订单。如果在信息技术投资或应用方面不能达到一定的水平，就可能在协作完成订单方面产生一定的困难。

专栏 5—— 思科公司的虚拟经营

思科公司的案例说明了公司虚拟经营，与其他合作伙伴形成虚拟企业的重要性，也说明在知识经济中虚拟化的重要性。

思科的电子化虚拟渠道与供应链使从事硬件生产的公司发生了几乎令人难以相信的变化。当许多中国的合作伙伴参观思科的美国厂房时，他们甚至于不能想像这么一个小小的工厂就是巨无霸思科的生产基地。但事实却正是如此。按照思科公司流行的说法就是："在别人眼中我们是一家硬件公司，但我们日益增长的赢利却在一个'软'字上。这是知识经济、信息时代的特点。作为一家 IT 生产商，如果你充分利用 IT 技术为自己建立好一套信息系统来改变原来业内的游戏规则，你就成功了。"

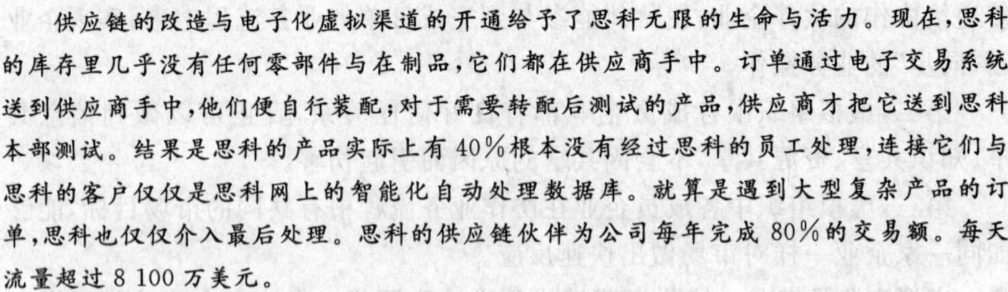

供应链的改造与电子化虚拟渠道的开通给予了思科无限的生命与活力。现在，思科的库存里几乎没有任何零部件与在制品，它们都在供应商手中。订单通过电子交易系统送到供应商手中，他们便自行装配；对于需要转配后测试的产品，供应商才把它送到思科本部测试。结果是思科的产品实际上有 40% 根本没有经过思科的员工处理，连接它们与思科的客户仅仅是思科网上的智能化自动处理数据库。就算是遇到大型复杂产品的订单，思科也仅仅介入最后处理。思科的供应链伙伴为公司每年完成 80% 的交易额。每天流量超过 8 100 万美元。

思科的软性管理模式已经使原来传统模式中彼此分隔有如孤岛的员工、客户、供应商、合作伙伴通过网络技术连接在一起，实现整个产业群市场、零件、制造之间信息的完全透明化、清晰化、低成本化和高效率化，赢得了成功，改变了整个竞争游戏规则。①

专栏 6—— 传统企业的虚拟经营

传统企业能否进行虚拟化经营？答案是肯定的。以下是一个很好的虚拟经营的案例。立丰公司与其他公司已经形成虚拟企业，它们靠虚拟网络进行同步的供应链运作。

企业往往有很多的供应厂家，为了满足某一个具体的用户目标，就必须对所有这些供

① 陈畴镛等编著. 电子商务供应链管理. 大连：东北财经大学出版社，2002

应厂家的生产资源进行统一集成和协调，使它们能作为一个整体来运作。这是供应链管理中的重要方法。香港的立丰(Li&Fung)公司就是这方面的典范。

立丰公司是全球供应链管理中著名的创新者。它地处香港，为全世界约26个国家(以美国和欧洲为主)的350个经销商生产制造各种服装。说起"生产制造"，它却没有一个车间和生产工人。但它在很多国家和地区(主要是中国内地、台湾、韩国、马来西亚等)拥有7 500个生产服装所需要的各种类型的生产厂家，并与它们保持非常密切的联系。该公司最重要的核心能力之一，就是它在长期的经营过程中所掌握的、对其所有供应厂家的制造资源进行统一集成和协调的技术，它对各生产厂家的管理控制就像管理本企业内部的各部门一样熟练自如。下面以该公司接受欧洲零售商10 000件服装的订单为例来说明它处理订单的管理过程。为了这个客户，公司可能向韩国制造商购买纱，而在台湾纺织和染色。由于日本有最好的拉链和纽扣，但大部分在中国制造，那么公司就找到YKK(日本最大的拉链制造商)，向中国的工厂定购适当数量的拉链。考虑到生产定额和劳动力资源，立丰选择泰国为最好的加工地点，同时为了满足交货期的要求，公司在泰国的5个工厂加工所有的服装。5周以后，10 000件服装全部送到欧洲，如同出自一家工厂。在这个过程中，立丰公司甚至还帮助该欧洲客户正确地分析市场消费者的需要，则对服装的设计提出建议，从而最好地满足订货者的需要。

现在，人们在服装上越来越爱赶时髦，衣服的式样或颜色变化很快，因此，订货者从自身的利益出发，常常是先提前10周订货，但很多方面如颜色或式样还事先定不下来。可能是只能在交货期前5周订货者才告诉公司衣服的颜色，而衣服的式样甚至在前3周才能知道。面对这些高要求，立丰公司能靠着它与其供应商网络之间的相互信任以及高超的集成协调技术，可以向纱生产商预定未染的纱，向有关生产厂家预定织布和染色的生产能力。在交货前5周，立丰从订货者那里得知所需颜色并迅速告之有关织布和染色厂，然后通知最后的整衣缝制厂："我还不知道服装的特定式样，但我已为你组织了染色、织布和裁剪等前面工序，你有最后3周的时间制作这么多服装。"最后的结果当然是令人满意的。按照一般的情况，如果让最后的缝纫厂自己去组织前面这些工序的话，交货期可能就是3个月，而不是5周。显然，交货期的缩短，以及衣服能跟上最新的流行趋势，全靠立丰公司对其所有生产厂家的统一协调控制，使之能像一个公司那样行动。总之，它所拥有的市场和生产信息、供应厂家网络，以及对整个供应厂家的协调管理技术是其最重要的核心能力。这种能力使它像大公司一样抵御风险，而像小公司一样灵活自如。①

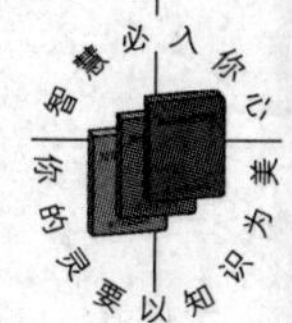

8.3.2　虚拟组织基础

虚拟组织的基础是：企业间的信任关系和信息技术应用。具体表现为信息共享和知识共享的水平。如果没有这个基础就不能进行跨企业的业务操作，也就不存在"虚拟组织"。有两点值得注意：

① 陈畴镛等编著. 电子商务供应链管理. 大连：东北财经大学出版社，2002

1. **从信息共享走向知识共享**

随着信息技术的软件厂商对信息技术产品的推广，企业内部计算机网络的形成，内部网功能的完善，数据库技术的升级，企业内部数据库在短短的数年内快速膨胀，以至于数据库中有了堆积如山的数据、信息。这使一些管理者感到无所适从，他们发现，收集信息并没有带来极大的收益，真正可用的信息极少，而收集、整理数据和信息却带来了一笔不小的开支。信息与价值间的线性关系受到前所未有的挑战。

一些有远见的公司开始从内部的信息管理转向与外部的信息共享。沃尔玛和宝洁公司通过信息共享彼此间都获得了巨大收益，成了人人传颂的商界佳话。从技术角度来看，信息共享有赖于企业间信息系统(IOIS)即**企业间信息共享**(information sharing in IOIS)。IOIS是计算机网络，它由计算机和网络上的硬件和软件组成，人们可以通过它进行沟通、信息共享、获取信息，从而构成了一个人或一个企业的基于计算机上的信息网络。

但是信息共享如何为企业带来收益，一直使人感到模糊不清。实际上，只是在信息层面上，人们并不能为企业做出正确的决策，做出一个正确的决策所依赖的因素很多，其中以知识、智慧和道德最为重要。

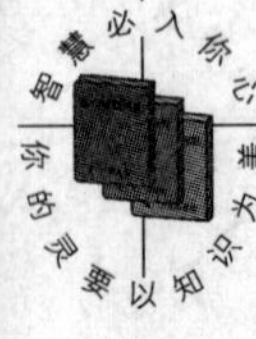

一些企业在信息共享的基础上发展出了知识共享，它们对信息进行详细的分析、处理，并从中提取出市场知识、客户知识等(属于“知识活动”的范畴)，然后将大脑中所产生的显性知识(或专家知识)直接透过企业间信息系统传递出去，使接收者节约对信息检索、思考、精选的时间，从而使企业间的协同达到一个快速的水平。

在网络上进行知识共享，必然就会减少知识活动的周期时间，减少从信息中提取知识的时间，从而缩减相关业务的提前期。信息共享就没有这个优势，接收信息者要花时间对信息进行适当的处理。因此，通过计算机网络传递和共享的，最重要的不是信息而是知识。

从信息共享走向知识共享，以及共享的水平，都可看出企业间的信任程度和信息化水平，从而知道虚拟组织存在的基础状况。

2. **“共享”的两个属性**

“共享”一般来说只是存在于朋友、伙伴、合作者之间，并非存在于竞争者、对手之间。因此“共享”就带有文化属性。这个属性的要点就是信任关系。共享的“文化”属性定义了共享的范围，共享必然发生在有共同利益的，具有相同文化背景、相同信仰的不同个体之间。区域经济和家族式企业的成功就是最好的例子。

信息技术及计算机网络的发展，使“共享”超越了人与人之间直接面对面的沟通，产生了另外一个属性——技术属性。技术属性借助于现代信息技术进行沟通，进行信息收集、整理，帮助人们产生知识活动(内化、外化、组合化、社会化)，帮助人们形成跨地理位置的信息网络、知识网络，使人们形成跨地理的信息共享、知识共享成为可能。

所以，现在谈“共享”，实际上不能回避这两个属性：文化属性、技术属性。而“虚拟组织”的形成、发展都依赖这两个根本属性。(由家族式企业组成的综合企业群体没有技术属性，因此不能超越地理上的限制进行协同商务，所以不是真正意义上的虚拟企业。)

8.3.3　虚拟组织生命周期

虚拟组织生命周期主要有四个阶段：形成前期、形成期、成熟期、终止期。

1. 形成前期

虚拟组织的形成前期，企业主要以传统业务方式运营，然后结合信息化，利用信息技术开展业务。它经过了企业内部信息化，建立初步网络应用，建立以需求为中心的电子交易等几个阶段。其过程如下。

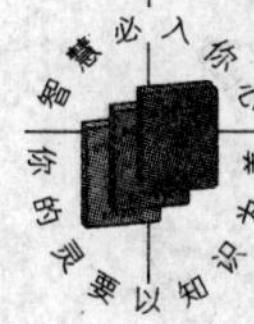

(1)利用非正式技术建立网络初步应用

大多数企业从传统业务运作方式进入电子化业务运作方式，往往从万维网上起步。企业利用简单的信息技术(非正式技术)构建网站，在网上展示产品和服务的信息，向客户说明自己的企业与产品。这个阶段的网络功能主要集中在信息发布方面。用户可以从网站上查阅产品信息，与企业联系，甚至下订单。对于一些采用高级程序开发的网站，用户还可以访问数据库，可以查询生产、库存、物流配送的状况，了解企业业务过程。

企业通过网站，可以选择多样的供应商与多样的客户。这种多样选择自己满意的上下游合作者的状况，与客户绕过自己的状况会处在一个动态的平衡中。企业只要了解自己的供应商的供应商，以及客户的客户，与他们建立起良好的信用关系，在竞争的环境中获得他们的信任，那么，企业的供应链网络就会不断发展，并不断稳固。这种网络成长到一定的状态，企业会发现这些非正式的技术已经不能满足实际需要。

(2)利用正式技术建立网络应用

最初的网络应用，企业只是在网站上进行产品的宣传，只是把网络当成通信工具和广告工具。非正式技术不能满足企业的进一步业务需求。企业开始投资正式的技术，建立较为完整的内部信息化系统，包括内联网、各种硬件与

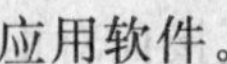

应用软件。

当在线的客户对企业的产品信息感兴趣，就会通过在线应用程序进行询价、还价等。客户如果对企业的产品价格、质量等都感到满意，就会通过在线表单直接将订单下到企业的服务器上。企业订单处理系统就会开始订单处理，将订单信息传给相关的职能部门，自动地完成客户的在线支付，并通过自动回复等电子化方式向客户通报交货日期、运输信息等。

企业接受在线订单后，基于网络上的供应链执行(SCE)系统将提供各种应用功能，包括采购、生产、库存、运输、时间安排、订单管理等，并完成这一阶段的各种作业。

企业在这个阶段中最关键的是要建立强大的信息化系统。例如，"供应链执行系统"对在线交易起着强大的支持作用，它有时被看成企业的后端系统。如果没有强大的后端技术支持，在网上获得客户在线订单后，就无法尽快地进行下一步的作业，从而使订单处理周期拉长，不能满足市场快速反应的需求。

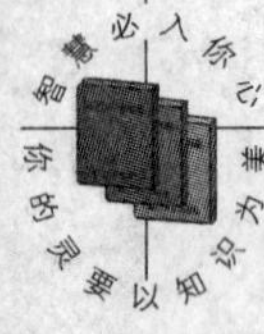

请注意，到目前为止，企业的信息技术应用还是着眼于本企业的作业效率，即单个企业的作业效率。这个阶段还没有形成企业与企业间的链接、信息共享等。从本质上来讲，这与工业时代的业务方式并没有区别，企业同样首先根据市场预测进行生产，然后将产品放在网上展示，推销自己的产品，客户看到满意的商品就下订单，因而产生交易。整个过程的区别就是把营销的场所移到网站上而已。

(3)通过IOIS建立以市场为中心、订单为导向的网络应用

这个阶段中，企业在进一步完善内部信息系统的同时，建立起企业间的信息系统(IOIS)，使信息流可以在企业内外进行传递，例如，企业建立了ERP(企业资源规划)。这种强大的可进行内外信息沟通、共享的系统，为企业实施以市场需求为中心、以订单为导向的业务应用提供了基础保障。在这个阶段中，企业的信息技术，可以支持客户找到所有与业务相关的信息，例如，供应链的目录、采购订单的执行状况、运输的状况、预警、工作流程的状况等。企业能做好这些项目，也就形成了以客户需求、订单导向的供应链。这时企业已开始初步利用供应链上的关系，为客户提供快速的产品和服务。但是，这个阶段还没有形成供应链上稳固、协作的伙伴关系，只是做到了以需求为导向的电子交易。

形成前期的特点是：以信息化为主导，从传统业务模式到非正式技术的网络初步应用，再从网络初步应用到企业内部完整的信息化，从企业内部信息化到企业间信息化。在整个形成前期里"信任"因素不起主导作用，所以信息共享、知识共享作用十分有限。大多是利用信息技术提高企业效率，包括提高生

产效率、提高交易效率等。

2.形成期

前一个阶段中，企业为了提高效率、获得价值最大化，把重点放在信息系统投资、构建上。一旦有了强大的企业内外的信息系统，就为进一步发展提供了基础。管理者这时发现，要进一步增加企业的收益，约束点已经不是信息系统了，而是在于彼此间的信任。两家企业有市场合作的前景，决定开展合作，将两家公司的IOIS系统链接起来，这时信任问题就浮现出来了。管理者会想：我要向合作伙伴开放哪些数据库呢？哪些信息可以共享，哪些不可以共享呢？是否可以安全地回收货款呢？这就是信任问题。许多业务就是因信任的问题，使管理者感到风险存在，从而终止了合作的进程。情愿忍受高成本、低收益，也不愿意冒信任的风险。因此可以知道，彼此间的信任关系是有经济收益的，即信任的经济效益。所以，在虚拟组织形成期的重点是——信任。

(1)信任识别

信任是不容易被测量和识别的，如下数点可作为识别信任的要点。

①基于可靠性的信任

可靠性是建立在正直和诚实的基础上，而这个基础源于道德和伦理。如果一个人总是按道德、伦理行事为人，可靠性就会增加。对于可靠性的识别就是：是否遵守承诺，言行一致。企业在寻求协作时，考虑潜在的合作者是否可靠时，可以实时跟踪，考察记录交货状况、产品质量等等，这有助于了解供应商是否按所签订的合约办事。通常第一个合同对买卖双方的公司都十分重要，因为这是建立伙伴关系的开始。如果要建立长期伙伴关系，还要建立起私人的关系，企业必须知道伙伴是怎样的一个人，他是否总是言行一致，是否诚实。

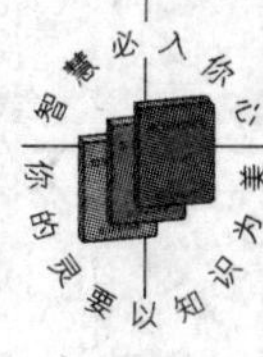

②基于能力的信任

在这里的能力是指一个人对所承诺的事是否可以办到。这种对一个人“能力”的信任与对“可靠性”的信任十分不同。一个人可能非常可靠，但是他没有能力办成所要求办的事。所以两种信任不可混淆。对“能力”的识别有如下三个方面：首先，对方是否有特殊的能力完成所要求的事；其次，对方也许没有能力完成所要求的事，对方与他人合作后是否就有能力完成所要求的事；最后，对方是否具备专业能力、业务经验、智慧和普通的判断力。要做到对这三个方面进行识别，就应该进行调查研究。可以查阅合作伙伴的相关文档，确保所选择的伙伴在能力上、知识上、经验上都能完成伙伴关系应该完成的任务。当企业与新的供应商或客户合作时，要特别注意，可以通过专业机构或人士审计这些潜在的伙伴，根据审计的结果才决定是否与其结成伙伴关系。要注意

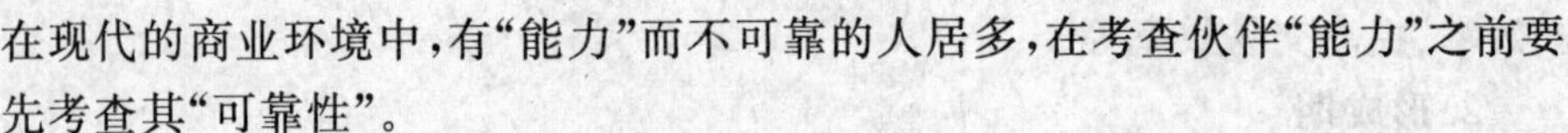

在现代的商业环境中，有“能力”而不可靠的人居多，在考查伙伴“能力”之前要先考查其“可靠性”。

③基于感情上的信任

信任度有时难以确定，因为包含了感情上的因素。在形成信任之前，双方往往会在个人感情上进行投资。个人之间关系的发展对企业的关系发展往往起重要的作用。双方经常以这种个人的感情因素，形成了情绪上的、非理性的信任，而进一步形成企业间的合作伙伴关系。

这种基于感情上的信任可分解成两个主要因素。

其一，当双方都感到可以分享所有的问题和信息的时候，彼此间就会向对方公开自己的状况。例如，供应商提供内部的成本信息，而买方则提供将来市场的预测信息，双方都感到有益处。

其二，这种信任需要仁慈心、爱心。双方要彼此保护对方的秘密和权益。这种信任有点像信仰，彼此要富有爱心、正直、诚实、恩慈，要做到“爱人如己”。双方有共同的信仰、情感和道德标准，才可以发展这种基于感情上的信任关系。保证在行为上不做出任何损害对方的行为。

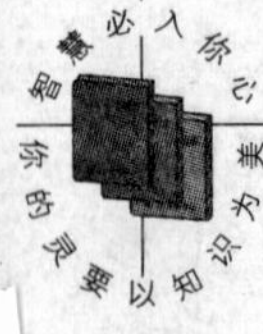

在实际合作伙伴的选择过程中，很难找到这种纯粹基于感情上的伙伴关系，但绝不是没有。大多数都是在彼此业务往来一段时间后，在“可靠性”和“能力”的基础上进一步发展，形成感情关系。管理者如果还没有形成这种关系的技能，就要接受全面的技能和管理学方面的训练，这样才能胜任管理。

④从信任感到忠诚度

忠诚是最高等级的信任，它只产生于合作双方多次可靠、成功的操作之后。企业与伙伴合作后，在实际操作过程中，伙伴表现出了很强的能力和信用，使合作的项目不断成功。在多次成功的项目操作中，信任感就发展到了忠诚度。例如，企业由于临时订单的需要，要求供应商在短时间内提供大量的物料，供应商就必须加班运送物料，帮助企业按时完成订单。这样成功的合作，使企业对供应商有良好信任感发展到对供应商的忠诚度。以后，无论什么情况，采购订单总是会转向这个供应商。

合作关系要发展到忠诚度层面，要做到：企业对伙伴的需求要做出真实的、快速的反应；企业也要对伙伴提出这样的要求。

积极地去满足伙伴的需求，就会使伙伴关系得到发展。因为常人都有感恩的心理，你帮助了他，他也会帮助你。但是，不要经常出现那种紧急需求的状态，这样不利发展伙伴间的关系。因为，无论是供应商还是客户，要帮助企业应付紧急状况，总要付出许多代价，可能还要亏本。如果一再要求人家做无效益的操作，这样就会影响伙伴企业有效性管理。因此，要维持好双方的伙伴关系，需双方的共同努力。

⑤关注信任风险

如果因信任而引起的合作关系所带来的失败大于成功，就要避免这种信任关系。因此，要关注信任风险。它来自三个方面：

评估不足的风险。这包括对能力的评估不足、对资产性质评估不足等其他因素下所产生的伙伴关系。例如，企业难以评估供应商的产能是否可以满足自己的时间周期要求。如果不能准确评估伙伴企业的产能，就可能冒这种风险。例如，供应商承诺可以按时交货。由于对供应商的真实产能不了解，只好相信供应商的承诺，这样风险就产生了。

道德上的风险。这主要是基于感情上的信任关系。由于这是非理性的选择伙伴的方式，没有对伙伴进行全面评估，轻易相信对方承诺，从而导致这种风险。

投资上不平衡。如果在与伙伴合作的过程中，双方投资不平衡，就可能产生此类风险。例如，供应商投资的信息系统要直接链接到企业的“产品规划”，可是由于没有对计算机系统进行升级，就不能支持供应商所要求水平的系统链接。这就是一种投资不平衡所带来供应链伙伴关系的风险。如果企业没有对系统进行适当的投资，任何进入伙伴关系的企业，包括供应商、客户、合作者，都会遇到这种状况。

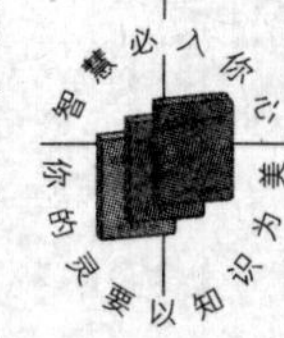

回避这些风险的方法是：通过信息、知识共享精心维护伙伴关系，确保伙伴关系的正常发展。企业可以采取只信任而不行动的策略，将所有商业行动都建立在信任的基础上，时时关注信任风险，在确定信任的前提下开展商业行动。

(2)操作过程

在虚拟组织形成期中企业操作过程要考虑以下三点：企业战略。从企业战略出发考虑发展伙伴关系是否与企业的战略期望值一致，并且可以进行合作的绩效评估。发展伙伴关系的流程。它表示了伙伴关系的形成、发展、维护、终止阶段所需要的步骤。关系操作标准。指开发、寻找和选择伙伴的标准。专家认为企业在形成伙伴关系过程中在操作上有明显的阶段性：①

概念阶段，是指公司开始有了要在供应链上建立联盟愿望，对潜在的供应链关系进行选择，在这个阶段中只是计划性的、在概念上形成理想的战略联盟

① J. M. Schmitz, R. Frankel, D. J. Frayer. ECR Alliances: A Best Practice Model, Joint Industry Project on Efficient Consumer Response, 1995. Adapted from: Robert B. Handfield, Ernest L. Nichols, Jr. *Supply Chain Management*. Prentice Hall, Inc, 1999

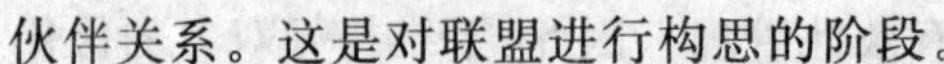

伙伴关系。这是对联盟进行构思的阶段。

追求阶段，是指企业决定与其他企业形成联盟伙伴的关系。公司开始进行战略和操作的相关事宜的准备，以便对联盟伙伴进行选择。

确认阶段，是指对结盟伙伴进行选择和确认的过程。管理者通过与结盟伙伴的谈判，确定通过结盟关系可以实现公司的战略期望，并且是可操作的。这样决定了双方结成供应链伙伴关系。

管理阶段，是指创建反馈机制，管理供应链伙伴关系的执行过程，包括联盟的维持、修改、终止，以及争端的解决机制。公司必须探索解决争端的机制。

①概念阶段

当企业认识到改善企业绩效需要战略上的改变时，首先会考虑在供应链上要形成某种伙伴的关系。企业经常在全球竞争、行业内的合并、分销和零售类型的选择、行业内主要技术的改变等过程中产生这种认识。例如，在一些案例中，产品出现的质量问题，使企业经理人认识到必须重新定义他们的核心能力，对一些不能把握生产质量的流程外包出去，以获得产品的竞争优势。这时企业就不得不考虑企业间伙伴关系的问题。所以，企业形成伙伴结盟的关系，首先是管理者思想上的一个认识过程，这是结盟概念阶段。这个阶段的重点是理解结盟对企业的重要性，建立初步的结盟愿景和标准。

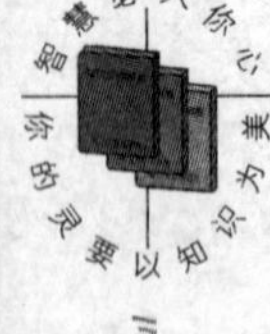

一些企业知道自己在某个方面出现问题而寻求改善，但并不是所有企业都知道自己的问题所在。企业不要出了问题后才去寻求改善，而是应该知道将会出现什么问题而去寻求改善。但是，企业也应该明了，各种变革都含有一定的未知的风险，企业应该看到这种潜在的风险。每一个企业在决定形成联盟伙伴关系时，由于潜在伙伴企业所在的供应链位置不同，因而需要也有所不同，要根据各自的需要，确定结盟的目标。

②追求阶段

企业在寻找合作伙伴时，首先要清楚地定义自己新的战略，然后再确定一个伙伴。但是，许多企业在没有详细定义自己的战略前，就陷入查询变革的细节信息，以及评价潜在的新伙伴的工作中去。这样做并不妥当。

首先应该建立一个目标，其次就是深化这个目标，确定将使这个目标达到什么样的程度。例如，如果企业目标是减少库存，深化这个目标就要提出量化指标，如，目标要将库存减少20%。这种具有量化指标的目标才能帮助企业确定战略和操作性质，从而可以确定哪些企业有资格成为伙伴。如果目标是改善产品质量，使之达到一定的水平，那么也要选择一个指标，使企业可以进行质量控制。在企业选择合作伙伴时，这个指标也要被采用。

许多研究表明,原料供应商、制造商、零售商或服务商经常会形成合作伙伴。对他们来说这是战略上很重要的伙伴关系。一旦一个潜在的伙伴被选定,也要确定与其相关的伙伴是否也可以成为合作伙伴。在伙伴间彼此意识到形成伙伴后的潜在利益是十分重要的,因为发展这种关系需要充分的时间和资源。所以,结成伙伴关系所获得的利益要大于结成伙伴的成本,这样企业才能去结盟。

企业与其他企业形成伙伴关系,达成双方合作的基础常常有这几点:所期望的潜在利益,达到这些利益所需要的时间,这个企业在供应链上历史性的表现,以及与其他伙伴结盟的情况。

企业在评定潜在的合作伙伴时要将如下内容包括在评定范围内:公司的概况、管理能力、员工能力、成本结构、质量管理体系和程序、流程和技术能力、适应环境规则的能力、财务能力和稳定性、生产排程和控制系统、信息系统的能力、外包战略、政策和技术、长期潜在关系。

③确认阶段

企业通过评定潜在伙伴后选择伙伴,最初企业可以先选择一个潜在伙伴,从中获得经验。在确认伙伴关系时,不能以口头形式,而只能以合同的形式加以确认。在细节水平上形成一个书面的伙伴关系,以便管理这个关系中一些预知的问题。如下是签订伙伴关系合同必须考虑到的一些问题。

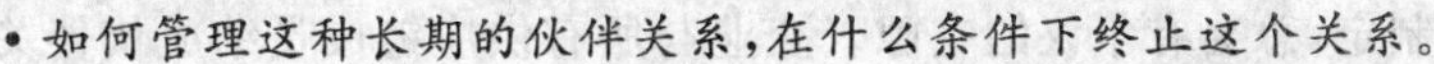

- 如何管理这种长期的伙伴关系,在什么条件下终止这个关系。
- 在伙伴关系中,一方力量大于另一方时,如何管理在这种关系中不平衡的力量。
- 当伙伴企业不能提供同等的管理他们企业中每一份合同,以及合同中的关键数量的条款时,如何管理这种管理上的不平衡。
- 当供应链伙伴之间相互冲突时,如何管理这种冲突。
- 在发展和管理伙伴关系的过程中,每一方如何共同分配实际网络所带来的效益。
- 如何发展伙伴间融洽的关系,使双方的管理方式、企业文化都能得到发展。如何建立起双方的信任关系。

一些特殊的细节必须在这个确认伙伴关系的阶段设计出来,并在合同中注明,包括如下内容:

- 伙伴的责任和义务是什么?这包括对突发事件的应急措施、意外事件的责任和义务的定义,以及对一切可以造成误解的各种因素的界定。
- 如何测量伙伴特殊的、量化的操作执行?这种测量必须是在跟踪现阶段正在操作的行为基础之上，包括不断评估他们解决的任何问题。

- 何种类型的信息将被共享，共享信息的频率如何？这个问题涉及每一方的日常需求以及操作标准。信息共享的数量经常依赖双方的信任水平。
- 如何对另一方的特殊要求做出反应，如何采用信息技术对双方的通信进行改善？“反应”既说明了双方交往的速度，也说明了正确处理问题的能力。这意味着伙伴能用正确的行动来解决问题，而且不会再出现类似的问题。信息技术的采用，可以说明对供应链伙伴的积极态度，采用信息技术能加快“反应”的速度。采用 EDI、因特网或传真，“反应”的速度是不一样的。虽然现在许多企业都采用信息技术，但是它们也不愿意与非伙伴企业进行在线交往。

虽然大多数形成伙伴关系不需要企业在硬件资源如设备上、人力资源如培训和专业人员上进行投资，但如果发展深度的合作，就需要在这些方面进行投资，并安排有关财务方面的事宜。

④管理阶段

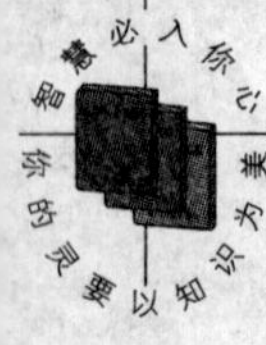

双方签订合同，就意味着双方的伙伴关系开始了，但是如何执行和保持这种伙伴关系，还有很长的路要走。

在伙伴合作过程中，还必须有争端的解决方法。企业间所有的合同，无论如何认真制定，总会有争议的空隙。企业与所有供应链成员结成伙伴关系都要认真讨论合同，以避免潜在的争议。一般来说，双方间复杂的、大笔金额的交易合同容易产生争议，所以要特别注意。管理者在签订这种合同时，要注意合同中争议条款的解决方法，以便处理可能发生的问题。商业合同在解决签约双方争议方面有完整的商业法律依据，例如合同法等。由于大多数法律程序周期长，成本高，所以企业要尽可能避免涉及法律问题的纠纷。也许最简单的解决争议的方式就是双方进行面对面的、真诚的交流。

同时在伙伴关系的管理中，要不断注意绩效和信息反馈，以防止发生问题。

由“形成期”进入“成熟期”，“管理阶段”仍然在延续直到终止期。

3. **成熟期**

虚拟组织的成熟期阶段也是需求网络形成后的运营阶段。在这个阶段中，供应链上已建立起了稳定的伙伴关系。这时供应链已成为可视化的、柔性的、同步的、对市场需求反应敏捷的供应链。这个阶段中，由于各成员伙伴间的信任、协作关系，一旦订单进入，企业就会通过网络进行信息共享，确定订单的哪些部分进行“外包”，并将这些部分外包给合适的伙伴，从而实现了为完成订单各个伙伴企业进行“同步”作业。所以，有的专家称这个阶段的供应链为“以网络为基础的供应链一体化”，也称之为整合的供应链。

位于虚拟组织成熟期的企业，彼此间的信任关系使信息技术发挥着最好的作用。信息技术支持着供应链的柔性、供应链的同步、供应链的宽度、供应链的功能。这些都是依赖必要的信息技术使信息有效而快速地在网络上传递，使各种信息和数据双向地在企业内外流动，从而驱动了供应链的发展。另外，信息技术系统应用还自动地优化和处理供应链中出现的供应和需求两方面的问题，使企业与信息系统之间形成自动化的商业决策、管理规则。

虚拟组织在成熟期有三个交叉、反复、螺旋式进行的运营阶段：同步规划、平行作业流、虚拟企业整合。

(1)阶段1：同步规划(synchronized planning)

在信息、知识共享的基础上，企业间协作首先表现在规划系统上，这种规划系统是基于IOIS上的电子化采购、生产流程、分销流程、客户服务流程等企业间同步操作的规划系统。它包括了共同日历、共同管理会计、协同生产、协同物流等。

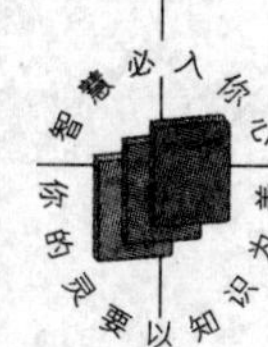

同步规划系统中还要包含企业协作过程中信息共享、知识共享的内容、范围、权限，还有对此管理的有关条款，这被称为**协同知识管理**(collaborated knowledge management)。协同知识管理贯穿于同步规划、同步作业流管理、同步供应链管理，以及虚拟企业整合的全过程。

同步规划要做的一些事情有：联合设计(joint design)、预测(forecasting)、建模仿真、计划同步性(planning synchronization)。同步规划要确定协作双方共同的目标，以及完成这些目标所需要的资源；同时也要确定完成共同目标的方法。协作双方通过企业间的信息系统进行沟通、知识共享，协调思想，发现变化，使双方达成共识。参见第7章7.4协同计划。

注：本章的“同步规划”与第7章所述的“协同计划”是一样的。前者强调虚拟组织实际操作过程中的计划，后者则没有这种强调。

(2)阶段2：平行作业流(workflow coordination)

企业间协作的第二步是在同步规划的基础上，进入到企业间同步、协同的、平行作业流管理。为了达到降低供应链上周期时间，必须执行供应链上成员企业间的“平行作业流知识管理”，它属于“协同知识管理”，这时它强调的是有关作业流的知识管理。只有这样才能通过供应链中作业流的执行系统(SCE)完成规划系统中的目标，使企业间的作业达到一种“无缝”的状态，它使供应链上的成员企业都可以降低成本，提高效率，缩短提前期，缩短订单的执行周期。

平行作业流是协同企业进行同步的、平行的业务操作，它包括订单处理系统、协作的电子化采购、生产排程、分销系统、信息管理、物流管理等。

(3)阶段3：虚拟企业整合(virtual enterprise integration，VEI)

通过以上两个阶段的发展，企业间信息流、知识流和物流的整合，使得企业边界进入模糊的状态，每一个供应链上成员企业形成各种高度专业分工的核心企业，彼此通过同步规划、平行作业流形成了稳固的供应链协作关系。这些都是基于计算机系统上供应链关系的虚拟链接，它使供应链成员企业彼此进入到同步虚拟供应链的阶段。这个阶段最重要的特点就是企业专业化分工，这种分工使它们(单个企业)成了虚拟企业(由供应链协同的成员企业组成)的一个职能部门。虚拟企业是企业间形成相互依赖、相互依存的企业群体，每一个企业是这个企业群体的一员，所有企业成员都为了一个共同的目标去工作。这个过程类似生物细胞的分化，最后形成生物系统。

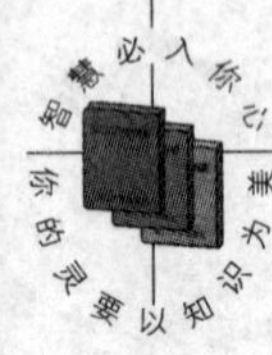

在彼此信任基础上达到了供应链运作的同步性，就形成了虚拟企业的整合过程，这种整合的结果就是虚拟组织的形成。虚拟企业除了供应链运作同步外，还要有订单处理协作系统、财务结算系统。

虚拟企业中的成员间的“信任”是“粘合剂”。虚拟企业内的各个成员企业通过成功合作，获得了单个企业所无法获得的经济效益和竞争力，因而导致了彼此间信任度的增加，从而产生了牢固的结盟伙伴关系。由于各企业在财务上仍然是独立核算，所以，成员企业间相对固定的协作形成了一个亚市场结构。

单个企业难以获得竞争优势，只有靠协作，才能获得竞争优势。这就出现了区域运畴与全球运畴的管理思想。企业这种竞争力的发展趋势，得益于信息技术的发展，得益于计算机网络的普及与应用。但最重要的是在这种网络中，在协作过程中，超越信息共享和信息整合的知识共享与协同知识管理，这才是现代企业产生竞争力的根本原因。

在双方彼此信任的基础上，在强大的IOIS支持下，伙伴企业间进行同步的业务操作。这个时期的管理重点是：通过问题的解决发展伙伴关系。解决问题可以通过检查流程，重新排列优先级，持续绩效测量和时间上的主动性等。

当一些企业达到了结成伙伴关系所期望的效益或超过这个所期望的效益时，就会感到满意。如果达不到，就会感到失望。这实际上就是伙伴关系的执行管理问题。如果双方对一些问题能解决得很好，就会达到所期望的效益。

所以,成功的关键是如何解决双方需要解决的问题。

专家研究发现,为了避免伙伴关系的崩溃,成功的伙伴关系要不断采用反馈机制。企业可以从不断反馈的信息中,获得伙伴关系实际绩效,将这实际获得的绩效和所期望的绩效进行比较,这样就能获得一个与实际情况相符的评价模式。如果比较中反映出积极的战略和操作的方式,就可以保持原有的状态,并把它转化成标准,因此以下工作就是不可避免的。

- 执行正在进行的识别伙伴效率和遵守操作标准的评价。
- 在竞争条件和需求改变的情况下修正战略目标和操作标准。
- 将伙伴看成永久的、动态的系统,在评价(评价战略效率和操作标准)和管理中不断地保持动态平衡。
- 同意维持伙伴关系直到伙伴需求被修改,伙伴需求被终止,超过战略效率,或不能做到操作标准。

如果比较的结果是负面的或中立的战略和操作的方式,那么伙伴关系就要被修改。如果被修改,伙伴就要确定何种改变是需要的,并执行这种修改。接着就要评价新的改变。如果修改是成功的,新评价将确定是否可以维持伙伴关系;如果修改不成功,只好进一步修改或终止伙伴关系。

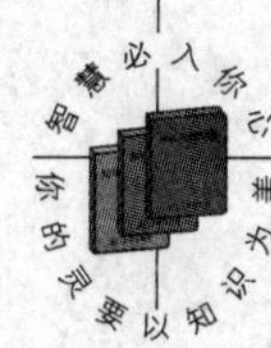

4. **终止期**

如果在管理过程中,经过评估后发现合作的绩效不佳,企业战略和实际操作方式都是负面的影响,那么双方就要共同终止伙伴合作关系。这种终止并不是表示失败了,大多数情况是由于合作双方的战略目标改变。在一些案例中,由于一些目标靠单一企业就容易达到,所以不再需要合作了。这种情况在技术和产品生命周期很短的行业是常见的。

本章术语

组织(organizing)
组织结构(organization structure)
组织设计(organization design)
正式组织结构(the formal organization)
非正式组织结构(the informal organization)
虚拟组织(virtual organization)

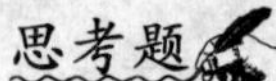

1. 知识组织有什么特点？
2. 正式组织与非正式组织有什么区别与联系？
3. 为什么在知识管理中强调非正式组织的作用？
4. 非正式组织影响力的根源是什么？
5. 什么是虚拟组织？它有什么特点？

第九章　知识人事

在管理中，人事职能是为企业获得企业人力资源的重要职能。随着社会经济的发展，企业中人事职能从单纯地注重员工的体力转向注重员工的脑力，以及存在员工头脑中的知识资产。这就是知识人事与传统人事职能重大区别。本章在阐述人事职能的一般规律基础上，进一步探讨了知识管理中所涉及的人事职能，包括了知识员工、知识经理等一系列问题。通过对这些问题的讨论，使我们知道现代企业在人事管理上与传统的人事管理存在着本质的区别。

9.1　人事概述

现在企业管理者都知道“人”是最重要的，企业管理实际上就是对“人”的管理。但是，“知其然，而不知所以然”的管理者还占大多数。他们仍然为自己的“铁打的营盘，流水的兵”感到自豪。这就是工业化管理思维和知识经济中知识管理思维的不同点。前者的管理对象主要是实体资源，可以说到处都可以找到，所谓“东方不亮，西方亮”；而对于概念资源来说，它主要存在于大脑中，一旦员工离开企业就把“大脑”中所有的概念资源、知识资产都带走了，从某种意义上来说，企业就流失了为企业创造价值的资产。这些概念资源并不是如实体资源一样可以随便找到。当有人问比尔·盖茨在过去几年中他为公司做了什么最重要的事时，得到的回答是：“我聘用了一批精明强干的人。”所以，“人事”职能在现代企业中是十分重要的，但它又不同于传统管理中的“人事”，在知识管理中它有其独特的特点。

9.1.1　定义

在“人事”这个管理职能中，要阐述如何在企业配置员工、企业岗位需要哪些员工、企业中人力资源的发展、知识员工,以及配置人力资源的整个过程。

人事的定义:

人事(staffing)的职能是指组织管理者执行一定程序,为组织中的岗位提供正确的人,也就是说将正确的人安排在正确的岗位上。

通常要达到一个目标,需要配备必要的人力资源。应该根据目标,以及具体的工作性质,寻找最合适的人。人事职能通常从招收人员开始,然后通过一定的岗位培训,使各种工作岗位都有最合适的员工。正是由于这些原因,人事职能有时也被看成是人力资源管理。它涉及许多要素。企业应该根据自己的目标,进行人力资源管理。

在一个知识型企业中推行知识管理,人事职能还涉及了"人力资本"的管理。所以,在知识管理中虽然包含人力资源管理,但不等同于传统管理中所说的人力资源管理,它有更深层次的管理内容。

人事职能被看成是一系列人员安排的具体步骤。这些步骤有:人力资源规划、新员工招收、选择、定向、培训和发展、绩效评估、雇佣、变动。

人力资源规划(human resource planning)。人力资源规划的目的是为了满足企业对人才的需求。计划中要确定企业需要何种技能的员工;回顾本企业已经有的知识员工;企业缺乏哪些知识员工;企业发展的过程中,还将需要哪些知识员工。对于这一切都应详细计划。

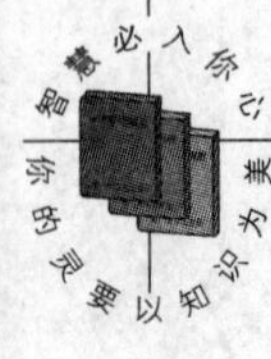

招聘(recruitment)。在确定了企业所需要的人力资源后,就开始招收所需要的员工。这可以通过各种媒体、招工代理机构、技术学校、大学,以及企业内部的各种资源进行。

选择过程(selection process)。选择的过程包括了对候选人的评价,以确保候选人可以胜任工作。选择的步骤包括申请程序、面谈、考试、实际技能测验等。

定向(orientation)。这个步骤将已选择好的员工导入组织。过程包括新员工进入工作环境,熟悉组织的其他员工和组织的规章制度。

培训(training)。通过培训,发展与增进员工的能力,从而提高员工在组织中的工作效率。培训的目的是使员工的技能得到提高,发展的目的是使员工具有进一步承担某项工作的能力。

绩效评估(performance appraisal)。正确评价员工的工作绩效,然后将其结果反馈给员工。

雇佣决策。雇佣决策包括员工的报酬、奖金、工作调换、晋升、降级等。根据以上"绩效评估"的结果,管理者对员工的报酬、奖金、工作岗位、晋升或降级做出决策。

变动。员工变动包括了人员在组织内部的变动和组织内外的人员流动。管理者对此管理的内容有工作岗位调动、解雇、退休、终止劳动合同等。

以上是传统管理学中"人事"管理的主要内容。在知识管理中，管理者同样也面临着这些问题。我们先从传统管理学入手，最后来讨论知识管理中的人事管理的一系列问题。

9.1.2　重要性

在知识管理中有一句大家熟悉的名言："将正确的信息，通过正确的渠道，传递给正确的人，使人为企业做出正确的决策。"虽然这句话把知识管理看成了信息管理，有一定的局限性，但也由此可见对企业来说"正确的人"是何等重要。传统的管理职能中的"人事"的职能只要将"正确的人"配置到"正确的"工作岗位上就足够了。但是，在这个"正确的岗位"上的"正确的人"是否有正确的心态、正确的心智为企业做出正确的决策，这就是知识管理的任务了。由此可见，知识管理与传统管理、信息管理都有一定的联系。读者在学习的时候一定要注意到连接点。

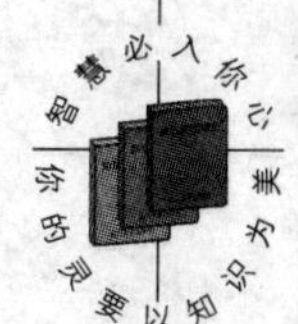

在知识经济中，企业实施知识管理是十分重要的。如果企业有计划职能，就使企业有了目标，有了达到目标的具体安排，但是如果没有适当的人到工作岗位上，计划就不能实施，其他的管理职能也是一句空话。所以，本单元的内容与前面所述的管理职能有内在的联系。读者在学习的时候也应注意到这个连接点。

21世纪商业竞争已从物质资源转向知识资源或人才资源。跨国公司的人才战略说明了这一点。所以，知识管理中人事是十分重要的一个职能。

专栏 1——跨国公司人才战略

跨国公司的人才战略已经进入校园，全球人才都在向一个地方流动。

跨国公司甚至已把触角伸到了人才供应链的第一环节，纷纷在高校设立奖学金，开展培训活动，派驻关系经理，举行学术研讨会。大多不等禁令解除，就兵分几路赴全国各地的名牌大学办讲座、做咨询，同时开通网上招聘热线，大量收集电子简历。自2001年11月20日教育部规定允许企业进入高校招聘毕业生那天起，跨国公司便纷纷涌进高校招揽人才，北大、清华等一流名校的招聘会更是此起彼伏，意在争夺最具潜力的人才幼苗。有关资料表明，北京大学总额400多万元的奖学金中，外企占了300万元，清华大学近百种奖学金里，外企占了一半。

2002年6月底,微软宣布将在未来3年内投资、赞助和捐赠价值2亿元人民币,与五所高校联手实施“长城计划”,支持国内高校的软件教育事业和基础研究。2002年10月,IBM宣布在中国推出规模宏大的“天才孵化计划”——与中国最顶尖的一些大学如北大、清华等合作,每年挑选10多名软件和MBA方面的顶尖学生在IBM中国研究中心做项目开发,费用和设备均由IBM提供。如果这些学生愿意的话,他们毕业之后都可以直接成为IBM的员工。

据《北京现代商报》2002年11月的消息,摩托罗拉中国软件中心和北大软件学院签署了合作协议,宣布就软件人才培养方面进行战略合作。摩托罗拉软件中心将在课程建设、人员交流、教师培训、联合研发等多方面开展合作,并将共同建立一座“嵌入式系统实验室”。协议同时规定,摩托罗拉中国软件中心应当利用自身的技术和资源优势,协助北大软件学院完善课程体系和教学大纲,并可以协助设立部分课程,提供技术文档和管理方案配合教学。每学年由摩托罗拉中国软件中心根据自身研究和实际需求提出设计项目,由北大软件学院组织学生参加项目组,在实习基地完成项目设计。①

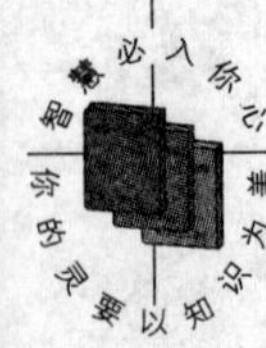

一篇题为“美国鲸吞世界人才”的报道提供了一些重要的数据:“美国大部分大学通过筛选能把世界优秀的大学生和科研人员吸引过来。在这些人中,不仅有来自第三世界国家的,还有许多来自欧洲。……在1 200位世界最著名和科学家中,有700多位正在美国工作……20世纪90年代,有100多万来自印度、中国、韩国、墨西哥、加拿大、德国和法国的人从美国大学毕业,并一直在美国工作。”②

人才!人才!全世界都在呼唤人才,可见在管理中“人事”职能是不可缺少的。

9.2 人力资源规划

人力资源规划一般包括三个方面的工作,即人员需求的预测,将预测与组织内部人才储备进行比较,开发出招聘计划或内部培训计划。通过人力资源规划,满足组织对人力资源的需求,从而确定由哪些人去达到组织的目标。

9.2.1 规划意义

企业用人,还要发展人,让人才留得住。规划的意义就在发展人力资源。

---

① 辛鸣主编.加入WTO后的中国对策与选择.北京:中央党校出版社,2003

② 《参考消息》2004年7月4日

专栏 2——公司人力资源计划的意义重大

以下案例说明了IBM公司是如何利用各种条件创造和发展人力资源的。

2002年6月,IBM被《纽约经理人》杂志评为"发展领导才能的最佳公司"。IBM在人员管理上有一整套独特而完善的体制,从对新进员工的培训,到对专业人员的专业培训和管理人才培训,从对初级主管和资深专业人员的管理培训,到针对中级主管和资深专业人员的"接班人计划",IBM都有着极其出色的员工培训程序,形成了员工的"个人发展链"。IBM年均一位员工的培训费是3 000美元。IBM鼓励多元化的人才发展,最重要的是通过横向工作,常常把员工派到不同的国家做事,接受不同文化的洗礼,让每一位员工有更多的机会获得更多专业经验。

在IBM,那些最优秀的员工会得到最优厚的薪金、最高的调薪幅度和除正常薪金福利以外的特殊奖金。同时,IBM一揽子福利计划会无微不至地关心着每一员工:学费报销、住房补贴基金、名目繁多的娱乐活动、完善的保险、加班工资、误餐补助、长达两年的产假等等。

《中国青年报》2002年11月的一篇"十大跨国公司在中国如何选拔人才"的文章中,详细披露了著名跨国公司在华的一些基本的人才培养模式。在富士通(中国),针对每个员工都有一个"职历管理"计划,中国员工只要表现出色,晋升速度非常快。美国利来公司被《财富》杂志评为最适合工作的百家公司及最适合母亲工作的公司,其中国公司的人力资源政策和全面福利计划也是一直延伸到对员工家庭生活的关心,提供了包括健康、家庭、保险、退休、投资、教育等方面的较为周详的福利计划。柯达(中国)内部有职位空缺时即在网上公布,员工可以根据自己的职业设计进行选择。另外,每个员工每年都会与自己的业务主管有一次谈话,一起制定出员工的长期和短期职业发展规划。柯达公司规定每个员工每年有40个小时的培训时间,在上海的柯达公司中国总部还设有专门的"柯达教育培训中心"。①

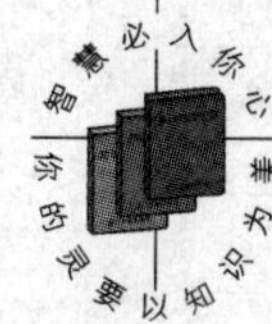

人力资源规划是十分必要的,在传统工业经济中十分重要,在知识经济中显得更为重要。

9.2.2　规划过程

人力资源规划过程有三个方面:人力资源预测、人力资源储备、人力资源发展。

1. 人力资源预测

人力资源规划的第一个方面就是人力资源预测。人力资源预测的目的,

① 辛鸣主编. 加入WTO后的中国对策与选择. 北京:中央党校出版社,2003

是使管理者预知未来组织中的工作岗位对人才的需求状况。预测的过程可能很简单,也可能很复杂。这要视组织的规模、行业类型、竞争状况等因素来确定。

在人力需求的预测中,管理者要考虑到企业的战略规划、企业中人员的自然变动等因素。战略规划决定了企业中的工作岗位、技能需求、员工数量等。在战略规划中,人力需求受不同的决策类型影响,例如,决定生产新产品,就意味着需要新的技能,或需要新的工作岗位,这就需要相应地增加人员。如果企业决定协作制造或外包,就会降低对人员的需求。所以,战略规划对人力资源产生很大的影响,人力资源的预测离不开企业的战略规划。

人力资源预测过程可以从以下的问题开始:

- 企业的目标是什么?(根据战略规划)
- 达到目标所需要的技术、知识是什么?
- 各个工作岗位所需要的技术、知识是什么?
- 有多少个这样的岗位?
- 多少个具有技术或知识的员工可以满足这些岗位的需求?
- 组织内有哪些合格的员工可以满足岗位需求?
- 招收多少合格的员工就可以满足岗位需求?

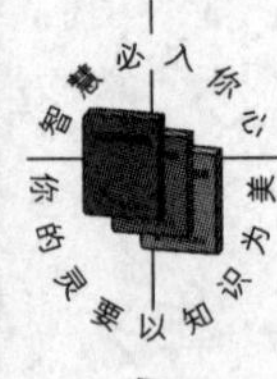

通过对以上问题的回答,管理者可以对人员需求做出初步的预测,但是这种预测还要根据实际的状况进行修改补充,才能成为最终的预测。

另外,对人力需求的预测并不完全与实际状况相同。在企业实际运营过程中,还要不断根据人员流动的状况进行增减。

2. 人力资源储备

人力资源规划的第二方面就是人力资源储备。企业中人力资源的储备提供了现有组织中的人才信息,在人力资源信息系统中应该设置人力资源储备模块。在系统中应该存储员工的技能、知识、经验、绩效等记录信息。管理者可以通过这些信息确定正确的人到正确的岗位上去。同时,也可以通过系统知道整个企业在人才方面的缺陷,知道需要新招哪些人才加入到组织中来,将人力资源的预测与人力资源储备的结果进行比较。

企业要重视人力资源信息系统的建设,应做到随时可以从数据库中提取相关信息,并对这些信息进行分析,从而为人力资源的决策提供必要的支持。下面是一些常见的问题,回答这些问题就需要人力资源信息系统的支持。

- 现有的员工具备哪些必要的工作条件?如果具备了这些条件,企业将如何安排他们到工作岗位上?

- 如果没有具备工作所需要的条件，包括技能、知识等，能够通过培训使他们达到工作的要求吗？
- 如果现有的员工没有必要的技术、知识，不能胜任工作，那么到哪里可以找到能符合工作条件的人？

人力资源信息系统所储备的人力资源信息，有助于人力资源预测，从而为人力资源规划的进行提供了支持。

3. **人力资源发展**

人力资源规划的第三方面就是人力资源发展。人力资源发展是指向外招聘计划和内部培训计划。

无论企业中是否设置人力资源的计划者，实际上每一个管理者都自觉或不自觉地进行着人力资源规划的工作。在企业的每一个职能部门中，管理者都根据需要进行员工的工作安排，这就是部门内的人力资源规划。在人力资源规划的过程中，管理者要做如下两件事。

首先，分析员工的能力，分析他们能做什么，不能做什么，从而决定这些员工的工作岗位，决定员工晋升、降级、调动、辞退等，决定是否从其他部门调进合适的人员。

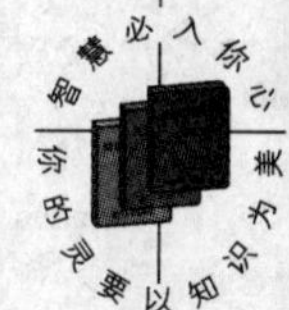

其次，分析新岗位是否合理。通过增加工作量，建立新责任制或改变技术等方法，确定新工作岗位的合理性。

如果通过以上分析，管理者确定新的工作岗位是合理的，也就是说这些岗位是“正确的岗位”，就应将“正确的人”放在这个“正确的岗位”上。同时对员工进行必要的管理。而对那些缺少合适员工的岗位，就需要进入“招聘”的阶段，招收那些“正确的人”。

9.2.3 规划要点

管理者在人力资源规划的工作过程中要区分能力、知识和技能。这是人力资源规划成功的要点。

能力(ability)是指一个人完成某种活动所必需的，而且直接影响到活动效率的个性心理特征。能力的这种个性心理特征最终也会影响到活动的效果，例如，教师的语言表达能力、工程师的技术想像力等。但是，要完成好一项工作或活动，单凭一种能力是不够的，往往还需许多能力的有机结合，如工程师要完成一项设计工作，除了技术想像力外，还要有观察能力、记忆力、分析能力等。这些就是综合能力。

这里要注意的是，能力是指直接影响到活动的个性心理特征，而不是指所有的心理特征。例如，冷静、浮躁、刚强、软弱等也属于心理特征，这些心理特征也会影响到活动，但不是直接影响到活动，所以不能称之为能力。

不同的人具有不同的能力，不同能力就导致活动的效率和效果不同。这是因为任何活动都是复杂的，每一个活动都有不同的具体要求，它们往往不只是需要一种能力，而大多都需要不同能力的结合。在心理学中把各种能力的结合称为才能。如果一个人在某个方面有杰出的才能，这个人就可称为天才。所以，一个管理者考察员工的综合能力即才能是十分重要的。

另外，能力和知识、技能是不同的概念，它们既有区别又有联系。它们三者都是习得的或获得的。但是能力是一种个性心理特征，它是一种经常的、稳定的心理特征，是一个人身上固定下来的概括性的东西；而知识表现为个体所掌握的人类思想内容、人类知识内容；技能则表现为个体所掌握的具体行为方式，是经过练习而固定下来的行为方式。知识和技能虽然都表现一定的概括性，但是这种概括性与能力的概括性不一样，前者是相应行为的概括化的结果，后者则是调节行动和活动的相应心理过程的概括化的结果。由于概括化的性质不同，产生迁移的范围也不同。知识、技能由于是对相应知识和经验的概括，所以只能迁移到与其相似的场合中去；而能力是对心理过程的概括化，是在活动过程中形成的，如记忆力、观察力、分析能力、综合能力、想像力等，一旦成为个人的特点就可以迁移到不同场合，迁移范围可以很广。这就是为什么招聘人才时要将“能力”放在第一位，将“知识”、“技能”放在第二位来考虑。

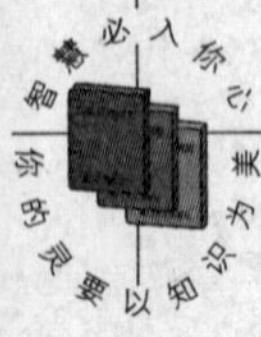

能力与知识、技能有如上所述的区别，也有很密切的相互联系。首先，能力是掌握知识、技能的前提，没有最基本的能力，就不可能掌握知识和技能。其次，掌握了知识、技能后会促进能力的发展。

综上所述，管理在进行人力资源规划过程中，要注意员工的知识和技能，更应该注意员工的能力，特别是综合能力。心理学把能力分成智力、专门能力和创造力三类：

智力（intelligence）是符合多种活动要求的、适用于广泛活动范围的一般能力，如观察力、记忆力、注意力、思考力、想像力、概括力等等，是一般人所共有的能力，也是人的最基本的或最一般的能力。这些能力符合多种活动的要求，它们的综合体就构成了智力。

专门能力是符合某种专业活动要求的一些特殊能力的结合，如音乐能力、绘画能力、机械能力、教育能力、数学能力等。它们适合于不同专业活动领域，由一些特殊能力构成。

创造力是符合创造活动要求的某些能力的结合。具有创造能力的人，他们善于解决各个领域中的新问题。[①]

智力的核心是逻辑思维能力。注意：智力、智能、智慧，用词不同，但其含义是一样的，都是指人的聪明才智。

实际上，无论是否意识到人力资源规划的重要性，组织中各层次的管理者都在思考人力资源规划。在这个规划过程中，管理者有必要从组织的目标、组织的战略来考虑。同时还要注意到知识经济与工业经济的特点、体力员工与知识员工的区别、信息技术在组织中的应用程度、组织文化与知识环境等，选择合适的、有能力的员工，并将他们配置到正确的岗位上。

9.3 招聘

招聘是指组织有目的地识别和吸引人员到组织中来，以满足企业岗位人才的需求。通过对人力资源的分析，管理者要用表格列出工作描述和工作规范说明。工作描述要说明工作范围、工作性质、工作责任、工作关系等，还要说明所要招聘员工的教育水平、经验、所受的训练、工作能力表现等。管理者可以利用这个工具对招聘过程进行管理，与潜在的应招人员联系。

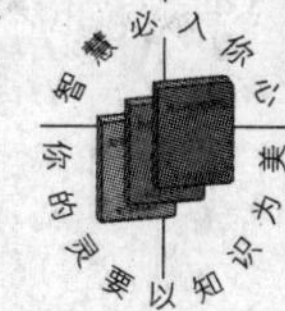

有两种类型的应聘资源存在，其一是从企业内部原有的员工中招收新岗位的工作人员；其二是企业外部招收新员工，安排他们到新的工作岗位上。

9.3.1 从内部招收岗位所需的员工

当新岗位或新工作需要的时候，管理者首先应考虑从内部进行调整，或从内部提拔员工。这对企业内部环境和员工都有积极的影响。主要表现在这些来自内部的员工对企业环境熟悉，对企业的规章政策熟悉，同时管理者对员工的各方面情况也熟悉，便于管理。

但是，从内部招收新岗位的员工也有消极的影响。例如，对于那些没有到新岗位的员工，可能产生泄气情绪。另外，没有新鲜血液进入组织，对企业的工作环境、气氛都有不良的影响，不能使工作环境的气氛活跃起来，员工在工作时的心情不能感到轻松愉快，这些都不利于创新思想的出现。

9.3.2 从外部招收员工

从组织外部招收员工是企业满足岗位需求的一种常见的方式，这有助于

① 李孝忠著.能力心理学.西安：陕西人民教育出版社，1985

克服从内部调整员工上岗带来的一系列问题。从外部招收员工一般有如下几种途径：

- 人才市场(包括网络人才市场)；
- 各级技术学校、高等院校；
- 从其他组织吸引人才到本企业工作。

要从外部招收员工，就要考虑招收过程的成本、费用。例如一个企业急需的工程师进入企业的要价太高，企业经过评估就会发现成本太高，这样就难以招收。另外，招收外部的员工过程本身要发生一些费用，例如招工的广告费、咨询费、人才市场的交易费等都应在考虑之列。

所以，在企业中新岗位员工的招聘过程，首先应考虑到从内部招聘，特别是一些管理岗位，这样会产生积极的效果。

管理者在招收员工的过程中要做两项基本工作：

其一，确定潜在应招员工的绩效，确定所有应招员工的技能和知识，同时鼓励企业内部员工进入新的工作岗位。

其二，管理者是招收过程的参与者。例如，管理者要深入人才市场、高等院校与应聘者面对面交流，直接参与招收员工的过程，鼓励有才能的优秀人才进入企业工作，为企业服务。

管理者通过在招收过程做好这两项工作，对下阶段的选择员工、选择人才有积极的意义。

9.4 选择

选择是管理者根据企业中工作岗位的需要，选择合乎条件的员工进入企业工作。选择过程要对应聘者的工作能力、技能水平、知识水平、道德水平等各方面进行评估，最后做出抉择。所以，选择要按一系列选择步骤进行。一般的选择步骤如下。

步骤1：应聘者填写申请表格。

管理者通过应聘者所填写的表格，可以了解到应聘者的有关信息，例如年龄、学历、工作经验、技能等等。这些信息提供给管理者一个应聘者的大体情况的框架。管理者可以根据这些申请表的初步信息，对应聘者进行最初步的选择。例如工作岗位要求是熟练技能的工程师，应聘者如果是刚出校门的学生，显然就没有工作方面的经验，这个应聘者就要被淘汰。

所以，根据企业内工作岗位的状况，管理者要对应聘者填写的表格进行一定的设计。表格设计的原则是要满足工作岗位的性质、技能需求、企业的规章制度等条件，尽可能地通过应聘者对表格的填写，获得应聘者的实际情况信息。

另外，应聘者在提交申请表的时候，可以要求同时提供某项技能或资格的证明文件，例如，财务人员的电算证、计算机等级证明、工程师资格证书等。这些证明文件可作为表格的附件。

步骤 2：初步面试。

这个步骤是在管理者了解了应聘者填写的表格中的信息后，对应聘者的初步面试。初步面试实际上就是与应聘者进行交谈。管理者可以设计一些问题，对应聘者进行提问。通过应聘者对问题的回答，可以了解到应聘者在表格中不能反映出来的情况，例如，语言表达能力、思维敏捷性、对工作的态度、道德状况等。这些是十分重要的信息。如果应聘者专业技术能力很强，但是工作态度有问题，例如只是想在本企业过渡一段时间，这种工作态度一旦被察觉，应聘者应该立即被淘汰。

为了做好初步面试的工作，管理者要精心设计一些问题。这些问题一方面是与专业技术相关的问题，另一方面可以是社会、家庭等生活的问题。通过对两方面问题的回答，管理者可以了解到应聘者的专业水平、工作态度、道德水平等一系列信息。

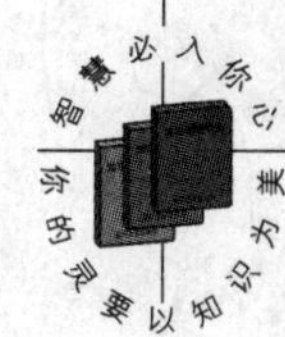

步骤 3：测试。

完成了以上两个步骤后，可以进入“测试”阶段。这个阶段主要是测试应聘者的工作能力，确定应聘者是否有能力胜任将要进行的工作。

通过前面两个步骤，管理者只能从表面上看到应聘者的能力，对于实际能力很难判断。这就必须通过测试来实际证明应聘者的能力。

测试有两种类型，其一是一般能力的测试，其二是专业能力的测试。前者注重一般的操作能力，后者则注重发现问题、分析问题、解决问题的专业能力。对于这两种测试类型的测试方式也不同。

例如，招收一个打字员，可以让应聘者在计算机上操作，如果他打字速度够快，能够熟练地操作 Office 软件，采用 Word 进行文字处理、图形处理，就可以通过测试。

但是，如果招收一个网络营销人员，可能就不会这么简单。通过卷面的单项测试很难反映出应聘者的实际能力。这时，测试应以专业能力为主。例如，如何通过网络营销获得客户？应聘者起码要具有建立网站的技能、利用计算

机语言编程的技能、建立客户数据库的技能、在线查阅资料的技能、与远程客户沟通的技能、外语技能等。只要要求应聘者建立一个合格的商业网站，就可以完全知道应聘者的实际能力，从而确认是否可以胜任网络营销人员的角色。

具体采用哪些测试方式，管理者要从工作岗位的性质出发来确定，不要草率出一张试卷就了事。

另外，对于本企业没有能力进行测试的高级专业应聘者，可以委托相应的咨询机构、高等院校、研究所等专业机构进行测试，以保证招收的员工可以满足工作岗位的需求。

测试要注意如下几点：

- 测试内容——对应聘者的测试内容要接近实际工作岗位的需求；
- 测试的有效性——通过测试确实有效地反映出应聘者的实际能力；
- 测试的可靠性——测试是权威可靠的，有一定标准可循的。

为了招收到合格的人才进入企业，管理对测试要进行精心设计和规划，如果本企业对此有困难，可以求助于专业的机构。

步骤 4：再面试。

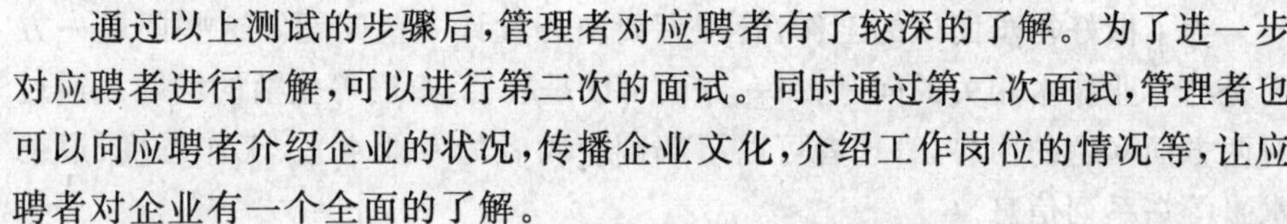

通过以上测试的步骤后，管理者对应聘者有了较深的了解。为了进一步对应聘者进行了解，可以进行第二次的面试。同时通过第二次面试，管理者也可以向应聘者介绍企业的状况，传播企业文化，介绍工作岗位的情况等，让应聘者对企业有一个全面的了解。

一般来说，这种面试有两种类型：结构化面试和非结构化面试。前者是指管理者在面试所有应聘者时，问同样的一些问题；后者是指管理者与应聘者自由交谈、沟通。

再面试的目的是使管理者对应聘者有更深层次的理解，特别是对应聘者的道德水平、认知能力、智商、情商有更进一步的了解。除此之外，也使应聘者对未来的工作有进一步理解，使之对未来工作所面临的挑战有足够的心理准备。

步骤 5：推荐人核实。

对一些高级的工作岗位，企业要求有推荐人，这在申请表格中已经由应聘者填写过。一般来说，应聘者不会填写对自己不利的推荐人。推荐人的信息对一些岗位有一定的价值，管理者掌握这些信息可以判断出应聘者的经验、能力、水平等。管理者可以通过电话等与推荐人联系，以核实一些情况。

步骤 6：应聘者体检。

一些企业在招聘的过程中，为了确保应聘者有健康的身体进行工作，常要

求应聘者进行体检。

步骤 7:办理招聘的手续。

应聘者通过了以上的各种招聘步骤,企业确定了招收的员工,这时就应该办理必要的法律手续,使应聘者正式成为企业的员工。员工招聘要根据国家劳动法进行,按国家有关规定办理员工的手续。

管理者在选择应聘员工时,应根据具体情况参与其中的过程。管理者应根据企业文化、道德伦理、工作岗位对技术知识要求等选择应聘者。管理者通过对应聘者的测试、面试等过程,了解应聘者,从而选择出企业所需要的应聘者。

9.5 定向

当企业雇佣了应聘者后,应聘者就成了企业的员工。管理者应引导新员工融入到企业的员工队伍中去,去熟悉环境,熟悉所要工作的岗位。这时要做两件事:岗位介绍和上岗。

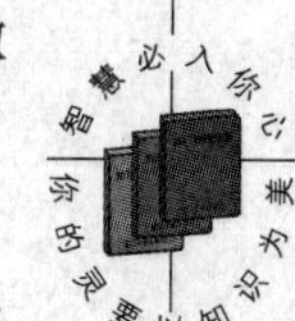

9.5.1 岗位介绍

岗位介绍的目的是提供给新员工有关公司和工作岗位的信息,使新员工明确自己的责任和义务。可以让新员工阅读公司的介绍,了解企业的概况,包括企业的历史、产品、服务、未来发展目标等;通过学习公司的政策和规章,了解企业的内部环境,包括组织结构、部门设置、工作环境、企业文化、各项规定等;通过基层管理者的介绍,了解工作岗位的性质和注意事项,包括了技术特点、操作规程、作业安全等。

9.5.2 上岗

通过岗位介绍,新员工对企业和工作岗位都有了一定的了解,新员工就可以正式上岗。这时新员工正式融入企业的系统中去,成为企业生产和服务的一员。这时基层管理还要对新员工提供各种必要的帮助,使他可以在作业小组中与其他员工和睦相处,相互信任,协同作业,共同完成各种任务。

这个阶段,基层管理者的工作主要是与新员工讨论工作的细节问题,如技术问题、工作流程、设备、可能出现的难题等。管理者可以与新员工单独讨论,如果新员工是多人,也可以集中讨论。

新员工上岗的最初阶段是很重要的。如果在这个阶段,管理者能够热情提供各种帮助，将使新员工记忆深刻，这可以大大增加员工的工作热情和对企业的忠诚度，使新员工在工作之初，就满怀对未来发展的希望。

如果新员工上岗之初得不到基层管理者的帮助，或者工作不能顺利开展，或者遇到种种不顺心的事，这将在新员工的心里投下了阴影，使他对工作失去信心，失去对组织的某种希望，有时甚至产生被欺骗的感觉。这都是企业管理者在这个阶段工作中应该避免的。

对于引进的人才或高级的技术工作者等知识员工，企业在这个阶段更应该注意进行细致的工作，要通过各层管理者的努力，唤起新员工的归属感、认同感，使之能够用十分的热情投入到新工作中去，最后形成对企业百分之百的忠诚度。

9.6 培训与发展

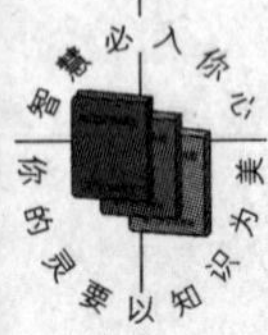

在知识经济时代，学习不是某一阶段的事，而是终生的事。员工服务于一个企业，并不是单纯为了提供服务或获得报酬，也有获得发展的需要。如果一个企业不能提供员工一个发展的环境，那就很难留住人才。当然，企业提供给员工发展的机会，与此同时员工也为企业创造出效益，两者是相互依赖的关系。培训和发展因此也是企业中十分重要的工作。

日本采用训练所、养成所、教习所等形式来培训企业的员工，并成立研修所、教育中心等提高管理人员的管理业务水平。美国有80%的企业有培训计划，有几百门课程，每个员工每年都必须接受1～2次的培训。法国成立了“国立技术学院”为在职进修提供了良好的场所。联合国教科文组织提出，教育已扩展到人的一生。认为只有全面的、终生的教育才能培养一个完善的人。

美国威斯康星大学的培养目标是：“不再培养株守一隅的狭隘的专家，而要为它的全体学生提供关于环境问题的广泛的普通教育，不管这一学生学业领域或职业前途如何。”比利时根特大学认为要培养“能看到最不同科学领域间的相互关系的人，而这种人，又应是兼通社会科学和自然科学的内行。”①

9.6.1 培训

培训提供给员工新的思想、新的技能、新的知识，使员工通过培训，发展了

① 吕献海等著．高科技与知识经济．北京：科学普及出版社，1999

个人的各种能力，防止了知识老化与退化的发生，使员工更能够胜任工作。培训一般有几种方式。

离岗培训是离开工作岗位集中全日制进行培训。这种培训的方式一般是聘请有关专家对员工进行授课。授课地点可以在企业内，也可以在某个高等学校里。时间上可根据具体情况和工作要求来确定。

一些大企业有自己的培训中心，可以对员工进行定期培训；中小企业可以委托学校和顾问公司对员工进行专题培训。

离岗培训虽然可以让员工有集中的时间进行学习，但是对一些企业来说很难负担得起，这里有工作方面的原因，也有费用等方面的原因。为了避免这些问题，可以鼓励员工利用业余时间到附近学校听课，企业可以提供适当的政策，例如获得学位就给予升级等。

岗位培训(on-the-job training ，OJT)是指员工不离开工作岗位，管理者对员工进行的培训。这种培训的方式主要是在工作的时候，由技术员、专家对员工的实际操作过程进行指导，从而提高员工的技能水平。

许多技术知识是属于隐性知识的范畴，很难通过课堂上的学习获得。岗位培训实际上就是提供给员工学习“隐性知识”的机会，通过技术人员、专家亲身指导，使员工获得那些难以表达的技术知识。

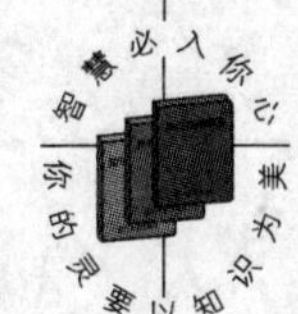

管理者要根据企业管理的实际目标，设定培训的方式。如果是为了提供员工新知识、端正工作态度、激发创新思想、提高员工素质等，可以采用离岗培训的方式。如果是为了提高员工的实际操作技术水平，离岗培训可能不是一种好的方法，因为这是涉及“隐性知识”的学习过程。

9.6.2　发展

发展是指企业为未来培养人才，是一种人力的发展。企业的发展过程中不断需要各种人才，管理者应对未来企业需要的人才进行预测，同时着眼于现在进行人才的培养，以满足企业未来之需。它与“培训”的区别如下：

- “培训”是企业强调目前工作岗位的需求而培训员工，“发展”则是企业强调未来的需求去培养员工；
- “培训”是在工作环境下的学习，“发展”是在工作环境以外的学习，例如到高等院校、其他企业中学习；
- “培训”是满足现有岗位需求，“发展”则是满足更高一个层次岗位的需求；
- “培训”是战术性的行为，“发展”是战略行为；

- “培训”的学习内容是岗位的技术知识，“发展”的学习内容更为广泛，包括未来工作岗位的技术知识、理论知识、管理技术、计算机文化、信息文化等。

“发展”可以看成对人才的一种储备，是战略规划中应该考虑的。企业在持续发展过程中，必然面临人才问题。从长远来考虑人才问题，这样企业不会因人才短缺而影响发展。

要注意到，并不是所有企业都需要这种“人力发展”，在中小企业中，由于企业文化、知识环境经常是不健全和不完善的，在这种情况下，根本谈不上“人力发展”。如果企业没有良好的文化、知识环境，在员工缺乏忠诚度的情况下，花很多的钱送员工到外面学习，最后还是留不住人才，使自己培养好的人才流到其他企业中去，甚至是流到竞争对手的企业中去，这是得不偿失的。

所以，建立良好的知识环境才是“人力发展”的基础，企业应该把构建良好的知识环境作为留住人才的战略。

9.7 人事绩效评估

新员工经过一段时间的培训和工作后，管理者就要对员工进行绩效评估，看他的行为对组织所做的贡献是多少。

绩效评估是一个正式的、结构化的系统测量员工实际工作绩效的过程。绩效评价的标准是预先设计好的。将获得的员工工作绩效数据与这个标准进行对比，从而看出员工的工作绩效。

企业可以根据实际需要、各种工作岗位特点，开发出一个绩效评估系统。但是必须注意到，大多数绩效评估系统只是关系到可量化的标准，对于不可量化的部分也应该设法进行评估，例如，工作态度、工作责任心、与其他员工的合作能力、职业道德水平等。

9.7.1 绩效评估系统

对于员工某个方面的绩效评估，管理者可以根据员工的工作岗位，开发一个绩效评估系统，大致的要点如下。

- 对每一个岗位开发一个具体的绩效标准，这个标准要实事求是，它应与企业目标、企业实力和存在缺陷一致，不要做一个超过实际的标准；
- 绩效评估系统要有利于员工的成长，提供员工表现的机会；

- 绩效评估系统要有报告机制，使各层次的管理者可以向上一级管理者提交员工绩效报告，作为管理者对员工报酬、升级或降级的决策依据；
- 绩效评估系统要提供正式的反馈的机制。

以往组织中对员工的绩效正式评估，一般都是每年或每半年进行一次。但是，现在企业中电子化水平的提高，使管理者可以实时跟踪员工的绩效，随时可以对员工的绩效进行评估。在这种情况下，可以通过绩效评估会议，各级管理者向组织提交员工的绩效正式报告，公开讨论绩效问题等。

9.7.2　绩效评估系统成功要点

为了让绩效评估系统成为管理的重要手段，有如下几点值得我们注意。

- 要让所有的管理者和员工都知道绩效系统的存在；
- 要公开绩效评估标准和评估过程，让企业中所有人都知道标准；
- 要让绩效评估过程和结果可视化；
- 绩效评估的条款要详细，区别每一个不同的工作岗位的特点；
- 系统可以让员工参与评估过程。

以上几个成功要点，采用信息化技术都可以做到。但是，关键是领导者或管理者不要把绩效评估系统变成员工的“审判台”，而是把绩效评估系统看成激励员工工作热情的一种手段，而不是目的。只有本着这种思想，才能构建一个公平、合理、令员工心服口服的绩效评估系统。

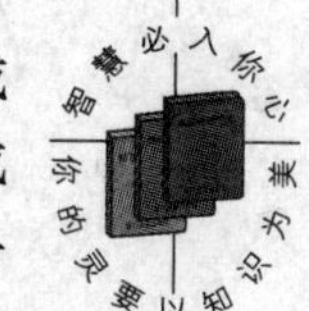

注意：以上所述有些部分并不完全适合知识员工，原因是知识员工的绩效往往很难量化，体力员工的工作可根据产品数量或质量标准进行评估，但是知识员工的工作绩效却不能这样评估，而应该根据其特点进行绩效评估。

9.8　知识岗位

近年来在知识密集型的企业中新的知识岗位不断出现，这些新岗位都是新型的管理者，这些管理者都是复合型的人才。他们精通在新技术环境下的管理之道。目前，主要的新型管理者有如下几种：

- 信息主管 CIO(Chief Information Officer)
- 知识主管 CKO(Chief Knowledge Officer)
- 学习主管 CLO(Chief Learning Officer)
- 智力资本经理(Director of Intellectual Capital)

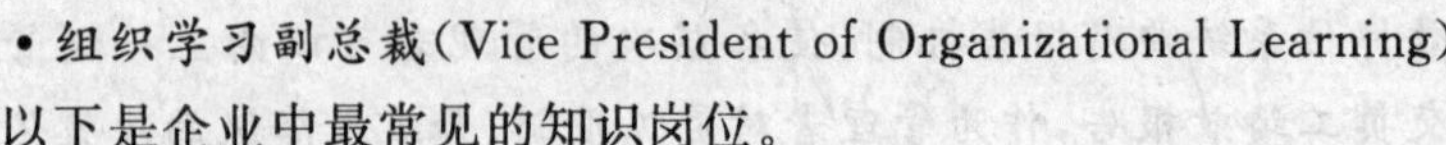

• 组织学习副总裁(Vice President of Organizational Learning)

以下是企业中最常见的知识岗位。

9.8.1 信息主管

随着信息技术在企业中普及和发展,企业的管理层中分化出一个专门职位来管理信息资源。最早是由一个计算机专家来掌管,随着信息资源的增加,企业需要建立一个职能部门来管理这些信息资源,这个职能部门的负责人就是信息主管(CIO),也称为首席信息官。企业中管理信息资源的职能部门,就是在信息主管的直接领导下进行运作的。

管理信息资源的职能部门是企业内部的信息服务部门,它采用计算机网络技术对信息进行收集、整理,并提供给企业内部各职能部门应用,提供给决策层应用,同时也提供给供应链上的合作伙伴应用。CIO 是这些部门的管理者,他要利用计算机知识和技能解决与信息资源相关的问题,也要利用经营管理知识和技能解决与企业经营领域相关的问题。所以,CIO 是复合型的人才,他应有丰富的管理知识和经验,也要有丰富的计算机文化和信息文化。

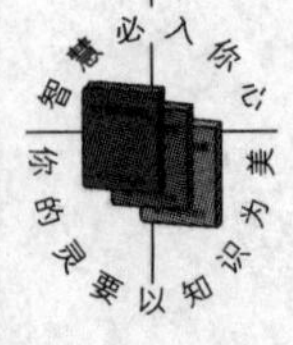

CIO 有如下的职能:

• 建立信息资源战略规划(strategic planning information resource);
• 管理信息专家(information specialist)的行为;
• 与企业内各职能部门主管建立合作关系;
• 与企业外部建立合作关系;
• 提供企业的决策支持;
• 提供业务应用流程的服务,维护和改善业务流程;
• 参与公司的伦理文化的建设,建立信息专家职业伦理规则。

在一个信息化的企业中,CIO 的责任重大,因此许多管理专家提议,应该将 CIO 定为企业上层的高级管理者,而不是定位在中层管理者的位置。CIO 无论是责任、权力、义务、薪资待遇等都应该与上层一样。

CIO 所管理的信息资源的类型有计算机硬件、计算机软件、信息专家、计算机用户、设备数据库、各种信息。

CIO 所管理的信息专家有系统分析员(分析用户需求,并提出用计算机满足这些需求的方案)、数据库管理员(建立用户信息的数据库)、网络专家(建立和维护数据通信网络)、程序员(编写计算机程序)、操作员(管理大型的计算设备)。

综上所述,信息主管在企业中是十分重要的一个管理者,随着企业信息程度的提高，信息服务的职能部门的建立，必然要设立信息主管的管理岗位。

9.8.2　知识主管

除了设置信息主管(CIO)外，国外许多著名的大公司纷纷设立专职管理人员专门负责公司的知识管理，设立知识主管(CKO)。为什么企业要设立知识主管，大体上有以下几种原因。

- 单纯进行信息管理已不能使企业更富有竞争力。知识已成为企业产生价值的重要源泉，已成为企业的生产要素。为了提高企业竞争力，企业有必要设立CKO。例如，IBM、CISCO、HP、微软等等著名的公司都设立了CKO。
- 许多公司因为没有管理好知识，造成竞争力下降，无形资产流失。它们不清楚自己拥有哪些知识，不清楚如何获得知识，不知道如何应用自己的知识去创造价值，不知道如何利用知识资产进行运营，更不知道如何利用知识资本进行投资，所以许多企业都有设立CKO的需求。
- 企业领导者开始认识到知识的重要性，开始着手进行知识管理。例如，对信息系统进行必要的投资，将知识作为一种产业资源来管理，建立支持创新的知识环境等，需要CKO作为一种职能参与管理。
- 进行知识资本运营，建立虚拟价值链，保护知识产权，防止核心技术的扩散和知识外溢，都需要有一个CKO负起这种责任。

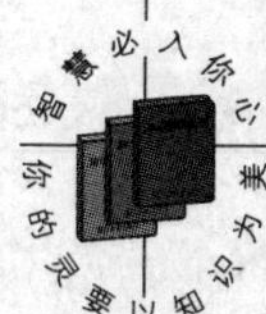

CKO具有如下特点：

首先，CKO是一个管理专家。大多数专家都认为知识管理工作只有20%是技术成分，80%是文化成分，所以一个CKO最重要的是拥有管理技能。我们看到许多信息系统、知识管理系统失败，原因并不在于技术，而在管理者对“管理”的无知。

其次，CKO应该熟悉计算机文化和信息文化，能采用最先进的技术支持知识管理系统。不要因为知识管理的技术成分只有20%，就忽视技术的力量。

再次，CKO应该是知识资本运营的专家。CKO能够从知识员工大脑中提取有价值的知识资产，形成组织的知识资产，将这些知识资产变成知识资本，并且能成功地在市场上进行知识运营，从而获得巨大的价值。

CKO有如下职能：

- 根据企业的目标制定知识管理计划；
- 建立企业内的知识地图；
- 进行知识管理五项管理职能；

• 进行沟通管理；

• 构建知识环境；

• 实施知识管理系统。

综上所述，可以知道在一个企业里，CKO是十分重要的管理者，特别在知识型企业里，CKO是十分重要的管理岗位。

9.8.3 知识员工

在发达国家里，企业的知识员工已超过工人总数的50%。最初，知识员工的概念来自符号分析员(symbolic analysts)，这包括律师、顾问、工程师、设计师、管理人员、教授等，他们的工作主要与“符号”打交道，专门从事“问题解决、问题分析和战略谋划等方面活动的人”。① 现在，企业中那些拥有“隐性知识”的人才，被称为**知识员工**(knowledge worker)或知识工人。有的学者将知识员工定义为“创造知识的员工”或“在工作中大量运用知识的员工”。创造知识和运用知识也许是同一个，也许是不同的人，只要一个工人在工作中创造了知识或运用了知识，那么他就转变成了知识员工。根据这样的观点，“如果连比萨饼制作者都是知识工人，那还有谁不是呢？”②

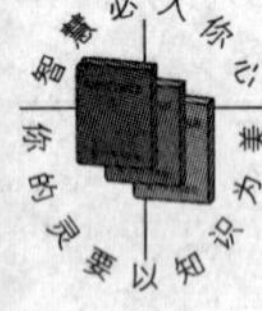

知识员工大脑中的“隐性知识”在一定的条件下“表现”出来的“创新”，对于一个企业来说是非常重要的。这是企业发展的“资产”，也是知识经济的驱动力。既然“知识资产”在知识经济时代如此重要，各行各业有理由对它进行有效的管理，使这种“资产”不被流失，而能发挥出巨大的经济效益。

在知识企业里，“知识”已成为主要的劳动对象，工业时代的企业管理已不适应这种知识密集型的企业管理。因为，在以知识为生产力的企业里，涉及更多的“隐性知识”的交流，而这种的交流对知识员工的“创新”和“贡献”起着重要的作用，这关系到企业的成败。所以，在当今企业管理中，应该进行“知识管理”，这样才能达到企业的市场目标。

在知识企业里，从决策的角度来看，所有的知识员工都是管理者，他们都要在自己的工作岗位上做出决策：确定哪些信息是正确的、有价值的，哪些信息是无价值的；确定用什么工具进行信息的传播共享等等。他们可以独立地在自己岗位上为企业做出正确的决策。

① R. B. Reich. *The Work of Nations: Preparing Ourselves for 21st-Century Capitalism*. New York: Alfred A Knopf, 1991

② 辛西亚·瓦格纳.参考消息.2002年3月18日.原载美国《未来学家》双月刊3～4号，题为：知识经理的兴起.

知识型企业里，知识员工是主要角色，所以人事这个管理职能对企业配置知识员工具有十分重要的作用。

美国知识管理专家 Randy J. Frid 在他的著作①中认为，知识员工与体力员工存在着巨大的差别，因此在管理工作上要注意知识员工的特点，应该按照这些特点来管理知识员工。美国的另一位管理学家杜拉克在他著作②中认为，知识工作者本身就是管理者，因此对他们的管理要以有效性为准。现将他们的观点综合如下，说明如何根据知识员工的特点进行管理。

1. 紧缺性

由于知识员工拥有一定的隐性知识，这些隐性知识大多数是不能从学校里直接培养出来的，而要靠一定时间的实践活动获得。这些隐性知识又是企业所需求的。知识员工拥有这些知识，成为自己的核心工作能力，这些能力能够为企业带来价值。这些知识并不是到处都可以找到的。所以知识员工有紧缺性的特点。

2. 价值性

知识员工具有很高的价值，就是因为知识员工的隐性知识一旦转化成企业的知识资产，对企业来说就会带来巨大的价值。

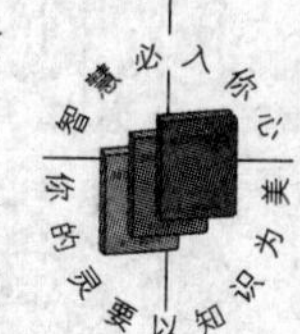

知识员工要看到自己的知识是一项资产，管理者也应该将他们当资产一样来管理。财务系统也应该将知识员工按资产来计算。公司要建立利用知识资产去获得效益的机制，把知识员工当成是知识管理中最重要的元素。

管理者要认识到企业中的知识员工是资产，而不是成本。在现有的成本核算系统中，全部雇员都被认为是一种成本，他们被看成销售成本或一般费用开支。这是管理者的错误，如果看不到知识员工的价值，这种管理者就不适应知识经济。

3. 社会性

人们聚在一起是因为有需求，当没有需求的时候，人与人就会分离。这是人类社会的一种常见的现象。但是，知识员工的需求与非知识员工不同，知识员工在人类社会中常带着一种忠诚度，忠诚于某一个人、某项任务或某个信仰。一旦他对社会失去信任，也就失去了忠诚度，这时才会离开这种工作。他们很快就会将热情转移到更有希望的领域中去。

---

① Dr. Randy J. Frid. *Infrastructure for Knowledge Management*". Writers Club Press, 2000

② [美]彼德·F·杜拉克著，钟少光译. 有效的管理者. 广州：新世纪出版社，1987

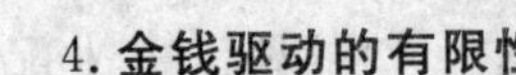

4. **金钱驱动的有限性**

知识员工并不完全被金钱所驱动而进行工作。他们知道获取大量的金钱是必要的。所以，给他们的大量的金钱会使他们感到更开心，但并不会增加他们对所做工作项目的狂热。相反，如果增加工作的挑战性和对其人格的尊敬，会使他们增加工作的狂热。

要看到尊重知识员工是十分重要的，但也是一种冒险。因为过度尊重会使他们目中无人，狂傲不已，这对工作是十分不利的。

5. **游离性**

许多知识员工并不真正关心公司，他们要的是尊重、冒险和内在本性所驱动的一切。如果知识员工认为管理者不能付出足够的金钱，就会调整方向到他们该去的地方工作。他们的大脑像装满知识的船，漂浮在买方的海洋上，不时地停靠在某个码头或小岛上进行知识的交易，从而获得金钱。

今天知识员工实际上位于企业的上游，将来这种状态还将继续下去。他们不需要公司也能生存，因为他们的大脑中带着自己的产品。企业只是一个买方，并不拥有他们。知识员工永远不会被雇佣(典型意义上的)，他们完全可以并不依赖任何公司而生存。

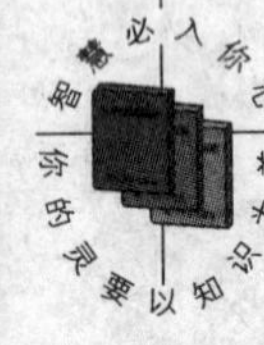

6. **不可控制性**

管理者如果不能提供给知识员工挑战和机会，那么就不能对知识员工进行管理。所以管理者要花费一定的时间来宣传企业的项目、任务、挑战，以吸引他们。不要以“工时”来计算他们的工作成果，让他们产生“结果”是最关键的。管理者决不要对知识员工说：“我们公司要什么?”他们一般不会关心公司要什么。管理者应该对知识员工说：“你们需要什么?”从要建立起一个企业内的环境来吸引他们，尽可能长期地留住他们。因此，管理者要对他们怜悯，不要企图控制知识员工，实际上管理者也不能控制知识员工。但是管理者可以控制环境，建立一个良好的知识环境，使他们能够在这种环境下产生成果。要明确，管理者实施知识管理要的是最终结果，而不是控制。

在管理知识员工的时候，管理者应该帮助他们完成工作，发展他们的角色、职责，管理他们的绩效；管理者要让他们能够完成所分配的任务，测量他们工作的质量，形成管理创新的机制。

7. **不可量化性**

知识员工的工作就是思考，所以工作的过程是不可量化的。

知识员工生产信息、知识、意见、思想等虚拟的东西。这些东西本身是不可用的、虚拟性的东西。知识员工的劳动成果是不可量化的，如果进行了量化,也没有任何实际意义。测量知识员工工作绩效,要看成果的质量,而不是看成果的数量。所谓“成果的质量”是指所产生的成果对企业的价值和目标的贡献。当然,如果知识员工的成果数量是零,也就无所谓质量;如果知识员工的成果数量很多,但是不能给企业带来价值,也同样是没有质量的成果。所以,对知识员工产生的成果质量评估是管理者一项重要的工作。在知识员工的绩效评估系统中,要注意非量化的质量部分。

8. 团队性

团队是知识员工活动的乐园、创新的天地。无论正式的团队还是非正式的团队都对知识员工产生巨大的影响。所以,通过团队来管理知识员工是最有力的方式。

团队要负责传递信息给每一个知识员工,让他们能够从团队中获得回报。如果某个知识员工不适应团队所进行的工作或项目,管理者应该很快得到反馈。在短期内,知识员工的团队要帮助这个成员适应这项工作或项目。当然,不可避免的是这个成员会连累到团队的行动。如果团队帮助这个成员的行为失败,那么团队有必要将这个有缺陷的知识员工清除出去。

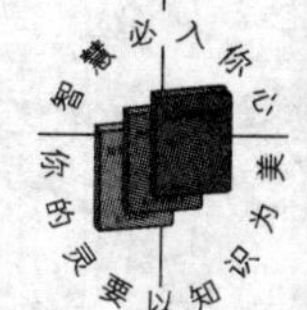

通过团队进行知识员工的成果质量管理,进行绩效测试是十分容易的,因为团队成员都会自觉地配合执行。这样管理者对企业管理就可以集中在主要的部分——企业的成果和绩效。

管理者要注意,在“人事”管理中,如果没有认真地定义好知识员工的角色、责任、配置,就不要派他们进入团队,否则将会失败。当对那些即将进入团队的新成员进行定义时,要让其他的知识员工参与到定义的过程中去,让他们对新成员进行责任、角色、配置的定义。因为他们最能知道自己的专业的性质、角色、责任。他们的参与提供了有价值的反馈,使管理者能更好地安排好新成员的工作,节约了管理者的时间,去除了管理者的障碍,从而合理地安排、配置他们。

综上所述,知识员工的管理与普通员工的管理十分不同,管理上要根据他们的特点进行有效的管理。

9.8.4　知识经理

知识经理是指传统企业的经理人在角色上的转变,转变成知识经理。由于企业中知识员工的数量在不断增加,传统的经理的角色也在发生变化。如果这些经理不能转变成知识经理,那么将被淘汰。美国管理学家达尔波特在《领导层的未来》一书中写道:“未来管理人员仍然扮演重要角色,虽然已经完全不同。促使管理人员承担的角色发生变化的最重要因素就是知识工作的兴

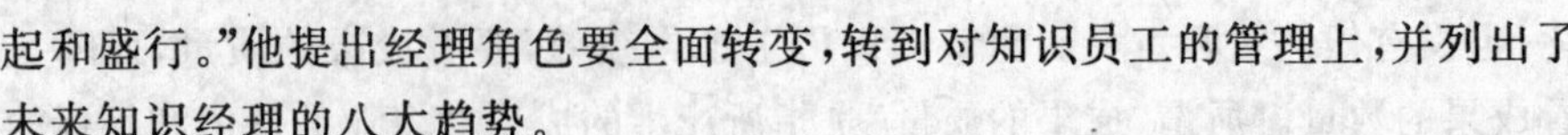

起和盛行。"他提出经理角色要全面转变，转到对知识员工的管理上，并列出了未来知识经理的八大趋势。

美国管理学家达尔波特在《领导层的未来》指出知识经理八大特征如下：①

第一，从监督劳动转变为亲自参与劳动。经理将"既是队员又是教练员"。在很多领域，如法律、咨询以及会计师事务所等，知识经理也是知识工人，拥有自己的客户。

第二，从层级式组织转变为团队式组织。例如克莱斯勒公司的"科技俱乐部"，使各有专长的技师一起交流学习。

第三，从强加工作方案和方法转变为理解工人。由于知识工作生产是无形的，所以提高知识工人的工作效率需要深入理解他们。

第四，从雇佣和解雇员工转变为吸收和留住员工。这就是那些最著名的知识密集型公司，例如默克、微软、麦肯锡等之所以成功的主要原因。思科公司为可能成为公司员工的应聘者保存详细的数据材料，以备一旦有空缺或可以设置岗位时跟踪了解应聘者的技能和背景情况。

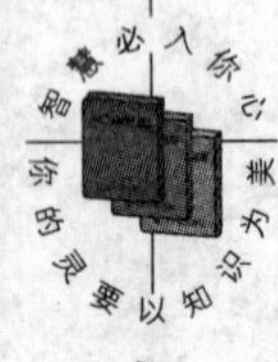

第五，从构建劳动技能转变为构建知识技能。知识经理要不断构建和掌握知识技能。在鼓励下属学习的过程中，自己也要不断学习提高。

第六，从评估有形的岗位绩效转变为评估无形的知识绩效。创造性原本就没有衡量公式，尤其是当这种活动大多数是在家里、在飞机上或是在客户办公室里发生时。衡量知识生产的办法之一也许就是看业务材料中有多少调研成果。

第七，从漠视企业文化转变为建设重视知识的新型企业文化。管理学家认为最可取的知识型企业文化应当是快速、灵活、集中、友善而有趣。

第八，从维护官僚机制转变为回避官僚机制。经理应当继续充当中间人的角色，一方面保证知识工人保持高效率劳动，另一方面仍然要满足官僚机制的需要结果。

达文波特最后得出结论："尽管上述每一个趋势只是在某个方面代表了20世纪管理模式的演变，但汇合在一起就成为一场管理剧变。"

以上所描述的知识经理八大特征，实际上就是21世纪对企业经理人的要求。如果工业时代的经理人没有发生转变，那么他也就没有能力来领导和管

① 辛西亚·瓦格纳. 参考消息. 2002年3月18日. 原载美国《未来学家》双月刊3～4号，题为：知识经理的兴起.

理企业。本书从第一章到最后一章都在强调这种转变。例如，第 1 章中我们就讨论过管理者的技能，包括了计算机文化和信息文化。这就是上面的第一点。第二点在第 8 章“知识组织”中做过详细的讨论。第三点“理解员工”将在第 10 章中做详细讨论。第四点在第 3 章“知识环境”中进行了详细的讨论。第五点将在第 12 章中做详细的讨论。第六点是关于绩效测量的，在 11.2.2“绩效测量”中进行讨论。第七和第八点在各章中都有讨论过，主要在第 8 章。所以，本书讨论知识管理，实际上也是在谈管理的变革。从传统的管理走向知识管理，从管理信息系统走向知识管理系统。

本章术语

人事(staffing)
信息主管 CIO(Chief Information Officer)
知识主管 CKO(Chief Knowledge Officer)
知识员工(knowledge worker)

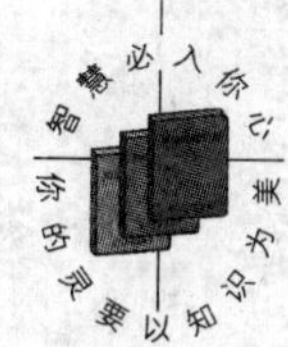

思考题

1. 为什么企业中要进行人力资源规划？
2. 如何进行人力资源规划？
3. 人事绩效如何评估？它有什么意义？
4. 信息主管与知识主管有什么区别？
5. 知识员工有什么特点？如何对他们进行有效的管理？

第十章　知识指挥

本章实际上是探讨一种领导的艺术。"知识指挥"是沿用了传统管理中"指挥"的职能。从严格意义上讲，知识管理中不存在指挥，只存在影响力，领导者就是要靠艺术手段造就影响人们心灵的力量，利用这种力量去感化员工，再造员工的心灵，从而达到管理的目的。本章从心理学的角度探讨了人的行为方式、动机等一系列问题。还探讨了作为领导者所就具备的领导力。

10.1　指挥概述

为了提高企业的市场竞争力、提高企业对市场的反应速度、增加企业的价值，客观上要求企业采用知识管理的方式。因此，在知识管理中"指挥"职能就是要让员工对自己的工作喜欢，对自己的工作环境喜欢，对自己的企业充满感情和忠诚，在一个美好的工作环境下发挥自己的创造力，为企业贡献自己的力量。

10.1.1　定义

管理者如何指挥员工，使员工产生正确的行为方式，完成企业任务，达到企业的目标。这是一个从概念到实体的过程，是一个"行动"的过程，没有"行动"，就不可能达到目标。所以，管理者的指挥职能是一种很重要的职能。指挥得好，可以使员工产生正确的行为，就可能达到正确的结果；如果指挥不好，就不可能达到正确的结果。对"指挥"职能的理解在工业经济和知识经济中有是不同的，因而传统管理与知识管理中的"指挥"既有联系又有区别。

另外，为了有效地行使这项管理职能，组织应该有良好的通信系统，使员工与员工之间、领导与员工之间都能进行良好的沟通，使每一个员工都十分明确组织的目标，并能根据目标进行正确的决策。所以，"指挥"与以上章节所讨论的"沟通"又有联系，这在学习中应注意。

指挥的定义：

指挥(directing)是指管理者使员工能够向着组织的目标进行活动，使员工的行为、操作不偏离组织的目标。它是提供一种方向性的领导。根据不同的管理层次，指挥的具体内容有很大的不同。

严格地讲，知识管理中不存在传统意义的“指挥”。我们在前面的讨论中和以下章节的讨论中，经常提到知识管理是软性的管理思想。在本节的“领导的本质”单元的讨论中就大量体现了这种思想。在工业经济时代，一个管理者大多用权力来影响员工、指挥员工就足以完成管理任务。可是随着社会经济的发展，现在如果完全用权力因素进行管理、指挥员工就很难达到预期的目标。所以，“非权力影响力”表现了管理者在实施管理活动时，所采用的软性的管理、心智的管理、人心的管理。

10.1.2　重要性

传统企业管理中“指挥”的概念与知识管理中“指挥”的概念完全是两回事。根据我们以上所讨论的知识员工的特点可以知道，用传统工业经济中科学管理的控制方式，根本不能达到现代知识企业的目的，而只能用知识管理的方式。在知识管理中，虽然不能“指挥”知识员工，但可以“指挥”构建一个环境来引导他们的行为。从这个意义上讲，现代知识管理中的“指挥”已经不是“指挥”职能，而是“领导”职能。但是由于习惯用法，我们仍然采用“指挥”职能的说法。那么，是什么因素能够使员工喜欢自己的工作。这就要研究人行为的动机、工作态度、心智，以及道德伦理等概念层次中的文化要素。

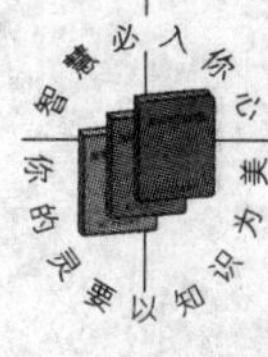

管理者要行使好指挥职能，就必须理解人的行为，以及形成这些行为的原因。通过理解构成人行为的各种要素，以及各要素之间的相互作用，从而达到管理的目的。注意，本章从讨论“人”的动机入手，理解“人”的行为方式，最后应用指挥职能，去实现企业的目标。

学习本章时注意与下一章的“控制”职能相结合，因为这两个职能有很强的内在联系。

在资本主义发展的早期，资本家靠“鞭子”将人与生产资料分离开来，又用“鞭子”完成了资本的原始积累。工业经济时代也采用了大量严格的管理手段，在指挥职能也是如此。最具有代表性的是泰勒，自从他发表《科学管理原理》一书以来，科学管理就在工业社会中延续至今。他把工人当成会说话的机器，让他们按管理者的决定、指示、命令行事，管理者有绝对的指挥权，工人只是如生产线一样被控制和管理，从而在体力上、技能上最大限度地压榨工人，去获得剩余价值。泰勒的"标准作业法"、"标准作业时间"、"标准工作量"等科学的管理方法，都没有将工人的主观能动性、工作态度、企业忠诚度等考虑在内，只是强调工人的身体如何与工具、机器进行合理的配置。

现在，在一些工业经济色彩十分严重的企业里，我们仍然可以看到企业在以权威的、无情的、无可争议的"科学管理"方式指挥员工为企业工作。

工业化时代企业管理的方法并不能运用在知识经济时代。那么，在21世纪企业管理中，什么最为重要？仍然靠那些高压的手段来管理吗？显然不行。

10.2 理解需要

管理者首先要做的事就是理解员工的需要。理解员工的行为动机始终是管理者的挑战。当管理者思考员工为什么目的而工作时，自然就会去观察员工的行为。他们会发现：具有相同技能的员工有的工作做得好，有的就不行。甚至有时还看到，一些技能较差的员工比技能好的员工工作做得更好。这是为什么？

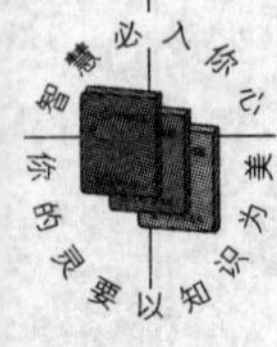

研究发现，那些工作做得好的员工都愿意为工作付出自己最大的努力，努力实现自己的目标。那么，这种努力的驱动力是什么？为什么有的员工就不会付出这种努力？这就是"动机"问题。

许多管理者都对员工工作的动机做了详细的观察，但是仍然很难给"动机"一个完整的定义。要解释好这个问题，要从"人"和"人的需要"入手。

动机的产生有两种因素：其一是需要，分为生理需要和心理需要。其二是刺激，分为内部刺激和外部刺激。由于需要和刺激的不同，导致人的动机有很大差异。

马斯诺(A. H. Maslow)将人的需要分成五个从低到高的等级：①

- 第一，生理的需要，例如饥饿、口渴。
- 第二，安全的需要，例如安全感，稳定性。
- 第三，相属关系和爱的需要，例如感情、自尊作用。
- 第四，尊重的需要，例如自尊。
- 第五，自我实现的需要。

人在不同的时间里有不同的需要。需要可能是生理的，例如身体的需要，

① ［美］克雷奇等著，周先庚等译. 心理学纲要(下册). 北京：文化教育出版社，1984

有空气、水、食物等。需要也可能是心理上的，例如自我尊敬的需求。人一旦有了某种需要，就会尽力去获得，从而满足自己的需要。除了一些生理需要可用本能的反应满足外，大多在满足需要时，首先是精神上“想”，然后才有行为(behavior)。人根据自己所“想”，去做出某些行为，来满足自己的需求。“行为”的结果就是达到了目标，满足了“需求”。

10.2.1 生理需要

生理上的需求大多数是被动的，也就是说无论主观上愿意与否，都会采取行动去满足这种需求。例如，对食物的需求是一种典型的生理性需要，这种需求必然要采取获得食物的方法来满足。生理上的需求都是具有生物学特点的。实际上人的生理需要都可以通过体内自动调节系统来调节平衡，例如，外界环境的温度变化，人体可以通过出汗、发抖、气喘以及其他机制来调节平衡，以适应外界环境的温度变化。这就是体内平衡机制。

要注意到“动机的体内平衡的概念往往遇到生理学意义的生物组织需要和意识到的需要之间的不一致”。① 例如，体内组织的维生素缺乏，我们很难意识到补充维生素的需要。相反也一样，我们日食三餐也并不意味着就是生理的需要，而是意识到的需要。意识上的需要往往会改变生理上的需要，最典型的例子就是因吸毒而产生的毒瘾，它破坏了生理原有的平衡机制，产生了新的生理需要。

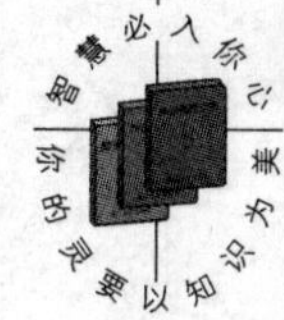

人的生理需求在正常企业环境中都可以得到满足，在管理学上并没有什么特殊的作用。管理者只要在日常的工作中，满足员工基本的生理需要如饮食、休息、基本的卫生条件、生产安全、保健措施等就足够了。当然，如果企业能够提供较好的满足员工各项生理需求的条件，在管理学上也有很大的意义，特别在知识管理中意义更大。例如，在一些知识型企业中常有健身房、游泳池、球场等设施。这些成了知识环境的重要部分。参见第3章知识环境。

10.2.2 心理需要

心理需要就是精神需要。心理上的需要大多数是主动的，是从人的主观意识中产生的。它带有浓厚的社会学特点，例如，人的兴趣、爱好、欲望等。人们为了满足这些心理的、精神上的需要，就会产生各种行为。人的行为大多数都是为了满足精神上、心理上需要而产生的。它有如下特点：

归属心理。人是一种社会性的动物。从人的远祖开始，每一个人都在一

① [美]克雷奇等著，周先庚等译. 心理学纲要(下册). 北京：文化教育出版社，1984

定的社会团体中生活。所以,人的心底都有一种对群体的归属与认可,表现为人的归属感,每一个人总有一种归属于某个群体的心理。这种心理,使人们不愿离开一个承认他的群体,在这个群体中人们会获得满足感、安全感、成就感等等心理上的满足。一旦人们被群体抛弃就会产生孤独感和心理上的痛苦。

崇拜心理。人们在社会生活中形成了对杰出人物、对英雄人物的崇拜心理。这种心理源于群体生活过程中,杰出或英雄人物对群体产生的贡献,使社会群体成员对这些人物形成推崇和敬仰,从而在人们的心里渐渐地培育起了崇拜的心理,例如,对科学家、历史英雄人物、体育明星、电影明星的崇拜。这种崇拜心理有巨大的力量,管理者应注意引导员工,让他们不要迷信和崇拜偶像。

模仿心理。模仿心理也是人在长期的社会化群体生活过程形成的。深层次的模仿实际上是一种认同感,它认同和接受了某种行为方式。模仿也是一种学习的过程,它有积极的一面,也有消极的一面。前者表现为对不良行为的模仿,后者表现为对正确行为的仿效。特别在一些心理上不成熟的年轻人之中,模仿心理表现得十分突出。

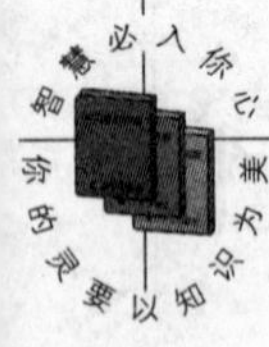

顺从心理。在社会化群体生活过程中,要求群体成员要顺从群体中的首领,从而也培养起人们的顺从心理。直到现代社会,人们内心深处仍然对权威表现出顺从。在现实生活中,人们都必须顺从,也许对神灵感到顺从,也许对某个权威人物感到顺从,也许是对社会的行为规则、法律感到顺从。不顺从就会受到社会群体的惩罚。所以,人们必须顺从。

人们在长期的社会化生活中形成了许多心理特征,除以上所述之外,还有如尊重的心理、逆反心理、暗示心理、从众心理、嫉妒心理、求善心理等,这些都影响人们的行为方式。

但是,应该看到满足需求的行为方式是多种多样的。一种"需求"可以有多种行为方式来满足。那么,一个人在做出某种"行为"满足"需要"之前,就必然会面临着各种选择。人是如何在多种"行为"方式中,选择出一种方式满足自己的需要呢?这是管理必须思考的问题。

另外,一个管理者,特别是领导者要善于利用人们的社会心理的特点,去完成管理职能,达到管理的目的,这体现了管理的艺术性、领导的艺术性,从而也体现了管理的科学与艺术的结合。

科学是一种权威性,艺术则是一种影响力。

10.2.3 刺激需要

人无论在生理上还是在心理上,还有一种是为了满足刺激而产生的需要。

人有时要追求刺激，以求得在生理和心理上的平衡。心理学上剥夺感觉的试验证明，人在没有任何感官刺激的状态下会引起生理和心理的失调。研究证明，“这种缺乏刺激的环境有时不只是引起厌烦，还可能使我们产生强烈的痛苦和失调。……思维过程明显地受到扰乱，智力测验的成绩严重地变坏。白日做梦是常见的结果，而活跃的幻觉，即使比较少见却是合乎逻辑的后继者。生理上的效应是很多的，包括脑波活动变化。”①

心理学上的研究给管理者一个很重要的启示，就是在理解动机时，应该把刺激需要考虑在内。除此之外，在配置知识环境、文化、激励机制时也要考虑到刺激的需要。如果我们理解了一个人总要有某种刺激的需要，我们就不难理解为什么有人喜欢在游乐场里坐飞车，为什么有人喜欢看恐怖电影，为什么有人喜欢冒险，也不难理解为什么管理者要组织一些活动来满足员工刺激的需要。

刺激需要有年龄特征，管理者可以根据不同年龄段来满足员工的这种需要。例如可以组织一些劳动或技能竞赛活动、参观访问、文化体育活动等，把满足员工刺激的需要作为企业文化的一部分，这将使员工感到所在公司具有一种神秘的吸引力，使员工心中对企业有一种向往、依恋之情，从而提高员工的忠诚度。一个管理者掌握了运用刺激需要的技能，实际上就掌握了很重要的知识管理技巧。

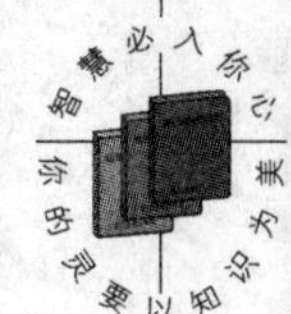

刺激需要属于内源性需要即内部生理需要；还有一种是外部刺激，这主要是指外部环境所产生的刺激，从而导致人的行为发生，或通过外部刺激而产生的某种行为方式。

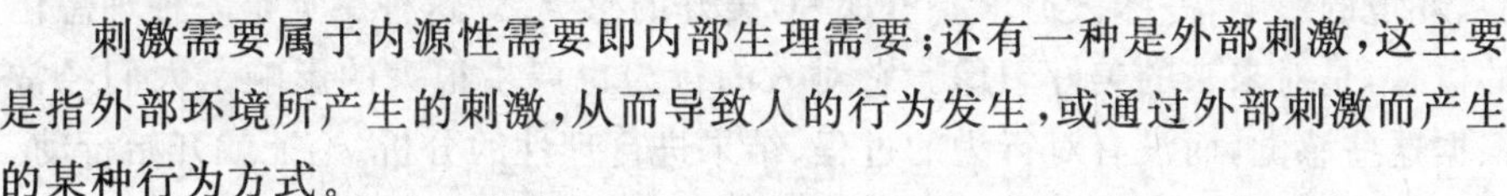

10.3 理解行为

心理学的研究成果告诉我们，当一个人选择某种行为时，都会受到如下几点要素的影响，人会根据这些要素在心里对将要进行的“行为”进行评估，最后才做出选择。这些要素如下。

10.3.1 隐性知识影响

人的隐性知识对人产生某种行为有巨大的影响，包括经验、技能、感觉等

① [美]克雷奇等著，周先庚等译．心理学纲要(下册)．北京：文化教育出版社，1984

内源性信息活动，这属于概念系统的活动方式。它使人产生某种特定的行为方式去满足需求。

经验。个人过去的行为经验，对现在采取什么样的行为产生着很大的影响。记忆中的满足感、成功的喜悦、获奖的兴奋、获得精神鼓励等都会促进人去选择这种“行为”；相反，失败的痛苦、行为的挫折、精神的打击等经验都会使人回避对这种“行为”的选择。

技能。技能知识大多是隐性知识。不同的人拥有不同的技能知识，这使得在满足同样的需要时，不同的人会采用不同的行为方式。工作上的技能知识都是后天获得，所以企业培训对员工技能形成起着重要的作用。

10.3.2 感觉影响

人的感觉器官接受了外界环境中的声波、光波、压力、化学物质、自然形态等刺激，产生了感觉。人的感觉是一种很微妙的精神现象。感觉给人带来了愉快、喜悦、痛苦、失望等，这些感觉深深地印在人们的心灵深处，影响着人们的行为方式。

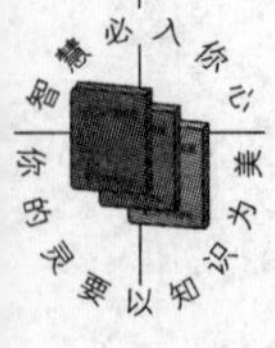

感觉属于概念系统的活动，属于非理性的范畴。它可以抛弃所有隐性知识积累，根据一种主观的、没有任何理由的妄想而采取行动。因此，人的行为经常会出现一种“跟着感觉走”的情况。在这种情况下，人们抛弃了过去的经验、环境的影响，一味去追求心里那种“美好的感觉”。这种感觉是一种理想化的概念，是对未来的美好想像。它对人的行为也产生很大的影响。人们经常根据这些感觉，而没有对行为的过程、结果进行理性的分析、论证就开始行动。

心理学家研究发现，在感觉对行为的影响中，人的视觉对行为产生十分重大的影响。在心理学上一个视觉峭壁(visual cliff)的试验说明了这一点。“这是一块黑白棋盘式的铺板，突然缺了一尺左右，上面覆盖着一块玻璃。把被试动物或人放在这峭壁边沿上，并鼓励它或他越过峭壁的边沿。”在对刚会爬行的孩子试验中，“孩子的手已触摸到玻璃，触觉告诉他，玻璃是坚实的、稳定的。但是，甚至年龄这样小的孩子，也是眼见为实；这个孩子对视觉证据比对触觉证据更为信任，并且拒绝冒险前移”。① “研究者们注意到许多婴儿当从悬崖那边召唤他时，他们实际上是爬着离开母亲走的；另一些则哭叫，据推测是因为在他们看来不通过边缘是不可能达到母亲那里的。”②

---

① [美]克雷奇等著，周先庚等译．心理学纲要(下册)．北京：文化教育出版社，1984

② [美]R·M·利伯特等著，刘范等译．发展心理学．北京：人民教育出版社，1984

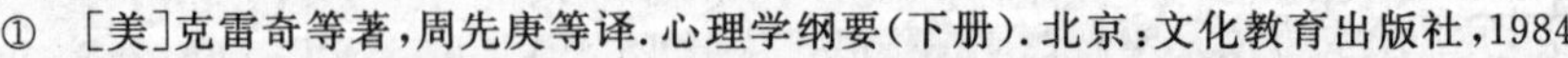

视觉对人的行为产生影响从孩提时代就有，似乎成了人的一种天性。加上成长过程受到唯物主义的教育，使大多数人都有“眼见为实”的习惯，这也为“实用主义”泛滥成灾提供了基础。一个管理者应该看到感觉对人正面与负面的影响，积极发展正确的感觉。

10.3.3　显性知识影响

显性知识影响着人的行为模式，这是一种最常见对人的行为的影响因素，例如，法律条文、公司的规章制度、科学试验的步骤、操作规程等。人们记住这些知识，就会对行为产生影响。

当人们要采取某种行为满足自己的需要时，头脑中所记住的显性知识将指导着人们的行为。如果缺少某些知识，就不能满足自己需要，也可能自己的需要满足了，但却带来严重的后果。例如，据媒体报道，一个农民在田地里挖出一个战争时期遗留的炸弹，由于没有关于炸弹的知识，就带回家，把炸弹当成一般的铁器来击打。这是无知所产生的无恐。如果这个农民有关于炸弹的知识，就不会将危险的炸弹带回家，更不会对炸弹进行击打。

因此，人们所拥有的知识常常决定了他们的行为方式。

有一句常听到的名言：教育改变人生，知识决定命运。这实际上是看到了正式教育对人所产生的作用。正式教育使人们可以获得知识，从而改变人的行为方式。

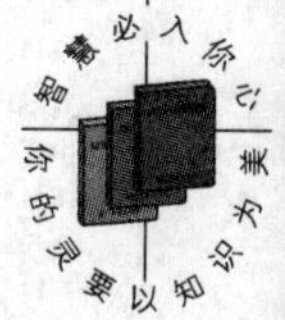

10.3.4　环境影响

除了以上各种因素对行为的方式进行影响并进行某种行为的选择外，人选择行为方式还受到当时所处环境的影响。不同的环境具有不同的文化背景、价值观、道德伦理、人文特点、社会关系、具体的情景和状况等，这些组成环境的各种因素，以及时间和空间都会对一个人的行为方式产生影响。例如，一个人在装修豪华、窗明几净的地方，可能就不会随地吐痰；而在一个满地脏乱的地方，情况可能就会不一样。另外，一个员工在一个企业文化十分健康的环境里，会有各种积极向上的行为；而在一个没有企业文化的环境里可能就有许多消极的行为。

环境对一个人的行为评价也影响到人的行为方式。例如，在一个企业里，员工提出个人建议可能会被认为是捣乱行为，受到批评；但是在一个鼓励创新的企业里，个人建议会被认为是一种创新的行为，受到鼓励。这个员工在前一种企业里就职时，因“提出建议”受到过批评，有过痛苦的经历。现在他在后一种企业里工作，环境使他抛弃了过去经验的影响，仍然选择了“提出建议”的行

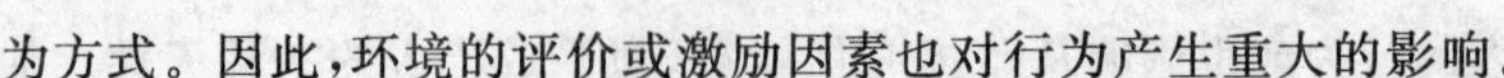

为方式。因此，环境的评价或激励因素也对行为产生重大的影响。

在知识管理中提倡构建知识环境。一个良好的知识环境对员工的行为产生巨大的影响，这是企业提取员工个人知识的重要的方式。参见第3章“知识环境”。

从以上影响人的行为的四点因素来看，可分为内源性的因素和外源性的因素：

- 内源性的因素有隐性知识、感觉、显性知识；
- 外源性的因素主要是环境（包括知识环境中的所有元素）。

如果从信息角度来看，可以把这些因素分成两组：

- 其一是内源性信息，它来源于人的记忆；
- 其二是外源性信息，它来自外部的各式各样的信息。

这两种信息刺激人，使人产生某种行为。那么，指挥的职能就在于向员工提供正确的外源性信息，从而引导员工产生正确的行为方式。从整个管理来看，还要注重提供给员工正确的内源性信息，这就需要教育与培训。

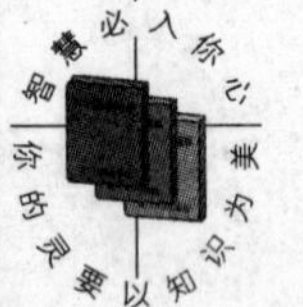

10.4 理解动机

通过以上讨论，我们知道人的需求和行为是相关的，人产生某种行为是由于人的需求引起的。我们可以用“动机”来描述。以下我们将讨论如何通过动机来进行管理，来实施指挥职能。在工业化经济中常把人当成机器一样管理，“动机”问题常被忽视。而知识管理中强调心智管理，十分注重“动机”问题。

10.4.1 动机定义

根据以上讨论，我们可以将动机定义如下：

动机(motivation)是指激励人去行动的原因。人在内部信息或在外部信息的刺激下产生需要。为了满足这种需要，就产生了行动方案，人通过内部和外部的各种因素对行动方案进行评价，然后根据自己选择的方案去行动，以达到满足需要的目标。促使人进行这一过程的一系列因素就是“动机”。

从动机的定义中可以看出，动机有三种功能：其一是引发人的某种行动，其二是维持这一行动，其三是引导这一行动向一定的目标进行。

“动机”一词被定义后，我们就可以通过管理员工行为的“动机”来达到指挥职能。尽管指挥职能在各种管理层次中都不相同，但是从管理“动机”出发，还是有一定的规律性的。从图 10-1 中我们看出人从“需求”产生直到目的达到的整个过程。

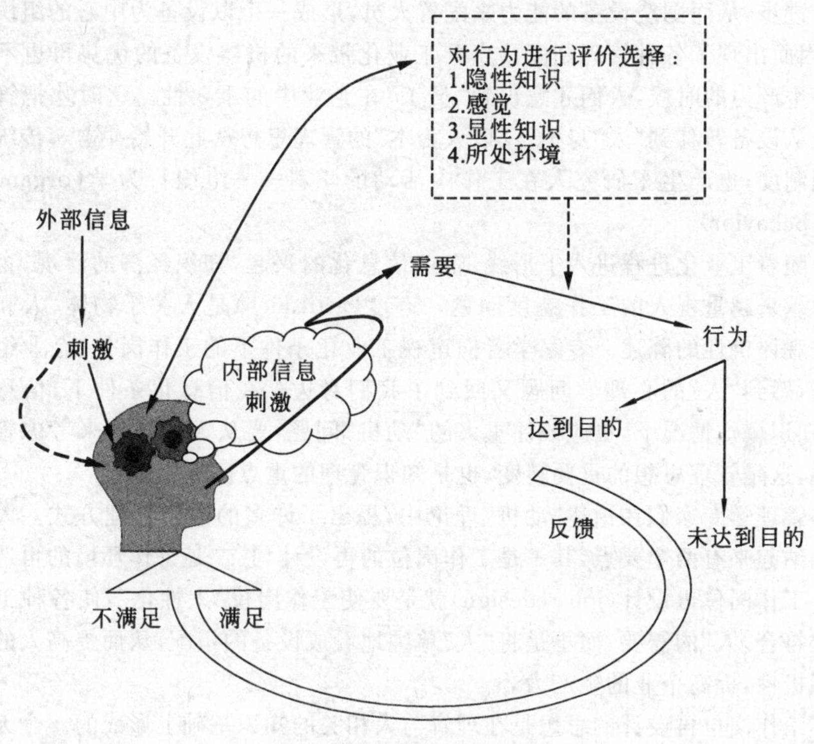

图 10-1　人的行为产生过程

首先是头脑接受外部或内部的刺激，产生需求；需求产生后，就开始思考行动方案，并对方案进行选择（个人决策）过程；选择了行动方案后，就开始付出行动；行动的结果有两种：需求满足或未满足。行动结果的信息将反馈回大脑，如果需求未满足，还会促使人去产生进一步的行动。

10.4.2　动机管理

自工业革命以来，企业家们都一直在寻求提高生产效率的方法。大规模、标准化、生产流水线的生产方式降低了成本，大大提高了效率，使工业资本家获得了极大的效益。但是，到了工业化的后期，一些问题浮出水面。这种大规模的生产方式，使工人们对生产线产生厌恶、反感的情绪，他们对这种生产组织方式感到不满意，因此也出现了相应的行为，如怠工、浪费原料、损坏设备、没有责任心等等，企业因此再也无法提高效率了，从而也使成本上升，效率低下,收益减少。这些现象都阻碍了企业的发展。

工业革命以来,人们一直把生产力的发展归因于科学技术发展导致的设备的进步,从而围绕设备的能力来配置人员,形成一个以设备为中心的组织结构,因而出现了各种管理制度。直到工业化带来的机器设备的优势再也不能发展生产力的时候,人们才意识到"员工"在企业中的重要性。这时才把管理目光从设备转移到"人"身上。"以人为本"的管理思想从此开始冲击着传统的管理制度,也产生了研究人在工作中活动的学科——组织行为学(organization behavior)

随着工业化进程进入下滑线,企业信息化的兴起,知识经济的浮现,企业管理越来越重视人的工作态度问题。态度(attitudes)是人关于物体、人和事件主观评价性的陈述。专家学者们审视工业化条件下的工作岗位、企业组织结构,感到"人"的心理学问题又回到了我们身边。在信息化条件下,信息爆炸、知识爆炸情况下,更应该注重人的"动机"问题,要从人的心智来考虑管理问题,这是管理思想的重要转变,也是知识管理的重点问题之一。

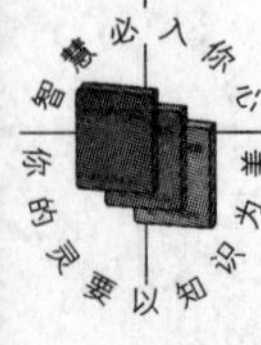

管理学专家们在论述"动机"理论中,提出了许多的动机管理方式。大体上归纳起来有两个要点,其一是工作岗位的再设计,其二是工作环境的再造。

工作岗位再设计(job redesign)就是要使工作岗位"人性化",使各种工作岗位符合"人"的需要,而不是将"人"单纯地看成设备的搭配,从而提高人的工作积极性,提高企业的生产力。

工作岗位再设计的思想是在理解与人相关的知识基础上形成的。今天的知识型公司里,在内部管理、业务流程等方面都与传统工业时代不一样。许多企业在信息化过程中都经历了业务流程再造(BPR),在这种全新的流程中,应体现基于流程的岗位特点,即这些岗位是以流程为导向而设立的。这里所涉及的知识主要有两个方面:人的素质和工作性质。

人的素质包括了员工个人的需求、个人的期望、个人的价值观、个人知识、个人所掌握的技能水平、个人的各种认知能力。对于一个企业来说,人的素质是十分重要的,企业要引进高素质的人才参加企业的工作,才能形成企业以知识为主的生产力。提高人的素质不只是企业要关心的问题,也是一个国家教育要关心的问题。

工作性质是指工作是体力(physical)的,还是智力(mental)的。两种工作的性质有着巨大的差别。现在知识型企业里大多数员工都是从事智力劳动,都是知识员工,这也是企业进行管理的重点。随着信息技术的应用,企业信息化水平的提高,传统企业里从事智力劳动的员工数量也会不断增加。但是,由于发展不平衡，目前还有很大一部分企业员工从事体力劳动。

根据员工的素质和工作性质，按不同的工作要求来设定合适的工作岗位，这就是“工作岗位再设计”的内涵。

工作岗位再设计就如“量体裁衣”一样，要满足员工个性化作业的需求。开始的时候，可以从工作的一个小单元设计起，然后扩展到整个工作任务，直到工作岗位上的操作标准完全可以与员工相匹配。对于那些经验丰富的员工，平常的工作任务已经使他们游刃有余，应该将他们配置到富有挑战性的、灵活的、具有一定难度的工作岗位上。

有两种直接进行“工作岗位再设计”的方法：其一是加大工作的广度，其二是加深工作的深度。前者是指在设计时将工作的范围加宽，后者是指在设计时将工作的难度加大。

增加工作的广度是指横向地增加工作范围，包括增加工作任务的数量，提供各式各样的工作。增加工作的广度，实际上就是增加员工的“工作负荷”，形成“满负荷”工作的状态。对于那些工作量不满的员工需要增加“工作负荷”，才能使其感到满意。对于那些工作量已满的员工，不需要增加“工作负荷”，否则会引起他对工作的厌倦。一些员工需要用日常事务填满他的工作时间，这样才会使他感到满足。他们所做的工作会使他们产生富有“能力”的成就感。这些员工心理上主要是寻求工作的多样化，而不是寻求工作的挑战性。

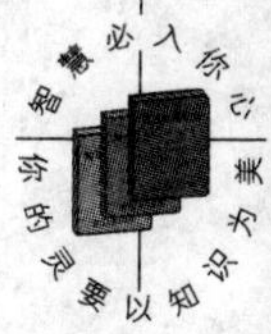

工作变换是指暂时性地分配给员工不同的工作或不同的任务。这种做法是不让员工对某些工作产生依赖性，增加工作的多样性。对装配线上的员工就可以采用一个月做这种工作，下个月换另一种工作，采用两种工作进行轮换的方式。在办公室的员工也可以采用这种变换工作的方式，使他们增加责任感，获得不同的知识，提高工作效率。

工作的轮换制促进了员工的工作兴趣和热情，可以使他们为企业多做贡献。但是一旦新鲜感过后，往往还会产生厌倦心理。而且并不是所有的员工都适应工作的轮换。管理者应注意这些问题。

另外，对于知识员工来说，“加大工作广度”并不只是增加工作量，增加工作量对他们来说没有价值，对他们来说，“加大工作广度”最重要的是增加工作类型，用不同性质的工作来满足他们对多样性的需求。

企业在投资信息化时，在一些行业里很难找到现成的规划软件如 ERP 软件。一些成功企业采用的方法是雇佣几个 IT 工程师，根据企业的实际状况来设计和构建合乎行业特点的系统软件。这些工程师是企业的知识员工，他们首先要做的不是软件编程，而进入实际岗位工作，在每一个岗位进行轮换工作，最大限度地增加他们的工作广度，使他们熟悉每一个作业流程，了解每一个岗位的工作需求，积累相关的行业知识和经验。经过这样一段时间后，再让他们进行信息系统的设计和编程。这时，他们所设计的信息系统就会最贴近企业的运作实际。

增加工作的难度，使员工面临各种工作的挑战，这会使员工感受到挑战和压力，也会产生成就感。这些都会使一些员工在心理上感到满足，避免平平淡淡的工作带来的松懈的感觉。这一点对知识员工来说显得特别重要。这是一种垂直增加工作负荷的方法，一些要点如下：

- 多样性的工作——给予新的、较大难度的工作。
- 重要的任务——给予员工完整的、自然单元的工作任务；也可分配单一特殊的任务给员工，使他们专注于这项工作，成为这方面的专家。
- 任务责任——增加员工所做的工作责任，给他们必要的权限。
- 反馈——定期向管理者做反馈报告。

可以从各种方面来增加员工的工作的难度，例如从工作方法、工作内容等。增加工作难度后，大多数员工都能够较好地控制他们的工作，完成工作任务。在一些公司中，还通过各种例会让管理者和员工讨论各种问题，管理者可以通过这种途径采集员工的正确意见，鼓励员工面对挑战。

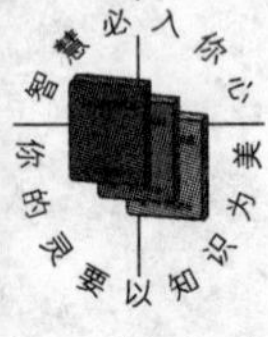

增加员工工作难度的方法也是改进员工工作态度和绩效的一个好方法。但是，并不是所有工作或员工都可以采用这种方法。专家们的试验告诉我们：这种方法只有在员工与管理者之间有充分的信任的条件下才可以采用。

要注意到，采用增加工作难度的方法一旦开始，就不是一种短期的行为。员工的工作难度水平与其技能水平相关，较高的技能水平可以完成较高难度的工作。另外，也要看到一旦员工的工作难度增加了，许多需求也应相应增加，例如，报酬等。人们因为工作难度增加使得从工作中获得的利益也增加，这使员工获得了一种“快乐”的体验，这些体验也许是第一次在工作经历中意识到自己的能力、自制力、识别力、责任感等等。这些都将激励着员工，使他内心里感到“快乐”，使他不愿意再回到以前的工作环境。他们会不顾一切地放弃以前的那种工作状态。

对于管理者来说，可以采用这种方法来增加对知识员工的挑战。这种方法比较适合知识员工。

许多企业没有设立一些新的知识岗位，因此就没有相应的职能和职责。在信息化的进程中，企业有了相关的硬件和软件环境，还应该设立相应的知识岗位，如前所述的CIO、CKO等。这些岗位的设立会促进员工形成一些行为的动机。例如,网络营销员在未投资信息化的传统企业中是不存在的,许多企业在投资信息化后也没有意识到设立这种岗位的重要性。在这种情况下,网络营销就是一种自发的、无计划的、不自觉的行为。员工自然也就没有一种积极的态度通过网络进行营销作业。所以,增加知识岗位是一种重要的管理知识员工动机的方式。

10.4.3 动机冲突

动机冲突是指两种以上的动机之间的斗争。由于人的需要的多样性、刺激的多样性,因此在多样的需要和刺激上形成的动机也是多样的。当多样的动机同时出现时,就产生了冲突,表现出动机冲突。在动机冲突时,有两种基本的解决方法:利用心灵的力量及利用科学逻辑的力量。

1.心灵的力量

在动机冲突中如何进行选择呢?最重要的是心灵的力量。美国学者J·马丁·科尔所著的《最伟大的力量》[①]一书,激励着许许多多的人去选择生活、选择环境、选择性格、选择财富。不正确的选择导致了失败、痛苦、贫困的人生处境,正确的选择能获得成功、喜乐、财富等人生的辉煌。他告诉人们正确的选择有无限的力量,它将引导人们走向成功。在这本书里,他把正确选择描述成一种积极的心态和思想。他写道:“我们必须意识到,没有任何我们自身之外的东西会伤害我们。……那么,什么会伤害我们……只有我们自己错误的选择。如果我们选择吃得太多并因此生病的话,该怪谁呢?如果我们选择将车开得太快以至于它最终失去控制的话,该怪谁呢?如果我们选择使自己的性格龌龊,令人讨厌,该怪谁呢?……”

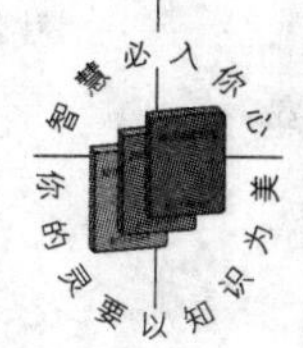

在谈到选择财富的过程中,他强调要选择积极的思想,要充满希望。他写道:“如果你将自己的希望毁掉的话,你就为自己创造了一种充满困难和失意的生活。……艾伦在他的小册子《思考的人》中说:‘思想就是物质’。我们把它改为‘思想变为物质’。”当我们有了一种积极的思想,便有了积极的心态,就会去克服眼前的困难去达到自己的理想。人类社会任何“物质”都是人类“思想”的结果。同样,我们目前所拥有的一切“物质”财富,也都是我们以往“思想”的结果。

在动机冲突中,我们还看到许多人在选择环境上的不同点。外界环境对行为的成功与失败起着一定的作用,但并不是决定性的作用。“对于我们中的

① [美]奥格·曼狄诺汇编.羊皮卷.深圳:海天出版社,2003

大多数人来说，我们必须承认我们控制不了外部条件。这是千真万确的。那么，我们能做什么呢？我们可控制我们的想法……而且通过控制自己的想法……通过运用这种最伟大的力量——选择的力量……我们可以间接地控制周围的环境。……这种做出正确选择的力量只存在于人类自己的头脑中，他们可以有自己的选择，实现自己的计划，真正按照他们所梦想过的方式去生活。把责任推给周围的环境是再容易不过的。”成功的人会用积极的心态看待环境，无论顺境还是逆境，都会保持平稳、自信的心态去应对周围的环境。

另外，在心灵中道德的力量在动机冲突中有着极大的力量。一个人可以选择“爱”，如对人友善等，也可以选择“恨”，如对人心怀嫉妒等。中国古代圣人孔子说：爱人如己。圣经中也对“爱”做了很详细的定义。《圣经》写道：“爱是恒久忍耐，又有恩慈；爱是不嫉妒，爱是不自夸，不张狂，不做害羞的事，不求自己的益处，不轻易发怒，不计算人的恶，不喜欢不义，只喜欢真理；凡事包容，凡事相信，凡事盼望，凡事忍耐。爱是永不止息。……如今常存的有信、有望、有爱；这三样，其中最大的是爱。”“爱”与“恨”在心理学中只是属于一种情绪范畴的个性心理特征，但是，它巨大的力量形成了波澜壮阔人类历史的画卷，它是改变人生的力量，也是改变世界的力量。如果每一个人心中都充满爱，爱的阳光就会充满整个世界，人与人之间的关系就会十分美好，这个世界就会十分美好，就不会有罪恶、战争。

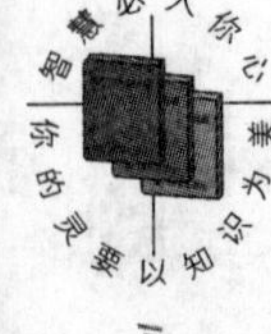

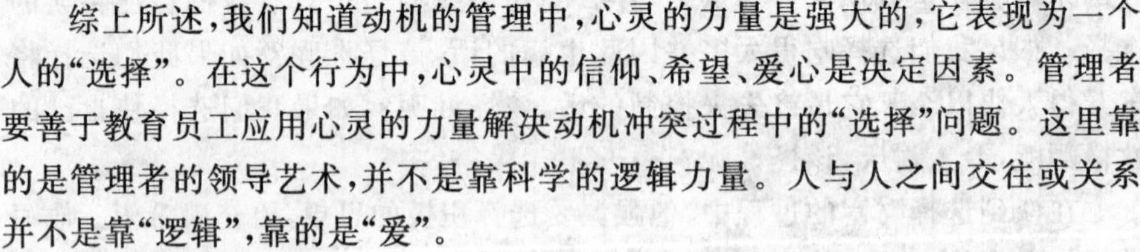

综上所述，我们知道动机的管理中，心灵的力量是强大的，它表现为一个人的“选择”。在这个行为中，心灵中的信仰、希望、爱心是决定因素。管理者要善于教育员工应用心灵的力量解决动机冲突过程中的“选择”问题。这里靠的是管理者的领导艺术，并不是靠科学的逻辑力量。人与人之间交往或关系并不是靠“逻辑”，靠的是“爱”。

2. 科学逻辑的力量

在管理中，也需要科学的逻辑的力量来管理员工的动机，解决动机问题。诺贝尔奖金获得者，卡耐基－梅隆大学的管理学家西蒙(Herbert A. Simon)教授的决策理论是值得我们注意的。

企业是一个统一体，是一个系统，在这个系统中的所有问题都可以分成程序化问题、半程序化的问题、非程序化的问题。西蒙教授认为，企业中存在着两种最基本的决策：程序化决策(programmed decision)、非程序化决策(non-programmed decision)，这两种类型的决策只是企业这个连续统一体中的两个极端，这两种决策所采用的技术是不一样的。这两个极端的中间部分，是连续的过渡“灰色”地带(如果将两个极端比喻成一黑一白)，对此间的问题进行决策即半程序化决策。

对企业中出现的明确的、常规的、可量化的、流程明确的问题，可以采取很明确的、确定性的行动规则来解决这些问题。这类问题的出现，都无须作为新问题来采取行动，只要按相应的技术标准、管理标准、绩效标准、制度、法律等来解决即可。它是科学的、逻辑的、理性的、不带任何感情色彩的行动选择。这就是程序化决策的含义。

企业中出现的另一类新的、非结构化的、流程不明确的、不可定量的、结果不确定、难以重复出现的问题是非线性的问题。现代管理学家一致认为，企业是一个动态的复杂系统，既然是复杂系统，非结构化的、非线性的问题就必然大量存在。对于这类问题的决策及所要采取的行动，就需要根据具体情况权衡利弊来进行。这种行为的过程很难建立统一的行为准则和标准等，只能采取个性化的、定制性的行动。它是艺术的、非逻辑性的、非理性的、带有浓厚情感色彩的行动选择。这就是非程序化决策的含义。

这两种极端的情况相对来说还是比较少。而这个世界上的大多数是“灰”色的问题。解决这些问题的行为就属于半结构化的决策范畴。它既有科学的、逻辑的、理性的成分，同时又有艺术的、非逻辑的、非理性的成分。

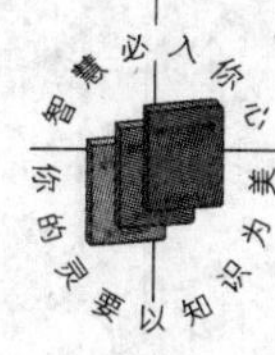

英国著名的经济学家、1993 年诺贝尔经济学奖获得者道格拉斯·诺斯(Douglass C. North)是当今新制度经济学的主要代表之一。他提出了一个认识/信仰制度结构，称为超级结构(scaffold)。在这个结构中不仅包括了法律、规则等正式的制度，而且也包括了非正式规则、潜规则、文化习俗、宗教信仰、官方意识形态等非正式的约束。超级结构是诺斯的新制度理论的重要组成部分。

如果我们从人类行为的动机角度来看这个超级结构，会带给我们一种全新的理解。在一个商品经济的社会中，任何人都生活在一定的制度结构中，人们的行为方式、行为动机都可以用这个超级结构来解释。如果我们将“认识”看成是一个分式的分子，代表着理性、逻辑，那么分母“信仰”则代表着非理性、非逻辑。一个人的任何行为都有理性和非理性的成分，只是这种成分在程度和数量上不一样。如果一个行为的“认识”成分多，也就是说分子大于分母，这时他所表现出来的行为方式就是科学的、逻辑的、理性的。如果一个行为的“认识”成分很少，“信仰”成分很多，分母大于分子，那么他所表现的行为方式就是非理性的、非逻辑的。因此，“认识”和“信仰”构成了所有人类行为方式的两个因素，只是每一个具体行为中其比例不同而已。心灵的力量强调“信仰”，逻辑的力量则强调“认识”。

在管理中，在决策或选择行为时，对于那些完全只有程序化的、逻辑性的、理性的、可量化的问题，在信息化的过程中可以直接交给计算机去处理，这样可以节约管理者许多精力和时间。对于完全非理性的、非线性、不规则的问题，管理者就要利用自己的智慧，个性化地解决这些问题。对于那些中间地带“灰”色的问题(“超级结构”中两种成分的比例 1∶1 是最好的)，可以利用人的智慧与计算机的能力，科学地、艺术地来解决这些问题。

综上所述，在动机冲突的管理与决策或选择过程中，心灵的力量、科学逻辑的力量同样是重要的。管理者不要顾此失彼。要让每一个员工既有科学知识的头脑，又有正确的道德信仰，只有这样才能完成好管理中的指挥职能。

10.4.4 动机与环境

管理学专家认为，创造一个良好的工作环境，就完成了动机管理的一半。所以，开发一个激励员工的环境，对管理活动来说是最本质的、最重要的。这种环境可以使员工的需求得到满足，员工努力为企业奉献自己的知识和才能；通过全体员工的努力，企业获得效益。知识管理中，良好的工作环境就是“知识环境”。

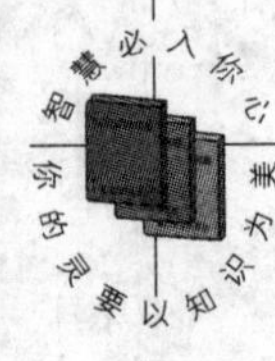

从广义上讲，使企业能够达到目标的一切资源都是这个环境的组成元素。例如，报酬系统、培训机制、企业文化、经过良好构思的组织结构、管理者个人的哲学观点(管理哲学)、价值观、个人行为、期望值都是这个环境的组成元素。

管理者的“管理哲学”是关于管理者的工作、人品、在组织中的角色、自律、绩效评估、指导、培训，以及人与人之间的角色。这些都形成了一个管理者在执行管理行为时的基础。

建立在积极基础上的管理哲学，是催人奋进、热情、积极工作、寻求独立性、形成积极反应、与各方面保持着良好关系的管理哲学。

积极的管理哲学产生了积极的行为方式。管理者积极的行为方式就是以员工为中心，帮助员工实现自己的目标，帮助员工排除障碍，发展目标，建立机会，鼓励积极地承担风险，提供工作的稳定性。管理者可以公开地赏识员工的贡献，洞察员工的需求。这些都将增进员工对企业的感情，使员工改变自己，融入到企业中，增进了员工对企业的忠诚度。

管理者应将自己对绩效的期望，以及对员工行为的期望与员工沟通，使员工了解管理者的期望。对于员工来说，他们需要知道什么是管理者真正需要的。这可以分成两个阶段，其一是形成管理者与员工的沟通渠道，让员工有渠道了解管理者的期望；其二是管理者要保持“期望”的连续性。这样可以减少员工的各种不安情绪、猜测心理等，使员工都知道管理者在期望什么，而且是很稳定的期望。

以上所述都需要管理者付出努力。对于知识型公司来说，因为有大量的知识员工，所以在知识管理中所说的“知识环境”与传统企业中非知识员工的良好工作环境的概念有差别。关于这部分的内容请参见第3章“知识环境”。

10.5 领导

领导(leadership)是指管理者利用他人的活动去达到自己(企业)目的的行为。领导是管理者的一个角色，它是指挥职能中广泛存在的一种行为。虽然，每一个管理者所用的管理方法都不一样，但是都有一种行为是一样的，即通过他人的工作去获得某种期望的结果。这种利用他人的活动去达到企业目的的行为，使管理者认识到企业最宝贵的资源就是“人”，也使管理者意识到企业最大的挑战就是提供正确的方式去培养和发展“人”。英国二战名将蒙哥马利在《我的指挥原则》一文中写道：“我的指挥原则虽然需要详加阐明，但它可归结为一个词：领导。”可见，在管理者实施指挥职能时，一定要有“领导”的概念。

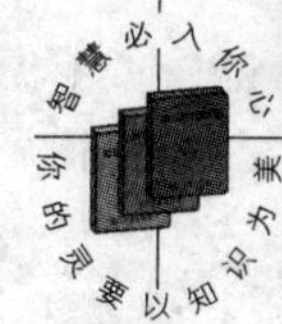

10.5.1 什么是领导

只要一个人影响另一个人或一个团体去完成一个目标，“领导”就出现了。因此，领导可以定义为：

领导是一种行为方式或行为过程，它是指一个人影响一个团体或另一个人，使他们贡献出自己的体力或智力去达到自己(企业)的目标的过程。

这个过程中包括了领导者、团体或个人，也包括了特定的目标，以及领导者个人的影响力。

“管理”和“领导”是不同的两个术语。管理者并不一定都是领导者。管理者可以行使“计划”、“组织”、“人事”、“控制”的管理职能，也可以实施部分“指挥”的职能，但是他不一定可以有效地影响下级或他人去完成目标。所以，这种管理者不是领导者。理想的情况是，所有的管理者都是领导者。但是，事实是许多管理者并不是领导者，他并不会去领导别人，不能去影响别人或团体去达到组织的目标。例如，知识型企业里，大多数知识员工都是管理者，他们行使“计划”、“组织”、“人事”、“控制”的管理职能，有时他们也根据有关规则实施部分"指挥"职能,但是他们并没有真正"影响另一个人或一个团体去完成一个目标",所以他们是管理者,但不是领导者。另一种情况是,一个"领导者"并不是一个"管理者",他可能影响和指挥组织的成员,但是没有能力完成其他的管理职能。典型的例子如战地指挥官、竞赛场上的队长等,他们可以"影响另一个人或一个团体去完成一个目标",但没有行使其他的管理职能。所以,"管理"和"领导"是两个不同的概念,"管理者"和"领导者"也是两个不同的概念。

另外,在非正式的组织里常常只有领导者而没有管理者,例如体育运动队、俱乐部等。"领导者"影响着团体的每一个成员,使他们能够去达到一定的团体的目标。在这里通常没有管理者,没有人去行使五项管理职能。

专栏 1——领导者与管理者

美国前总统尼克松在他所著的《领导者》①一书中,谈到领导与管理、领导者与管理者的不同,他写道:

伟大的领导是一种特有的艺术形式,既需要超群的力量,又需要非凡的想像力。……尽管领导需要有技术,但领导远远不是有技术就行。就某种意义来说,管理好比散文,领导好比写诗。在很大程度上,领袖办事必然是靠符号、形象,以及成为历史动力的、能启发觉悟的思想。人们可以被道理说服,但要用感情来感化。他必须既能说服他们,又能感动他们。经理考虑的是今天和明天,领袖必须考虑到后天。经理代表一个过程,领袖代表历史方向。因此,一个没有管理对象的经理就不成其为经理。但是,一个领袖即使失去了权力,也能对其追随者发号施令。

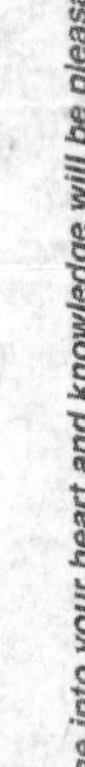

英国二战名将蒙哥马利在《我的指挥原则》②一文中写道:

我的指挥原则虽然需要详加阐明,但它可归结为一个词:领导。哈里·杜鲁门在他的回忆录中说,从历史研究中他懂得:"领袖是具有这样能力的人,使人们去做他们不想做的事,而且乐于去做。"这样简短的定义不足以说明领导一词的复杂情况。另一方面,人们在使用这词时往往不确切,也不理解它的全部含义。我对领导一词所下的定义是:"它是团结男女大众实现共同目标的能力与意志,也是鼓舞人们信心的一种品格。"

仅有能力还是不够的,领袖必须乐于发挥他的能力。因而他的领导是以真理与品格为基础的。在目的性中要有真理,品格中则要有意志力。

10.5.2 领导角色

在正式的组织里的工作环境下,管理者必须扮演四种基本的领导角色:教

① [美]理查德·尼克松著.尤勰思译.北京:世界知识出版社,1997

② 陈一放主编.领导文萃.福建省党校《领导文萃》编辑部,1999

育者、顾问、法官、发言人。

教育者(educationer)。所有的管理者都必须扮演领导的教育者角色。管理者在扮演这个角色的过程中,要教导员工工作技能、工作方法,要让他们接受组织的价值观、道德伦理、行为规范等。管理者对员工的教育有两种途径。

第一,言传身教。管理者通过自己日常工作过程对员工进行教育。例如,管理者的工作习惯、工作的态度和表现等,这些每时每刻都在对员工进行教育。

第二,正式的培训。除了管理者言传身教所实施的教育外,管理者可以通过正规课程培训教育员工,直接对员工进行思想教育、技能培训。

管理者为了能对员工进行教育,自己要有各方面的知识,并要了解员工培训的基本原则,学习有关理论,掌握有关技术知识等,从而能够很好地扮演教育者的角色。

顾问(counsellor)。这个角色要求管理者认真听取各方面的意见与建议,发表自己的看法,向员工发出指示,预防和解决员工中出现的问题。在扮演这个角色时,管理者要实现员工心中的两点期望:其一是要关心和理解员工,其二是帮助员工解决问题。

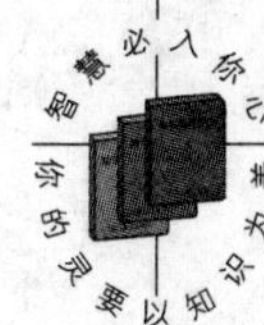

顾问的角色并不是要管理解决员工的所有问题,而是要帮助员工认识最基本的问题,以及帮助寻找问题的解决方案。

法官(justicer)。管理者扮演法官的角色,就是要对下级的工作绩效、工作过程、行为规则等进行评价,解决员工之间、员工与各级管理者之间的争端,并做出正确的评判。

管理者要当好法官,要做到正确、公正地评价一切。这需要管理者有一系列专业知识和测量工具。员工绩效、公司政策、作业程序、行为规则等都与企业规章制度的强制性有关,都与沟通、培训有关。利用这些使员工明白,他们的行为的界线、权限是什么,如何行动,以及在什么情况下行动等。评判他们的行为、解决他们之间的争议需要管理者的知识和智慧。

发言人(addresser)。管理者是下级的发言人。当下级的建议、关心的问题、观点要向上一级管理者表达时,管理者成了下级的发言人,将下级的意见、问题向自己的上一级反映。这意味着管理者不得不面对各种变化,这些变化包括了改善作业流程,提高员工士气,改进工作环境。

管理者在扮演这个领导角色时,必须提交下级的意见,即使这些意见中有自己不同意的,也要如实向上级汇报。出现不同的意见是一件正常的事,这是因为管理者与员工对情况有不同的理解。

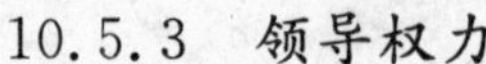

10.5.3 领导权力

每一个领导都有一定的权力，我们在讨论领导的权力时，要分清几个基本概念：职权、职责、权力。

职权(authority)是指管理职位上固有的权力。它是居于职位上的一种合法权力，与职务相伴随而存在。一个人在组织结构中职位越高，职权就越大。**职责**(responsibility)是指一个人获得职权后，所应承担的相应责任。**权力**(power)是指一个人影响组织决策的能力。管理学家 John French 和 Bertram Raven 将权力的来源分为五种：强制权力、奖赏权力、法定权力、专家权力、感召权力。

强制权力(coercive power)是一种让人惧怕而又必须服从的权力。强制权力使用一些生理或心理上的威胁手段来支持这种权力。如，生理上，折磨他人的肉体，使他人服从；在心理上，威胁可能会产生某种后果，使他人服从。

奖赏权力(reward power)是用利益来使他人服从的一种权力。这种权力在组织里十分普通，组织中领导者大多都有对下属良好评价、提薪、晋升、奖励等的权力，组织中的下属对上级的服从也大多是由于领导握有这些权力。但是，奖赏性权力并不是管理者独有的一种权力，许多人都可以巧妙地利用这个权力让他人服从。

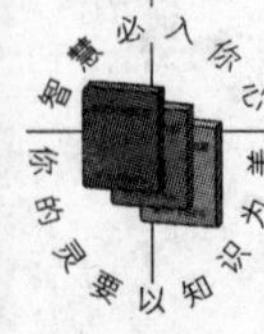

法定权力(legitimate power)是与职权同一意义的权力。法定权力常包含了强制权力和奖赏权力，但远远比这两者更宽、更大。

专家权力(expert power)是来自专业知识、技能而产生的一种权力。在组织中，知识员工就有这种权力，他们可以凭这种权力进行相关的决策，对组织产生很大的影响力。在一个知识型公司里，这种专家权力会使其他权力得到淡化。如果管理者本身就是专家，那么他就会集专家权力和其他权力于一身。

感召权力(referent power)是个人的智慧和能力所产生的一种使他人信服的权力。感召权力是使被领导者真正从内心感到喜欢领导和服从领导。领导者行使这种权力使被领导人感到"心服口服"，因而这是一种领袖魅力(charisma)的权力。这种权力是每一个管理者、领导者都应该追求的权力。虽然一些管理学专家将"感召"视为一种权力，但是实际上它已经不属于权力的范畴，把它划为"非权力影响力"更为合理，因为"感召"已经超越了科学管理的范畴，进入了管理艺术的境界，成了"心"的管理。

10.5.4 领导本质

成功的领导是与领导者个人特点直接相关的，所以，对"领导"的研究就集中在两点上：识别个人特点，比较成功的领导与不成功的领导之间的差别。两者都证明了价值。

“领导者”是在组织环境中“管理者”与下级之间相互作用中而产生的，因而“领导者”也是“管理者”。因为，这是在“管理者”与个人、团队、组织的相互作用中产生的“领导者”，所以一个领导者对企业的工作有深度的影响，对组织的环境也有深度的影响。在知识企业中，领导的作用并不是指手画脚，而是在于建立企业的价值观、知识环境、企业的道德伦理。领导者与员工的关系是朋友、伙伴、老师等，而不是长官。

领导者对组织的影响表现在两个主要方面：其一是权力的影响力，其二是非权力的影响力。这实际上就是一个领导者的本质。回顾一下我们所接触的领导人或管理者，我们就会发现：大多数无能的领导者或管理者总是依赖“权力”因素的影响力来进行管理，被管理者惧怕的是这些人手中的权力；而那些德高望重的领导人或管理者，靠的是“非权力”因素的影响力来征服被管理者的心。

1. 权力影响力

在正式组织中，领导者权力的影响力是相当大的。这是一种强制性的影响力，它随着领导者的职位、权限的变迁而变动。可以将权力影响力看成一种硬性的影响力，因为它对人们是一种强制性的影响，无论人们愿意与否，都要接受这种影响。形成这种影响力有三种因素：社会心理、职位、资历。

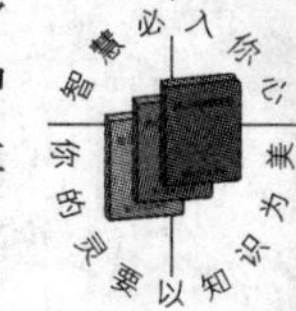

(1)社会心理因素

在长期的社会化的生活过程中，人们形成的社会心理常使人会接受这些影响。特别是顺从心理，使人在一个组织环境中都会顺从上级领导人，接受其带来的权力影响力。由于这种影响力是强制性的，所以表面上对领导的顺从并不代表心里面真正的顺从。具体分析各种情况，大体上有如下几种：

①表面顺从，心里也顺从。这种情况不是完全由权力影响的，它是权力影响力和非权力的影响力共存的一种表现。

②表面顺从，内心拒绝。这种情况是完全由权力影响产生的，例如因为领导有奖罚的权力，为了获得某项奖赏表面上服从领导。

③表面不顺从，内心顺从。这种情况非权力因素的影响力占主导地位。人们可能由于环境的原因、自尊的原因表面上不顺从，实际上又顺从，这种顺从来源于对领导人格、品质等非权力因素的影响力。

④表面不顺从，内心也不顺从。这种情况实际上是一种完全对抗领导的表现。大多数人不会采用这种方式来对待领导。因为在一个组织中，如果完全不顺从组织，这将被组织或被权势所抛弃。

在组织中，完全受权力影响的是“表面顺从，内心拒绝”。这种情况在组织中常有。员工服从领导，是因为领导手中的权力可以影响到自己的切身利益。这种情况在一个组织文化、制度结构不良的企业里是广泛存在的。

(2)职位因素

这是指由职位因素而产生的影响力。领导的职位越高影响力也越大。位高而权重足以使人感到畏惧。这种职位因素足以影响到下属的切身利益。一个领导人的职位高低常决定了他的影响力大小。微软CEO访问中国，足以惊动全世界；而一个微软的部门经理来到中国，可能只有小部分人知晓。

在一定职位上的领导人，一举一动常对企业带来各式各样的影响，所以，领导人在领导岗位上也提倡自律行为。

(3)资历因素

这是指领导人资历所产生的影响力。一个领导人的资历也具有很大的影响力。如果一个领导有曾在大型企业工作过的资历，领导过大型企业并获得成功，这样的领导人来到一个新的企业之前，就会影响这个企业。

以上三种影响力都属于权力影响力，它有如下特点：

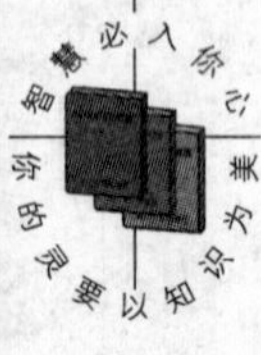

- 它是组织中的法定权力；
- 这种影响力是外界所赐的；
- 影响力大小随组织内的职位变动而变动。

权力的影响力在工业经济时代的领导者中显得十分重要，随着知识经济到来，企业的管理更趋向软性化的管理，这种管理要求对心智的管理，这时领导人对企业产生的影响力并不只是注重权力的影响，而更应该注重“非权力影响力”。

2.非权力影响力

非权力影响力是指领导者并非因为权力而影响别人。正如以上所说的“感召权力”，它是因为领导的品格、知识、感情、能力、业绩、榜样、个人智慧等深深地影响着别人。这是一种领袖的魅力。领导者可以通过这些非权力的影响力，使企业得到发展。主要有如下几个因素。

(1)道德因素

它是指领导者的道德水准。领导者的道德品质是产生非权力影响力最重要的因素之一。人们都尊重有良好道德修养的人，厌恶道德败坏的人。一个领导者，无论他的道德品质好坏，都会产生巨大的影响力。一个道德败坏的领导人，产生巨大的负面影响，人人诛之；一个道德良好的领导人，会产生巨大的正面影响，甚至是对几代人的影响。

“道德，道德，有道才有德。”这句话十分形象地描述了一个人的道德来源。“道”是指一个人的信仰、爱心以及对未来的期望，这就是“有信，有望，有爱”。一个领导人有了良好的道德后，必然形成了一种人格的魅力和忘我的工作作风，这些都会深深地影响着所有正直人的心灵。一个企业的领导人，如果能够靠道德的力量而不是靠权力的力量去征服员工的心，这个企业一定是一个成功的企业。

(2)才能因素

这是指领导者的能力个性心理特征。领导人的认知能力也是非权力影响力的一个重要的因素之一。一个领导人的思维能力、判断能力、解决问题的能力等认知能力通常直接影响着下属和员工。下属都会愿意跟着一位聪明的领导者工作，员工都会佩服聪明的领导者某些方面的能力。反之，如果一个领导者思维迟缓，缺少快速解决问题的能力，这常导致企业员工和下属的反感。

(3)知识因素

这是指领导者所拥有的知识和经验。一个学识广博而专业基础深厚的领导也会产生巨大的非权力的影响力。特别是在知识经济中的知识型公司里，如果一个领导者没有广博的知识和深厚的专业知识，常常难以领导下属进行工作。但是，领导拥有知识的关键不是利用知识创造发明什么，而是利用知识产生企业的智慧，这是知识管理中，领导重视知识的关键，也是21世纪企业领导人必须拥有大量知识的原因。

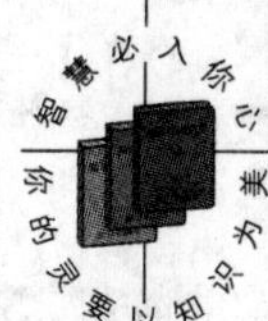

(4)感情因素

这是指领导的情绪个性心理特征。感情的影响力也是巨大的。领导者与下属或员工产生了深厚的感情，这将使企业的管理和控制达到最高等级。领导者要与下属、员工建立起深厚的感情，就要求领导有良好的道德修养，对下属、员工富有爱心，“己所不欲，勿施于人”。关心、爱护、支持下属和员工，经常进行沟通，交换意见、看法、思想等，与下属在情感上保持沟通状态。

以上4种因素都属于非权力因素的影响力，这种影响力实际上就是一种“领袖魅力”，它是一种最高境界的“感召权力”。一个管理者可以容易地用他的权力来管理和影响组织，但是获得这种“非权力”的“感召权力”非常不容易。它有如下特点：

- 这种影响力是由领导者自身素质、修养而产生的影响力；
- 这种影响力不是强制性的，而是软性地对他人产生影响；
- 这种影响力可以从领导力修炼中获得，并在工作实践中不断调节提高。

领导者的“非权力影响力”也是一种良好的知识环境或工作环境因素。一些知识员工由于领导善待他们，使他们敬仰领导的道德、品质、知识、智慧、才能，在十分艰苦的情况下仍然保持对领导或企业的忠诚度。特别是在一些知识型公司里，知识员工可能因为对领导的敬仰，而不选择其他待遇更好的公司。

专栏 2—— 领导品质

作为一个领导者，应具有许多优良的人格或品质，参见如下论述。

许多学者研究认为，领导者应具有以下的人格特征：有理想，有胆略，责任心强，力求革新进步，直率，可靠，自律，有良心，有良好的人际关系，能力过人，有组织力，有判断力，善言，自信，心理健康，身体健壮，仪表端庄，风度优雅等。

戴维斯认为领导者应具备下列四种特征：智力——领导者的智力应较其部属成员的平均智力高一些；社会成熟性与社会宽容度——领导者的情绪比较稳定，具有处理极端局面的能力，领导者能与他人和衷共济，具有合理的自信和自重；内在的动机与驱动力——有强烈完成任务的内在驱动力；良好的人际关系与态度——成功的领导者重视其部属的价值与尊严。

日本企业界要求领导者应具有 10 项品德、10 项能力。

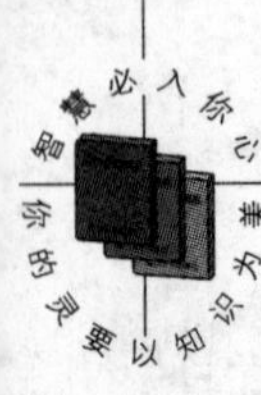

10 项品德为：使命感，责任感，信赖性，积极性，忠诚老实，进取心，忍耐性，公平，热情，勇气。

10 项能力为：思维决定能力，规划能力，判断能力，创造能力，洞察能力，劝说能力，对人理解能力，解决问题能力，培养下级能力，调动积极性能力。

美国企业界还提出了企业家应具有的十大条件：合作精神，决策才能，组织能力，精于授权，善于应变，勇于负责，敢于求新，敢担风险，尊重他人，品德超群等。①

要实施成功的指挥职能，关键点是领导者心理的修炼。领导者有良好的心理素质，通过管理艺术去获得被管理者的心，使员工喜欢工作，对企业有良好的忠诚度，这才是成功地实施了指挥职能。工业经济的管理学中把人当成机器来管理的所谓“科学管理”，再也不能适应知识经济条件下的企业管理。我们要掌握这一要点：可量化的靠科学管理，不可量化的靠领导力。

本章术语

指挥(directing)

行为(behavior)

---

① 赵文禄，李一著.心理领导学说.北京：中国社会科学出版社，2001

动机(motivation)
领导(leadership)
职权(authority)
职责(responsibility)
权力(power)

思考题

1.管理者为什么要理解需要？人的基本需要有哪些？
2.管理者为什么要理解行为？人的行为受到哪些因素影响？
3.管理者为什么要理解动机？如何管理动机？
4.什么是领导？它的角色和权力是什么？
5.领导的本质是什么？
6.非权力影响力与权力影响力的区别是什么？如何理解这两种权力的使用？

第十一章　知识控制

本章所探讨的内容从管理控制的基本原理到软性的控制，讨论了在知识管理中一系列的控制方法。从严格意义讲，知识管理中不存在控制问题，而存在绩效的问题。因此，本章的实质是讨论知识管理的绩效问题，内容包括了绩效标准、绩效测量方法、系统控制的方法以及软性控制等。

11.1　控制概述

控制是五项管理职能之一，它受到其他四项管理职能的影响。良好的计划、健全的组织、有效的指挥、成功的动机都需要一个有效的控制系统。具备有效的控制机制，才有可能将其他四项职能行使好。企业管理系统如果没有良好的控制机制，就不可能成为一个有效的系统。控制机制在系统中的位置参见图11-1。

从图11-1中可以看出，控制机制分别对系统输入、系统状态、系统输出进行着控制。这些控制机制都保证系统运行向着系统目标行进，一旦发生偏离目标的状况，控制机制就进行纠正，从而保证系统目标的实现。

11.1.1　定义

控制是建立某些标准来测量达到目标的过程。目的是控制和确定人或组织的某一部分或整个组织是否向着已定的目标发展。计划是选择目标，设定战略战术，控制就是使人、部门、组织向着目标前进，不偏离已定的目标。

控制的定义：

控制(controlling)是管理过程一种系统化的努力，它根据所计划的目标，设定绩效标准，设立信息反馈系统，比较实际绩效与预定标准间的差距，并纠正这种偏差，使系统运行向着既定的系统目标行进，不偏离系统目标。

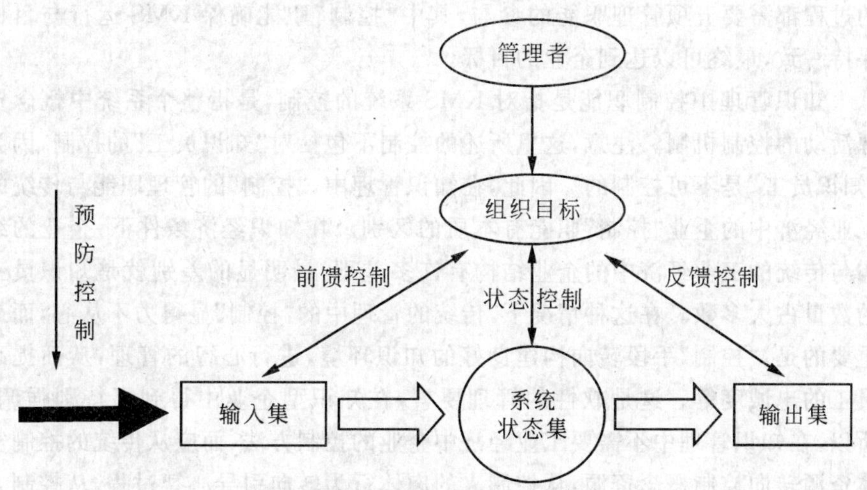

图 11-1　控制职能在系统中的位置

从控制的定义中，可以看出控制是系统中十分重要的一种元素。如果系统中没有控制机制，系统运行就可能偏离目标，就不能达到目标。

控制的管理职能涉及建立标准，根据这些标准进行绩效管理。如果没有一个标准，就难以控制。没有标准就不知道行为的绩效，也就无所谓控制。所以建立标准是"控制"这项管理职能的重要任务。

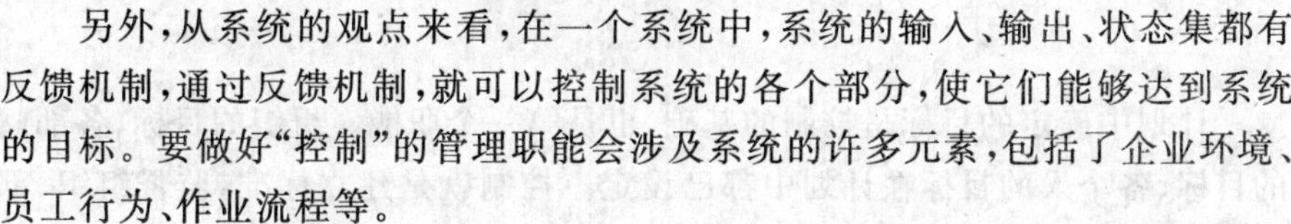

另外，从系统的观点来看，在一个系统中，系统的输入、输出、状态集都有反馈机制，通过反馈机制，就可以控制系统的各个部分，使它们能够达到系统的目标。要做好"控制"的管理职能会涉及系统的许多元素，包括了企业环境、员工行为、作业流程等。

五项管理职能是企业管理系统中不可缺少的部分。正如一般系统论的观点，如果一个系统没有控制机制，它就是一个没有系统目标的"开环系统"。而所有企业系统都是"闭环系统"，都具有自己的系统目标。要使这样一个系统达到自己的目标，其中"控制机制"就不可缺少，在知识管理系统中也不例外。

11.1.2　重要性

本章讨论一般系统的控制原理，这些原理在工业化企业向知识型企业过渡进程中仍然是十分必要的。

我们在讨论 KMS 时，输入集是信息、知识的获取等；系统状态是知识活动或知识转化等；输出集是实体产品、知识产品、知识资产等。这一系列系统

的过程都需要五项管理职能的参与，其中"控制"职能确保 KMS 运行与目标保持一致，最终可以达到企业的目标。

知识管理中控制职能是指对 KMS 系统的控制，是指整个系统中概念资源活动的控制机制。注意，这里所述的控制不包括对"知识员工"的控制，因为"知识员工"是不可控制的。因此，在知识管理中，"控制"的管理职能与传统的工业经济中的企业"控制"职能有本质的区别。在知识经济条件下，企业的结构与传统的工业经济中的企业结构有许多差别，最明显的差别就是知识员工的数量占大多数。在这种情况下，传统的管理中的"控制"显得力不从心，而最重要的是，"控制"手段转向构建良好的知识环境，进行心智的管理，从而提高员工的忠诚度等。这是软性的管理要素，在知识型企业中得到了特别强调。所以，在知识管理中不需要工业经济中企业的控制方法，而应从传统的控制实体资源转向控制概念资源，从控制人的肉体行为转向引导心智过程，从控制人转到构建环境。但是，在企业中并不都是知识员工的情况下，本章所讨论的控制原理仍然十分适用。即使有些知识型企业所有员工都是知识员工，但由于目前社会形态发展的阶段、道德伦理水平，传统控制的方式与采用"知识环境"控制的方式可以并用。

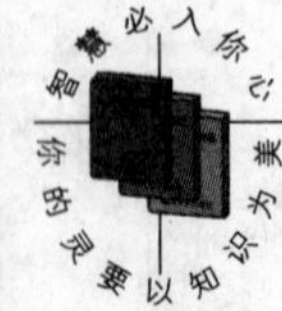

11.2 控制过程

计划中确定的目标是控制的基础，也是第一个职能。组织的目标、各部门的目标、各个人的目标在计划中都已设定。控制就是建立标准，监督组织、部门、个人的行为是否达到目标的标准，或是否达到目标的要求，并经过反馈系统，将组织各层中的行为反馈给组织最高层，最高层采取调节的行为，使组织中的各层次的行为都与总目标一致。这就是控制过程(control process)。一般来说，控制过程有三个基本步骤：

- 建立标准，用于测量组织过程的各种行为是否符合目标；
- 绩效测量，测量过程的各种绩效，与标准对比，使之不偏离标准；
- 采取行动制止任何偏离标准的行为。

一些管理专家认为，"标准"必须从计划中产生，计划必须先于控制。

11.2.1 建立标准

建立标准(establish standards)是实施控制的第一个步骤。标准是一种数量或质量的测量机制,它是为了帮助监控员工或组织的绩效、资本、货物、流程等而建立的。标准的性质取决于监控的对象。公司的标准可应用于员工、营销、产品、财务等各方面。但是,无论什么标准,它们基本上可以分成两大类型:管理标准和技术标准。

1.管理标准

管理标准包括了报告、规则、绩效评估。管理标准要从特定的领域出发,要从达到特定的目标所需的绩效的类型来制定这些标准。管理标准要易于理解,可在规则基础上做适当的评价,并且说明可容忍的最低限度。管理标准还要说明谁来执行标准的测量、标准测量的时间、执行标准测量的理由。在开发管理标准的时候,还要说明谁来使用这个标准。归纳起来,管理标准至少要有如下内容:

- 建立标准的目的;
- 标准的基本内容;
- 违反标准的界定;
- 负责检查标准执行情况的部门或管理者;
- 检查标准执行情况的时间;
- 该标准的适用对象;
- 该标准的制定依据;
- 该标准的制定人。

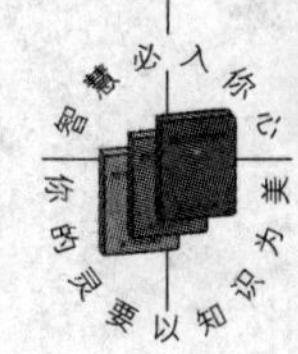

这里所说的管理标准是对那些可量化的工作而言的,这些标准都是由工作中相关的线性因素而开发出来的。所以,管理者在开发标准时也要考虑到一些非线性的、不可量化的因素。当然这些因素很难在标准中体现出来。重要的是管理者要知道所谓管理标准并不是唯一的测量员工绩效的标准。管理者要区分哪些是可量化的、哪些是不可量化的,哪些是结构化的问题、哪些是非结构化的问题、哪些是半结构化的问题,这样才能正确地建立管理标准。

2.技术标准

技术标准是对特定的业务而言的,它要指出业务的性质和如何进行这个业务。技术标准可应用于生产方法、生产过程、原材料、机器、安全设施、零部件等等。技术标准可以是企业内部制定的,也可以是企业外部制定的,例如,行业的安全标准一般由政府或行业协会制定。

技术标准应说明这个标准是由谁来负责或执行的,这个标准的基本内容,执行这个标准的时间,制定这个标准的理由,以及如何执行每一项标准。归纳

起来技术标准至少要有如下内容：

- 建立标准的目的；
- 标准的基本内容；
- 执行标准的时间；
- 执行标准的行为指南；
- 该标准的法定检验者(机构)；
- 该标准的适用范围；
- 该标准的制定依据；
- 该标准制定日期；
- 该标准的制定人(机构)。

企业内的各种技术标准可以采用国际标准，如 ISO，也可以采用国家标准、行业标准，还可以自己开发公司的标准，如厂商标准。但是，自己开发的厂商技术标准除非自己的公司产品足以左右整个行业(例如微软公司)，否则是很难为他人所接受的。所以，最好还是采用公开的各项标准。

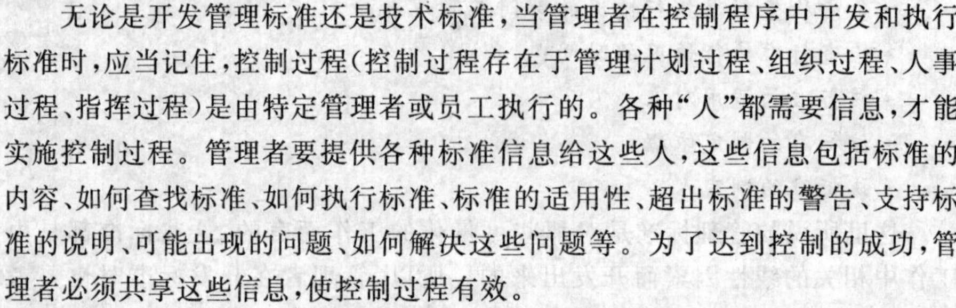

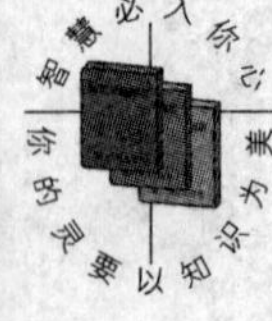

无论是开发管理标准还是技术标准，当管理者在控制程序中开发和执行标准时，应当记住，控制过程(控制过程存在于管理计划过程、组织过程、人事过程、指挥过程)是由特定管理者或员工执行的。各种“人”都需要信息，才能实施控制过程。管理者要提供各种标准信息给这些人，这些信息包括标准的内容、如何查找标准、如何执行标准、标准的适用性、超出标准的警告、支持标准的说明、可能出现的问题、如何解决这些问题等。为了达到控制的成功，管理者必须共享这些信息，使控制过程有效。

11.2.2 绩效测量

绩效测量(measure performance)是实施控制的第二步骤。它是管理者将“标准”与实际状况进行比较，进行绩效测量。管理者要确定所测量的对象是否在所建立的标准规定之内。绩效测量过程要简洁，标准要简单，使人很快就明白这个测量标准是否可接受。这样管理者就能够将这些标准应用于特定的测量过程。测量过程的结果与标准进行比较，如果符合标准，这种行为就可以继续进行，如果发现测量结果与标准不符合，就必须纠正这种行为，使之回到符合标准的轨道上来。

在一些活动中，经常会允许一定的偏差存在，因此管理者还要设定一定的允许偏差范围(range of variation)，这也是绩效测量的一项重要工作。管理者应该注意偏差的大小和方向，设定偏差的上限和下限，从而保证绩效测量的进行。绩效测量的方法如下。

1.绩效测量基本方法

投资回报(return on investment,ROI)是最常见的一种绩效测量方法。大多数都可在投资前进行评估测算,也可在投资款回收后进行评估测量。这种方法注重财务投资的回收价值。可作为衡量投资收益的程度。测量投资回报时一般从三个方面来考虑:其一是投资回收的时间,其二是投资所产生的利润率,其三是产生或获得价值所需的时间。

物主总成本(total cost of ownership, TCO)是常见的信息系统投资的绩效测量方式。它是指整个系统生命周期中所有相关的部分所发生的成本总和,包括系统的软硬件的采购、系统实施、系统维护、系统支持等所发生的成本总和。这种计算方法可以使人明了所有的费用发生,但也不是百分百精确。例如,系统不可预见的复杂程度导致一些费用的发生,系统集成的不可预见的难度导致一些费用的发生。这些是难以预见的因素,也是难以精确测量的。

水准基点(benchmark)最早是指事物在计算机和互联网技术中被衡量的参考点。设计水准基点有如下用处:

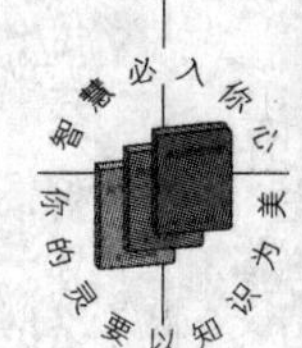

第一,衡量产品或系统,如研究室里测试比较新的计算机或设备的一系列相同的应用程序、互动使用情况和连锁反应情况。最终的结果是衡量与比较所有产品的水准基点。

第二,衡量特定操作系统或应用程序。

第三,对产品或新产品进行比较,以测量其绩效。

有时候研究室的水准基点不能反映实际产品的真实情况,因此,管理专家艾里克·雷蒙(Eric Raymond)为水准基点下了一个定义——"计算机绩效的不准确衡量"。但是,水准基点仍然是绩效测量的有效工具。设计水准基点作为绩效测量有如下步骤:

- 识别和理解现有流程。
- 形成基准团队——选择来自不同职能部门的专家作为设计水准基点的团队。
- 确定什么是基准——选择作为水准基点的参数。
- 确定基准伙伴——选择设计水准基点的合作伙伴。可以从有竞争或没有竞争的公司,以及代表行业平均水平的那些公司中选择合作伙伴,共同设计水准基点。
- 收集数据——收集和分析数据。记录设计水准基点时的所有数据,作为将来使用和改善水准基点之用。

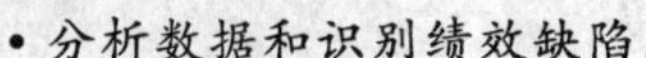

• 分析数据和识别绩效缺陷。

• 确定水准基点。

• 对改进采取行动。

• 回顾结果。

建立水准基点只是使我们明白事物的绩效程度，明白要做哪些改善，它无法使我们明白如何去改善。如果所建立的水准基点是错误的，就会导致我们采用错误的改善方法。所以只有当我们目标十分明确，建立的水准基点紧紧围绕着企业的战略目标时，水准基点才是有效的。COOK 公司在 1995 年对基准的定义是："从同一组织内部或从其他组织那里，识别、理解和改编著名的实践的过程，从而帮助改善执行。"这涉及比较实践过程和对最好识别方式的程序，一个组织或其他组织都会对此进行改善。这样，新的标准和目标就能够建立起来，这将有助于在质量成本和产品服务方面使客户感到更满意。

2. 知识绩效测量方法

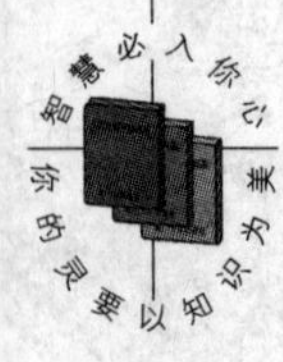

除了以上基本的绩效测量的方法外，美国亚特兰大乔治亚州立大学教授 Tiwana 所著的《知识管理指南——电子化企业和客户关系管理应用》一书中提出了一些新的知识管理中的绩效测量的方法。主要有两种：知识增长阶段框架（stages of knowledge growth framework）、品质函数开发（quality function deployment，QFD）。①

(1)知识增长阶段框架

"知识增长阶段框架"（表 11-1）描述了企业在业务流程中知识增加的阶段性。企业在进行业务的流程中，总是不断地从市场、客户、制造、服务等方面获得知识。获得知识的过程从无到有，形成明显的阶段性。各种阶段性中，所获得的知识都有相应的特点。当管理者识别了这些知识特点，按正常的逻辑，相应的绩效管理方法也就自然浮现出来了，而不必为寻找这些方法而冥思苦想。

在以上"知识增长阶段框架"的基础上，形成了如下"知识阶段特征和方法获得"（表 11-2），可根据这个表中所提示的阶段，发展出合适的绩效测量的方法。当然，这里并不只局限于绩效测量方法，也可以发展出其他的知识管理方法。

---

① Amrit Tiwana. *The Essential Guide to Knowledge Management*. Prentice Hall PTR, 2001

表 11-1　知识增长阶段框架

阶段	名称	知识的基本状态
1	完全忽略知识存在	没有任何知识状态
2	意识到知识存在	知识处于隐性状态(形象化)
3	理解并对知识进行评价	对知识进行记录(非技术性)
4	按自己理解和评价,定义知识的意思	按自己理解的意思,将那些认为有用的知识记录下来,并移植或结合到原有工作方法中去
5	显示处理知识的能力	形成局部处理事务的方法或操作指南
6	显示处理知识的个性特征	知识与经验结合起来
7	掌握了原理性的知识	形成具有科学性的逻辑性知识,如程序、原理、算法等
8	掌握了全面知识	可灵活应用知识,产生新知识

Amrit Tiwama. *The Essential Guide to Knowledge Management*. Prentice Hall PTR, 2001.

表 11-2　知识阶段性特征和方法获得

阶段	知识阶段	知识特征	知识定位	作业过程	获得方法
0	完全忽略知识	不能分辨知识	没有	没有	没有
1	获得形象化的感性知识	形象化知识	存在个人头脑中隐性的、难以表达的知识	基于尝试错误的作业过程	寻找自然浮现的模式
2	意识知识存在	可列出可能的相关存在的变量	大部分是隐性知识,部分可用语言表达,部分可用肢体语言表达	过程可被专家陈述,但仍然是随意性的	专家通过对过程的重复或反复试验,寻找方法
3	理解并对知识进行评价	还不能用技术进行处理	可以在动态多样的知识中确定那些与自己期望相关的重要知识	偶然的、不明确的处理模式开始浮现	仍然通过重复过程和试验寻找方法

续表

阶段	知识阶段	知识特征	知识定位	作业过程	获得方法
4	按自己理解和评价，定义知识的意思	可用科学技术的方法进行处理	知识可被书写和物化，有些可被编成软件	一些知识可显性化（外化）被编写成文档，但还不能测量其价值，因为测量其价值的方法还未找到	知识过程可被记录形成文档，知识外化结果可被保存和维护
5	显示处理知识的能力	形成了局部的、可重复使用的知识（诀窍）	根据经验形成局部程序性的、还不完全可靠的知识（诀窍），并可用文档保存	基于知识（诀窍）可产生一些好的知识成果	寻找能够产生令人满意的知识成果的模式
6	显示处理知识的个性特征	利用知识开发出成本可行的、有效的方法（知识诀窍）	知识存储在文档中成为日常工作的基本方法	局部地显示了这些知识方法的作用和能力。这些知识方法可以使流程机械化、自动化。它可通过时间和重复的检验证明是一种稳定的方法	通过实践不断地应用这些方法，从而证明它的可靠性，也可发现其缺点
7	掌握了原理性的知识	可以开发出正式或非正式的基于科学逻辑上的数量模型	可以清楚地表达知识，配置、编码和利用这些知识，并能控制处理知识的成本	可将知识编写成计算机软件和操作手册	在使用中不断重复、提高

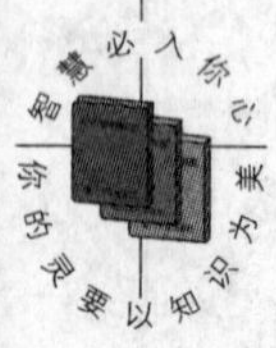

阶段	知识阶段	知识特征	知识定位	作业过程	获得方法
8	掌握了全面知识	完美的知识	获得或掌握完美的知识是不可能的，但是突发的事件可以被妥善处理	知识管理成为作业流程的一个不可少的内容	偶然的变化导致不能应用于流程中，就退回到以上第7阶段

Amrit Tiwama. *The Essential Guide to Knowledge Management*. Prentice Hall PTR, 2001.

以上两个表从知识发展的阶段性出发，阐述了知识管理的方法形成的阶段性，也可以从中发展出绩效测量的方法。

(2)品质函数开发

“品质函数开发”(QFD)是第二种知识管理有效性(绩效)的测量方法。这种方法是将高层的目标分解成个人可操作的微观行为，形成知识管理系统的输入集，例如员工或管理者个人的目标、对知识管理意义的理解、对所产生的系统结果的期望等，将这些进行量化，形成可分解的、可测量的、可管理的活动。通过对这些活动的管理、测量等，就可以知道系统的输出集的数据(函数)，从而知道系统结果的品质(价值的大小)。这样就可以将宏观的战略目标变成微观的可操作的行为，并可以知道行为结果的绩效(价值)，使企业的目标或愿景得以实现。

品质函数开发(QFD)采用了一个含有需求、业务流程、内部决策等数据的矩阵框架作为绩效测量的模板。可把这个矩阵形象地看成一个小屋，它包括了几个部分：顶部天花板、墙面。

结果墙(the outcomes wall)。所期望得到的结果可以列在矩阵的左侧，随着所期望的结果越来越多，就形成了一堵墙，可称之为结果墙。列在这堵墙上的所期望的结果，无论位置是高还是低，都应该十分清晰，而不拖泥带水。例如，在本财政年末应增加6%的回头客，半年内将订单周期降低20%等，要非常清楚地将所期望的结果表达出来。

优先墙(the priorities wall)。将结果墙上的结果按优先级排序，将优先级排序列在矩阵的右侧墙上，构成了优先墙。可以用层级或百分比来表示结果的优先级。一般来说，用层级表示较好，如第一、第二、第三等。

其他墙(other walls)。绩效方法可列在上方，形成矩阵小屋的天花板。

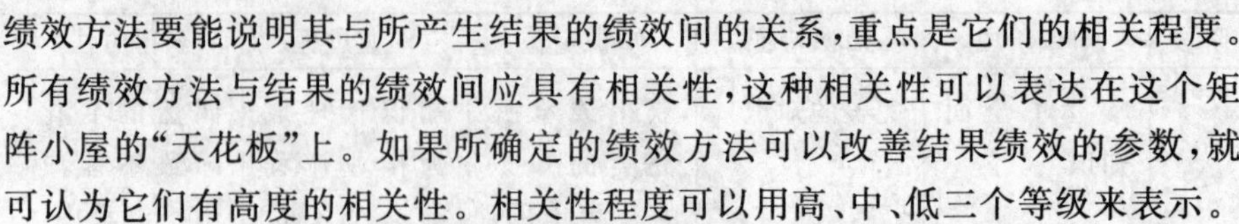

绩效方法要能说明其与所产生结果的绩效间的关系，重点是它们的相关程度。所有绩效方法与结果的绩效间应具有相关性，这种相关性可以表达在这个矩阵小屋的“天花板”上。如果所确定的绩效方法可以改善结果绩效的参数，就可认为它们有高度的相关性。相关性程度可以用高、中、低三个等级来表示。

一旦在计划中确定了目标，就可以采用 QFD 矩阵的方法来进行决策。将那些“天花板”上的绩效方法与“结果墙”、“优先墙”上的结果进行比较，选择出高优先级、高相关性的结果，以此作为商业行为的决策，从而提高绩效。

3. **整体绩效测量**

企业在实施控制职能并不只是注意单项的指标，如生产率、效率、产量、销售额、利润等，还应该注意组织整体的绩效，因为任何单项的绩效指标都不能代替组织整体的绩效。有如下方式可对组织整体的绩进行评价，从而达到控制。

组织目标法（organizational goals approach）是指以最终实现组织目标或系统目标来评价绩效。这种方法不注重过程，而注重结果。但是这种方法也会使管理者成为短视者，看不到发展前景，只注重眼前利益。在工业经济时代许多企业所采用的目标管理就属此类型。

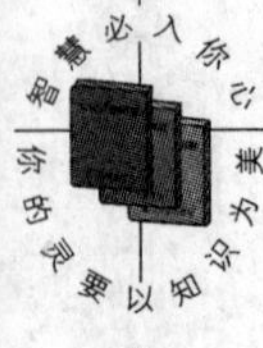

现在许多风险资本家或知识资本家也常用知识员工研究和开发的结果来衡量知识员工的绩效。

系统法（system approach）是指用系统的观点来评价组织的绩效。这种方法关注系统的输入、系统状态、系统输出整个过程。除了重视系统的结果外，还注重其他方面的成果，如市场份额、外部性、收入稳定性和持续性、资金周转率、员工忠诚度、客户满意度等。这是比较客观和全面的对组织绩效的评价方法。用系统的观点进行企业整体绩效的评估较为符合知识经济时代的时代要求。

知识资产法（knowledge assets approach）是指采用获得知识资产的方法作为组织绩效评价的标准。在知识经济时代，越来越多的公司注重自己的知识资产的形成，这些知识资产包括无形资产（商誉、知识产权等）、市场网络（包括了合作伙伴网络、供应商网络、客户网络等）、组织结构（公司的运营机制等）。许多公司把绩效的评价标准定在这些资产上，有时企业尽管在实体经营中不尽人意，但在知识资产经营上却有巨大的收益。

平衡记分卡（balanced scorecard）是目前许多企业普遍采用的综合绩效测量的方法。平衡记分卡是由管理专家罗伯特·凯普兰（Robert S. Kaplan）和大卫·诺顿（David P. Norton）1996 年在《哈佛商业评论》上发表的论文中提出来的概念。① 他们认为,任何单一的绩效指标都难以反映出企业的绩效全貌,必须综合各种指标来评价企业的绩效,于是设计了平衡记分卡来作为一种评估的手段。平衡记分卡是一种由一系列先行和滞后的绩效指标所构成的文档,文档中将这些效益指标分为四个类别。

- 财务;
- 客户;
- 内部业务过程;
- 学习与成长。

在平衡记分卡中包括的一系列绩效测量指标中,先行指标和滞后指标是相对的。对每一个具体的指标来说它既是先行指标也是滞后指标,视它在指标中的相对位置而定。这样,平衡记分卡就可以反映出手段和产出、原因与结果间的相互关系。

平衡记分卡法可用于企业的各个部门以及各种项目的评估上。可以把需要评估的对象的效益指标分为四个类别,进行具体的评估操作。

平衡记分卡有如下重要特征:

- 这是一份单一的文档,有一系列反映企业效益的指标。
- 文档与信息系统链接,可供企业各部门和相关人员查询。
- 平衡记分卡分成四个部分,每一个部分反映一个侧面的效益指标。
- 在卡中所定的各部门的效益指标应该根据企业的愿景、战略、市场目标而定。

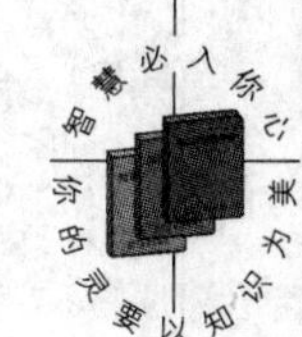

综上所述,对企业的控制绩效在整体上有四种基本的评估方法。在具体的企业中,这四种评估方法常常交叉使用。在知识型企业中,量化控制方面一般会渐渐减少,而在系统成果的价值评估方面会更加重视。

4. 绩效测量系统

如果在企业中利用信息技术建立起绩效测量系统,那么它应该有三个主要元素:监测、控制、人的因素。

监测是指建立一系列机制,跟踪系统的绩效,并报告给管理者。例如,典型的做法是,开发一个数据收集的机制,收集业务流程中的各种数据。

控制是指建立一系列绩效标准,作为绩效测量过程的参照,使业务流程运作按标准进行。

---

① Robert S. Kaplan, David P. Norton. *The Balanced Scorecard: Translating Strategy into Action*. Boston: Harvard Business School Press, 1996

人的因素是指在业务操作过程中，员工的动机、薪资等因素在操作过程中对员工的影响。

我们用系统的观点来思考以上三种元素，就会知道这三种元素在系统中相互作用，形成对绩效的管理。

企业的信息系统通过收集供应链上的各种数据，通过监测过程进行绩效的评估，评估结果是以设立的标准(管理标准和技术标准)为依据的，如一些水准基点。进行绩效评估后，就会知道业务流中的哪些部分效率不高，这样就可有针对性地加以改善。当系统知道哪些部分需要改善后，以系统输出的方式改革业务流程中不良的部分，从而提高绩效，形成系统的输出映射。从这里我们看到了系统中的运作过程。但是，不要忽略了系统中最重要的一个部分——“人的因素”。在一些激励机制中，员工受到动机、薪资等因素刺激，从而影响到流程的绩效。这是一个不可忽视的重要因素。

11.2.3 纠正行动

实施控制的第三步是纠正行为的偏差(correct deviations from standards)，它是指在管理中发现背离标准的情况，而发生这种情况的原因也已确定，就可以采取纠正行为。纠正行为要依赖三件事。

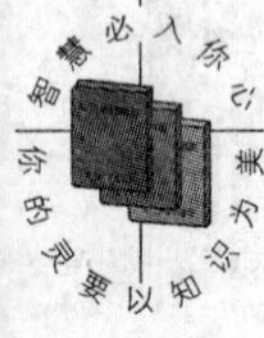

第一，标准。标准是否切合实际；

第二，测量的精度。是否因为测量设备的问题使背离标准的情况出现；

第三，人为因素。是否因为“人”的因素而出现标准偏差。

标准可能太严格或太松；测量过程也许因设备的老化或设备的使用不当而引出错误的结果；人也会出现判断错误或决策错误，有时也会出现恶意的操作。

这三种因素都有可能使绩效测量不准确。所以，在采取正确的行为纠正背离标准的情况时，要考虑到以上三种情况。

如果是“标准”不切合实际情况，就要修订标准。但是，修订标准一定要慎重，要全面考虑各种相关因素。例如，因销售指标定得太高，使销售人员不能达到销售标准，如果要修订这个标准，就要考虑到达不到销售指标的情况是否具有普遍性，以及有哪些客观因素影响了这个标准的实现。

如果是测量设备的精度出现问题，出现了背离标准的现象，那么就应该对测量设备进行维修或更换，以免造成进一步的偏差。

如果是人为的因素导致标准的偏差，管理者可以通过公司的行政手段、规章制度来纠正不良的行为。

以上这些可以使管理者对问题反应的时间缩短。但是,并不是所有的背离标准的情况都可以用单一的解决方案来解决。例如,客户不能够准时收到货物的情况,在规定中允许这种情况存在,因为公司的运输是外包的。但是如果是员工违反有关操作规程,造成客户不能准时收到货物,这种情况就属于要纠正的行为。

另外,可以利用一些自动化的设备纠正不合技术标准的行为。例如,当自动调温器感觉到温度下降或温度高于标准时,就会自动调节电流,增加或降低温度。

现在企业中的管理信息系统可以安装应用程序,帮助管理者发现背离标准的情况和调节这种背离行为。例如,采用预警应用软件,对背离标准的行为进行预警,使管理者能够及时了解情况。

利用公司的行政手段、规章制度来纠正偏差的行为时要注意例外的情况。例如,一个客户提出产品存在缺陷,而这个缺陷是标准许可范围内的。这时最简单的处理方法是,可以拒绝这个客户的无理要求,而保住大多数的客户。管理者要用自己的智力判断情况,进行正确的决断。

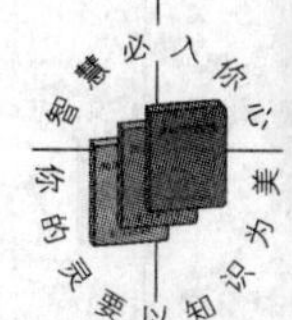

另外,我们在纠正不正确的行为过程中要格外注意:

第一,要发现背离标准的原因,避免主观性带来的错误;

第二,要尝试解决问题的方法;

第三,要记住问题出现的前兆现象;

第四,问题出现的原因是多样的,也许一个解决方法只能解决一个问题。

在纠正偏离标准的行为过程中,管理者要注重那些由非线性的因素引起的偏差。如果是这部分原因引起的偏差,就要靠"软性管理"方式来解决。

11.3　控制类型

在一个连续系统的过程中,有三个不同类型的控制:预防控制、状态控制、反馈控制。

11.3.1　预防控制

预防控制(prevention controls)是最重要的控制。并不是等问题出现了再去寻找解决问题的方法,而是要预防问题的出现。预防控制的焦点就是建立条件,使背离标准的情况不出现或难以出现。例如,采用有关安全的条

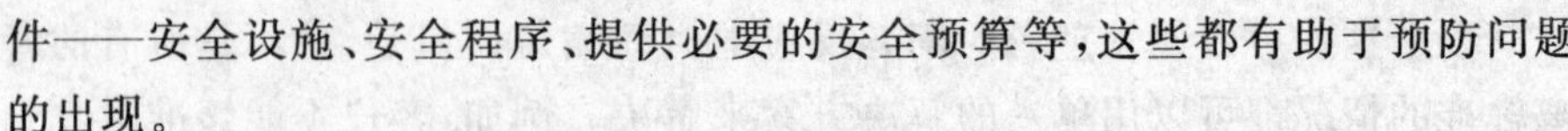

件——安全设施、安全程序、提供必要的安全预算等,这些都有助于预防问题的出现。

预防控制发生事件之前,包括系统构建之前、业务进行之前等。

预防控制的基本方式有如下:

文件(document)。企业经常采用的预防控制的方法有公司各种规定、说明文件等,例如,作业操作规程、操作说明等。这些都详尽地指导和规范了员工作业或行为,以避免出现问题。

合同(contract)。合同也是预防控制的方法之一。在双方进行交易前或在工作之前,在合同中规定有关条款,避免争端的出现,形成争端解决的方法。

建模(modeling)。采用建模的方式对事件进行分析和预测,特别是数学建模(mathematical model)可以反映实体的精确度,可预测将要发生的事,可以在问题还没出现时就知道问题出在哪里。也可以通过过程建模(process modeling)来预知事件的经过,从而发现问题。

还有一些其他的方法也可纳入预防控制的范围,例如,计算机仿真、试验等。这些预防措施都帮助企业避免问题的出现,节约了管理的金钱和时间。一些自动化的控制程序还可以将不符合条件的拒绝在系统之外,从而预防出现问题。计算机系统可以根据管理者期望进行设置,帮助管理者进行控制。

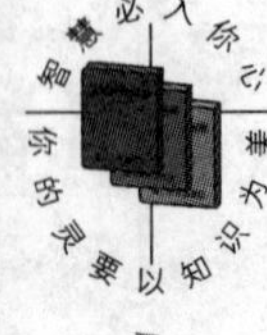

11.3.2 状态控制

状态控制(concurrent controls)也称为**同期控制**。这是对系统活动的控制,也就是说对事件发生后、活动进行中的控制。对系统的输入进行控制的称为**前馈控制**(feedforward controls),对系统过程进行控制的可称为**操纵控制**(steering controls)。预防控制的重点是事件未发生前设定条件,这些条件使得偏离标准很困难或不可能,因此这种控制方式常放在流程的开始前,阻止了可能出现的种种问题。而状态控制是对流程、事件、系统活动开始后的控制。它在系统的各个活动点上被设计成直接和预测偏离标准的控制方式。这种控制是流程内部的控制。人可以深入到流程中进行控制活动,只要有需要,就可以进行相关的控制活动,而不是在流程完成后进行控制活动。状态控制方式有两种基本类型:诊断型控制和治疗型控制。

诊断型控制(diagnostic control)要确定什么东西正在偏离或已经偏离了标准。它只告诉人们什么是错误的,并没有告诉人们为什么是错误的。诊断是很有用的一个测量方法,这种测量方法要依赖人的五官。也许最好的诊断就是当人们对情况很熟悉时,利用的直觉和经验。

诊断控制装置包括标准表、仪表、预警灯等，把它们设计成可以被五官感知，如发出声音、亮光等，通过计算机系统或人在事件背离标准时产生预警。在零售业、仓库、物流管理中都常用这种诊断型的预警装置。这些设备只告诉人们什么东西错了，并没有告诉人们为什么错了。

治疗型控制(therapeutic controls)除了知道什么是错误的以外，还知道为什么会发生错误。所以当它发现错误时就会自动纠正错误。许多机器设备、电子计算机系统等都有这种治疗型的控制机制。

管理者管理经常采用治疗型的控制方式进行日常的控制活动。例如，员工在技术培训中，技术人员在旁边观看，一旦发现错误的动作，就给予纠正，这就是典型的治疗型控制方式的管理。

可以通过对计算机系统的设置，安装相应的应用软件，对员工的行为进行治疗型控制的管理，从而提高企业的效率。

11.3.3　反馈型控制

反馈控制是一种岗位行为的控制，它注重流程的最终的结果。信息装置并没有用于纠正过程的错误，因为过程已经完成。反馈控制提供的信息可以用于类似的流程，如果一个流程是不断重复的行为，当一个流程结束的时候，系统从获得的反馈信息中可以知道是否存在错误。如果有错误，就会在未来的流程中给予纠正，以避免错误再次发生。

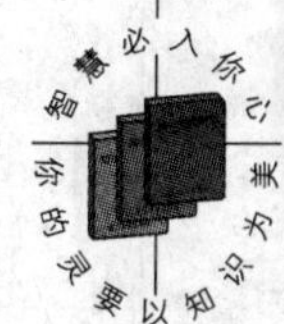

例如，在财务管理中，公司都要进行季度财务分析。如果分析结果不理想，就会采取行为，争取在下一个季度中获得好的财务业绩。

在现实生活中，我们经常采用反馈控制。在生活中获得的各种经验都是在各种正确和错误的行为中形成的，一旦遇到类似的情况，我们就知道该做哪些正确的反应。这就是人们常说的：从错误中学习。

图 11-2 中说明了一个开放系统的控制机制。企业是一个系统，它分别由实体系统与概念系统构成。但是，无论什么系统，都要有一个控制机制来控制整个系统的行为，在 KMS 中也是如此。在 KMS 中系统输入的是“概念资源”，这些概念资源也需要控制机制对其进行规范，从而使有利于系统目标的资源进入系统，并在系统的运作过程中不断给予“操纵控制”，使之不偏离目标。

在一个系统中几种类型的控制机制是同时存在的，它们为完成系统的目标而协作。系统管理除了控制职能外，还包括其他职能。

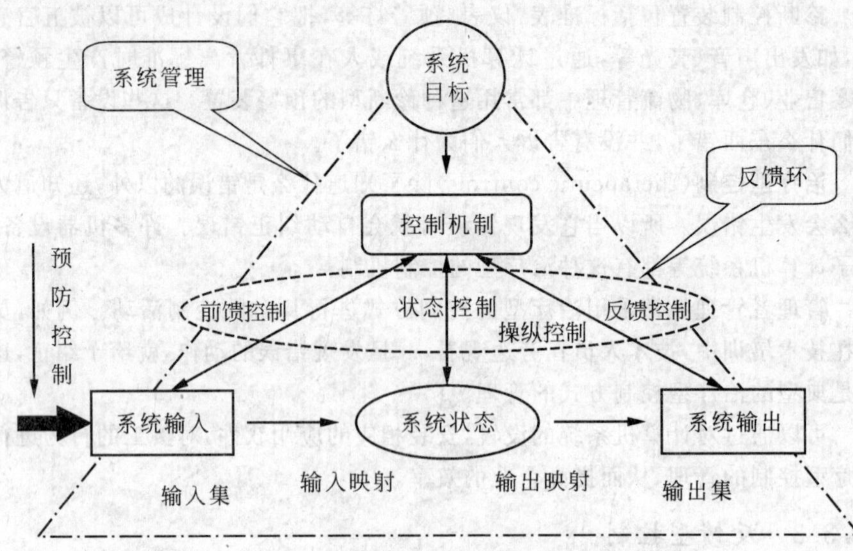

图 11-2　系统中控制类型

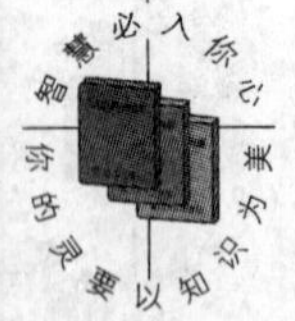

11.4　控制特点

"控制"的职能有许多的特性，但是最重要的有：控制可接受性、注重关键的控制点、经济上的可行性、精确性、适时性、方便性。

1. 可接受性

组织的成员是否接受"控制"，是有效性"控制"的关键。做正确的事和做事正确都离不开人的作用，所以"控制"实际上对员工会产生积极和消极的影响。积极的影响是因为员工接受控制，消极的影响是因为员工反对控制，使控制不能起作用。企业中大多数失败的控制，都是因为管理者缺少对员工动机的理解。这些缺乏对"人性"理解的控制被看成专制的、多余的控制，它与正常工作相冲突，产生了消极的效果。这是管理者在实施控制职能时应避免的。

例如，公司中断了午餐时间餐厅中的电视节目，这种控制是为了节约用电，但是引起了员工强烈的不满。这是一种多余的、消极的、不可接受的控制。又如，一些公司为了使资金集中使用，采用了将分支机构运用资金统一管理的方式，结果使分支机构不能进行正常运作，员工工资不能按时发放，引起公司支付信用、员工积极性受挫等负面效应。这是过度控制引起的消极结果，也是不可接受的控制。

2. **关键控制点**

关键控制点是指在对组织中关键成功点的管理控制。整个企业的关键控制点存在于销售、收入、费用、库存水平、员工流动、人员安全等各种环节中，管理者可根据实际情况进行设定。另外，每个管理者还可以设定自己的关键控制点。这些关键控制点是企业中不能容忍失败的，如果失败将对企业产生巨大的影响。

关键控制点也就是关键成功因素的控制。如果控制机制不能控制好关键成功点，就会使系统发展偏离系统目标，就达不到系统的成功。

3. **经济上的可行性**

控制职能的实施，要考虑到经济上的可行性。控制过程的成本或控制系统的成本要低于控制所产生的效益，这在经济上才是可行的。如果控制的成本太大，不能满足成本要求，企业从控制系统的投资看不到效益，那么这就是经济上的不可行性。例如，一个企业内部网采用银行的、安全级别很高的设备来控制网络数据的安全，显然成本很高，而企业采用这项控制措施并不能增加太大的收益。这样把适用银行的计算机安全系统引进到一般的企业计算机系统中，显而易见是一种成本上的浪费，也就是经济上不可行的。

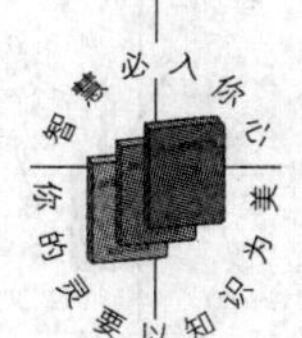

4. **精确性**

控制的信息必须精确。如果控制中的信息传递不精确，将会产生极大的问题，在预防控制中可能失去机会，在状态控制中可能浪费许多的资源，在反馈控制中可能做出错误的判断。控制信息的不精确，导致了错误的决策，从而产生了错误的行为。在现代企业中要尽可能地利用管理信息系统对企业的信息进行管理。

5. **实时性**

实时信息就如精确的信息一样，意义十分重大。如果给予管理者过时的信息或不需要的信息，就与缺乏信息一样是一个极大的问题。所以，管理信息系统必须收集、储存、传递各种管理所需要的信息，尽可能通过网络技术获得实时信息，使管理者在需要的时候能够及时地根据所获得的实时信息进行决策。

6. **方便性**

复杂性意味着降低了人的理解力。控制的操作过程应简化，使人们易于理解和操作，这有利于控制的实施。控制设备和原理可以是复杂的，但是控制

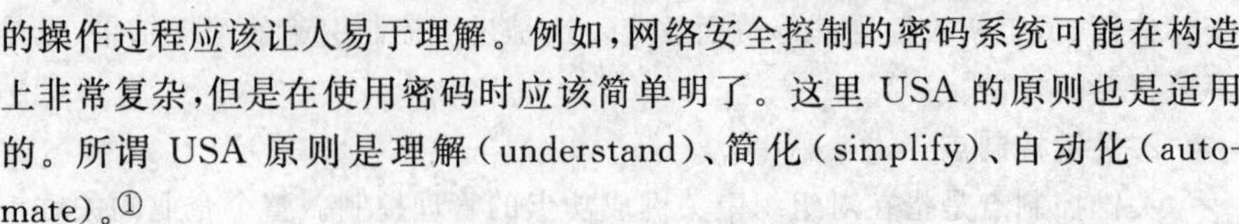

的操作过程应该让人易于理解。例如，网络安全控制的密码系统可能在构造上非常复杂，但是在使用密码时应该简单明了。这里 USA 的原则也是适用的。所谓 USA 原则是理解（understand）、简化（simplify）、自动化（automate）。①

了解以上“控制特点”，是为了在系统中设置控制机制时注意到这些特点，从而使系统中控制机制更有效。

11.5 控制效率

管理者要提高控制的效率，就要做到：第一，在系统的控制机制上要预防偏离，诊断偏离，纠正偏离，提供将来计划的进一步信息。第二，不要因为控制而导致企业的新问题，控制成本不应大于控制效益。要进行有效的控制，必须做到下面几点。

1. 及时升级控制机制

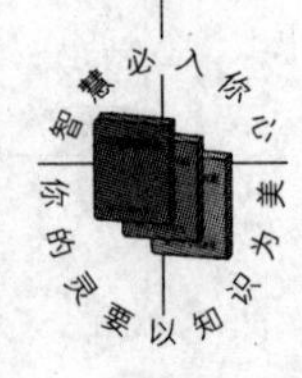

控制的目的是要达到企业的某种目标。当人们设计控制机制的时候，往往是根据现实状况或预期的状况进行设计。如果企业内外的经营环境发生了变化，那么控制系统也应该进行升级、更新。

所有人都希望在稳定的环境下工作、生活，这是一种良好的愿望。但是在企业中，由于经营环境是不断变化的，那种求稳的思想往往使企业的运营状态老化，跟不上时代的要求。对于控制机制来说，人们也希望能够长期稳定地应用。但是，竞争的环境却不是这样，常常是多变的。所以，必须及时地更新、升级控制机制，否则企业就无法从控制职能中获得效益。

如果采用计算机系统设置的控制机制，就要注重硬件、应用软件升级。企业要跟踪计算机技术、网络技术发展的状况，尽可能采用最新的技术配置管理信息系统，使管理的五项职能都可以通过电子化进行。

2. 监视控制后产生的影响

提高控制效率的另一方面就是要时时监视控制对组织产生的影响。监视的重点放在人和系统上，了解控制对员工、组织过程、作业等各方面的影响。

当在企业中实施控制机制时，员工可能产生各种抱怨。所以管理者要密切注意实施控制职能后“人”的反应，使控制能够为大多数员工所接受。这也

① 林榕航著. 供应链管理(SCM)教程. 厦门：厦门大学出版社，2003

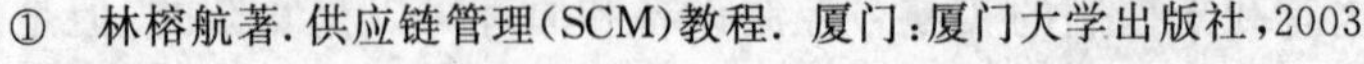

告诉我们在设计系统时，要考虑到员工的情绪反应。

另外，在设计控制系统时，要考虑到标准问题，所设定的标准要能够达到，不要设立达不到的、随意性的、专制性的高标准。同时，管理者也不要设置太多的控制，这对企业不利。特别是知识型企业里，有形的控制对知识员工几乎不起作用。要记住：管理者不可能控制知识员工，但可以控制环境。

控制机制也要监视对组织模式和系统影响的程度，从而了解控制所产生的效率。例如，实施一个采购控制系统，那么就应该知道采购控制系统对员工情绪的影响，对决策实时性的影响，以及对决策环境的影响等。

3. 采用信息技术进行控制

随着信息技术的发展，可以采用计算机程序的评估技术来监视控制系统的效率。采用这种评估技术时要反复比较，要适应组织的环境需要。在企业中要建立管理信息系统（MIS），这是基于计算机的信息系统（CBIS）；另外，还要建立一个有效的知识管理系统（KMS）。目前许多应用软件厂商都有这方面的应用软件，可以通过它们的网站查询到相关的资源。

值得注意的是，存在于计算机信息系统中的“概念资源”可以通过信息技术的手段进行有效的控制。可是存在人大脑中的“概念资源”，从真正意义上来说是无法控制的。虽然管理者无法控制员工的大脑活动，但是可以控制企业内的环境，让环境来影响员工头脑，这就是知识环境和软性管理的概念。

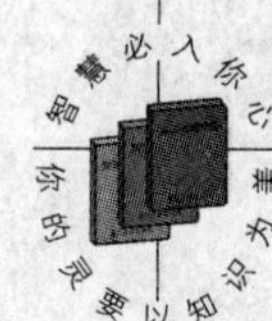

11.6 软性控制

11.6.1 重要性

企业的知识环境是一种知识创新的环境。良好的知识环境将激发员工产生出解决问题的新方式，产生创新的思想。

在现代企业中，“知识环境”对员工的思想、心灵的影响是巨大的。外环境的元素通过对内环境的作用，对新知识的产生、沉淀以及对人力资本的形成和发展产生巨大的影响。这种影响或是促进作用，或是消极作用。企业的知识管理的目的，就是形成一种积极的环境促进因素。

知识管理实质就是对“人”的软性管理。无论是对技术、信息、知识、创新的管理都是体现对“人”的管理。企业如何对“人”进行管理，发展个人潜在的知识，发展个人在工作小组中的能力，发展个人在企业中的才能？这些都有赖于企业有一个良好的知识环境，除了技术元素外，还应该要在企业中建立“创新”和“企业文化”的知识环境。

具有良好的知识环境是公司中产生新知识的关键。使明天的新产品深入到员工的心中，给员工一个实验各种想法的“试验室”，给员工一个传递思想的渠道，给员工思考的时间和提出问题的机会，这些都是“知识环境”所应该具备的。一些领导人和企业经理人认为培养员工，提供员工学习的机会就是提供一些课程让员工学习，例如办培训中心等。其实，任何培训或学习课程只是一个很小的知识学习的元素。员工对大多数知识的学习，是发生在咖啡室、研究会或部门会议上的。人的“隐性知识”就在这种环境里发生作用，“隐性知识”就在这种环境下产生。而“隐性知识”对员工行为方式会产生极大的作用，也是企业“知识资本”关键的因素。

实际上，在各种企业中都存在着“隐性知识”的形成与交流、共享的问题，这些问题都在各式各样的企业文化中存在着。但是这些企业成功的关键——“企业文化”常被忽视，而没有成为商务驱动力，如在市场适应性方面、在商务操作方面、新产品开发方面等，都没有重视“隐性知识”的作用。企业必须应用“企业文化”，促使员工将“隐性知识”转化成为企业的知识资产。企业在激励“知识员工”的“隐性知识”转化的领导能力和方法将决定知识经济中企业发展的速度。在这方面动作快的公司就能够迅速发展，并适应整个新经济环境的变化，这样必然使企业的“生存机会”大大增加。

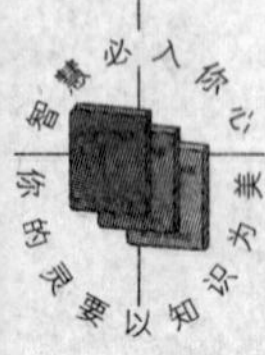

所以，当企业制定商业政策和策略时，就要对形成企业内的知识环境引起足够的重视。应该在企业管理的政策中包括一些软性的问题，如家庭问题，在家工作、离开公司的条件，以及心理咨询服务等。企业要避免给员工过大的压力，避免企业的工作小组中有过多的人员，也要避免过多地占用员工的家庭时间。在公司的策略中包含这些条件，都有助于员工的工作。

11.6.2 基本方法

企业的激励机制是通过各种制度来保证的。建立企业的激励制度是十分重要的，它将影响员工的思想、价值观、行为方式。制度包括对员工责任、权利、义务、报酬、奖励、处罚等的规定。例如，使每个企业的员工都是企业的股东，使他们更关心企业的发展。因此，企业有必要采用一些策略，激励员工。可以采用如下策略。

1. 暗示策略

企业领导要向员工提供简单明了的信息，说明知识管理所培育的共享和创新精神对企业的发展是很重要的。企业领导应积极参与并负责重点的项目，鼓励系统创新，并把能动性和创新作为评价个人价值的优先标准。这样，企业管理就可以创造出更多的效益。

暗示的方法就是一种基于赏识个人对企业奉献的一种方法。在“暗示”的作用下，行为的动机并不只是来自工资，也来自企业对个人贡献的评价。如果员工能看到企业对他们评价的标准，那么他们就会感觉到自己是“成功”或“失败”企业中的一员。这样必然对行为产生重大的影响，对人的学习能力和实际的工作能力都形成强有力的冲击。

在一些企业的知识管理实践中，人们已认识到“知识”和“赏赐”在员工能动性方面产生的力量。大多数的企业也认识到个人的关键贡献对企业成功的作用。由于企业中“人”的因素，一些新知识的不断产生，新的流程不断被开发，老的东西不断被改善和增强。企业中这种变化直接带来了“文化创新”和“尝试”，在此基础上新的产品和服务不断被开发出来，从而为企业带来全新的发展。这样，“人”的作用最终体现在企业的产品和服务中，为企业带来新的效益。

2. **鼓励策略**

企业在不断宣传知识管理的好处的同时，如果没有跟上必要的物质奖励，就会大大地挫伤员工的士气。企业需要调整奖励员工个人和小组的方法。把奖励重点放在一个人的影响力、创新能力上，让各个小组都有创造收益的能力。这样的奖励就能支持那些暗示的知识管理鼓励。

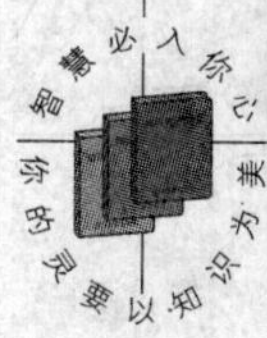

实际上“知识管理策略”与企业形象和企业管理是分不开的。但是大多数员工不会注意到这些“知识管理策略”的作用。作为企业领导、企业经理人就应该倍加重视“知识管理策略”在企业中的应用。为什么知识十分重要？为什么在企业中必须有一个渠道来讨论和使思想流通？为什么各种意见应及时地在管理者和员工之间传递？为什么要将知识管理的程序分解到具体的工作单元中去，从“大处着眼，小处着手”？作为企业的领导、管理者，应该明白这些问题。

3. **发展策略**

组织应该提供给每一个员工个人发展的余地。换言之，提供员工个人发展新技能和事业的方向。一个企业能对员工的发展起着重大的支持作用，这个企业就是一个真正的学习型企业（learning organization）。在这种企业里，员工们会得到激励，从而有更多的“创新”。同时在这种企业里提供给员工学习和接受训练的课程，虽然这些课程只是员工学习的一小部分，但是也对企业的文化和知识的产生起着促进作用。正确的文化环境和各种知识组成促进了新知识的产生。

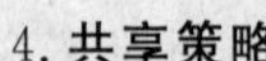

4. **共享策略**

要考查新招收的员工:他们必须有责任心,具有独立工作能力,有团队精神以及可为公司利益负责。通过培训增加技术能力、合作精神。应该鼓励员工间的协作、共享,使他们能够真正地用自己的才智为企业做出贡献。

一些研究者发现,组织内员工间的信息共享、互动会创造组织内的“非正式组织”,这有助于创新思想的形成。这需要员工自我建设(self-constructed)这个组织内的环境。因此培养员工的协作精神是十分重要的。

在企业中实施这种“软性管理”或“自我管理”的管理方式,使员工能够自我约束,自由组成多种多样的小组,在小组中自由交流思想。在现代知识型的企业里,“软性管理”具有十分重要的作用,它的关键在于争取员工的内心世界,让员工对自己的工作有真正的理解,使他无论在何种境地,都为企业着想,都为做好工作尽心尽力。

5. **审计策略**

在知识管理的实施过程中,知识审计是必需的。**知识审计**(knowledge audit)是指对知识产生的效果进行检查,这也应列入商务策略中。不仅要检查知识的差距,也要检查重点的知识内容,例如,哪里的信息在流动,哪些知识被创造而没有任何价值等。在检查过程中可以多问:“这个报告是如何产生的”、“这个信息有什么价值”等等类似的问题。这样有助于排除那些没有价值的信息链(information chains),找到有价值的知识链(knowledge chains),这样有助于正确商业决策,同时不会使大量的工作相互排挤,有助于工作的平衡和减轻工作的负担。参见 7.3.6 知识审计法。

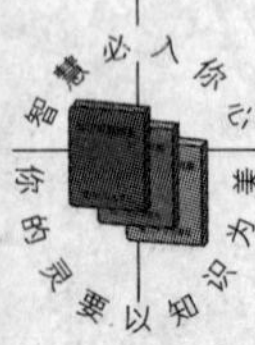

另外,知识是存在人的头脑中的东西。知识是以“显性知识”和“隐性知识”的形式存在的,它可以短期或长期存在。但是,对企业来说最重要的是:这些有知识的人对企业有什么价值?所以,企业必须要评价“知识”产生的效果,以及它的功能和流程。知识审计应包括对如下内容的评价。

(1)对“信息”评价

- 信息分类:普通信息、高度机密的信息和公开的信息。
- 信息存在:信息以各种格式存在各种资源中,如数据库、内联网、合作伙伴、客户中等等。信息需要“人”去发现。
- 信息所有者和法律需求:信息是由“信息作家”产生和拥有,人们有权理解它,并可以分享,企业可以根据企业的性质提出法律要求。

(2)对“知识”评价

- 信息的分享、使用、流动的要求,是要使信息使用最大化。

- 要有一个知识资源、知识依附、知识所有者、知识目标读者的指南，这有助于确定知识的差距，确定哪些是经常使用的知识以及哪些是很少使用的信息，显示评价信息的途径，提供一个信息的详细目录。
- 将最好的知识管理实践、思想分享和知识探险最大化，提取出专家知识精华并广泛共享，提供一个知识地图。
- 在知识经济中，不断需要员工掌握新的技能，所以应造就知识的环境和培训员工，增进企业的商务智能。
- 确定对任务评价功能关键信息的需求，确保在“最大化”的流程效益中采用“最小化”的“人”和技术。

以上这些策略都有助于在企业内部形成一个鼓励员工创新的知识环境。由于知识是位于员工的大脑中的，管理者无法进行控制，但是管理者可以控制环境，使员工的工作环境充满积极的气氛，这样员工就能积极地创新，企业就可以从知识员工的头脑中提取组织所需要的知识资产。而人力资产的诱导、转化、提取又有赖于一个良好的知识环境。所以，构建成一个良好的“知识环境”成了企业中重中之重的问题。只有构建一个良好的“知识环境”，企业才能进行良好的人力资本的运营。

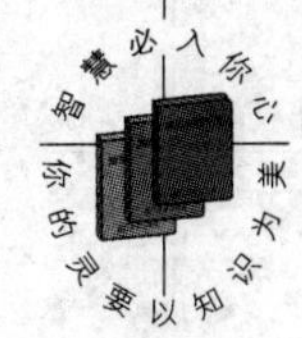

本章术语

控制(controlling)
建立标准(establish standards)
绩效测量(measure performance)
投资回报(return on investment,ROI)
物主总成本(total cost of ownership, TCO)
水准基点(benchmark)
知识增长阶段框架(stages of knowledge growth framework)
品质函数开发(quality function deployment,QFD)
组织目标法(organizational goals approach)
系统法(system approach)
知识资产法(knowledge assets approach)
平衡记分卡(balanced scorecard)
纠正行为的偏差(correct deviations from standards)
预防控制(prevention controls)

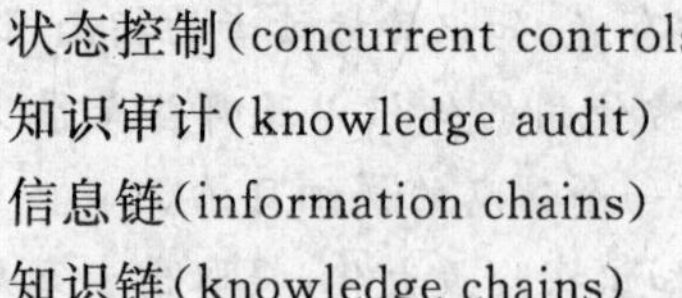

状态控制(concurrent controls)

知识审计(knowledge audit)

信息链(information chains)

知识链(knowledge chains)

思考题

1. 如何实施控制过程?
2. 绩效测量的基本方法是什么?
3. 知识绩效测量方法有哪些?其作用是什么?
4. 控制的类型有哪些?
5. 如何进行软性控制?
6. 知识员工是不可控制的,为什么还要行使控制职能?

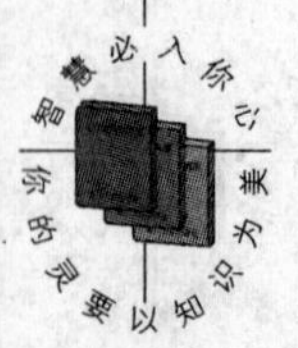

第十二章 个人知识资产

人类社会发展至今，都是基于人类知识之上的发展。这些知识在成为人类共同财富之前，都只是个人的知识。人们通过劳动实践、生存竞争、科学实验等积累了许多个人知识，大多数个人知识通过书籍等媒介传播成为全人类的共有的知识，从而推动了人类社会的发展。从历史角度来看，个人知识对人类历史发展起着重大的作用。另外，从企业发展的角度来看，个人知识也起着重大的作用，现在知识型企业里所创造的价值，大多数来自知识员工的个人知识。

在知识管理中为什么要讨论个人知识管理？回顾以上所讨论的内容，我们知道在知识管理中“人”扮演着几种角色，如管理者、计算机用户、知识工程师、专家、客户、合作伙伴等。这些都是知识管理中的知识源。知识源的本质可以说就是他们头脑中的个人知识，如果没有个人知识也就无所谓知识源。从这一点上来认识，我们就知道个人知识对企业知识管理的重要性。

另外，知识管理还要促进个人知识进步，促进个人的能力发展，这就是“个人知识管理”，它从个人角度出发来看待知识管理。它一方面通过自身的管理提高自己的价值；另一方面也形成对社会、对企业的价值。所以，作为企业管理者不只是使用知识员工的头脑，从他们头脑中提取知识，还要对员工进行培养，发展他们的个人知识和能力，这对员工自身和企业都有极大的好处。

12.1 个人知识

从历史的角度来看，自然科学家通过个人大量的学习和研究，建立了人类知识体系，人类知识最初都是他们的个人知识。

哥白尼(Koppernigk)通过对天文学多年的研究,在1542年提出了太阳中心说,并在1543年出版了《天体运行论》。牛顿(Newton)通过对物理学、力学的研究,在1666年发现了万有引力定律。他一生中发表了大量的科学论著,为科学做出了杰出的贡献。牛顿的科学发现、自然哲学思想对人类进入工业社会起了极大的推动作用。20世纪初爱因斯坦(Albert Einstein)的相对论和量子力学的研究,以及20世纪末大量科学家对计算机、信息技术的研究,使人类社会从工业化社会跨入信息化社会。1865年孟德尔(G. Mendel)在通过8年的研究后发表了遗传科学研究的成果,奠定了遗传学基础。到了20世纪50年代,华生(J. Watson)和克里克(F. Crick)发现了DNA的分子的双螺旋结构,从而使人类揭开了生命的秘密。20世纪末,克隆羊"多莉"的成功、试管婴儿的成功,说明人类有了控制生态的能力。进入21世纪,随着信息技术的成熟,生物技术的进一步发展,必将推动人类社会进入"生态社会"或"梦想社会"。

由此可见,人类知识体系的形成、社会的发展,都始于科学家的"个人知识",通过传播、共享,这些"个人知识"才会成为全人类的共同知识。所以,从历史角度看,是那些杰出的、能产生创新知识的人推动了人类社会的发展。

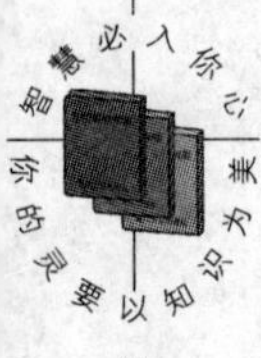

个人知识对人类历史起着推动作用,同样对企业的发展也起着重大的推动作用。它促进企业的价值取向从最初以实体为基础,转向以概念为基础。

12.2 个人知识与企业价值

大多科学研究都只是研究物质和能量的变化,对系统的认识也是注重物质和能量的变化。这是为什么?因为物质和能量是一种可见、可量化的东西;它们都不断与外界环境进行可见的、可量化的交换。在工业化社会里,任何商业系统的运作都是基于这种观点。所以,被认为最有价值的就是"实体资源"。

在工业经济时代,当资本家招收工人的时候,他们看到工人最有价值的部分就是健壮的身体。只有工人健壮的身体才会为资本家带来价值。同时,最好工人的工资还要低一点。这样,资本家在雇佣工人的单位时间里就会获得最大的价值。在财务中,工人的工资是一种成本或费用。就工人自己来说,出卖自己的劳动力,换得生活的费用,最重要的就是健壮的身体。这种情况持续了很长的一段时间,到现在一些工业化进程还未完成的国家里,这种状况仍然司空见惯。据说,亨利·福特曾经问过:"我需要的只是一双手,为什么总会有颗脑袋随之而来呢?"福特与泰勒一样把工人看成机器,他需要的是像机器一样为他们工作的工人。在工业化经济的过程中，这种思维方式是占主导地位。

20世纪末，知识经济浮现，一些公司开始注意到从员工的体力中获得的价值正在减少或消失；相反，从员工大脑中隐藏的知识中获得的效益正日趋增多。脑力劳动所创造的价值大大超过了体力劳动所创造的价值。在一些知识型的公司里，甚至完全是靠获取员工头脑中的知识产生企业的效益。这时，资本家明白了靠工人体力劳动榨取剩余价值的时代已经过去了，应该转向获取工人头脑中的知识，让工人奉献头脑中的知识为企业创造财富。要完成这个转换，首先，在企业招收员工的时候，不是以身体健壮作为标准，而是以脑力"健壮"——聪明、富有知识作为标准。这个标准变化，使工人可量化的体力劳动显得并不重要了，反而不可量化的脑力劳动成了重点。这样把工人当成"成本"进行核算，干多少活付多少工资的计算方式难以实施了。取而代之的是，把工人当成"资产"，雇佣一个有知识的工人，相当于一项投资，至于投资的回报多少，要看资本家对知识工人的管理情况，管理得好，投资回报就高，管理不好，投资回报就低。这种管理不是工业经济时代对体力工人的管理方式，而是知识经济时代的"知识管理"。

作为知识工人来说，资本家雇佣他，把他当成投资的对象，那么知识工人拥有什么东西被资本家当成投资的对象呢？这不是体力，而是脑力，是知识工人头脑中的个人知识被资本家看中。参见专栏1。

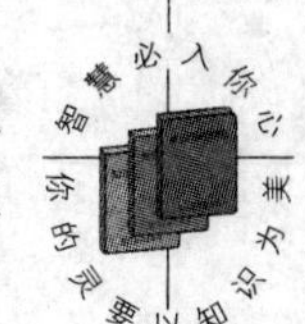

专栏1——个人知识价值

一些有趣的事，给我们深刻的思考。传统企业的老板或管理者应该转变自己对知识的看法，转变管理上传统思维的惯性。

美国福特公司有一台大型电机发生故障，出现异样杂音，会诊3个月无结果。请来德国机电专家斯坦因门茨，他经过研究计算之后，用粉笔在电机上画了一条线，说："打开电机，把画线处的线圈减去16圈。"结果这台电视很快恢复正常运行。福特公司询问要多少酬劳，斯坦因门茨要10 000美元，有人说他在勒索。斯坦因门茨笑笑，提笔在付款单上作了说明："画一条线——1美元；知道在什么地方画线——9 999美元。"

斯坦因门茨知识价值比例证明，在现代人类社会，生产力的运转速度提高，知识和信息已构成了知识生产力，并且是第一生产力。这是因为，人类社会在经过工业技术的长足发展与全方位的泛化之后，已基本上脱离了原始的、直接的、体力劳动时期，已经进入了以脑力劳动为主导的工业信息社会，并且正向知识经济社会过渡。①

① 李富强等编著.知识经济与信息化.北京：社会科学文献出版社，1998

在当今的知识经济大潮中，个人知识与企业的价值是紧密联系在一起的，可以说企业中的人才数量和人才质量决定了企业的价值。

莲花公司的雷·奥兹是一个人才。雷·奥兹被莲花公司解雇后，便于1989年开始研制笔记程序，1994年莲花公司又以价值8 400万美元的股票买下他所开办的长青藤联盟公司。笔记软件的市场一直看好，国际数据公司甚至认为笔记软件将大幅度提高白领的生产力。而IBM收购莲花正是看中了笔记软件。1995年11月，美国国际商用机器公司(IBM)宣布，该公司已与莲花(Lotus)计算机发展公司达成协议，以35亿美元收购莲花。IBM以高出市值近一倍的价格收购莲花，是因为莲花的笔记软件(Notes)。笔记软件是为大型集团网络而设计的，集数据库和通信于一体，能够使用户通过数据库了解各种信息，通过网络的相互连接而彼此沟通。①

知识员工头脑中的个人知识是一项“资产”，是属于知识员工个人所有的“资产”，我们把这项个人的资产称为**人力资产**(human assets)。它的核心就是**个人知识**(personal knowledge)，包括个人的隐性知识和显性知识。因此，人力资产也可称为**个人知识资产**(personal knowledge assets)。

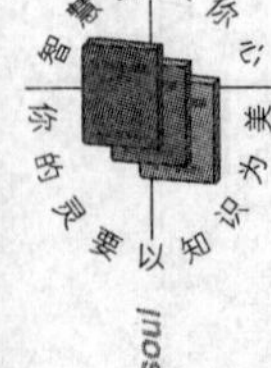

雇佣知识工人，向知识工人支付金钱，换取知识工人头脑中的知识的“人”被称为**知识资本家**(knowledge capitalist)。知识资本家用金钱换取知识工人的个人知识资产，并不是获得所有权，而是获得使用权，并不是获得全部，而是部分。知识资本家获得了知识工人的部分“个人知识资产”后，这部分的“个人知识资产”就转化成“企业的知识资产”，这部分知识资产在法律上属于企业所有。但是，本质上、生理上，这些企业获得的知识资产仍在知识工人的大脑中，只是法律上约定不得向第三者转让。这就是知识资产与实体资产的区别之一。

知识资本家会把一部分获得的**知识资产**(knowledge assets)看成可以带来价值的价值，看成如货币资本一样的资本，进行商业运作(将知识当成货币资本进行投资)，这就是企业的**知识资本**(knowledge capital)。所以，人头脑中并没有知识资本，只有知识资产，只有个人的知识资产。只有当知识资产从个人所有转变成法律上企业所有的时候，这时企业才可能将这些知识资产变成知识资本来运营。

请注意个人知识资产、知识资产、知识资本的区别。

从图12-1中可以看清“人力资产”这个概念与其他相关概念的关系。这些是知识管理中的重要的概念。这一单元先明确“人力资产”或“个人知识资产”的概念。但是，要注意到，在知识经济中，企业管理者要注重员工的大脑，

① 赵曙明，沈群红著. 知识企业与知识管理. 南京：南京大学出版社，2000

这比注重员工的体力更为重要;不要忘记,员工大脑是靠员工的"心"来指挥的,所以严格来说,知识管理并不注重大脑,而是注重人"心"。知识经济不是"手"和"脑"的经济,而是"心"的经济。

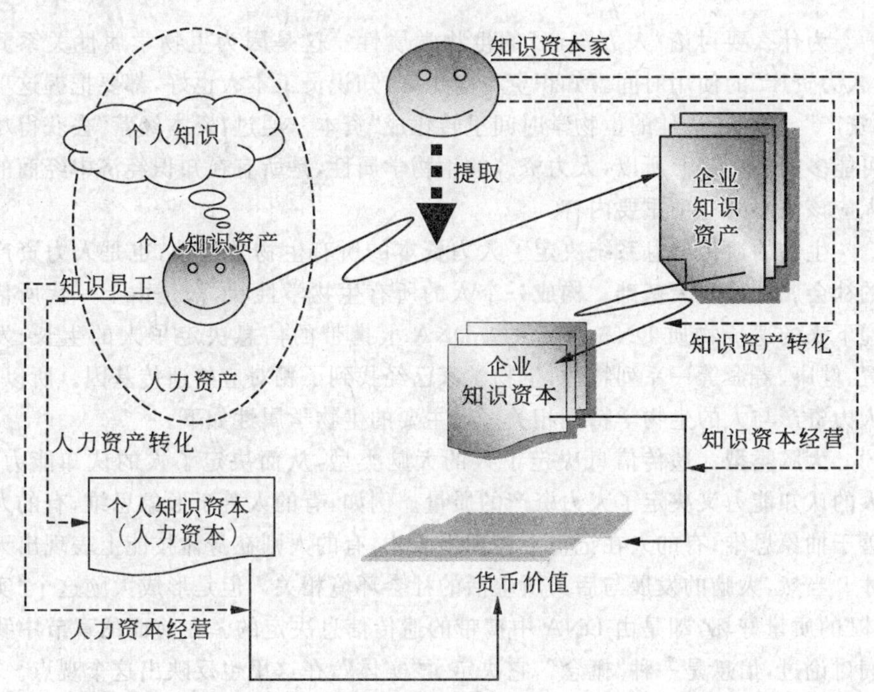

图 12-1 人力资产的关系示意图

教育和实践使人类有机会获得各种知识,从而在头脑产生各种知识。在知识管理中,则通过对组织内知识环境等要素的管理,使知识员工头脑内的知识转化成各种创新成果,包括知识创新、技术创新、管理创新,从而使企业获得更大的知识资产,产生更大的企业价值。所以,我们要认识到组织的知识管理中,最重要的是对"个人知识"的管理。这是本章要讨论的问题。每一个人都应该认识到自己的"个人知识",管理好自己的"个人知识",把"个人知识"看成"资产",像管理"资产"一样管理它,使这些个人的知识资产为自己带来收益。

另外,如果我们深入讨论"人力资产"的问题,就会发现它的构成或属性都与人的社会性和人的生物学特性相关。每一个人都生活在社会中的某一个层次,受社会规律制约的同时又受生物学规律制约,因此我们研究人力资产时,同样也离不开这两个方面。

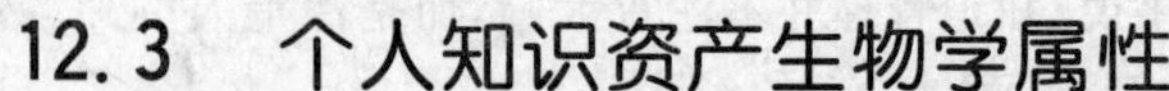

12.3 个人知识资产生物学属性

为什么要讨论“人力资产”的生物学属性？这是因为生物学属性关系到“人力资产”的使用时间。知识资本家也好，知识员工本人也好，都要把握这项“资产”，让它在最佳的生物学时间里转化成“资本”，通过“资本经营”去获得尽可能多的“价值”。所以，人力资产的生物学属性，是所有在知识经济中经商的人应该关心的一项重要内容。

生物的遗传信息系统决定了人力资本的所有生物学特性，也是人力资产的社会属性的先天基础。构成一个人的所有生物学性状，都是由上一代所传递下来的遗传物质 DNA 决定的。DNA 上携带的信息决定了人的生长、发育、健康、寿命等一系列特性，生物学家已经找到了相对应的遗传基因。所以，人力资产与人的生物学特性相关。最主要的生物学属性如下。

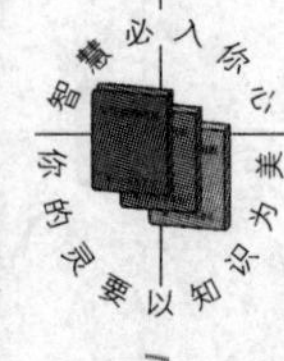

大脑类型。遗传信息决定了人的大脑类型，从而决定了人的认知能力。人的认知能力又决定了人力资产的质量。例如，有的人善于形象思维，有的人善于抽象思维；有的人在记忆上表现出天才，有的人则在身体技能上表现出天才。当然，大脑的发展与后天所生活的社会环境相关。但是形成大脑这个“实体”的质量好坏，却是由 DNA 中携带的遗传信息决定的。在前面的章节中我们讨论过，信息是一种“概念”，它决定了“实体”，在这里也反映出这个观点。

大脑的类型实际上也决定了人力资本的类型。一个人是具有艺术天分，还是具有科学天分都与大脑有关。知识资本家在雇佣知识工人时，应根据所从事的工作类型，选择相应类型的知识工人。就知识工人本身来说，明确自己的大脑类型，有助于计划自己的生涯或职业。

健康状况。人的健康包括大脑的健康也都与遗传的因素相关。例如，血友病的基因使带有这个基因的人会得血友病；一些疾病在特定的年龄段出现，也是由遗传信息决定的。但是，人的健康状况大多与后天生长的环境、营养、锻炼等直接相关。知识资本家在雇佣知识工人的时候，要考虑到其健康状况，这关系到将来人力资产的使用情况。很难想像一个身体不健康的知识工人，能为企业做出巨大的贡献。另外，知识工人本身也应该注意自己的健康状况，这有助于自己生涯计划的实现和个人价值的体现。

寿命。人的寿命也是由先天的遗传物质和后天的生存环境两个方面决定的。在人力资产的管理中，知识资本家应该尽力保持知识工人——人力资产所有者的身体健康，从而延长人力资产的使用寿命，这样可以获得尽可能多的收益。我们看到一些有成就的知识分子、科学家英年早逝，这对国家、社会、企业、管理者、个人来说都是重大的“人力资产”的流失，也是重大的价值流失。所以，保持知识分子、知识员工的身体健康，延长寿命具有重大的意义。

人的生命无论如何延长，总是有限的。所以还要对生命周期各阶段进行有效的管理。这种对生命周期的管理并不只是企业管理者的任务，每一个人都要对自己的生命周期进行管理，从接受初等教育到高等教育，从进入工作岗位到事业有成，每一个阶段都要进行认真的管理。当然，初等教育以前的岁月大多是父母来管理，但懂事以后，就应该自己来管理人生。进入工作岗位后，组织的管理者要对员工的发展进行有效的管理，例如培训、教育等，但是，最重要的还是自己管理好自己。

12.4 个人知识资产社会学属性

人之所以成为地球上最复杂的生物，并不是由于它的生物学特性与其他生物不同，而是由于人的社会学属性。

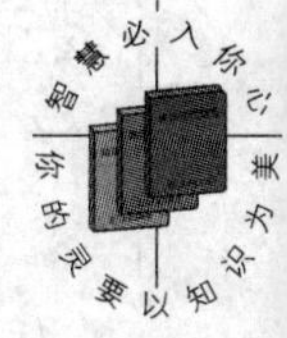

动物的一生很简单，只会吃、睡、繁殖。它们的一生遵循大自然的安排，并没有复杂的社会性。自从人类有了意识以后，人就有了社会性。人也要吃，但是吃饱了以后还要储藏食物，占有食物，并不断用自己的力量从别人那里掠夺更多的食物；开始时只是食物的掠夺，后来就演变成财富的掠夺。所以，“吃”已经从填饱肚子的生物学本性，变成掠夺和占有的社会学本性。动物是快乐的，它们遵循着自然规律，快乐地生活在地球上，按时完成自己的生命周期。

人的社会性使“人”变成世界上最复杂的动物。所以，先哲说：认识人要从胚胎开始。其实这还不够，认识“人”首先要从 DNA 开始。另外，要从“人”的社会性、时代背景来认识“人”。因此，人的社会性是十分重要的。

就知识资产的管理角度来说，人的社会本性规定了“人力资产”或“个人知识资产”有如下特点，这些特点无论是知识资本家还是知识分子或知识工人本身都应该注意到，从而有效地对这项资产进行管理。

利己性。人力资产属于个人所有。人力资产所有者都会不断地进行投资，增加自己的人力资产，并用自己的人力资产去获得收益和满足。这表现了人力资产的利己的一面。

利他性。与“利己性”对立的一面是利他性。在人力资产的所有者使用人力资产去获得收益的同时，也会将“个人知识”变成企业、集体或国家的公众知识(public knowledge)，这客观上为所在企业、集体、国家，甚至全人类做出了贡献。这表现了人力资产的“利他性”的特点。

道德性。在人力资产的所有者应用人力资产时，同时表现出了“利己性”和“利他性”。如何平衡这两者的关系，这就是人力资产的道德、伦理的构成。可以说，道德和伦理是企业、集体、国家评价个人人力资产的标准。例如，一个人的能力很强，有某方面的诀窍知识(know how)，但是道德败坏，当他利用人力资产获取利益的时候，总是损人利己，不顾集体的利益、企业的利益、国家利益，只顾自己的收益，这样的人对企业、集体、国家都是有害的。所以人力资产的道德性是十分重要的。前面讨论过，“道德”是高层次的概念要素(参见第2章)，在知识管理中占有十分重要的地位。

流动性。社会政治经济发展不平衡，表现出了人力资产的收益在地域上、行业间、组织间的差别性。由于人力资产的利己性特点，这些差别性就产生了人力资产的流动性。人力资产向高收益的地域、行业、企业流动。

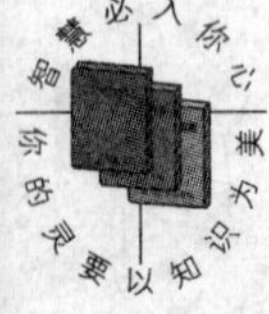

动态性。随着社会政治、经济的发展，人力资产出现了动态性的特点。动态性表现为两个方面。其一，是人力资产的存量动态性变化，例如人可以通过终身学习，不断增加自己的知识、技术，增加人力资产的投资，从而增加了人力资产的存量；同时也可以因为没有继续学习，不增加人力资产的投资，引起人力资产的损耗、退化，这些因素降低了人力资产的质量，从而也降低了人力资产的价值。其二，社会进步、科技进步、市场需求变化等都加快了知识的老化，如果不及时更新知识，人力资产的质量就会下降，从而降低了人力资产的价值。

外部性。人力资产具有外部性。在应用人力资产时，不只是产生了经济效益，而且还产生了社会效益，体现了许多的社会功能。

12.5 影响个人知识资产的因素

对“人力资产”产生影响的主要因素有：物质因素、环境因素、知识因素、信息技术因素、非文化心理因素。这些因素都在影响人力资产的形成、发展和应用。

12.5.1 物质因素

形成人力资产的物质基础是指生物学属性方面的，它有两个方面，其一是人脑，其二是健康。这两者是构成人力资本的先天基础要素。

从上一单元生物学属性的讨论中我们可以知道，人脑是由人类DNA遗传信息系统所决定的。如果没有人类的DNA，就没有人脑。所以，人脑是决定人力资产形成的第一要素。生物科学已经告诉我们，在人和其他动物的遗传物质中，即使是类人猿的基因中，都与人类基因有着本质的差别，这种差别中，最重要的差别之一就是构成大脑的基因差别。人与其他动物的大脑差别主要在大脑皮层。人先天的大脑皮质结构，以及整个大脑的独特结构，是人类语言、知识、思维的生理物质基础。人一生下来就有着这些基础，这些物质基础是由上一代所提供的遗传信息决定的。所以，这里我们应该看到，每一个具体的个体中，存在着“种间差异”，也存在着“种内差异”。前者表达了人与其他动物间的差别，后者则表达了一个人与其他人的差别。

“种内差异”是构成人力资本的差别的先天因素。在日常生活中，我们看到有的人智商高，有的人智商低，有的人对图形记忆特别强，另一些人则擅长逻辑推理、计算，这是一种先天基因的差异所致。所以，基因——遗传信息决定了人脑，以及人脑的质量。

但是，是否有了人脑就会产生知识，就会形成人力资产呢？答案是否定的。

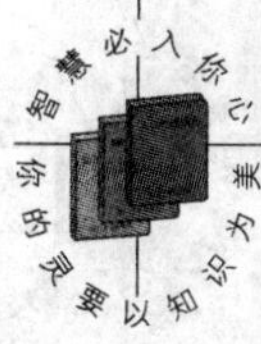

曾经有这样的情况，人类的婴孩被狼群所喂养，结果这些“狼孩”虽然具有人类的遗传信息，有人脑的结构，但是却和动物一样没有人的知识。这个典型的例子说明了人的遗传物质只是提供了一种基础，提供了获得知识的“可能性”，也是形成人力资产的可能性，要把这种可能性转变成现实性，重要的是“人”应该在人类社会环境下生活，接受良好的人类社会的教育，从人类的社会生活中获得各种人类的知识，并形成人力资产。但是，我们不要因为重视了后天的环境因素，而忽视了先天的因素。我们经常看到，最聪明的动物，即使与人类生活在一起，也不能获得人类最普通的常识。这就是例证。

另外，巴甫洛夫的第二信号学说证明了人脑与动物的大脑根本的区别就在于第二信号系统。这个第二信号就是语言和文字，是构成产生人类思维的根本基础。英国牛津大学遗传学专家安东尼·玛纳克教授领导的一个研究小组通过一项最新专题研究证实，人类开始说话始于20万年前。在近期的《自然》杂志上，他们公布了这项权威的新发现。该研究小组发现，老鼠和所有灵长类动物身上，都有一种让语言表达“行不通的属于5%‘最稳定遗传物质’”的FOXP2AD基因。在电脑的帮助下，科学家计算出对人类产生语言起决定作用的“FOXP2基因突变”发生在大约12万至20万年前，与现代人口迅速增加的时间相一致。科学家们估计，正是由于人口密度的增大，促进了人类语言交际能力的增强和持续发展。

所以，人脑是由基因先天决定的，但是人脑必须在人类社会中才能成为真正的人脑。

综上所述，先天的基础与后天的环境是相互作用的。人脑对于吸收人类社会活动所产生的数据、信息、知识是十分重要的一件事。人脑所获得的知识包括第一信号系统和第二信号系统的数据、信息、知识。在不断获得各种信息、知识的情况下，人脑才能产生新知识，形成个人知识资产。

除了先天和后天的因素是形成人类大脑的物质基础外，身体健康与大脑的健康直接相关。如前所述，健康的身体和健康的大脑是获得知识，形成人力资产的不可缺少的条件。一些残疾人没有健康的身体，而只有健康的大脑，他们在获得知识和形成人力资产方面，就要付出比正常人更大的努力。但是只要付出努力，就仍然可以获得知识和形成人力资产。但是，如果没有健康大脑，例如有先天性的缺陷，无论如何努力，都很难获得一定“质”和“量”的知识，也难以形成人力资产。这两种情况都是极端的情况。就一般人来说，身体健康也必然影响大脑的健康，所以健康是获得知识的前提条件之一。

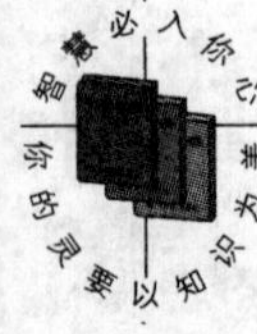

大脑是人力资产形成的物质基础。没有这个基础，后天的各种环境因素再好，也难形成人力资产。这是生物学基础。

12.5.2 环境因素

生物系统是自然界中最高级的系统。耗散理论认为，生物系统也是一种耗散系统。这个系统不断与周围环境进行物质和能量交换，一旦物质和能量交换停止，系统也就会崩溃。同时生物系统还是一个信息系统，除了遗传信息决定生物性状外，还不断与环境进行信息交换。所以，生物系统不但与外界环境进行物质和能量的交换，还与外界进行信息的交换。所以，人的环境因素是十分重要的。

从人的形成来说，当精子与卵子结合以后，形成一个双倍体的受精卵细胞。这个细胞综合了父母双亲的遗传物质，DNA 中的遗传信息决定了这个细胞将来发育、生长的方向。从这个时候开始，这个细胞不但与外界进行能量和物质的交换，也开始与环境产生信息的交换。人在胚胎时期就通过母体内环境与外部环境产生信息交换，这时“信息”的刺激对人以后的发展产生巨大的影响。现在风行的“零岁教育”、“胎教”就是根据这样的思想进行的。通过改变母体的环境，达到改变胚胎生长的环境，从而影响胚胎的生长。

在人的生长过程中，从胚胎到脱离母体，从婴儿到成人，从成人到死亡，整个生命周期都不时地与周围环境进行物质、能量、信息的交换。

在整个生命周期中，人所获得的信息对人产生重大的影响，特别是对人大脑的影响。瑞士儿童教育家皮亚杰(J. Piaget)和美国心理学家布鲁纳(J. S. Bruner)认为：当婴儿第一次与周围环境接触时，这个环境对他来说是模糊的，随着儿童的生理和心理发育成长，就可以对环境加以区别，在头脑中将环境组织成一个秩序或格式，发展成一个初步的结构。这种结构使孩子可以应对周围的环境变化。到了成年，心理上就形成了一种抽象的、逻辑运算的认识结构。这种认识结构是人们应对复杂环境变化的基本手段之一。人在自己的生活环境中形成了认识结构，又在后来的生活中不断认识新事物、同化新事物，从而不断完善认识结构。人就是这样认识和理解周围环境的。

所以一个人的生活环境会影响到他对环境的认识，产生了一定的认识结构，它影响对信息、知识的理解和吸收，也影响人力资产的"质量"。

后来一些学者认为，人的认识结构实际上就是一种识知模式(knowing model)，即人如何认识周围环境，如何吸收环境中的信息、知识的模式，也称为认识模式。

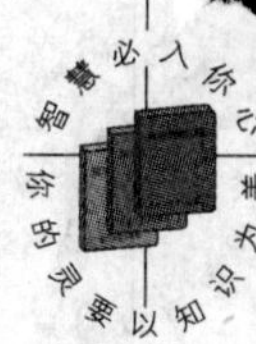

在人类的生存环境中，有各种信息作用于人的感官，这些信息并不见得都会被人脑吸收、理解，产生知识。实际上，只有那些被人脑选择的，经过思考的数据、信息、知识，才能转化成自己的知识。而这种"选择"与"思考"的过程，是受人脑中原有的"认识模式"制约的。

"认识模式"也是不断发展的。当人脑吸收、转化了环境中的知识，积累在人脑中，形成一种新的知识、新的经验，这就是新"认识模式"。这些新"认识模式"是先前在大脑中沉淀的知识、经验(旧"认识模式")与从环境输入的信息相互作用后形成的。所以，创新思想、新知识产生都与原有头脑中的"认识模式"有关。

在原有知识的基础上，新知识的产生、隐性经验的转化与沉淀，就形成了每一个人的新的"认识模式"，这种新的"认识模式"又反过来促进了知识的产生和转化。这样不断循环，使一个人的个人知识资产始终处于一个动态的变化过程。但是，这种动态的变化过程是一种微观的、细节的复杂性。从宏观上，一个人的认识模式、知识资产、知识水平看上去是静态的。这种静态实际上是相对的。如果企图一下子改变这种状态，几乎是不可能的，它的改变是一种量变到质变的过程。

所以，一个处在特定社会环境和自然环境下生存的人，都有特定的"识知模式”。它是通过一定的时间积累而形成的。

“识知模式”是人在特定的生存环境下，在大脑中形成的认知结构。从以上讨论中我们知道了，“识知模式”是在人类的遗传信息系统、自然界环境与人文环境下，为适应环境生存而发展起来。

人的遗传信息系统是DNA，它决定了人大脑的物质构成。人的差异一方面是DNA间的差别；另一方面是人所处的外环境（自然和社会）的差异，这包括经济状况、教育状况等的差异。这些外环境对人的神经系统的发育、第二信号系统的发展起了重要的作用。

综上所述，“识知模式”的形成，首先是DNA信息系统，它决定了大脑神经系统的性质；然后在外界环境的作用下，才能形成人脑的“识知模式”。

这里所指的外部环境，是已理解了的、感知了的、作用于大脑的概念元素（数据、信息、知识）。人产生新的知识，这种“产生”被认为是“获得”。所以，“识知模式”又是人类大脑对知识进行抽象思维的产物，是显性知识与隐性知识相互转化的“知识活动”的结果。

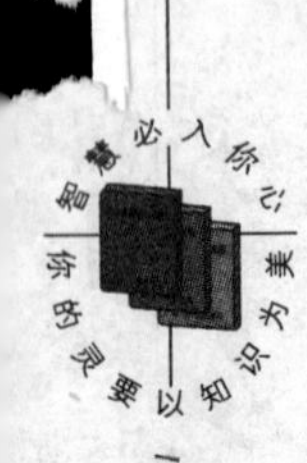

“识知模式”有如下显著的特点：

- 识知模式形成于知识活动过程，它影响着新知识的产生。
- 识知模式是一种动态的“概念系统”活动过程，没有实体性，随着生理、心理、原有的个人知识、认识结构或识知模式的变化而变化。
- 感觉到的材料不一定能形成新的识知模式，只有经过思维、知识活动，转化，理解，才能形成新的识知模式。

在现代人类社会中，教育对个人的“识知模式”的形成起着重大的影响。好的教育可以使人具有良好的知识结构、认知结构，从而形成很好的隐性知识，这是形成创新知识的基础。所以，良好的教育是形成良好“识知模式”的途径之一。

良好的“识知模式”对人的生存、竞争起着十分重要的作用。这里也同样体现了“正反馈原理”：好的“识知模式”，有利于人接受环境中的信息，从而产生新知识；一个人知识越多，知识质量越高，又必然增进新知识的产生，使“识知模式”得到充实、成长，产生知识也变得越容易。

另外，我们应重视，那些通常在特定环境下被认为是正确的“识知模式”，往往不一定是正确的。“正确性”一词只有相对意义。应该用一种变革的思想去接受新的模式，不要被旧的、原有的、在一定条件下的模式约束住，应该大胆突破约束，大胆创新。应该看到环境变化所带来的变化，不要把“树木”看成森林，不要把一定条件下正确性的知识看成永恒的真理。

从以上的讨论中，我们知道，人的"识知模式"随着教育、人类实践，不断丰富和发展。这与环境信息具有相关性。那么，我们应该接受哪些环境所提供的信息呢？

现在，人们可以方便地从环境中获得各种各样的数据、信息、知识，可以从各种出版物、媒体、网络上获得无数的资讯。但是，是否这些对我们都有用呢？答案是否定的。在知识爆炸的今天，如果我们去追求一种"毫无瑕疵的知识"是没有必要的，也是不可能的事。关键是获取"此时此地所能使用的，能对事物做出最佳判断的知识"才是最重要的。

因此，我们要认识到获得高质量的知识对我们是多么重要。注意，这里"此时此地能使用的"，并不只是指那些能用于实际过程的、现成的知识（这样的知识是非常少的），而是指那些能够作为我们思维的原料，能够刺激我们的大脑产生新知识、产生创新、产生新"识知模式"的那些知识。

信息价值的差异性原理告诉我们，同一种信息、知识对不同的人有不同的重要性；对同一个人，在不同的阶段，也有价值的差异性。例如，化学的最新资讯可能对一个从事化工行业的工程师十分重要，而对计算机工程师就不那么重要了。这是由于行业间的差异，导致"识知模式"的差别，从而形成对知识重要性认识的差别。

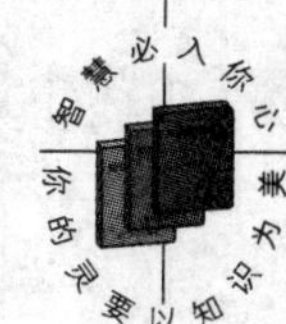

但是，大多数行业内、学科内的人对同一事物有不同的认识，对同一知识有不同的理解，这往往是来自人体间的"识知模式"的差异。这种"识知模式"的差异会导致获得的知识不相同，产生的新知识也不相同。

综上所述，人力资产的形成基础有两个主要方面，其一是物质基础，其二是环境因素。环境因素是通过物质基础而起作用的。

12.5.3　知识因素

除了以上两个最主要的影响人力资产的因素外，还有"知识因素"也影响着人力资产。

一个知识贫乏的人很难有知识创新，因为他没有创新的原料，这必然难以形成高品质的人力资产。当然，这不只是一个人获得多少显性知识，读过多少书，重要的是他的大脑中有多少隐性知识。古人说："行万里路，读万卷书"，其中"行万里路"是人们获得隐性知识的基本途径。

历史上有许多没有读多少书的人，却创造了人类历史的里程碑，而许多饱读诗书的学者文人却一生毫无建树。所以，"读书"也好，"行路"也好，关键是头脑中的"知识活动"产生的个性心理特征——能力。这是一个人的素质所在，也是知识创新的源泉。

教育是人类获得前人知识和经验的有效途径，它对人力资产的形成有着重大的影响。学校中各种专业设置，使人有可能尽快地形成在某一方面具有特长的人力资产，这对人类社会的发展起着巨大的推动作用。通过教育获得大量的显性的知识，这些知识在人脑中通过积累、思考等一系列知识活动，产生出一系列的新知识、新思想，这些就是个人的知识资产。只有丰富的个人知识资产，才有可能转变成知识资本。

除了教育外，生产实践、生活实践也提供了形成人力资产的重要途径。人的一生在学校中的时间总是有限的，而且学校也不能教会人们所需的一切知识。人类在生产、生活实践中，通过不断地"尝试"，学习到了大量的知识。人类的生产、生活实践活动是一切知识的源泉。人类目前文字所记载的知识，最初都是来自实践。但是，由于每一个人的生存环境不一样，知识也不可能都从实践中获得，所以，人的一生有许多的知识是来自教育。

另外，实践是人类获得隐性知识、经验的源泉。这是人力资产中最重要的元素。因为人力资产并不是以显性知识的量来确定的，而是以隐性知识的质和量来确定的。通过教育而获得的知识，也要转化成个人隐性的知识，才能形成人力资产。

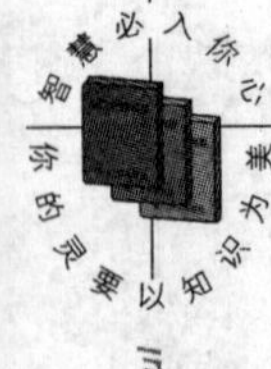

生产和生活实践是产生人力资产的源泉(参见 14 章创新管理)，现主要概括如下：

发现问题。在生产和生活实践中，由于现有环境不能满足人的某种需要，于是就要去发现问题。是哪些方面不能满足人的需要呢？人必须去思考，寻找问题的答案。这样就从发现问题的过程中产生了新的知识。

理解问题。在生产和生活的实践中，找到了问题所在，就要进行分析、判断、理解问题的原因，理解问题中各个元素之间的相互联系。这样在理解问题的过程中，完成了知识转化，使外部的显性或隐性的知识转化成个人知识。

解决问题。真正理解了问题，也就会很快找到解决问题的方法。这些解决问题的办法，就是通常所说的"诀窍知识"。这是新产生的知识。

人在自然环境、社会环境中生存、发展，企业在商业环境中生存、发展，都离不开"发现问题—理解问题—解决问题"的过程。正是这种过程，使人类知识体系得以发展，使人类社会得以进步。

一个具体的人力资产，通常并不是以他的学历和所拥有的显性知识来表示这种人力资产的品质，而是以他是否在实践中能够"发现问题—理解问题—解决问题"，这才是人力资产品质评价的唯一标准。

在“发现问题—理解问题—解决问题”的过程中，需要“人”具有丰富的“隐性知识”，需要良好的“认识结构”或“识知模式”。同时这个过程又是新知识产生的过程。所以，对人力资产的评价应注重“能力”。

另外，应该看到除了在实践中产生新知识外，在一个良好的、自由的学术气氛中也会产生新知识。这两者都离不开人脑的思维活动，前者是“实体”问题驱动的，后者是“概念”问题驱动的，为了产生高品质的人力资产，经常可以将两者进行组合，从而创造出了更大的价值。例如，美国的大学都与企业挂钩，教授和学生都参与实际问题的解决过程，让学术思想融入到企业实践中去。这样企业获得了很大的货币价值，学校也获得了很大的学术价值，同时又培育了高品质的人力资产。

12.5.4 信息技术因素

信息技术的发展，为获得知识、形成人力资产提供了前所未有的良好条件和手段。信息技术使人们不但可以从实体的世界中获得知识和经验，也可以从虚拟的世界里获得知识和经验。这是以往任何一项技术所不能做到的。

信息技术本质上是延长了人的感觉器官，使人脑可以在一个更大的空间里获得数据、信息和知识，使人不再受到地理的限制、时间的限制，自由地获得想要得到的各种信息。这使人脑在理论上可以获得无限的、思维所需要的原材料，使人脑可以产生各式各样的知识。所以，信息技术对人力资产的形成起了重大的作用。

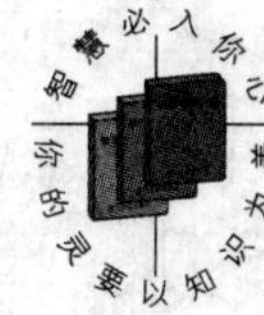

信息技术对人力资产的作用表现在两个方面，其一，是掌握计算机文化，从而改进自己的“知识模式”；其二，是掌握获得新知识的新技能，使计算机技术成为获得新知识的手段和工具。

知识经济时代最重要的特点之一，就是人力资产都具有计算机文化。计算机文化是指人们所掌握的计算机基本操作知识和技能，包括计算机语言、基本应用软件、操作系统等，能够利用计算机行使自己的职能。

计算机文化对于人力资产来说是十分重要的。如果一个人没有掌握计算机文化，他的人力资产的质量就不高，就不能为企业贡献出较大的价值。因为，计算机是人感官的延伸，虽然现在的计算机还不能代替人脑进行思维，但是它在支持人的思维方面起着重大的作用。计算机被看成是体外能形成“概念系统”的“实体系统”。

另外，计算机文化对人的“认识模式”也有重大的影响。因为计算机带给人们一个虚拟的世界，使人们进入到一个实体世界所无法到达的时空，使人进入到无限多的角色中去，使人对世界又有了新层次的认识。传统的心理学、认知科学都难以用现有的理论来解释这一点。

实体世界带给人们的是有“边界”的“认识模式”，而计算机文化把人带入了一个虚拟世界，使人们获得一种动态的、多变的、虚拟的“认识模式”。在认识世界的过程中，这是一个巨大的差别。知识经济时代的人才基本的特征，就是必须具备“计算机文化”。

信息文化是指人们懂得如何去获取信息，并利用获得的信息进行问题的求解，同时知道如何与合作伙伴、同事进行信息共享。

一个没有信息文化的人，可以说是没有“人力资产”的人，也必然没有“人力资本”可言。对人力资产的评价之一，就是人们对问题求解的能力。它是评价人力资本的质量标准之一。解决问题的能力强，人力资产的质量就高，反之就低。

企业中问题求解，需要掌握相关的信息，需要对信息进行理解、分析、思考，需要与他人进行知识共享。这些都是具有信息文化的人力资产所应该具备的品质。只有掌握信息文化，才能根据自己的需要获得更多的信息。

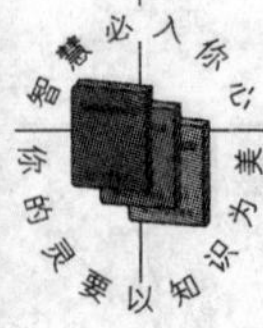

另外，计算机文化与信息文化既有区别，又有联系。具有丰富的计算机文化，不等于就有了丰富的信息文化。所以，最好的人力资产能够在这两个方面都做得很好。例如，在美国硅谷的一些创新的软件工程师，通常两者都做得很好。但是，就传统企业来说，这样的人才可能难以得到。

人际间沟通交流与人力资产有着十分重要的关系。要利用信息技术形成无边界的交流，使自己能以最快的速度获得任何信息，从而加快知识的形成。所以，人力资产的形成与人际间良好的沟通有关。

12.5.5 心理因素

许多看起来聪明的人，一生没有建树；而一些看起来平常的人却获得了重大的成就。其主要原因是心理因素（包括了感情、爱好、倾向）影响着人们的发展。

美国著名的神学家、哲学家，1757 年出任普林斯顿大学校长的乔纳森·爱德华兹(Jonathan Edwards)写道：“要是没有爱与憎，一切希望和恐惧、愤怒、热忱、情感期待乃至整个世界，大部分都是静止的，无生命的；在人类之中，也许就没有诸如活动一类的东西，或者任何最热切的追求。”他强调了人的感情是“人的活动源泉”。由于人本质是懒散的，因此除非他受某种感情驱动，否则一切活动都会停止。他写道：“除非人受爱、憎、期待、希望或者恐惧一类的感情影响，否则人的本性是非常懒惰的。这些情绪像原动力一样，促使我们生活在一切生命事物和生命的追求之中。”①

所以，我们要看到一种心理因素——感情在影响着每一个人，借着影响人而影响到整个世界。因此，我们在讨论影响人力资产因素时，不得不讨论这个神秘的问题。

不良的感情因素有：

自卑。自以为什么也做不成，看不到自己的能力；不知道付出努力必有收获；缺少最起码的信心。如果一个人对自己没有信心，就很难成就事业，甚至连普通的事情都不能很好地胜任。

骄傲。自以为是，认为自己无所不能，人定胜天的思想，这些是知识创新的障碍。这些思想使人达到一种自欺欺人的境界，它并没有看到自己的不足之处，不懂得虚心向别人学习。《圣经》中说：“败坏之先，人心骄傲；尊荣以前，必有谦卑。”②

惧怕。对新事物的恐惧，害怕变化，力求安稳的现状等，这些都是知识创新的思想障碍。

积极的感情因素有：

爱心。“如今常存的有信、有望、有爱；这三样，其中最大的是爱。”③有爱心的人有责任感，他知道自己该做些什么，该如何待人，该如何立足于这个世界。他会“己所不欲，勿施于人”。

谦虚。谦虚的精神使人可以将自己置于平常人的位置，可以吸纳别人的意见，可以自由地与伙伴进行知识共享、沟通，使自己能够获得大量的、各方面的信息。谦虚的品质使自己的心灵得到解放，使心灵时时处于轻松的状态。这样的心态有利于知识创新。

自信心。自信心并不是骄傲，而是对自己和自己所处的环境有着深度的理解。知道自己能做什么，不能做什么。这种思想给心灵深处一个安静的环境，使人不因为什么事而烦恼、躁动。始终保持一种安静的心，去做自己可以做的事。这种“有所为，有所不为”的精神，是促进一个人知识创新十分重要的品质。它使人可以用安静的心，在自己的专业领域内探索。

---

① [美]乔纳森·爱德华兹(Jonathan Edwards)著，杜丽燕译. 信仰的深情. 北京：中国致公出版社，2001

② 摘自《旧约全书》“箴言(18:12)”。

③ 摘自《新约》(哥林多前书 13:4～7)。

诚实。一种诚实的心态将使人能够遵循客观规律行事。以诚实对待自己、对待伙伴、对待同事,使人的心胸宽阔。这样的精神状态有利于知识共享环境的建立,使员工间可以自由地共享知识。

积极的感情是一种良好的心境。要让大脑产生知识,从而产生价值,没有良好的内心环境是很难办到的。

专栏 2——整合头脑、心和灵魂

印度著名的哲学家奥修在《生存智慧》中有一篇文章——“整合头脑、心和灵魂”。这富有哲理的教导,给我们管理者很好的启示。他写道:

头脑是逻辑……非常有用,在市场上,你没有头脑无法存在,我从来没有说你不应该在市场上使用你的头脑,你应该使用它。你应该使用它,而不被它所使用,这个差别是很大的……头脑给了你所有的科技、所有的科学,因为头脑给你太多了,所以它就宣称它是你灵魂的主人,它的害处就是这样开始的,它完全关闭了你的心扉。

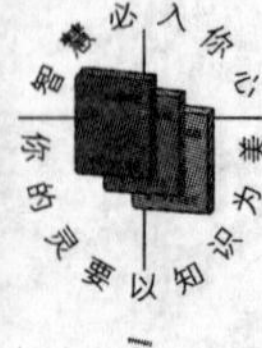

心并不是有用的,它没有什么目的要达成,它就好像一朵玫瑰花。头脑可以给你面包,但是头脑无法给你喜悦,它无法使你在生命中欢欣鼓舞,它非常严肃,它甚至无法忍受笑声,而一个没有笑声的生命已经掉落在人类的标准之下,它已经变成了低于人类的,因为在整个存在里,就只有人能够笑。

……心具有一个更高的价值,它在市场上没有任何用处,因为市场并不是你的庙,市场并不是你生命的意义,市场是所有人类的活动里面最低的。耶稣说“人不能只靠面包生活”,他是对的,但是头脑只能够供给面包,你能够存活,但存活并不是生命,生命需要更多的东西——欢舞、歌唱和喜悦。

因此,我想要你将每一样东西都放在它正确的位置:如果头脑和心之间有任何冲突,必须先听心的。如果爱和逻辑之间有任何冲突,那么应该由爱来决定,而不应该由逻辑来决定。逻辑无法给你任何生命的汁液,它是干枯的,它用在计算方面是好的,用在数学和科技方面是好的,但是它用在人与人之间的关系是不好的,用在你内在潜力的成长方面是不好的。

如果一个人内心不断为一些琐事而躁动不安,很难想像他在这种心境中能有什么创新的知识;如果一个人内心充满妒忌,也很难想像他会自觉地进行知识共享。所以,心境中美好的情感是知识创新的内环境,也是人才成长的内环境,是不可忽视的重要环节。如何创造一个心理健康、精神健壮的内环境是道德、伦理研究的课题,也是知识管理研究的课题。所以,在一个企业的知识环境中,要提倡进行道德、伦理的教育。

12.6 促进个人知识资产增长

上一单元我们讨论了人力资产的基本概念和形成。这从宏观上向我们说明了人力资产。但是,我们每一个人如何构建自己的人力资产呢?如何让自己变得很有价值,使自己的个人知识供不应求呢?这就是本节要讨论的“人力增长”的问题。

人在最初的十几年里主要受到学校和家庭的教育和影响,学校和家庭几乎安排了所有的时间。但是,走上社会后,就要自己安排自己,计划自己的每一个步子,从而走向成功。

本单元从职业生涯的角度出发,来讨论如何管理好自己、如何使自己获得成功。特别是对管理者而言,要成功地管理他人,首先要管理好自己。正如管理职能所描述的一样,要管理自己的计划,指挥好自己,组织好自己和控制好自己,包括控制自己的时间、控制好自己的资源,当然还要选择好其他人来帮助自己。实际上,在管理自己时五项管理职能一项也不少。所以,管理者必须了解自己,管理好自己,增加自己的长处,克服自己的短处,不断增加自己的能力,最后成为一个成功的管理者。

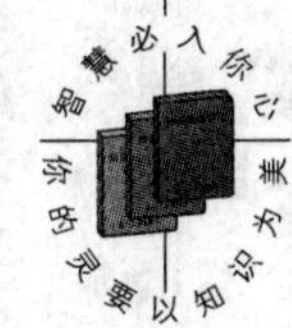

管理者总是从被管理,从接受命令开始的;接受命令的人只要管理好自己,脚踏实地地工作,就会上升到发布命令的层次。这里有两点值得注意:

第一,“管理者总是从被管理开始的”,这说明了每一个人的起点。

第二,“管理好自己,脚踏实地地工作”,这是上升到管理者的前提条件。

12.6.1 重要性

人一生下来就接触外界社会环境,每时每刻都与外界环境进行信息的交流,在这个交流过程中不断接受外部的各种信息,产生自己的知识,形成自己的认识模式,最后形成自己的知识资产或人力资产。这样从小到大,从少到多,从量变到质变,一个人也从无知的孩童成长为对社会有用的人才。这就是人力资产增长(人力增长)的过程。

但是人与人之间的差别如此巨大,各人的人生的轨迹如此不相同,使我们常常感到对“人力增长”无能为力。但是,许多成功的经验告诉我们,成功还是有一些共同的规律的。只要自己在整个生命周期中,能够很好地安排自己,管理好自己,使自己获得知识,并在为社会做出自己应有贡献的同时获得应有的

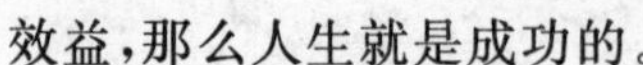

效益,那么人生就是成功的。

专栏3——人生的黄金时间

中国科学院陈学俊院士谈到人才时提到了人生的黄金时间,这对于我们每一个人来说都有启发。

科技创新人才有两种类型:一种是在科学研究最前沿全神贯注忘记一切地进行深入研究和知识积累,不断地有所突破,获得重大科研成果,对国家做出重大贡献;一种是具有丰富经验的学术领导人和组织者,能预测当代科学发展的趋势,决定向哪些科学最前沿的方向发展,并能组织团结一批骨干力量共同进行重大项目的攻关和高水平的学术研究。

一般地讲,20几岁到40岁左右之间是人生最光辉、最具创新潜力的年代,处于这种黄金年代的年轻人应该将全部精力集中在科学最前沿进行创新突破。随着他们成就的积累,知识面的扩大和丰富,知名度的逐步扩大,随着时间的推移,他们将逐步成为某一学科或领域的学术领导人。综观世界科学技术发展史,许多科学家的重要发明创造,都是产生于风华正茂、思维最敏捷的青年时期。哥白尼提出"日心说"时是38岁;牛顿和莱布尼兹发明微积分时分别是22岁和28岁;爱迪生发明留声机时是29岁,发明电灯时是31岁;贝尔发明电话时是29岁;居里夫人发现铀、钋、镭三元素的放射性时是31岁,获得了诺贝尔奖,后来又发现两种新元素,第二次获得诺贝尔奖,时年46岁;爱因斯坦提出狭义相对论时才26岁,提出广义相对论时是37岁;李政道、杨振宁提出弱相互作用下宇称不守恒定律时分别为30岁、34岁。①

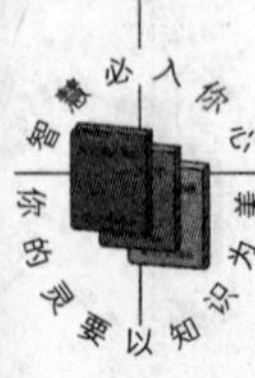

这些优秀的人在自己人生中最辉煌的时候,为人类贡献出了个人知识,从而推动整个人类历史文明进程。但是,我们在这里看到的是一种结果,其实他们付出了许多人们看不见的艰辛。其中很大一部分就是认真管理好自己的学业与生涯,让自己在有限的时间里为人类做出无限的贡献。

管理好自己是十分重要的一件事。

每一个人一生下来都有许多的管理者,如父母、老师、社会、组织等,但是最重要的管理者是谁呢?最重要的管理者是自己。我们要记住一个重要的规律:如果一个人不能管理好自己,就注定要被许多人来管理,而且永远也不会上升到"发布命令"的管理者层次;相反,如果认真地管理好自己,点点滴滴地管理,每时每刻地管理,那么随着时间的流逝,管理自己的人会越来越少,管理别人的数目也会越来越多。要做好管理别人的管理者,首先要做好管理自己的管理者。

---

① 周济主编.科技创新院士谈(下).北京:科学出版社,2001

管理好自己，增进自己的人力资产，增进自己的价值，就要做到：理解自己，接受教育，防止退化，进行生涯规划，按计划实现人生的目标。

12.6.2　理解自己

管理自己、自我改进和生涯规划都是从认识自己开始的。

每个人都以为很了解自己，这其实是一个误解，我们每个人都在很大程度上不了解自己。

我们每一个要想成功的人，首先要去"悟"（understanding）自己，去了解自己，明白自己的长处和短处，知道自己存在的意义，知道自己在哪些方面需要改进，知道如何改进才能增进自己的能力。因此，我们在管理自己人力资产的增长方面，要明确定义自己的技能、智能、兴趣和动机，知道自己的现状，知道自己应从哪里开始改进自我。

有时，我们很难确切知道自己的技能、智能、兴趣和动机。但是，这可以请周围的人如朋友、上级、同事等来帮助自己认识。周围的人可能比自己更知道我们自己的价值、个性、优缺点，所谓"旁观者清"就是这个道理。他们可能会给我们一个较为客观的评价。这些都有助于我们开始改进自我。另外，也可以通过自己组织的人力资源部或外部的咨询机构、培训机构对我们的知识、技能、能力、兴趣和动机进行正确的评价。

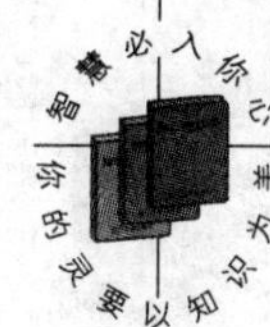

理解自己从三个方面入手：确定能力和技能，确定自己的兴趣爱好，确定自己的动机。

1. 确定能力和技能

能力是个性的心理特征，是完成某种活动时所必备的。例如要完成管理工作，就要具备计算能力、清晰的思维能力、解决问题能力、组织计划工作的能力、决策能力等。

技能是个体掌握的具体行为方式。技能需要五官与四肢的配合来完成，包括了写作、打字、操作机械、执行一些物理的动作。技能水平一般是通过熟练度测试而获知，或者通过考试而知晓。

能力的形成有先天的遗传因素，也有后天的学习因素。表现在能力与技能的相关性方面，一个人如果有某方面的能力就可以发展出相关的技能；一个人如果没有某方面的能力，就难以发展出相关的技能。也就是说一个有天生才能的人，通过适当学习与训练会很快成为有相关技能的人，如艺术家、工程师、技师、工艺师等。

一个具有较高能力的人，常在一些高水平的工作中表现出较高的技能。

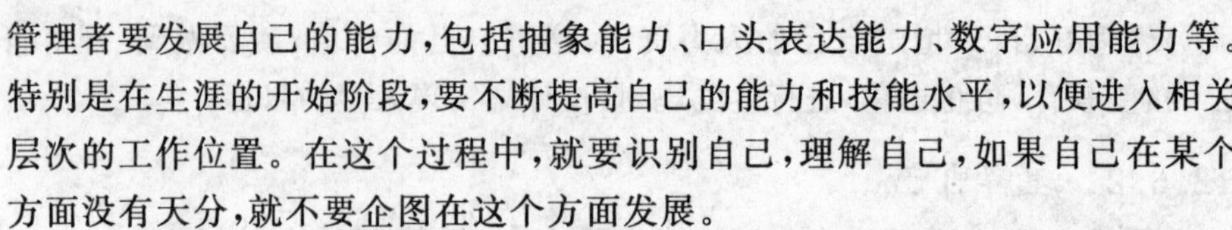

管理者要发展自己的能力，包括抽象能力、口头表达能力、数字应用能力等。特别是在生涯的开始阶段，要不断提高自己的能力和技能水平，以便进入相关层次的工作位置。在这个过程中，就要识别自己，理解自己，如果自己在某个方面没有天分，就不要企图在这个方面发展。

专家们认为一个人有六种基本能力。在培养与发展能力与相关技能时应认真地考虑。常见的六种能力①如下：

- 抽象推理能力：用数字和文字进行逻辑思考的能力。熟练技工、技师、工程师、科学家、计算机程序员都必须具备这种能力。
- 口头推理能力：有效地利用文字进行思考、理解、沟通的能力。作家、教师、管理者、售货员、秘书等都需要这种能力。
- 机械推理能力：认识机械原理的能力，可以管理好机器和工具。制图员、修理工、工程师、技师、技工等都需要这种能力。
- 数字能力：解决数学问题的能力，用数字思考的能力。银行出纳员、经济学家、会计师、设计师、技术员必须具备这种能力。
- 空间关系能力：使用三维空间的能力，想像物体形态、大小的能力，深度知觉和估计距离的能力。驾驶员、程序员、制图员、科学家、技术员等都需要这种能力。

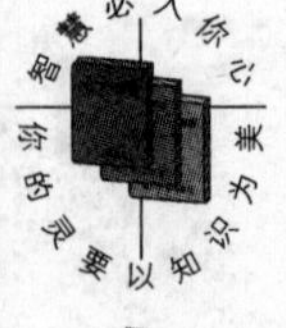

我国的学者认为：按智力的结构可分为六种能力：②

- 对各种模式进行分类的能力。
- 适宜地改变行为的能力，即学习的能力。
- 归纳推理的能力，即概括的能力。
- 演绎推理的能力。
- 形成概念模型并使用这种模型的能力。
- 理解能力。

以上六条是以逻辑思维为主的智力活动。

许多心理学家都对人的能力或智力进分类，有各种理论。

要确定自己的能力与技能，确定自己在某个方面所具有的能力，使自己能够更好地适应某种工作岗位或管理岗位。另外，管理者要理解员工或下属的智能与技能，这样可以将正确的人分配到正确的岗位，使自己能够在管理岗位

① Warren R. Plunkett, Raymond F. Attner. *Introduction to Management*, PWS-KENT Publishing company, 1989

② 胡德辉等编. 心理学教学参考资料. 北京：人民教育出版社，1981

上做得更好。

2. **确定兴趣和爱好**

兴趣是指人对事物的特殊的认识倾向，即在认识过程中带有相对稳定的指向、趋向，能够维持较长时间。那些偶尔出现的认识倾向还不能称为兴趣。例如，一个足球迷长期对足球感兴趣，跟踪、研究足球队和球赛，这是兴趣；一个人偶然喜欢看一场球赛，这就不是兴趣。

兴趣对象可以是客体的，也可以是主体的。一个人可以对周围环境事物产生兴趣，也可以对自己本身产生兴趣。例如，对自己提高计算机操作技能感兴趣，就可以一直努力地学习计算机的相关技能。无论兴趣是客体的，还是主体的，总是伴随着快乐、喜悦的肯定情感体验。

兴趣是在高级需求的基础上产生和发展起来的。例如，对某食物的兴趣是在低级的无条件反射基础上的生理需求，一旦吃饱后，这种生理需求就没有了，对食物也就失去了兴趣。而建立在高级条件反射基础上，有第二信号系统参与的需求，由此而产生的兴趣是长期的、稳定的。这才是真正的兴趣。因此，人的兴趣是与人的需求同步的。之所以各人的兴趣不同，实际上就是各人的需求不同。因此，要确定自己的兴趣，也就是要确定自己的需求。确定那些基于第二信号系统上的高级需求。

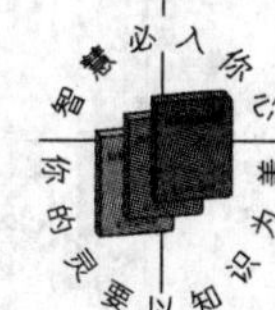

兴趣与爱好既有联系又有区别。在许多情况下，兴趣与爱好是一致的，一个人对某事物的爱好，就必然有对此事物的认识兴趣，反之就没有。这是兴趣与爱好的联系。另一方面两者的区别是：兴趣是人的一种认识倾向，而爱好是人的一种活动倾向。例如，许多人对拍摄电影感兴趣，但并不一定去从事电影工作。这就是有兴趣而无爱好，是有认识的倾向而没有活动倾向。

兴趣可以是个人的活动和工作的区域。兴趣的区域吸引着人们的注意力和好奇心，它促使人们进入这个领域。人们感觉上喜欢它，并追求它。兴趣会使人们花费许多的时间，并可以自由地选择自己的行为。这里关键是将兴趣转化为爱好，即把认识中的倾向转化为活动中的倾向。所以，在理解自己兴趣的同时，还要理解自己的爱好。把自己感兴趣的领域当成自己一生的工作领域。

俗话说：兴趣是最好的老师。所以必须确定自己的兴趣，然后管理自己的兴趣，把兴趣与事业结合起来，将出现巨大的创造力。

3. **确定行为动机**

动机是指激励人去行动的原因，即引起、维持人的某种行动，以达到预定目的的愿望或意念。心理上的需要的动机可以是安全、社会责任、自尊、自我实现等。这种动机是人们行为和工作的基本理由。在生活和工作中，常常不

只是为了兴趣，而是要面对现实，做出应有的行动。所以，人们就要知道自己行为的动机，要根据自己的心理需要形成的动机去行事。以下问题可以帮助我们确定什么是最重要的，从而确定自己的动机。

- 你所找的工作是你自己决定的生涯吗？
- 你需要超过其他人的能力吗？
- 你希望获得友谊和社会的关系吗？
- 你认为什么对自己来说是最重要的？
- 从某种意义上说你要从工作和生活中获得什么？
- 你将要从事的工作和工作环境使你感到满意吗？能够满足你的需求吗？

但是，要知道行为的动机并不是永远与你同在。动机是随着时间、经验、所处的环境变化而变化的。

综上所述，我们要使自己的人力资产不断增长，首先要理解自己，要明确个人的需求、能力、兴趣、动机。这些都可能使你自己清楚地知道自己现在还没有拥有什么，自己还要学些什么知识，自己应该接受什么方面的教育、工作或职业。这些都使你面对现实做出自己的选择。只有这样心中有数，当你面对各种机会的时候才不会感到迷茫、不知所措。你就会实事求是地考虑各种因素，做出理智的选择。

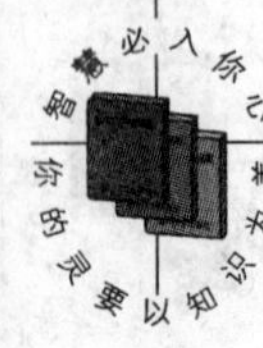

以上所述的一切都可以用一张表格列出来，也可以用图表画出来，这就是个人的**知识地图**(knowledge map)，通过这张图，可以知道自己现在的位置，知道自己应该往哪里去，知道自己如何走最近的路径达到目标。

一旦有了一张技能、智能、兴趣、动机、方向、目标、路径的知识地图，就会有好主意出现在脑海中，就像一个将军站在作战地图前思考一样，可以通过这张知识地图设立人生的目标、时间表，并达到目标。

要使自己的人力资产不断增长，就要按以上的方法去认识自己。让我们记住著名史学家柯林沃德的一段名言：要认识自己，就要认识到自己能做什么；但人无法知道自己能做什么，除非曾经做过。因此，知道自己能做什么的唯一线索，就是别人已经做过的事。①

12.6.3 教育与退化

人的知识退化一般在离开学校、毕业后就会很快发生。

当人和机器不动的时候，就会产生退化。如何管理自己，防止退化，这是

① [英]迈克尔·马莱特著，顾晓鸣译.马丁·路德.上海：上海译文出版社，2001

每一个想进取的人都十分想了解的。一个组织中，管理者对待退化现象一般采取了如下方法：

- 通过教育培训，防止退化在员工中发生，增加员工的知识，开发员工的人力资本；
- 容忍员工的退化，容忍员工工作的局限性和低效能；
- 容忍员工的退化，但是降低他在组织中所扮演的角色和所承担的责任，降级使用；
- 不能容忍员工的退化，将退化的员工解雇，用其他人代替退化的员工进行工作。

从以上可以看出企业管理者对员工退化所采用的方法。当然，以上通过教育培训是最积极的方法，也是员工自我改善的良好机会。从理论上讲，每一个员工都适合于培训，但是事实上并不是每一个员工都有参加培训与教育的资格和机会。企业教育培训要投入一定的资金，企业只有对最可能发展的一小部分人员进行优先级的培训。这是一个局限性。所以，每一个人如果都等着他的老板来培训他、教育他，可能是不现实的。每一个人都必须主动地去通过教育和培训来提高自己的能力，增加自己的知识和人力资本。如果不是这样，就会在人生的态度、知识、技能上产生退化现象。这种现象是人生最可怕的东西之一，它使人生开始走下坡路。通过自己主动地寻求受教育、受培训的机会，使自己在人生态度上、在知识技能上、在思想方法上、在价值观上都保持着一种青春的、积极向上的活力，使自己的人生不断往高处走。

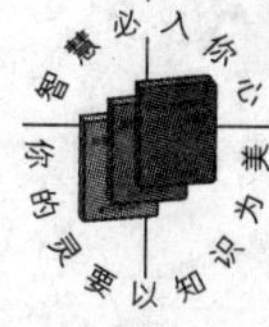

计算机已深深地影响了管理者和员工。计算机技术、信息技术、应用软件的知识不断更新，不断改进，这对于21世纪每一个人来说都是一个巨大的挑战。而且，信息技术方面的知识更新几乎每时每刻都在发生，这就要求每一个人都应该不断地防止退化，学习新知识。如果一个管理者或员工没有很好的知识、技能的储备，就不能适应新的变化，就不能在这种不断变化的商业环境中担任重要的角色，从而就会失去良好的个人发展机会，也可能连自己原有的位置都保不住，被新人所代替。

所以，一旦你进入一个组织开始工作，就要努力使你个人能力发展贯穿整个工作过程。无论是正式的教育还是非正式的教育都要贯穿整个工作过程，贯穿整个人生，要终生学习。要记住，停止学习的那一刻就是退化的开始。

持续地接受教育、终身地学习，是抗击退化最好的方式。通过教育，保持积极的精神、积极的人生态度，这是个人发展的保障。

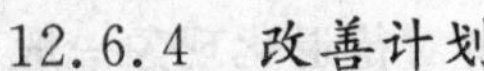

12.6.4 改善计划

如果需要发展、扩展自己的机会，个人改善计划是十分重要的。每个人的知识水平、知识结构都不相同，知识退化也不相同。要想成为一个管理者，在层级式组织中走向上层，就必须不断增加自己的人力资产，发展自己。订立一个改善计划要注意如下要点。①

1. 自我理解

订立任何计划都要对自身有一个很好的理解。在订立个人改善计划时，自问自答 5 个 W 和 2 个 H 的问题（why，who，what，when，where，how，how much），有助于对自我需要的理解。

Why 是指订立计划的理由。关于要进行个人改善计划的理由前面已经讨论过。

Who 是指自己和与计划相关的人。要明确谁会对计划产生影响。这些人可能影响计划和计划的实施。例如，家庭对计划可能产生支持或限制，同学和朋友可能使你没有时间完成计划。

What 是指要设定的目标，包括希望达到的短期目标和长期目标。这是计划意图的特别陈述。主要的目标将导致创立一系列小目标，以便能达到这个主要的目标。只有实现每一个小目标，最后才能实现大目标。这就是管理上点点滴滴的含义。要争取小赢、多赢，积小赢成大赢。

When 是指计划的实施时间。要明确大目标和小目标实施的时间，从而把握住各种可能的机会。这就是计划的时间保障。如果计划很宏伟，但是在具体实施上没有时间，这个计划也是不可行的。所以，时间是一个很重要的因素。

Where 是指实施计划的地点。

How 是指如何实施计划。

How much 是指实施计划的成本是多少。

如果在订立计划的过程中，认真思考并回答了以上各种问题，就可以订出一个较为详尽的计划，根据这个计划就可以进行个人的改进。

2. 建立时间表

如果你没有回答计划中的“when”，计划实施的第一个风险就是，失去热情和拖延了计划。一般来说，应该立即进行计划较好。设定计划开始的时间和结束的时间。设定时间检查向每一个目标进展状况，使用桌面日历法或管

---

① Warren R. Plunkett, Raymond F. Attner. *Introduction to Management*, PWS-KENT Publishing company, 1989

理时间法。不断回顾时间进展的表格，鼓励自己向目标前进。

3. 执行计划

当完成了计划后(回答了那些基本的问题后)，就要将它们转入特殊的行为路程——开始实施计划。

如果实际的过程与计划不符合，不要气馁。计划中总有一些要根据实际情况改变的。这样可以根据实际的经验来修正计划、修正目标、修正完成目标的限期。应该找出计划不能进展的原因，分析所遇到的每一个困难，然后去找出解决这些困难的办法，围绕目标来推进自己的计划。

4. 克服障碍

为了推进计划，改进自己，就要克服困难和障碍。在制定计划和实施计划过程中最大的敌人是自己。每一个人都有惰性，都喜欢日常的舒适的工作，不喜欢付出努力，不喜欢去努力寻求新的知识和新的变革。要实施计划，就要改变我们日常生活的不良习惯，用积极的心态，把时间集中来完成计划。

日常生活中会出现各种各样的困难阻碍学习，消磨改变自己、发展自己的意志，需要自己付出努力去战胜这些困难。

12.7　生涯计划

正如需要建立改善技能和智能的"个人改善计划"一样，也应该建立一个有效的生涯(career)计划。可以建立一个短期或长期(战略)的计划。实际上，一旦知道了自己的技能、智能、兴趣和动机，就清楚地知道该做些什么，该往哪里去发展。必须认真地考虑组成"生涯"的全部要素。可按如下计划你的生涯。[①]

12.7.1　思考生涯

1. 基本原则

华盛顿大学的 Sal Divita 教授建议这样来思考自己的生涯："问一下你自己，当你退休的时候你要在什么位置上？然后回顾工作。如何通过工作而达到这个位置。"他进一步告诫说，把握最后的工作就是你找到生涯的路。在你自己不知道要到达哪里，在没有找到最好的路之前，不要去找下一份工作。关

① Source：U. S. Department of Labor. From：Introduction to Management，by Warren R. Plunkett，Raymond F. Attner. PWS-KENT Publishing company

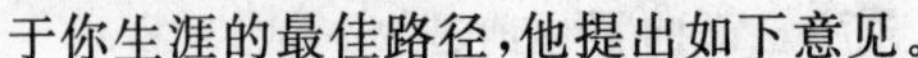

于你生涯的最佳路径,他提出如下意见。

• 找出问题。在每一种情况下都问自己"什么是错误的"?
• 接受不合需要的任务。也许这是你胜出的机会。
• 少说话,多办事。
• 不断提出思想,寻找小的、持续的改进。
• 寻找你的良师益友。
• 结交那些积极向上的朋友。

以上这些意见,提供了每一个人思考生涯计划时的基本原则。

2. 为什么要辞职

在思考生涯的过程中,要注意了解人们辞去他们的工作的原因。

人们辞去工作的理由十分复杂。一些研究机构研究认为,大体有如下几种辞职的原因:

• 缺乏进一步发展的机会;
• 认为自己不适合这种工作;
• 不喜欢某些管理规定;
• 对收入不满意;
• 个人原因。

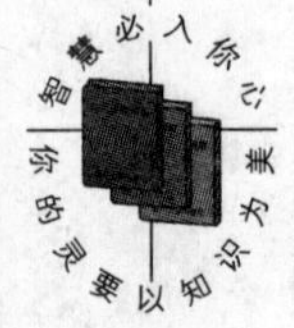

那么想一想,你会辞去工作吗?在什么情况下你会辞去工作呢?

3. 为什么要成为管理者

在生涯计划中,你是否想成为管理者?是否想通过努力走向组织的高层?

根据纽约大学对500名经理人的研究,认为成功的高级管理者(副总经理或CEO)有六种关键因素:

• 企业家精神;
• 管理企业内竞争的能力;
• 丰富的公司和市场知识;
• 识别成功的战略,然后执行这种战略;
• 当问题成为障碍之前就识别和解决问题;
• 适应性。

如果在你生涯计划中自己要成为管理者,就应该关注以上的几点因素。

12.7.2 生涯计划步骤

1. 确定生涯目标

在这个步骤中要确定短期和长期的目标。

你必须能够说出:在你现有的工作中,你要做些什么?在这份工作中,什么是你所希望得到的?从这份工作中你能获得多少报酬?这份工作提供给你多少成长和发展的机会?

2.分析工作和生涯道路

这个步骤要分析现有的工作。

确定什么样的教育、技能、智能是组织所需要的。组织的工作条件、工作环境如何?可以通过各种渠道了解行业的知识构成,例如劳动部门有关文件、各种行业协会所规定的职业技能等。

很少有人能找到与自己要求十分合适的职业,只有少数人可以找到完全符合自己要求的职业。企业也很少能找到完全合适的人。这都是客观事实。

在分析现有工作和生涯道路时,需要多方面的信息,需要根据自己的生涯目标、所学专业,所拥有的智能、技能、兴趣等来分析各种工作,选择自己的生涯道路。

网络、图书馆、职业介绍所、学校就业办公室都有许多资料可供查阅,可通过它们获得信息,这些信息可以帮助分析工作,寻找职业。

另外,也可以与一些有经验的、饱经各种挫折的人一起工作,了解他们的经历,从实践中获得知识,使你对生涯有更好的思考。

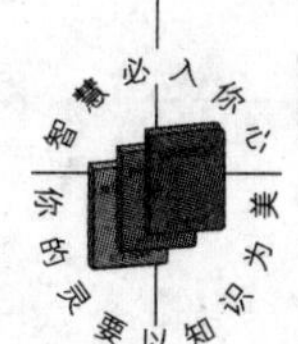

生涯的道路是在计划中不断前进的。刚开始工作时,不可能就担任管理职位,通过一段时间的工作,理解了工作的重要性、需求,获得了经验,才有可能成为管理者。管理者是第二种工作层次。有时,人要经历一系列的非管理工作,然后才经历管理工作。这可以使人获得许多领域的经验,可以更好地理解所在组织的各个组成部分。

3.识别可能就业的组织

在选择就业的组织过程中,会有各种工作和生涯的机会。要选择一种职业,作为生活和工作的最佳选择。在确定去企业(组织)工作之前,要认真考虑企业(组织)的知识环境、企业文化、教育培训和经济条件等。一旦心中选择了某个职业或工作领域,就要进一步研究这个组织,以及与职业相关的各种情况。

选择公司的具体方法很多,可以通过行业协会了解公司的历史、现状、品牌、信用、雇佣和解聘员工的制度等,也可以通过公开的财务报表了解公司的状况。

4.申请和获得聘用

选择好了以后,就可以提出申请,进入组织中所选择的职业或岗位工作。

这份工作应该是你最有资格做的，因为它合乎你的技能、智能、兴趣和生涯的目标。如果你申请的是管理职位，那么如下是必须具备的。

- 口头沟通技能——可以有效地表达个人和团体的状态，包括肢体语言的沟通。
- 口头表达技能——在特定的时间里，可以有效地表达某种思想和任务，包括肢体语言的表达。
- 写作沟通技能——可以采用合格的书面语言表达思想。
- 工作动机——以个人满意的行为和责任进行工作。
- 主动性——主动进行工作，做出超过组织要求的工作。
- 领导能力——可采用适当的方法，引导同事、下属、管理者或团队一起工作，并达到目标。
- 计划和组织——有计划和组织资源达到目标的能力。
- 分析能力——可以根据来自不同资源的相关的数据进行分析，确定问题，识别相关问题。
- 判断力——对各种事情有准确的判断力，可以根据逻辑推理做出正确的决策，反映正确的信息。
- 管理控制——构建监控程序或管制程序，控制下属的工作、任务、责任，控制所分配的项目。

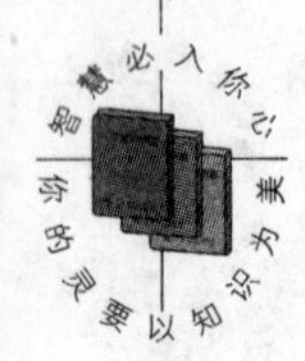

获得聘用的两个关键因素是简历和面试。要认真准备简历和面试，避免因准备不足而失去一个良好的机会。

5. **评估绩效和环境**

当进入企业一段时间后，可以进行第一个正式的绩效评估，确定一下在工作以后发生了什么事情。可以自问自答如下问题：

- 期望达到了没有？
- 获得的承诺实现了吗？
- 技能和智能获得提高了吗？
- 对现有的组织或老板有什么看法？
- 有什么进步的机会？
- 在这个组织中能够成就你的事业吗？

回答这些问题可以使你明白进入企业后自己的实际状况、自己所处的环境。从这些问题中，你可以获得新的思想。

6. **现有的工作**

动机和生涯目标在工作一段时间以后可能会改变，好的机会可能会出现。

获得的经验、新目标或生涯机会可能对你来说更为重要，这时就要对原有的目标进行必要的调整。

但是，在决定是否放弃现有工作，另外应聘之前，最好要工作一年。通过一年的时间，可以看到自己通过工作所获得的收益。这些收益不只是在金钱方面，还有其他方面的，如成长的机会、关系网络等，甚至还要考虑到一些“外部性”的收益。

不要在还不知道去哪里，或将要去的工作单位是否保险时，就放弃现有的工作。

12.7.3　生涯的阶段

在市场经济情况下，很少有人找到第一份工作后，就将这份工作作为终生的职业。大多数人都是更换了两个或更多的工作后才固定下来。一般来说，生涯的阶段如下。

1.试验阶段

这个阶段是生涯的试验阶段，人们开始找工作，决定去哪个企业应聘。人们在这个阶段寻找教育、经验，为生涯做准备。人们在不断检查自己的技能、智能水平，寻找感兴趣的工作。这个阶段大多数人会做如下的事：

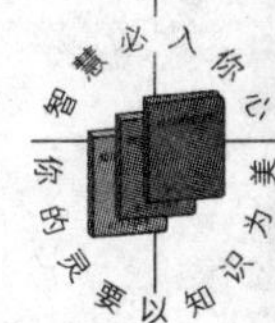

- 寻找各式各样的工作，进行工作探险；
- 进行初步的工作选择，初步定下工作；
- 建立生涯的进步阶段。

当人在工作中学会了新的技能，发展了智能后，动机就开始变化。一些对自己原来不重要的事，慢慢地显得重要了。当人们在自己的工作领域中获得了某种能力后，就会出现新的可能性，向新的领域发展或寻求新的职位。这样就会产生新的争议，包括增加自己熟悉领域的责任，增加工作中的竞争对手，增加自己为此花费的时间。因此，人们在工作中就会有如下需求：

- 工作的挑战；
- 在自己的工作领域发展自己的能力；
- 发展创造力和创新能力；
- 在3～5年后转到新的领域；
- 与竞争对手展开竞争，面对失败；
- 工作上和家庭上产生争议性的问题；
- 需求支持，需求自动化。

2.中间阶段

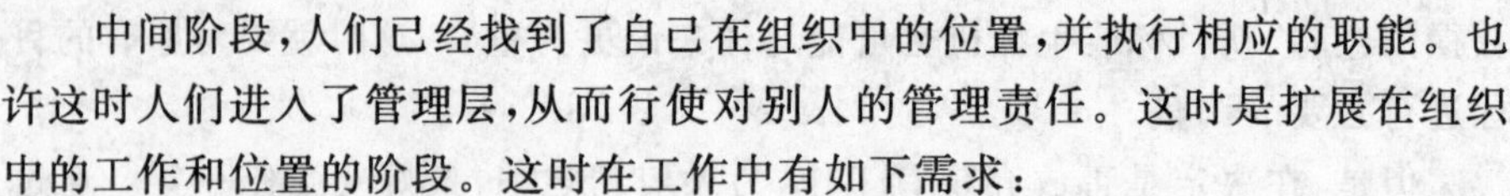

中间阶段，人们已经找到了自己在组织中的位置，并执行相应的职能。也许这时人们进入了管理层，从而行使对别人的管理责任。这时是扩展在组织中的工作和位置的阶段。这时在工作中有如下需求：

- 技术更新；
- 在培训中发展技能，并指导他人；
- 转向新的工作需要新的技能；
- 发展广阔的工作概念和自己在组织中的角色；
- 表达中年生活的感情；
- 重新认识自己，包括工作、家庭、社区；
- 约束自己的放任与竞争性。

3. 最后阶段

对于大多数人，最后在所选择事业中到了顶端。这时开始做一些事——退休计划，培养组织中的年轻的成员，开始帮助其他人发展他们的技能和智能。这时许多人会成为高级的管理者、部门主管等。这时要做的事如下：

- 计划退休；
- 从权力角色退到顾问的角色；
- 确定自己成为成功者；
- 开始组织外的工作。

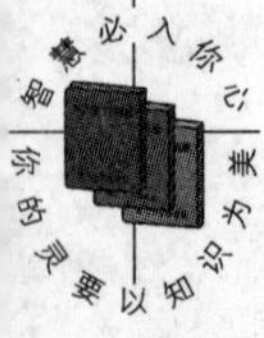

一个人的生涯大体上划分为以上几个阶段。每一个人在自己的生命周期中都应该好好地规划自己的人生，规划自己的生涯。当在生涯的最后阶段，回首往事时，可以自豪地说：我成功了。但是要记住，人生的成功离不开对知识的追求。

宋真宗的《励学篇》这样描述道："富家不用买良田，书中自有千钟粟；安居不用架高楼，书中自有黄金屋；娶妻莫恨无良媒，书中自有颜如玉；出门莫恨无人随，书中车马多如簇；男儿欲遂平生志，五经勤向窗前读。"

犹太先哲也说：人一旦有了知识，他还缺少什么呢？如果一个人没有掌握知识，那他拥有什么呢？

因此，人的一生中追求知识是最重要的，要做到活到老，学到老。

本章术语

人力资产(human assets)

个人知识(personal knowledge)

个人知识资产(personal knowledge assets)
知识资本家(knowledge capitalist)
知识资产(knowledge assets)
知识资本(knowledge capital)
悟性(understanding)
生涯(career)

思考题

1. 为什么要管理自己?
2. 个人知识、人力资产、个人知识资产有什么区别与联系?
3. 影响个人知识资产的因素有哪些?
4. 为什么要制定个人改善计划?
5. 制定生涯计划的意义是什么?

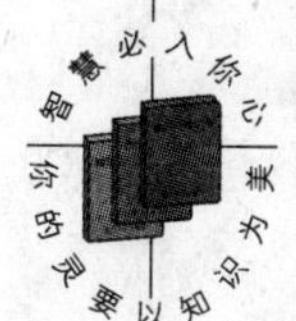

第十三章　知识资本

“知识是生产力”成了目前流行的一句话，它包含了理论与实践的理解。人类历史发展的驱动力是什么呢？答案是：“知识”。

人类从游牧进入农业文明，是知识的驱动。当时的猎人发现，抓获的小动物，圈养后会长大；吃不完的果子会生根、生长，最后会结果。以后人们就根据获得的知识发展了农牧业，使人类进入了农业文明时代。

人类从农业文明进入工业文明，仍然是知识的驱动。随着农业发展，人们生活水平的提高，就有了更多的需求，这时有一部分人就从农业中分离出来，从事手工业制造，以满足人类生活的需求。伴随着手工业的发展，科学、技术也随生产实践发展起来。科学、技术的发展又反过来促进生产的发展，使手工业很快进入到大规模生产的工业经济时代。这个过程再一次显示了知识的驱动作用。

信息技术、生物科学的发展，人类的知识进一步积累，推动人类的工业经济进入知识经济时代。虽然有人认为现在仍然是后工业经济时代，还不是完整的知识经济时代，但是人们已看到了“知识”对生产的巨大的推动力，知识成了生产的要素。人们认识到“知识是生产力”的本质，而这个认识也是在漫长的生产实践中形成的。

13.1　基本概念

在工业经济的过程中，人们已习惯了以货币作为资本，去形成企业的获利能力。从资本主义早期发展到现在，货币资本几乎是经济生活中唯一的资本形式。20世纪末，人们在激烈的商业竞争环境中，开始意识到有另一种资本形式的存在。随着信息技术的发展、全球化进程，知识开始作为资本的一种新的形式浮现出来，并产生了惊人的效益，体现了“知识”巨大的市场价值。

13.1.1　知识价值观

在人类经济生活中，“价值”通常是采用货币来衡量的，通常用货币来体现“物”的价值。即使在知识经济高度发展的将来，在很长的一段时间里货币仍然是一种衡量价值的尺度。所以，我们在阐述“知识的价值”时，应关注古典的经济学理论对“价值”的定义。

在传统经济学理论和新经济理论或知识管理理论中都有许多有关“价值”的定义，但是所有关于“价值”的定义都没有超越马克思对价值的定义。

专栏 1——马克思有关价值的定义

在《资本论》中马克思定义了“价值”的概念，可供我们在理解“知识”价值问题时参考。他写道：

物的有用性使物成为使用价值。但这种有用性不是悬在空中的。它决定于商品体的属性，离开了商品体就不存在。因此，商品体本身，例如铁、小麦、金刚石等等，就是使用价值，或财物。商品体的这种性质，与人取得它的使用属性所耗费的劳动的多少没有关系。在考察使用价值时，总是以它们有一定的量为前提，如几打表、几码布、几吨铁等等。商品的使用价值为商品学这门学科提供材料。使用价值只是在使用或消费中得到实现。不论财富的社会形式如何，使用价值总是构成财富的物质内容。在我们所要考察的社会形式中，使用价值同时又是交换价值的物质承担者。

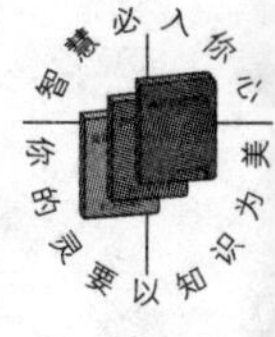

交换价值首先表现为一种使用价值同另一种使用价值相交换的量的关系或比例，这个比例随着时间和地点的不同而不断改变。因此，交换价值好像是一种偶然的、纯粹相对的东西，也就是说，商品固有的、内在的交换价值似乎是一个矛盾。

作为使用价值，商品首先有质的差别；作为交换价值，商品只能有量的差别，因而不包含任何一个使用价值的原子。如果把商品体的使用价值撇开，商品体就只剩下一个属性，即劳动产品这个属性。可是劳动产品在我们手里也已经起了变化。如果我们把劳动产品的使用价值抽去，那么也就是把那些使劳动产品成为使用价值的物质组成部分和形式抽去。它们不再是桌子、房屋、纱或别的什么有用物。它们的一切可以感觉到的属性都消失了。它们也不再是木匠劳动、瓦匠劳动、纺纱劳动，或其他某种一定的生产劳动的产品了。随着劳动产品的有用性质的消失，体现在劳动产品中的各种劳动的有用性质也消失了，因而这些劳动的各种具体形式也消失了。各种劳动不再有什么差别，全都化为相同的人类劳动，抽象人类劳动。

现在我们来考察劳动产品剩下来的东西。它们剩下的只是同一的幽灵般的对象性，只是无差别的人类劳动的单纯凝结，即不管以哪种形式进行的人类劳动力耗费的单纯凝结。这些物现在只是表示，在它们的生产上耗费了人类劳动力，积累了人类劳动。这些物，作为它们共有的这个社会实体的结晶，就是价值——商品价值。

马克思从“物”的角度阐述了实体“商品”的使用价值、交换价值和价值的概念。但是，对于源于精神的“知识”是否也具有这些相同的概念，也合乎同样的定义呢？答案是：它们既有区别又有联系。

“价值”的概念在古典经济学理论中已经有十分清楚明确的定义，我们没有必要对此重新定义。尽管现在许多“新生代”的经济学家、知识管理专家，在阐述知识管理中都对“价值”进行重新定义，但是许多定义只有理论和学术意义，并没有现实的、实践上的意义，因为我们现阶段不管是知识产权价值，还是品牌价值，最终都是以货币来衡量其价值的。知识管理的目的在于通过在企业中应用“知识”，给企业带来大的价值。这种由“知识”带来的价值，最终也是用货币来衡量的。所以，在知识管理中对有关知识“价值”，以及由此引起的知识“资产”、知识“资本”等一系列概念，都可以从古典经济学中引申出来，没有必要对此重新定义。

13.1.2 知识的使用价值

知识是一种精神的产物，属于概念系统，它并不具有“物”的实体属性。这一点是首先要区别的。

知识没有像“物”一样是一种有效用的东西，因此它也就没有如“物”一样的“使用价值”。例如，钢铁用来造机器、造桥梁或其他产品，这体现了钢铁的使用价值。知识的非实体性决定了它不能如实体一样做成某种物体，来体现它的使用价值。

但是，这不等于知识没有“使用价值”。有一点是共同的，就是“使用价值只是在使用或消费中得到实现”，这是马克思在《资本论》提出的观点，对理解知识的使用价值有重要重义。

当我们使用知识时，才表现出了知识的使用价值。知识员工生产知识、生产思想，“而当某个有知识的人汲取了这些‘产品’并转化为自己的产品时，它们才具有现实意义。没有应用到实践中的最伟大的智慧是毫无意义的资料。”①例如，利用数学知识解决工程计算问题，利用语言知识进行阅读，利用商业知识解决商业问题等，在知识的使用中表现了知识的“使用价值”，表现为：数学知识使我们计算精确快速，语言知识使我们能够顺利地阅读与理解，商业知识使我们能够顺利地解决问题。

① [美]彼德·F·杜拉克著，钟少光译．有效的管理者．广州：新世纪出版社，1987

知识的“使用价值”还可以表现为驱动作用。这种驱动作用表现在精神领域。例如，人在阅读的过程中，常表现对知识的理解，形成自己的新知识、新理论、新见解、新经验。如果没有对这些“显性知识”的阅读、理解、吸收，就不能形成创新的东西。很明显，这是一种驱动力。因此，“知识活动”、知识创新也是“知识”的“使用价值”的表达方式。

“物”的“使用价值”可能对所有人来说都是一样的，例如衣服是用来穿的，钢铁是建筑用的，石油是工业的能源等，而“知识”的“使用价值”却因人而异，表现出了“使用价值”的差异性。当人的感官收到某种信息或知识时，由于个体需求的不同，常表现出对同一知识“有使用价值”和“无使用价值”的判断。同时，主体的原有知识水平、认识结构等存在着个体间的差异，也表现出对同一知识的“使用价值” 判断的不同。

知识的“使用价值”也同“物”的“使用价值”一样，在使用时得到了表现，但是“物”在表现出自己的使用价值的时候也同时被“消费”了，消失了；而知识却不是这样，它在被使用时，表现出了自己的“使用价值”，但是却不被“消费”，也不会消失，而且知识在使用过程会产生更多的知识。这是知识的不可消费性。例如，我们读一本书，书中的知识并不因为我们读过它而消失，我们可以反复地阅读它，无论我们读多少遍，它都真实地存在着。而且，同一知识不因为它的载体的改变而改变，无论这种知识是记载在网络上、书本上、语言中，它都是一种精神的产物，它都是一样的，与载体的物理特征没有任何关系。而“物”的“使用价值”和物理特征有着明显的关系。

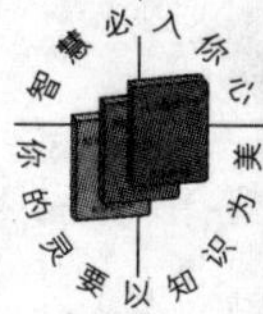

另外，我们还看到，知识表现出“使用价值”时，因不同的主体状态而表现出不同的“使用价值”。前面讲过，不同的人因知识水平不同，存在对知识的理解不同，那么“使用价值”也不同；同一个人对同一知识，在不同时间里进行不同的阅读和理解，也产生不同的“使用价值”。所以，知识的“使用价值”依赖于主体状态，这种主体状态受到了主体的认识模式、精神状态、身体状态、健康状态、所处的外界环境等因素的影响。

13.1.3 知识的交换价值

马克思在《资本论》中指出：“交换价值首先表现为一种使用价值同另一种使用价值相交换的量的关系或比例，这个比例随着时间和地点的不同而不断改变。”

管理专家说：“知识工作是不能用数量来衡量的，而且也不能用价值来计算。知识工作只能按照其成果来评定。”[①]知识的交换价值很少会表现为“量”的关系或比例。也就是说知识交换价值是不依赖知识的“量”,因为知识本身是不可量化的,不可定量的,而只能是定性,只能依赖知识的“质”。这种“质”包含了获得某种知识的难度、获得某种知识的时间,以及人们对这种知识的需求和认识程度。所以,知识的交换价值与知识的数量没有直接的相关性,而与“质”具有明显的相关性,它涉及多种因素。

知识的交换价值往往体现在无形资产如品牌、商标、专利等的交易过程中,也体现在知识商品的交易过程中。

另外,知识的交换价值也体现在实体的交换中。

有个故事说,一个人有一件祖传的古董茶杯,他并不知道这个古董的真正价值,将这个杯子以 50 元的价格卖给了别人。买茶杯的这个人对古董有一定的了解,他把这个古董以 500 元的价格卖给了一个古董商。古董商又将这个杯以 5 万元的价格卖给了另一个古董收藏家。

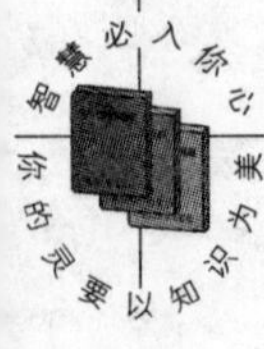

是什么造成同一件物品在交换上的价格的差异呢?应该说这就是知识的差异的反映。在这种情况下,“价值规律”已不起作用。因为“价值规律”只对实物(商品)交换起作用。这个故事中不同人对同一个“物”有不同的认识,就表现为不同“知识”,就可能产生不同的交换价值。在这里,物的交换过程中体现出了“知识的交换价值”。掌握了某种知识,在物的交换过程中就产生了超值的“价值”,不具备这种知识,就不能在交换过程获得超值的“价值”。这种“价值”是由“知识”产生的。

另外,交换价值还与知识产品(商品)中知识含量(指知识质量)有密切的相关性。例如,软件产品就含有某种知识。复杂的 ERP 系统软件显然比一个单项的 ERP 软件包有更复杂的编码、更复杂的知识,它能解决更多的问题。所以从质量来看 ERP 系统软件显然比单项软件要好得多,交换价值也自然高得多。

最后,市场对知识的需求程度也是影响知识交换价值的重要原因。在一个对某种知识需求的环境中,显然其交换价值就会和需求程度成正比。这一点类似实物在交换过程所显示的需求程度与交换价值的关系。

在知识管理中,我们要对知识的交换价值进行研究。许多学者、专家认为“知识”没有价值、交换价值和使用价值。其实,只要对“知识”本质有一定的理解,就不难看出这个依附于“实体”上的“概念”不能完全用古典的理论来理解,

① [美]彼德·F·杜拉克著,钟少光译.有效的管理者.广州:新世纪出版社,1987

也不能完全用新经济理论来解释。但是我们要理解，在商品经济中，知识也是一种商品。

13.1.4 知识的价值

知识的价值首先是建立在知识的使用价值上，如果知识没有使用价值，知识的价值就没有任何意义。所以，在讨论知识的价值时，要明确“知识”本身不是一种有效用的东西，而只有在它被使用时，才表现出某种“效用”。

马克思在《资本论》谈到“物”的价值时这样写道：“现在我们来考察劳动产品剩下来的东西。它们剩下的只是同一的幽灵般的对象性，只是无差别的人类劳动的单纯凝结，即不管以哪种形式进行的人类劳动力耗费的单纯凝结。这些物现在只是表示，在它们的生产上耗费了人类劳动力，积累了人类劳动。这些物，作为它们共有的这个社会实体的结晶，就是价值——商品价值。”

知识的价值也与“物”的价值一样，“只是无差别的人类劳动的单纯凝结”。人在获取知识（从外界输入）、产生知识（头脑中产生）、知识转化（知识活动）、知识传递的过程中都要付出劳动。这种劳动与“物”的生产劳动有本质上的区别，它不是体力劳动而是指精神上的“劳动”，是指通过大脑的心智劳动。这种劳动与马克思所说的“劳动”是不同的。它是一种科学探索、教育过程、知识获取等“心智”的劳动。

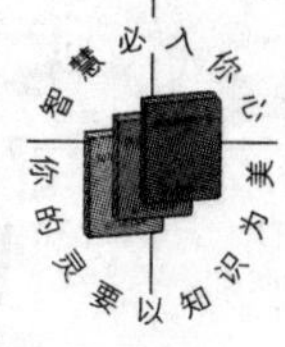

因此，知识的价值包括了知识获取的时间（包括了接受教育的时间）、创新思考或知识活动的时间（思维、想像，显性知识与隐性知识相互转化的时间）、形成知识资产的时间（包括个人知识资产和组织知识资产形成的时间）等。例如，核物理方面的知识价值十分高，这包括了要成为一个核物理学专家所受的教育费用、获得新的知识所需要实验设备的费用，以及形成新知识的时间等。所以，知识不但会创造价值，本身也具有价值；它同“物”的价值一样，含有人类的劳动时间，这是“心智”劳动的时间。知识的价值就是凝结了的人的劳动，它是一种精神的劳动、心智的劳动。

无论是一个人还是一个企业，知识的获得是需要成本的。尼考拉斯·来斯切尔在《认识经济论》中写道：“近些年来，人们越来越清楚地认识到知识是一种认识资本（cognitive capital），它的发展涉及如何创造智力资产（intellectual assets）的问题，不论这种资产的生产者还是使用者都对它感兴趣。简单地说，知识是一种商品，人们可以给它打上价签，像其他商品那样买卖，只是获得知识的价格不仅包括金钱，还包括其他资源，如时间、精力、创造性。人类是一种有限的生物，时间和精力都有限。”

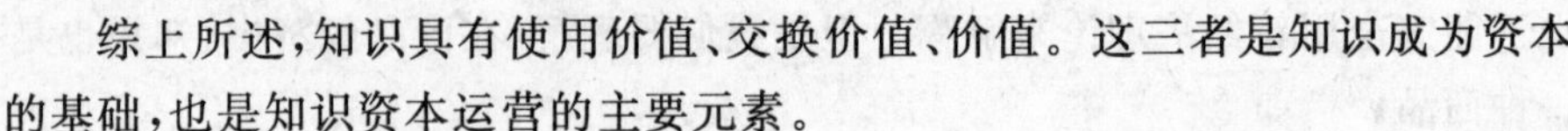

综上所述，知识具有使用价值、交换价值、价值。这三者是知识成为资本的基础，也是知识资本运营的主要元素。

13.1.5 如何体现知识价值

实物商品的价值凝结了人类的抽象劳动，它是以生产商品时所花费的平均社会必要劳动时间来计算的。生产一种实物商品时，需要投入多少社会必要劳动时间，这决定了商品的价值。但是，如果人们将所获得的“知识”应用在实物商品生产过程中，就可节约平均社会必要劳动时间，使生产成本下降，这样必然使商品的价值降低。例如，古代铁是非常昂贵的，随着冶炼技术的提高，凝结在冶铁上的社会必要劳动时间就会减少，铁的价值就下降了。这就是知识促进生产力发展，也说明“知识”与实物商品生产有直接的相关性，知识价值与实物商品价值有一定的内在联系。

1. 实物生产效率体现价值

当我们把科学知识看成是一种生产力时，是因为科学知识的应用，可以降低实物商品生产过程所需的社会平均劳动时间，使之在一定的时间内比先前生产更多的使用价值。从这里可以看出知识通过“实物系统”的效率而实现企业的价值——即提高生产率，从而使知识转化为生产力。这是人类最早看到的“知识就是力量”，是第一种“知识价值链”，也就是“知识”通过提高实物商品生产过程效率，提高生产力，降低单位商品的价值而提高整个系统的价值，从而获得更多的、可量化的货币价值。这时知识的价值是通过生产实物商品的效率而体现的。

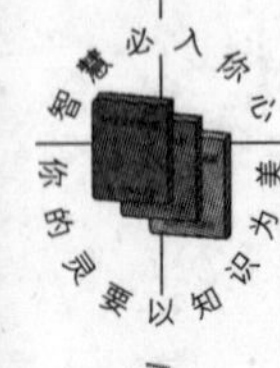

2. 知识物化体现价值

从另一方面看，某种商品中的“知识含量”(质量)高，必然价值也高。这是因为商品的价值所包含的人类抽象的劳动，不只是指人类平均付出的社会必要体力劳动时间，也包括人类付出的脑力劳动时间。古典经济学强调的是人体力劳动付出，而现代经济学则强调人脑力劳动的付出。例如，硅是地球上最多的一种物质，从沙子中含有的硅到制成电脑芯片，这个过程需要大量的科学知识，这些科学知识就包含着人类艰苦的脑力劳动，这时制作芯片的体力劳动时间几乎可以忽略不计。因此，一台电脑商品的价值，大多数包含了科学知识的价值。这是第二种“知识价值链”—— 即“知识物化”，它是通过将知识固化到实体产品中去，使实体商品更有价值。这个知识价值的体现也是通过实物产品，但是所不同的是，它是增加每一个实物产品的知识含量，而不是提高生产效率。

3. 知识商品体现价值

从第三方面来看，知识本身具有价值，因为它凝结了大量脑力劳动的时间。所以，可以将知识的价值制成特定的商品，这就是**知识商品**——知识密集型商品。它已经没有体力劳动所耗费的社会必要劳动时间了，也就是说已经没有从这方面所产生的价值了。

知识商品是相对于实体商品而言的一个新概念。实体产品是人类消耗"实体资源"的生产活动结果，而知识则是人类精神活动、智力活动的结果。无论是生产活动的结果，还是智力活动的结果，只要进入交换领域，就都成了商品。如果某种知识并不是植入到"提高生产率"或"知识物化"中去，而是直接进入交换领域，那么这种"知识"就转化成"知识商品"。最常见的知识商品就是各种商业软件。另外，还有各种创意、思想可以当成商品进行交换，以获得由交换而产生的货币价值。这是第三种"知识价值链"。这种体现知识价值的途径完全是知识商品的本身。

知识商品的价值来自于精神的、智力的劳动，它与物理的、实体商品有本质的区别。因此，知识商品的使用价值和交换价值都与物理的商品有很大不同。

另外，知识商品不依赖它的物理形态而存在，与其载体的使用价值无关，所以它是属于概念系统的范围。知识商品的价值只能体现在交换价值中，而没有体现在使用价值中。因此，传统的经济学理论很难解释知识商品的一系列问题，这是可想而知的。例如，知识商品的定价，它并不是按"成本(可变成本＋固定成本)＋利润"的方法确定商品的价格，而是按知识的价值和市场需求程度来确定知识商品的价格。最常见的知识商品是软件商品，它不可能按一般商品定价的方式进行定价。应该考虑到知识的价值，并根据当前的市场的需求来定价。另外，在知识商品的营销中，还要考虑人们对知识商品的使用价值和交换价值的差异性来进行差异定价。例如，一些软件可以免费使用，另一些软件却是价格昂贵。

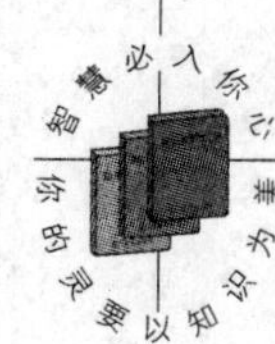

综上所述，有三种体现知识价值或知识力量的途径。它们都必须通过商品的交换而实现，如果没有进行商品交换，知识的价值也不能体现出来。

4.知识资本体现价值

除以上所述外，还有另一种知识价值的体现方式，就是将知识作为资本进行投资，从而体现知识的价值。这里要注意：只要人类在经济生活中还是以货币作为最终价值的衡量，那么这种价值就是永恒的，这正如"能量守恒定律"一样，只是价值的产生由体力劳动转移到脑力劳动，由实体系统转移到概念系统，由工业经济转移到知识经济。

综上所述，知识价值体现为：提高生产率、知识物化、知识商品、知识资本，通过商品交换和资本运作实现知识的价值。

要注意到，以上所述的观点与许多书有明显的不同点。许多学者在经济学理论中重新定义了知识的价值，有的不同意知识也有使用价值、交换价值等等。不但如此，他们还将资本、资产等概念重新定义。这都不要紧，只要读者从特定的论述角度去理解所论述的理论，不一定要为各种术语、概念、定义所困，这样就能获得必要的知识。另外，对于人脑产物的“价值”很早就有哲学家进行论述。参见专栏 2。

专栏 2——哲学家的价值观

英国哲学家卡尔·波普尔在《无穷的探索——思想自传》①一书中，从哲学的角度阐述了对“价值”的理解，说明了价值的本质。通过对如下段落的学习，结合以上有关对价值的阐述，可使我们对“价值”一词有全面的认识。

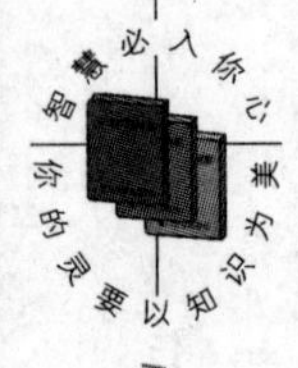

因此我要说的不过是价值随问题一起出现；价值不能没有问题而存在；价值和问题都不能从事实中推导出来或以别的方式获得，尽管它们往往与事实有关或与事实有联系。就问题而言，我们在注视某个人（或某个动物或植物）时，可以猜想他（或它）正在试图解决一定的问题，即使他（或它）也许完全没有意识到那个问题。否则，一个问题也许可在它与其他某个问题或同某个尝试的解决办法的关系中批判地或客观地被描述和发现。在第一种情况下，只有我们关于人的问题的历史猜想属于世界3；在第二种情况下，问题本身可被认为是世界3的一个成员。价值也是如此。可以猜想一个事物、一个思想、一个理论或一个观点，有助于解决一个问题，或者是问题的一种解决办法，它在客观上是有价值的，不管它的价值是否被努力解决那个问题的那些人有意识地作了正确评价。但是如果我们的猜想表述了出来，并提交讨论，它就属于世界3。否则（与某一问题有关的）价值也可以在它与其他价值或其他问题的关系中被创造或发现并且讨论；在这迥然不同的情况下它也可变成世界3的一个成员。

因此如果我们假定从前有一个没有生命的物理世界是对的，那么我认为这个世界就是一个没有问题，因而没有价值的世界。有人常常认为价值只是随意识进入世界。这不是我的观点。我认为价值随生命进入世界；而如果有没有意识的生命（我认为是有的，甚至在动物和人中，因为有像没有梦境的睡眠这种事情），那么我认为也会有甚至没有意识的客观价值。

因此价值有两部分：生命、无意识的问题所创造的价值和人类精神，基于以前的解决

① 卡尔·波普尔著，邱仁宗，段娟译. 无穷的探索——思想自传. 福州：福建人民出版社，1984

办法，努力解决好歹有所理解的问题时创造的价值。

这就是我认为的价值在事实世界中的地位。这是在历史上出现的问题和传统的世界3中的地位，并且这是事实世界的一部分——尽管不是世界1事实的一部分，而是部分由人类精神产生的事实的一部分。价值世界超越了无价值的事实世界——超越了可以说是没有理性的事实世界。

我认为世界3的内核是问题、理论和批判的世界。虽然价值并不属于这个核心，但它是受价值支配的：客观真理及其成长的价值。在某种意义上我们能够说，贯穿这人类智力的世界3，这个价值仍是一切之中最高的价值，尽管我们不得不承认其他价值进入我们的世界3。因为随着提出的每一个价值，产生了这样的问题：还有价值，是真的吗？它在价值的等级系统中有它固有的位置，是真的吗？仁慈比正义有更高的价值，甚或可与正义相比拟，是真的吗？（因此我十分反对害怕真理的那些人——他们认为真理是侵蚀知识之树的罪过。）

我们已经概括了人类世界3的思想：广义的世界3不仅包括我们智力的产物，以及从中出现的意料不到的结果，而且也包括更广义的我们精神的产物，例如我们想像的产物。甚至理论、我们智力的产物，也起源于对神话的批判，神话是我们想像的产物：没有神话它们是不可能的，没有发现事实和虚构或真理与谬误之间的区别，批判也是不可能的。这就是为什么神话和虚构不应从世界3中加以排除。这也就把我们引导到包括艺术以及事实上包括一切人类产物。在人类产物之中我们曾注入我们一些思想，并且人类产物体现批判（在比单是智力批判更广泛的意义上）的结果。我们自己也包括进去了，因为我们吸收和批判了我们先驱的思想，并试图形成我们自己；我们的孩子和学生，我们的传统和机构，我们的生活方式，我们的目的和我们的目标可能也是如此。

从以上这段哲学家对“价值”的论述，我们是否看到了“知识管理”中也存在着哲学的问题？这个问题由读者自己做出思考。但有一点可以肯定，对知识管理进行哲学的思考是有益无害的。

13.1.6 什么是知识资产

知识管理（经营）本质上是把知识当成“资产”来管理，同时也把知识当成“资本”来经营，即通过管理知识资产和知识资本的运营，让知识为企业带来效益，带来价值，并且使企业价值最大化。

如果我们来考察“资产”为何物，就会发现“资产”是物化的货币。当某件实物有价值时，通常可以用等量的货币来衡量这件实物的价值。这时，这件实物的所有者就相当于拥有了等量的货币。所以，我们可以称这种包含有价值的实物为**资产**（asset），拥有“资产”就等于拥有了等量的货币。美国财务会计准则委员会（Financial Accounting Standard Board，FASB）对资产的定义是：“凡由于以往交易被某一企业取得或控制的，使企业可能获得未来经济效益的

为资产。"①

因为知识会带来经济收益,所以将"知识"看成一种"资产"。由于知识分为"隐性知识"和"显性知识"两种。知识资产也表现为**显性知识资产**(explicit knowledge assets)和**隐性知识资产**(tacit knowledge assets)。前者可以为个人和组织、企业所拥有,如果被组织或企业所拥有,它就是**组织知识资产**(organizational knowledge assets),是组织固定的知识资产,也可称之为**智力结构资产**;而隐性知识资产存在于个人的头脑中,属于**个人知识资产**,也称之为**人力资产**。企业因雇佣了员工,员工头脑中的个人知识资产也就成了企业的**流动知识资产**。当员工离开企业时,这部分资产也就被员工带走了。

从图 13-1 中可以了解到,个人知识、个人知识资产、人力资产实际上都是位于同一个主体中。这并不是三个分别的东西,而是同一个东西的三个角色,它们的本质只有一个——个人知识。一个人(主体)将个人知识表达出来,例如将知识与他人共享,这表现为非赢利的行为;如果要将知识体现在货币价值上,这就要进行商业活动。进行商业活动有两条基本途径:交易和投资。

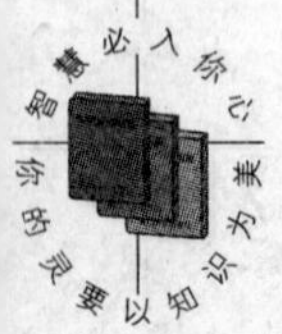

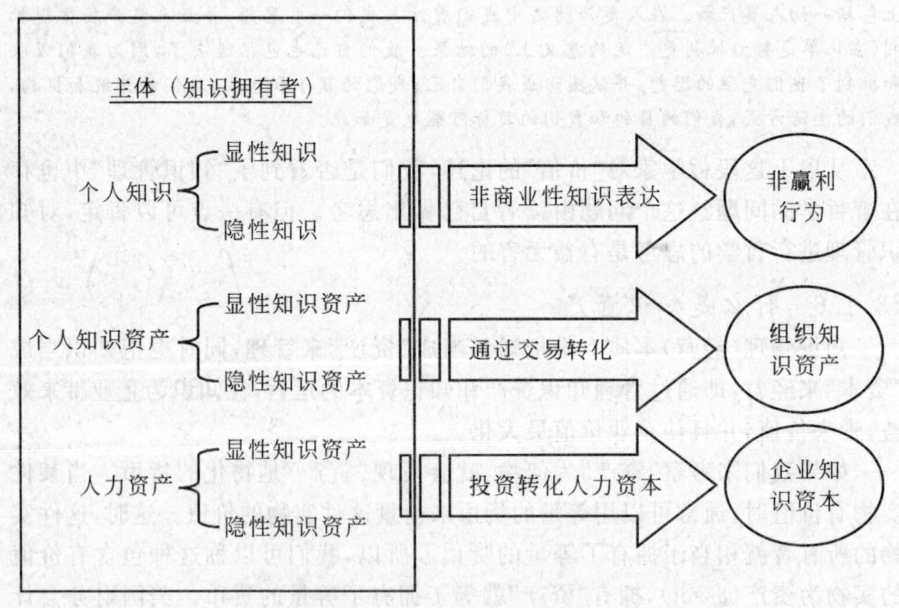

图 13-1　知识资产概念示意

① 石人瑾,钱嘉福主编.英汉·汉英会计词典.上海:立信会计出版社,1995

知识管理专家认为①，作为资产的知识可以被划分为三种类型：创新知识、高级知识和核心知识。

创新知识(innovative knowledge)是指个人通过知识活动而产生出来的新知识。随着时间进程，这种知识向两个方向变化：其一，从个人知识向外扩散成为社会知识或常识；其二，成为组织的高级知识，再进一步转化成组织的核心知识。创新知识有三个基本特点：具有明显区别的新知识，可通过组织向整个行业扩散，可以改变组织内的游戏规则。

高级知识(advanced knowledge)是指由个人创新知识转化成组织所有的、成熟的、可应用的知识。其特点是：首先，这些知识对组织生存提供了某种应用；其次，在竞争中无论在市场份额还是在客户方面都表现有竞争力；最后，这些高级知识形成了与竞争者的差异性。

核心知识(core knowledge)是指那些确定了本组织独特性的知识。这些知识是竞争者不具有的，竞争者也难以模仿这些知识。这些知识使竞争者难以进入本企业的经营领域，成为新竞争者进入的障碍。核心知识是企业的立足之本。

企业在知识管理过程中要区分这三种知识资产，采用不同的方法来管理这三种知识资产。这个过程有如下要点值得注意：

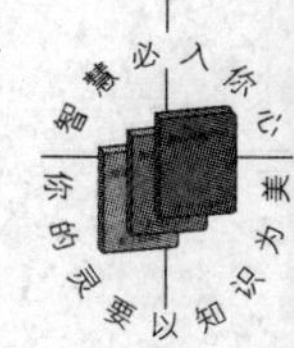

第一，构建良好的知识环境鼓励知识员工进行创新；

第二，在创新知识扩散之前要提取这些个人知识，将其转变成组织知识；

第三，对于那些可形成核心知识的资产要注意保密，防止资产的流失。

从知识资产的使用方式来看主要有两种。

(1)作为交易的知识资产。作为交易的知识表现“个人知识资产”的销售行为。销售行为有两种基本形式，其一是将个人的某些显性的“知识资产”直接卖给某一组织，例如将个人的著作权卖给出版社，从而获得货币收益。其二是主体受雇于某个组织，在受雇组织中工作，将自己的个人知识资产转化成组织知识资产，作为回报，组织将按时给个人发放工资和奖金。

(2)作为投资的知识资产。作为投资的知识表现为“个人知识资产”的投资行为。它有两个基本的方式，其一是将个人的某些显性知识(创新成果)直接向组织投资，例如，以某项发明、专利技术等按比例入股某个企业。其二是个人加入企业，成为股东，参与企业经营结果的分成。这在本质上就是带着自己拥有的隐性知识入股。在这种情况下，个人——也就是知识的主体就扮演着“资本”的

① Michael Zack. Developing a Knowledge Strategy. *California Management Review*, 1999, 41(3)

角色，被称为“人力资本”，这时个人的“人力资产”就转化为“人力资本”。

要注意，组织的知识资本并不只由“人力资本”组成，还有由“组织知识资产”转化而来的知识资本。参见以下“知识资本”的概念。

13.1.7 什么是知识资本

资本(capital)通常是指投入到商品生产、流通过程中的货币。人们投入这些货币，是为了能够从生产或流通过程获得所期望的经济剩余，即更多的货币。“资本”正如马克思在《资本论》中所述，是在商品运动中形成和发展的，是为了获取收益而存在。通常“资本”是以货币形式存在的，称之为“货币资本”。

这种带来经济剩余收益的“货币”才是“资本”。同样是货币，它可能是资本，可能不是资本，这要视它是否为了获取“经济剩余”或“剩余价值”而进入经济领域。货币如果作为“资金”，它只是作为商品交易的回报而带来收益。所以，我们需要区分“资金”和“资本”的概念。参见专栏3。

专栏3——什么是知识资本

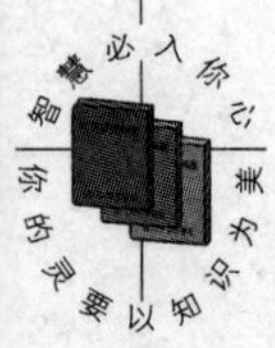

我国学者清楚地定义了知识资本的概念。

首先界定清楚资本概念，资本是指开办企业进行正常生产经营的投入，或者预先垫支的本金或者本钱，资本的经济目的是为了追求经营企业的未来经济剩余。资本概念不同于资金概念。资本不是商品，资本不是通过交易关系，而是通过分配契约进入企业的。资金却是一种商品，它是通过交易或者租借契约进入企业，它出卖约定时间的使用权，其目的是为了获得市场交易价格——利息率。所以，一切为了参与和谋求企业经济剩余分配权的投入都称为资本，不是为了谋求剩余而仅仅为了取得市场价格收入，通过企业交易契约获得的货币投入则称为企业资金。

知识资本则是通过分配契约进入企业并参与企业经济剩余分配的知识投入，知识资本所有者必须以某项知识向企业投资。知识是人的脑力劳动的产物，当这项知识以分配契约进入企业并能够给知识所有者带来经济剩余时，知识就从商品转化为知识资本。①

从以上的叙述中我们知道，“知识”和“货币”一样，带来收益的方式有两种，其一是将自己作为商品(如“知识价值的体现”三种价值链的方式)，进入交换领域只是为了换取“交易价格”，另一种是以“分配契约”进入企业，为了获得“企业经济剩余分配”。后一种情况才是“资本”。在知识经济时代，知识如货币一样通过“运动”为企业带来更多的货币，成为一种不同于“货币资本”的新

① 夏先良著. 知识论. 北京：对外经济贸易大学出版社，2000

"资本"形式，这就是**知识资本**(knowledge capital)。

知识资本的定义：

知识资本是指将个人知识资产或组织知识资产以分配契约的方式投资到企业中去，目的是为了获得这项投资的企业经济剩余分配权。这时知识资产就成为知识资本。

知识资本因来源不同，来自于个人知识资产转化的称为**个人知识资本或人力资本**，由组织知识资产转化而来的，称为**组织知识资本**。

知识资产是由知识转化来的，知识资本是由知识资产转化来的。知识、知识资产、知识资本，它们是三位一体的。

我们必须注意知识、知识资产、知识资本三者的关系。

知识资本是由知识资产转化来的。当知识资产进入经济领域时，如果将知识资产作为一种获得"企业经济剩余分配"而投入，这时知识资产就变成了知识资本；如果将知识资产作为商品进行交易，那么主体只会获得交易价值。这是同一物的不同角色，这一点如货币一样。知识只有转化为"知识资本"后，才能为所有者带来巨大的收益。而"知识资产"所带来的交易价值是十分有限的。从这里我们看到了知识体现价值的"第四条知识价值链"，即资本化的知识——知识资本。

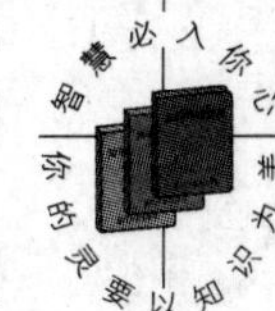

企业知识资本如果是来源于企业知识资产，那么要分清是直接购买个人知识资产还是雇佣"人力资产"，如果是后者，那么这些资产只是组织的流动资产，一旦员工离开企业，企业就流失了这部分资产。所以，知识管理的任务之一就是保住这些"人力资产"，并使之为企业提供尽可能多的显性的、结构化的组织知识资产。

同样，组织知识资产也为企业带来两个方面的收益：

第一，作为资本进行经营，例如按一定股份比例与其他企业合资、合股。

第二，直接投入到商品交换领域，将组织知识资产作为商品，通过交易直接获得收益，例如，技术贸易、专利贸易等。

总而言之，企业从员工中获得知识资产，可以通过四个途径获得收益(价值)，其一是提高生产率，其二是将知识融入实体产品(知识物化)，其三是知识商品，其四是知识资本运营。详见上一单元"知识价值的体现"。

13.1.8 知识资产转化成知识资本的因素

通过人类的生活实践、教育，人的大脑中就会有许多个人知识，从而也就拥有了个人知识资产或人力资产。但是，这些拥有的个人知识资产并不一定都可

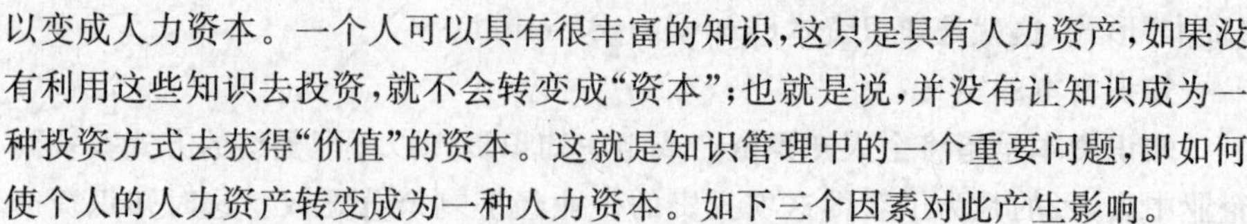

以变成人力资本。一个人可以具有很丰富的知识,这只是具有人力资产,如果没有利用这些知识去投资,就不会转变成"资本";也就是说,并没有让知识成为一种投资方式去获得"价值"的资本。这就是知识管理中的一个重要问题,即如何使个人的人力资产转变成为一种人力资本。如下三个因素对此产生影响。

1. 社会需求因素

许多个人的知识在没有社会需求之前是不能成为一种人力资本的。这时,这种个人知识虽然存在,但不会引起重视。历史上许多杰出的人,当他们创造出新的知识的时候,并没有受到人们的注意,有的人深感怀才不遇,甚至穷苦一生。例如爱因斯坦,当"相对论"刚提出的时候,被社会当成一种笑话。这是因为社会对这种知识并没有需求,大多数人并不认可这种知识。随着社会的发展,生产力的发展,某些曾经不为人所重视的知识变得身价百倍,"相对论"就是这样的例子。

社会的发展历史中,在农业文明和工业文明过程中,社会生产对知识的需求不断地浮现出来。直到现在,随着知识经济的发展,知识成了一种生产力,整个社会对知识的需求与日俱增。例如,信息技术在企业中的应用,使社会、企业急需软件人才。

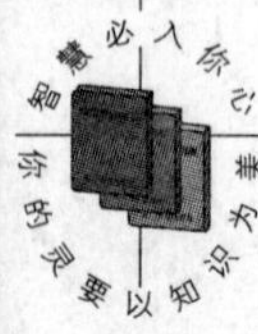

所以,社会需求是人力资产转变成人力资本的一种驱动力。社会需求也决定了每一个人所拥有的个人知识、人力资产的市场价值。这种市场价值可以通过交换体现出来,也可以通过投资体现出来。

2. 个人需求因素

在有社会生产需求的情况下,如果知识的所有者没有个人需求,不愿意将知识进行共享,也不会形成人力资本。在过去,有一些学者拥有丰富的学识,但是由于精神上的需要,"不为三斗米折腰",不将自己的学识拿出来作为个人收益的手段。在这种情况下,就没有人力资本可言。因为,资本的本质就是要"投资"进入商业领域,去获得价值。这种将知识作为纯学术来用,只是个人的知识资产,还不是人力资本。从个人的知识资产转化成人力资本,要有个人的需求为前提。在商品经济发达的今天,以前的那种情况已非常少见,大家都有获得价值的需求,人人都成了销售者、投资者,都想销售自己的知识,投资某个领域,以换得更多的货币。但是,过度的急功近利已使许多知识分子忘记了知识共享,忘记了自己应有的社会责任。他们只是把占有知识作为获得货币的手段。这表现了工业经济和后工业经济的一种思维模式,应加以改进和克服。

3. 知识环境因素

如果社会有需求,知识所有者也愿意将自己的知识进行投资,但是,如果社会和组织缺少一种知识环境去引导知识投资，那么也不可能形成人力资本。知识环境是形成人力资本的关键因素。通常人力资产要在一种宽松的环境下，在组织的某些政策导向下才能转变成人力资本。

另外，一个组织要立足于创造一种知识环境，在这种环境里，员工可以共享自己的知识，将个人知识贡献给组织，形成组织的知识资产，最终形成组织的知识资本。

社会的需求是指一种大环境条件，个人需求是一种前提条件。在这两种条件都具备的情况下，组织内的知识环境是人力资本形成的驱动因素。企业的知识管理的一个重要任务，就是构建一个良好的知识环境。这个过程是一个非线性的，充满动态复杂性的过程，也可以说是一个艺术的过程。所以，现在许多的知识管理专家在谈到知识管理时都强调，知识管理不是一个软件，不是一项技术，而是一项综合的系统工程。它是企业文化、知识员工、隐性知识资产、显性知识资产与信息技术的整合过程。在这个整合过程中，为企业带来巨大的收益。

13.1.9　货币资本与知识资本的区别与联系

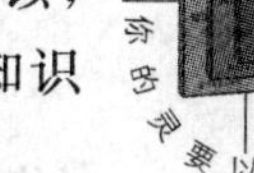

从商品经济角度来看，知识的价值体现最终只能是一定量的货币。所以，知识作为资本来投资不是为了获得更多的知识，而是获得更多的货币。知识作为一种“资本”与货币“资本”有本质上的区别，又有相应的联系。

- 知识并不是如货币一样是一种价值的符号；
- 知识资本和货币资本是两种不同的概念；
- 知识在转化成知识资本时比货币转化为资本要复杂得多；
- 知识资本最终仍以货币来体现价值；
- 知识资本是一种虚拟的资本，它不能作为独立的资本进行经营，它必须在货币资本的协作下才能获得投资的收益，才能体现知识资本的价值。

以上最后一点就是知识资本与货币资本的协作关系。货币资本可以作为一种独立的资本经营而产生收益，知识资本就不行，必须有货币资本的协作才能获得收益。

专栏 4——知识入股

要注意区别资本所产生的收益与交易所产生的收益。作为知识资本投资例子非常多，如下摘要提供了很好例子。

《经济学消费报》1998 年 3 月 6 日刊载了苏亚的《深圳：让洋专家用脑袋入股》的报道。

深圳为了促进智力的国际交流,曾一度高薪外聘洋专家。但是由于中西方工资的巨大悬差使许多企业望"洋"兴叹。因此,他们改变了聘用的操作方法,让洋专家的技术入股,让洋专家来主持软件的开发和创造。经过洋专家的技术入股,引进国外智力资本,深圳避免了项目的重复引进,填补了国内技术空缺,并掌握了同类技术中最新一代技术,使企业发展的技术站在制高点上。现在全市进行技术入股的技术都是世界上高精尖技术。洋专家用技术入股,使他们的收入与企业的效益密切联系。

为此,洋专家为了使技术能有效及时地转化为生产力,不仅要解决纯技术问题,而且要在适应中国经济环境和体制下,解决管理财经、行政和公共关系等一系列问题。①

13.1.10 知识资产运作方式

马克思在谈到商品流通的时候这样表示:W—G—W;其中W代表商品,G代表货币。在谈到资本时这样表示:G—W—GD,D代表货币增值的部分;生息资本可简化为:G—GD。这都表示资本是带来价值的价值。但是,知识资本的运动并不如此,知识K不可能代替G的位置,而只能代替W的位置,G—K—GD。"知识"在这里只是一种"商品"。"知识"不可能独立成为资本的一种形式,如K—W—K没有意义,K—W—GD是不可能的。但是有可能是KG—GD。这种运动有如下几种方式。

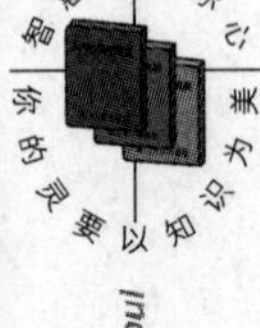

1.个人运作

由于知识产生于人脑,所以最初都是个人所有,如果从个人角度出发,那么知识最终获得价值的途径或运动方式如下:

- 个人知识→个人知识资产(人力资产)→个人知识资本(人力资本)→货币价值
- 个人知识→个人知识资产(人力资产)→知识商品→货币价值
- 个人知识→个人知识资产(人力资产)→实体商品→货币价值

第一种方式是将个人知识以个人投资的形式获得收益,例如自己创办公司;

第二种是将"个人知识"生产成"知识商品"出售而获得收益,例如自己开发软件产品出售;

第三种是将个人知识融入实体产品,通过实体产品销售获得收益,例如通过对实体产品的创新,增加实体产品的知识含量。

2.组织运作

组织招聘知识员工,通过知识管理将知识员工头脑中的个人知识转变成

① 天舒主编.资本的革命:透视知识经济.北京:中国物资出版社,1998

组织的知识资产，然后组织知识资产再通过三种途径获得组织的收益。

- 个人知识→个人知识资产(人力资产)→组织知识资产→组织知识资本→货币价值
- 个人知识→个人知识资产(人力资产)→组织知识资产→知识商品→货币价值
- 个人知识→个人知识资产(人力资产)→组织知识资产→实体商品→货币价值

第一种方式是投资，有两种类型：其一，个人以知识入股的形式参与公司；其二，企业获取知识员工的个人知识资产后，转化成组织的知识资产，然后进行资本运营。

第二种是企业获得员工的个人知识资产后，转化成组织知识资产，然后进行知识商品的生产和销售。例如目前的软件公司提供有吸引力的工资，使知识员工的专业知识贡献给公司的知识库。

第三种是企业所雇佣的员工产生创新活动，例如技术创新或产品创新，这些创新植入企业实体生产过程或实体产品中，企业从创新的产品中获益。

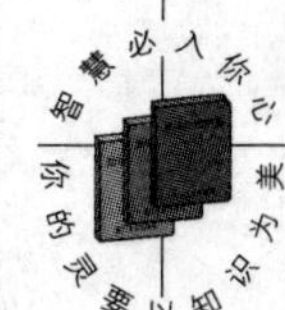

从个人知识到货币价值的产生，基本有上所述的几种方式。从这几种运作方式可以看到它与货币资本的运作方式有本质的不同。

其他的方式有合作与兼并、通过许可获得知识使用权等。参见 6.1.3 企业知识获取。

13.2 组织知识资本

知识资本有两种类型：个人知识资本和组织知识资本。组织知识资本又有两种基本类型，其一是组织人力资本，其二是由“组织知识资产”转化来的组织智力资本。

13.2.1 人力资本管理

关于人力资本的概念前面已经讨论过。**组织人力资本**是指知识所有者将个人“人力资产”作为入股资本，这时个人“人力资产”就转变为个人“人力资本”入股企业，占有企业总股本的一定比例，参与企业经营结果的剩余分配。这种投资到企业中的个人“人力资本”就称为**组织人力资本**。例如，湖南袁隆平农业高科技股份有限公司是我国在企业中建立人力资本股制度的代表，袁隆平院士拥有该公司的 250 万股份，占公司股本的 5%，这 250 万股就是袁隆平院士的人力资本投资，体现的是他所拥有的技术创新能力和“袁隆平”品牌的价值。①

知识所有者的各种技能、创新能力、思维能力、经验等是人力资本的核心，也是知识管理的重点。人力资本实质上属于个人的“知识资产”的范畴。企业根据契约关系，将个人所有的人力资本导入企业，企业必须利用好这些人力资本，使之产生效益最大化。如果知识管理不好，就可能使组织人力资本不能发挥好的效益，或流失这部分人力资本。

另外，对于个人来说，个人人力资本是获得收入和满足的来源。在此之前，一个人要获得丰富的知识资产，必须投入成本，如教育、培训等费用，同时个人在获得这种知识资产过程中要付出大量的劳动。在知识管理中要对人力资本实施好的管理，要注意如下要点。

1. 人力资本健康

人力资本是存在于个人身体中的大脑里。这个生物学属性决定了人力资本健康的重要性。健康的身体，使员工能够精力充沛地进行工作和学习。健康对员工个人来讲，可获得较多的人力资本所带来的收益；对企业来讲，企业在人力资本的投资方面也会获得收益，可以延长企业投资人力资本的收益期限。

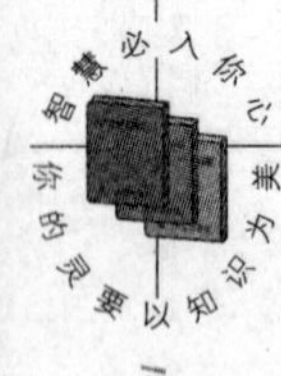

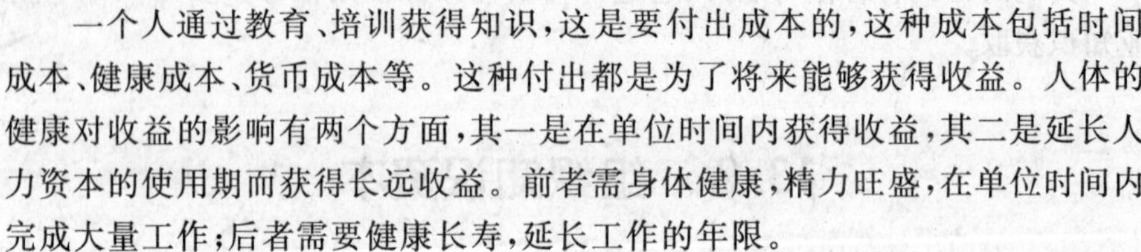

一个人通过教育、培训获得知识，这是要付出成本的，这种成本包括时间成本、健康成本、货币成本等。这种付出都是为了将来能够获得收益。人体的健康对收益的影响有两个方面，其一是在单位时间内获得收益，其二是延长人力资本的使用期而获得长远收益。前者需身体健康，精力旺盛，在单位时间内完成大量工作；后者需要健康长寿，延长工作的年限。

对于企业来说，企业中人力资本的健康是十分重要的。企业在使用知识员工的时候，也花了大量时间成本、货币成本。而且在一定的使用期后，员工在大脑中所积累的隐性知识、技能已经能够发展成为企业的知识资产。所以，保持员工的身体健康，是加速和延长人力资本向企业的智力结构资本转化的关键要素之一，它是企业的价值源泉。

2. 人力资本流动

在知识管理中，人们把知识员工也看成人力资本，当成资本来管理。严格意义上讲，这不是一种按契约进入企业参与企业经济剩余分配的资本，而是一

---

① 于玉林主编. WTO 与无形资产. 北京：经济科学出版社，2003

种人力资产。组织内的人力资产是具有个人属性的，这导致了另一个问题：企业中知识员工的流动性管理。应该看到知识员工的个人知识资产为形成组织的知识资本或组织的智力资本提供了可能性。依契约关系进入企业的知识资本较难流动，但是雇佣关系的个人知识资产却容易流动。所以，企业要加强知识管理。

在传统的工业经济中，企业中的员工只是一种被买来的"劳动力"，他们受雇于企业，只要按企业领导的命令行事，就能完成生产任务。在工业经济中，这种方式已经足够为资本家带来价值了，所以，领导者也习惯于将员工当成生产"成本"来管理。如果员工离开企业，还可以在劳动力市场上购买到同样的劳动力。这在以货币为资本的工业经济中，已经是司空见惯的事情了。

但是，在知识经济中，在以知识为资本进行运营的企业中，知识员工离开企业就意味着企业的资产流失。今天，世界经济正处在后工业时期，知识经济开始浮现出来，企业对知识员工的需求正在上升，有许多企业已经感到了员工频繁流动给企业带来了巨大的压力。所以企业应该重视对员工的流动性管理。

(1)人力资产流动的必然性

劳动力在市场上流动的原因之一，就是从低收益的行业向高收益的行业流动。人们都在努力寻找高收入的工作和职业。在知识经济中这一点与工业经济没有什么两样。高级知识人才必然向高收入的行业迁移或流动。

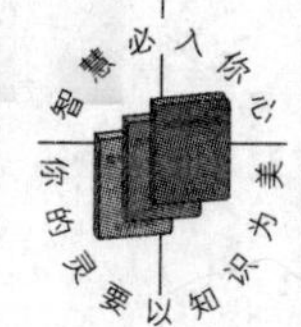

由于全球经济发展不平衡，全球各地的区域经济发展水平也不一样，这使同样的行业在不同的地域里，收入的差别很大。这种差别造成了人才跨地理的流动。例如，一个软件工程师，在中国的收入与在北美的收入就相差很大，在中国大约年收入在 3 万～5 万元人民币，而在美国年收入则是 5 万～10 万美元。

所以，人力资产的流动是必然的，这种差别来自行业间的差别和地域间的差别。但是，同一行业内仍然有许多差别造成人才的流动。在行业内各企业间所形成的差别，大多是管理上的差别，造成人才从管理不好的企业向管理好的企业流动。

(2)靠管理留住人才

在一个知识型企业里，一个员工离开企业会给企业带来巨大的损失。有时员工不只是带走了自有的人力资产，也带走了属于企业的知识资产，例如，带走了企业的客户，带走了企业的技术资料等。所以，一个知识含量高的企业里，要尽可能地减少知识员工的流动，在企业中推行知识管理，靠先进的管理来留住企业的人才，使企业的员工对企业有真正的忠诚度。

在目前的中国，我们经常看到一些著名的IT企业，出现大幅度的人才流动，这种流动现象甚至在企业高管层中也很普遍。但是，这并没有引起重视，也没有进行有效的知识管理。其实，这是一种工业经济管理思想的模式，只看到劳动力流动的必然性，没有看到知识密集型的企业与传统企业不一样，没有看到在知识企业里防止流动性对企业的重要性。所以，企业要留住人才，关键就在于管理，在于企业应该推行有效的知识管理。

13.2.2 组织智力资本

组织知识资本的另一个部分是**组织智力资本**(organizational intellectual capital)，这是由组织知识资产转化而来的资本形式。

组织雇佣知识员工进入企业工作，知识员工给企业带来了个人知识资产(也可称为**个人智力资产**，包括显性和隐性的知识)。企业知识管理的重要任务之一，就是将员工头脑中的个人知识资产导入企业，形成组织知识资产(这是显性化的智力资产，也可称为**组织智力资产**)，如果将此资产投入资本市场或进行合资、合股等，"组织智力资产"就转化为"组织智力资本"。参见图13-2。

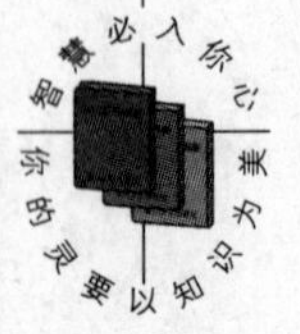

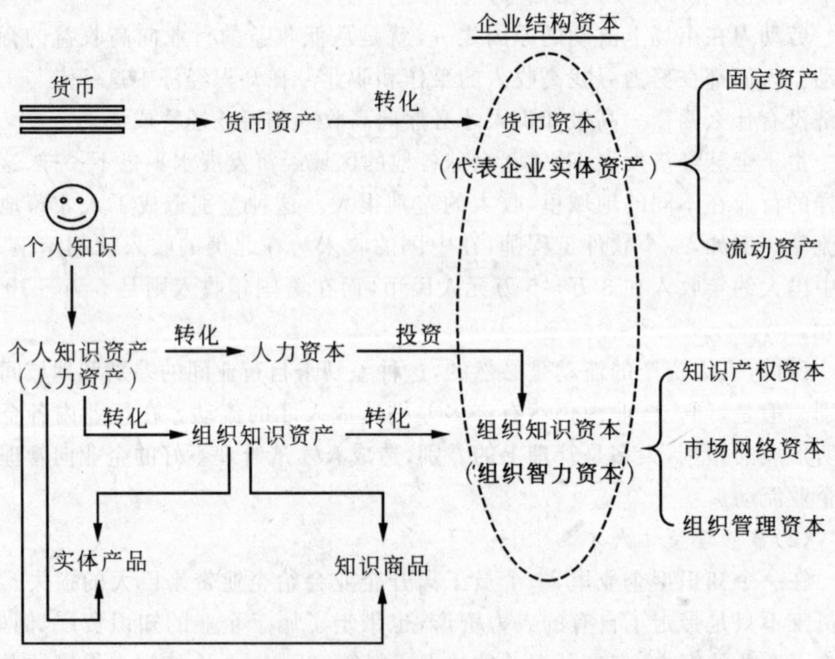

图13-2 企业中各种资本的关系示意

当个人有了“知识资产”后，如果没有形成知识共享，成为企业或人类的共同知识，这种知识就不可能成为社会的财富，就不能形成企业的生产力。个人的知识是十分重要的。人类历史上所有知识都是来源于个人的知识。可以这样说，没有个人知识就没有人类社会的知识。例如，科学家的发明创造是世界原来没有的个人知识，这种个人知识通过共享成为了全人类的知识，从而推动了人类历史的发展。

在知识管理中，企业就是要自觉地、有目的地让员工的个人知识共享，让个人知识资产转化成企业所有的组织知识资产，然后通过商业运营，增进企业的价值，促进了生产力的发展，或者将这部分“资产”转化为“资本”。这就是知识管理的意义所在。这种转化过程并不能采用强迫的方法。“物”的生产可以在大工业化的背景下强制性地进行，而“精神”的产物的生产不能在这种工业化背景下强制进行。因此，企业在知识管理的过程中，最重要的就是形成一个良好的知识环境、良好的企业文化，使员工在软性的管理中将自己的知识奉献给企业，使企业能够获得由知识资产所获得的价值。

企业中的结构资本有两种，其一是“货币资本”，其二是“智力资本”。前者是传统企业管理的重点，后者则是知识型企业管理的重点。当然，21世纪的企业管理要两者同时并重。一个只有“智力资本”而没有“货币资本”的企业是不可想像的。前面讨论过，知识资本不能成为企业的独立资本。

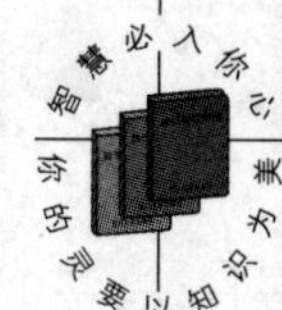

“货币资本”来自企业的货币投资，它代表着企业的“实体”资产。企业中的实体资产包括企业的固定资产、流动资产等，例如，企业的生产设施、组织设施、办公环境、企业实力等。也可称这种以货币为基础的资本为“货币结构资本”，它是“人力资本”和“智力资本”的发展基础。没有这种“货币结构资本”，“人力资本”的所有者就不会到企业中来投资；没有这种“货币结构资本”，企业不能提供良好的“知识环境”（基础设施、硬件设备），就不能形成“组织知识资产”，最后就不可能形成企业的“组织智力资本”。所以，货币资本与知识资本在现代企业中是具有相关性的，两者需要结合在一起。

组织智力资本也是一种结构资本——“组织智力结构资本”，它是由“企业知识资产”转化而来的一种“企业知识资本”，代表着企业的“无形”资产，或虚拟资产转化来的“资本”形式。它可以被看成是一种虚拟的概念资本，而货币资本可以称为实物的实体资本。

大多数管理专家都同意将“组织智力资本”划分为三种形式。

1.知识产权资本

知识产权资本是指企业集体拥有“显性知识”后而形成的一种权力资本，是组织获取知识员工“创新”知识成果，并依法享有权利而形成的资本。它是

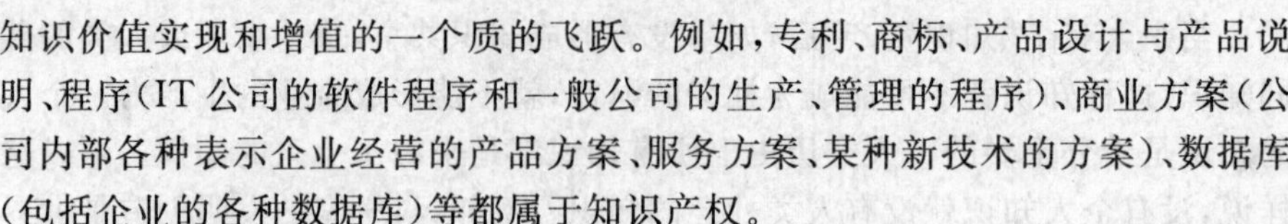

知识价值实现和增值的一个质的飞跃。例如，专利、商标、产品设计与产品说明、程序（IT 公司的软件程序和一般公司的生产、管理的程序）、商业方案（公司内部各种表示企业经营的产品方案、服务方案、某种新技术的方案）、数据库（包括企业的各种数据库）等都属于知识产权。

2. **组织管理资本**

组织管理资本是指通过良好的组织管理而形成的组织结构与组织经营环境。管理者通过五项管理职能，进行管理创新，使企业在规划、实施、传递、控制知识等方面都带来资本价值，形成“个人知识资产”向“组织知识资产”转化的良好知识环境或企业文化环境，使知识员工有价值的隐性知识不断向组织转化。

3. **市场网络资本**

市场网络资本是指企业的营销渠道、市场占有率、顾客数量与忠诚度等，这些都是企业拥有市场的无形资产。只有存在着市场对知识的需求，企业又具有知识产品的营销能力，“隐性知识”的创新才能走向市场，实现价值。

综上所述，一个企业中的知识资本包括人力资本和智力资本。智力资本是一种结构资本，包括知识产权资本、组织管理资本、市场网络资本。知识资本是一种概念资本、虚拟资本，它来自于企业知识资产的转化。注意，这里所说的各种“资本”前面的“组织”字样被省略。知识资本在现阶段还不能成为独立的资本获利形式，只能与企业中货币资本（企业中的另一种结构资本）结合，才能成为获利的形式。各种资本的关系如图 13-3 所示。

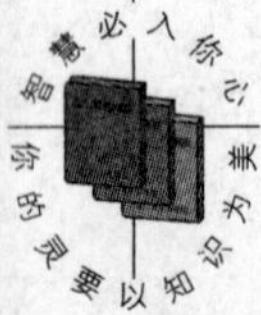

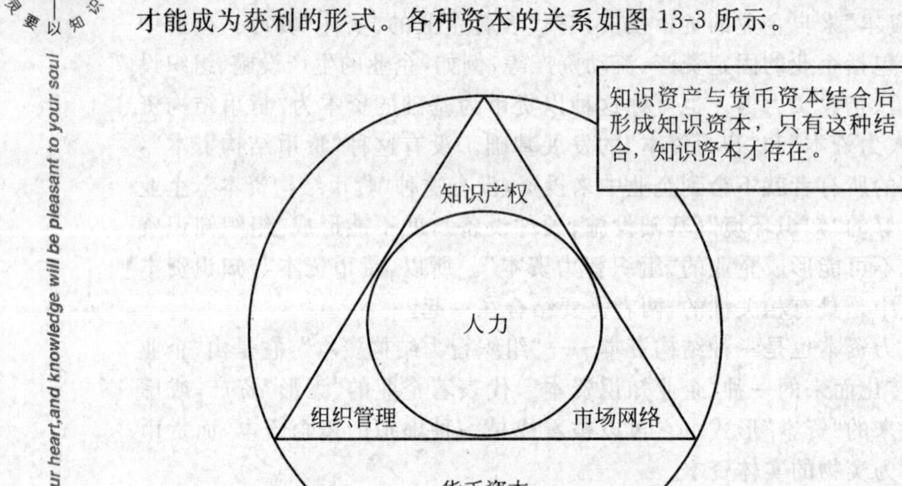

图 13-3　组织知识资本的存在

图 13-3 向我们明确了四个基本问题：

第一，组织中存在的知识资产只有与货币资本结合后，才有可能从“资产”形式转化为“资本”形式，这是同一物的两面性。

第二，组织中知识资产或知识资本的核心是人力资产或人力资本，没有这个核心，其他的智力资产或智力资本就不可能存在。

第三，组织中智力资产是知识管理的结果，是知识管理系统的输出集。由于“人力”位于核心位置，所以知识管理的核心就是“人”即知识员工。

第四，本书所讨论的组织管理的五项职能，是形成组织管理资产或资本的关键，这是知识管理的具体过程。

企业的知识管理可以说就是形成和管理企业的知识资产。将知识资产即“知识”作为“资本”进行经营，使“知识”从“资产”上升为“资本”，并结合货币资本产生全新的企业资本形式，从而为企业带来巨大的价值，使“知识”成为企业的生产力。

这种富有知识的个人知识资产为企业带来的价值与企业付给他们个人的报酬的差距是巨大的，这就是知识资本家获得“价值”的秘密。他与工业经济时代的资本家获利有本质的区别，那些工业资本家只获得“剩余价值”，而知识资本家却获得了“超级价值”。

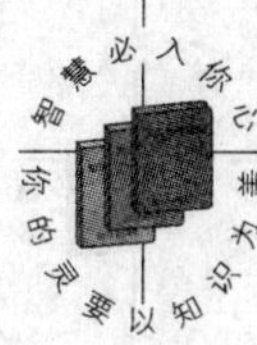

工业资本家严格地管理控制员工，从而获得“剩余价值”，他们是“冷酷无情”的。知识资本家则提供软性宽松的“人性化”管理，诱导员工为企业奉献，从而获得“超级价值”，所以在感觉上是“甜蜜美好”的。风险资本家靠大量金钱买断知识创造者的知识产权，靠“知识资本”的运营而获得“超级价值”，所以是“狡猾”的。

有人将风险资本家归入知识资本家的范围，但是要看到他们基本的运作方式与工业时代的资本家并无本质上的区别，他们获得价值的方式仍适用于马克思所描述的公式：“货币—商品—货币”只是这个“商品”是“知识商品”而已。知识资本家只是传统工业资本家的一种变体，他们仍然要靠货币资本进行运作，只是将货币资本与知识资本结合起来而已。正是这一点，他们才与传统的工业资本家有所区别。

13.3 知识资本理论

目前，国内外专家都对知识资本提了各式各样的理论，具有代表性的理论见专栏 5。

专栏 5——各家的知识资本理论

我国学者的论著①中对目前世界上著名学者的知识资本理论做了详尽的介绍，摘要如下。

(1)斯图尔特(1997)提出知识资本的 H-SC 结构，指出知识资本的价值体现在人力资本(human capital)、结构性资本(structural capital)和顾客资本(customer capital)三者之中。人力资本是指企业员工所具有的各种技能和知识，他们是企业知识资本的重要基础。这种知识资本是以潜在的方式存在的，往往容易被忽视。结构性资本是由企业组织结构制度规范、组织文化等形成的资产。而顾客资本则指市场营销渠道、顾客忠诚、企业信誉等经营性资产。人力资本、结构性资本、顾客资本三者相互作用，共同推动企业知识资本的增值与实现。

(2)埃德文森和沙利文(1996)将企业的知识资本分为人力资源(human resource)和结构性资本(structural capital)两部分。其中人力资源是指企业中所有与人的因素有关的方面，包括企业的所有者、雇员、合伙人、供应商以及所有将自己的能力、诀窍和技能带到企业的个人。他们所具有的知识和技能是以潜在的、未编码的形式存在的，因此知识资本中的人力资本部分是依附于个人的，个人拥有对这种未编码知识的所有权。结构性资本是指不依赖于企业的人力资源而存在的组织及其他所有能力，它包括有形的和无形的因素。在结构性资本中，知识资产是其中的重要组成部分，知识资产是编码的、有形的或者是具有物质表现形式的专门知识，是企业商业创新的重要源泉。在知识资产向市场价值转化的过程中，企业的经营性资产会起重要作用。这种经营性资产包括分销网络、供应网络、服务力量和组织的外部能力。经营性资产是知识资产获得市场价值、实现价值和价值增值的重要途径，如果没有合适的经营性资产，知识的价值就难以实现与发挥。知识资本的构成可表示如下：

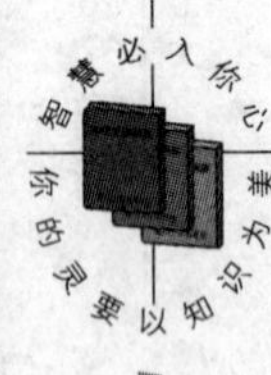

知识资本＝人力资源(未编码知识)＋结构性资本(已编码的知识资产和经营性资产)

(3)斯维比(1996)则将知识资本分为雇员能力(employee capability)、内部结构(inter structure)和外部结构(extra structure)三部分。内部结构为雇员知识技能在组织内的传递提供支持，而外部结构则保证企业知识资本的最大化。他将人力资本仅局限于本企业的员工能力，而未扩及顾客、供应商等方面，同时他将结构性资本明确区分为内部结构资本和外部结构资本，从而更为明晰、简洁，具有较强的可操作性。

(4)申明(1998)将企业的知识资本分为四个部分：市场资产、知识产权资产、人力资产和组织管理资产。市场资产是企业知识资本的第一要素，是指企业通过其所拥有的与市场相关联的无形资产而可能获得的潜在利益的总和。知识产权资产包括生产技术原理、

① 马艳，王宏伟，朱晓著. 知识经济中的风险利益. 上海：上海财经大学出版社，2001

商业秘密、版权、专利权以及一些设计的专有权和服务标示。人力资产是指企业的员工所有的技术专长、能力、团队精神和特定环境下的心理素质。组织管理资产是指企业所采用的技术、工艺、生产流程及管理方法等使企业组织本身运转自如的因素。

(5)我们借鉴国内外的研究成果，按照知识资本的结构和功能特点把知识资本构成划分为两大类型、四个层次。

两大类型是指知识资本由人力资本和结构性资本两大类构成。其中人力资本是指未编码的知识，结构性资本包括已编码的知识产权资本、组织管理资本和市场资本，用公式表示就是：

知识资本＝人力资本(未编码的知识)＋结构性资本(已编码的知识产权资本、组织管理资本和市场资本)

四个层次是指根据知识资本的各个组成部分的功能不同，把知识资本划分为核心层、基础层、中间层和外围层四个层次。人力资本处于核心层，知识产权资本处于基础层，组织管理资本处于中间层，市场资本处于外围层。

正如以上讨论的，组织知识资本有两种基本的构成元素，其一是人力资本，其二是由“组织知识资产”转化而来的组织智力资本。

知识管理要将组织知识资产作为“资本”进行运营，使企业形成一条重要的知识价值链。这条知识价值链体现了企业智慧，也使知识真正成为企业生产力，成为企业发展的驱动力，最终达到企业价值的最大化。参见图 13-4。

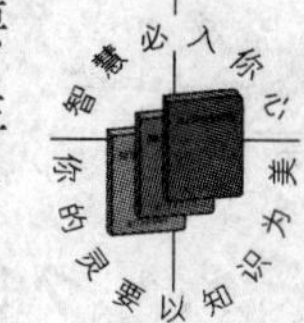

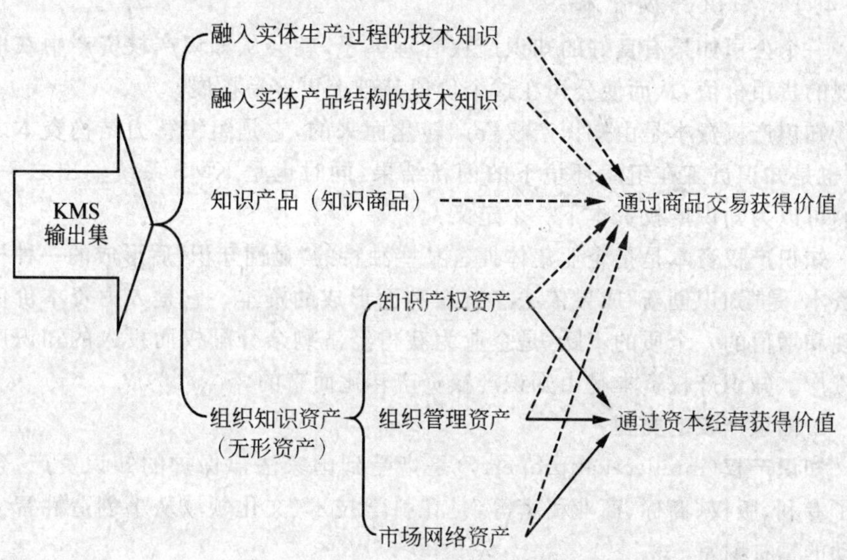

图 13-4　知识管理系统输出的价值链

图 13-4 反映了 KMS 输出所产生价值的途径。每一个途径都是一条价值链。本节讨论图最下方的组织知识资产所转化的组织智力资本。它们在未投入资本市场之前都只是智力资产，这些资产是构成一个企业的重大价值所在。它是知识管理的结果，是通过知识管理的方法从知识员工的个人知识资产中转化过来的。

图 13-4 反映了 KMS 的输出集。输出的内容通过两个途径获取货币价值，其一是商品交换，其二是资本投资。输出集有如下四个部分：

- 提高生产效率的技术知识；
- 知识物化——知识密集型实体产品；
- 知识产品（商品）——知识密集型的虚拟产品；
- 知识资产——知识资本。

13.4 知识资本运营

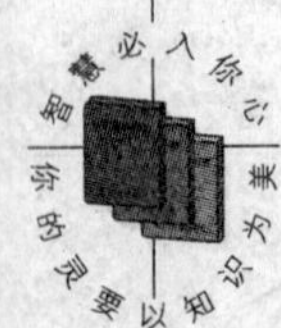

组织知识资本或组织智力资本有三种基本类型：知识产权资本、组织管理资本、市场网络资本。下面分别讨论它们。

13.4.1 知识产权资本

一个公司如果有良好的知识产权管理体系，就会从知识产权资产中获取可观的货币价值，从而使公司在这个价值基础上更容易扩展。

知识产权资本是由知识产权资产转化而来的，它是组织智力结构资本之一，也是知识员工在组织环境下的创新结果，同时也是 KMS 系统输出之一。我们可以为知识产权资本下一个定义：

知识产权资本是指企业集体拥有某些独特的“显性知识”后形成的一种权力资本，是“知识创新”成果依法享有权利而形成的资本。它是人力资本价值实现和增值的一个质的飞跃，是企业为获得经济剩余分配权而投入的知识产权资产。知识产权资本是由知识产权资产转化而来的。

1. 知识产权的类型

知识产权（intellectual property）是指受到国家法律保护的知识资产，包括了专利、版权、商标、商业秘密等，是在科学技术、文化领域从事创造性智力活动的精神财富。

专栏 6——知识产权范围

在学术界有关知识产权的范围有如下划分法。①

知识产权的范围有狭义和广义之分。

狭义的知识产权由工业产权和版权两部分组成。

广义的知识产权为世界知识产权组织(WIPO)1967 年 7 月 14 日在瑞典斯德哥尔摩国际会议签订的《建立世界知识产权组织公约》中规定的内容:(1)对文学、艺术和科学作品享有的权利;(2)对表演艺术的表演活动以及录音制品及广播享有的权利;(3)对有关人类一切创造性活动领域的发明享有的权利;(4)对科学发现享有的权利;(5)对工业品外观设计享有的权利;(6)对商品商标、服务商标、厂商名称及标志享有的权利;(7)对反不正当竞争享有的权利;(8)其他来自工业、科学及文学艺术领域智力活动创造的一切权利。对于上述知识产权的内容,公约要求各成员国“不得作任何保留”。世界上大多数国家对此表示接受。但实际上对此难有统一认定:首先,虽然目前有一百多个国家原则上同意该公约中关于广义知识产权的划定范围,但在各国立法中真正把以上 8 项内容全部作为知识产权对待的国家并不多;其次,学术上对知识产权这种范围仍有较大争论;再次,一些国际组织对知识产权的范围也有不同的划分方法。

目前各国对于狭义知识产权无论从理论上还是实践中认识都是比较统一的。

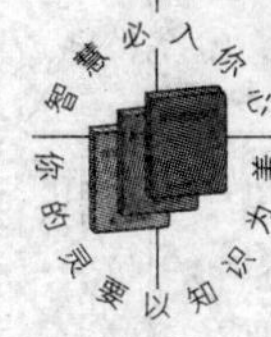

知识产权中的内容都是企业从知识员工的创造性劳动过程中获得的知识资产,它们是企业内知识员工智力活动、精神活动的产物。这种智力或精神的活动正如前所述,是各种显性知识和隐性知识在员工大脑中相互转化的过程。

知识产权本质是一种知识。知识在人的大脑中产生出来后,如果不涉及商业问题,就无所谓法律所授予的“产权”问题。是因为人类社会有了经济生活,有了商业活动,有了价值的观念,才使“知识”有了一种商业的属性,再加上法律保护而成了“知识产权”。它的商业属性把“知识”带进了商品交换领域,带入了市场,谁只要握有知识产权,谁就可以在市场上获得由此带来的货币价值。所以,知识产权中的知识,实际上已成了一种商品。它可以被人们通过某种载体,制作成知识产品,将这种产品投入市场进行交换活动,从而使知识产品转化成知识商品,也可以转变成资本进入资本市场。所以,知识产权就是通过法律手段保护这种知识所有者的权益。

由于知识商品与实物商品有本质上的区别,所以保护其所有者的权力也有很大的差别。目前,知识产权主要有三种制度:专利制度、版权制度、商标制度。

---

① 蔡吉祥著. 无形资产学. 深圳:海天出版社,1999

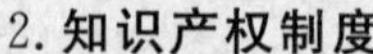

2. 知识产权制度

(1)专利

专利(patent)是指发明创造者受法律保护的专有经济利益。保护专利的制度就是专利制度。它始于15世纪的意大利,后在17世纪初的英国的《垄断法》中成形。专利制度用法律的手段保护发明人应得的经济利益不受损害。同时,专利制度也鼓励了人们去发明创造,通过专利制度的保护而获得经济利益。

专利是一种对技术的法律保护措施,如保护物理或化学科学加工过程、设备、方法或设计等。企业中出现了创新技术知识,就要正式向专利局、商标局提交申请。当异议期过后,申请被批准通过后,就必须在产品上用"专利×××号"来表示,声明该产品的技术已取得专利权,在专利被批准之前,产品上应附有"待批准专利"的字样。专利保护期一般为10～20年,并不得延续,然后它就公开化了,其他人的使用便不受限制。在专利有效期内,任何人利用该项专利进行生产或销售,都必须经过专利所有人同意,并支付报酬。

专利可分为:发明专利、实用新型专利、外观设计专利等。

(2)版权

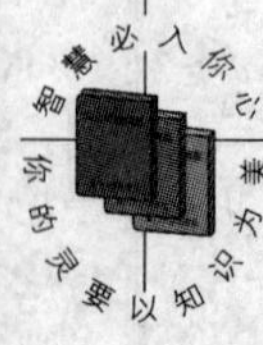

版权(copyright)也称为著作权,是指法律保护的某项作品的署名权、修改权、使用权等。包括两类——文化艺术版权和工业版权。

版权制度是一种保护知识产权的方法,在未经授权的情况下不得使用。这种产品是以某种固定的形态出现的,而不只是一种"想法"。它们包括小说、非小说性的文章、各种书籍作品、音乐作品、戏剧影视作品、照片、图像、计算机软件程序、光盘等。作者无论到版权局注册的日期是何时,当作品以某种形式完成,著作者的所有权就客观地存在着。作者要加强对自己的权益的保护,防止侵权,就必须向版权局提交正式的申请。世界各国都有相关的版权法。作品在以固定形式完成的当年,以"版权"字或符号来做出公告,并署上著作权所有者的名字。如果作品是某种音像制品如录音带、录像带、光盘等,一般应该在作品完成后的当年,用符号来公告作品的版权,并署上著作权所有者的姓名。

(3)商标

商标(trade mark)是指生产者或经营者在自己生产和销售的商品上打上标记,用以区别其他生产者和经营者的商品。

商标源于古代中东和亚洲工匠在他们所制作的工艺品上所刻的符号,以表示作品与特定工匠间的关系。人们将自己认为好的作品打上特定的记号,这种做法延续至今就成了商标。

商标代表着商品的质量和商家的信誉,所以影响着企业的生存与发展。

由于商标在经济生活中与人们所获得的价值直接相关，所以也成了知识产权中很重要的一个角色。商标制度就是为保护商标所有者的经济利益而制定的法律。商标制度可以保护公司的品牌名称、公司名称、行销口号或服务标识等，这些都为企业保持合法利益和声誉提供了保障。

商标按是否在有关部门注册过分为注册商标和非注册商标。申请注册商标须经有关部门审批，若符合国家《商标法》，就可获得商标权。未申请注册的商标不能获得商标权，不受法律保护。商标首期被保护的年限为28年，但是可以续展。企业权益保护的具体做法就是注册商标（实体产品），或注册服务标志（无形产品如服务）。表示方法是用符号（Registered 的首写字母 R）或者"注册商标"的字样，对产品和服务进行标注。企业要正式向专利局和商标局提交申请。而后，要经历一段合理的公布期。在这个阶段内，任何人对此表示异议均可提出申诉，如果此阶段中没有人表示异议或者这些持异议者本身不具优先权，则这项权利就得到了法律认可。商标可以每10年一次无限续展。商标获得注册后，如果在两年内未被使用，在法律上则被认为是自动放弃，以后要使用这个商标必须重新申请。

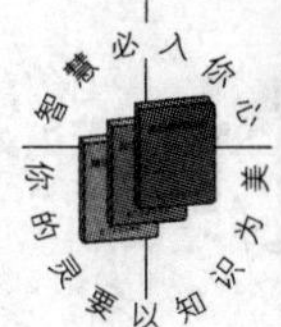

3. **商业秘密**

这类知识产权是以合同形式确定和保护的。双方在交易合同中做出规定予以保护。有的国家设有商业秘密法律，如美国1979年的统一商业秘密法案（UTSA）。

技术秘密（know-how）是指企业生产经营中所使用的未公开、未申请专利的知识、技术，包括显性知识如图纸、文档、工艺流程、物料配方等，也包括了员工的隐性知识如技巧、诀窍等。

经营秘密（trade secret）也称为商业秘密，在很多情况下已包括在技术秘密里。但是，它更强调的是管理技术秘密和营销技术秘密。主要内容有企业经营决策、管理方法、管理制度、财务管理、质量控制、营销方式、营销网络、客户名单等。

特许经营权也称为专营权、特许权。它有两种形式：政府授予的特许经营权和企业授予的特许经营权。

4. **知识产权战略**

知识产权战略包括了三个方面：知识产权获取、知识产权保护、持续知识创新。

(1)知识产权获取

获得知识产权的根本目的就在于获得由此产生的市场价值。参见以下

《知识论》①中的描述。

各个企业之间就是为了谋求知识可能带来的巨大经济利益而激烈地进行着获准知识产权的竞争。企业竞相谋求知识产权的目的就在于掌握知识产权所具有的一系列经济权利，这些经济权利集中反映在权利人对于知识的所有权与支配权上，也就是反映在谁将成为权利人，可以掌握知识应用所带来的经济剩余——知识效用的产物。能否获准知识产权就成为能否获得知识效用的前提条件，因为知识产权具有的一个重要特征是不允许同样知识的重复创造和非法复制以及使用。知识产权是一种具有限制性和排他性的私有权。没有知识产权的企业，未经权利人的许可或者转让，就没有权力使用其知识谋求任何商业利益。权利人从而在根本上限制竞争对手在市场上的商业利益。权利人企业掌握知识产权可能出于多种目的，战略防御、排挤对手和商业利用等都是企业掌握知识产权的主要目的。其中商业利用是企业为了获得知识所带来效用的较为常见的目的。“醉翁之意不在酒，在乎山水之间也。”企业投资R&D获得先进技术和知识产权不是企业的真实目的，只是以技术作为手段达到企业的商业目的。

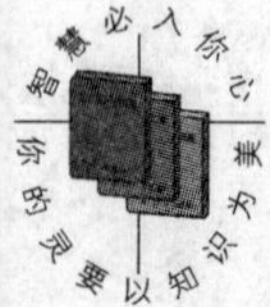

企业要达到自己的目标可以通过市场获得某项知识产权，这就是知识产权交易。也可以通过企业内创新、发明、研发等获得知识产权。知识产权对于一个企业达到自己的战略目标是非常重要的。所以，每一个企业都要尽力保护自己的知识产权，让知识产权为企业获得最大的收益。

知识产权是一项重要的知识资产，它可以产生收益，其中的一部分收益来自知识产权的运作，以交易的方式进入市场(这种交易是依附于实体商品上的交易)。它也是企业重要的收益来源。企业的商标、品牌是要经过一定时间进行培育的，如果在企业的战略中没有考虑到知识资产的问题，这个战略就是有问题的战略。所以，知识产权战略与企业战略是相关的。参见专栏7、专栏8。

专栏7—— 企业知识产权战略

企业战略中没有知识产权战略是不可思议的，以下案例可供我们思考。

一个企业，一个民族在国际市场的崛起，很大成分取决于其有无自己企业自己民族的无形资产。在这方面日本的一些企业在创立自己的无形资产方面是有其远见卓识的。当初索尼公司初闯美国市场，一美国商人向该公司提出，“索尼”商标的知名度很低，可用美

① 夏先良著.知识论.北京：对外经济贸易大学出版社，2000

国商标贴在索尼公司的商品上,这样便于推销,美国商人许诺初次包销10万台。但索尼公司没有被这眼前的利益所诱惑,而是予以拒绝,并对美商讲,当初贵公司的商标知名度不也是很低吗,为什么不用别人的商标呢?正是因为没有贪图一时的眼前利益,为企业长远利益考虑,用"索尼"商标的产品逐渐打开了美国市场,而今"索尼"已成为含金量、知名度很高的国际名牌,也是索尼公司及日本民族宝贵的无形资产。

以遍布世界的"麦当劳"餐厅为例,谁若想获得"麦当劳"特许经营权(含商标使用权、配方和管理方法与程序),先要定额一次性付费1万美元,然后每年还需按销售额的8.5%的租金和3%的服务费向总部交纳提成使用费,并要购买总部的机器设备及原材料。就是靠着这种模式,全世界的"麦当劳"餐厅已达2万家以上。可口可乐称霸世界饮料市场,也是靠其商标权的特许使用和其独特配方配制的原汁等无形资产,走向国际市场而获得超额利润的。国际上著名的公司无不靠无形资产占领国际市场,其主要的收入和利润是靠无形资产获得的。①

(2)知识产权保护

知识产权是一项无形资产,企业可以凭此获得源源不断的收入。所以一些知名的厂商都对自己的智力资产加以保护。

专栏8——可口可乐的知识产权保护

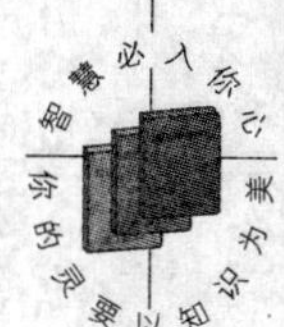

知识产权保护是每一个企业必须注意的一个重大的问题。

100多年来,可口可乐之所以能稳坐世界饮料市场的霸主之位,就在于其经营者精心培育并保持其无形资产,使其长期保持特色。如对其配方的保管,据说只有其决策层的两个人知道,而且是两人同时打开保险柜。为防不测,这两个人从不坐同一架飞机出差。这种做法使其永远保持独特的口味,这挡不住的感觉席卷了世界上各个国家。其覆盖程度远远超过了"星条旗"升起的地方。同时也是这个商标对其独特的配方起了保护作用。在科学技术手段十分先进的今天,很难说其配方不可以破译,即便是可口可乐的独特配方被破译,但谁又敢称自己是"可口可乐"呢?因为可口可乐(Coca-Cala)已经成为其商标专有权,任何人不得侵犯。

据说,在我国云南边境有一家小餐馆经营很有特色,名叫"可口可乐餐馆",很受国内外旅游者的欢迎,一外国记者曾发稿称赞此餐馆。可口可乐公司看到这条消息后,立即向餐馆提出侵权抗议,最后比较平和地以中方餐馆改换名称为结局。②

在自由市场经济条件下,企业会因为三种方式而失去知识产权:仿制或假

① 蔡吉祥著.无形资产学.深圳:海天出版社,1999

② 同①

冒、侵害或剽窃、退化。企业要保持自己的竞争优势，在知识产权战略中就应该保护自己的智力资产，防止被仿制、侵害、退化等出现。

知识产权的保护机制一般有三种：市场措施、持续创新、法律保护。

对于竞争者来说，要进行仿制或假冒必须要有几个方面的条件：首先，竞争者必须清楚智力资产的构成；其次，必须清楚构成智力资产的资源；第三，要了解智力资产商业化成本结构。要防止竞争者的仿制和假冒，就要对这三个方面进行保密，保密措施也许比法律保护更有效。

另外，还可以通过抢夺竞争者可能利用的资源，或者增加他们的仿制成本等市场措施来防止竞争者的仿制和假冒。市场保护基本措施如下：

- 建立产品标准。产品标准一旦建立，任何企业要想进入竞争行列，产品都必须和该产品标准一致。
- 建立准入障碍。可在分销渠道上建立起仿冒产品者进入的障碍，例如产品的检测或产品的品牌等。
- 建立定价约束。为了防止竞争者进入，可以在产品定价策略上限制竞争者或产品仿冒者，使企业能够在最短的时间里获得利润，向竞争者表现自己的成本优势，使竞争者看不到参与竞争的前景。
- 建立关系网络。建立供应链网络，保持良好的供应链成员企业间的关系，使网络上的成员企业形成利益共同体，这样就使竞争者难以进入。

专栏 9——利用法律进行知识产权保护

当企业的知识产权被侵害时，可以运用法律的手段对自己的知识产权予以保护。以下是国际上的专利争端案例摘要。①

1995 年美国霍尼韦尔公司将日本的美能达照相机公司送上了被告席：控告日本美能达公司在其“X—7000”型单镜头反射光照相机中，未经许可使用了霍尼韦尔公司自动对焦结构的专利，时间长达 5 年。经美国联邦地方法院判决，日本美能达照相机公司赔偿 120 亿日元。随后，美国霍尼韦尔公司又向日本光学工业公司、日本佳能公司提出了侵犯专利权的指控。在国际间技术经济竞争中，这种对自己企业、民族的无形资产资源分毫必争的做法无可非议，侵权者只能是自吞苦果，怨自己无能无知。

据美国德克萨斯仪器公司董事长说，其公司的收入与利润 80%是靠专利权的许可取得的。可口可乐、麦当劳等国际著名企业的收入与利润有很大一部分是靠其商标权及特许经营权取得的。而这种收入和利润不仅来自于本国境内，更多的来自于境外的国际市

① 蔡吉祥著. 无形资产学. 深圳：海天出版社，1999

场。

(3)持续创新

持续创新是指对智力资产不断升级更新。从而使智力资产在行业内保持着领先的地位。基本措施如下：

- 渐进创新。企业不断学习，不断增加产品的知识含量，从而使竞争者难以赶上。
- 产品改进。通过改进自身产品，实现不断的更新换代，使竞争者来不及仿制和没有能力进入该领域。
- 成本优势。通过形成系列化产品或加工平台，使企业获得成本领先的地位，使竞争者难以进入该领域。
- 重大创新。通过研究和开发，产生新技术，并将新技术应用于产品中，使产品的各种性能都超越原先的产品。

以上基本的持续创新措施是防止退化的基本方法。

知识产权战略包括知识产权获取和保护的机制。

知识产权战略是企业战略的一个组成部分。知识产权的获取主要是靠组织内部的知识管理系统中的创新活动。

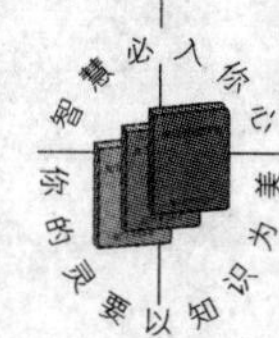

5. 知识产权经营

利用知识产权信息对一个企业来说是十分重要的，它对企业收益产生重大的影响。企业管理要善于利用知识产权去获得更大的价值。参见专栏 10。

专栏 10——利用知识产权经营

国外公司在无形资产的开发研究中特别重视利用专利技术信息。日本的 I. G 工业公司是一家生产经营民用住宅建材的企业。它的创始人石川在研究过程中发现一种拥有美国和德国的专利的新型建材——氨基甲酸乙酯，虽然已有大企业高价引进了该项技术，但石川并没有轻率决定，而是去日本的特许厅资料馆翻阅了专利公告，结果发现这项专利权的有效期截止日是 1971 年 6 月，过了这个期限谁都可以利用这项技术了。于是，石川在 1971 年成立了 I. G 工业公司，专门从事氨基甲酸乙酯的进一步开发。在研制难燃性发泡氨基甲酸乙酯过程中，I. G 工业公司又利用专利文献寻找开发的线索，按技术领域立档，收集有关的国内外专利情报，分析技术发展动向，为自己开发新技术服务。在研究工作遇到困难，利用专利公报无从下手时，I. G 工业公司就把前一段的研究成果归纳起来申请专利，日本的特许厅在审查时必须查阅世界各国的有关专利文献，并在给申请人的通知中注明这些文献号，他们就从通知书所提供的有关文献号入手，顺藤摸瓜地收集国内外的专利情报，再以此为线索开辟研究新思路。I. G 工业公司还将专利情报集中起来分析，从中推断竞争对手的现状、意图和动向，从而及时调整企业的经营方针和具体策略。此外，I.G工业公司还充分利用专利制度，对本公司的产品、机械设备、零部件、生产线、外观设计等全部保护起来。由于I.G工业公司重视和利用专利，使公司得到了超常的发展，在公司开业当年，销售额是1.09亿日元，到1975年就增加到40亿日元。①

但是，最重要的是在知识经营中，管理者要将知识产权作为KMS中的输出部分，因为它是知识员工创新活动的结果，这种创新是系统中各种知识的转化的结果，特别是隐性知识转化成显性知识的结果。这种结果在企业中被认为是一种知识资产，如果要将其转变为资本，就必须将“知识产权”如货币资本一样投入商业活动过程，使之能够带来“企业经济剩余分配”。例如，作为合股的股份，代替货币资本的份额，从而获得股份的货币收入。

利用知识产权获得价值有两种主要途径。

(1)扮演商品的角色，通过商品交易而获得价值。这包括了两个方面：

一方面是指知识产权融入实体商品和服务中，当这些带有知识产权的商品和服务出售时，在体现了实体商品价值的同时也体现了知识产权的价值。

另一方面是指将知识产权直接作为一种商品进入交换领域，通过交换获得价值，这就是知识产权的交易。例如专利交易就是常见的一种知识产权交易，专利交易的方式主要有如下几种：

一是独家垄断的买断方式，不允许其他人使用，这是一种独占权的交易方式；

二是通过专利许可证获得使用权的方式；

三是通过技术咨询方式获得专利知识；

四是通过技术设备的转让方式获得技术使用权。

专利权的支付方式可以是现金一次付清，也可以是赢利分成方式，还可以是逐年支付方式。以何种方式结算，取决于专利持有人与申请使用人之间的偏好，以及专利的种类和申请人的实力与策略。②

(2)将知识产权作为资本进行经营。世界上大多数国家的《公司法》已经把无形资产作为一种新的资本形式加以肯定，我国《公司法》也确立了将“工业产权”、“非专利技术”等无形资产要素作为资本投资的法律地位。

作为资本角色的知识产权有如下的基本经营方式。

①对知识产权资本的配置

合理地对知识产权进行有效的配置，可以说是进行知识产权资本经营的

① 于玉林主编. WTO与无形资产. 北京：经济科学出版社，2003

② 齐建国等著. 知识经济与管理. 北京：社会科学文献出版社，2001

第一步。其配置结构如下。

- 名称权与商标权的组合；
- 名称权与商标权和域名的组合；
- 商标权与专利权的组合；
- 商标权与专利权和版权的组合；
- 名称权与商标权和技术秘密或经营秘密的组合。①

对企业中的知识产权进行研究，然后对它进行合理的配置，形成一种资本经营的结构。

②知识产权资本经营的方式

将知识产权作为资本进行经营所产生的价值比它作为商品进行交易更大、更深远，所以，好的知识产权不会被作为商品进行出售，去获得一次性的价格收益。知识产权作为资本进行经营的主要方式有如下三种。

- 将知识产权作为资本向另一个组织进行投资，例如，以股本的形式投资到一个企业中去，确定知识产权所有者在企业中享有股东的权利和义务。
- 将知识产权以资本和负债的形式进行投资。这是指知识产权所有者不但以知识产权作为出资的形式，还要向被投资的企业收取使用费。这样知识产权所有者就有双重身份，既是股东又是债权人。
- 将知识产权向其他企业发放“特许经营权”，使用其知识产权的企业要向知识产权所有者支付使用费。

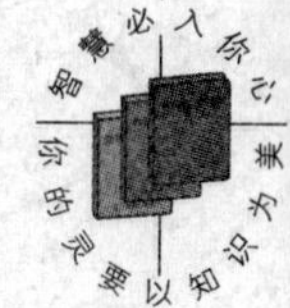

除以上三种方式外，企业还可以根据自己的实际需要，通过创新产生出更多的知识产权资本经营的方式。

13.4.2　组织管理资本

组织管理资本是由组织管理资产转化而来的，它是组织智力结构资本之一，也是 KMS 系统输出之一。在定义组织管理资本之前，先定义组织管理资产。

组织管理资产是指企业实施计划、组织、人事、指挥、控制五项管理职能过程中，形成了有效的组织结构、运营方式、人才配置、管理体制等，使企业可以通过“组织管理”过程获得价值，使企业在规划、实施、传递、控制知识等方面都带来价值，使企业形成“个人知识资产”向“组织知识资产”转化的良好知识环

---

①　蔡吉祥著. 无形资产学. 深圳：海天出版社，1999

境或文化环境，使知识员工有价值的隐性知识不断向组织知识资产转化。这些被看成是企业的一项宝贵的资产——组织管理资产。

各种企业的“组织管理资产”都不一样，这主要是管理过程不一样形成组织结构、运营方式、人才配置、管理体制等不同。所以，各种企业这项资产的价值也不一样。

从 KMS 来看，“组织管理资产”表达了企业为达到目标而产生的系统状态。一个有价值的“组织管理资产”是一种成功的系统运营状态或运营模式，它包含了大量的“知识活动”、创新活动，特别是管理创新。就是因为这种系统状态能成功地达到企业的目标，所以才形成一个有价值的“组织管理资产”。正是由于这一点，“组织管理资产”也被视为 KMS 系统输出集的一个重要元素。

在知识管理中，我们强调系统的观点，强调系统状态中五项管理职能的作用，就是因为只有实施良好的五项职能管理，才有可能产生良好的系统输出。

不同企业，由于管理水平的差异，必然有着不同的“组织管理资产”。如果将整个公司出售或与其他公司合作，“组织管理资产”就作为无形资产进行评估，不同公司就会显示出价格上的差异。与知识产权资产一样，“组织管理资产”可以作为一种商品进入交易市场，去获得价格上的收益。

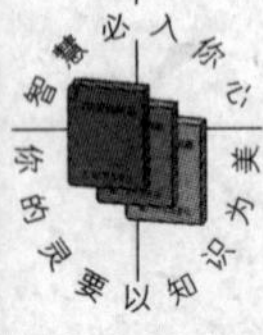

但是，将“组织管理资产”作为资本去获得价值远比把它作为商品去获得价值要好得多，所以，要将“组织管理资产”转化成“组织管理资本”。

组织管理资本是指将企业的“组织管理资产”作为获得企业经济剩余分配权的投入，使企业可以获得这项投入的经济剩余收益的分配，这就使组织管理资产转变成组织管理资本。

企业要注意将组织管理资产作为资本进行经营。但是，将“组织管理资产”作为资本经营远比将“知识产权资产”作为资本经营要难得多。因为这涉及整个企业的管理水平、组织架构、运营状态等一系列因素。

组织管理资本经营的形式主要有如下两种：

- 以合作的方式提取收益，例如以企业的管理水平占有合作共同体中的一定比例的股份；
- 向其他组织投资时可按无形资产评估的价值占有一定的股份。

企业的“组织管理资本”的大小完全取决于五项管理职能在企业实施的水平和管理创新水平，所以企业良好的日常管理和管理创新，是形成“组织管理资本”的价值要素。

13.4.3　市场网络资本

市场网络资本是由市场网络资产转化而来的，它是组织智力结构资本之一，也是KMS系统输出之一。

市场网络资产是指企业拥有的市场份额、市场网络范围、市场网络容量、市场营销能力、市场品牌效应、市场信用度等要素在各种网络中的表现。这些网络以内容来分主要有营销网络、物流网络、信息网络、人才网络、客户网络、供应商网络、合作伙伴网络等。如果这些网络以组织边界来划分，就是企业外部的关系网络。

这里有两个关键点，其一是这些网络是否存在，其二是各种要素在网络上的表现力度。每一个企业都在一定程度存在着市场网络资产，但是只有经营管理良好的企业其市场网络资产才是优良的资产，才会为企业带来巨大的价值。

从市场网络资产的定义中我们可以知道，实际上网络资产也可以看成企业的关系资产，它是企业与外界环境的关系。

几乎所有公司都要面临8种组织外的环境要素，这些环境要素存在于整个社会系统中，深深地影响着企业。这些要素分别是供应商、客户、投资者或股东、社会团体、政府部门、金融界、竞争者、全球社会大环境。企业是否与这些环境要素建立起良好的关系网络、良好的沟通网络，对企业“市场网络资产”的影响很大。要使企业获得优良的“市场网络资产”，就要与这8个组织外环境要素建立良好的关系，进行良好的沟通。

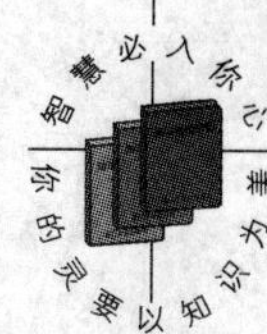

现在许多企业通过组织间信息系统（IOIS）与这8种要素进行链接，为形成良好的关系打下基础。通过IOIS至少使企业获得以下几个方面的效益。

- 成本效益：可以降低企业的运营成本，提供给客户低成本、高品质的产品，从而获得成本竞争的优势。
- 速度效益：提高企业运营的速度，例如缩短订单处理周期，从时间的节约上获得效益，从而使企业获得速度上的优势。
- 协作效益：通过组织间的协作，产生1+1大于2的效益。
- 提高企业能力：包括提供具有特色的产品和服务，降低进入市场的成本，增加客户的转移成本。这三个方面都提高了企业的竞争力和生存能力。

在网络经济学中，企业追求的是“需求方的规模经济”，即市场、客户对企业需求越大，企业就越有价值。例如，美国在线（AOL）之所以价值很大，是因为它有6 000多万固定用户。这就是它的客户网络，也就是它的市场网络资产。大多数电信公司、新兴的网络公司都依赖客户网络的规模而达到经济收益。

另外，思科公司(Cisco)能快速完成各种订单，是由于它拥有大规模的合作伙伴网络，可以很快地将订单分解、外包出去，形成同步的供应链，达到快速、柔性的市场反应。升阳公司(SUN)开发了以网络为基础的合作规划工具，作为巩固与关键客户关系的战略。这个工具可以使公司在订单、装运、促销等方面与客户交流，预测产品状况等信息，帮助公司在整个产品的生命周期中管理产品。这种能力大大减少了向客户交货的时间，同时增加了预测的准确性，改善了存货状况，增加了客户的满意度，使供应链操作更有效率。升阳公司只是许许多多通过合作规划追求利润的公司之一。

所以，企业的市场网络资产对企业来说是十分重要的一项资产。除此以外，企业与政府、金融机构等社会团体形成良好的关系也属于这项资产的范围。

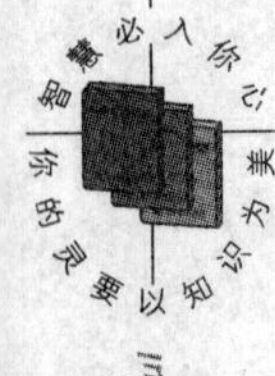

组织的市场网络资产可以转化成市场网络资本，从某种意义来说这种资本可以看成是一种关系资本。这种转化的过程与上面所述的其他资产转化过程一样，大体上有进入交换领域和投资两种主要形式。

在企业的收购与兼并中，企业的市场网络资产可以随公司被收购，体现出它的货币价值。这时市场网络资产只是作为"商品"被推入交换领域，获得交易价格的收益。

当企业与其他企业进行合资或投资时，就可以将自己的市场网络资产进行评估，从而获得一定比例的股权。此时，市场网络资产就转换成市场网络资本，以资本的形式获得收益。

市场网络资本是指将企业的"市场网络资产"作为获得企业经济剩余分配权的投入，使企业可以获得这项投入的经济剩余收益的分配，这就使市场网络资产转变成市场网络资本。

企业市场网络资产形成大多是利用信息技术网络、知识网络、沟通网络的结果。我们在《供应链管理(SCM)教程》①中讨论过价值链管理、客户管理、供应商管理等，这些都是企业构成市场网络资产的要素，也是构成市场网络资本的要素。企业拥有一个强大的市场网络，就拥有了极有价值的无形资产。

① 林榕航著．供应链管理(SCM)教程．厦门：厦门大学出版社，2003

13.5　知识资本市场构成

知识资本市场主要由四个方面构成：人力资本市场、知识产权资本市场、组织管理资本市场、市场网络资本市场。

专栏 11——知识资本市场

我国学者①详细论述了知识资本市场。

知识资本市场的形成和发展，是人类科技进步和生产力发展水平的重要标志之一，也是传统市场的深化和发展。知识资本市场由传统商品市场与资本市场的深化和发展而来，除具有传统市场构成的基本特征以外，还有自己的特点。所谓知识资本市场构成是指知识资本的各组成部分之间的关系、比例、相互作用的总和。知识资本市场构成不是一成不变的，而是随着技术进步和社会发展不断地调整。

知识资本市场主要由知识资本供给者、知识资本需求者、知识资本运营者、知识资本交易中介组织、知识资本市场管理机构等构成。知识资本市场包括人力资本市场、知识产权资本市场、组织管理资本市场、市场资本市场几个部分，且各个部分始终处于运动变化状态之中。

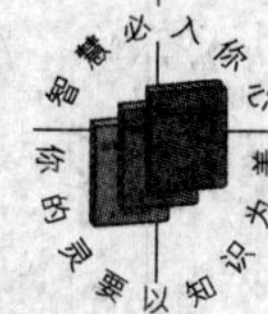

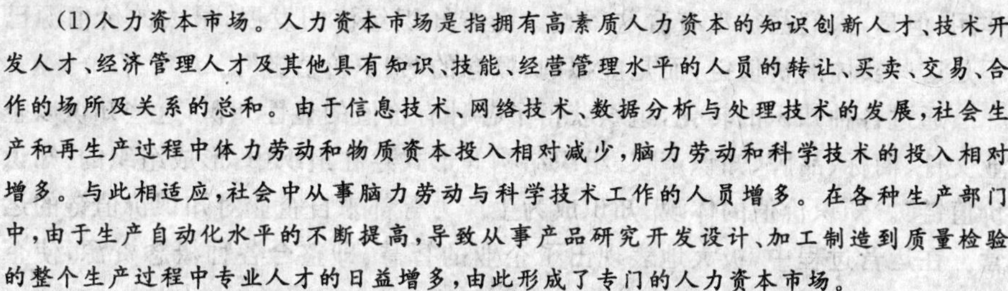

(1)人力资本市场。人力资本市场是指拥有高素质人力资本的知识创新人才、技术开发人才、经济管理人才及其他具有知识、技能、经营管理水平的人员的转让、买卖、交易、合作的场所及关系的总和。由于信息技术、网络技术、数据分析与处理技术的发展，社会生产和再生产过程中体力劳动和物质资本投入相对减少，脑力劳动和科学技术的投入相对增多。与此相适应，社会中从事脑力劳动与科学技术工作的人员增多。在各种生产部门中，由于生产自动化水平的不断提高，导致从事产品研究开发设计、加工制造到质量检验的整个生产过程中专业人才的日益增多，由此形成了专门的人力资本市场。

(2)知识产权资本市场。知识产权资本市场是指进行专利、专有技术、商标、版权等知识产权交易的场所与关系的总和。随着知识产权法律保护体系的完善和健全，知识产权的申请数量和批准数量增长很快，逐渐成为企业、个人和经济组织获得新产品、新技术，获取风险增益的重要来源。而人类的许多发明创造也主要通过知识产权的形式获得保护和向外转让。正是知识产权资本市场推动了知识创新的发展，而知识创新又推动了社会生产和知识经济的高速发展。

(3)组织管理资本市场。经营管理水平、组织制度、组织能力，以及管理技术、方法、工

---

①　马艳，王宏伟，朱晓著．知识经济中的风险利益．上海：上海财经大学出版社，2001

具、手段和策略等与管理有关的各种要素构成管理资本，对管理资本的交易、转让、创造等手段和关系的总和形成了组织管理资本市场，对整个知识资本市场和风险利益的实现起着重要协调、补充和辅助作用。

(4)市场资本市场。对市场资本进行交易的行为、方法、程序、场所的总和便是市场资本市场。市场本身就是一种重要的资源，谁拥有了市场，谁就控制了重要的无形资产，谁就控制了获取潜在风险增益的权力。在市场资本市场上转让、交易的主要对象是市场控制权。其中顾客对知识型企业、组织或个人的认同、信任和忠诚，企业组织或个人信誉在顾客心目中的地位高低，都是一种重要的知识资本，对这种资本进行交易是市场资本市场的重要辅助市场。

另外，还可以把知识资本市场划分为知识资本供给者、知识资本家、知识资本运营家、知识资本需求者、市场中介组织和市场辅助组织等各个组成部分。

13.6 知识价值链

知识价值链(knowledge value chain)，也称为**知识链**(knowledge chain)，它是与实体价值链——供应链(supply chain)相对应的概念系统的价值链。以往企业管理中往往注重供应链管理、物流管理，通过对这些“实体”的管理，给企业带来了收益。尽管在这些实体的管理活动过程中，“知识”仍起着主导作用，但是，人们往往没有看这一点。随着知识经济的发展，最大的价值源已不是这些实体的价值链，而是虚拟的、概念的“知识价值链”。

通过各种知识的转化，组织获得了各种有价值的显性知识，这些知识以企业文件、商标、品牌、知识产权、组织结构等形式存在组织中，形成组织的“知识价值链”。知识价值的体现、知识成为生产力等都来自企业对知识价值链的运营。在运营过程中，极大地表现出了企业的智慧，即整合各种概念资源，使企业价值最大化。

“知识链”可分为“组织内知识链”和“组织间知识链”两个部分，这类似供应链系统的划分法。但是，知识链是属于概念系统的，根据以上所述的概念系统的性质，它不会独立于实体外，而是隐藏在实体中，它是看不见摸不着的无形价值链。需要用人脑去构建这种无形的“知识链”，并且进行有效的运营。但是，人们可以从“显性”化的东西如高技术商品、专利、商标等看到这种知识价值链的存在。

对知识链管理与运营过程中，有如下几种关键的部分：

• 知识资产；

• 知识资本；

• 知识商品；

• 技术知识；

• 企业内知识链；

• 企业间知识链。

以上知识链运营的几个关键部分都存在各种类型的知识链运营过程中。常见的知识价值链类型如下：

• 隐性知识(创新)→(植入)→实体产(商)品→(交换)→价值；

• 隐性知识(创新)→(显性化)→知识产(商)品→(交换)→价值；

• 隐性知识(创新)→(显性化)→智力结构资产→(交换)→价值；

• 知识资产→(转换)→知识资本(投资)→价值。

目前，知识管理和经营大体上都在这些“知识价值链”上进行。

13.6.1　知识价值链活动

根据以上知识价值链的类型，我们可以将知识价值链的活动大体分成如下四种活动类型。

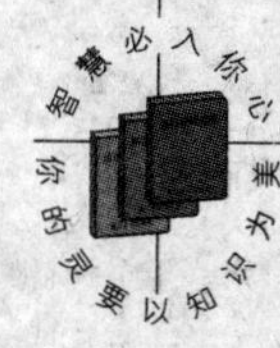

以上第一种“知识链”，是将创新的知识植入到实体产品中去，这不是目前知识经济才有的，而是在工业经济中就有的，所以被一些专家称为“旧的”智力资本价值链。工业革命以后，随着科学技术的发展与进步，将知识大量植入实体产品以及生产过程，使科学技术知识成为人们公认的“生产力”。

第二种和第三种“知识价值链”则是知识经济的产物。现在许多新经济理论、知识经济理论、知识管理理论都集中在这个方面进行研究。大多数知识管理的软件产品线也集中在这个领域。

第二种和第三种知识价值链活动过程与第一种不同，并没直接进行“知识物化”，它一般来说通过如下步骤：

1. 创新成果并没有直接植入实体产品或直接物化；

2. 创新成果出来后，就进行知识产权决策，例如申报专利形成知识产权；

3. 形成知识产权后进行知识产权战略决策，确定商业战略和战术；

4. 实施知识产权战略，进行商业化决策；

5. 实施商业化决策；

6. 如果商业决策以知识产品为主导，就形成第二种知识价值链；

7. 如果商业决策以智力结构资产为主导，就形成第三种知识价值链；

8. 进行决策确定进入交换领域或进入投资领域。

第四种就是知识资本的运营，参见上一单元。

以上这些步骤被认为是一般的、通用的步骤，在具体企业进行知识管理和知识经营过程中要进一步细化。

13.6.2 管理知识价值链

知识价值链的管理也属于知识管理的范畴。要使知识价值链获得最大收益，除了要注意以上所讨论的知识管理的内容外，还要注意管理步骤。

专栏 12——知识价值链管理

知识管理专家沙利文的管理知识价值链的思想是值得我们借鉴的。

第一，识别企业所需要的关键知识资产的价值。

建立知识价值链是从企业的战略目标、市场定位出发的。通过企业的战略目标来确定建立知识价值链是否有价值。企业可以列出希望通过知识价值链去获取何种价值的清单，然后进行考查。

第二，确定和测量知识价值链所获得的价值。

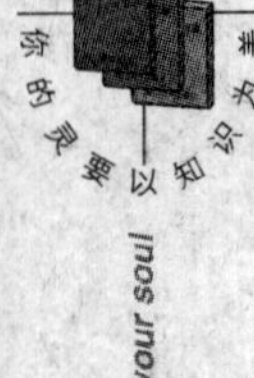

建立测量机制也许是困难的。但是，如果没有测量机制就很难知道通过知识价值链所获得的价值的多少，所以一定要设定测量机制。

第三，确定知识价值链的活动过程。

从创新的形成直到价值的形成过程要进行识别和确定。

第四，制定管理知识价值链的具体方法。

如果我们确定了知识价值链活动过程，就可以采用适当的措施进行管理。这个步骤要制定出管理的具体方法，为知识价值链中关键的活动制定出流程图和管理步骤或措施。

第五，重新配置企业中的各种资源。

重新分配企业中的各种资源支持知识价值链的活动，使其达到价值最大化。这包括了企业中的人力、物力、财力资源。对于创造价值和获取价值的活动要优先给予配置最佳的资源。重新配置企业的各种资源不要脱离企业的系统目标。

第六，进行知识价值链审计。

通过一段时间的知识价值链活动或运营，要对其产生的绩效进行必要的审计，确定知识价值链的绩效以及所产生的问题，从而更好地进行知识价值链的活动。①

关于知识价值链的管理要参见第 5 章的部分内容，并参考本章第 1 节内容。整个管理思想都包含在 KMS 系统管理中。

① [美]帕特里克·沙利文著，赵亮译. 价值驱动的智力资本. 北京：华夏出版社，2002

13.7　知识资本运营的意义

在20世纪末21世纪初的十几年时间里，许多公司认识到给公司带来价值的不只是实体性的物理产品，还有虚拟性的精神产品，而且后者带来的价值远远超过了前者。那么，“虚拟性的精神产品”本质是什么？它的本质就是知识，将知识当作如“货币资本”一样的“资本”进行运作。人们已经看到，将知识作为“资本”进行运营，它所带来的价值远远超过了实体性产品所带来的价值。在知识经济发展最快的美国，许多知识型公司如微软、思科、英特尔等在短短的十几年的时间里，其市值大大超过了具有上百年历史的“汽车大王”、“石油大王”、“钢铁大王”。事实证明了“知识”是一种生产力，而且是一种巨大的、能带来价值的“资本”。“知识就是力量”，这种“力量”是先前学者们不曾料到的。

将“知识”作为一种“资本”来认识、来理解、来运营，使传统的经济学理论、商业实践遇到了极大的挑战，也使传统的企业管理者如坠云雾之中，感到茫然失措。除此之外，唯物论的一些观点也遇到了极大的挑战。信息技术的发展，使人们看到了一个真实的“虚拟”世界的存在，使人们可以根据“虚拟”的精神世界创造出一个真实的人工物质世界，使“精神”不只是“物质”的简单反映，它以“概念系统”的形式，创造和管理着以“物质”为基础的“实体系统”。

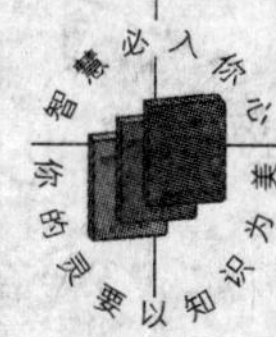

企业将知识作为资本进行运营，使企业得到巨大的价值。但是，我们应该看到，在人类的经济历史中，在未来的一段很长的时间里，“知识资本”和“货币资本”在企业中会处于并存的状态，“知识资本”不可能完全替代“货币资本”，成为企业运营的唯一资本。在这种情况下，我们没有必要“顾此失彼”，也没有必要“重此薄彼”。所以，可以将“知识资本”理论看成是传统经济学理论的补充和发展，是在传统经济学理论的基础上发展起来的一种新的理论，并不是“无源之水”、“无本之木”。这种观点合乎现有经济发展的规律，合乎现有企业的现状。

弗兰西斯·培根说：“知识就是力量。”在工业时代这句话对商业经济来说并没有真正的价值。进入了信息时代，经济的增长以信息和知识为基础，信息和知识成了生产力，推动经济发展、社会进步。企业产品和服务向知识密集型转移，知识——这一“概念资源”的重要元素，代替了工业经济时代的自然资源、金融资本等"实体资源",成了企业中最重要的资源。并且,知识已发展成了企业的一种资本,成为企业的重要财富。这种知识资本有着与货币资本根本的不同点,产生了古典经济学中难以预料的巨大力量,这才真正体现出"知识就是力量"。

智力资本是企业知识资本的重要组成部分。它是企业中的人力资产在知识管理下产生的结果。它的本质是知识员工头脑中隐性知识的显性化,从员工的个人知识资产转化成为企业的组织知识资产。

当组织的智力资产形成后,主要有三种资产形式,分别是知识产权资产、组织管理资产、市场网络资产。这些资产就存在于一个组织中,组织中通过知识管理的手段,可以使这些资产不断地增长。

当知识资产与货币资本"联姻"的时候,这些知识资产便摇身一变,成了知识资本。知识资本与货币资本结合形成企业中全新的资本结构。例如,一个企业知识产权占一定股份比例,货币资本占一定股份比例,从而使知识资本在企业中能够获得一定的剩余分配。从这一点也看出知识资本还不能作为独立的资本出现。

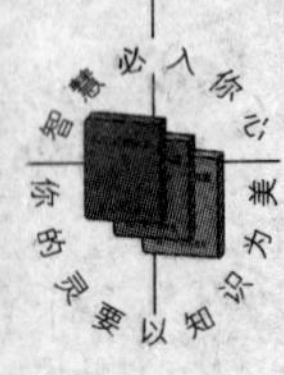

企业通过知识资本获得价值的基本途径有:将智力资产作为资本进行运营,这是智力资产产生价值的一种途径;另一种途径就是直接将智力资产作为商品,进入交易市场,例如技术交易、知识产权交易、专利转让、商标使用权转让、特许经营权等。这些都使知识资产转变成企业的收益,成为企业的收入源泉。

正是因为企业的智力资产能产生价值,所以企业就应该对这些资产进行保护、管理,使这些资产不至于流失,还要使这些资产增值。以往,企业的收入主要依赖物质、能量,很少依赖信息和知识。在知识经济时代,比以往任何时代都更依赖信息和知识去获得价值。

本章术语

显性知识资产(explicit knowledge assets)
隐性知识资产(tacit knowledge assets)
组织知识资产(organizational knowledge assets)
知识产权(intellectual property)
知识价值链(knowledge value chain)

思考题

1. 企业的知识资产是如何获得的?
2. 如何管理知识资产?
3. 知识资本是如何运营的?
4. 知识是否有价值、使用价值和交换价值?
5. 什么是知识价值链?

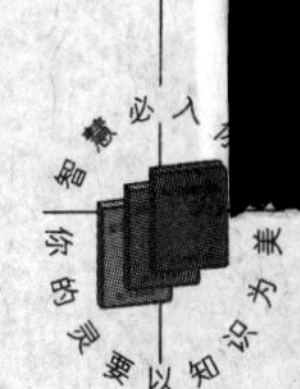

第十四章　管理创新

没有创新就没有知识，也就无所谓知识管理。在知识管理中的“创新”是构成“知识活动”的主旋律。从以上各章的讨论中可以看出，所有知识管理的方法与手段，实际上都是围着“创新”，以及“创新”所形成的知识财富即知识资产来运用的。

14.1　什么是创新

我国著名科学家钱学森在谈到创新时说：“思维科学就只有三个部分：逻辑思维——微观法、形象思维——宏观法、创新思维——微观与宏观结合。创新思维才是智慧的源泉；逻辑思维和形象思维都是手段。”[①]因此，创新是一种思维方式，在心理学中被称为创造思维或创造性思维(productive thinking)。创新和创造这两个词并没有严格的区别。

从管理学角度看，**创新**(innovation)指人脑中产生创造性的新思想、新方法、新管理模式，并将其转化到产品、服务、作业过程中去。**创造**(creativity)是指能以独特的方式将各种思想、各种知识联系起来，产生出新的应用。如果不是从语言学术角度来看，这两个词经常被混用。从心理学来看，两者是一样的心理过程，都是属于创造思维的范畴。

创新是创造性思维，它是思维的种类之一，是指运用已有的知识、经验通过创造想像(在头脑中独立形成新形象的心理过程)而产生某种新思想、新概念、新方法的过程。

因此，创新活动只发生在人的大脑中，而不会发生在计算机系统中。对一个具体的企业来说，创新活动发生在领导者、管理者、知识员工头脑中。

---

① 周济主编.科技创新院士谈(下).北京：科学出版社，2001

创造思维与解决问题的思维一样，也有四个阶段：提出问题，明确问题，提出假设，检验假设。但是，创造性思维最重要的特点是整个心理过程有创造想像的参与，而这种创造想像就是对已有的知识、经验进行奇妙的、非常规的运用，从而提出新的、具有发明性的、有创见的解决问题的方法。“就心理学家的占优势的观点来看，一个人对某一问题的解决是否属于创见性的，不在于这一解决曾否有别人提出过，而关键在于这一问题及其解决对这个人来说是否新颖。”①所以，创造性思维或创新有很强的个人心理特点，对个人的知识、经验有很强的依赖性。它要求人们提出新的，有发明性、创见性的解决问题的方法。因此，在心理学上也将创造性思维称为创见性解决问题(creative problem solving)。

14.2　创新过程

根据以上创新的定义，创新过程就是创造性思维过程。大多数的心理学家认为创造性思维有四个阶段：准备、孕育、明朗和验证。也有的心理学家提出创造性思维是由一系列互相联系的心理组织所构成的。

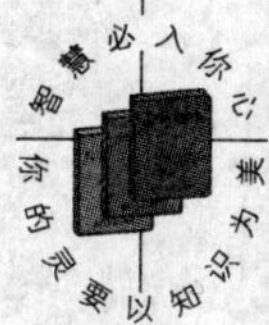

心理学研究告诉我们，科学上重大的发展并不是由问题的解决者促成的，而是由问题的发现者促成的。这一点十分重要。问题的发现者能够在平常人看来不是问题的事物上发现问题。“这种知觉问题，指出事情困惑之处的能力，对事情不是认为理所当然而能提出尖锐问题的能力，不仅是科学发明的关键，而且也是许多领域中有创见性的思想家的显著特征。”②因此，创新的第一步就是发现问题。

当人们为某一问题所吸引时，就会企图去解决它。这时人们所拥有的知识和经验就在心里活动，一些容易的问题，一眼就可以看出解决的方法，这些问题很快获得解决。而对于那些困难的问题，就要进行思考，而创新的思考核心是想像。所以，创新的第二步是创新想像。

通过想像，解决问题的新方法、新思想等在头脑中不断出现，反复思考，最后提出解决问题的方案，即方案形成阶段。这是创新的第三步。

第四步就是利用这些新思想、新方法去解决问题(通过试验或实践)，如果

---

①　[美]克雷奇(Krech)等著. 心理学纲要(上册). 北京：文化教育出版社，1984

②　同①

能成功地解决问题，那么这个创新的思想和方法就是一项很重要的知识资产。此即解决方案验证阶段。

1. 发现问题

发现问题是创新的第一步。发现问题，知觉问题存在的能力是一种个性心理特征。它受到先天的遗传因素和后天的教育、环境因素的影响。在普通人中，先天的差别并不会很大。关键是后天的差别，如知识、经验以及态度等情绪因素对发现问题有重大的影响。以下是影响发现问题的主要因素。

(1)获取信息

科学的发现、新知识的产生都来自科学家对事物进行观察的过程中获得信息，例如弗莱明对培养皿的观察，李时珍尝百草，爱迪生千百次地试验，这些都使创新者获得各种各样的第一手数据和信息，为他们进一步思考提供了素材。今天企业利用计算机网络技术，可以获得大量的数据和信息，这都为企业发现问题提供最基本的条件。

(2)对信息进行思考

发现问题也是一个思维过程。许多问题的发现都有赖于这个心理过程，即要对所获得的数据和信息进行“分析综合，去伪存真，由此及彼、由表及里”的思维过程。这个过程是基于前人的知识基础上的思维活动，与主体的知识水平、认识模式、思想方法、价值观等都有密切的关系。我国著名的工程院院士陈灏珠在1976年发现用大剂量异丙肾上腺素抢救“奎尼丁晕厥”的案例就说明了这一点。他在当时对病人抢救过程中发现记录中病人有3小时20分的稳定的时间，然后就对这一时段的用药进行分析、思考，从而发现了异丙肾上腺素的疗效，获得了这个药物治疗的创新知识。

(3)工作态度

态度在心理学上属于情绪的范畴。同样的数据、信息给不同的人，就可能有不同的结果。这是由于他们情绪的种种差异造成的。认真的态度、严格的科学精神、热爱工作、责任感、道德观、价值观等情绪都会影响问题的发现。

2. 创新想像

许多专家都认为，想像在创造性思维过程中有十分重要的地位。

在思考问题的思维过程中，物理世界的实体给我们心理上的知觉，构成我们所要解决问题的各种情景；一些不在物理世界中，而在我们头脑中的虚拟东西构成了**想像**。知觉与想像是思维过程中的两种不同的心理元素。想像又分为**记忆想像**和**创造性想像**。前者是对实体记忆而产生的想像，后者则是对现实世界中不存在事物的想像。创造性想像在创造性思维中起着十分重要的作用。

爱因斯坦说:"想像比知识更重要。"[①]这位创造性思维大师在描述自己的思维过程中有一段精彩的自白。

爱因斯坦在致哈达马德的信中写道:"在我的思维机构中,书面的或口头的文字似乎不起任何作用。作为思想元素的心理的东西是一些记号和有一定明晰程度的意象,它们可以由我'随意地'再生和组合。……这种组合活动似乎是创造性思维的主要形式。它进行在可以传达给别人的、由文字或别的记号建立起来的任何逻辑结构之前。上述的这些元素就我来说是视觉的,有时也有动觉的。通用的文字或其他记号只有在第二个阶段才能费劲地找出来,此时上述的联想活动已经充分建立,而且可以随意地再生出来。"[②]

创造性想像基本特征是独创性、奇特性、新颖性。它属于有意想像,因此创造性想像的形成有四个基本的条件。

第一,需要驱动。这种需要可能是社会需要、组织的需要、具体环境的需要或个人的某种需要。这些需要驱动着人们去进行创造性思维活动。

第二,知识和经验。创造性想像需要主体有丰富的知识和经验,只有这样才可能有丰富的想像,否则想像就会显得很贫乏。

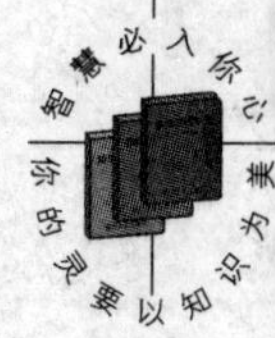

第三,原型启发。在原型启发下展开丰富的联想,对思想中的元素进行"随意地"组合。英国著名的汉学家李约瑟在《中国科学技术史》[③]中所描述的"激起传播"就说明了这一点,他写道:"因为有时只要有一点点暗示,只要受到某种思想的隐约启发,就足以引起一连串的发展,而这些发展在以后的年代中,又导致一些显然有不同起源但又大体上相似的事物的出现。例如,一个人也许只是听说有某种文字存在,却根本没有见过写下的片语只字,然而恰恰可能就是这一点点暗示,触动了他的思路,使他想出了一个崭新的文字体系。……克罗伯称之为'激起传播'。"[④]

第四,积极的心态。积极的心态是创造性想像的内部环境,这种积极的内环境使大脑神经细胞保持产生创意的积极状态,使之能够产生独创性、奇特性、新颖性的想像。

在满足以上四个条件的基础上,每一个人都可以进行创造性的想像。

① Randy J. Frid. *Infrastructure for Knowledge Management*. Writers Clubs Press, 2000

② [美]克雷奇(Krech)等著. 心理学纲要(上册). 北京:文化教育出版社,1984

③ [英]李约瑟著. 中国科学技术史(第一卷总论第二分册). 北京:科学出版社,1975

④ 同③

1998年英国国会的一个报告指出："人民的想像力是国家的最大资源。想像力孕育发明、经济效益、科学发现、科技改良、优越的管理、就业机会、社群与更安稳的社会。想像力主要源于文学熏陶。文艺可以使数学、科学与科技更加多彩，而不会取代它。兴旺繁荣也因此应运而生。"①

一个管理者或领导者应该构建一个良好的知识环境，引导员工进行各种创新，不断鼓励员工产生各种创新的想像力。正如第2章中所讨论的，"知识活动"包括社会化、组合、外化、内化。其中最重要的就是"想像"和"工程"两个过程中。美国管理专家加里·哈默尔写道："实际上，硅谷的真谛不是'E'而是'I'，不是电子商务而是创新与想像力。许多.COM公司的成功不在于它们的专门技术，而在于它们的想像力。这些公司是年轻的、永不满足的、不因循守旧的。在21世纪的经济中，成功与失败取决于'I'的力量，而非取决于'E'的力量。"②

所以，创新过程中想像阶段是十分重要的。

3. **方案形成**

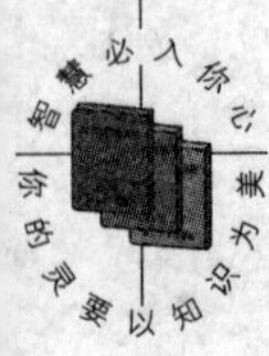

通过了想像的阶段，许多新的创意、新的思想、新的方法就形成了，即形成了解决问题的方案。从上一个阶段到这个阶段有时只需要几分钟，也可能需要几小时、几天、几个星期，甚至几年。这相当与心理学上"四个阶段观点"中的"孕育"和"明朗"的阶段。例如，许多科学家、发明家、艺术家、软件开发者等都有这样的体会，他们在湖边散步、听音乐、喝咖啡等轻松的情况下，突然有了解决问题的方法。当然，创造性解决问题的方法也可以通过认真的分析和综合的逻辑推理形成，但是创新的思想绝对离不开这种"明朗"和"顿悟"，虽然有时这种"顿悟"不是十分正确。所以，这个阶段的思维特点，正如杰出的奥地利精神病学家维科·弗兰克尔(Viktor Frankl)而说的那样："成功就像幸福一样，可遇而不可求。它只会在一个对事业的忘我追求中悄然而至。"

4. **验证方案**

任何形成的解决问题的方案都必须详细地、具体地表达出来，并加以验证。可以通过试验，也可以通过实践。如果问题得到了解决，就证明了这个方案的正确性。如果失败了，整个过程就应该重做。一旦验证方案是正确的，那么这种创新就有商业价值，也就是一项知识资产。这种知识资产无论是个人

---

① 摘自张信刚教授的演讲稿，演讲稿来源于：http://www.chinatraining.net/train/trainb/trainb_1.htm

② Gary Hamel著，曲昭光，赖溟溟译.领导企业变革.北京：人民邮电出版社，2002

拥有还是企业拥有，都将产生巨大的力量。这就是知识的力量。

专栏1——创新的巨大力量

默克公司的创新显示了巨大的力量。

在美国，有一家企业连续7年在《财富》杂志每年进行的企业声誉调查中获最佳声誉。这家企业就是默克公司。默克连续7年获此殊荣并不是因为它能够生产药丸，而是因为默克的科学家能够发明新药。默克的首席执行主席罗艾·威格勒斯博士(Roy Vagelos)说："低价位的产品任何人在任何地方都可以制造，而当你拥有了别人不能获得的知识时，那就有了非凡的力量。我们对待研究要比对待金融资产小心得多。"默克公司比美国其他的制药企业发明了更多的新药，默克公司将这种非凡力量不断向外扩展，在全球建立了10家大型化工厂以拓展其生产能力。1998年，其在新加坡投资3亿美元，建立亚太区最大的工厂，使其生产能力提高了10%。①

通过以上四个步骤的创造性思维过程(创新过程)，形成了新方法、新思想等，这些全新的创意正在改变着这个世界。

知识管理中，知识产生、获取都有赖于创新过程，可以说没有创新就没有知识，没有知识也就没有知识管理。

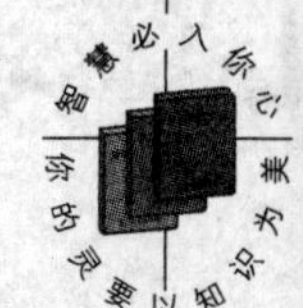

14.3　创新类型

在整个知识管理中，创新活动始终都是最活跃的，是知识管理系统状态中最重要的活动。创新一般分成知识创新、技术创新和管理创新。在一些书中把这些创新都归纳为科技创新。从知识管理的角度来看，这三种创新有微小的差别；但是，无论哪一种创新都是知识活动的结果。参见第1章"知识活动"单元。

知识创新强调的是一种新思想，技术创新更强调新方法，管理创新则强调资源的新配置。因此，作为学者、科学家、专家最强调的是知识创新，产生新思想、新知识比任何事情都重要；而工程师、工程技术人员、工作一线的操作者最强调的是技术创新，产生新的工程方法、作业方法、工艺路线等一方面提高生产的效率，另一方面产生了知识物化(实体产品)或知识产品；从管理者角度来

① 赵曙明，沈群红著. 知识企业与知识管理. 南京：南京大学出版社，2000

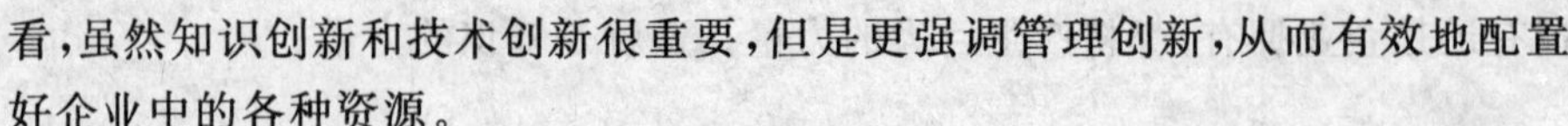

看，虽然知识创新和技术创新很重要，但是更强调管理创新，从而有效地配置好企业中的各种资源。

14.3.1　知识创新

知识创新使人们获得对自然界、人类社会的认识，产生了新知识、新思想。知识创新都是经过人们长期观察，在不断分析、反复思考中产生的。知识创新依赖前人留下的知识（以此为基础），也依赖现有的各种知识网络。

专栏 2—— 知识创新

青霉素发现的过程可以说明知识创新的过程。

1929 年，细菌学家亚历山大·弗莱明（Alexander Fleming）有一天在观察细菌培养皿时发现有个培养皿被污染了，培养皿旁边生长着一种青绿色的东西，围绕着青绿色东西周围的菌落变得透明，甚至溶解消失。他将这种东西去掉，继续培养，这种情况还是出现，他断定这种青绿色的东西是一种对细菌有杀灭作用的霉菌。然后，他将这种青霉菌放入营养液中培养，发现这种生长过青霉素的液体同样有杀菌作用。可是，弗莱明的发现在当时并未受到人们的重视。10 多年后英国牛津大学钱恩（Chain）、弗劳瑞（Florey）等进行了纯化青霉素的工作。第二次世界大战时，人们加速了这种青霉素的纯化工作，并将这种纯化后的青霉素用于伤兵的伤口处理，大大降低了死亡率。从青霉菌的发现到医疗用的青霉素产品的成批生产和应用，体现了人类的知识创新过程。虽然弗莱明是在那一天发现了青霉菌的作用，但这是他在前人知识的基础上进一步思考、探索的结果。早在 1877 年微生物学家巴斯德（Pasteur）和朱伯特（Joubert）就发现细菌与细菌间存在着拮抗作用。1898 年维尔莱明（Vuillemin）第一次提出了“抗生”（antibiosis）的概念。这一切都为弗莱明的发现和创新提供了知识基础。

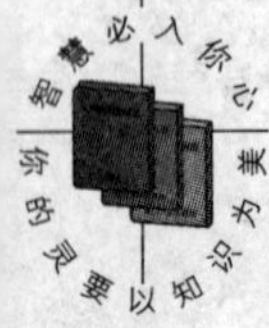

14.3.2　技术创新

技术创新形成人类创造人工世界的具体能力，使人类可能创造出各式各样产品和大自然原本不存在的实体，例如，各种建筑物等。技术创新提高了人类利用自然资源的能力及创造人工实体世界的能力。

专栏 3—— 技术创新

中国工程院院士吴中如在《知识经济与创新人才的培养》一文中谈到：

1934 年，著名的美国经济学家熊彼特（J. A. Schumpter）在《经济发展理论》一书中提出了技术创新的概念，他认为，创新是指“企业家实行对生产要素的新结合”，它包括以下 5 种情况：引入一种新的产品或提供一种产品的新质量；采用一种新的生产方法；开辟一个新的市场；获得一种原料或半成品的新的供给来源；实行一种新的企业组织形式，例如建立一种垄断地位或打破垄断地位。熊彼特认为技术发明者不一定是创新者，只有那种敢于冒风险，把新发明引入经济之中的企业家才是创新者。企业家与普通的企业经营管理者也不同，只有倡导和实行创新活动的企业经营者才是企业家，否则只是老板。①

以上是学者对技术创新的定义，给我们一个很好的启示，使我们知道各种创新类型间的关系。

技术创新对企业的作用如下：

第一，一项新技术可以使人们更有效地利用自然资源；

第二，可以在制造过程节省能耗和物耗，更节省地制造出各种产品；

第三，创造出各种新产品满足人们的需求。

技术创新产生两种重要的产品——实体产品和知识产品；同时技术创新使生产效率得以提高。

技术创新并不只是产生于知识经济时代，在工业经济时代，技术创新提供给人们许多重大的价值。在整个工业经济过程中，特别是工业革命以后，人类在科学技术方面的重大突破，都使人类得到了巨大的发展。可以这样说，人类的文明史就是人类的技术发展史，没有技术知识的发展，人类社会就不能进步。

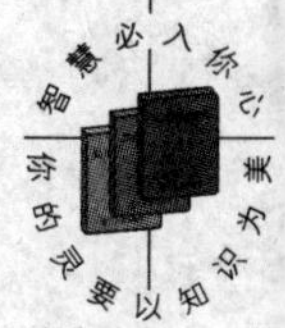

另外，在知识经济中，产生出的另一类价值就是虚拟的、知识商品的价值。这些知识商品与传统的产品有着十分不同的特性。但是，实质上它们的作用也是加快人工世界的形成，使人类的生存环境变得更好。

传统的技术创新将创新成果直接融入到实体产品中或生产这些产品的过程中去，其一是提高产品的技术含量，其二是提高了产品的生产效率。

信息技术的技术创新成果也同样进入这两个领域，从而大大提高了实体产品的价值。主要可概括为两个方面。

第一，“硬中带软”。例如CAD、数控机床、工业机器人等都带有电脑芯片。现在在传统的产品中融入信息技术成了一种趋势。例如，在汽车业中，某些公司在它的高级汽车中安装了多达70个电脑系统，从而大大提高了安全性、方便性等，使产品的价值得以提高。

第二，软件产品线。这些信息商品是各种应用软件，它们主要帮助人们快速、方便、廉价地实现通信、生产、服务等功能。它虽然没有融入到实体产品中去，却在实现实体的过程中发挥着重要的作用。

前面讲过，计算机信息系统不过是人类神经系统功能的延伸，是帮助人类

① 周济主编. 科技创新院士谈(下). 北京：科学出版社，2001

创造人工世界的工具，它们属于概念系统的范畴。所以，作为计算机信息系统与人脑思维结合的软件产品线，如果离开了创造实体世界这个根本性的目的，就没有任何实际意义。如果由这些软件产品带来的价值不是落实在实体的价值形成过程中，这种价值在很大的程度上是一种泡沫。

回顾微软公司、IBM 公司、BAAN 公司等产品线，所有的产品都与企业的解决方案相关，都是为了解决实体世界的某些问题。即使那些游戏软件，也是解决人类精神活动实际的需求。

综上所述，我们可以形成一个重要的概念：技术创新是人力资本的应用结果，它是人们创造实体世界不可缺少的创新。

14.3.3 管理创新

通过管理创新，企业一方面形成了一个良好的知识环境，在这种环境下，不但有利于知识员工的创新活动，并促进知识员工的个人隐性知识资产转化，使企业能够提取员工的创新知识，形成组织的智力结构资产。企业在拥有了十分有价值的"智力结构资产"后，将"智力结构资产"转化成"智力结构资本"，使之商品化地运营，形成知识价值链，最终为企业获取巨大的收益。

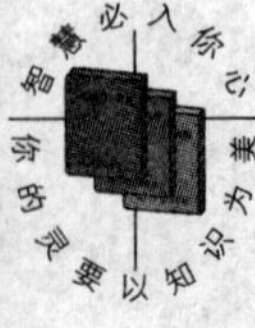

所以，在知识管理中管理创新是十分重要的。在进行管理创新过程中，要识别创新的领域，其中管理模式起着十分重要的作用。有的管理模式会阻碍这个过程的发展。这就需要进行变革，进行管理创新，使组织模式达到最佳的状态。

1. 管理创新领域

在企业的金字塔模型中，无论哪一个管理层次都有四种基本的模式存在。这四种基本的模式是进行管理创新的空间，是管理创新发生的场合。这四种模式是企业管理模式(management model)的组成部分：

操作模式(operating model)，位于所有模式的最底层，它说明了员工具体操作、作业的方式。

业务模式(business model)，位于操作模式的上方，它说明了具体业务的组织方式、进行方式，表达了企业经营理念的执行。

心智模式(mental model)，位于业务模式的上方，它说明了各层次管理者基本的思维模式、战术指导思想、基本信念、工作知识等。

行政模式(political model)，位于所有模式的上方，它是在五项管理职能——组织职能中产生出来的决策层次，表达了管理者的责、权、利。

在一个非线性的商业环境中，企业的四种基本模式不可能永恒不变。为了适应多变的商业环境，就应该在以上四种领域里进行管理创新。

以上管理模式分别存在着以下类型。

(1)权威型的管理模式

在许多企业中，自然形成的管理模式往往是“权威型”的。这种“权威型”的管理模式，领导者以命令和控制的模式，向各级职能部门发布命令，各级职能部门按上级部门的指示完成相关的任务，下级对上级、员工对领导只能是简单地反应。在这种管理模式下，员工的积极性受到压制，员工并不会出现创新的热情，员工有不同的意见也难以表达。这种管理模式使员工感到：

• 领导者总是正确的；
• 创新是没有用的，因为得到的只是工资；
• 有创新，但是觉得没有共享的必要性；
• 公司只关心公司利益，而不关心员工利益；
• 有不同意见，也只好服从。

以上几种代表了员工的情绪，在这样的情绪下，员工难以形成创新的知识，也难以将创新的知识提出来进行共享，企业也就不可能提取到员工的创新知识，不能形成企业的智力结构资产。

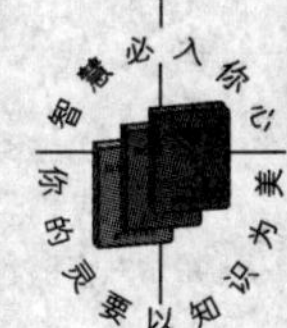

(2)民主集中制型的管理模式

这种管理模式可以被认为是一种温和的权威型。它的组织结构基础仍然是层级式的，以职能部门为中心的管理结构。只是在这种模式下，管理者会征求被管理者的意见，但是仍然是权威型的。员工除了如上的感觉外，还有以下感觉：

• 这种征求意见只是一种形式而已；
• 是否发表意见与我无关；
• 提出意见会损害自身利益。

所以，这种管理模式更具有欺骗性。其一是欺骗了管理者自己，以为能够获得有用的信息；其二是欺骗了员工，因为员工仍然没有获到实质性的收益，使员工感到一种被欺骗的感觉，这样员工就会出现一种反抗的心理，更谈不上创新。

(3)平等型的管理模式

这种管理模式是一种扁平式的组织结构。组织中的成员与企业有共同的利益。它不需要层级式的管理，每一个员工都能独立地完成任务，为企业做出正确性的决策。虽然有领导者，但这只是象征意义，大家都自觉地为组织的利益奉献自己的力量。在这种管理模式下，企业的员工充满工作的积极性，充满

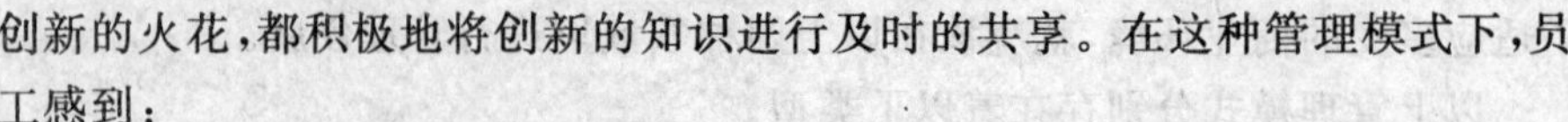

创新的火花，都积极地将创新的知识进行及时的共享。在这种管理模式下，员工感到：

• 企业利益就是自己的利益；

• 企业是一个平等、自由、温暖的大家庭；

• 企业的发展关系着个人的发展。

员工在这种管理模式下，创新知识向价值转化达到了一个十分和谐的局面。企业可以将员工的隐性知识资产不断地引导出来，形成企业的智力结构资产。当然，这种管理模式要在高知识、高技术密集型的行业里进行，而且组织内也需要有良好的沟通机制如信息技术、通信技术等。

(4)生态型的管理模式

在生态型的管理模式中，每一个员工就如细胞一样进行活动。企业就如一个有机体，由许多细胞组成，这些细胞的活动合乎组织的整体利益，组织也提供每一个细胞生存、活动的良好环境。在这种管理模式中，没有层级，没有领导，一切根据企业所处的商业环境，员工自动调节自身功能。例如，员工根据市场的变化，调节自己的行为方式，以适应企业生存的需要。

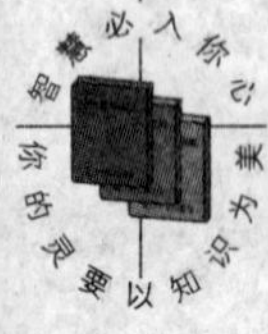

这种生态型的管理模式，需要良好的计算机文化、企业伦理，以及生态型的数字化神经系统的支持。员工间的关系是一种无障碍式的关系，员工的利益就是企业的利益。

2. 管理创新要点

管理创新要注重再造组织文化和四种模式，企业中的等级结构对高效益没有任何作用。"人"在产品、服务、技能、经验和兴趣的团体中工作，是企业保持竞争优势所必需的。新的管理模式将意味着在团队中形成新的、特殊的"专家"网络构架，并不是以前所用的那种企业结构，这就需要管理创新。管理创新基本要点如下。

(1)制度化

用公司的规章制度来保证创新活动的健康进行。

创新效益。公司的制度要保证对创新成果的审计。例如，公司的各级管理人员和员工，其收入都与创新活动所产生的效益结合起来，将创新知识与产销率等财务指标结合起来，使创新成果量化、可视化。

创新激励。在公司的制度中要明确鼓励创新活动的条款。例如，3M 公司制度就规定，员工可以利用 15%的工作时间，进行个人感兴趣的项目研究。

制度柔性化。公司的制度不应该是一种僵化、呆板的组织形式，应将鼓励创新、支持创新吸收到制度中去，形成公司的文化、公司共同的价值观。如果一个公司的组织形式僵化、呆板、保守，就很难形成有价值的知识资产。所以，应该鼓励利用非正式的交流网络进行知识共享，形成企业内外多层次的知识共享局面。

(2)人性化

管理创新要人性化。

将知识员工看成企业运作宝贵的“资本”，而不是“成本”。进行软性的管理，而不是硬性的管理。在科学的量化管理基础上，提倡艺术的非量化的管理模式。

另外，发展员工的能力是技术发展和客户需求不断变化所要求的。灵活地学习和应用新思想是知识经济时代员工的特点。知识管理的企业中应该用“人”的能力去变革和增进商务。为了使知识和技术有章可循，可以开发标准的流程，使之成为“最好的应用”，并在所有商务实践和商务流程中进行推广。当然这不是将知识管理变成固定的格式和控制中心。在此过程，人性化是十分重要的。

知识企业的领导者应“支持”他们的员工，而不“领导”他们。一个全新的、人性化的工作方式需要以“知识”为中心。领导方式不是“指挥”和“控制”而是“支持”和“发展”。在传统的企业中，员工的工资是以工龄、年龄、工作的范围来定的，这很难唤起员工的积极性。在知识经济中，首先要让员工知道“做什么”和“如何做”，然后根据他们处理各种工作的能力，以及各种工作技能、共享知识的数量来确定他们的报酬，从而体现以知识为中心的领导。

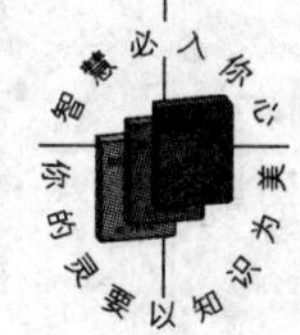

(3)网络化

形成正式和非正式的网络，包括知识网络、沟通网络等等。

人与人之间的知识交流是最好的实践，也是知识经济中不可缺少的。创新除了发生在正式组织内外，还经常发生在非正式的组织中，或非正式的环境下。例如在咖啡屋、员工食堂、高速路上等各种轻松的环境下，对“隐性知识”的产生和“隐性知识”的转化是非常重要的。知识密集型公司中应该鼓励对话、交谈，鼓励员工自由地发表意见，这种非正式的网络应成为公司的风尚和公司的政策。一些以知识为中心的公司要设计这种进行自由沟通的“办公室”，以培植非正式的沟通网络。

企业要介绍不同的共享知识，鼓励知识共享，并给在工作以外进行知识共享的人以报酬，形成正式和非正式的沟通网络。例如，德国西门子公司的格哈特·舒尔迈(Gerhard Schulmeyer)建立了一种“逆向指导”制度，让 20 多岁的年轻人有机会教高级主管们一两件关于未来的事情。百威啤酒公司成立了一个“影子管理委员会”，这是一个非正式的组织，由年轻人组成。这些年轻人通过这个非正式组织，对公司的长者们所做的决策进行预测，从收购案到广告战无所不包。他们拥有向董事会汇报的独立渠道。①

还要利用计算机技术，构建起正式和非正式的计算机网络，从而使各种创意可以以最快的速度在组织内外及各个员工中共享。这里包括了利用正式技术和非正式技术所形成的网络。

(4)自组织化

管理者要用“自组织”的观念代替“被组织”的观念。

自然界本身就是靠自组织构成的。雁群中没有等级概念，它们不知道前途中的风险，也不知道天气如何变化，但是它们都能向同一方向飞行；蚂蚁群居，春去秋来，有规律性地生活着。

复杂系统的研究者们认为，自然界是一种非线性的复杂系统，完全是靠自组织形成的。“开放系统从无序到有序的发展有两条途径，一条是力学途径，比如万有引力使天体作有序运动，磁场力使磁性分子有序排列，可看作是被组织的有序化。一条是靠信息传递途径使开放系统进入自适应自组织的有序状态。在工业社会里，人们总是希望有一个控制中心通过高度一致的组织体系来实现社会整体效益的最大化。把这种思想运用到现代社会，结果发现我们的社会总是在过组织或欠组织的状态下摇摆，很难稳定在最佳控制点上。……在一定的信息环境中，各社会单元或者社会劳动者不断地进行自组织，才能达到复杂网络结构的最佳状态。”②所以，自组织是自然界的规律。

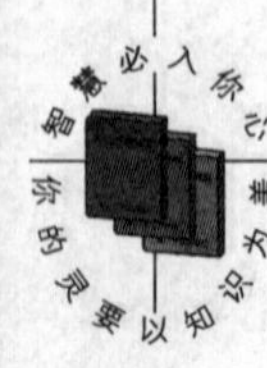

在追求创新的过程中，一定要遵循“自组织”的自然界法则，不要靠工业化中“被组织”的思维模式。前面讨论过的非正式组织就是自组织的结果。在创新中，自组织是一种十分强大的、不可忽视的环境力量。

14.4 创新思维层次

尽管很多学者专家都阐述过创新的具体方法，但是，如果在思想上没有突破，就不会有创新。前面讨论的“创新过程”实际上也是从创新方法上进行探讨，但是并没有刻意强调在思想上的突破。本单元着重从思想突破上进行探讨。

---

① Gary Hamel 著，曲昭光、赖溟溟译．领导企业变革．北京：人民邮电出版社，2002

② 杨培芳著．网络经济学．北京：经济科学出版社，2000

正如前面所说，创新是一种思维，是一种想像，那么在何种层次上思维？在何种层次上想像？这是创新方法中一个方向性的问题。在一个较低的层次上不断进行创新思维、想像是不可能获得很大价值的成果的。那么，我们就会选择站在较高的层次上进行创新。现在的问题是，这里所说的"层次"是指什么？它对人们的思维有什么作用？我们分别讨论如下。

14.4.1　从平面到立体

我们生活在地球上，实际上我们只是一种平面的、二维的动物，但是由于人类神经系统有知觉高度的能力，所以我们知道高度的存在，也意识到除了平面二维外，可以再加上高度成为三维。这是人类知觉的能力，大自然中许多动物并没有这种"高度"的知觉或三维的知觉。例如，一只大象或一匹马，只要用一个栏杆将其围起来，它就对此无能为力。因为它们对"高度"的概念不理解。人虽然对高度有知觉，但是并不见得就会利用"高度"去发现问题和解决问题。

所以，每个人都有三维的知觉，并不等于人人都会利用三维中"高度"的概念。美国著名的布道家、作家比利·哥培里(Billy Graham)，在他的著作 *Unto the Hills* 中有如下精彩的描述：

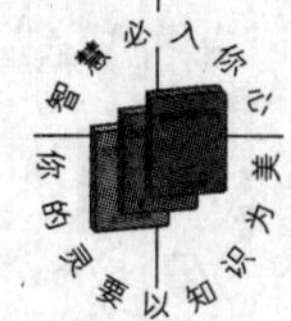

如果你曾经坐过飞机，就会知道，你从空中看到的地面情景与你在地上看到的地面情景非常不同。从月亮上和从外层空间拍摄到的地球照片，非常不同于我们所熟知的、身在其中的那个星球。

几年以前，我的一个朋友站在北卡罗来纳山顶。那时候山下的道路弯弯曲曲的，很难看到很远。这位朋友看到两辆车迎面开来，他意识到他们彼此没有看见。他们没有足够的空间看到拐弯处驶来的车，其中一辆车子提速开始超车，我的朋友大声喊叫发出警告，但是司机们并没有听到，结果发生了致命的事故。这一切我的朋友在山上看得一清二楚。

所以，站在一定的高度，就可以看到平面上看不到或看不清的问题。前面说过，心理学研究告诉我们，科学上重大的发展并不是由问题的解决者促成的，而是由问题的发现者促成的。那么，发现问题难不难呢？是否需要非凡的才能和智慧呢？从以上的例子可以看出，只要将从二维空间移到三维空间，就可以很容易看到和发现别人在二维空间中看不到的问题。这似乎不需要特殊的智慧和才能。只要站得高，就必然看得远。

这不只是指地理上位置要站得高，而是指思想上要站得高。这是指人要从常规中解脱出来，从另一个角度，从常人看不到角度来看一个问题，来发现问题。

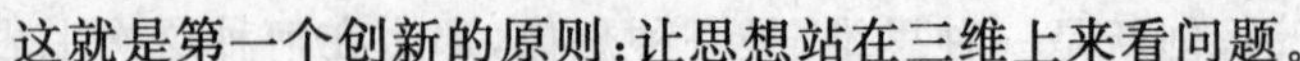

这就是第一个创新的原则:让思想站在三维上来看问题。

14.4.2 超越三维

我们只要超过平面进入三维,就可以看到常人看不到的问题,一切在二维空间里感到困难的事,在三维空间里都似乎变得很容易、很简单。那么,我们能否进一步从三维进入四维呢?答案是肯定的。“爱因斯坦揭示了时间是第四维,证明了在四维理论中时间和空间能够便利地统一起来。”①

人对时间的知觉不如对空间的知觉那样敏感。将一个人置于一个房间内,如果不看钟表,也不看外面的太阳等景物,很快就不知道时间是多少了。人之所以在日常生活中能够把握时间,是因为使用钟表这个计时工具,使人在生活中能够有时间的知觉。

除了军人对时间有重大的关注外,商人也是十分关注时间的。进入21世纪,商人们更加注重时间。如果我们从创新者的角度,从问题发现者的角度出发,将时间作为第四维,让思想进入第四维会发现什么呢?

我们首先发现的是时间与我们生活的三维空间的关系。到达某一个地点,如果要求时间短,那么速度就要快。这可以用时间、距离、速度的公式来表示,它们之间的关系是一种线性关系。正是这种线性的关系,使人们看到了时间所具有的价值。一切对时间的管理也就此开始了。例如,我们到某地去出差,距离是已知的,那么我们就会考虑到时间,如果要用最短的时间到达目的地,就要选择速度最快的交通工具,那么我们所要付出的交通费也就高。所以,商业上对时间管理实际上也就是对时间、距离、速度三者关系的权衡,从经济角度上来考虑这三者的关系。例如,生产作业过程的排程管理,物流管理中最佳行车路径,客户关系管理中的订单处理周期等都与这个公式的线性关系相关。因此,任何与商业成本相关的事务,都可以加上“时间”要素进行考查。

这是创新的第二个原则:用时间来考查一切事务。让思想站在第四维来看问题。从当前的现实状况出发,向将来做出预测,随着时间的推移,预测将来会怎样?我们看以下例子:

在一个具有130 000平方英尺的水面的池塘里长着一棵睡莲。早春,睡莲长出1片叶子,而每一片睡莲叶子覆盖1平方英尺的水面。1周后睡莲有了2片叶子,再过一周成了4片叶子。16周后,池塘水面的一半被睡莲叶子覆盖。再过多长时间整个池塘将被睡莲叶子全部覆盖?如果我们假设睡莲将

① 加来道雄著,刘玉玺译.超越时空.上海:上海科技教育出版社,1999

继续以一个不变的速度扩展，那么，只要再过 1 周，池塘将被全部覆盖，因为到目前为止，睡莲叶子所覆盖的水面都是每周翻一番。①

在我们日常生活中经常没有用“时间”的观点来关注现实。在管理中，问题出现了，我们才感到问题的严重性，才急急忙忙去解决问题，为什么我们不提前预见到问题呢？如果我们能够预见问题，我们何必用智慧来解决那些本来不该出现的问题呢？所以，今天的问题都是前天或昨天没有预见而产生的，将来的问题则是今天没有预见而产生的。利用“时间”的观点预见问题并不需要有超人的智慧，只要用“时间”的观点进行思维。历史上一些很有智慧的人，有时都忽略了时间关系的预测。例如，在 20 世纪 50 年代就有专家预测到中国的人口问题，提出要进行计划生育，否则会影响到国民经济。可是这种预测并没有受到重视。几十年过去了，中国人口多了好几亿，从 4 亿多增加到 13 个亿。现在人们要用许多智慧来解决因先前忽视而产生的问题，例如，教育问题、就业问题、住房问题、劳保福利问题等。利用时间预测不需要多少智慧，只要对现有状况有足够的关注。用“时间”的观点来看现状，防止出现问题。这就是让我们的思维从三维进入四维时空的重要性。

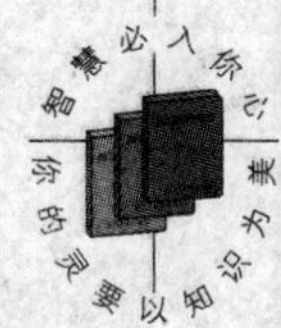

现在我们知道用“时间”的观点看事物、看问题。从现状出发，以时间发展作为思维的主线，从而得到预测的将来结果。但是，简单的时间外推也会产生问题。例如，一个孩子一年长高 2 厘米，我们因此外推，得到他在 20 岁时候的身高。这显然是很荒唐的结果。这是为什么？因为事物的发展并不都是线性的，大多是非线性的发展。而线性发展只是被看成非线性发展中的一个特例。

14.4.3 进入高维

把光解释为在第五维中振动的理论是卡鲁查—克莱因理论。这个理论的名称就是以两个提出新引力理论的科学家的名字命名的。1905 年，爱因斯坦认真分析了麦克斯韦的场方程，提出了狭义相对论原理：光速在所有作匀速运动的参考系中都相同。从此以后，人的认识就从牛顿力学时代进入了爱因斯坦相对论时代。这是人类认识的飞跃。

牛顿经典力学、万有引力定律能够很好地解释了三维空间中发生的一切，以至于亚当·斯密、大卫·李嘉图这些早期经济学家所创立的经济学理论，都受到了牛顿力学理论的影响，从而影响了整个工业化时代人们思维的模式。

爱因斯坦的相对论来了，他向人们解释了牛顿力学不能解释的宇宙奥秘。

① 迪特里希·德尔纳著，王志刚译. 失败的逻辑. 上海：上海科技教育出版社，2003

例如，如果将某一物体的速度加快到光速，那么时间就会停止，空间就变形，也就是说常规的时空线性关系会因此而破坏。这预示着，如果我们将思想放在第五维的高度上，就要抛弃我们所熟悉的许多规律，如各种三维空间的线性关系、牛顿力学定律等。在商业上，也同样要抛弃许多受到牛顿思想影响而产生的经济学规律。

第五维的本质是光。光是一种十分奇特的东西。至今为止，人们还对光的许多特性百思不得其解。爱因斯坦将光作为第五维来思考，打破了许多常规，例如牛顿力学中的规律在光速情况下都不存在了，取而代之的是相对论。相对论发现了宇宙的许多奥秘，一些很复杂的自然现象难以用常规物理学理论来解决，在相对论中都获得了解决。再一次从科学上证明了站在高维看低维的重要性。

在商业上，比尔·盖茨在《未来时速》一书中就提出以思想的速度做商务，提出了数字化神经系统的概念，这就是以光的速度进行业务活动（作为一种信息化的商业思维）。美国企业大多都已进入信息化进程，因此在商业领域全球正在上演新的"隔代战争"。他们已在国家层面上，进行了产业结构的调整，大量降低制造业在国民经济中的比例，将产业重点放在高科技行业和服务业上，注重引进人才、教育投资，形成国家级的知识战略；在企业层面上，企业大力开展信息化，从实体经营转向虚拟经营，又从信息化进入到知识化，以知识作为生产要素，以知识资本作为一种新资本形式，大力开展企业级的知识战略。

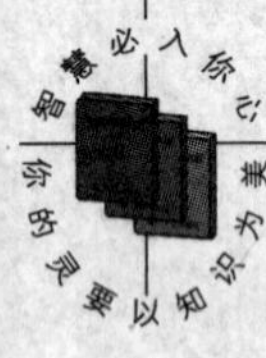

所以，创新的第三个规则就是站在第五维高度，以光的速度来思考，以光速做商务。站在高维看低维，一切都变得更简单。那么，如何站在第五维的高度？

实际上科学技术、信息技术的发展提供了我们进入第五维的可能性。只要我们从虚拟的"概念"上来思考一切问题，我们就站在了第五维的高度。第2章所述的"概念"的元素就是第五维思考的要素。这五个层次的元素构成了我们第五维思考的全部内容。概括起来有三点：

第一，数据、信息、知识、智慧、道德，这些都是以光速运动的虚拟元素，不能用常规的理论来解释。

第二，因为它们都是虚拟的，所以没有实体性，是看不见摸不着的。因此我们不能用实体的观点来看待，不能用实体的属性来量度他们。

第三，它们是一种秩序、负熵，代表着实体的有序度，是实体有序的编码，所以它是第一性的，只有透过它才可以改变实体世界，只有透过它才可以管理实体世界。

当我们进入到这五维中的时候，是否还有走向更高的维度呢？答案是肯定的。但是目前不知道第六维是什么。尽管如此，科学家们已告诉我们高维确实存在。“近来，在理论上的兴趣是由物理学家格林(Michael Green)和施瓦茨(John Schwarz)在1984年引发的，他们证明了卡鲁查—克莱因理论的最新翻版，即所谓的超弦理论的自洽性，这个理论假设所有的物质都由细小的振动弦组成。令人吃惊的是，超弦理论预言了时空的精确维数：十维。”①回想一下，许多理论物理学家在爱因斯坦工作的基础上，一直寻找自然规律(电磁力、强核力、弱核力、引力)的统一，他们一致认为这种统一必定在高维空间。自然规律在高维中显得更简单，自然规律的天然栖息地是高维时空。正如前面所说，每当我们站高一维，就可以看到更多先前看不到的问题，发现先前难以发现的规律。

14.5　创新障碍

正如本书以上讨论所述，创新障碍很多。但是从宏观角度来看，创新的障碍只有两种，其一是狭隘的科学观，其二是狭隘的道德观。没有跨越这两个障碍物，就不可能获得创新成果，也就不可能到达真理。

14.5.1　狭隘的科学观

狭隘的科学观是创新的第一个障碍。“18世纪英国哲学家休谟(David Hume)以提出每一个理论都必须建立在实验基础之上这一命题而闻名，他茫然不知人们如何能实验验证创世理论。他指出，实验的核心是可重复性。除非实验可以在不同地点和不同时间多次得到重复，并且得到同样结果，否则理论就是不可靠的。”②这种思想一直延续了几百年，许多人把这种思想奉为科学的精神；而把那些不可重复、不可检验的事实都看成反科学或伪科学。这就是“狭隘的科学观”。

“狭隘的科学观”实际上只是把科学限定在某个范围。只看到某一个范围内的科学事实，没有看到另一个范围的科学事实。真正的科学家告诉我们一些事实，正是不可检验、不可重复的事实。“19世纪，一些科学家宣布了解恒

① 加来道雄著，刘玉玺译. 超越时空. 上海：上海科技教育出版社，1999

② 同①

星的构成永远超出了实验能力。……'不可检验'思想的另一个例子,是原子的存在性。……物理学中第三个'不可检验'思想,是难以捉摸的中微子的存在性。"①

以上的科学事实证明了一些客观事物是不可重复、不可检验的。

艺术的事实也同样证明说明了不可重复、不可验证的存在性。一个演员唱同一首歌、表演同一个舞蹈每次都是不一样的。一些艺术品无论如何仿照都不是真品。

如果我们不顾科学、历史、艺术方面的这些事实,把这些不可重复的、不可验证的都说成是反科学或伪科学,都把"重复"和"验证"看成是真正的科学,把"检验"看成知识或真理的唯一标准。那么,所谓的科学和真理还剩下什么呢?可以说只剩下一些残缺不全的"科学"了。这就是狭隘的科学观带给我们认识上的障碍,也是创新障碍。

知识管理专家说:"在人的心理发展过程中,理性一直是最明确的向导和主宰,或者说是人类心理活动的仲裁者。……理智虽然曾给我们以巨大的帮助,但是在现阶段,它就成为一种前进的障碍了。"②这实际上指出了科学的局限性。综上所述,我们可将科学局限性归纳为三个方面:

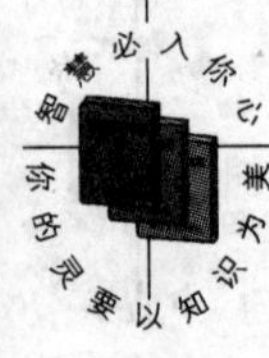

第一,重复性(reproducibility),是指我们得到的实验结果可以不断重复;

第二,被动性(manageability),是指当研究者改变一个实验条件,被研究对象一定要做出相应的反应;

第三,可量度性(observability),是指被研究对象一定可以量度,如长度、大小、重量等等。

理性、科学给人类以许多的帮助,但它并不是生活和知识的全部。如果想获得那些全面的知识,就必须走出理性,跨越所谓被检验过、验证过的知识,进入一种崇高的精神境界。

14.5.2 狭隘的道德观

狭隘的道德观是创新的第二个障碍。道德不但与知识管理过程有关,也与创新过程有关。现实社会中许多人对道德的理解只是停留在"习俗水平"(参见第2章),他们根据现有的社会官方意识形态、社会习俗、传统文化、人群(团体)中的潜规则等作为道德评价的标准。这就是的"狭隘的道德观",它是

① 加来道雄著,刘玉玺译.超越时空.上海:上海科技教育出版社,1999

② 加内什·纳塔拉詹,桑德娅·谢卡尔著,赵云飞译.知识管理.北京:中国大百科全书出版社,2002

一种不完整的心灵结构。而在这种不完整的心灵结构指导下的行为方式当然也不是完美的。

道德对创新行为的影响往往是间接的、潜移默化的。我们看到目前经济、教育、科技发达的西方国家，它们之所以发达是因为有许多创新成果。我们只是看到一种宏观的现象，即他们在各方面都很发达、进步。但是这种宏观现象的后面是我们看不见的、个体微观的道德信仰。

一般而言，科技发达、经济富强宏观现象的背后是微观的、个体的道德信仰，以及由此而来的普通民众完整的心灵结构。如果没有崇高的道德水平，就不可能有科技发达、经济富强的宏观现象。

以上讨论了创新的两个重大障碍，这实际上是心灵结构的缺陷。如果没有完美的心灵结构，无论在创新还是在管理方面都不会有所作为。完美的心灵结构靠教育、靠心灵的修炼才可以获得。

本章术语

创造性思维(productive thinking)
创新(innovation)
创造(creativity)

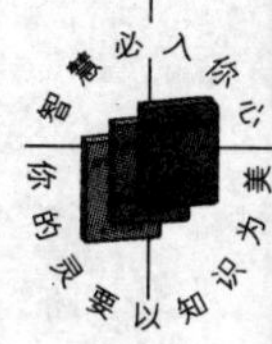

思考题

1. 在知识管理中创新为什么很重要?
2. 有哪些因素影响创新?
3. 知识创新、技术创新、管理创新间的区别与联系是什么?
4. 为什么要进行高维思维?它与创新和管理有什么相关性?
5. 心灵结构与科技成果有什么关系?

后 记

知识管理理论产生于管理实践过程中，传统的管理学理论很早就涉及了相关的问题，例如，霍桑效应、非正式组织、非正式沟通、自组织、协同计划、虚拟组织、网络效应以及企业文化等，只是这些管理学问题从来没有像今天这样引人注目。其原因是计算机、网络技术的普及和应用，以及信息技术的水平越来越高，对组织的渗透越来越大，使管理者感到不能对这些熟悉的问题浅尝辄止，而应该对其有深层次的、清晰的、系统的认识，并要把握其内在的规律性，从而获得更高层次的管理绩效。基于这样的认识，知识管理才受到了人们广泛的重视。

但是，也应该看到，知识管理是传统管理学与IT"联姻"后的复合型的"新生儿"，这种复合型比先前更具复杂性。由于知识管理的复杂性，我们并不了解其中许多的微观细节，这就需要我们付出艰苦的劳动去探究，使人们真正知道管理学与IT结合后的组织生态规律，以及在21世纪经济环境下这种生态规律的变化与发展，进而可以通过知识管理的方法去管理好各种组织。对于这个艰巨的任务，并不是靠一两个人的努力可以做到的，在当今经济环境下，那种英雄创造历史的壮举已成为过去，创造未来并不靠单数的"我"，而是靠复数的"我们"。因此本书就如一个开放的源代码，在此基础上所有的专家学者都可以参与研究。

美中电商教育公司组织了部分著名的专家学者对知识管理进行系统的研究，并编译出版知识管理方面的著作，研究成员有：

执行主编：洪国彬，陈曙光；

副主编：林植人，张鑫刚；

编委：蒋晓蕙，骆念蓓，王义山，陈明堂，郭士正，庄佩芬，李云清，李晖，徐华飞，唐锦铨，卢平，刘春利，陆春阳，张锦奕，林丰，罗杰等。

最后，作者用英国哲学家卡尔·波普尔的话来作为本书最后的结束语："我们是非常聪明的动物，不安全地被放在大大不同于宇宙中其他任何地方的环境中，通过这样或那样的方法勇敢地追求发现主宰宇宙和我们环境的真正规则。显然，无论我们用什么方法，发现真正规则的机会是很少的，并且我们的理论会包含许多错误，是任何神秘的“归纳原则”（无论是基本的还是非基本的）都不能加以防止的错误。”①

作　者

2004年12月24日平安夜

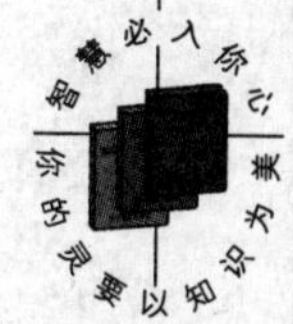

① ［英］卡尔・波普尔著. 客观的知识. 北京：中国美术学院出版社，2003

图书在版编目(CIP)数据

知识管理原理:从传统管理迈向知识管理的理论与实践/林榕航著.
—厦门:厦门大学出版社,2005.1(2007.6 重印)
(电子商务学系列教材)
ISBN 978-7-5615-2315-5

Ⅰ.知… Ⅱ.林… Ⅲ.知识经济-应用-管理 Ⅳ.C93

中国版本图书馆 CIP 数据核字(2004)第 128011 号

厦门大学出版社出版发行
(地址:厦门大学 邮编:361005)
http://www.xmupress.com
xmup @ public.xm.fj.cn
厦门昕嘉莹印刷有限公司印刷
(地址:厦门市前埔东路 555 号 邮编:361009)
2005 年 1 月第 1 版 2007 年 6 月第 2 次印刷
开本:787×960 1/16 印张:30
字数:530 千字 印数:3 000～6000 册
定价:43.00 元